KB197207

로마 공화정의
조세체제와 신분

일러두기

1. 이 책에 나오는 그리스어·라틴어 용어는 원어 표기(예: 에퀴테스, 오르도)와 의미 표기(예: 기사, 신분)를 각각 문맥에 맞추어 사용했습니다.

2. 비문(碑文) 표기와 관련해 다음의 부호를 사용했습니다. 대괄호 [ ] 안은 지워진 문자를 비문 편집가가 채운 것이고, 소괄호 ( ) 안은 생략되었으나 읽히는 내용이며, 홑꺾쇠 〈 〉 안은 실수한 문자를 문맥상 타당하게 고친 표기입니다.

3. 주요 인용문의 원문은 본문 하단에 표기했습니다.

4. 출처 표기도 본문 하단에 두었으며 저자명, 연도, 쪽수 등의 정보를 간략히 표시했습니다. 다만 1차 사료의 출처 표기는 권, 장, 절을 아라비아숫자로 통일하고 숫자 사이에는 마침표(.)를 찍어 구분했습니다.

A SOCIAL HISTORY of TAXATION
in the ROMAN REPUBLIC

로마 공화정의 조세체제와 신분

에퀴테스와 트리부니 아이라리

EQUITES and TRIBUNI AERARII

| 김창성 지음 |

한울
아카데미

차례

지은이의 말 6

제1부 벡티갈

제1장   고대 로마의 사회와 조세 징수   13
제2장   기원전 111년까지 로마의 공유지 사정과 조세정책의 추이   45
제3장   로마 공화정기 사적 소유 농지에 대한 과세와 그 귀결
        '기원전 111년 농지법' 19~20행의 분석   85
제4장   '기원전 111년 농지법'에 나오는 비아시·비카니의 기능과 아드트리부티
        오의 의미   113

제2부 오르도

제5장   공화정기 로마 귀족과 평민의 관계 포룸과 포퓰리즘   139
제6장   노예제의 이해와 역사교육 로마인의 관점을 중심으로   169
제7장   플루타르코스의 『코리올라누스』에 나타난 로마 귀족의 권위와 기반   198
제8장   키케로와 페다리 『아티쿠스 서한』 1.19의 이해를 중심으로   227

제3부 에퀴테스

제9장   로마 공화정기 기사 신분의 사회이동   257
제10장   로마 공화정기 방목세 징수와 기사 신분의 역할   293
제11장   로마의 속주 지배와 징세 청부 공화정 후기를 중심으로   322
제12장   로마 공화정 후기 청부 회사의 조직과 위상   348
제13장   프린키파투스 시기 재정감독관과 청부업자의 관계
        로스토프체프의 유형론을 중심으로   374

제4부 트리부니 아이라리

제14장 로마 공화정기 트리부니 아이라리의 역할과 신분   403

제15장 '속주 아시아 관세법'과 트리부니 아이라리

          기원전 75~70년 로마시 곡물 공급 문제   440

제16장 '속주 아시아 관세법'에 보이는 비르 보누스와 트리부니 아이라리   466

제17장 키케로 정치사상의 전환과 '보니'의 의미 트리부니 아이라리를 중심으로   486

제18장 트리부니 아이라리와 쿠라토레스 트리부스의 구조와 관련하여   507

맺음말 537

국문 초록 541

영문 초록 551

참고문헌 563

찾아보기 587

지은이의 말

   이 책에 수록된 최초의 논문은 1989년 6월에 작성된 것이고 가장 나중의 것은 2022년 12월의 것이니, 33년 6월에 걸쳐 작성된 셈이다. 필자는 그런 시간 폭을 지니고 있어 이 책의 간행을 망설이기도 했다. 10년이면 강산이 변한다는데, 학계의 성과가 얼마나 많이 누적되고 변화되어 왔는지 헤아리기 어렵다. 이런 성과를 적절하게 반영해야 하겠으나, 돌이켜 보면 필자는 주로 옛 저자들의 글을 인용하고 받아들인 것으로 보인다. 그렇게 된 것은 옛 저자들이 제기했고 전개했던 논제가 더 마음에 들었던 탓일 것이다. 온고지신溫故知新이라는 말이 있지만, 최신 경향의 소개가 부족했음은 부인할 수 없다.

   이 책에 수록된 글들은 로마 공화정에서 전개된 조세 징수와 신분제가 어떻게 관련되는지를 논구한 것이다. 긴 시간에 비해 주제들이 책으로 엮어도 될 정도로 관련성이 있는 것은 다행한 일이다. 애초 필자가 이 문제를 다루게 된 것은 사소한 일에서 비롯했다. 예비군 훈련을 나갔는데, 현장에서 어떤 사람이 특별한 대우를 받는 것을 볼 수 있었다. 알고 보니 부대에 필요한 것을 구입하는 데 필요한 자금을 후원해 준 사람들이었다. 물론 부정한 일이고 불평등한 일이라고 주장할 수 있으나, 국가라는 조직을 운영하는 데 필요한 자금을 조달하고 공급하는 자들이 중요하다는 생각에 이르게 되었다. 문득 깨달아지는 바는 『성서』에 나오는 '삭개오Ζακχαῖος'라는 인물의 중요성이었다. 흔히 『성서』에서는 세리장稅吏長으로 번역되었으나, 알고 보니 조세 징수 청부업자인 '푸블리카니publicani'였다. 그렇게 번역된 것은 조세 업무가 당연히 관청의 역할이라는 생각에서 나온 것으로 보인다. 사실 이들 업자는 죄인과 동격이어서 흔히 '세리와 죄인publicans and sinners'이라고 표기되어 왔다. 이 제목은 에른스트 바디안Ernst Badian의 유명한 기본서의 제목이기도 한데, 그 역시 같은 점에 주목했던 것이다. 이런 개인적인 흥미가 사실 기사equites(에퀴테스)와 청부업자들 그리고 이들에 대해 재정 집행을 통제했던 트리부니 아이라리tribuni aerarii 연구로 이어지게 되었다.

로마 공화국에서의 신분은 귀족과 평민의 대립으로 알려져 있다. 그러나 '오르도ordo(원래 '질서'를 뜻함)'라고 표현되는 신분은 실제로 다양했다. 귀족과 평민이라는 양극 사이에 기사 신분이 존재한다는 것이 필자의 흥미를 끌었다. 특히 작고한 클로드 니콜레Claude Nicolet의 저술이 필자에게 많은 영향을 주었다. 필자가 여기에 흥미를 가지게 된 이유는 사회이동의 문제였다. 필자는 로마가 그러한 극단의 갈등을 해결하는 데 중간 신분이 중요했을 뿐 아니라 이들이 중국사의 신사紳士층처럼 신분 상승을 위한 사다리의 역할을 함으로써 체제의 안정을 가져온 요소라고 보았다.

국가의 업무가 어느 때보다 많아진 오늘날, 세원을 발굴하고 공평 과세를 실현하기 위해 애쓰는 세무 공무원이 많지만, 이들이 출현하기 이전에는 보편적인 현상이 조세 징수 청부업자였음을 인지할 필요가 있다. 이렇게 보면 장구한 역사에서 국가기구의 연속성을 이어온 사적인 조직으로서 특수성을 가지는 주제가 청부업자에 관한 글이다. 이들을 공정히 대우하고 별도의 신분으로 다루고 각종 혜택을 주었던 것은 공화정기 로마 정부가 가진 자원을 효과적으로 쓰기 위한 전술이었다. 물론 그에 따른 폐해가 체제에 위협이 되었으므로 제정기에 이들은 점차 공무원화하는 경향을 확인할 수 있다.

로마는 35개의 트리부스tribus로 구성되었다. 이것은 물론 이탈리아 반도에 국한된 것이지만, 그 구성과 기능에 관해서는 알려진 바가 많지 않다. 필자는 트리부니 아이라리의 활약을 다룬 논문을 1989년에 발표했는데, 이후 오랫동안 이 문제를 다루지 못했다. 없어져 버린 신분이라는 인식이 한계로 작용했던 탓이다. 그러나 재정이 운영되는 구조와 특히 튀르키예의 에페소스에서 발견된 '속주 아시아 관세법Lex portorii Asiae' 비문을 살펴보니 이들은 실제로 없어지지 않았고, 다른 문헌을 통해서 이들이 로마 사회에 필요한 일들을 자발적으로 주도했으며, 자신들의 이해관계를 집단으로 때로는 무력으로 표현하기도 했고, 쿠라토레스curatores라는 이름으로 제정기에도 존재했음을 확인할 수 있었다. 이러한 새로운 사실을 발견하고 처음에는 매우 기뻤으나 이미 서구 학자들, 특히 테오도르 몸젠Theodor Mommsen의 연구가 있었다는 것을 발견하게 되었다.

사실 로마사 연구도 다른 역사 연구와 마찬가지로 자유 퍼즐이다. 알고 싶은 것은 실제로 존재하지 않으며, 제공된 편린을 가지고 자기 나름대로 퍼즐을 맞추고 해석해 가는 과정이 역사라고 할 수 있다. 로마의 조세 징수와 신분 문제는 로마사라는 거대한 퍼즐의 작은 일부다. 이 퍼즐을 맞추는 과정에서 발견되고 주목받은 것이 로마의 중간층이라고 할 기사 신분과 트리부니 아이라리다. 이들을 통해 로마 공화정은 국가가 감당할 수 없거나 거북한 일을 개인에게 맡기고 이들을 신분으로 편성해 관리했다. 필자는 이런 과정에서 형성된 자율성이 로마 사회의 자유와 역동성을 이루었다고 결론을 내릴 수 있었다.

필자의 논고가 신라사 연구자의 글에 인용된 것은 기쁜 일이 아닐 수 없다. 이미 간행된 글들을 정리해 하나의 책으로 만드는 일은 불필요할 수도 있지만, 일반인들에게 알리고 후학들에게 참고 자료의 기능을 한다면 감사할 일이다. 이 자리를 빌려서 필자의 논문을 심사하고 논평해 준 익명의 심사자들에게 감사의 뜻을 전한다. 이 책에서는 몇 가지 변화를 주었다. 최근에 '이이'로 중복되는 음운을 '이'로 표기하는 관행에 따라 '아이라리이'는 '아이라리'로, '세스테르티이'는 '세스테르티sestertii'로 바꾸었다. 출처 표기는 독자들의 가독성을 높이고자 본문 하단에 두었고 저자명, 연도, 쪽수 등의 정보를 간략히 표시했다. 아울러 고전 표기도 가능하면 한글로 표시했다. 원서명과 서적 정보를 알고 싶으면 참고문헌을 보기를 바란다. 정무관 중에서 콘술consul은 그대로 사용했고, 켄소르censor는 호구조사관, 프라이토르praetor는 법무관, 콰이스토

8

르quaestor는 재무관으로 통일했다. 이 점과 관련해 독자들의 깊은 이해를 바란다. 출판계가 전반적으로 어려운 가운데도 이 책의 출간을 맡아준 한울엠플러스(주)에 감사드리고, 세심하게 교정을 보고 수정을 제안해 준 편집진에게도 고마움을 표한다. 마지막으로 평생 연구의 스승이시고 현재도 강의와 연구에 몰두하시는 허승일 교수님께 이 자리를 빌려 다시 감사의 인사를 드린다.

2024년 11월
금강변에서
김창성

제1부

—

벡티갈

제 1 장

고대 로마의 사회와 조세 징수*

1. 서언 ㅣ 2. 국가관과 조세 ㅣ 3. 공화정기의 조세 징수
4. 제정기의 재정 문제와 그 추이 ㅣ 5. 결어

1. 서언

　납세자가 된다는 것은 우리가 국가의 권력을 몸소 체험하는 기회를 제공한
다. "세상에서 가장 확실한 것이 죽음과 조세"라는 말이 있는데,[1] 이는 인간이
국가의 성원이 된 이래로 피할 수 없는 의무가 조세라는 것을 의미한다. 근자
에 우리는 복지국가를 지향해 나가면서 모든 여건이 나아지고 있으나, 다른
한편으로 커져가는 고민은 개인의 납세 부담도 그만큼 늘어간다[2]는 데에 있
다. 고대 로마인도 조세에 관해서는 우리에 못지않은 고민과 관심을 가지고
있었다. 아울러 나름대로의 관념도 있었는데, 로마 시민은 자유인으로서 다른
폴리스polis의 시민처럼 조세 부담에 예속되어서는 안 된다고 생각했다. 그런
관념이 '로마 시민의 권리에 따르는 소유권dominium ex iure Quiritium'이라는 제
도[3]를 만들어내기도 했다. 그러나 이런 이상에 부합하는 시기는 별로 없었던

＊　이 글은 ≪역사와 역사교육≫, 제3·4호(1999.6)에 게재된 바 있다.

1　"but in this world nothing can be said certain, except death and taxes." 벤저민 프랭클
린(Benjamin Franklin)이 1879년 친구에게 보낸 서한에서 나온 말이다(Shaw, 1989: 809).

2　복지 정책과 재정 압박의 문제에 관해서는 송규범(1983: 232)을 참조.

3　페리 앤더슨(Perry Anderson)은 이것이 절대적인 소유권의 개념으로서 로마의 법학자들

것 같다. 명목상이든 자발적 기여든 어떤 형태로든 현실은 시민에게 부담을 전가시켰다. 또한 고대인들도 조세는 사회를 반영한다고 보았다. 그래서 자타의 사회를 조세체제라는 잣대로 재었다. 그런 잣대를 통해서 보아도 로마는 여러 국면을 지나면서 변화해 나갔다. 이 장에서는 이런 변화상을 추적해 보고 그것이 던지는 정치적 함의를 조명해 보고자 한다.

2. 국가관과 조세

조세는 여러 가지로 정의될 수 있겠지만, 그것이 국가의 살림을 운영하는 데에 필수 불가결하며 국가의 구성원에게 부과된다는 점은 부정할 여지가 없다고 하겠다. 따라서 조세에 관한 생각은 필경 국가에 대한 관념을 크게 담기 마련이다.

국가 형성의 초기에 오랫동안 정규적인 조세 부과가 없었던 그리스 세계에서는 정규적인 조세 부과는 낯선 것이었다. 고전기의 아테네인들은 직접세를 참주적인 것으로 혐오했고, 가능하면 이를 회피하고자 했다. 따라서 그리스인들에게 자신들의 자유는 조세 부과로부터의 자유를 의미하기도 했다.[4] 그런 일을 감행한 자들이 이질적인 명칭인 참주tyrannos(티라노스)[5]라고 불린 것은

이 소유를 외적인 조건이나 제한으로부터 해방시킨 것으로 파악한다. 이는 또한 로마의 광범한 노예경제의 법적인 완결이며, 시대를 넘어서 계승된 관념으로 파악한다(Anderson, 1978: 66~67). 이런 소유권 개념이 르네상스 시기의 유럽에 도입된 동기와 영향에 관해서는 Anderson(1979: 26~27)을 참조.

4   Finley(1982a: 80, 90).
5   '참주'로 번역되는 티라노스는 애초 '리디아의 왕'을 지칭하는 말로 그리스에 도입된 후에 여러 가지 의미 변화를 겪었다. 흔히 '왕'으로 번역되는 바실레우스(basileus)는 세습적이고 합법적인 지도자를 의미하는 반면에 참주는 나쁜 의미로 사용되는 것이 일반적이다. 그렇지만 초기 그리스 사회에 나타난 새로운 현상을 지칭하는 말로 이해된다(Andrewes, 1960: 20~30).

주지의 사실이다.[6] 이런 관념이 굳어지면서 국가의 운영비는 개인의 재산이나 인신에 전가되지 말아야 한다는 사상을 낳게 되었고, 이는 당대의 오리엔트 전제 국가와 비교해 볼 수 있는 계기를 제공했다고 생각된다. 페르시아 전쟁의 승리 이후 자신의 체제에 자신감을 가지게 된 그리스인들[7]은 자기 체제의 우월성을 자유에서 찾았고 그런 자유를 뒷받침하는 제도의 하나가 자신들의 조세체제였다고 파악하기에 별 어려움이 없었을 것이다. 위서僞書 아리스토텔레스Aristoteles의 『경제학』은 이 같은 관념을 집약했다.[8] 이에 따르면 조세 부과의 내용에 따라서 국가는 두 가지 유형으로 분류된다. 국가의 재산에 기초한 임대 수입이나 관세 수입으로 국가를 운영하는 것이 폴리스형 국가의 방침이라면, 인두세와 토지세 등 인신과 재산에 과세함으로써 예속 상태에 놓인 인민 위에 군림하는 것이 전제형의 국가가 취하는 정책이라는 것이다. 후자와 같은 상태에서는 시민의 자유나 자율성은 찾아볼 수 없고 인민이 노예 상태에 빠져 있으므로 약점이 많게 된다. 따라서 자신들의 체제는 조세 면에서 오리엔트보다 우월하다고 보았다.

그러한 관념은 그들이 국가를 무엇으로 표상했는지의 문제와 관련이 있다. 즉, 폴리스의 운영은 폴리스 자체의 수입으로 이루어져야 한다는 것이므로 이상적으로는 개인의 소유인 사유물에 대해서 간섭해서는 안 된다. 다시 말해서 국가의 재산이 따로 있고 개인의 재산이 따로 있어야 한다는 논리가 생기게 된다. 이 같은 논리가 발전해 고대는 공유와 사유가 별도로 존재한 사회 구성

---

6   아테네의 참주인 페이시스트라토스(Peisistraos)는 생산물에 대해 5퍼센트의 조세를 부과했다. 이 조치는 투키디데스(Thucydides)의 설명에 따르면 다른 조치들과 마찬가지로 아티카(Attica) 사람들을 더욱더 완벽하게 통합시켰다고 한다. 그렇다면 그 전에 아테네에는 실상 그러한 보편적인 과세가 이루어지지 않았던 것으로 볼 수 있을 것이다(Sealey, 1976: 135, 139).

7   김봉철(1996: 28).

8   위(僞) 아리스토텔레스, 『경제학』, 2.1.4~5. 이 구절의 의미에 관해서는 Nicolet(1976a: 9~10)를 참조.

단계라는 발전론의 근거로 원용되기도 했다.[9] 물론 이런 생각이 반드시 현실과 일치하는 것은 아니지만, 그래도 고대 사회를 이상형의 유형을 이용해 파악하고자 할 때 유용한 개념이 되고 있다.

이런 개념은 개인이 사유재산을 가지고 있듯이, 국가가 공유재산을 가지고 있다는 식으로 생각할 수 있게 해주고, 재산상으로 국가가 개인과 본질적으로 다르지 않다고 하는 일반적인 사고를 형성해 국가가 특별히 우월하거나 신성한 존재라는 생각에는 이르지 못하게 했던 것으로 여겨진다. 그러므로 국가의 성원인 시민은 국가에 손해가 나면 공동으로 이를 보전하고 이익이 나면 공동으로 이를 향유한다는 생각을 가지게 되었다. 기원전 480년대에 아테네에서 테미스토클레스Themistocles가 페르시아의 재침을 대비한다는 명분으로 라우레이온Laureion 금광에서 나오게 된 수익을 전용하고자 했을 때, 아리스테이데스Aristeides 등이 반대했던 명분도 그러한 국가 관념에서 비롯했다.[10] 즉, 국가는 국가의 성원인 시민을 주주로 하는 하나의 회사와 같은 것이니, 회사의 존립이 구성원의 이익을 최대로 보장하기 위한 것처럼 국가는 시민의 이익을 보장하기 위해서 존립한다는 주장이 가능했다. 로마 공화정 말기 재정 문제에 직면한 마르쿠스 툴리우스 키케로Marcus Tullius Cicero마저도 국가는 사유재산을 보장하기 위한 제도[11]라는 말을 남기고 있는데, 이는 다름 아닌 바로 이런

---

9   최종식(1989: 63)에 따르면 그리스·로마의 "사적(私的) 토지 소유는 국가 소유와 개인 소유의 이중 형태로 병존한" 것에 특수성이 있다고 파악된다. 그렇지만 이 주장의 근거가 되는 Marx and Engels(1979: 38~39)에 따르면 단순한 병치 관계라기보다는 일종의 길항 관계로 보는 것이 적합하다. 이를테면 사유는 공유에서 발전하는 것이고 공유에 예속될 수밖에 없다. 왜냐하면 사유재산권의 주요 대상인 노예노동에 대한 지배는 그 사회 속에서만 가능하기 때문이다. 이런 상태를 비정상적인(abnormal) 상태로 보았다. 이런 사회구조는 사유가 발전하면서 쇠퇴할 수밖에 없다. 이런 사유재산권의 발전에 관해 고전적인 저작으로 평가받는 Kaser(1956: 16)에 따르면 그런 사유재산권의 발전은 용어의 검토를 통해 보아도 장기간에 걸친 발전의 산물이며, 로마 공화정 후기에 완성된 것으로 이해된다.

10   양병우(1965: 111, 116~117, 120).

11   로마 공화정 후기의 지성을 대표하는 키케로가 이를 집약하고 있다. "왜냐하면 각자의 재

관념의 집약이었다.

　이러한 생각에 반대한 식자들이 고대에 없었던 것은 아니다. 구성원의 이익을 최대로 향유하게 해주는 것에 그 존립의 의의가 있다면 국가란 해적들의 모임과 무엇이 다른지 묻는 원색적인 비판이 제기되기도 했다.[12] 아리스토텔레스는 이에서 더 나아가 국가란 그런 목적으로 만들어진 것이 아니라 좀 더 고상한 목적을 실현하기 위해서 존재하는 것이니, 그 목적이란 덕의 완성을 위한 제도라는 식으로 국가의 신성성을 규정했다. 그러나 그런 목적 설정이 철학자나 문인에게는 중요한 것일지라도, 현실의 문제를 처리해야 하는 군인이나 정치가 또는 사업가에게는 사실 공허한 메아리였다고 할 수 있을 것이다. 따라서 이들이 주축이 되는 로마의 부유층은 국가의 운영을 위해 재산에 손해가 되는 일을 묵인할 리 없었고,[13] 또 이 사실을 잘 알고 있는 지배층에게 국가에 필요한 재정을 조달하기 위해서 일정한 제도를 만들고 그런 제도를 통해서 지배 상태를 공고히 하는 것이 더욱 현실적이었다.

　이런 생각을 집약해 키케로는 직접재산세는 내지 말도록 주의하고, 되도록이면 축소해야 한다고 주장했다. 그가 생각했던 방안은 국가의 공유지를 그대로 보유하고 그 공유지를 임대함으로써 나오는 수익을 국가의 재정으로 확보하는 것이었다. 이런 생각을 지니고 있었던 그는 공유지의 소유권을 농민에게

산을 지켜주기 위해 국가 제도와 시민 공동체가 수립되었기 때문이다"(키케로, 『의무론』, 2.73~74). 그에 따르면 국가라는 제도는 개인의 재산을 보호하기 위해 만들어졌고, 개인의 재산에 직접 부과되는 재산세 같은 것은 징수되지 않도록 해야 하는 것이 일반적인 관념이었음을 알 수 있다. 이런 관념은 우리나라 헌법에서 국민의 생명과 재산을 지키는 것이 국가의 의무라는 규정과 크게 다르지 않다고 생각된다.

12　아리스토텔레스, 『정치학』, 1280a-b; Nicolet(1976a: 8).

13　이를테면 티베리우스 그라쿠스(Tiberius Gracchus)의 개혁에 대한 로마 귀족 일반의 반감이 이를 입증한다. 그를 살해하는 데 주도적인 역할을 맡은 나시카(Nasica)는 물론이고, 그의 매부였던 스키피오(Scipio)도 피살자의 행위가 옳지 못하다고 판단한 것으로 널리 알려져 있다(허승일, 1995b: 223~224 참조).

넘기자는 푸블리우스 룰루스Publius Rullus의 농지법에 대해 강력히 반대하지 않을 수 없었다.[14] 그런 정책은 공유지에서 나오는 세입을 축소시키고 결국은 개인의 사유재산에 세금이 부과되도록 하는 것이 명약관화하기 때문이었다. 요컨대 요즘같이 계층 간의 갈등을 조세로서 완화한다는 식의 정책은 안중에도 없었다. 그러므로 오늘날의 누진세 같은 것은 상상할 수 없었다. 오히려 재산의 차이가 존재해야 사회가 유지된다[15]는 생각을 지니고 있었던 그는, 그같은 정책이 가져올 사유재산의 침해를 체제에 대한 최대의 적으로 여기지 않을 수 없었다. 이런 정책이 로마 원로원의 주요 정책이기도 했다. 구체적으로는 재정이 풍부한 경우 비옥한 캄파니아Campania 토지를 매입해 이를 농민들에게 소작시키는 정책을 취했다.[16] 이런 경우는 토지 측량가들이 세밀하게 토지를 측량했던 것으로 알려지고 있다. 요컨대 공유재산인 공유지의 수입으로만 국가를 경영하고, 개인의 재산에 관해서는 불가침을 하나의 원리로서 선언하는 것이다.

그래도 키케로에 따르면, 불가피한 경우에는 국가를 구하기 위해서 기금을 출연하는 것을 기피해서는 안 된다.[17] 실제로 키케로는 그의 정치 생활을 마감하기 직전에 가이우스 옥타비우스Gaius Octavius의 군대에 지급할 자금을 마련하기 위해 전쟁세인 트리부툼tributum을 징수했다.[18] 물론 성공을 거두지는 못했으나, 국가의 위기를 당해서 재산에 직접 부과되는 세금을 징수하는 것이 일반적인 관행이었음을 알 수 있다. 이 재산에 부과되는 세금은 형평성이라는

---

14 키케로, 『룰루스 농지법 반대』, 2.29.1. 이 법안은 공유지로 남아 있던 캄파니아 농지를 분배하고 5000명의 식민자를 보내자는 내용이었다. 이에 관해 키케로는 국고에 타격을 줄 것이라는 명분을 들며 반대했다(Afzelius, 1940: 231, 234).
15 허승일(1995c: 294~296).
16 김창성(1994: 32).
17 키케로, 『의무론』, 2.74. "모두가 안전하게 살기를 원한다면, 그것은 불가피하다는 사실을 인식하도록 노력을 기울여야 할 것이다."
18 허승일(1995d: 415).

원칙에 따라서 재산 액수에 비례해 부과되어야 했으므로 평소에 개인의 재산을 파악해야 할 필요가 있었다. 왜냐하면 그런 준비가 되어 있지 않은 상황에서는, 시급을 요하는 국가사에 대처할 수 없기 때문이다. 그리스의 아테네를 비롯한 여러 도시에는 로마의 전쟁세와 일치하는 에이스포라εἰσφορά[19]라는 재산세가 있었다. 이렇게 본다면 전쟁세는 고대 서양의 도시국가에는 널리 확산된 제도였다고 보아야 할 것이다. 또 고대 세계의 끊임없는 전쟁을 고려하면 에이스포라는 차라리 하나의 정규적인 세금이었다. 그러기에 이와 관련되어 재산 신고 제도가 일반화되고 이를 효율성 있게 추진하기 위해서는 여러 가지의 사회적인 분위기의 조성이 필요했다.

솔론Solon이 제정한 재산 제도는 이런 점에서 중요한 의미를 지닌다. 그는 시민을 한 해의 소출에 따라서 4등급으로 편성하고, 그 재산 등급에 따라서 권리와 의무를 차등으로 부여하는 제도를 만들었다. 즉, 재산이 많은 사람은 신고를 함으로써 자연스럽게 정치적인 우선권과 사회적인 지위를 확보하도록 했다. 이런 분위기하에서는 재산을 공개하는 것이 자연스럽게 유도되었을 것이라고 생각된다. 또한 최우등급이라고 할 500메딤노스급pentakosiomedimnoi에 속하는 사람은 국고 관리직을 맡게 되었는데, 아마도 이 직책은 국가의 수입이 부족할 경우에 사재를 털어야 하는 부담을 지고 있었기에 선뜻 감당하기는 어려웠을 것이라고 생각된다. 물론 이들에게는 최상의 정치적인 권리가 부여되었다. 최하등급인 테테스thetes라고 불리는 빈민은 직접세를 전혀 내지 않았고 병역의 의무도 없었지만, 이로 인해서 시민이 빈민이 되기를 원했다는 것은 보이지 않는다. 오히려 빈민으로서 제2등급인 기사hippeis(히페이스)가 될 수 있었던 어떤 사람이 아테네 여신에게 비문을 바친 것[20]으로 보아서, 사

---

19   징수 방식에 관해서는 Thomsen(1964)을 참조.
20   아리스토텔레스, 『아테네인의 국제』, 7. 4. 이에 따르면 안테미온(Anthemion)이라는 자가 빈민에서 기사로 신분이 상승해 신들에게 바친 비문이 아크로폴리스에 있었음을 알 수 있

회적 상승이라는 욕구가 시민 간에 지배적인 관심이었다고 보인다. 국가로서는 이러한 욕구를 이용함으로써 국가의 재정 문제를 해결하고 충실한 세원을 확보할 수 있었다고 하겠다.

그러다 보니 이처럼 재산이 많은 사람이 많은 의무를 지는 것이 당연하다는 의식이 자리 잡게 되어 이른바 기하학적인 평등[21]이라는 사상마저 나오게 되었다고 생각된다. 모든 권리와 의무를 같이 나누는 산술적인 평등과는 달리 기하학적 평등사상은 인간의 능력 차이를 인정하고 이를 기정사실화하면서, 그에 따른 권리를 수여하는 대신에 그에 상응하는 의무를 지도록 한다는 점에서 오히려 현실적인 생활의 원리로 작동할 수 있는 여지가 있었다. 흔히 솔론의 제도를 재산비례정치timocracy라고 하는데, 그런 예라고 하겠다. 곧 사회적인 갈등을 급진적인 개혁이나 혁명 없이 이런 제도를 통해서 자연스럽게 해결했고 나아가 이런 사상이 하나의 사회적인 관행으로 굳어지게 되었다[22]고 보인다. 가진 자의 편에서 보면 이 체제는 기존의 계층 분화를 지속시켜 주는 측면이 있었다. 즉, 최우등급인 500메딤노스급이나 차次우등급인 기사 신분의 자리를 차지하는 사람들은 종래 귀족으로 행세하던 자들이었다. 흔히 좋은 아버지를 두었다는 뜻인 에우파트리다이eupatridai[23]로 불린 자들이 아테네 사회에서 지배 가문을 이루고 있었고, 이들이 또한 많은 재산을 가진 자들이었다는 것이 분명하기 때문이다. 따라서 당장은 사회의 구성에서 계층 변동은 하나도 없었다. 이런 체제를 지배층이 기피할 이유가 없었을 것이다. 이미 앞서서 달리고 있는 경주와도 같은 것이었으니 말이다. 다른 면으로 보면 빈민이

다(Sealey, 1976: 119 참조).

21 허승일(1995d: 350 이하) 참조.

22 Anderson(1978: 38).

23 이 말은 '좋다'는 뜻인 '에우(Eu)'와 '아버지'라는 뜻의 '파트리(Patri)'의 합성어다. 이 말은 일반적으로 '귀족'으로 번역되지만, 초기 아테네에서는 특정한 지배 가문을 지칭하는 용어였던 것으로 보인다(Sealey, 1976: 117~119).

나 자영 농민의 경우에, 당장은 계층 변화가 없으나 앞으로의 노력에 따라서 사회적인 상승을 엿볼 만한 기회가 부여될 수 있었다. 물론 그것은 자본의 축적 기회가 많지 않은 사회에서 쉽지는 않은 일이었으나 불가능한 것은 아니었다. 이 점이 크게 달라진 것이었으니, 전에는 혈통상으로 사회적 신분이 결정되었으므로 사회적 상승은 기대할 수 없었기 때문이다. 이렇게 본다면 솔론의 조치 이후에 아테네 사회는 열린 사회로 변모한 것이고, 1세기 이후에나 꽃피우게 될 민주정치의 초석이 이로써 마련되었다는 평가는 지나친 것이 아니다.[24] 이를 국가 재정상의 측면에서 본다면 어떻게 될까? 재산의 증가가 사회적 지위의 상승인데 누가 재산에 대한 신고[25]를 기피하겠는가? 오늘날처럼 숨겨놓은 재산을 찾기 위해서 국세청이 애써야 할 이유는 없었다고 생각된다. 아테네에서처럼 재산을 공개하는 제도가 솔론이 이집트에서 배워온 것이라는 헤로도토스Herodotos의 보고[26]도 있는 것을 보면, 꽤나 앞서갔던 제도요, 문명화된 세계에서는 널리 활용되었던 것이 아닌가 한다.

　로마의 경우도 마찬가지였다. 로마의 군사 조직이요, 민회 조직이었던 켄투리아회Comitia Centuriata가 재산의 차등에 의해서 편성되었음[27]은 잘 알려진 사실이다. 곧 평민 1등급에서 5등급에 이르는 차이는 무장의 차이만이 아니라 보유하고 있는 토지 재산의 차이였으며, 상위 신분은 이보다 더 많은 재산

24　양병우(1965: 195).

25　로마의 경우 신고제(professio)가 시행되었다. 일차적으로 시민이 자기 재산을 평가해 신고하면, 이를 호구조사관이 추인하는 형태였던 것으로 파악된다(Pieri, 1968: 52~58). 한편 신분투쟁기의 로마에서 평민들의 부채가 증가한 원인을 그들이 속한 켄투리아에서 상위 등급에 오르고자 하는 평민의 욕구에서 찾는 연구도 이런 분위기를 대변하는 것으로 보인다(Kienast, 1975: 99).

26　박광순 옮김(1989: 200). 이 기사는 기원전 570년으로 추정되므로, 사실상 시대착오를 범하고 있다고 판단된다(Wells, 1928: 253).

27　Kienast(1975: 88). 그러나 새로운 전술과 무기가 도입되면서 재산보다 연령이 중요한 기준이 되었다(같은 글, 107).

을 가진 것으로 알려져 있다. 티투스 리비우스Titus Livius에 따르면 로마에 최초의 전쟁세인 트리부툼이 도입되던 기원전 406년에 원로원의원을 비롯한 지도층이 병사들에게 줄 봉급을 마련하기 위해서 수레에 금속 덩어리를 싣고서 오는 장면[28]이 감격적으로 묘사되어 있다. 결국은 전쟁세란 그것의 수혜자가 부담하기 마련이라는 경고에도 불구하고, 전쟁세의 징수는 일단 대중적인 환호 속에서 성공적으로 정착되었다. 이런 과정에서 가장 많은 부담은 가장 부유한 계층에 전가된 셈이므로, 로마의 지배층에게 일련의 지지와 성원이 있게 되는 것은 자연스러운 귀결이라고 하겠다. 이런 분위기는 계속 이어져서 가장 많은 재산을 가진 자들인 원로원의원과 기사들이 가장 많은 의무를 져야 했고, 평민은 보병 등급대로의 부담을 안고 있었을 것이라고 생각된다. 애초 이런 부담은 국가의 위기에만 국한되는 것이 보통이었으나, 전쟁이 해외 원정으로 바뀌고 또 상례화되면서 적어도 기원전 167년까지 사실상 일반적인 부담이 되었다. 이 부담의 경감을 호소하는 평민이 적지 않았음[29]을 쉽사리 발견하게 되며, 원로원의원들은 제2차 포이니Poeni[30] 전쟁 기간에 심지어는 병력을 차출하고 이들을 부양하는 책임[31]마저도 지고 있는 것을 본다. 이같이 원로원의원을 비롯한 사회 지도층의 부담은 소위 기하학적인 평등의 원리에 의해서 정례화되었다. 요컨대 경제·정치적 특권의 향유는 그에 비례한 의무의 수행으로 상각되는 것이라는 일반적인 합의가 서양 고대 국가의 기본 원리였다고 보겠다.

그렇다면 귀족층을 비롯한 사회적인 지도층이 하층민의 동의를 받는 방식

---

28   리비우스, 『도시의 건설로부터』, 4.60.

29   "살아남은 몇 안 되는 자들에게 부담이 배가된다면 또 다른 역병으로 사멸할 것이다"(같은 책, 23.48.8).

30   이 책에서 라틴(Latin)어의 'oe'는 '오이'로 표기한다. 즉, 'Poeni'는 '포이니'로 표기한다. 다만 그리스어에서 온 단어, 이를테면 'Poeta'는 '포에타'로 표기한다.

31   리비우스, 『도시의 건설로부터』, 24.11.7~9.

이 이런 식의 재정 지출을 통해서 이루어지게 되는 관행이 생길 수도 있었을 것이다. 그래서 아테네의 경우는 소위 레이투르기아leiturgia[32]라는 형태의 강제적인 추렴 행위가 부유층에 전가되었다. 이것은 원래 공적인 제사 등에 필요한 경비를 오늘날의 스폰서처럼 분담하는 것이었다. 이런 관행이 확산되어 사회적인 행사에 널리 사용되어서, 축전 기간에 벌어지는 연극이나 합창단을 위한 후원금을 부과하는 것으로 발전하게 된다. 일종의 준조세로서의 성격을 지니고 있었기 때문에 부과된 사람은 이를 회피할 수 없었고, 법정에서 자신의 성실성을 입증하기 위해서 이 레이투르기아라는 공적인 봉사를 충실히 했다고 답변하는 경우도 있었다.[33] 아테네에서 가장 높은 사회적 계층이 국고의 관리를 맡을 자격이 있다고 하는 솔론의 등급제하에서는, 국고의 관리가 이런 식으로 이루어지지 않았을까 추론된다. 이들이 국고의 부족분을 메꾸어야 하는 책임을 지고 있었다. 실제로 아테네 사회에서 가장 부유한 300명이 국가 조세의 대부분을 부담했다는 보고도 있는 것을 보면, 사회적 지위의 유지는 재정적인 부담을 의미했을 것이다. 어쩌면 민주정치가 진전되면서 혈통보다 능력이 고려되는 상황에서, 그러한 재력 과시가 사회적 신분 상승을 가져올 수 있는 매개가 아니었나 생각된다.[34]

로마의 경우도 마찬가지였다. 일찍이 키케로는 정치에 입문하는 사람들에게 가산을 탕진하지 말 것을 권고했다. 그러면서 자신은 별로 돈을 들이지 않고서 누구보다도 출세의 경로를 잘 밟아 올라갔음을 자랑한다. 그러나 그가

---

32   Littman(1989: 800). Ehrenberg(1960: 69, 80)에 따르면 이런 제도 때문에 고전기 아테네의 재정은 초보적인 상태에 있었던 것으로 파악된다.

33   김봉철(1992b: 63~64). 이런 공적 봉사의 수행과 관련해 흥미로운 제도의 하나가 안티도시스(antidosis)다. 채무나 역경 탓에 봉사를 수행할 수 없게 된 사람이 자기보다 능력이 있으면서 봉사에서 면제된 경우에 재산의 교체를 요구할 수 있었다. 이는 재산을 가진 사람 간에 상호 견제의 효과를 낳았을 것이다.

34   Ste. Croix(1981: 306)에 따르면 이런 레이투르기아는 빈민을 축출하는 조치로 해석된다.

돈을 탕진하지 않은 것은 탁월한 연설 능력으로 변호인으로서의 재능을 유감 없이 발휘했기 때문이었다. 그 같은 재능이 없는 사람으로 정계에 진출하려는 자들은 과도하게 호의를 베푸는 행위를 통해서 자신을 알릴 수 있었다. 이것 은 소위 라르기티아largitia[35]라는 것으로 관대함이라는 뜻을 담고 있으면서, 가산을 탕진해 시민들에게 여러 호의를 베푸는 행위를 의미했다.

이렇게 본다면 조세 징수는 사회적인 체제의 틀과 깊은 관련을 유지해 나 가며 이루어진 것에 특징이 있다고 생각된다. 그런 사회적인 관념은 소위 기 하학적인 평등의 원리로 이루어졌으며, 그것은 사회의 민주화가 진행되면서 공고해졌으리라고 생각된다.

3. 공화정기의 조세 징수

조세의 관할권은 이미 살핀 바에 따르면, 성격상 주로 부유층이 장악해야 할 사항임에 틀림없다. 아테네의 경우 국고 관리자들이, 공화정기 로마의 경 우에는 원로원이 주도권을 장악하고 있었다. 이런 사정은 이들이 공히 국고에 많은 기여를 했다는 사실에 근거하고 있다고 볼 수 있다. 폴리비오스Polybius 에 따르면 로마에서 재정의 권한을 지닌 원로원이 국고 부족을 핑계로 대면, 콘술consul이 개선식을 치르는 것도 불가능했다.[36] 그 같은 국고 부족이 사실 인지, 로마의 국고 관리가 어떻게 이루어졌는지 알 수 없는 사정에서는 쉽사 리 판단할 수 있는 문제가 아니다.

우선 트리부툼이라고 칭해지는 전쟁세[37]는 개인의 사유재산에 직접 부과되

---

35   키케로, 『의무론』, 2.64.

36   폴리비오스, 『역사』, 6.15.8.

37   트리부툼은 원래 '할당된 것'이라는 의미를 지닌다. 이를 '전쟁세'라고 번역하는 이유는 그 목적이 병사들의 봉급을 마련하기 위해 만들어졌기 때문이다(Nicolet, 1976a: 18). 또 초 기에는 'temerarium(시급한 것)'이라고 해서, 개인의 재산에 대해 관련자가 자의로 직접

는 조세였다. 그것은 전쟁에 대비하는 것으로 신설되었으므로, 부과될 필요가 있을 경우에는 해당 연도마다 원로원의 결의가 필요했다. 왜 그런 결의가 필요했을까? 결국에 가장 많은 부담을 하게 되는 계층이 바로 원로원의원들 자신이었기에 그렇지 않았을까? 기원전 167년 이후에 원로원이 다시는 징수 의결을 하지 않음으로써 120년 이상 전쟁세는 징수되지 않았다. 이를 필요악이라고 정하고 평소 국가의 살림을 잘해서 이를 징수하지 않도록 해야 한다는 키케로의 충고[38]는 원로원의원들의 이해관계를 십분 반영하는 말이었다.

폴리비오스가 남긴 『역사』 제6권을 분석해 보면 이와 같은 재정에 관한 권한이야말로 국가 통제의 기능을 수행할 수 있게 해주는 중요한 계기였음을 알게 된다. 로마에서는 조세를 징수하는 실무가 원로원이나 기타 국가기관의 관할하에 있지 않았고, 개인들에게 이를 징수하는 권한을 위임했다. 이 업무를 맡을 개인들의 선정은 원로원의 관할 사항이었다.[39] 전쟁세의 경우는 전쟁세 선납자들인 트리부니 아이라리tribuni aerarii가 지역구의 과세액을 분담했던 것으로 파악된다.[40] 이런 관행은 선납자들에게는 특혜라기보다는 일종의 부담이었을 것으로 보인다. 아테네에도 같은 역할을 하는 자들이 있었는데, 이들은 최상층의 부자로서 전쟁세인 에이스포라를 선납해야만 했다. 원칙적으로 이들이 사후에 납세의무자인 일반 시민으로부터 징수했을 것으로 생각되나, 그것을 강요하기는 어려웠을 것으로 생각된다. 왜냐하면 같은 시민의 지지를 받아야 하는 사정이 있었고 또 그와 관련해 아무런 권한도 부여되지 않았기 때문이다. 오히려 아테네의 경우에는 그것이 일종의 레이투르기아처럼 간주되었을 것이다. 로마의 경우도 유사했던 것 같다. 플라우투스Plautus의 극인

부과했다(Clerici, 1943: 440).

38   키케로, 『의무론』, 2.74.

39   폴리비오스, 『역사』, 17.9.

40   김창성(1989: 150 이하).

〈황금단지Aulularia〉의 한 장면을 보면, 트리부니 아이라리의 지정은 국가의 선임에 의해 자신이 인지하지 못하는 중에 이루어졌음을 알 수 있다. 이것은 그가 부자가 된 이유에서 비롯한다. 극을 보면 마지막에 병사가 와서 봉급을 달라고 요청하는 장면이 있다. 돈이 다 떨어진 부자는 결국 그 병사에게 줄 돈이 모자라서 돌려보내는데, 이로 미루어 보건대 그가 사전에 납세자로부터 징수하지는 않은 것으로 보인다. 이런 사정은 로마의 트리부니 아이라리라는 선납자가 레이투르기아와 같은 의무를 지고 있었음을 전해준다. 이런 이유로 해서 부유층이 주로 부담자가 되는 전쟁세는, 비록 그것이 재산에 비례한 세금이라는 원칙이 있었어도 되도록 징수되지 않도록 해야 한다는 키케로의 권고에 충분한 이유가 있는 것이다.

다른 범주의 조세는 벡티갈vectigal[41]이라는 것이다. 이는 트리부툼이 개인의 사유재산에 부과되는 것과는 달리, 국가의 재산이라고 할 공유지의 이용자들에 대해서 부과되는 조세다. 서양의 학자 중 일부는 이를 임대료로 보는 경향도 있으나 이 또한 국가의 재정 목표의 충족과 관련된다는 점에서 조세로 보아야 한다고 생각된다. 이 범주에 드는 세목은 일반적인 토지세, 방목세, 관세, 입항세 등 여러 가지가 있다. 이것들은 주로 조세 징수 청부업자인 푸블리카니publicani를 통해 징수되었다. 이들 청부업자는 해당 지역의 조세를 징수할 수 있는 권한을 공개경쟁을 통해 수급하는 방식으로 획득했다.[42] 이런 청부업은 수익을 크게 남길 수 있는 분야였기에, 막스 베버Max Weber 같은 사람은 고대 자본주의의 가장 중요한 투자 대상[43]으로 언급하고 있다. 이 청부업은 앞서 말한 전쟁세 징수의 과정과 매우 비슷한 절차를 지닌다. 우선 청부업자들이 선납을 했는데, 이들은 일시에 또는 분납의 형식으로 계약 기간인 5년

---

41 김창성(1995: 140 이하).
42 허승일(1993: 157 이하).
43 Weber(1909: 65).

의 조세를 납부했다. 이들은 다시 해당 지역의 납세자와 협약을 통해서 조세액을 산정하고 징수하는 절차를 밟게 된다. 이들의 징수 방식은 앞서 이야기한 트리부니 아이라리의 그것과 유사하므로 혹시 조세 징수 청부업자의 전신이 이들이 아니었을지 하는 추측[44]도 제기되고 있으나, 결정적인 증거는 아직 제시되지 않아서 규명해야 할 과제로 남아 있다. 다만 차이점은 조세 징수 청부업자들은 전자와 달리 더욱 강제적이고 집요한 방식으로 이익을 남기고자 노력했고, 이러한 가렴주구 행위는 로마에 대한 원성을 초래하는 주요한 원인이었다.[45] 이들은 로마에서 기원전 2세기 동안 특별한 세력으로 성장해 사회적인 영향력을 행사했으며, 기사 신분의 꽃flos equitum[46]으로 불릴 정도였다.

이 조세 징수 청부업자들이 원래부터 그런 영향력과 자본력을 가졌던 것은 아니었고 로마에만 있는 독특한 제도도 아니었다. 이집트나 그리스의 여러 나라에서도 이들과 같은 기능을 수행하는 자들이 있었다. 그러나 그 규모나 영향력 면에서 로마의 그들에 비할 바가 아니었다. 이를테면 이집트의 경우 조세 청부업자의 자본력이 취약했던 관계로 로마의 업자들처럼 일시에 선납하는 것은 불가능했다. 오히려 조세 징수는 국가의 관리가 직접 수행하고 징수 결과 의무액에 미달하는 경우 청부업자가 이를 벌충해야 했으며, 혹시 남는 경우에는 청부업자의 이익이 될 수 있었다. 이렇게 본다면 이집트에서 이들의 역할은 조세 징수 의무액에 대한 보장에 국한되었다고 하겠다. 그리스의 경우에도 사정은 비슷해, 이를테면 신전 공사가 있을 경우 국가가 이들 업자들에게 정기적으로 공사 대금을 선불했다. 그러므로 로마의 경우 조세 징수 청부업자의 자금을 동원하는 능력은 고대 사회에서도 매우 유별난 것이었음을 알

---

44 Nicolet(1976a: 52)에 따르면 원형(prototypes)으로 파악된다.
45 특히 아시아 속주민에게 괴로움을 준 것으로 알려져 있다(플루타르코스, 『세르토리우스』, 24.4; 『루쿨루스』, 20.1~2; 리비우스, 『도시의 건설로부터』, 45.18.4).
46 Hill(1952: 214).

수 있다.[47] 그러면 이들이 로마에서 그처럼 성장하게 된 요인은 무엇인가?

일차 요인은 공화정기 로마에서 관료 조직이 미약했다는 점[48]에서 찾을 수 있다. 즉, 소수의 관리가 임기 1년의 직책을 맡아 국정을 수행했고, 이들을 보좌할 공무원 조직은 발달하지 않았다. 이에 비해 로마는 기원전 3세기에는 이탈리아 반도 전역으로, 또 기원전 2세기에는 지중해로 지배권을 넓혀나갔다. 이런 변화에도 불구하고 로마의 정치·행정상의 조직은 큰 변화가 없었다. 따라서 당면한 문제를 해결하기 위해서는 별도의 조직이 필요했는데, 이러한 역할은 종래 원로원의원이 중심이 되는 귀족층이 담당할 수 없었다. 일의 성격상 조세 청부업은 일종의 고리대와 같은 것이었고, 이런 일은 로마 귀족에 합당하지 않은 일로 간주되었기[49] 때문이다. 따라서 이런 일은 귀족이 아닌 평민 출신자들 중에서 능력이 있는 자들에게 맡길 수밖에 없었다. 자연 이들은 귀족이 주도하는 정치 관계에 참여하기가 어렵게 되었다. 이런 사정으로 이들은 로마의 팽창 과정에 따라서 조세 징수 청부업을 비롯한 공공 청부업에서 비약적인 성장을 해나갈 수 있었다. 이런 성장은 이들이 점차 국가 운영에서 중요한 역할을 맡게 되는 결과를 낳게 되었다.

조세 청부업자들의 세력을 알 수 있게 해주는 일화가 있다.[50] 한 청부업자가 고의로 배를 난파시키고 국가로부터 많은 보상금을 받아냈다. 이 일이 훗날 알려지지만, 무슨 일인지 로마의 원로원은 별다른 조치를 취하지 않았고, 이를 포착한 호민관에 의해 민회에 소환되었지만 그를 지지하는 무리가 난동을 부려 민회장을 소란하게 했다. 그러면서 그는 끝내 처벌되지 않았다. 이런 점을 보더라도 조세 징수 청부업자는 기원전 2세기에 이미 상당한 정도로 독

47   Weber(1909: 64~66).
48   로마의 관료 조직의 상황에 관해서는 Hopkins(1980: 121)를 참조.
49   Meier(1966: 65~66); 김창성(1996: 400~401).
50   리비우스, 『도시의 건설로부터』, 25. 4.

자적인 세력이 되었음을 알 수 있다. 이런 세력을 개혁 추진에 이용한 자들이 그라쿠스Gracchus 형제였다. 특히 동생인 가이우스 그라쿠스Gaius Gracchus는 다른 호민관을 통해서 원로원의원과 기사 신분을 분리하는 정책을 취하고,[51] 이들이 속주에서 총독들의 부당 행위를 처벌할 수 있는 이른바 '부당취득물 반환 법정iudicium rerum repetundarum'의 배심원이 되도록 했다. 이로써 기사 신분이 정치적으로도 중요한 역할을 맡는 계기가 열리게 되었다. 그런데 그가 이런 조치를 취한 것이 개혁에 필요한 자금을 마련하기 위해 '속주 아시아의 조세 징수를 도급하는 법'을 제정한 것과 같은 맥락에서 이루어진 데에 주목해야 한다.[52] 이 법은 그 전에는 국가가 해당하는 지역의 대표자들에게 부과하던 것을 조세 징수 청부업자들에게 도급한다는 내용이었다. 그라쿠스 형제가 개혁을 시행하기 위해 많은 자금이 필요했다는 사정은 이미 잘 알려져 있다. 그런 어려움을 극복하기 위해 이들의 도움을 얻고자 했다는 것은 오히려 자연스럽다. 왜냐하면 형제는 원로원과는 반목 상태에 있었기 때문이다. 이것을 계기로 공화정기의 마지막 세기는 원로원의원과 기사 신분의 분쟁으로 점철되었다.[53]

원로원은 이들을 효과적으로 통제할 수 없었다. 그러기에 로마 원로원은 너무 분열되어 있었고,[54] 그에 비해 조세 징수 청부업자들의 조직은 강고했다. 실제로 로마가 지배하고 있다고 하는 모습을 보여주는 것은 로마의 군대와 조세 징수 청부업자들이었는데, 속주에 거주하는 일반민들에게는 후자가 더욱 두려운 존재였다.[55] 관료 기구가 미약했다는 사실은 관료 기구를 운영하는 데

---

51 이 조치의 의의에 관해서는 Meier(1996: 72, 74~76)를 참조.
52 허승일(1995a: 237).
53 신분투쟁의 의의와 그 한계에 관해서는 김창성(1996: 403~412)을 참조.
54 공화정 말기에 원로원의원 중에서 상당수는 청부업과 관련되어 있었다. 정치적 소요 이후에 처형된 원로원의원을 기사 신분 중에서 충원하는 관행이 있었던 탓이다. 이에 관해서는 Badian(1983: 101~106)을 참조.

에 필요한 비용 부담이 가벼웠다는 장점을 지니고 있지만, 다른 면으로는 그런 기구가 없으니 원로원이 통제할 수 있는 능력에 한계를 지니고 있었다. 공화정 말기의 상황은 그런 사정을 잘 보여준다고 하겠다.

로마 공화정의 몰락을 설명하는 여러 가지 견해가 있지만, 공화정 말기의 재정 상황도 고려해 볼 만하다. 율리우스 카이사르Julius Caesar 사후에 원로원이 정국을 주도할 호기를 잡을 수도 있었지만, 이를 적절히 장악하지 못한다. 그래서 가이우스 옥타비아누스Gaius Octavianus를 추종하는 군단 병사에게 지급하기로 약속한 재원을 마련하지 못했고, 여기에서 원로원의 취약성이 드러난다.[56] 특히 공화정을 지키기 위해 키케로의 제안에 따라 징수된 트리부툼이 목표액에 턱없이 모자란 징수 실적을 보인 상황에서, 정책을 주도해 나가는 데 필요한 자원을 로마 원로원은 지니지 못했던 것이다. 이는 원로원의 권위 상실로 비쳤고, 공화정 체제의 한계를 드러낸 것으로 인식되었다. 이런 결과는 길게 보면 원로원 귀족들이 사유재산을 지나치게 옹호함으로써, 하층민의 요구를 수용하지 못한 데서 비롯한 결과라고 보지 않을 수 없다. 이는 기원전 2세기에 원로원이 재정 문제를 적극적으로 해결해 나간 것과는 대비되는 현상이라고 생각된다.

4. 제정기의 재정 문제와 그 추이

아우구스투스Augustus(재위 기원전 27~기원후 14년)의 프린키파투스Principatus 는 로마의 조세 행정에 구조적인 변화가 초래된 시기였다. 우선 로마의 시민들이 지니고 있는 사유재산에 직접 과세하지 않는다는 관행이 바뀌었다. 기원후 6년에 아우구스투스는 제대병들의 연금을 마련하기 위해 군인금고aerarium

---

55   '국가 내의 국가'라고 표현될 만큼 강력한 기구를 지니고 있었다(Nicolet, 1977: 205).

56   허승일(1995a: 430 이하).

militare[57]를 설치한다. 이것을 운영하는 데 부족한 재원을 마련하기 위해서 로마 시민의 재산에 상속세[58]를 부과했다. 기원후 6년부터 부과된 이 조세는 상속재산에 5퍼센트의 세율로 부과되었다. 이는 약 1억 세스테르티[59]로 추정되는 제대병들의 퇴직금을 충당하는 데 크게 기여했다. 이 경우 이 세금을 내야 하는 자들이 로마 시민에 국한되었다는 점을 주목해야 한다. 이 세율은 카라칼라Caracalla(재위 211~217년) 황제 치세에 배가되었다. 프린키파투스 초기에 또 하나의 중요한 변화가 발생했는데 이는 국가 재정의 주도권이 황제에게 넘어간 점이다. 제정기에 들어서서도 로마의 원로원은 공화정기부터 맡아왔던 아이라리움aerarium이라는 명칭의 국고를 관할하게 된다. 형식상으로는 이 국고가 중앙 재정의 근간이었다.[60]

각 속주에는 각 총독의 관할하에 있는 피스쿠스fiscus[61]가 있었다. 황제는 다른 정무관과 마찬가지로 자신이 관할하는 속주에서 필요한 자금을 인출했다. 결산 시에는 아이라리움과 피스쿠스 간에 장부상의 계산만을 했다. 대부분의 속주에서는 로마로 보낼 잉여가 없었다. 특히 아우구스투스는 속주 아프

---

57 파견대장(praefectus, 복수는 praefecti)은 16년의 복무를 마친 후에 2만 세스테르티, 일반병은 20년의 복무를 마친 후에 1만 2000세스테르티를 퇴직금으로 수령할 수 있도록 한 조치로, 이에 소요되는 총기금은 약 1억 2000만 세스테르티로 계산된다(Kubitschek, 1894: col. 672).

58 이는 'vicesima hereditatum'으로 칭해진다. 이에 관해서는 Duncan-Jones(1974a: 5; 64, n. 5)를 참조.

59 'HS'로 표시하며 2.5아스에 해당한다. 복수는 '세스테르티(sestertii)'이며 영어로는 'sesterces'로 표기한다.

60 Heichelheim(1956: 412f.)에 따르면 로마의 국고는 원로원 관할과 황제 관할로 이원화된 것으로 이해된다. 이는 몸젠 등이 파악했던 로마의 국가 성격, 즉 프린켑스와 원로원이 주도하는 양두 체제(dyarchie)에 상응하는 것이다. 그러나 김덕수(1996: 1~5)에 따르면, 몸젠이 용어화한 이 이론은 오늘날에는 거의 허구적인 것으로 생각된다. 아울러 국가 재정의 운영이 이원화되었다는 것도 부정되고 있다(Scullard, 1985: 221).

61 이 말은 단순히 바구니(basket)라는 뜻으로, 오늘날 재정(fiscal)이라는 말의 어원이다.

리카에서 보내는 수입을 황제의 사유재산patrimonium(파트리모니움)으로 생각
했다. 그는 국고가 부족할 경우 자기 재산에서 보조금을 지급했다. 황제의 재
산도 때로는 피스쿠스라고 불리기도 했는데, 이는 혼란의 원인이 되기도 한다.

황제 개인의 재산 규모는 사실상 원로원의 그것을 초과하는 수준이었고, 황
실 소유 토지는 커져갔다. 이런 이원화된 재정 구조는 황제와 원로원의 이중
지배 체제가 허구인 것처럼 허구적이었다. 간혹 원로원의 독자적인 재정 운영
을 지지하는 황제들도 있었으나 이는 과시용에 불과했다. 실제로 국가 재정은
황제가 임명한 자들이 운영했기에 국고는 사실상 황제의 개인 재산에 예속된
것이나 다름이 없었다.[62] 국고는 점차 줄어들어서 사실상 수도 로마를 유지하
는 재정에 불과한 것으로 전락했다. 셉티미우스 세베루스Septimius Severus(재위
193~211년) 황제 치세에는 황실의 회계 규모가 커져, 새로운 금고인 '프린켑스
의 사유재산res privata principis(레스 프리바타 프린키피스)'이 신설되었으며,[63] 거
의 모든 국가 수입원과 국립 작업장, 광산, 채석장, 화폐 주조소를 포함했다.

이처럼 황제의 권한이 강화되는 것에 맞추어 납세자와 납세 내용에도 큰
변화가 일어났다. 종래 로마 시민의 토지 재산에 부과되었던 트리부툼[64]이라
는 직접재산세가 속주민에게 부과되기 시작한 것이다.[65] 이는 로마가 도시국
가에서 제국으로 변신하는 것에 걸맞은 변화였다. 이것은 로마 제국 내의 자
유인들이 제국의 신민이 되었다는 것을 의미한다. 속주민에게는 로마 시민과
달리 지세地稅, tributum soli와 두세頭稅, tributum capitis가 부과되었다.[66] 지세의

---

62   Scullard(1985: 293).
63   Heichelheim et al. (1984: 403). 그러므로 황제가 직할하는 금고는 피스쿠스, 파트리모니
     움, 레스 프리바타다.
64   Neesen(1980: 27)에 따르면 공화정기의 트리부툼과 벡티갈의 의미상 차이는 기원후 2세
     기에 완전히 없어진다. 이때부터는 국가에서 부과하는 것이 말 그대로 세금이라기보다는
     일종의 사용료로서의 성격을 지니게 된다.
65   이는 공화정기에도 일부 부과되었으나 제정기에 본격화되었다(Marquardt, 1888: 244~245).
66   Scullard(1985: 261).

경우는 앞서 공화정기에 언급한 전쟁세와 비슷한 방식으로 부과되었으나 대상은 더욱 넓어져 토지는 물론이고 가옥, 노예, 선박도 과세 대상이었다. 통상이런 대상은 평가액의 1퍼센트의 세율이 적용되었다. 두세는 기원후 146년에 아프리카에서 부과된 이후에 전체 속주에 확산되었을 가능성이 있는 것으로 파악된다.[67] 여자는 12세부터, 남자는 14세부터 65세까지 부과된 것으로 알려져 있다. 이렇게 표시된 자들은 예속인의 신분을 벗어날 수 없었다. 하지만 이 두세는 말 그대로 인두세poll-tax라기보다 토지 외의 재산에 부과되는 재산세로 보는 추세다.[68] 호구조사는 속주에 따라 상이한 간격으로, 상이한 기준을 적용해 실시되었다. 그래도 중요한 기준은 토지의 생산 능력, 직업의 담세 능력, 신분의 고하 등이었다.

이런 과정에서 공화정 말기부터 속주에서 로마 시민이 대규모로 소유한 토지에 대한 과세가 문제되었다. 속주의 토지는 로마 국가의 소유인 공유지로서 지위를 지니고 있었던 것으로 보인다. 이 공유지를 로마 시민이 취득했을 경우에, 이들이 지니는 토지도 이탈리아 내에서 지닌 토지와 마찬가지로 특권을 누릴 수 있는지의 문제가 제기되었다. 일반적으로 이탈리아에서 로마 시민권에 입각한ex iure Quiritium 소유권에 해당하는 토지에는 면세의 특권immunitas이 부여되었던 것으로 알려져 있다. 이를 이탈리아의 권리ius Italicum[69]라고 한다. 그런 권리를 속주에 확대하는 것은 국가 재정에 큰 손실을 가져올 우려가 있었다. 그래서 로마 시민의 권리에 입각한 토지라도, 그것이 속주에 위치하면 면세 혜택을 받을 수 없었다. 이 토지는 흔히 아프리카의 경우에 명시되었

---

67   *The Oxford Classical Dictionary*(2nd ed.), 1971, p.1093; 『학설휘찬』, 15.3, 'Ulpianus libro secondo de censibus.' 센서스 조사를 하면서 나이를 표시하는 것이 필요하다. 왜냐하면 어떤 사람들에게는 나이로 인해서 트리부툼의 부담을 지지 않도록 하기 때문이다. 가령 시리아에서는 남자는 14~65세, 여자는 12~65세까지 두세(頭稅)의 납부 의무가 있다.

68   Scullard(1985: 261).

69   같은 책, 261.

는데, 이러한 범주에 드는 토지는 궁극적으로는 국가가 소유권을 지니는 것이 원칙이었다. 이러한 원칙이 적용되는 토지 일반은 '과세된 사유지ager privatus vectigalisque'[70]로 분류되었다. 물론 이러한 범주에 해당하지 않는 토지는 그보다 더 불리한 조건 속에서 존재했다. 이러한 발전의 결과 조세 부과의 기준이 개인의 지위에 따른다기보다는 해당 지역이 어디인지에 따라 결정되는 결과를 낳게 되었다. 이런 속지주의 원칙[71]은 기원후 1세기경에 나타나는 토지 측량가들이나 2세기의 법학자들에 의해 공식적으로 표명되었다.

이런 변화에 걸맞게 호구조사의 의미도 변질되었다. 종래에 호구조사의 목적은 군역을 담당할 로마 시민을 골라내는 작업이었지만, 로마의 징집 제도가 변화하면서 그 의미를 상실했다. 따라서 로마 시민에 대한 호구조사는 공화정 말에는 간헐적이었다가 제정 초에는 드물게 실시되었다. 이제 호구조사는 속주 토지의 보유자와 그가 보유한 토지를 파악하는 것으로 바뀌었다. 호구조사의 주요한 기능은 개인의 지위를 확인하는 것이라기보다 그가 보유한 토지의 사정을 파악하는 것이 되었다.[72] 여기에는 토지의 지위에 관한 세부 사항이 중요한 항목이 되었다. 주요한 것은 토지의 등급, 토지 이용의 방식, 토지의 관할 지역 문제 등이었다. 이처럼 토지에 대한 파악이 중요해지면서 국가는 속주 토지를 바둑판 모양으로 재조직하는 일에 심혈을 기울였다. 그런 흔적은 오늘날 항공사진으로 판독되고 있는 정도다.[73] 이런 인위적인 토지의 재조직은 조세 징수를 위한 것에 다름이 아니었다. 이런 토지에 트리부툼이 부과되었는데, 각 지역의 실정에 따라 액수와 징수 방법에 차이가 있었다. 지세의 경

---

70 이 규정의 형성 과정에 관해서는 김창성(1995)을 참조.
71 Shaw(1989: 813).
72 Marquardt(1888: 273, 277~278). 호구조사에 기재되는 주요한 내용은 토지 등급(일곱 개의 등급이 있었음), 부동산에 부속된 동산, 개인 재산, 노예, 자유 소작농, 예농 등이다.
73 토지 구획의 방법과 의의에 관해서는 Weber(1891: 14~16, 279~282)를 참조. 항공사진은 Flach(1990: 24, Tafeln 1-5)를 참조.

우 수확물의 10분의 1세가 보편적이었지만 속주에 따라서는 5분의 1세나 7분의 1세의 현물이 부과되기도 했고, 지역에 따라서는 화폐 납부나 현물 납부가 이루어지기도 했다.[74] 징수의 양상을 보여주는 한 기록에 따르면[75] 로마 정부가 조세 문제에서 세밀한 사회 통제를 해나갔음을 알 수 있다.

제정기 국세 수입의 총규모는 어느 정도였을까? 직접적으로 세수 규모를 알 수 있는 자료는 전해지지 않는다. 매년 트리부툼을 통해 마련되는 세입 규모는 15억 세스테르티로 추산된다.[76] 그런데 이 액수는 현금 수입이 아니라 현물로 납부된 것이 많다. 특히 아노나annona는 당해 연도의 곡물세로 시장에서 현금화되어야 했다. 또한 곡물의 일부는 현지 대도시의 식량 공급에 쓰였다. 중요한 지출 항목은 복무 중인 병사들에 대한 것이었다. 제정 초에 30만 명 미만이었던 정규군은 해마다 증가해 50만 명을 상회했고 이 숫자는 늘어갔다. 이 정도의 군대를 유지하기 위해 지불되는 액수는 대략 6~7억 세스테르티 정도였다. 그다음으로 중요한 지출은 관료들에게 지불되는 봉급이었다. 기독교가 로마에서 공인된 이후에는 교회를 유지하는 비용도 포함되었다. 그 규모는 대개 연간 1억 5000~2억 세스테르티로 추산된다. 그 밖에도 많은 비용이 공공건물과 도로를 건설하는 데 사용되었다. 도로의 경우 건설과 보수를 위한 비용이 로마식 마일당[77] 10만 세스테르티에 달했다. 그 밖에도 대도시 빈민에 대한 시혜나 급양 등도 주요한 지출 항목이었다. 황제는 시혜로서 면세의 혜택을 베풀기도 했다. 이를테면 기원후 17년 티베리우스Tiberius(재위 14~37년) 황제는 소아시아의 사르디스Sardis가 지진으로 파괴되자 원로원을 통해 면세의 특권을 부여했다.[78]

---

74 히기누스, 『경계구획론』(Rudorff ed.), 1848, p. 205. Lot(1928: 78, n. 5)에서 재인용했다.

75 Shaw(1988: 815)에는 남프랑스 오랑주[Orange, 라틴명 아라우시오(Arausio)] 지역의 토지 측량도가 제시되는데, 이에 따르면 미세한 양까지도 측량되었던 것으로 파악된다.

76 같은 글, 823쪽.

77 로마의 마일은 1497미터다.

이런 지출에 대비해서 황제들은 조세권을 확보하고 있었다. 제국 전역에서 새로운 조세들이 부과되기 시작했다. 이를테면 곡물의 판매세, 소송에 따른 수익의 40분의 1세, 짐꾼에게 부과되는 8분의 1세가 있었다. 노예해방세[79]도 대폭 상승했다. 심지어 매춘부들마저 세금에서 벗어날 수 없었다. 조세 부과는 황제의 권리였으므로 이를 지키기 위해 각별한 주의를 기울였다. 베스파시아누스Vespasianus(재위 69~79년) 황제 때는 소변세[80]가 부과되었다고 할 정도로 철저를 기한 듯하지만, 이는 다른 한편으로 많은 조세가 제대로 징수되지 않았을 가능성을 지시한다.

그것은 우선 조세 행정의 불비에서 오는 비능률적인 측면을 고려해야 할 것이다. 조세 부과와 늘 연관되는 문제가 징수 방식이다. 앞서 공화정기에 조세 징수 청부업자들이 중요한 기능을 발휘했음을 언급했다. 제정기에 들어서면서 이를 대신할 만한 변화가 일어났다.[81] 로마는 제국의 영역이 넓어지자 각 지역을 도시 단위로 재편성했다. 그리고 이 도시들을 통해 제국의 재정적 목표를 달성하고자 했다. 각 도시가 로마의 원로원처럼 의회 조직을 갖추게 되었고 이 조직에 참여한 자들 중 한 사람이 징수 책임자susceptor, exactor의 직함을 갖고 트리부툼을 징수해 로마에 보내는 일을 맡았다. 경기가 좋을 때 이들의 역할은 지닐 만한 직책이었다. 그러나 조세 징수가 원활하지 못할 때는

---

78   Scullard(1985: 280, 282).

79   공화정기 노예해방세는 기원전 357년에 도입되었다. 노예 가격의 20분의 1이었으므로 'vicesima libertatis'라고 불린다. 제정기에도 존속했는데, 카라칼라 황제 시기에는 노예 가격의 10분의 1로 상향되었다(Cagnat, 1882: 153~155).

80   소변세는 로마시의 골목길에 있는 소변통을 사용했던 데서 유래한다(Homo, 1949: 309). 소변세 부과와 관련해 다음과 같은 일화가 있다. 황제는 소변세마저 부과한 데 대해 인상을 찌푸리는 아들의 코밑에 대고 냄새가 나는지 물었다. 아무 냄새가 나지 않는다고 하자, "오줌으로부터 나왔는데 이상하군"이라고 말했다고 전해진다(Shaw, 1989: 821). 이런 태도는 그의 경력과도 관련이 된다(안희돈, 1993: 149).

81   Scullard(1985: 261); Shaw(1989: 820).

그들에게 부담이 전가되었다. 일단 각 도시의 행정 조직이 종래에 조세 징수 청부업자들이 하던 일을 떠맡으면서 공화정 말기에 있었던, 재정 운영에 위협적인 요소를 제거할 수 있었다. 그렇지만 행정 조직이 조세 징수를 완전히 전담하지는 못했다. 각 지역에서는 여전히 사적인 대행업자들의 역할이 긴요했다. 그리고 그런 자들이 지니는 권리는 임대되는 것이 일반적이었기에 이들은 임차인conductores(콘둑토레스)이라고 불렸다. 이들 역시도 부패에서 벗어날 수 없었다.

제국의 재정 운영이 어려웠던 것은 크게 보아 제국 경제의 전반적인 퇴조[82]에서 중요한 이유를 찾아야 한다. 기원후 169년 마르쿠스 아우렐리우스Marcus Aurelius(재위 161~180년) 황제는 북쪽 경계로 원정을 떠나며 게르만인 용병을 고용했다.[83] 이에 드는 비용을 마련하기 위해 되사는 조건으로 궁정의 보물을 경매에 부쳤다. 이를 통해 전쟁 부담을 속주에만 전가하지 않으려고 했다.[84] 이런 정도로 재정 부족이 심화된 것이 예외적인 경우라고 하더라도 통상 국가의 총세수는 지출을 상회하지 못했고 재정 상황은 계속해서 악화되었다. 세수 저하는 경기 둔화 때문이었고, 그것은 오현제 시기를 지나면서 더욱 악화되었다.[85] 흔히 인류에게 가장 평화로웠던 시대로 인식되는 이 시기는 역설적으로

---

82 네로(Nero, 재위 54~68년) 황제는 기원후 59년에 일종의 자유무역을 구상했던 것으로 알려져 있다. 그는 제국 내의 모든 간접세가 폐지되면, 무역이 증가하고 이에 따라 직접세가 증대해 재정 문제를 해결할 수 있다고 생각했다(Scullard, 1985: 307).

83 이들은 '게르만인에 대한 게르만인 보조군(germanorum auxilia contra germanos)'이라고 할 만했다.

84 Garzetti(1960: 499).

85 에드워드 기번(Edward Gibbon)은 이 시기(기원후 76~180년)가 유럽인으로서 가장 행복했던 때라고 보았다. 그러나 이 시기는 생산 기반의 한계를 숨기고 있던 때에 불과했다. 마치 "늦가을의 화창한 날씨(Indian summer)"와 같았다고 할 것이다(Walbank, 1978: 19f.). 로마 제정기의 경제위기의 원인에 관한 연구 동향에 관해서는 김경현(1996: 344~357)을 참조.

로마를 지탱해 왔던 전쟁이 중지되면서, 또한 제국의 중심이 내륙으로 이동하면서 빚어진 경제구조의 변화에 따라 초래되는 위기를 맞이하고 있었다.

황제들은 재정 부족을 해결하려는 시도를 다각적으로 전개했다. 베스파시아누스 황제는 속주에서 걷는 트리부툼 액수를 배가했다.[86] 기원후 212년에 카라칼라 황제는 제국 내의 모든 자유민에게 로마 시민권을 부여하는 정책을 발표했다. 이 정책은 시민권이 이민족에게 확대된다는 점에서 획기적인 시도였다. 다른 측면으로 보면 이를 세수 증대의 기회로 삼으려는 시도였다는 지적[87]도 있다. 그런 조치에도 불구하고 발생하는 적자를 보전하기 위해 황실지의 수입을 사용했고, 귀족들로부터 강제로 기부금[88]을 걷기도 했으며, 주화를 개악하는 일[89]도 드물지 않았고, 재산 몰수[90]는 빈번했다. 일찍이 하드리아누스Hadrianus(재위 117~138년) 황제가 조세 징수 제도를 획기적으로 개선해 황제가 직접 관할할 수 있게 했다.[91] 그러나 이러한 혁신적인 조치도 사정을 호전시킬 수는 없었다. 기원후 3세기에 이르자 제국의 경제생활은 재정 압박 탓에 활력을 잃게 되었다. 위축된 경제로 제국을 유지하고 내란을 극복하는 데 필요한 경비[92]를 충분히 조달하기에 어려움이 많았다.

---

86 Homo(1949: 306).
87 카시우스 디오, 『로마사』, 77(78).9.5. 상속세 증대를 목적으로 했다고 한다. 그러나 이 견해에 대해 가시적인 효과가 별로 없었다는 반박이 있다(Sherwin-White, 1939: 221 참조). 그렇지만 시각을 달리해 이런 시민권의 확대 조치를 종래에 광범위한 특권을 누리던 원래의 로마 시민들로부터 면세 특권을 박탈함으로써 세수를 증대하고자 했다는 의도라고 해석되기도 하며, 자치행정을 부활함으로써 이를 조세 수입을 증대시키기 위한 것으로 보는 견해도 주목할 만하다(Abbot and Johnson, 1926: 116, 191~193).
88 대표적으로 소위 제관금(aurum coronarium)을 들 수 있는데, 이는 황제들이 즉위할 때 금을 축의금으로 바치도록 했다(Scullard, 1985: 261).
89 Mcmullen(1976: 108).
90 신상화(1989: 107쪽, 주 89).
91 하드리아누스 황제는 속주를 과세 구역별로 편성하고, 과세를 위해 황제 직속의 재정감독관들(procuratores)을, 조직되지 않은 지역에는 조세사정관들(censitores)을 임명했다.

이런 상황을 종식시키고 로마를 새로운 기초 위에 놓은 황제가 디오클레티아누스Diocletianus(재위 284~305년)였다. 그는 우선 유가티오jugatio라고 불린 토지세와 카피타티오capitatio라는 인두세를 신설한 것으로 알려져 있다. 이를 통해 개인의 인신과 그가 가진 동산과 부동산을 각 단위로 파악할 수 있게 되었다. 이 조치는 행정의 단일화와 단순화를 추구하기 위한 것으로 알려지고 있다.[93] 그렇지만 그것이 어떤 의미를 지니는지는 현재까지도 학문적인 합의가 조성되지 않은 것으로 보인다.[94] 우선 카피타티오는 토지세인 유가티오와 거의 같은 의미를 갖는 것으로 파악되어 왔으므로 합쳐진 명칭jugatio-capitatio으로 소개된다.[95] 왜냐하면 디오클레티아누스의 칙령에서 두 용어에 구애받지 않고 조세가 부과되도록 한 것으로 알려져 있고, 또 한 개의 두caput는 대개 20에이커(=8헥타르)의 면적과 일치[96]하는 것으로 인식되기 때문이다. 이 경우에는 카피타티오가 토지세와 동일한 것이라고 생각할 수 있으나 실제로 토지를 갖지 않은 자들에게 부과되는 경우도 있었고, 1두에는 하나 이상의 인수를 포함하고, 그것도 성별에 따라 다르기에 인두세의 성격도 가지고 있음을 부정하기 어렵다. 토지세를 뜻하는 유가티오는 '멍에'라는 뜻의 '유굼iugum'에서 파생된 말이다. 이 유굼의 면적은 지역적으로 차이가 큰 것으로 알려지고 있다.[97] 게다가 이 용어도 수수께끼처럼 학자들을 괴롭히는데, 단순히 면적만이

---

92 이 시기 군대 규모는 약 50만 명 정도로 추산되며, 이들에게 지불할 봉급은 6억~7억 세스테르티에 이르렀다. 실제로 병사들에게 지불되는 액수는 경비를 제외하면 1억 5000~2억 세스테르티였을 것이다(Shaw, 1989: 823).

93 Lot(1928: 62).

94 MacMullen(1976: 147). 일찍부터 로마 제국 후기에 출현한 이 카푸트(caput)가 프랑크 왕국 시기의 망스(mance)의 원형(prototype)으로 인식되었다(Lot, 1928: 56).

95 이 문제에 관해 고전적인 학설로 인정받고 있는 것은 프리드리히 폰 사비니(Friedrich K. von Savigny)의 설이다. 연구사에 관해서는 Lot(1928: 1~13)를 참조.

96 Mcmullen(1976: 145). 레세스네(Lecesne)는 1카푸트를 1년에 7솔리두스(solidus)를 납부하는 것으로 계산했다(Lot, 1928: 61, n.4).

아니라 토지의 용도와 그것에 귀속된 인간이나 가축을 더한 척도로 이해되고 있다. 이처럼 조세 제도는 토지세와 인두세를 결합해 일종의 단위 과표를 만들고 그것에 따라 징수하는 식으로 이행된 것으로 보인다.[98] 이런 제도가 필요하게 된 것은 조세 징수처럼 기술적인 측면에서도 행정상의 난맥이 존재했으며, 점진적으로 경제의 변화가 있었기에 이에 적응할 필요에 따른 결과라고 생각된다.[99] 아울러 제국 후기에 만연했던 화폐 위기와 점증하는 전쟁 비용 문제도 고려해야 할 것이다.[100] 심지어 디오클레티아누스 황제가 이탈리아 내의 로마 시민에게 직접세를 확대 적용함으로써 이제까지 이탈리아에 거주하던 로마 시민이 누리던 특권이 사멸한 것도 같은 맥락에서 이해된다.

조세 징수는 주로 도시 의회 의원curiales(쿠리알레스)에게 전가되었다.[101] 이들은 의탁받은 조세 징수를 자기 재산으로 보증해야 했다. 그 밖에도 속주 총독의 대리인도 여기에 가담했다. 또한 버려지는 토지가 없도록 하는 것이 중

---

97 Mcmullen(1976: 147). 한 법률에서 1유굼은 포도밭의 경우에 5유게라의 면적으로 언급된다. 그러나 이 보고는 신빙성이 없다고 여겨진다(Lot, 1928: 63, n. 2).

98 물론 이런 파악에서 전제되어야 할 것은 지역적인 다양성이다. 그렇다고 해도 인구 이동이 제한된 상황에서 인정(人丁)에 관한 파악은 경작지에 대한 파악과 불가분의 관계를 맺는다. 이를테면 한 지역의 인정이 감소하면 그것이 감소한 데 비례해 토지 면적을 늘려서 세수 감소를 막도록 했다(Mcmullen, 1976: 140~143).

99 디오클레티아누스 황제의 경제정책 전반에 관한 연구는 정기문(1999)이 있으며 조세정책과 관련해서는 같은 글(23~57쪽)에 소개되어 있는데, 디오클레티아누스의 개혁을 긍정적으로 보고 있다. 특히 Heichelheim(1956: 481~482)에 따르면 이 정책은 근대국가의 행정에 영향을 준 것으로 평가된다.

100 Mcmullen(1976: 152).

101 Heichelheim(1956: 483); Abbot and Johnson(1926: 113f.)에 따르면, 자치도시의 의원들을 조세 징수 대행자로 삼는 관행은 셉티미우스 세베루스 황제가 이집트에서 도입한 이후에 제국 내로 확산되었다. 도시 의회의 성원이 세습되는 것은 기원후 3세기 이후의 일이고, 이들이 도시의 유산자를 전부 포괄하는 것은 기원후 4세기로 파악된다. 그래서 일반적으로 이들은 세습적이고 강제적인 단체로서의 성격을 지닌 것으로 파악된다. 중세로의 이행기에서 이들이 처한 현실적인 문제에 대해서는 이연규 옮김(1988: 30~31)을 참조.

요했으므로 인두가 강제적으로 지정되고, 경작과 납세를 이웃이나 전 소유권자가 보증하도록 했다.[102] 이와 관련해 주목되는 것은 소작농민으로 분류되는 콜로누스colonus에 대한 징수다. 이는 주로 콜로누스가 속한 농장의 토지 소유주를 통해 이루어졌다. 어떤 면으로 보면 종래의 조세 징수 청부업자와 같은 기능을 강제적으로 토지 소유자에게 위임했다고 말할 수 있다.[103] 이런 점에서 농민 예속의 맹아가 형성되는 것으로 보인다. 우리 식으로 이해하자면 전주田主의 전객佃客에 대한 지배가 이루어져 가고 있었다고 할 것이다.

대개 로마의 국고는 현물로 채워졌고, 그런 사정은 디오클레티아누스의 개혁에도 별로 달라지지 않았다. 제국의 병사와 관리는 봉급을 대개 현물로 받았다.[104] 그러나 동시에 이들은 국가에 대해 금을 요구했다.[105] 이 요구의 충족은 콘스탄티누스 1세Constantinus I(재위 306~337년) 때 화폐가 다소 안정되면서 어느 정도 가능했다. 이런 일련의 개혁은 국가의 구성원으로서 어느 누구도 조세에서 예외가 될 수 없도록 하는 결과를 낳았다. 그러면서도 모순되게 국가의 최고 관리층이나 특권층은 지니고 있는 담세 능력에도 불구하고 면세의 혜택을 광범하게 누렸으며, 이를 제지하는 법이 있었으나 이런 경향을 막지는 못했다.[106]

---

102 소위 '에피볼레(Epibole)'라는 제도로 흔히 '이웃 사람의 권리'라고 번역된다. 이 제도와 중세 촌락 공동체의 기원의 상관성에 관해서는 Kulischer(1928: 22)를 참조.

103 Lot(1928: 36). 콜로누스는 조세 징수를 회피하기 위해 자유를 버리고 유력한 지주의 밑에 예속되었다(Walbank, 1978: 91).

104 군인들에게 공급할 목적으로 징수된 곡물은 '아노나 밀리타리스(annona militaris)'라고 불린다. 이는 도시민들에게 공급되는 '아노나'와 구별되어야 한다. 이 제도의 정비는 병영 황제 시기에 경제적인 혼란 상태에서 군인들의 생계를 보장하려는 최선의 시책으로 평가된다. 이것은 임기응변의 조치였으나 하나의 제도로 굳어졌고 디오클레티아누스 황제의 개혁에 큰 영향을 미친다(Mcmullen, 1976: 1~26, 130~132).

105 Mcmullen(1976: 151).

106 국가의 입장에서 모자라는 세수를 보충하기 위해 조세 징수를 늘리는 것은 위험 부담을 안는 일이었다. 그래서 대안으로 활용된 것이 공직자의 공공 봉사(레이투르기아)라고 불리

흔히 로마 멸망의 원인을 내부로부터의 몰락에서 찾는다. 그런 내부적인 요인 중 하나는 다름 아니라 조세 문제라고 생각된다. 광대한 국경을 지켜야 하는 로마로서는 많은 수의 군대와 관료를 유지할 수밖에 없었다. 이에 필요한 재정을 현금으로 확보하는 일은 시민들에게 큰 부담이 되었고,[107] 가혹한 세금의 부담 탓에 게르만 침략자들마저 이들에게는 로마 행정의 억압으로부터의 해방자로 보이게 했을 정도다. 이런 귀결을 베버의 유명한 말로 요약해 보자.

> 디오클레티아누스는 통일된 현금 조세의 토대 위에서 국가 재정을 재조직하지 않을 수 없었고, 도시는 최후까지 국가라는 유기체의 공식적인 최하 단위세포로 머물렀다. 그러나 광범위한 로마의 다수 도시들은 경제적 기반이 점점 위축되었다. 도시들은 장원들의 망으로 구성된 토대 위에서 현금을 필요로 하는 국가기구를 위해 마치 피를 뽑는 기계처럼 앉아 있었다. 로마 제국의 멸망은 교역의 점진적인 감소 및 자연경제가 증가하며 필연적으로 초래된 정치적 귀결이었다. 그 멸망은 본래 통치기구의 몰락을 의미했으나, 자연경제에 기반한 경제적 하부구조에 더 이상 적합하지 않게 된, 화폐경제에 기반한 정치적 상부구조의 몰락을 의미했다.[108]

물론 베버의 견해처럼, 화폐경제가 완전히 없어지고 자연경제 상태가 되었

는 강제적 기여였다. 이런 부담은 주로 도시 의회 의원(쿠리알레스)에게 전가되었고 최고위 계층, 특히 제국의 원로원의원에게는 특권으로서 면제되었다. 이런 면제의 범위에 관해서는 Abbot and Johnson(1926: 101~111, 192)을 참조.

107 이런 신민의 처지를 개선하기 위해 기원후 4~5세기에 '평민의 보호자(defensor plebis)'라는 직책이 생겼으나 효과를 거둘 수 없었고, 그 자체가 억압의 도구가 되기도 했다(Abbot and Johnson, 1926: 195 참조).

108 Weber(1928: 308).

다고 보는 주장은 지금은 거의 오류로 간주된다.[109] 동로마 제국의 멸망기까지 화폐경제가 활발하게 유지되었음을 입증하는 자료가 많이 발견되었기 때문이다. 그럼에도 서로마 제국이 멸망한 것은 결국 사회의 유력한 계층이 조세 의무를 회피한 데서 원인을 찾을 수 있다.

5. 결어

지금까지 고대 로마의 조세정책과 재정 추이를 살펴보았다. 그 결과를 하나의 이상형으로서 다음과 같이 제시할 수 있다. 우선 고대인은 재산세를 기피하고자 했고 그것이 시민으로서의 자유라고 생각했으며, 현실이 그렇지 못했더라도 그런 이념을 고수하고자 했다. 이런 생각에 따르자면 국가도 개인처럼 별도의 재산을 지녀야 했고, 그것은 공유재산 또는 공유지라는 범주로 표시되었다. 로마 원로원의 정책이 그렇게 얻은 국가 수입을 활용해 국가의 생활을 영위해야 한다는 쪽으로 방향을 잡은 것은 그런 이념의 결실이었다. 그러나 그런 이념은 제정으로 넘어가면서 바뀌어 로마 시민이라도 재산세를 납부하게 되었다. 이는 조세 면에서 국가 체제의 본질적인 변화를 의미한다고 보인다. 즉, 폴리스라는 소도시 중심에서 제국으로 변화하는 데 따른 필연적인 산물이었다. 또 하나의 특징은 징수 방법의 측면에서 발견된다. 국가에 징세 업무를 전담할 관료군이 충분히 성장하지 못했다. 그래서 가장 중요한 부문인 전쟁을 위해 징수되던 트리부툼과 일반세라고 할 수 있는 벡티갈이 선납하거나 대행하는 자들을 통해 징수되었다. 이를 통해 발전한 것이 푸블리카니라고 불린 조세 징수 청부업자와 그들의 회사 조직이었다. 이들은 국가 관료의 역할을 대행하며 로마 제국 체제를 원활하게 유지해 주는 역할을 맡았으나 부작용도 컸다. 이를 개선한 것이 제정기였다. 황제들은 기존의 행정조직을

---

109 Heichelheim(1956: 457).

이용함으로써, 이들 대리인을 배제하는 데 어느 정도 성공했다. 행정 우위의 정책은 일견 성공하는 듯 보였으나, 재정은 고비마다 위기를 맞이했고 궁극적으로 국가의 붕괴로 이어졌다.

이러한 추이를 보면서 재정·조세 정책은 국가의 변화나 체제와 흐름을 같이하는 것임을 알게 된다. 우리가 역사에서 조세를 연구하는 이유는 그 같은 변화의 단상을 살펴볼 수 있기 때문이다. 로마의 재정·조세 정책의 변화상이 우리에게 주는 의미는 무엇인가? 공화정 말기와 제정 말기에 원로원이나 유력자들이 조세 부담에 적극적이지 못했던 것이 결국은 정치권력의 상실로 이어졌다는 점을 염두에 두어야 한다. 이는 정치·경제적 지배층의 담세 의무에 대한 교훈을 준다.

제 2 장

기원전 111년까지 로마의 공유지 사정과 조세정책의 추이[*]

1. 서언 | 2. 공유지 점유의 의의 | 3. 기원전 133년 이전의 사정
4. 기원전 133년 농지법 | 5. 기원전 123~111년의 추이 | 6. 결어

1. 서언

그라쿠스 형제의 개혁은 로마 공화정 시기의 연구 과제 중에서 가장 많이 관심받는 분야다. 그 이유는 형제의 개혁이 공화정의 중기와 후기를 구분하는 분수령을 이룬다고 할 만큼 정치사 및 사회사적 의미와 관련해 중요한 시사점을 던져주기 때문이다. 아울러 토지 소유관계를 기준으로 하나의 구분되는 단계로 설정되어 온 서양 고대 사회의 체계적인 이해란 본래 공유지公有地의 존재를 특수성으로 파악해 마련된 것이었으므로, 이 공유지의 처리 문제를 둘러싸고 전개되었던 그라쿠스 형제의 개혁에 관한 연구는 그만큼 중요하다고 하겠다.[1] 따라서 공유지의 성격과 그 관리 실태에 관한 이해는 그라쿠스 형제의 개혁의 진상에 접근하는 기본적인 틀이 될 뿐 아니라 서양 고대 사회의 일반

---

[*] 이 글은 ≪창해 박병국 교수 정년기념 사학논총≫(1994.8)에 게재된 바 있다.
[1] 그라쿠스 형제의 농지법에 관해서는 허승일(1968: 105~109; 1972a: 89~113)을, 공화정기 로마의 농업 실태에 관해서는 차전환(1987: 61~98)을, 공화정기 로마의 토지 제도에 대한 논의에 관해서는 김경현(1993: 87~146)을 참조.

저인 성격을 파악하는 데 중요한 지침이 된다. 이 장에서는 시기별로 로마 공유지의 사정과 그 관계 규정을 검토하고 특히 그라쿠스 형제의 개혁의 관건이었던 공유지가 사후에 어떻게 처리되었는지를 밝힘으로써, 공유지 및 그에 기초를 둔 조세에 대해 로마가 취했던 정책의 추이를 조명해 보고자 한다.

2. 공유지 점유의 의의

일찍이 키케로는 그의 『국가론』에서 흔히 '국가' 또는 '공화국'으로 번역되는 'Res Publica', 즉 공유물을 '인민의 것res populi'[2]으로 정의한다. 또 일반적으로 법률 문서에서 '공유publica'라는 말은 '로마 인민에 속한 것'으로 기술된다.[3] 사유는 개인의 배타적인 소유권을 의미하는 데 비해 공유는 공동의 것, 요컨대 국가의 배타적인 소유를 의미했다.[4] 그러므로 '공유지ager publicus'는 '사유지ager privatus'와 대립하는 의미를 가진다. 이러한 법적인 단절이 존재했지만 로마인의 경제생활에서 양 범주의 토지는 보완 관계에 있었던 것으로 파악된다. 로마에서 재산을 많이 지닌 자들은 '로쿠플레테스loculpetes'라고 일컬

---

2   키케로, 『국가론』, 1. 25. 19, 'res publica res populi.'

3   『학설휘찬』, 50. 16. 15, 'quae populi Romani sunt'(Trapenard, 1908: 11, n. 1과 비교). '기원전 111년 농지법'의 비문을 보면 "로마 인민에 속하는 저 공유지(QUEI AGER POPLICUS POPULI ROMANI)"라는 기록이 있다(Warmington, 1967: IV, 374). 과거에는 공유지를 국가 전체의 영토로 보았던 연구자도 있었던 것으로 보인다. 공유란 국가 전체의 영토와는 구별되는 개념으로 사유와 대비되는 것임을 기억해야 한다(Bringmann, 1985: 23 참조). 한자어의 국(國), 공사(公私)의 구분과 의미에 관해서는 박영철(2021: 146쪽, 170쪽 이하)이 좋은 지침이 된다.

4   Schulz(1956: 27). 이러한 구분이 로마법에 존재한 것은 로마인의 국가 이념이 그리스인의 것과 다른 점이다. 즉, 로마인은 국가를 단순한 사적인 공동체(personal Gemeinschaft)가 아니라 그것과 구분되는 관념으로 표상했으며, 이는 로마의 세계 제국의 이념적 토대이기도 하다(Meyer, 1961: 251f. 참조). 고대 그리스의 토지 제도와 비교하려면 송문현(1993: 22)을 참조.

어졌는데, 이는 '땅locus을 충분히 보유한 자'란 뜻으로, 이들의 재산은 키케로의 말에 따르면 공유지의 점유에 의해[5] 이루어진 것으로 파악된다.

이처럼 공유지의 점유가 부유층의 재부에 중요한 일부가 되었을 뿐 아니라 소농들에게 역시 사정은 동일했다. 국가는 정책적으로 기존의 신분 관계를 유지하고자 일반 시민에게는 충분치 않은 토지를 소유하도록 했다. 따라서 개인이 가진 소농지는 일반적으로 가족이 생활하기에 부족한 양이었다. 이러한 부족분은 공유지의 '선점occupatio'을 통해 해결하도록 했고, 이러한 양식이 로마의 토지 보유 사정을 파악할 때 늘 유념해야 하는 점이다. 예컨대 백부장으로 22년간 군대에 복무했다고 하는 스푸리우스 리구스티누스Spruius Ligustinus는 결혼해 여덟 명의 자녀를 두었으나 사비눔Sabinum 지역에 단 1유게룸iugerum (유게라의 단수로 4분의 1헥타르)만을 소유한 것으로 전해진다.[6] 이 규모는 통상 5인 가족이 8유게라iugera(2헥타르) 정도를 필요로 했다고 할 때 생계를 위해서는 매우 부족한 양이었다. 따라서 부족분은 공유지를 점유함으로써 보충했을 것으로 추측된다. 이러한 양상은 로마가 식민시를 건설할 경우에도 적용되어 식민시의 종류와 무관하게 개인에게 분할하지 않은 토지를 상당 부분 잔존시켰다. 카미유 트라페나르Camille Trapenard는 이러한 공유지의 존재가 원시적인 농업 집산주의의 원리에서 유래한 것으로 파악한 바 있고,[7] 여기서 한 걸음 더 나아가 에밀리오 가바Emilio Gabba는 이러한 유형의 토지 이용은 이탈리아에서 최초의 정주지에서 나타날 뿐 아니라 늦게는 중세 농촌 공동체의 형성과도 연관을 가지는 것으로 파악한다. 요컨대 이런 토지 이용 양식의 연속성은 이탈리아의 자연환경과 부합하는 하나의 구조로 이해된다.[8]

---

5   키케로, 『국가론』, 2.9.16. 'locorum possessionibus.' 여기서 점유는 국가의 공유지를 선점(occupation)하는 것을 의미한다. 이는 소유를 뜻하는 도미니움(dominium)이나 재산(property)과 달리 사실적인 관계만을 인정받는 데 불과하다.

6   Gabba et al. (1979: 22). 그는 당시의 전형적인 직업 병사로도 생각된다.

7   Trapenard(1908: 125). 이와 관련해 김경현(1986: 17쪽, 주 58)을 참조.

공유지를 이용하는 경우 경제적으로 큰 의의를 지니는 활동은 기본적으로는 경작과 방목이었다.[9] 그렇지만 이러한 활동에는 국가의 관리자나 공무자가 직접 참여할 수 없었다. 그 대신에 시민들이 점유하고 용익用益하게 함으로써 일정한 반대급부를 하도록 하는 것이 현실적인 방안이었다. 다음의 보고는 공유지가 어떻게 관리되었는지를 보여준다.

한편 전쟁에서 획득된 토지 중에서 경작지를 식민자에게 할당하거나, 매각하거나, 임대했다. 전쟁으로 황폐화된 토지를 할당해 줄 여력이 없었으므로, 경작을 원하는 자는 매년 생산물의 일정량, 즉 곡물의 10분의 1, 과실의 5분의 1을 납부하고 토지를 이용할 수 있다고 선포했다. 가축 사유자들에게는 황소 및 소축小畜 중에서 일정 두수를 이용료로 지불할 것이 요구되었다.[10]

이 기록은 전쟁으로 획득한 토지에 관한 처리를 보여준다. 우선 전쟁의 결과로 얻은 토지는 일단 공유지로 파악했음을 알 수 있다. 또한 이렇게 획득한 공유지는 국가가 직접 관리할 수 없었으므로 일정한 시간이 지나면 개인들의 관할로 넘어가게 되었음을 보여준다. 이렇게 하는 이유는 획득한 토지가 황폐해지지 않도록 하는 것에 국가의 관심이 있었기 때문이라고 이 기사는 밝히고 있다.

개인의 편에서 보면 공유지를 앞의 세 가지 범주로 이용하는 것이 가능했다. 즉, 식민자로서 할당받거나 토지를 매입하거나 임차하는 방법이 있는데, 앞의 두 경우는 관련되는 토지가 개인의 소유로 귀속되었고, 후자의 한 경우

---

8   Gabba et al. (1979: 23).

9   'rura'는 미경작지로 '숲(sylva)', '목초지(pascua)'를 포함하며, 'ager'는 경작지를 지시한다 (Trapenard, 1908: 8, n. 1; 126과 비교).

10   아피아누스, 『내란기』, 1. 27. 한편 디오니시오스 할리카르나소스(8. 76. 1~2)에는 분배하거나 임대했다고 전해진다.

만 공유지의 범주로 남은 것으로 보인다. 일단 전자는 우리의 고려에서 제외하고 후자의 관리 문제만 검토하자. 우선 이처럼 공유지를 설정한 이유는 그것이 국가의 재정적 목표에 이바지하는 데서 찾아야 할 것이다. 10분의 1 내지 5분의 1의 임대료 납부는 국가 수입에 중요한 부분이 되었다. 한편 경작되지 않거나 피정복민이 차지하고 있던 곳은 언급되지 않는데, 일단 이들이 점유하고 있는 상태가 지속되었다고 볼 수 있다. 아마 이들은 로마와의 소원疎遠 정도에 따라 소작인이나 단순한 점유자의 상태에 있었을 것이다.[11] 또 앞에서 언급한 이탈리아의 농업 구조에 비추어 볼 때 식민자들에게는 공유지를 선점해 이용하되, 아피아누스Appianos가 밝히고 있는 임대와는 같지 않은 조건, 즉 아무런 급부 의무가 없는 점유[12]의 상태에서 이를 용익하도록 했다고 생각된다. 따라서 공유지는 대개 두 가지의 범주로 구분되었다고 하겠다. 그런데 어떠한 경우라도 국가는 공유지에 대한 소유권을 상실하지 않도록 하는 데 큰 주의를 기울였다. 왜냐하면 그것이 국가의 중요한 재정 수입원이었고, 또 국가의 구성 요소인 시민과 농민의 생계가 주로 농업이었으므로 공유지의 유지는 결국 사회 안정이라는 문제와 밀접하게 관계를 지닐 수밖에 없었기 때문이다. 이런 사정하에서 공유지를 국가의 재산으로 유지하는 것이 중요했으므로, 개인의 점유가 일정 기간을 경과했다고 해서 사유화된다면 이는 결국 국가의 안정과 운영에 큰 문제가 되는 것이었다. 그래서 생각해 낸 것이 소위 '시효 취득 불가non-usucapabile'의 원칙[13]으로 이는 국가의 입장에서는 철저히 관철되어야 할 사항이었고, 점유한 개인도 현실적으로는 이의 적용을 감내하기는

---

11   Tibiletti(1955: 259) 참조.

12   근대의 학자들 간에는 이를 본래 점유가 지니는 의미라고 생각해 점유에는 아무런 부담이 부과되지 않는다는 것이 하나의 관념으로 되었다. 그러나 사료는 이와 불일치하므로 많은 혼란이 있었다. 이를 역사적 추이에서 비롯한 것으로 파악한 것은 Tibiletti(1948: 183)의 공헌이다.

13   같은 글, 190쪽.

어려워도 원칙적으로는 수용했을 것으로 보인다.

마지막으로 '공유지를 할당해 줄 여력이 없었다'는 기사는 국가의 공유지 파악을 제한하는 요인이 많았음을 보여준다. 우선 이러한 상황은 로마의 국가 기구가 일반적으로 매우 작았다[14]는 데서 원인을 찾아야 할 것이고, 또 상대적으로 기원전 3세기 이래로 공유지의 면적이 급격히 늘어난 데도 원인이 있다고 보아야 한다.

〈그림 2-1〉[15]에서 보듯이 로마의 영토가 늘어난 것에 맞추어 이용이 가능한 공유지의 면적도 늘어났을 것이다. 여기에서 이런 공유지의 면적은 로마가 처한 사정에 따라 그 의미가 달라졌다고 생각된다. 이를테면 소농을 위주로 한 농업 생산이 지배적이던 시기의 공유지의 의미와 소위 자본주의식 농업 경영이 등장하던 시기의 공유지 문제는 달라진 사회적 관계에서 파악해야 할 것이다. 특히 공유지의 증가가 비약적이던 기원전 150년 이후에 로마 공화정의 여러 문제가 표출되었음은 우리에게 잘 알려져 있는 바다. 흔히 이 상황은 그라쿠스 형제의 개혁과 밀접하게 관련이 있으며 대개 이 시기를 전후해서 공유지의 점유를 둘러싼 문제가 새로운 농업 방식의 도입에 따라 심화되었다. 아마 이 시기에 도래한 기근에서 비롯한 사회문제는 특히 공유지 문제와 밀접하게 관련이 있었으며 또한 그 해결책을 공유지에서 찾으려는 것도 앞서 살펴본 것처럼 농업이 지니는 구조와 밀접하게 관련이 있기 때문이다. 그렇지만 국가가 공유지의 점유자들을 정리하고 회수를 강행하고자 했을 때 이것이 수월한 문제가 아님이 즉각 드러났다. 우선 국가의 추진력과 관리 능력 및 정치적 관계 등이 중요했고, 기존의 점유자를 몰아내는 것의 형평성 문제가 제기되었으며, 아울러 공유지를 회수할 때 따르는 재정 및 조세 문제도 고려해야 했다. 다음에서는 기원전 133년을 전후로 공유지의 사정을 파악하고 그것과 관련해

14　Hopkins(1980: 121) 참조.

15　이 그림은 김경현(1993: 86)의 자료를 참조했다.

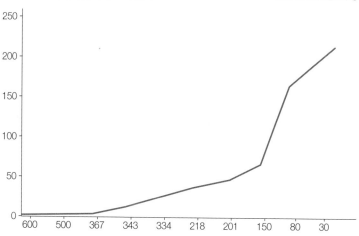

그림 2-1 **로마 공화정기 영토의 변화** [단위: 1000제곱킬로미터, 년(기원전)]

제기된 문제를 국가의 정책이라는 측면에서 검토한다.

3. 기원전 133년 이전의 사정

인구가 희소하고 개간의 여지가 많은 상황에서 일반적으로 토지 점유에 대한 규제는 토지 분배가 중요한 국가 문제로 등장하는 시기에 비해 강하지 않았을 것으로 생각된다. 그렇지만 국가 성립의 초기 단계에서도 또는 그 전 단계라도 한 공동체의 공유재산인 토지의 분배는 매우 중요한 문제였다고 보아야 할 것이다. 잔프랑코 티빌레티Gianfranco Tibiletti[16]는 공유지에 관한 실정법이 제정되기 전에도 나름대로의 규칙이 있었을 것이며, 이것이 없었다면 공동체는 해체되었을 것이라고 지적한다. 이 단계에서는 일종의 관습법이 있었을 것인데, 이는 국가의 공권력이라든가 강제력에 의해서라기보다는 종교적인 힘이나 일반 여론의 힘으로 구속력을 지녔을 것으로 생각된다.[17] 다음에 나오

---

16   Tibiletti(1948: 173~236; 1949: 3~41).

는 누마Numa(재위 기원전 717~672년)왕의 조치는 이 같은 상태를 확인해 준다고 여겨진다.

> 그래서 우선 로물루스가 전쟁에서 차지한 토지들을 시민 남자에게 분할해 주었으며, 노략질과 약탈 없이 땅을 갈음으로써 모든 물건이 풍족할 수 있음을 그들에게 가르치고, 그들에게 여가와 평화에 대한 사랑을 불러일으켰으므로 거기에서 정의와 신의가 매우 쉽게 확산되었고 그것들의 보호를 통해서 토지의 경작과 열매 수확이 가장 잘 지켜졌다.[18]

여기서 우선 확인되는 것은 국가가 개인들이 차지한 토지의 원주인이라는 점이며 그런 토지의 원천은 정복으로 얻게 되었다는 사실이다.[19] 아울러 이런 초기 상태에서 토지 이용을 규제하는 데는 특별한 법이 있었다기보다는 앞서 나오는 '정의와 신의'라는 원칙이 적용되었음을 알 수 있다. 아마도 이러한 관습에 따라 정해진 토지 이용의 원칙은 개인에 의해 선점된 토지가 효과적으로 경작되어야 한다는 것이라고 생각되며, 이로써 공동체의 생존에 이바지하고자 했고 이러한 조건을 충족하는 한 점유는 보장되었을 것으로 보인다. 비록 로마 국가가 성립할 때 이러한 점유를 효과적으로 규제하는 권력이 존재하지 않았을지라도, 만약 점유된 토지가 경작되지 않으면 공동체는 다른 성원을 위해 그 토지를 처분할 수 있었을 것이다.[20] 이런 제약을 가할 수 있었던 근거는 공동체에 필요한 식량을 확보하고 농지를 유지하는 데 공동체의 목표가 있었기 때문이다. 한편 개간을 통해 경작지를 만들고 넓히는 작업은 노동력의 동

---

17 Tibiletti(1949: 20, n. 3).

18 키케로, 『국가론』, 2. 14. 26.

19 Lintott(1992: 36).

20 Weber(1891: 127, n. 9).

원 가능 여부에 달린 문제였다. 따라서 그러한 관습법하에서는 자연스럽게 개인이 점유할 수 있는 규모는 한정되었을 것이라고 생각된다. 이로써 공유지 점유는 공동체의 필요와 개인의 동원 능력에 따라 자연스럽게 규제되고 관리되었을 것이다.[21] 다음의 보고는 이런 관습이 공유지 점유에 대한 상당히 효과적인 규제 수단이었음을 집약해서 보여준다.

> 왜냐하면 어느 사람이 점유자 스스로 경작할 수 있는 것보다 더 큰 규모를 점유하는 것은 관습에 어긋나는 것이라고 이해했기 때문이다.[22]

또한 이러한 관습이 오랫동안 유지되어 왔으며, 이는 지배층에서도 일종의 합의로 잘 준수되었다는 점을 다음의 기록이 보여준다.

> 비록 우리의 승리와 적의 전멸로 인해 농지의 면적이 광대해졌을지라도, 50유게라 이상을 점유하는 것은 원로원의원에게는 비난받을 만한 것이었다.[23]

여기서 "비난받을 만하다(criminosum)"라는 것은 구체적으로 어떤 공권력이 행사되어 형사처벌을 했다는 의미보다는 오히려 지배층 내의 여론이 그러한 강제력을 행사했음을 의미한다고 보아야 할 것이다. 이런 관행이 적용되었던 시기는 그다음에 이어지는 기록이 농지 규모의 제한을 입법한 가이우스 리키니우스 스톨로Gaius Licinius Stolo의 처벌 기사인 것으로 보아 기원전 4세기 전반의 상황을 묘사한 것으로 여겨진다.

---

21   Tibiletti(1949: 22).
22   시쿨루스 플라쿠스, 『농지종류론』, p. 136, l. 10~13(Lachmann). Tibiletti(1948: 220)에 따르면 이 내용은 오류이나 고대의 관습법의 흔적을 알려준다는 점에서 사료적 가치가 있다.
23   콜루멜라, 『농촌일』, 1. 3. 11[(로브(Loeb)판, I, p. 50에 따름].

그렇지만 이러한 관습은 공유지가 별로 변화하지 않는 상황에서 유지되는 것이 바람직했을 것이었으며, 반대로 공유지의 면적이 커져가는 상황에서는 이러한 관습에 충실한 것이 오히려 획득한 토지를 방기하게 만드는 결과를 초래할 수도 있다. 이는 국가의 이해관계라는 면에서 바람직하지 않기에 아마도 다음과 같은 조항이 마련된 것은 이런 사태를 막기 위한 것이었다고 할 수 있을 것이다.

> 각 사람은 경작할 수 있는 양이 아니라 경작을 위해 보유하고자 희망하는 만큼 선점했다.[24]

이 기사는 원칙의 변화가 공유지의 점유와 관련해서 발생했음을 보여준다. 즉, 경작 능력이 이제까지의 점유의 허용 기준이었다면, 이후에는 점유의 의사가 중요한 요인이 되었다. 후자의 원칙인 "경작하기를 희망하는 만큼(in spe colendi)"은 또한 의미 있는 변화를 시사한다. 어떤 면으로는 공유지의 면적이 이를 허용할 만큼 풍부해졌음을 반영한다고 하겠으나, 다른 면으로는 국가의 이해관계를 우선해 이제까지 공동체의 관행으로 인정되어 온 규정이 크게 수정되었다는 점 또한 주목해야 할 것이다. 요컨대 국가는 공유지의 관리를 공동체의 규제에서 해방시켜 개인의 관리에 맡김으로써 경작지의 상태를 유지한다는 국가의 목표를 달성하고자 했다고 판단된다.[25] 따라서 이러한 사정하에서 점유된 공유지에는 아무런 조세가 부과되지 않았을 것이라고 생각된다.[26] 왜냐하면 이 경우 토지는 점유자가 국가로부터 임차한 것이 아니라면

---

24   시쿨루스 플라쿠스, 『농지종류론』, p. 137, l. 19~20.

25   Tibiletti(1948: 225).

26   이런 상태는 적어도 기원전 2세기 이후에나 달라졌을 것으로 판단된다(김경현, 1993: 101 참조).

단지 점유하고 있는 상태로 잠재적인 경작의 가능성만 있기 때문이다. 그렇지만 희망에 따른다는 점유의 원칙은 곧 무제한의 점유를 촉발하지 않겠는가? 이런 우려에 따라 곧이어 이를 제한할 필요가 입법으로 나타난 것으로 보인다.

공화정 초기부터 시작된 이른바 신분투쟁이 상당히 진전되면서 공유지의 점유 규모에 관한 실정법이 기원전 367년경에 최초로 제정되었다. 리비우스에 따르면 이 법은 공유지의 점유와 관련해 다음의 조항을 담고 있다.[27]

> 호민관인 리키니우스와 섹스티우스는 귀족들의 재산에 손해를 가져오고 평민의 편익을 증진하는 모든 법을 선포했다. …… 두 번째는 농지 규모에 관한 것으로 어느 누구도 500(유게라) 이상의 농지를 점유하지 못하게 했다.[28]

리키니우스법의 이 조항은 공유지를 둘러싼 당시의 여러 사정을 우리에게 알려준다고 생각된다.

우선 당시에 평민의 경제적 지위에 대한 파악이 이 조항을 이해하는 데 필요하다. 우선 트라페나르는 귀족과 평민의 경제적 격차를 지적한다.[29] 일반적으로 귀족은 자금과 인력을 충분히 동원할 수 있었으므로 상대적으로 큰 규모의 영농이 가능했지만, 일반 평민은 그렇지 못했을 것으로 생각된다. 따라서 공유지에 대한 귀족의 배타적인 이용을 제한함으로써 소농민을 보호하려는 것이 이 법을 제정한 동기였다고 해석할 수 있다. 이런 해석은 리키니우스·섹스티우스법의 다른 규정과 관련해 제시될 수 있다. 특히 이 법에 따라 이른바

---

27 Trapenard(1908: 111) 참조.
28 리비우스, 『도시의 건설로부터』, 6.35.4. 일반적으로 이 규정을 아피아누스의 『내란기』(1.8)에서 전하는 규정과 같은 것으로 보고 리키니우스법의 농지 관련 규정을 다음과 같이 재구성한다. ① 평민의 이익을 배려한다. ② 500유게라 이내의 점유를 허용한다. ③ 대축 100두와 소축 500두 이내의 방목을 허용한다. ④ 일정 수의 자유인을 고용하도록 한다.
29 Trapenard(1908: 108).

칸술라 트리분Consular Tribune직이 폐지되고 콘술직이 부활했으며 콘술 두 명 중 한 명을 평민에서 선출하게 되면서 신분투쟁은 지양되어 새로운 지배층인 명사귀족nobilitas(노빌리타스)이 창출되기에 이른다.[30] 이 같은 평민 신분의 정치적 진전은 평민이 로마의 군사력에서 차지하는 비중이 늘어난 당시의 현실을 반영한 것이기도 했다. 디트마르 키나스트Dietmar Kienast의 연구에 따르면 로마의 군 전술이 그리스식의 원형 방패인 클리페우스clipeus에서 장방형의 방패인 스쿠툼scutum으로 변화하고, 이것과 더불어 이른바 팔랑크스phalanx에서 마니풀루스manipulus로 전술이 바뀌면서 경제적으로 미약한 평민의 군 복무가 중요해졌다.[31] 이처럼 평민의 비중이 정치·군사 측면에서 진일보했다면 경제 측면에서도 상당히 개선되었다고 보아야 할 것이다. 리비우스는 귀족의 점유를 제한하고 평민의 점유를 허용하는 규정의 명분을 평민의 군사적인 기여로 설명하는데,[32] 이러한 상황이 리키니우스법의 제정 배경이 된다고 하겠다.[33] 그렇지만 이 법의 시행으로 평민의 경제적인 처지가 급격히 변동되었다고 보기는 어렵다. 왜냐하면 아테네의 경우 솔론의 개혁에 따라 부채 문제가 해소되었던 데 비해 로마에서는 그리스의 채무 예속과 비슷한 넥숨nexum이 철폐된 계기가 기원전 326년의 포이텔리우스법Lex Poetelia이기 때문이다. 따라서 로마에서는 평민의 경제적 곤란이 그렇게 급진적으로 해결되지 않았음을 간과해서는 안 된다.[34] 따라서 이 법의 적용 대상은 국가의 공유지로 한정

---

30 허승일(1985: 1~23).

31 Kienast(1975: 83~112).

32 리비우스, 『도시의 건설로부터』, 4. 48(Trapenard, 1908: 13, n. 4와 비교).

33 티빌레티는 리비우스의 보고에 대해 이의를 제기하면서도, 그 시기를 전후해 평민에게 점유를 허용하고 아울러 점유의 한계를 정하는 조치가 있었으리라는 점은 인정한다. 아울러 이 법의 공동 발의자인 섹스티우스(Sextius)의 이름은 믿을 수 없다고 보고, 이 법의 제정자를 리키니우스(Licinius)로 보았다(Tibiletti, 1948: 213~218).

34 Raaflaub(1986: 208)에는 평민의 경제적 향상이 다른 개선에 비해 현저히 느린 점이 지적된다.

되었을 것[35]이며, 그 내용 또한 평민을 적극적으로 보호하자는 것과는 다소 거리가 있다고 하겠다. 왜냐하면 기원전 367년의 리키니우스법은 국가가 회수할 수 있는 공유지만을 대상으로 했다는 점에서 다른 농지법과 동일하다고 하겠으나,[36] 전자는 오로지 사적인 점유를 제한한 데 비해 후자는 토지를 직접 분배하고 사유화해 주는 것이었으므로 입법 목표가 달랐다고 보아야 하기 때문이다.

기원전 367년의 리키니우스법에서 정한 점유의 상한선인 500유게라의 면적은 어떤 의미를 지니는가? 500유게라는 미터법으로 환산하면 125헥타르(= 500÷4)의 면적으로 19세기 독일과 프랑스의 사정에 견주어 보아 제한 규정으로 보기 어렵다는 주장도 제기된다. 일반적으로 기원전 2세기에 대大카토Cato (기원전 234~149년)가 제시한 농장 모델이 100~200유게라 정도[37]에 불과하고 이 당시에는 이런 규모의 농장 발달도 흔하지 않았음을 고려한다면,[38] 당시로서는 500유게라의 규정이 귀족들에게 불리한 것은 아니었을 것으로 생각되며 오히려 유력자들의 이익을 고려한 것으로도 볼 수 있지 않는가? 티빌레티의 계산에 따르면 당시 로마 영토는 약 1900제곱킬로미터로 추산되고 여기서 초기 로마의 면적인 150제곱킬로미터를 빼면 1750제곱킬로미터가 된다.[39] 이를 유게라로 환산하면 대략 70만 유게라(=1750×100×4)에 이른다. 여기서 경작이 가능한 면적을 40퍼센트로 보면,[40] 28만 유게라가 남는다. 이 면적 가운데

---

35 바르톨트 게오르크 니부어(Barthold Georg Niebuhr)는 기원전 367년의 리키니우스법이 공유지에만 관련된다고 주장했다. 이것과 관련해 논쟁이 제기되었는데 내용은 Trapenard (1908: 113~117)를 참조.

36 Tibiletti(1948: 216).

37 차전환(1987: 74~81) 참조.

38 고전기 아테네에서 100유게라 정도의 토지 규모는 예외적인 것이었다(양병우, 1980: 88~91 참조).

39 Tibiletti(1949: 14).

40 Bringmann(1985: 23) 참조.

500유게라의 상한선을 300명의 원로원의원이 차지하도록 했다면 이들이 차지한 면적의 비율은 공유지 중 경작 가능 면적의 54퍼센트(=150,000÷280,000)에 이르므로 사실상 귀족들의 이익을 충분히 고려한 것으로 보아도 좋을 것이다. 요컨대 귀족정치의 경제적 토대는 변동되지 않았다고 보인다. 그러므로 이런 공유지의 점유에 대한 제한은 평민을 위한 배려라기보다는 귀족 사이에 바람직하지 않은 경쟁을 막고자 만든 것으로 보는 견해도 설득력이 있다고 하겠다.[41]

여기까지의 검토에서 기원전 367년에 제정된 리키니우스법의 내용은 평민에 대한 배려가 법의 제정 동기였다는 것이지만, 리비우스가 전하는 점유의 최대 허용치인 500유게라는 사실상 귀족 등 로마 지배층의 이익을 충분히 반영한 것이라는 점이 확인된다. 그렇지만 기원전 3세기로 들어서면서 상황이 약간 달라진 것이 보인다. 리키니우스법을 위반한 것으로 보이는 사례가 기원전 298년에 처음으로 나타나기 때문이다.

> 그해에 많은 사람이 관리관들에 의해 처벌받았다. 왜냐하면 법에서 한정된 것보다 더 많은 농지를 점유했기 때문이다. 그래서 어느 누구도 거의 방면되지 않았고 무한정한 욕심에 제동이 걸렸다.[42]

이 기사에 따르면 500유게라로 정해진 한계를 초과한 혐의로 점유자들이 처벌받았다고 한다. 다만 이 이후에 이런 규정 위반 사례를 보고하는 기사는 보이지 않는다. 기원전 296~193년에 방목 규정을 위반해 처벌받은 사례가 나오는데, 이것을 본다면 방목할 수 있는 가축의 수효를 규정한 법이 있었을 것으로 생각되나 어떤 법인지 또 어떤 규모인지는 현재로서는 알 수 없다.[43] 이

---

41   Brinmann(1985: 13)의 생각을 참조했다.
42   리비우스, 『도시의 건설로부터』, 10.13.14.

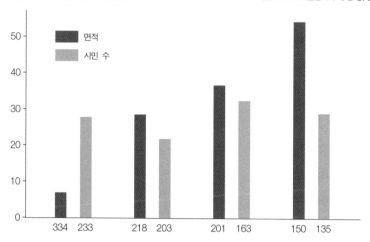

그림 2-2 **로마의 영토와 인구**　　　　　　　　　　　[단위: 1000제곱킬로미터, 만 명, 년(기원전)]

```
50

40

30

20

10

 0
      334  233      218  203      201  163      150  135
```

■ 면적
▨ 시민 수

런 상태의 사료는 그 자체로서 시사하는 바가 있다. 즉, 방목 한계는 제한해야
하지만 농경지는 제한할 필요가 별로 없어진 사정을 전하는 것이라고 볼 수
있지 않을까? 이와 관련해 〈그림 2-2〉를 작성해 보았다.

　〈그림 2-2〉는 우리에게 로마의 영토 변화와 비교할 때 센서스census상의
시민 숫자가 크게 불균형을 이루고 있음을 보여준다. 인구 동태는 비교적 크
게 바뀌지 않았는데 영토는 크게 늘어난 상황에서 파생되는 문제는 없었을까?
이런 상황에서 국가는 어떤 조치를 취했을까? 티빌레티의 설명에 따르면,[44]
이 시기에 로마는 이탈리아의 최강자로 군림하게 되었고, 점유의 한계를 엄격
하게 유지할 필요가 없었을 뿐 아니라 오히려 농지가 방기되지 않도록 정복된
재지인은 물론이요, 라틴식민시 시민과 외국인 등에게도 공유지의 이용이 개
방되기까지 했다고 한다.

43　리키니우스법에 대축 100두'와' 소축 500두의 규정이 있었다는 주장은 티빌레티에 의해 논
　　박되었다(Tibiletti, 1949: 14).
44　Tibiletti(1949: 29~31); Botteri(1977: 319).

〈그림 2-2〉[45]에서 보듯이 이런 상황은 한니발Hannibal 전쟁이 종식된 이후 더욱 심화되었으리라고 추정된다. 전쟁 때문에 시민 숫자가 감소했기 때문이다. 반면에 이처럼 영토 면적이 증가한 것은 로마를 배반했던 동맹국 토지의 상당한 부분을, 구체적으로는 남부 이탈리아 전체 면적의 4분의 1에서 3분의 1에 해당하는 면적을 몰수한 결과다.[46] 게다가 전쟁의 여파로 남부 이탈리아에서 성채oppida가 버려지거나 경작이 포기되는 경향이 있었다. 이렇게 처분 가능성이 커진 토지를 로마가 직접 관리하기는 어려웠다. 이런 토지는 동맹국의 수중에 그대로 남거나[47] 라틴인 등이 이용할 수 있었다. 이는 반대로 부유한 자들이 공유지를 더 쉽게 차지해 넓힐 수 있는 계기를 제공했다.[48] 이에 부응해 노예를 다수 이용하는 새로운 양식의 농장 경영이 도입되었고, 이것이 주로 전쟁을 통해 재산을 많이 축적할 수 있는 부유층의 관심사가 되기에 이르렀다.[49]

다음은 기원전 167년 카토의 연설로 이 시점에 새로운 농지규모제한법이 제정되었다는 단서를 우리에게 남겨준다.

다음과 같이 규정한 법만큼 잔인한 법이 있겠습니까? 즉, 어떤 것을 행하려는 의사를 가진 데 불과한 사람에게 가산의 절반 이하인 1000(아스)의 벌금을 부과한다거나, 500유게라를 초과해 보유할 의사를 가진 데 불과한 사람이 그렇게 처벌

---

45 공유지의 면적이 이처럼 넓어지면서 이때 여덟 개의 로마식민시와 두 개의 라틴식민시가 건설되었고, 특히 아퀼레이아(Aquileia)에는 50~140유게라의 할당이 이루어지기도 했다 (Bringmann, 1985: 12f. 참조).

46 Tibiletti(1955: 261f.)에 따르면 각 도시의 3분의 1에서 3분의 2를 평균해 2분의 1에 달한다고 보았다. Brunt(1971: 282)는 이를 오히려 최양질의 토지가 몰수된 점이 중요하다고 보았다.

47 Gabba(1979: 41f.). 로마는 동맹국의 사회적 관계를 전복시키려고 하지 않았다고 본다.

48 같은 글, 38쪽.

49 이는 카토의 『농촌일』이 등장한 배경이기도 하다.

받도록 하거나, 규정된 가축 수보다 더 많이 가지고자 의도한 데 불과한 자가 그처럼 유죄 선고를 받는다면 말입니다. 그런데 우리는 모두 더 많은 것을 보유하고자 하는 생각을 지닙니다. 그래서 그게 우리 사회에서 처벌되는 것인지요?[50]

이 연설은 로도스Rhodos인의 모반 의사를 두고 처벌하자는 주장에 대해 의사만으로는 처벌되지 않는다는 법리를 밝힌 것이다. 여기서 가리키는 법은 언제 제정된 것인가? 그 시기에 관해 일치된 견해는 없으나 대개 기원전 175년으로 추정된다.[51] 이 법은 앞서 살펴본 리키니우스법과 동일하게 500유게라의 규정이 나오지만 방목 수의 제한 규정이 있다는 점에서 차이가 있다. 오히려 이 법은 이런 규정을 참조할 때 아피아누스가 그의 『내란기』에서 전하고 있는 다음의 규정과 동일한 것이고 따라서 상호 보완적인 보고를 하고 있다.

> 호민관들은 그때 500유게라를 초과하는 토지를 보유하는 것과 대축大畜 100두와 소축小畜 500두를 초과하는 가축 사육을 금지하고, 아울러 이를 위해서 생긴 일을 관찰하고 보고할 자유인을 고용할 것을 명하는 법을 제정했다.[52]

이 내용에서 새로 명시하는 방목 규정이 있는데, 여기서 '제한'의 의미는 무엇인가? 일찍이 이 문제에 관해 티빌레티는 실증적인 자료를 토대로 중요한 시사점을 우리에게 제시한 바 있다. 그는 우선 앞의 "대축 100", "소축 500" 사이에 있는 그리스어 접속사인 "καὶ"를 이전의 학자들이 본래의 의미인 '과' 대신에 '또는'으로 본 것을 비판하며 많은 잘못된 관념을 제거했다. 즉, 이 말을

---

50   리비우스, 『도시의 건설로부터』, 45. 25. 2.
51   기원전 198~167년으로 보는 설(Tibiletti, 1949: 33, n. 1), 기원전 185~180년으로 보는 설 (Toynbee, 1966: II, 554), 기원전 172~167년으로 보는 설(Badian, 1976: 44)이 있다.
52   아피아누스, 『내란기』, 1. 8.

전자로 해석해야 하는 이유를 이탈리아에서 행해지는 방목의 관행을 검토한 결과 대개 한 목축업자가 그러한 비율로 경영하고 있다는 사실에서 찾았다. 이를 토대로 그는 총 600두를 제한 규모로 보고 이를 위해서는 토질에 따라서 529~1984유게라가 필요했을 것으로 보았다. 이를 평균 1800유게라로 산정해 점유로 허용된 500유게라와 합산해 각 점유자는 이 법에 따라 사실상 2300유게라까지의 공유지를 차지하는 것이 허용되었다고 주장했다.[53] 이런 티빌레티의 주장에 대해 아직 결정적인 반론은 제기되지 않고 있으며, 그리고 이런 범위는 공유지의 면적이 절대적으로든 상대적으로든 넓어졌음을 반영하는 것으로 보이므로 카토의 연설에서 언급되는 법은 사실상 점유자에게 상당한 면적의 점유를 허용하는 조치였다는 의미를 지닌다. 이런 사정을 고려하면 카토의 연설에서 나타나는 농지규모법Lex de Modo Agrorum[54]은 현실적인 처벌의 위협이 없는 예로 거론된 것으로 볼 수 있다.[55]

다음의 보고는 여기서 더 나아가 이 농지규모법이 어느 정도 지켜졌는지, 또 국가가 어떤 자세를 취했는지를 잘 보여준다.

그러나 이 법과 법에 대한 맹세에 대해서는 아무런 관심도 없었다. 법을 존중했던 것으로 보이는 몇몇 사람은 토지를 친척에게 위장 분산했다. 그리고 대다수의 사람은 그것을 완전히 무시했다.[56]

부자들이 많은 사용료를 내고 빈자들을 몰아내기 시작했을 때 500유게라를 초

---

53 Tibiletti(1949: 12~14, 29).
54 이 명칭은 일반적인 농지법(Lex Agraria)이 농지의 처분이나 할당을 목표로 하는 것과 달리 시민들에게 분배를 목표로 하지 않음을 의미하기 위해 사용된다(Bringmann, 1985: 14, n.30 참조).
55 Tibiletti(1949: 32).
56 아피아누스, 『내란기』, 1.8.

과하는 농지를 가지지 못하도록 하는 법이 제정되었다. 그리고 이 규정은 잠시 동안 탐욕을 억눌렀을 뿐이다. …… 부유한 이웃은 가공인물을 통해 임대 토지를 자신에게로 귀속시켰다. 마침내 이 시기에 이르러서는 대부분 드러내놓고 토지를 보유했다.[57]

앞의 보고는 기원전 2세기 전반에 전개된 공유지의 사정을 우리에게 전해 준다. 로마의 지배층이 획득한 재부가 비옥한 경작지에 투여되어 조성된 대토지 집적 경향은 하나의 현실이었고, 국가는 이를 적극적으로 제한하지 않았다.[58] 이는 분명 기원전 367년을 전후한 사정과 달라졌다. 그러나 국가의 역할이 그렇게 소극적이기만 한 것인가? 어떻게 보면 그러한 방임은 귀족들의 이해에 부합하는 것이지만, 필자가 주목하는 점은 국가의 재정적 관심이 이런 사정의 배후에 작용하고 있지 않았을까 하는 것이다. 플루타르코스Ploutarchos 는 부자들이 "사용료를 많이 냈다(ὑπερβάλειν τὰς ἀποφοράς)"라고 전하는데, 이 기록을 통해 국가가 이런 실태를 하나의 현실로 인정한 것이 아닐까라고 생각할 수 있다. 왜냐하면 트라페나르의 설명에 따르면,[59] 아피아누스가 전하는 자유인에 관한 규정이 자유인 노동자라기보다는 토지의 점유 상태 및 방목을 감시하는 자로 볼 수도 있기 때문이다. 앞서 필자가 '발생한 것'이라고 번역한

57 플루타르코스, 『티베리우스 그라쿠스』, 8.
58 Trapenard(1908: 124, n. 2). Bringmann(1985)에 따르면 이 규정의 주된 목표는 소농을 보호하기 위한 것이 아니라 지배층 사이에서 바람직하지 않은 경쟁을 제한한다는 점에서 비슷한 시기에 제정된 사치금지법, 선거법 등과 목표가 같으며(13쪽), 점유자들이 차지하고 있는 토지는 확고한 상태(feste Besitzverhältnisse)로 이들은 로마인이든 라틴인이든 동맹국 사람이든 로마의 지배 기반이 되고 있고(25쪽), 이런 사정에서 국가의 권리란 초과분의 점유 토지에 대해 부과금을 요구하는 것에(14쪽) 국한되었다.
59 Trapenard(1908: 128). 아피아누스의 원문에서 전하는 자유인 고용 규정은 그만큼 노예의 수가 많았음을 의미한다고 하겠다. 이 조치는 기원전 185년에 아풀리아(Apulia)에서 일어난 목자 노예의 반란을 겪은 후에 마련되었을 것이다.

"τὰ γιγνόμενα"를 생산물로 볼 경우, 이들은 10분의 1세나 5분의 1세가 부과되는 농지의 생산을 감시했던 것으로 보인다. 이런 추정이 맞는다면 자유인 고용 규정을 마련한 것은 재정 수입의 확충과 관련이 깊다. 이처럼 공유지의 유지와 관련해 국가의 재정적 관심이 드높아졌음을 암시하는 것은 리비우스의 다음과 같은 기록이다.

> 공유지를 분배하고 식민시를 건설하며 농지의 점유자들에게 농지세를 부과함으로써 군 복무에 쓸 돈을 요구한다는 희망을 가졌다.[60]

클로드 니콜레Claude Nicolet[61]는 이 기사를 시대착오적인 것으로 보고 실상은 이 기사가 기원전 167~133년의 사정을 반영한 것이라고 보았다. 그렇다면 앞의 기사에서 보듯 방기되는 땅이 없도록 함으로써 경작을 촉진해 생산을 유지하는 한편 적절한 조세를 부과해 국가 수입을 확보하려는 것이 국가의 정책이었을 것이다. 이처럼 농지세를 부과함으로써 군 봉급에 쓸 재원을 마련한다는 조치는 이제까지 부과되어 온 다른 재원이 없어졌음을 암시한다고 하겠다. 그것은 기원전 168년까지 징수된 전쟁세였다.[62] 아마도 기원전 165년에 원로원이 푸블리우스 코르넬리우스 렌툴루스Publius Cornelius Lentulus를 통해 캄파니아에서 사유지를 공금으로 구입해 소작으로 임대했고 여기서 나오는 수익을 군대 유지에 사용했음을 강조한 키케로의 연설[63]은 국가가 전쟁세의 부과를 중지한 이래로 재정적 결손을 이러한 공유지의 임대로 보충하는 데 관심을 기울이고 있었음을 알 수 있게 하는 중요한 증언이라고 생각된다. 이러한 사

---

60   리비우스, 『도시의 건설로부터』, 4.36.2(기원전 425~424년).

61   Nicolet(1976a: 82).

62   전쟁세 일반에 관해서는 허승일(1984: 266 이하); 김창성(1989: 140~174)을 참조.

63   키케로, 『룰루스 농지법 반대』, 2.29.80; 2.30.82. 이 토지에는 십일세가 부과되었을 것으로 보인다(Nicolet, 1976a: 84 참조).

정이 티베리우스 그라쿠스Tiberius Gracchus가 제정한 농지법을 검토하기 전에
고려되어야 할 것이다.

4. 기원전 133년 농지법

기원전 2세기 후반이 되면 로마는 사회경제적 위기를 겪게 되는데, 파피루
스 연구를 통해 이미 알려진 대로 미중유의 극심한 곡가 앙등이 이 위기의 주
요한 원인으로 여겨지고 있다. 프리츠 하이헬하임Fritz M. Heichelheim의 연구
에 따르면,[64] 지중해 일대의 극심한 기근과 메뚜기 떼의 습격으로 곡가가 기원
전 140년 대비 138년에는 500퍼센트까지, 124년에는 1200퍼센트까지 치솟았
다고 한다. 이는 자연스럽게 기원전 133년에 티베리우스 그라쿠스의 농지법Lex
Agraria 제정으로 연결될 수 있었다. 다만 유감스럽게도 그 법안의 중요성에 비
춘다면 단편적인 내용만 전해질 뿐이다. 이러한 단편들 중 공유지 문제와 관
련한 내용만을 골라 비판적으로 검토함으로써 기원전 133년 농지법이 전하는
당시 공유지의 사정과 의미를 파악해 보자.

먼저 티베리우스 그라쿠스의 농지법은 이전에 제정된 농지규모법과 얼마
나 성격이 다른가? 남겨진 문헌 사료를 검토해 보면 다음의 기록이 나온다.

그 누구도 공유지로부터 1000유게라 이상을 점유해서는 안 되었다.[65]

그는 어느 누구도 500유게라를 초과해 가지는 것을 금지하는 법을 회복했다. 구

---

[64] 하이헬하임은 이런 곡가 앙등과 그라쿠스 형제의 대두와 쇠퇴를 연결 짓는다. 우선 기원전
      121/120년에, 가이우스 그라쿠스가 자신의 지지표를 상실하는데 이는 우연이 아니다. 분
      명한 물가 하락이 발견되는 것이다(Heichelheim, 1956: 142).

[65] 리비우스, 『요약』, 58.

법률을 넘어서서 그들의 자식에게 절반의 면적이 부여되었다.[66]

그는 부자들을 설득했다. …… 그 법에 있어서 사소한 것에 몰두해 보다 큰 것들에 대해 간과하지 말 것을, 그리고 동시에 누구에게나 보상 없이 영구히 확고한 점유로 500유게라의 재산 취득과 게다가 자식들을 위해 이것의 절반을 확보해 주는 것이 수고한 노력에 충분히 대가를 받는 것이라는 점을 설득했다.[67]

왜냐하면 그자들은 불순종의 처벌을 받아야 하고 법률에 반反해 물게 된 벌금에 따라 토지가 몰수되어야 하기 때문에, 그는 이들에게 부당하게 얻은 재산을 지니고서 출두하도록 명령했다.[68]

로마의 평민들을 가장 사랑한 자들이고, 전에는 사인私人들이 점유했던 공유지에 평민을 정착시켰던 두 사람, 즉 티베리우스 그라쿠스와 가이우스 그라쿠스가 내 머리에 떠오른다.[69]

로마 평민의 이익에 대해 가장 많이 생각한 그라쿠스 형제도, 루키우스 술라도 …… 캄파니아의 농지는 감히 손대지 못했다.[70]

이러한 내용을 보면 일단 티베리우스 그라쿠스가 제정한 농지법은 기원전 367년의 리키니우스법 및 기원전 175년의 농지규모법과 관련이 있는 것으로 판단할 여지를 준다. 특히 점유의 한계를 500유게라로 정한 것이 그렇다. 그

---

66 아피아누스, 『내란기』, 1.9.
67 같은 책, 1.11.
68 플루타르코스, 『티베리우스 그라쿠스』, 9.
69 키케로, 『룰루스 농지법 반대』, 2.5.10.
70 같은 책, 2.29.81.

래서 테오도르 몸젠Theodor Mommsen은 일찍이 이 법이 과거의 리키니우스법을 재생한 데 불과하다고 판단했다.[71] 그러나 이후의 연구자들은 지금까지 그러한 관련성을 부인하고 있다. 이미 앞에서 보았듯이 두 차례에 걸쳐 제정된 법은 농지의 점유를 제한하는 데 불과하나, 티베리우스법이 가진 새로운 점은 농민에게 농지를 분배한다는 점에서 그 입법 의도가 다르다는 것이다.[72]

티베리우스 그라쿠스의 농지법에 나오는 500유게라의 법률적 지위는 앞서의 법에 규정된 것과 달라진 점이 있는가? 이에 관해서는 앞에서 보다시피 아피아누스가 "영구히 확고한 점유(τὴν κτῆσιν ἐς αἰεὶ βέβαιον)"로, 리비우스가 단순히 "점유(possideret)"로 기술하고 있다. 따라서 일반적으로 알려진 바와 달리 티베리우스 그라쿠스의 농지법에 의해 허용된 점유 토지의 법률적 상태는 사유지가 아니었다. 이 점은 또한 '기원전 111년 농지법'의 규정을 검토하면 다시 확인된다.

2행 …… 법, 즉 평민의 결의에 의거해 취득하거나 상속하도록 허용하는 규모보다 더 크지 않다는 조건으로 이 농지와 대지 중에서, 각자가 구점유자로서 법, 즉 평민의 결의에 의거해 취득하거나 상속한 농지와 대지는 ……

7행 앞에서 언급된 농지와 대지 및 건물은 모두 사유화한다.

여기에 나오는 대로 티베리우스 그라쿠스의 농지법에 의해 "더 크지 않은 조건"으로 점유가 허용된 규모는 500유게라를 지시한다고 보아야 한다. 7행에 이런 토지를 "사유화한다"라는 규정으로 보아 기원전 111년까지 이런 농지의 보유 상태는 점유占有일 뿐이었다. 이런 점에서 이전의 농지규모법에서 부

---

71   Mommsen(1874: 86).

72   Bringmann(1985: 13).

어한 자격과 크게 다르지는 않다고 하겠다. 그렇지만 그것은 사유의 면에서 일반적인 점유보다는 더 확고한 상태에 있었다. 즉, 기원전 111년 농지법에서 보다시피 그라쿠스가 부여한 권리는 '취득sumere'과 '상속relinquere'이었다.[73] 이런 점에서는 그라쿠스는 취득과 상속의 권리를 원점유자들에게 인식시키고 그것이 큰 보상이었음을 상기시키고자 하지 않았을까? 한편 이런 지목의 토지에는 소액이지만 벡티갈이 부과되어 왔을 것으로 생각된다. 왜냐하면 시기적으로 이때는 그러한 토지에 대해 국가가 세를 부과할 수 있을 만하게 되었다고 보이며, 티빌레티의 의견에 따르면 그런 일정의 공인세tassa di recognizione는 공유지에 대한 국가의 권리 표명이며 점유자의 편에서도 바람직한 것이었기 때문이다.[74] 이렇게 볼 때 티베리우스 그라쿠스는 그의 농지법을 통해 여러 명목으로 농지를 수여했지만, 이들 농지에 대한 국가의 소유권은 상실하지 않는다는 대전제는 허물지 않았던 것으로 보인다. 키케로는 이 법의 적용으로 "오랜 기간의 점유로부터 토지 부자들이 제거될 경우"[75]라고 전하고 있는데, 바로 이 문장이 접속법 반과거로 불확실한 것을 지시하지만, 사적 점유의 한계성을 입증해 준다. 요컨대 공유지의 시효 취득 같은 권리는 인정되지 않았던 것이다.

한편 공유지의 점유를 박탈하는 문제와 관련해 점유자들이 입게 될 투자분의 손실은 어떻게 되었을까? 이에 대해 몸젠은 일찍이 "건물과 경작 시설 등 이제까지의 토지 보유자가 개량한 설비에 대해서는 보상을 허락했던 것으로

---

73 12표법에는 공유지에 관한 개인의 권리가 언급되어 있지 않으므로 원래 공유지에 대해서는 그러한 권리가 인정되지 않는 것이 하나의 관행이지 않았나 본다. 그렇기에 특별히 '취득'과 '상속'이라는 조항을 삽입해야만 했을 것이다(Lintott, 1992: 34, 42 참조).

74 Tibiletti(1948: 184f.).

75 "cum locupletes possessionibus diuturnis moverentur." 키케로, 『세스티우스 변호』, 103. 다음 구절에는 귀족들이 그런 조치가 취해지면 "나라를 지킨 자들이 나라를 빼앗길 것이라고(spoliari rem publicam propugnatoribus)" 판단했다고 나온다. 원칙과 현실의 갈등이 강조된다.

보인다"라고 지적한 바 있으나, 점유의 본래 의미를 고려하면 인정되지 않아야 할 조항이다.[76] 아마 이것은 기원전 165년에 캄파니아의 사유지를 다시 구입한 데서 착안한 것이겠으나 기원전 133년의 법에 따라 회수되는 토지의 성격을 생각할 때 이런 주장은 근거가 취약하다.[77] 사실 회수에 따르는 손실을 보상한다는 생각은 플루타르코스가 전한 바를 잘못 해석한 데서 비롯한 것이기 때문이다. 그 생각은 "불법으로 차지한 곳에서 보상을 받으며 퇴거하도록 명했다"[78]라고 해당 원문을 해석한 것에 근거하지만, 앞에서 제시한 아피아누스의 기록[79]과 대조하면 그 보상τιμήν 내용은 '각 500유게라와 자식이 있는 경우 각각에게 이것의 절반을 영구히 확고한 점유κτῆσιν로 인정하는 것'이고 '일체의 다른 보상은 부여되지 않은' 것으로 보아야 한다. 왜냐하면 이들이 점유한 토지야말로 공유지였고 이에 대한 국가의 회수 요구는 정당한 것이기 때문이다. 사실 이러한 해석은 앞에서 제시된 플루타르코스의 생각과도 일치한다. 그러므로 티베리우스 그라쿠스의 농지법은 회수된 토지에 대한 보상안을 마련하지 않았다고 보아야 한다.

이어 검토할 것은 농민에게 부여한 농지 규모에 대한 것이다. 이 문구는 아피아누스에서는 언급되지 않았다.[80] 일반적으로 30유게라 규모로 알려졌는데, 이 수치를 추론할 만한 근거는 기원전 111년 농지법에서 찾을 수 있다.

13행 푸블리우스 무키우스와 루키우스 칼푸르니우스가 콘술일 때, 이탈리아 영토에 있는 로마 인민의 '공유 대지 농지(ager locus publicus)'는, 농지법이나 티

---

76   Scullard(1985: 25; 379, n. 9).
77   Lintott(1992: 44).
78   플루타르코스, 『티베리우스 그라쿠스』, 9. 2.
79   아피아누스, 1. 11.
80   Pfeifer(1914: 113)에서는 애초에 그것을 의도했으나 법조문에는 기록되지 않았을 것으로 본다.

베리우스의 아들이자 호민관인 가이우스 셈프로니우스가 발의(요구한) 평민 결의에 따라서 제외되고 분배되지 않도록 회피된 토지를 제외하고, 비아시 비카니에게 주고 지정된 토지를 제외하고, 그리고 법이나 [평민 결의에 의해서 앞에 적혀 있는 대로 구점유자가 가지거나 상속한 토지를 제외하고].

14행 [추첨을 통해서 3인 위원이 로마 시민에게 주고 할당한 농지를 제외하고, 만약 이 법이 발의 요구될 때 누구든지 경작을 위해] 30유게라 이하의 농지를 공유지에서 점유하게 되거나 보유하고 있다면 그 농지는 사유지가 되도록 한다.[81]

여기서 "30유게라 이하(NON PLUS XXX)"라는 표현은 허용의 한계를 의미한다. 따라서 농지 분배 3인 위원이 분배한 농지가 모두 동일한 면적이라고 보기보다는 대개 15~30유게라의 범위[82]로 수여되었을 것으로 보는 것이 타당성하다.[83] 이렇게 분배된 토지는 어떤 법률적 성격을 지니는가? '기원전 111년 농지법'에서 사유화하는 규정IS AGER PRIVATUS ESTO이 마련된 것으로 보아 이때까지는 점유 상태에 있었던 것으로 보인다. 따라서 농지 분배 3인 위원이 할당한 토지에 부여된 조건은 30유게라 이내의 점유였다. 그렇지만 여기에는 앞의 500유게라의 경우와는 달리 양도하지 못한다는 제약이 있었으므로 할당된 토지의 점유자 편에서는 더욱 불리한 조건이라고 생각된다. 이것은 기원전 122년에 이르러서야 폐지된다.[84] 몸젠은 이 매각 금지 규정이 전통적인 소유권의 자유라는 원칙에 위배되었다고 지적한 바 있다. 이 주장은 그것이 사유지라는 것을 전제로 한 것이므로 설득력이 없다. 그런 주장은 이런 소토지가

---

81 대괄호 [ ] 안의 내용은 지워진 글자를 복원해 판독한 것이다(Johannsen, 1971: 110).
82 Bringmann(1985: 24, n.85).
83 Badian(1972: 704).
84 Scullard(1985: 379, n.9).

사유화되는 기원전 111년 이후에야 가능하다.[85]

한편 에른스트 바디안Ernst Badian은 500유게라 외에 두 명까지의 자식에게 250유게라씩 허용한 내용에 관해 상당히 회의적인 의견을 표명한 바 있다. 그 이유로 바디안은 우선 리비우스가 전하는 "1000유게라(ne …… plus quam mille iugera)"의 숫자에 신빙성 문제를 제시하는 한편, 다른 사료들을 통해 볼 때 딸에게 주는 지참금이 있었기 때문에 아피아누스의 원문에 나오는 "자식($\pi\alpha\tilde{\imath}\delta\epsilon\varsigma$)"이 아들만을 지칭한다고 볼 근거가 없다는 점을 제시했다.[86] 이 점은 로마의 상속 제도 전반에 관한 문제 검토를 통해 이해되어야 할 사항으로 보인다.

티베리우스 그라쿠스의 농지법에는 이전에 제정되어 카토가 전하는 농지 규모법과 달리 공유지에서의 방목을 규정한 조항이 전해지지 않는다. 로마의 법률 제정 원칙에 따르면 이처럼 별도의 규정을 마련하지 않은 것은 선행법의 내용을 변경한 것이 없기 때문으로 볼 수도 있다.[87] 그렇다면 구법의 규정대로 소축 500두와 대축 100두의 방목을 그대로 허용한 것으로 보아야 할 것이다. 그 밖에 자유인의 고용 의무 규정도 마찬가지였을 것으로 보인다. 그렇다면 티베리우스 그라쿠스의 농지법에서 입법 대상으로 삼은 것은 어디까지나 경작지였다고 하겠다. 이것은 어떤 의미를 지니는가? 이와 관련해 고려해야 할 것이 티베리우스 그라쿠스의 농지법에 있었다고 생각되는 제외 규정이다. 이를 보여주는 것이 '기원전 111년 농지법'이다.

1행 …… 푸블리우스 무키우스와 루키우스 칼푸르니우스가 콘술일 때(기원전

---

85 Mommsen(1874: 94). 이에 대해 Pfeifer(1914: 115)에서는 반론을 제기했다. 그는 당시 로마에서 토지의 자유주의 원칙이 있었을 리 없다는 점과 19세기 독일의 토지개혁에서는 매각 불허의 규정이 사려 깊은 것으로 인정되었다는 점을 들고 있다.

86 Badian(1972: 703).

87 Tibiletti(1955: 269, n. 5)에 따르면 티베리우스 그라쿠스는 방목지를 경작지로 변모시키려고 하지 않았다고 본다. 방목지에 관한 기존의 법규는 그대로 잔존했다.

133년), 티베리우스의 아들인 호민관 가이우스 셈프로니우스의 법에서 예외 규정에 따라 분배 대상에서 제외한 농지 ……

앞에서 키케로가 언급했다시피,[88] 캄파니아의 토지는 법의 적용 대상에서 제외되었으므로 여기서 언급한 것은 바로 이곳이다. 일찍이 캄파니아에 소재한 이 공유지는, 국가가 농민에 임대해 경작시키고 이들이 납부하는 소작료로 재정의 목적에 이바지하도록 한 곳이다. 이런 맥락에서 본다면 방목지에 관해 티베리우스법에 별도의 언급이 없는 이유도 원래부터 방목지가 국가의 중요한 세입원으로 간주되었고 그도 이를 손상시키지 않으려고 했기 때문으로 볼 수 있다.[89] 요컨대 티베리우스 그라쿠스는 공유지 유지와 국가 재정 수입의 확보라는 점에서 철저한 태도를 보여주었으며, 어떻게 보면 국가의 힘을 최대한 활용하고자 한 점에서 이전의 농지법 제정자들과는 상이한 면을 보여준다고 생각한다.

티베리우스 그라쿠스의 농지법을 실제로 적용시키고자 했던 곳은 어디인가? 공유지를 회수해 이를 농지 분배에 사용한 지역은 주로 이탈리아 중·남부였는데 이는 상당한 반발을 야기할 소지가 있었다. 이때까지의 식민 활동이 갈리아 키살피나Gallia Cisalpina, 즉 이탈리아 북부 지역에서 주로 이루어졌으며, 그곳에서는 로마 고유의 소농 농지 보유가 그대로 답습되었던 것으로 보인다.[90] 이런 식민 정책은 로마의 경계가 넓어진 데 따르는 불가피한 정책이자 로마 지배층의 입장에서 볼 때 자신들의 대토지 보유를 침해하지 않는 것이기도 했다. 카토가 제시한 집약적 농장이 실제로 라티움Latium과 캄파니아

88　『룰루스 농지법 반대』, 2.29.81.
89　근대 스페인에서 국가가 방목업자(mesta)를 후원해 대규모 방목을 허용함으로써 농업에 피해를 주었던 이유가 바로 재정적 목표 때문이라고 설명되는데, 방목에서 나오는 세입이 그라쿠스 당시에도 중요하지 않았다고 볼 이유는 없다(Cameron, 1993: 111f. 참조).
90　Gabba(1979: 66).

지역에서 발달했다는 점은 이러한 로마 지배층의 이해관계를 알 수 있게 한다.[91] 따라서 티베리우스법의 적용 대상은 소토지 보유가 일반화된 지역은 포함할 수 없었고, 재정과 관련되는 캄파니아의 임대 토지와 대규모 이목 지역도 마찬가지였으므로, 사실상 티베리우스 그라쿠스의 선택 폭은 그만큼 좁았다. 여러 효과를 기대할 때 남은 지역은 바로 문제가 많은 그 지역이었다.[92] 10년 후 동생 가이우스 그라쿠스가 아프리카의 식민시 건설을 위해 파견되었다는 사실은 이탈리아 내의 농지 사정을 전해준다고 하겠다.

여기서 티베리우스 그라쿠스가 농지법을 제정하기 직전의 공유지 사정을 살펴보자. 클라우스 브링만Klaus Bringmann의 추정에 따르면,[93] 기원전 200년에는 공유지로 경작하는 중이거나 경작 가능한 면적은 160만 유게라였고, 이 중에서 100만 유게라 정도가 소작지로 지정되거나 매각·분배·식민을 통해 사유지로 전환되었다. 이를 도표화하면 〈그림 2-3〉과 같다.

일찍이 티빌레티는 로마시에서 멀리 떨어진 지역에서 티베리우스 그라쿠스의 활동이 전개되었다면 무관심 속에서 끝났을 것이라고 말한 바 있다.[94] 이 그림에서 보듯이 남아 있는 공유지가 선점되었다면 이는 60만 유게라에 불과하고, 이는 티베리우스 그라쿠스의 농지법에 의해 초과분의 토지가 무토지 농민에게 분배되어도 애초의 입법 목표를 달성하기란 쉬운 일이 아니었다[95]고 할 수 있다. 어떻게 보면 공유지와 국가의 권력을 최대로 활용하고자 한 티

---

91 차전환(1987: 65) 참조.

92 로마 근교지(land nearer Rome)에 정착시켜야 했던 이유는 곡물 부족의 문제에 대해 항구적으로 대처하기 위한 것이라는 설이 설득력을 지닌다(허승일, 1985: 81 참조). 그렇지만 근래에 발견된 표지석은 로마 남쪽인 아풀리아주 루체라(Lucera)에서 나왔고 농지 분배 위원이 활동한 것으로 보여 상당한 의문점을 제기하고 있다(Pani, 1977 참조).

93 Bringmann(1985: 24, n.85)에 따른다.

94 Tibiletti(1955: 269).

95 Bringmann(1885: 24)의 계산에 따르면 10유게라씩이면 1만 5000명에게, 30유게라씩이면 5000명에게 혜택이 돌아갈 수 있을 뿐이다.

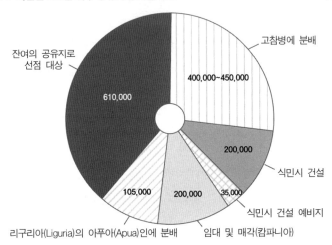

그림 2-3 **기원전 200년 이후 공유지의 처분 상황**   (단위: 유게라)

- 잔여의 공유지로 선점 대상 610,000
- 고참병에 분배 400,000~450,000
- 식민시 건설 200,000
- 식민시 건설 예비지 35,000
- 임대 및 매각(캄파니아) 200,000
- 리구리아(Liguria)의 아푸아(Apua)인에 분배 105,000

베리우스 그라쿠스의 시도는 이러한 공유지 사정으로 충분하게 기반을 확보
하지 못했고 난관이 많았다고 하겠다.

5. 기원전 123~111년의 추이

그라쿠스 형제 이후 로마의 공유지 정책은 어떻게 변화했는가? 이를 알 수
있게 하는 유일한 자료는 형제가 피살된 후에 제정된 법의 내용을 전해주는
아피아누스의 보고다. 이를 소개하면 다음과 같다.

그리고 동생 그라쿠스의 소요가 그렇게 종결되었다. 잠시 후 논란이 되는 토지
를 보유자에게 매각을 허용하는 법(①)이 제정되었다. 왜냐하면 이것조차도 형
그라쿠스로부터 허용되지 않았기 때문이었다. 그러자 즉시 부자들이 직접 가난
한 자들로부터 구매하거나 구실을 붙여 그들을 강압했다. 그래서 호민관인 스푸
리우스 보리우스가 토지를 분배하지 않고 보유자가 지니도록 하고 그 대신에 인

표 2-1 아피아누스가 전하는 3법의 연대에 관한 여러 설

연구자	① 매각 허용	② 분배 중지 및 세 부과	③ 부과금 폐지
바디안	가이우스 그라쿠스 사후	= 기원전 111년 농지법 = 토리우스법	= B.C.109/108
요한센 린토트		= B.C.119	= 토리우스법 = 기원전 111년 농지법
가바		= 토리우스법	= 기원전 111년 농지법
마이스터	B.C.122~119	= 토리우스법(B.C.119/118)	= 기원전 111년 농지법

민에게 부과금을 내도록 함으로써 재산 분배를 철회시키는 법(②)을 제안하기
까지, 빈민에게 상황이 더욱 열악해졌다. 이것은 분배됨을 통해 빈민에게는 납
득이 되는 것이었으나 인구를 늘리는 데는 전혀 도움이 되지 못했다. 일단 이런
수단에 의해, 만일 실천되었다면 가장 선하고 유익하게 되었을 그라쿠스의 법의
효력이 없어지자, 얼마 안 있어 다른 호민관이 부과금 납부를 소멸(③)시켰다.
그래서 인민은 모든 것을 상실했다.[96]

여기에 나오는 법들은 가이우스 그라쿠스의 죽음을 언급하고 있는 것으로
보아 적어도 기원전 123년 이후에 제정된 것으로 판단된다. 기본적으로는 이
들 법은 그라쿠스 형제가 제정한 법을 개폐하는 것이지만 그라쿠스 형제 이후
공유지 정책의 흐름을 보여주는 것이므로 주목받는다. 그렇지만 아피아누스
가 분명한 연대를 제시하지 않아 각법의 제정자가 누구이며 또 어떤 목적을
지녔는지는 분명하지 않다. 이 법들의 제정 시기에 관해 제시되는 여러 설을
대비하면 대체로 〈표 2-1〉과 같다.
표에서 보는 대로 아피아누스가 전하는 3법의 연대에 관한 연구자들의 견
해는 여러 가지로 나타난다.[97] 이렇게 된 이유는 법의 내용이 지극히 단편적

---

96   아피아누스, 『내란기』, 1. 27.
97   Badian(1962: 211~214); Johannsen(1971: 206); Lintott(1992: 282~286); Gabba(1956:

이어서 여러 가지 해석이 가능하기 때문이기도 하지만, 기본적으로는 '기원전 111년 농지법'을 바라보는 시각의 차이가 크기 때문이기도 하다. 필자는 주로 에밀리오 가바나 클라우스 마이스터Klaus Meister의 주장을 좇아 아피아누스의 사료를 이해해 보도록 하겠다.

우선 ①의 규정을 통해 그라쿠스 형제의 농지법에서 농민에게 할당된 토지에 관한 매각 불허 규정은 기원전 119년경에는 사라진 것으로 볼 수 있다. 결국 이 문구에 충실한다면 그라쿠스 형제가 도시 빈민을 농촌에 정착시키고자 했던 시도는 실패로 끝났다고 하겠다. 대개 이렇게 된 이유를 농지를 할당받은 자들이 농업보다는 군 복무에 더 큰 매력을 느꼈기 때문이라는 점에서 찾는다.[98] 이러한 매각 허용 규정은 포괄적으로 '기원전 111년 농지법'의 8행에도 나온다.

8행 …… 그래서 모든 토지와 건물은 다른 모든 사유지와 사적 소유인 건물이 그러하듯이 매매할 수 있다.

따라서 기원전 111년에 이르러서는 그라쿠스의 농지법에서 점유를 인정했던 모든 농지가 사유화되는 조치에 부응해 점유나 할당된 공유지에 대해 매매 emptio venditio의 자유가 일반적으로 허락되었다고 생각된다.

두 번째 규정과 관련해 볼 때, 이 법의 제안자인 호민관에 대해서는 별로 알려진 것이 없다. 대개의 경우 '보리우스Borius'라는 이름을 토리우스Thorius로 고쳐서 보는 것이 일반적이다.[99] 아피아누스는 토리우스가 부과금(φόρους)을

61~73; 74, n. 1); Meister(1974: 86~97).

98 Lintott(1992: 48). 게다가 '기원전 111년 농지법'의 15~16행에 의하면 할당된 토지는 기원전 111년까지는 소유로 인정받지 못했을 것으로 보인다.

99 Nicolet(1976a: 84f., n. 129). 반면에 Lintott(1985: 286)에서는 보리우스와 토리우스를 별개의 인물로 보아 스푸리우스(Spruius)나 아부리우스(Abrius)로 보려고 시도하고 있으나

인민에게 납부하도록 한 조치가 취해지게 된 맥락을 엿볼 수 있게 해주는 것이 디오니시오스 할리카르나소스Dionysius of Halicarnassus가 전하는 아피우스 클라우디우스Appius Claudius의 농지법이다. 가바의 주장에 따르면[100] 기원전 486년에 제정되었다고 전하는 후자의 법은 기원전 123년 이후의 상황을 투영한 데 불과하다는 것이다. 따라서 그의 주장처럼 아피우스 클라우디우스가 주장하는 내용이 토리우스법의 제안 배경으로 설정될 수 있다면 클라우디우스의 주장을 재검토해야 한다. 그는 소농의 재창출을 목적으로 하는 개혁은 원거리에서 복무해야 하는 병사들에게 궁극적으로 혜택을 주지 못한다고 파악했다. 왜냐하면 분배된 토지가 결국 대토지 소유자의 수중에 떨어지고 말 것이기 때문이다. 따라서 그는 공유지를 분할하지 말고 대구획으로 임대한 뒤에, 여기에서 나오는 수입을 병사들에게 나누어 주어야 한다고 주장했다. 요컨대 그라쿠스 형제가 이상으로 생각했던 고전적인 원칙의 포기라고나 할까? 어쩌면 이러한 논리가 아피아누스가 전하는 토리우스법의 제정을 가져온 여론을 형성했을지도 모른다고 생각된다. 여기에서 공유지의 회수와 분배를 중지시키고 그 대안으로 도입될 부과금은 작은 것이 아니라 적어도 병사들을 위해서 사용될 만큼 충분한 것이었다고 보겠다.[101] 요컨대 이는 임대료와 같은 성격이었을 것이다.

한편 키케로는 '토리우스'라는 이름의 호민관이 제안한 법안을 우리에게 소개해 준다. 원문이 불명확해 논란의 여지가 많으나 그 문구는 "그가 해롭고 무익한 법을 제정해 공유지를 벡티갈에서 벗어나게 했다"[102]라고 해석될 수 있

결정적인 것은 아닌 듯하다.

100 Gabba(1979: 69f.).

101 아피아누스, 『내란기』, 5.4 참조. 페르가몬의 시민이 아탈로스 왕에게 냈던 조세가 그라쿠스 형제 이래로 다시 부과되었다. 그렇다면 이는 십일세와 같은 것이었다고 보인다.

102 키케로, 『브루투스』, 136. "Sp. Thorius satis valuit in populare genere dicendi, is qui agrum publicum vitiosa et inutili lege vectigali levavit." 이 문장의 해석에 관해 Lintott

다. 곧 공유지에 부과되어 왔던 벡티갈을 제거하면서 그 법은 해롭고 무익한 것이 되었다는 의미로 풀어볼 수 있을 것이다.[103] 여기에서 상충하는 문구를 만나게 된다. 동일한 인물에 대해 아피아누스는 그가 조세를 내게 했다고 전하고, 키케로는 그것을 면제시켰다고 전하기 때문이다. 이러한 모순은 어느 한쪽의 보고가 잘못되었다고 볼 수도 있겠으나 양자가 그래도 신빙성이 있는 전거임을 고려할 때 그럴 가능성은 적다고 보인다. 오히려 양자의 보고가 같은 측면을 다른 각도에서 본 것이 아닐까? 그렇다면 양자의 보고를 어떻게 조화시킬 수 있을지 필자 나름대로 이해를 시도해 보겠다.

먼저 아피아누스가 전하는 바에 따르면, 공유지의 회수 및 분배를 중지하는 대신에 국가는 병사들에게 보조할 기금基金을 마련하고자 법을 개정했음을 알 수 있다. 이는 그라쿠스의 농지법이 병사인 농민을 위한다는 명분으로 제

(1992: 282~285)에서 이설을 제시하고 나름대로 수정과 해석을 제시했다. 필자가 따르고 있는 바는 그에 의해 제일 먼저 소개되어 영문으로는 "Thorius …… relieved public land from rent by a defective and worthless law"라고 번역되었다. 그는 이 해석을 받아들일 수 없다고 하는데, 그 이유로 이 내용이 '기원전 111년 농지법' 비문과는 일치하나 아피아누스가 전하는 두 번째 법과는 불일치하다는 점을 제시한다. 그는 대안으로 'vectgali'를 'vectgale=vectgalem'으로, 'levavit'는 'liberavit'로 바꾸어 "agrum publicum vitiosa et inutili lege vectgalem liberavit"로 재구성했다. 이에 따르면 'lege'는 아피아누스가 전하는 두 번째 법이고 토리우스법은 '기원전 111년 농지법'과 일치한다. 필자가 보기에는 그 주장 역시 자의적이라는 면을 감출 수 없고 하나의 대안이라기보다 혼란스러운 인상을 준다. 우선 토리우스와 아피아누스에 나오는 보리우스를 다른 사람으로 보아야 한다는 주장은 같은 책의 부록 2에서도 입증된 바는 아니다. 오히려 반대의 가능성이 더 크다고 하겠다. 왜냐하면 아피아누스의 입장이 친그라쿠스적이라는 것은 널리 알려진 바이고 그의 세 법 중에서 농민에 불리한 법을 제안한 자의 이름은 밝히지 않고 반대의 입장을 지닌 자의 이름만을 — 비록 부정확하더라도 — 굳이 밝히고 있다는 점, 그리고 키케로에게 "포풀라레스 부류로(in populare genere)"라는 것은 호감을 지닌 표현이 아니라는 점을 고려해야 하기 때문이다. 또 린토트가 벡티갈이나 부과금(φόρους)을 구분하지 않고 'rent'나 'tax'로 동일시한다는 점에서 세심하지 못하고 나아가 로마 조세체제의 특성에 주목하지 못하고 있다고 보인다.

103 Nicolet(1976a: 85).

정된 것과 비교된다. 우선 이 법의 시행으로 당장 혜택을 보는 자는 기존의 보유자, 즉 몰수될 농지를 가진 자였을 것이다. 주로 이들은 500유게라 내지 1000유게라를 초과하는 면적의 토지를 보유하고 있었기 때문이다. 따라서 이 조치로 사실상 그라쿠스의 농지법은 폐지된 것이나 다름없다. 그 시기는 언제인가? "그라쿠스의 입법 이래로 15년 만에"라는 표현에서 그라쿠스를 티베리우스 그라쿠스로 보아 기원전 118년(=133-15)으로 보는 것이 일반적이다. 당시 분위기를 고려할 때,[104] 그라쿠스의 농지법의 전면적인 폐지는 어려웠고 그에 대한 보상안이 마련되어야 했다. 그것이 결국은 부과금을 납부시키는 안이었을 것이다. 이렇게 조성된 "기금을(τὰ χρήματα)" 분배해서 병사들에게 보상이 되도록 한다는 것이 명분이었을 것이었다. 이것을 두고 아피아누스는 "위로(παρηγορία)"라고 기술했다.

그러면 이런 조치가 있기 전까지 대토지 점유자들에게는 아무런 조세가 부과되지 않았는가? 공유지에는 소액의 공인세가 부과되는 것이 원칙이었으므로, 회수되지 않은 토지에 대해서도 계속해서 과세되어 왔다고 보는 것이 합당하다. 물론 500~1000유게라를 가진 자들도 그것이 공유지인 한, 적은 액수라도 납세했다고 보는 것이 타당하기 때문이다. 이러한 공유지임을 입증하는 공인적 성격의 조세는 공유지에 부과되는 것이 원칙이었으며, 실상 개인으로서도 크게 부담이 되는 것은 아니었다고 보인다.[105] 이는 오히려 일정한 점유자에게 점유의 사실을 보장해 주는 것이기도 했다.[106] 왜냐하면 '기원전 111년 농지법' 13행처럼 구점유자(VETUS POSSESSOR)가 특전을 받으려면 이런 납부 실적을 근거로 제시해야 하기 때문이다. 그렇다면 아피아누스가 전하는 토리

---

104 직전 해(기원전 119년)에 가이우스 마리우스가 호민관에 당선되었고, 반(反)옵티마테스 분위기가 무르익었다(Accame, 1936: 67).

105 Nicolet(1976a: 86).

106 Tibiletti(1948: 185).

우스의 조치가 이런 유형의 조세를 부과한 것이라고 볼 수는 없다. 이전과 동일하다면 별도의 법 규정을 만들 필요가 없기 때문이다. 따라서 초과분을 가진 자들에게 부과된 것은 니콜레의 지적처럼 상당한 부담을 지우는 것, 이를테면 십일세에 해당하는 것이었다고 보인다. 따라서 아피아누스에 나오는 조세는 임대료라고 할 성질의 것이라고 본다.[107] 적어도 이런 내용이어야만 인민들을 납득시킬 수 있었을 것이다. 당시 분위기를 고려할 때 더욱 그렇다.

이러한 사정을 고려할 때, 키케로가 전하는 것처럼 토리우스가 우선 "포풀라레스populares적인 법안을 다루는 데 능력이 있었다"라고 하는 것은 아피아누스가 전하는 것과 같은 맥락에서 이해된다. 그렇다면 공유지에서 제거했다고 하는 '벡티갈'은 무엇인가? 이는 다름 아니라 공유지에 일반적으로 부과되어 온 저율의 조세를 의미한다고 보겠다. 그렇다면 키케로가 우려한 것은 토리우스가 얼마 안 되는 벡티갈을 제거해 국고에 재정적 손실을 끼쳤기 때문일까? 물론 그가 평소에 국고를 잘 관리해야 한다고 역설한 것은 잘 알려진 사실이다. 하지만 키케로에게 그 못지않게 중요했던 것은 개인의 재산에 관한 관심이었다.[108] 사실 그는 "개인의 재산이 점유로 이루어진다"라고 주장한 바 있다. 그가 그라쿠스의 형제에게 가졌던 반감은 형제가 점유한 토지를 강제로 박탈한 데서 비롯했기 때문이다. 이렇게 본다면 키케로가 토리우스법을 해롭고 무익한 것이라고 했던 이유는 국고 문제보다 개인의 이해관계와 관련해서 파악해야 한다. 즉, 공인의 성격을 지니는 저율의 세가 면제되고 난 후에 임대료의 성격을 지닌 세가 부과됨으로써 초과 농지의 점유자에게 큰 부담을 안겨주게 되었기 때문이다. 자연히 토리우스법이 '해롭고 무익하다'는 것은 옵티마

---

107 Nicolet(1976a: 84). 기원전 123~111년에 모든 공유지에 벡티갈이 부과되었고 이는 단순한 공인의 세만이 아닐 것이라고 본다.

108 Nicolet(1976a: 86, n.130). 특히 키케로의 개인 재산에 대한 이론과 실제는 Walcot(1975: 126)을 참조.

테스optimates의 일반적인 여론을 반영한 것이라고 하겠다.[109]

이렇게 본다면 겉으로 보기에 모순되는 두 원문이 사실은 같은 내용을 담고 있었다고 하는 사실이 파악된다. 즉, 토리우스는 종래 공유지에 부과된 소액의 벡티갈을 제거하고 고액의 임대료를 부과했고, 여기서 나오는 재원을 분배에 활용하는 방안을 보임으로써 그라쿠스 형제의 농지법에 대한 대안을 제시했다고 하겠다.

아피아누스가 전하는 세 번째 법은 토리우스법의 부과금을 폐지하는 내용이다. 이러한 내용은 '기원전 111년 농지법'과 일치된다.

19행 제정된 이 법에 따라 정해진 벡티갈의 의무를 지는 것으로 정해진 이후에는 어느 정무관이나 정무관 대행도 국가나 청부업자에게 돈, 즉 방목세, 농지세를 내거나 낼 의무를 지니도록 하지 않는다.

앞의 조항을 겉으로 보면 모순되는 것처럼 보인다.[110] 앞에서는 "벡티갈의 의무를 지는 것으로 되어 있고(VECTIGALIA CONSTITUERINT)", 뒤에서는 부과금을 징수하지 말도록 하기 때문이다.[111] 그렇지만 이 법이 제정되기 전까지 납부했을 부과금은 방목세를 포괄하는 것으로 보아 비교적 큰 부담이 되는 것을 의미한다. 이는 아피아누스의 두 번째 법이 이때까지 유효한 규정이었음을 입증한다고 하겠다.[112] 이 규정의 적용 대상은 기원전 111년 이후에 이처럼 소액의 벡티갈이 부과되는 농지로 같은 법 8행에 나오는 것처럼 "사유화된

---

109 이는 재산의 평등을 주장하는 것보다 더 큰 해악(peste)이 있는지 묻는 것과 같다고 할 수 있다(키케로, 『의무론』, 2. 21. 73; 허승일, 1985: 154 이하 참조).

110 몸젠은 벡티갈을 냈다는 것을 입증할 수 없다고 보는 데 반해 소마뉴는 안 냈다는 것을 입증할 수 없다고 본다(Johannsen, 1971: 253).

111 Nicolet(1976a: 83, n. 128) 참조. 'constituere'에 관해서는 Berger(1953: 409)를 참조.

112 Hinrichs(1966: 290).

(PRIVATUS ESTO)" 토지다. 그렇지만 사유지라도 벡티갈의 의무에서 벗어난 것은 아니라는 점이 확인된다.

허용된 점유 한계를 초과한 점유 농지는 어떻게 처리되었는가? 다음의 규정이 참조된다.

45행 …… 앞에서 말한 농지와 대지에 대해서는 어느 누구에게든지 [경매되거나] 경매될 것이다.

48행 앞에서 말한 농지, 대지 때문에 경매에서 낙찰자 또는 보증인이었던 사람들, 그리고 앞의 사안 때문에 국가에 제시되었던 담보물에 대해서는 ……

이 조항에 비추어 보면 초과분의 농지는 경매해 사유지로 허용했던 것으로 보인다. 이렇게 경매된 농지에 부여한 법적 지위가 어떤지는 비문 내용이 누락되어 알 수 없으나, 같은 법 49행에 아프리카의 공유지로서 매각된 농지에 대해 "사유화하고 벡티갈의 의무를 부과한다(PRIVATUS VECTIGALISQUE)"라는 규정을 참조할 수 있다. 이에 따라 추론하면 '기원전 111년 농지법'에 이르러서는 국가의 공유지가 점차 사유화하는 방향으로 진전되었고,[113] 국가의 조세는 줄여나가되 국가의 토지에 대한 우월권은 상실하지 않았다는 의미에서의 소액의 벡티갈 부과가 보편화되어 갔다고 하겠다.

이상의 내용을 정리하면 '기원전 111년 농지법'은 기원전 133년 이래의 농지법들을 종합하고 정리하면서, 공유지의 개인적인 점유 상태를 사유로 인정하되 국가는 이에 대한 관할권을 유지한다는 의미에서 공인의 세로서 벡티갈을 보편화한다는 원칙을 마련했다고 생각된다.

---

113 기원전 63년 룰루스 농지법이 제안될 시기에는 실제로 분배할 공유지가 남아 있지 않았다 (Afzelius, 1940: 217f.).

6. 결어

로마의 공유지는 사유지와 구별되는 것으로 이를 이용하는 경작자들에게는 시효 취득이 허용되지 않는다는 원칙이 있었다. 그렇지만 공유지는 국가가 직접 경영하는 것이 아니라 사적인 점유자에게 용익되어야 했으므로 그런 원칙이 일반적으로 적용되기란 쉽지 않았다. 따라서 시간이 지나면서 공유지의 증가와는 반비례적으로, 국가의 관리 능력과는 비례해서 공유지에 관한 국가의 파악 방식이 변화했다. 이러한 사정에 비추어서 일반적으로 티베리우스 그라쿠스의 농지법은 그 당위성이 충분히 인정된다고 하더라도 현실적으로는 시대착오적인 시도였다고 지적되기도 한다. 즉, 그의 시도는 이미 지적한 것처럼 공유지 확대와 자본 유입으로 전개되고 있던 노예노동에 입각한 대토지 경영이 우세한 상황에서 소농에 입각한 농업 체제를 재현하려는 시도였기 때문이다. 또한 그라쿠스 형제의 개혁이 실패로 끝난 것은 대토지 점유자들이 로마의 지배층을 이루고 있는 상황에서 그런 원칙의 적용이 한계를 지니는 데서 오는 것이기도 하다. 이렇게 볼 때 공유지의 보유를 둘러싼 점유자와 국가 권력의 길항拮抗 관계는 로마 공화정사의 중요한 한 국면이라고 하겠다. '기원전 111년 농지법'이 제정된 것은 대토지 점유자의 이해관계를 우선으로 하되, 국가적 요구도 수용하는 일련의 타협점[114]이었다고 생각된다. 즉, 현실적인 점유의 권리를 합법적으로 인정하고 사유권을 부여함으로써 토지 보유의 안

---

114 Lintott(1992: 52)에 따르면 이 법으로 대토지 점유자와 소농 또는 농지를 할당받은 자들이 서로 이익을 누리게 되었다는 점에서 이해관계의 균형을 도모했다는 인상을 받는다. 즉, 피할당자는 농지를 매각할 수 있게 되었고 대토지 점유자는 사유를 확대할 수 있었다는 것이다. 그러나 이는 편협한 시각에 불과하며 아피아누스가 전하는 대로 평민은 모든 것을 상실했다는 의미를 전체적으로 조망하지 못한 것이라고 생각된다. 곧 소농으로서 할당받은 농지를 매각할 수밖에 없게 된 사정을 그는 고려하지 않기 때문이다. 아마도 사유지에 벡티갈을 부여한 것은 종래에 사유지가 지고 있었던 전쟁세가 부과되지 않도록 한 조치가 아니었을까? 이렇게 본다면 이 농지법은 아피아누스가 기술한 성격에서 벗어나지 않는다.

정성을 기하는 한편으로 이제까지 사유에는 아무런 급부를 부과하지 않는다는 원칙을 변화시켜 사유 토지에 대한 국가의 권리를 조세로 구현했다는 점에서 역사적 의의가 있다. 이로써 토지의 사적 소유를 넓혀가려는 시도에 장애가 되는 제한을 해소해 간 것으로 보인다. 그러므로 대토지 점유의 문제를 로마 국가는 조세 부과를 통해 부단히 해결해 가고자 했고, 하나의 중요한 귀결에 도달한 것이 기원전 111년 농지법이라고 보고 싶다.

한편 고대의 토지 제도가 순수하게 경제적 혹은 법률적 문제로 국한되는 것이 아니라 정치·군사 및 사회적 문제와 부단한 관계를 맺고 있기에 그라쿠스 형제의 개혁이 애초에 지향했던 군사 동원 및 도시 빈민 문제의 해결이라는 과제는 그대로 남게 되었다. 그라쿠스 형제의 개혁은 군역의 자판自辦이라는 고전적 원칙 위에서 소농을 육성하려는 것이었던 데 비해 기원전 111년 이후의 상황은 조세의 일반화를 통해, 국가적 기능을 통해 그러한 문제에 대처하려는 것이었다. 이러한 맥락에서 곧 다가오는 병제 개혁과 공화정 말기에 만연하는 빈민 구제의 문제는 그렇게 달라진 구조 속에서 조명해야 할 과제로 남는다. 그것은 또한 일원화되는 조세 징수의 체계를 갖추었지만,[115] 재정 구조에 비추어 사유화된 공유지로부터의 수입이 감소할 수밖에 없는 상황에서 궁극적으로는 속주민에게 직접적인 부담을 늘려가는 것으로 조세정책이 전환되어 가게 된다.

---

115 Badian(1976: 63). 그는 직접·간접세의 혼용에서 간접세로, 국가의 직접 관할에서 조세 청부업자의 징수 체제로 전이했다고 본다.

제 3 장

로마 공화정기 사적 소유 농지에 대한 과세와 그 귀결
'기원전 111년 농지법' 19~20행의 분석[*]

1. 서언 | 2. 벡티갈의 용례 분석 | 3. '기원전 111년 농지법' 19~20행의 의미
4. 공유지 점유의 성격 변화 | 5. 결어

1. 서언

우리나라에서 재산을 가진 사람은 1년에 두 차례씩 재산세를 납부한다. 세금이 부과된다고 해서 그 토지나 건물이 사유재산이고 그것을 지닌 자가 소유권자임을 의심하는 사람은 없다. 이 납세의무를 당연한 것이라고 생각한다면 그것으로 끝나는 문제지만, 이는 나름대로 긴 내력을 지니는 제도의 귀결이다. 주지하다시피 소유권[1]이라는 관념은 고대 로마의 사회발전 속에서 형성

---

[*]   이 글은 ≪서양사연구≫, 제17권(1995. 4)에 게재된 바 있다.

[1]   여기서 소유권은 '로마 시민의 권리에 따르는 소유권(dominium ex iure Quiritium)'으로 표현되어 온 것으로서 유형물에 대한 완전한 권리를 의미한다. 이는 소유권자가 물건을 사용하고 그로부터 이익을 향유하며 자유로이 처분할 수 있는 권리를 말한다. 이 말은 사료상으로 보면 키케로 시기까지는 등장하지 않고 공화정 말기에 나타난다. 흔히 동의어로 쓰이는 재산(proprietas)은 훨씬 나중에 만들어진 용어다. 그 대신 '최상의 권리로서(optimo iure)'라는 표현이 공화정기에 많이 사용되는데, 이는 사람에 대해서는 완전한 권리를 지닌 자를 지칭하고, 물건에 대해서는 예속이나 조세 부담 또는 공역에서 벗어난 상태를 지시한다. 한편 소유가 물건에 대한 법률적인 권리를 의미하는 데 비해 점유(possessio)는 사실상의 권리를 의미하는 것으로 구분된다(Berger, 1953: 61, 441). 그러나 이런 통념과 달리 슐츠에 따르면 사료상으로는 소유권(도미니움)이 사실상 무엇인지 정의되지 않는다고 한

된 것이고 이는 시대를 넘어 근대 서양 사회의 중요한 관념으로 전달되어 수용되었다.[2] 그렇지만 로마인들이 본래 지니고 있던 소유권 개념은 일체의 정규적인 조세 부과가 적용되지 않는 것이었다.[3] 다만 예외적으로 재산에 비례한 기여금이 부과될 수 있었다. 따라서 본래 로마인이 지녔던 관념과 오늘날 우리가 지니는 소유권 개념 사이에 조세 부과의 여부에 따라 근본적인 차이점이 인정된다고 하겠다.

그렇다면 오늘날 우리가 지닌 것과 유사한 개념의 재산은 없었을까? 로마에서 정규적인 국가 수입의 원천이었던 세목은 '벡티갈'이었고, 이는 국가의 재산인 공유지나 공공 시설물의 사용자에게서 징수하는 것이었다. 이를 농지에 국한해 생각한다면, "벡티갈이 부과된 농지(ager vectigalis)"[4]는 사유재산의 하나로 간주되면서 동시에 벡티갈이라는 정규적 과세가 적용되었으므로 본래의 관념인 소유와는 다른 범주를 형성했다. 일찍이 로마의 공유지에 관한 연

다. 따라서 이 관념의 형성에 관해서는 깊은 연구가 요구된다(Schulz, 1956: 45).

2 카를 마르크스(Karl Marx)에게 근대적인 생산관계의 표현이 이와 완전하게 상이한 사회인 고대 로마의 법체계 안에 어떻게 머물러 있을 수 있는지의 문제는 역사의 체계적인 이해와 관련해 제기된 중요한 문제였다(Schmidt, 1982: 15~16). 절대왕정기에 로마인의 소유권 개념이 부활한 것의 의미에 관해서는 Anderson(1979: 27)을 참조하고, 프로이센의 로마법 계승 운동에서 나타난 소유권 문제에 관해서는 조원홍(1992: 131 이하)을 참조한다.

3 위(僞) 아리스토텔레스의 『경제학』(2.1.4~5)에 따르면 시민 폴리스에는 직접세인 인두세나 토지세가 부과되지 않았다. 이런 관념은 키케로의 『의무론』(2.74)에 집약되어 있다. 여기서 그는 재산에 직접 부과되는 트리부툼을 징수하는 일이 생기지 않도록 미리 대비할 것을 충고한다. 이에 관해서는 Nicolet(1976a: 8f.); 허승일(1993: 41~49)을 참조.

4 공유지의 이용과 관련해서 여러 종류의 토지가 나온다. 예를 들자면 '재무관의 농지(ager quaestorius)', '벡티갈이 부과된 농지', '벡티갈이 부과된 사유지(ager privatus et vectigalis)' 등이 있다. 이의 향유는 임대(locatio), 영구 임대(locatio perpetua), 점유(possessio) 등으로 제각기 표현된다. 이런 용어상의 차이가 어떤 사실상의 차이를 의미하는지에 관해서는 충분히 연구되어야 한다. 일찍이 이 문제를 검토한 알베르타리오는 이들 간에 법률상으로 실질적인 차이(differenza giuridica sostanziale)가 없는 것으로 본다. 필자도 이 견해를 따른다(Albertario, 1912: 17).

구에서 중요한 기여를 했던 레안드로 잔칸Leandro Zancan은 벡티갈이 부과된 농지의 보유자가 지니는 권리를 근대의 소유권과 같은 의미를 지니는 것으로 파악했다.[5] 그렇지만 시대를 달리하는 두 제도가 외양이 비슷하다고 해서 동일시하는 것은 시대착오의 우를 범할 위험이 있다. 마땅히 그 맥락과 기능을 통해 이해해야 할 것이다. 그러므로 이 장에서는 그러한 제도가 만들어진 시대상을 파악하고 아울러 점유 토지에 부과된 벡티갈의 성격과 사유재산으로서의 지위를 고찰함으로써 그 제도가 지녔던 본래의 기능과 의미에 접근한다. 이를 위해 기원전 111년에 제정되어 비문을 통해 현전하는 농지법의 관련 규정을 이해하는 것이 긴요하다. 그라쿠스 형제의 개혁 이후로 관심의 초점이 되었던 공유지 문제가 귀결되는 방향을 가늠해 보는 것은 로마 공화정 후기사의 전개에 대한 이해를 심화하는 데 일조할 것이다.

2. 벡티갈의 용례 분석

공화정 후기로 들어서서 중요한 관심사였던 공유지 분배와 관련해 연구자들은 주로 분배의 사실에 초점을 맞추었다.[6] 물론 이것이 수혜자들에게 실질적인 급부를 가져다주는 것이기에 정책 면에서 가장 중요했기 때문이다. 그러나 그렇게 부여된 토지의 성격이 무엇인지를 논의해야 할 필요가 있다. 왜냐하면 그 정책이나 입법은 국가의 재산인 공유지를 대상으로 한 것이었고, 그 공유지는 국가 수입의 토대였기 때문이다. 따라서 그런 토대를 상실하거나 어떤 변화가 초래되는 경우 국가 운영이나 기본 이념이 문제되지 않을 수 없다. 이러한 중요성에도 불구하고 지금까지의 연구는 분배된 공유지의 수혜와 관련해서만 이루어졌고, 토지의 성격에 관해서는 별로 진전된 이해가 없는 것으

---

5   Zancan(1935: 80).

6   이와 관련해 강성길(1989: 139~173)을 참조.

로 여겨진다. 이런 연유로 근자의 여러 연구에서 막상 이 토지의 성격을 부여해 주는 용어인 벡티갈에 관해 일정한 체계 없이 추측이나 회의에 그친 감이 있다. 우선 좀 더 명백한 이해 체계를 얻기 위해서는 기존의 사료에 대한 다각적인 검토가 긴요하다. 공화정 후기 상황을 전하는 보고로 현존하는 아피아누스, 리비우스, 키케로의 저술에서 벡티갈과 그 용어의 그리스식 역어인 포로스φόρος의 용례를 분석해 보아야 한다.

우선 벡티갈이 지칭하는 대상이 무엇인지 살펴보자. 벡티갈에 관해 최초로 체계적인 연구를 남긴 페테루스 부르만누스Peterus Burmannus에 따르면 벡티갈은 다음과 같은 유래와 의미를 지니고 있다.

벡티갈은 '이끈다vehendo'에서 생긴 말이다. 그 때문에 본래 벡티갈이 부과된 부류는 물품의 운송을 위해 강요된 것을 지시한다. 이는 나중에 관세portorium 항목에서 설명하겠다. 이후에 이 단어의 의미가 보다 확대되어 공적으로 의무가 부과된 어떤 것으로부터든 국고로 들어온 모든 세입과 수익을 전부 포괄했다. 그래서 이것은 십일세decuma, 방목세scriptura 및 기타 조세의 종류에 관련되었고, 이런 명목하에 놓인 것들이 벡티갈이라고 명명되었다. 옛 공화정기에는 주로 세 가지의 벡티갈이 일반적으로 널리 알려졌다. 이것들은 경작되는 농지, 가축을 양육하는 방목지, 물품이 입·출하되도록 개방된 세관으로부터 징수되었다.[7]

이에 따르면 벡티갈의 적용 범위는 광범하고 정규적인 조세 일반을 지시하되 농지세, 방목세, 관세가 주요 항목이었음을 알 수 있다. 같은 개념은 『소小

---

7   Burmannus(1734: 3). 이 책의 목차에는 'De vectigali ex agris publicis', 'De vectigali ex agris & eorum fructibus sub Imperitoribus', 'De scriptura & vectigali pecorum', 'De portoriis', 'De vectigali ex Metallis & salinis', 'De vicesima Manumissionum', 'De vigesima Hereditatium', 'De reliquis populi Romani vectigalibus' 등으로 적시되어 있어 그런 개념으로 벡티갈이라는 용어가 사용되었음을 알 수 있다.

파울리 사전』에도 소개되어 있다. 이에 따르면 처음에는 공유지와 속주의 토지에서 나오는 현물세, 방목지와 삼림 등에서 나오는 수입, 조세 징수 청부 회사를 통해 징수된 모든 조세를 포함했으나 더욱 범위가 넓어져 조세Steuern, 공조Abgaben, 전쟁 기여금Kriegstribute까지 포함했으므로 사실상 모든 조세를 포함하는 일반적인 명칭이 되었지만, 전문적으로는 간접세indirekten Steurn를 의미한다고 소개되어 있다. [8] 이처럼 벡티갈은 넓은 의미로 쓰였으나, 원칙상 그것은 국가의 재정 목표에 이바지하기 위해 국가의 재산인 공공물을 용익하는 자들에게서 정규적으로 수취한다는 공통점을 지니는 것이다. 따라서 사실상 벡티갈이 어떤 조세였는지의 논의는 그 범위를 한정해서 이루어져야 할 필요가 있다.

여기서는 국가의 공유지로 경작에 사용된 농지에 국한해 벡티갈 문제를 고찰한다. 부르만누스에 따르면 이런 공유지는 다음의 몇 가지의 부류로 나뉠 수 있다.

이 농지는 세 가지 부류였음을 나는 발견했다. 수여 양식과 다양한 형태에 따라 다음과 같이 분류되었다. 즉, 적들로부터 획득한 농지로서 전부 로마 인민의 공유지로 간주되어 국가의 재산patirmonium이 된 경우, 몰수되거나 패배한 족속으로부터 탈취한 농지로서 병사들에게 또는 가난한 빈민에게 분배되어 이로부터 식민시가 유래되는 경우, 마지막으로 무조건 항복한 족속에게 그들의 수확물에서 매년 납세한다는 조건으로 경작하도록 남겨준 경우가 있다. [9]

---

8   Shaw(1989: 809~810)에 따르면 '트리부툼'과 '벡티갈'은 동의어다. 즉, 전자는 개인의 재산에 부과되는 세금이라는 의미고 후자는 이에 따라 획득한 세입이라는 뜻이다. 그러나 이는 로마 제정 말기에 적용될 수 있는 말이며 공화정기에는 적용될 수 없다. '기원전 111년 농지법'에 나오는 "vectiglia constiterint" 같은 표현은 쇼의 주장이 근거 없음을 단적으로 보여주는 예다. 트리부툼의 본래적인 의미는 Nicolet(1976a)가 정리했다.

9   Burmannus(1734: 3).

이런 상황을 염두에 두어야 벡티갈이 구체적으로 어떤 조세였는지의 논의가 이루어질 수 있을 것으로 보인다. 인용한 대로 다양한 상황에 따라 농지에 부과되는 벡티갈의 세율이 상이했을 것으로 추측되기 때문이다.

우선 벡티갈은 소액이나 상징적인 부과금으로 인식되는 경우가 있었다.[10] 이를 입증하는 것으로 리비우스가 전하는 소위 '국채 보상 토지trientabula(트리엔타불라)'에 대한 과세 조치다. 이 토지는 제2차 포이니 전쟁 중에 발생한 국채를 청산하고 남은 3분의 1의 국채에 대해 같은 금액에 해당하는 토지를 개인에게 분급한 것이다. 이에 관해서는 다음과 같이 기술되었다.

> 콘술들은 농지를 평가하고 공유지임을 입증하기 위해서 유게룸당 1아스의 비율로 벡티갈을 부과할 것이다.[11]

이 문구는 우리에게 중요한 사실을 알려준다. 우선 "공유지임을 입증하기 위해서(testandi causa publicum agrum esse)"라는 규정인데, 이는 일찍이 잔프랑코 티빌레티가 그의 저술에서 주장한[12] 공유지임을 인정하는 '공인세tassa di recognizione'의 존재를 입증해 주는 유일한 기록이라고 생각된다. 이 기사가 나온 것이 제2차 포이니 전쟁이 끝난 후이므로 이런 제도가 기원전 2세기를 경과하며 마련된 것으로 생각된다.[13] 따라서 공유지에 관한 국가의 관심[14]을 이를 통해서도 확인할 수 있다.

---

10   Nicolet(1976a: 81).

11   리비우스, 『도시의 건설로부터』, 31.13.7.

12   Tibiletti(1948: 189~190) 참조.

13   니콜레는 '벡티갈'이라는 용어가 공유지의 입증이라는 상징적인 의미 외에도 십일세처럼 실질적인 의미가 부여되는 경우도 있었음을 제시한다(Nicolet, 1976a: 82).

14   일반적으로 로마에서는 전쟁세가 중지된 후에 공유지를 통한 국가 수입의 증대를 도모했다고 생각된다(김창성, 1994: 27~28).

또 하나 주목되는 점은 "벡티갈을 부과한다(vectigal …… imposituros)"라고 명시하고 이의 액수를 "유게룸당 1아스(in iugera asses)"라고 과세율을 밝힌 점이다. 로마의 경우 공유지가 얼마의 가격으로 거래되거나 또는 임의로 처분될 수 있었는지가 분명치 않다.[15] 다만 이를 100유게라의 농장에 관해 생각해 볼 수 있다. 대★카토가 제시한 모델 농장은 매년 5만 4000~5만 8000세스테르티,[16] 즉 약 14만 아스의 연 수익을 가져다주었던 것으로 알려져 있다. 따라서 이런 수익률을 고려하면 공인적인 성격의 벡티갈은 매우 작은 액수의 조세였음을 알 수 있다. 따라서 이런 세율의 조세는 국가의 조세 수입으로서 지니는 의미보다는, 오히려 티빌레티의 지적처럼 토지 보유자의 권리를 보호해 주는 측면이 더욱 강했다고 할 것이다.[17] 또한 이런 부류에 속하는 소액의 세금은 일반적으로 다른 수식어를 붙이지 않고 단순히 벡티갈이란 표현을 사용했음을 주목할 필요가 있다. 벡티갈이 원래 그런 의미였다는 뜻일 것이다.

앞과 같은 범주에 드는 토지는 그 밖에도 어떤 것이 있을까? 플루타르코스의 보고를 검토해 보자.

전쟁으로 장악한 인접 도시의 토지 중에서 일부를 잘라내 공유지로 만들어 시민 가운데 빈자와 무산자가 보유하도록 하고 많지 않은 세금을 인민에게 납부하도록 했다.[18]

---

15 다음과 같은 사료를 통해 보면 점유자 간에 공유지에 대한 일정한 비공식적인 거래가 존재했다는 사실을 추론할 수 있다. 아피아누스의 『내란기』(1.7)에 "부자들은 미분배된 토지의 대부분을 차지했다. 그리고 시간이 지남에 따라 토지가 결코 빼앗기지 않을 것이라는 용기를 갖게 되었다. 빈자들의 얼마 안 되는 인접한 토지를 설득해 구입하거나 강제로 취하고서 대신에 토지의 넓은 면적을 경작했다". 그렇지만 이런 일이 법에 따른 것이라고 보기는 어렵다.

16 차전환(1987: 83).

17 Tibiletti(1948: 185, n.4).

18 플루타르코스, 『티베리우스 그라쿠스』, 8.1.

이 기사는 기원전 134년경의 것이다. 이 기사가 빈민과 무산자를 상대로 한 것이었으므로 정치적 배려의 산물이라고 하겠는데, 이들에게 부여된 조건이 주목할 만하다. 즉, 앞에서 "많지 않은 세금(ἀποφορὰν οὐ πολλὴν)"이라고 표현한 부분과 그 수취자를 "국고에(εἰς τὸ δημόσιον)"라고 명시한 부분이다. 빈민을 보호하기 위한 조치라는 맥락에서 본다면 이는 국가의 재정 수입 확보보다는 다른 정치적 목적에서 나온 조치로 생각된다. 그러므로 일반적인 예라기보다는 특별한 정책적 배려의 결과로 생각되는데, 특히 "많지 않은(οὐ πολλὴν)"이라는 표현에서 그런 단서를 찾을 수 있다. 이것은 앞의 국채 보상 토지의 경우처럼 토지 보유자에게 유리한 의미로 간주되며, 다른 한편으로는 국가의 소유지, 즉 공유지임을 명백히 할 필요에서 나온 조건이라고 생각된다. 그렇다면 이 규정은 벡티갈에 대한 그리스 작가의 관행적인 표현으로 볼 수도 있을 것이다. 본래 십일세와 같은 것은 로마에 고유한 것이 아니었다고 티빌레티가 지적한 바 있다.[19] 이런 점을 고려한다면 벡티갈을 그리스식 표현으로 그렇게 할 수밖에 없었다고 해야 할 것이다. 이런 표현 방법으로 미루어 보건대 이와 같은 저율의 벡티갈은 그리스인에게 친숙하지 않은 것이었고, 일반적으로 '국고에 납부하는' 것은 그런 성격의 것이었음을 플루타르코스의 예를 통해 간접적으로나마 확인할 수 있다.

이런 추론을 아피아누스의 보고와 관련시켜 보자. 아피아누스는 그라쿠스 형제가 마련한 법안이 그들의 사후에 어떻게 바뀌었는지를 보고하며 우리에게 다음과 같은 내용을 전해준다.

> 호민관 스푸리우스 보리우스가 토지를 더 이상 분배하지 않고 점유자들에게 속하도록 하고 그 대신에 인민에게 포로스를 적립하고 그 적립금을 분배하도록 하는 법을 제안하기까지 ……[20]

---

19   Tibiletti(1984: 184, n. 1) 참조.

이 법은 대개 기원전 119/118년경[21]에 제안된 것으로 여겨진다.[22] 우선 이 법의 제안자인 스푸리우스 보리우스는 흔히 스푸리우스 토리우스Spruius Thorius 로 고쳐 생각하는 것이 일반적이다.[23] 키케로는 스푸리우스 토리우스를 "포풀 라레스 부류의 입법에 상당히 실력이 있었으며, 그는 해롭고 무익한 법을 제 정해 공유지를 벡티갈에서 벗어나게 했다"[24]라고 묘사했다. 여기에서 주목되 는 것은 아피아누스가 공유지 분배를 철회하는 대신에 부과했다고 전하는 포 로스φόρος, φόρους가 우리가 논의하고 있는 벡티갈과 밀접하게 관련이 있다는 점이다. 이 포로스에 관해 아피아누스는 바로 "인민에게(τῷ δήμῳ)"라는 수식 어를 부가했다.

포로스는 일반적인 의미로는 '지불'이라는 뜻이지만 전문적으로는 델로스 동맹에 가입한 동맹국들이 내야 할 '전비 부담'을 가리켰다.[25] 이것은 각 동맹 국이 국세國勢별로 분담해 이를 각국 시민이 다시 분담하는 형식으로 징수되 었을 것으로 추론된다. 아테네가 동맹의 맹주 노릇을 하면서 동맹국의 분담금 은 일종의 공납금tribute과 같은 성격을 띠게 되었다.[26] 따라서 이 포로스는 아

20 아피아누스, 『내란기』, 1.27.
21 현대의 달력과 연도 차이에 따라 현대의 연도로 표기할 때 두 해에 걸치게 되면 연도 사이 에 빗금(/)을 넣어 표기했다.
22 이 법은 아피아누스가 전하는 3법 중에서 두 번째 법으로 제정 시기와 관련해 다소 논란이 있다. 3법의 제정 시기에 관한 논쟁에 대한 개요는 Zancan(1935: 58); 김창성(1994: 34 이 하)을 참조.
23 다른 가능성에 관해서는 Lintott(1992: 286)를 참조.
24 키케로, 『브루투스』, 136. 이 원문은 분명하지 않아 논란이 많다. Lintott(1992: 283)에 따 르면 적어도 네 가지 이상의 해석이 가능하고 각각의 해석은 논자들의 입장과 유기적으로 관련을 지니므로 어느 해석이 절대적으로 우세하지 않은 것으로 보인다. 필자의 해석은 그 중 유력한 것을 따랐는데 이에 관해서는 김창성(1994: 35~37)을 참조.
25 Der Kleine Pauly(vol. 4), 1975, col. 810. 아리스테이데스의 보고에 따르면 142개의 가맹 국이 있었고, 모두 469탈란톤의 분담금이 있었다.
26 Finley(1982c: 47) 참조.

테네 시민이 아닌 동맹국에 전가되는 것이라는 생각이 일반적이다. 그렇지만 이 문제를 상론한 바 있는 빅토르 에렌버그Victor Ehrenberg의 의견에 따르면 독립된 국가나 식민 도시 외에도 아테네의 점령지에 거주하는 시민이 보유하고 있는 추첨지Kleruchie에도 이 포로스가 부과될 수 있으며('추첨지과세'라는 뜻의 클레루킨포로스Kleruchienφόρος라는 용어를 제시함) 그런 결정은 각 상황에 따라 이루어진다는 사실을 알 수 있다. 또 이 포로스는 정규적이고 긴 시간 동안 확고히 정해진 일종의 공조貢租, Abgabe로 파악된다.[27] 현재 문제로 삼고 있는 벡티갈과 관련해서 본다면 그리스 출신의 서술자가 벡티갈과 관련해 포로스라는 명칭을 사용한 것은 공납보다는 공조의 성격과 일치함을 보여주기 위해서였다고 보인다. 그렇다면 아피아누스가 전하는 다음의 보고는 어떤 대상을 지시하고 있을까?

> 그들은 추첨으로 분배할 여력이 없었으므로 원하는 자들에게 1년 동안의 소출에 따라서, 즉 곡물의 10분의 1이나 과실의 5분의 1을 납부하고 토지를 경작하라고 선언했다. 그리고 가축 사육자 등에 대해서도 큰 가축과 작은 가축의 세액이 정해졌다.[28]

이 기사는 전쟁으로 획득한 토지를 대상으로 한 포고로 일단은 로마가 정복한 지역에 식민자나 개간자로서 진출한 자들에게 부여된 조건이다. 이 조건을 앞에서 검토한 대로 포로스의 부과 내용이라고 본다면, 포로스는 일반적으로 10분의 1세dekate나 5분의 1세pempte를 지칭한다고 생각된다.[29] 이는 벡티

---

27   Ehrenberg(1965: 238f., 334).

28   아피아누스, 『내란기』, 1. 7.

29   이는 앞서 언급한 상징적인 '공인세'와는 거리가 멀고, '국가의 양식(rationes publicae)'의 일부로 통상 조세 징수 청부업자들에게 임대되었을 것으로 파악된다(Nicolet, 1976a: 82).

갈의 일반적인 세액에 비하면 매우 많은 것이다. 아울러 국채 보상 토지 등에 비한다면 이는 가변적인 소출에 기초하는 정률세이므로 납세액이 고정되지 않은 점도 차이로 지적할 수 있다.

이러한 공유지의 점용에 부과되는 조건의 예로 식민시 게네티바Genetiva에 부여된 특허장의 내용을 검토해 보자.

> 공용으로 식민시 게네티바 율리아의 식민자들에게 주어지거나 할당된 어떤 농지, 삼림, 건물에 대해 어떤 사람도 그 농지나 삼림을 팔거나 5년 이상 임대하지 않도록 할 것이다. 또 이를 10인 위원에게 고하거나 또는 그들의 결의로서 그 농지와 삼림이 팔리거나 다른 조건으로 임대되지 않도록 한다. 만약 그것들이 팔렸다고 하더라도 식민시 게네티바 율리아에 귀속하도록 한다. 어떤 사람이 그것을 구입했다고 말하고 그 재산을 향유한다면 식민시 게네티바 율리아의 식민자들에게 매년 유게룸당 100세스테르티를 지불할 의무를 지도록 한다.[30]

이는 스페인에 건설된 식민시에 대해 카이사르가 부여한 특허장의 내용으로 식민시에 공용으로 부여된 토지에 관한 권리를 명시한 것이다. 우선 확인되는 것은 식민시에 귀속된 공유지의 경우 매각이 인정되지 않는다는 점이다. 이로써 로마 정부가 고수했던 공유지 유지 정책이 식민시에도 그대로 모방되었음을 알 수 있다. 이것은 기원전 1세기경의 로마의 공유지 정책의 축소판을 보여주는 예라고 생각된다. 이렇게 본다면 유게룸당 100세스테르티(HS C)의 부과금은 앞에서 검토한 포로스의 내용과 같은 것이라고 생각된다. 이 부과금이 다름 아니라 이 식민시의 구성원인 "식민자들에게(colonis)" 귀속된다는 점을 특허장은 알려주고 있다. 이 표현은 식민자 각자에게 분할해 준다는 의미라기보다는 식민시 정부의 공유 기금으로 귀속된다는 의미로 해석해야 한다.

---

30 리코보노 외 엮음, 『유스티니아누스 이전 로마 법원』, p. 149(Jones ed., 1968: 321과 비교).

이는 마치 앞서 말한 "인민에게"라는 표현이 지니는 의미와 같다. 따라서 '인민에게'라는 수식이 붙은 경우와 마찬가지로 이 경우에도 비교적 높은 세율의 조세가 부과되어 있는 점에 주목해야 한다.[31]

이상의 예를 검토하며 필자는 벡티갈이라고 불린 농지세가 정책 목표에 따라 상이한 세율로 부과되었음을 확인했다. 저술가들이 이런 차이점을 인식하고 일반적인 관행에 따라 상이한 수식어를 부가해 구분했다고 생각된다. 특별히 '인민에게'라는 수식이 붙은 포로스는 비교적 많은 액수의 부과금을 의미하는 범주에 대한 특별한 지시라고 볼 수 있지 않을까라는 가설을 제시한다. 이런 별도의 수식은 라틴어의 벡티갈이 너무 광범하게 쓰이는 까닭에 그 의미를 국한시키는 것이 보다 정밀한 서술을 위해 필요했기 때문이 아니었을까? 아니면 벡티갈의 본래 의미에 그런 수식을 붙이는 것이 하나의 문서 표기 관행이었기 때문일까? 이런 가능성을 염두에 두며 필자는 로마의 경우 두 가지 범주로 조세가 부과되었고, 이에 대한 명칭이 다음과 같이 나뉘어 사용되었다고 추론한다.

① 저율의 조세: 국고에 바치는 많지 않은 세금
② 고율의 조세: 인민에게 바치는 공납[32]

플루타르코스의 다음 보고는 공유지상에서 대토지 점유가 어떤 방식으로 확대될 수 있었는지를 보여준다.

부자들이 많은 액수의 돈을 지불하고 빈민들을 내몰기 시작하자, 500유게라 이

---

31   가이우스 그라쿠스가 빈민에게 토지를 분배할 때 부과한 세금 명칭이 아포로라(apophora)라고 기술된 것은 이러한 차이를 염두에 둔 것이라고 생각된다(플루타르코스, 『가이우스 그라쿠스』, 9. 2).

32   ① "ἀποφορὰ οὐ πολλὴ εἰς τὸ δημόσιον," ② "φόρος τῷ δήμῳ."

상을 점유하는 것을 금하는 법률이 제정되었다.[33]

이 보고에 따르면 우선 점유자 간에 일종의 경쟁입찰 같은 것이 존재했음을 알 수 있다. 자연히 이런 상황에서는 빈자들이 경제적 부담을 감당할 수 없게 된다. 흔히 기원전 267년 이전에 제정된 것으로 생각되는 농지규모법이 있기 전에는 그런 식으로 토지 점유가 확대되었다고 보인다. 이때 점유자들이 지불하는 돈은 어떤 것일까? 앞의 인용문에 제시된 대로 '많은 액수의 돈을 지불했다'고 필자가 번역한 말은 그리스어로 "ὑπερβάλειν τὰς ἀποφορὰς"이다. 이 문구에서 등장하는 "τὰς ἀποφορὰς"를 '저율의 조세'와 같은 의미로 생각한다면, 본래 그 토지는 저율의 조세가 부과된 채 경작되던 소점유 토지였을 것이다. 전자인 "ὑπερβάλειν"을 '초과한다'는 의미로 해석한다면 부자들이 통상의 납부금을 초월한 액수를 지불하고, 이것이 소토지 점유자를 몰아낸 근거로 생각된다. 이런 추론이 맞는다면 플루타르코스의 보고는 공유지 사용의 대가로 국가에 지불하는 조세가 필자가 제시한 두 가지의 범주로 구별됨을 확인해 준다고 하겠다.

3. '기원전 111년 농지법' 19~20행의 의미

기원전 111년에 제정되어 비문에 기록되어 전하는 관계로 흔히 '비문 농지법Lex agraria epigrapica'으로 알려진 농지법은 그것이 지니는 일차 사료로서의 가치 덕분에 일찍부터 많은 연구가 이루어졌다. 그렇지만 현전하는 내용은 본문의 3분의 1을 넘지 못하는 관계로 여러 해석과 추론이 가능했다. 필자가 이 장에서 문제로 삼는 이 농지법의 19행과 20행은 기원전 111년을 전후로 공유지에 대한 조세 부과의 원칙을 보여준다는 점에서 중요한 구절이지만, 이에

---

33 플루타르코스, 『티베리우스 그라쿠스』, 8.

대한 해석은 상이하게 전개되어 왔고 오늘날까지도 완전한 정설로 굳어지지 못한 실정이다.

우선 근래에 이 비문을 새롭게 고증한 앤드루 린토트Andrew Lintott가 복원한 내용을 살펴보면 다음과 같다.[34]

19(행) [법에 의해 또는 평민의 결의에 의해 또는] 이 법에 의해 사유화된 농지, 대지 및 그것에 위치한 건물을 보유하고 있는 자는 이 법이 통과된 후 처음으로 조세가 확정된 이후에 그 농지나 대지나 건물에 대해 또는 그 농지에 방목하는 가축에 대해 [돈이나 방목세나 세금을 인민이나 조세 징수 청부업자에게 지불할 의무를 지지 않을 것이다.] 또는 어떤 사람도 그에게 돈이나 방목세나 세금을 인민이나 조세 징수 청부업자에게 납부하도록 해서도 안 되며 어느 누구도 [그런 내용을 포고하지 않아야 한다.]

비문의 내용을 일견하면 사유지가 된 공유지에 대한 조세를 완전히 면제하는 것으로 이해된다. 그러나 그렇게 보기에 이 비문은 불완전하다. 왜냐하면 본문 중 대괄호 [ ] 안의 내용은 적어도 비문으로는 확인되지 않는 것이기 때문이다. 이런 사정 탓에 이 비문의 내용을 복원하는 것은 학자 나름의 이해 체계에 따라 좌우될 수밖에 없었고, 이해를 달리하는 경우 논쟁은 불가피했다. 특히 이 장에서 다루려는 부분에서는 이 비문을 정리한 테오도르 몸젠의 설에 대해 반론이 제기된 적이 있다.[35] 이후 지금까지 오랫동안 논란이 되었고 아

---

34 Lintott(1992: 183). 한편 린토트는 서문에서 이 비문이 소장자였던 벰보의 이름을 따라 벰보 서판(Tabula Bembina)이라고 불러온 것을 비판하며 최초 발견지인 우르비노(Urbino)의 이름을 따서 부르는 것이 타당하다고 주장한다. 그의 제안에 따라 앞으로는 우르비노 서판으로 칭하는 것이 바람직하다고 본다. 이제까지 중요한 연구서로는 Johannsen(1971)을 들 수 있다.

35 『라틴비문집성』, XI, 1863, no. 200 = Mommsen(1905a: 65~145); Saumagne(1927: 50~80).

직까지도 완전한 정설로 굳어지지 못하고 있다. 이러한 논쟁은 기원전 111년 이후의 조세 체계에 대한 전체적인 이해와 관련되어 있으므로 이 장에서는 이를 소개하고 필자 나름대로 분석해 보겠다.

우선 몸젠의 설에 따르면 앞의 규정은 벡티갈의 폐지를 의미한다. 그에 따르면 이 농지법은 그라쿠스 형제에 의해 할당되거나 확정된 토지를 사유 토지로 변모시켰으며, 이는 아피아누스가 전하는 그라쿠스 형제 사후 제정된 세 번째 법과 일치한다. 따라서 이는 로마 시민의 점유 토지를 로마 시민의 완전한 소유권으로 변화시키는 내용으로, 이 규정에 나오는 벡티갈의 폐지는 이에 상응하는 조치라는 것이다. 이는 논리적으로 충분히 수긍이 가는 주장이며 많은 지지[36]를 얻고 있다.

이에 대해서 샤를 소마뉴Charles Saumagne는 이 법이 벡티갈을 확정해 주는 내용을 포함한다고 보고, 앞 장에서 논의한 아피아누스가 전하는 두 번째 법과 일치한다고 생각했다. 그러면서 몸젠의 비문 복원에 일관성이 없음을 지적했다.[37]

잔칸은 소마뉴의 이런 지적에 대해 어느 정도 그 타당성을 인정했다. 잔칸은 소마뉴의 주장이 문맥이나 배경과는 일치하지 않음을 지적했다. 즉, 우선 소마뉴의 주장대로 새로운 조세 부과를 확정했다면 이 법이 전에는 징수되지

이에 관해서는 Zancan(1935: 58, 78); Johannsen(1971: 255); Lintott(1992: 222f.)에서 상세히 소개하고 있다.

36 대표적으로는 Weber(1891: 8)를 들 수 있다.

37 특히 이 법의 15~26행에서 폐지를 선언하는 것은 명령법으로 표현된 데 비해 문제되는 20행을 복원하면서 접속법을 사용했다는 점에서 일관성이 없다고 지적했다. 아울러 이에 관해 촌평하기를 "대수롭지 않은 조항이 엄격한 어미인 '-to'를 지니는 문서에서 로마 토지법사(史)의 결정들 중에서 가장 혁명적인 것이 주저하는 형태로 표현되었으며 신중하게 출현한다는 것이 다소 실망스럽다"라고 비판했다(58쪽). 요컨대 명령형으로 표현되어야 한다는 것이다. 이후 소마뉴에 대한 비판도 있었으나 근래에는 이 주장의 타당성이 인정되어 연구에서 복원하는 데 참고되고 있다(Lintott, 1992: 223).

않던 조세를 징수하거나 징수되었다가 중지된 것을 재징수하려는 조치를 뜻한다는 것인데, 잔칸이 보기에 이는 어느 문헌의 사료와도 일치하지 않았다.[38] 그러나 이렇게 비판한 잔칸도 솔직하게 이 규정을 통해서는 조세를 폐지한 것인지 확정한 것인지 결정지을 수 없다고 보았다. 이것은 단순한 고전문헌학으로 해결할 수 있는 문제가 아니라고 결론을 유보하고 있다.[39]

여기까지 몸젠과 소마뉴의 논쟁이 보여주는 것처럼 '기원전 111년 농지법' 19~20행의 의미에 관해서는 쉽사리 어떤 결론을 내릴 수 없었다.

그렇다면 앞 장에서 필자가 제시한 벡티갈에 대한 용례 분석으로 이 문제에 어떻게든 접근할 수 있을까? 필자는 아피아누스나 플루타르코스가 언급한 사항이 법과 관련되어 있으므로 이 법이 지니는 엄밀성을 표현하기 위해 조세의 부과 조건에 맞는 수식어를 사용했다는 결론을 내린 바 있다. 이 법에서는 어떤 식으로 표현되었는지를 살펴보자. 실제 판독된 이 농지법의 단편은 다음과 같다.

19행 청부업자에게 돈, 방목세, 벡티갈을 지불하도록 하거나 지불해야 할 의무가 있도록 한다.

20행 인민에게 혹은 청부업자에게 지불할 의무를 지도록 한다.[40]

이 비문을 보면 19행에서는 조세와 관련된 명사인 방목세나 벡티갈의 앞

---

38 Lintott(1992: 222). 이에 따르면 기원전 122년에 가이우스 그라쿠스에 의해 할당된 농지에 부과된 조세를 리비우스 드루수스(Livius Drusus)가 제거하려고 했으나 이 제안이 실행되었다는 증거는 없다고 지적한다.

39 Zancan(1935: 62).

40 19행 "(p)ublicano pecunia<m> scripturam vec(t)igalve det dareve debeat," 20행 "populo aut publicano dare debeat ……".

에, 20행에서는 동사인 '지불한다'의 앞에 수식어인 "인민과 조세 징수 청부업자에게(populo aut publicano)"가 확인되고 있다. 따라서 이런 수식어에 의해 규정받는 분야는 그것이 붙지 않는 것과 성격이 달랐다고 보아야 한다.[41] 즉, 20행에서 "돈과 방목세 및 벡티갈(pecunia<m> scripturam vec(t)igalve)"이라고 지시된 부분과 같은 행에 나오는 "벡티갈의 의무를 지게 된 것으로 정해진 이후에(post quam vectigalia constiterint)"라는 표현이 의미하는 대상과는 차이가 있었다고 보아야 한다. 분명히 'constiterint'라는 동사는 조세의 폐지보다는 확정을 의미하는 용어이고, 19행의 '돈과 방목세'로 지시된 벡티갈은 저율의 조세로 볼 수 없으므로 양자는 상이한 것으로 추론되기 때문이다.[42] 또한 'post quam'이란 표현도 시간의 선후 관계로 다른 성질의 조세가 있는 것임을 지시한다. 이렇게 본다면 문제가 된 '기원전 111년 농지법'의 19~20행의 조항에는 성격을 달리하는 두 가지의 조세가 명백히 표현되어 있다고 하겠다. 그것은 다름 아니라 아피아누스에게서 확인된 비교적 고율의 조세와 플루타르코스에게서 확인된 저율의 조세를 의미하는 것이다. 이를 <표 3-1>로 정리하면 다음과 같다.

이를 기초로 해서 본다면, 이 비문의 19~20행의 의미는 고율의 조세를 부과하는 대신에 저율의 조세를 폐지하는 것으로 생각할 수 있다. 전자는 앞에서 확인했듯이 매우 작은 액수였으므로 사실상 토지를 사유한 사람의 입장에

---

41 같은 법의 같은 곳에 출현하는 청부업자는 충분한 소득이 보장되고 가변적인 상황에서 활약한다(Hopkins, 1980: 122, n.64 참조).

42 이제까지 통상 'constituere'는 '지불 기일이 된 후에'라는 식으로 번역되었다. Johannsen(1971: 117)에는 "fällig sein werden"로, Warmington(1967: IV, 387)(Loeb, 357)에는 "imposts shall have fallen due which shall have first fallen due after ……"라고 애매하게 표현되었다. 이에 비해서 Lintott(1992: 183)에는 단순히 "after fixing of the taxes"로 번역되었는데, 이것은 필자의 해석을 뒷받침해 준다고 하겠다. Berger(1953)의 항목 보기(s.v.) "constituere=to constitute, ceate a legal situation, relation or an obligatory binding"에 따르면 필자나 린토트의 번역이 올바르다고 생각된다.

표 3-1 **조세의 분류**

	'기원전 111년 농지법' 19~20행	그리스어 표현
저율의 조세	vectigalia	ἀποφορὰ οὐ πολλὴ
고율의 조세	vectigal populo (aut publicano)	φόρος τῷ δήμῳ

서는 큰 부담이 되지 않는 것이었고 고율의 조세를 납부하지 않으므로 사실상 조세 부담에서 면제된 것과 다름없었을 것이다. 그렇다면 이는 아피아누스가 전하는 세 번째 법과 그 내용과 취지 면에서 일치하는지의 문제가 남는다.

아피아누스는 다음과 같이 그 내용을 전하고 있다.

얼마 안 있어 다른 호민관이 그 조세를 폐지했다. 그래서 인민은 모든 것을 상실했다.[43]

앞에서 그 조세는 "τοὺς φόρους"[44]로 표기되어 있다. 이는 정관사의 표기로 보아 아피아누스가 보고한 두 번째 법에 의해 부과된 것으로 생각된다. 따라서 "인민(ὁ δῆμος)이 모든 것을 상실했다"라는 표현은 농지 분배 중지의 보상이 될 만한 조세 부과가 더 이상 이루어지지 않게 되었음을 의미한다. 아울러 "폐지했다(διέλυσε)"라는 말은 '약화시켰다'는 뜻으로 해석이 가능하다. 이는 필자가 주장한 법조문의 의미를 뒷받침해 준다. 이렇게 보았을 때 '기원전 111년 농지법'은 중과세되던 개인이 점유한 토지에 종래 일반적으로 점유지에 부과되던 소액의 조세를 부과하는 방향으로 정책 방향을 바꾼 것이었다.[45]

---

43 아피아누스, 『내란기』, 1. 27.

44 Nicolet(1978b: 8)에 따르면 그리스어로 된 조세 관련 용어는 대체로 다음과 같이 분류된다. 에이스포라는 직접세로 로마 시민에게만 부과되는 세(트리부툼)이고, 포로스(φόρος)는 공유지 위에 부과되는 조세나 세입이며, 텔레(τέλη)는 간접세다.

45 이런 정책의 전환은 아마도 유구르타(Jugurtha) 전쟁이 발발한 상황과 연결해야 할 것이

이로써 그라쿠스가 의도했던 공유지 분배는 중지되었을 뿐 아니라 그 중지의 대가도 빈민의 입장에서는 상실되고 말았다. 결과적으로 해당 토지에 대해 소액의 조세라도 부과해 그 토지가 원래 공유지였음을 확인하고 있다고 생각된다. 한편 이런 소액의 조세 부과는 그 토지의 소유자 입장에서 본다면 기원전 167년 이래로 트리부툼이 부과되지 않아왔던 데서 비롯한 여러 문제가 있었을 것이라는 사정을 고려할 때 오히려 유리한 부담이었을 것이다. 아울러 토지 거래 시에 일어날 수 있는 혼란이 국가의 관리 체계를 통해 대비될 수 있다는 점에서 소유자의 권리를 보호하는 장치이기도 했다. 이렇게 본다면 해당 토지에 부과된 벡티갈은 그 소유자에게는 그의 사적私的 권리를 확인시켜 준다는 의미에서 부담만은 아니었을 것이다.

이러한 필자의 해석은 키르스텐 요한센Kirsten Johannsen 등이 제시하는 생각과 방향을 달리한다. 이를테면 요한센은 구점유 토지가 '과세된 사유지ager privatus vectigalisque'로 완전한 소유권이 부여된 것은 아니라고 보았다. 따라서 그런 주장을 추종하는 연구자들은 이 법의 19~20행의 규정이 마련되어 조세가 제거되면서 열등한 권리에 따르는 소유권의 상태에서 '완전한 사유지ager privatus optimo iure'로 변모했다고 주장한다.[46] 그러나 이러한 주장은 오히려 이법의 같은 조문이 규정하고 있는 "벡티갈의 의무를 부과할 것이다(vectigalia constiterint)"의 취지를 설명하지 못한다는 점에서 설득력이 없다. 또 그런 식의 주장은 과세된 사유지라는 제도의 의미를 충분히 파악하지 않은 데서 비롯한 결과라고 생각된다. 오히려 잔칸의 신중한 제안대로 과세된 사유지의 범주가 기원전 133년부터 이 법이 제정되기까지 존재한 것인지 또는 기원전 111년

다. 아직까지도 로마 중갑병의 중핵을 이루는 대토지 보유자들의 이해관계도 고려해야 했을 것이다. 이와 관련해 소농에 대한 배려 문제가 병력 동원에서 중요했다는 점에 관해서는 Hinrichs(1966: 298f.)를 참조.

46   Johannsen(1971: 255).

이후 이탈리아의 토지에 계속 존재했었는지[47]를 살펴본 다음에 그런 결론을 내려야 한다. 이런 점을 충분히 이해하기 위해 로마 공화정기를 거치며 형성된 점유권의 의미에 비추어 과세된 사유지라는 개념의 추이를 파악해 보자.

4. 공유지 점유의 성격 변화

공화정기 공유지의 성격에 관해 많은 논란이 있어 왔다. 특히 이 문제와 관련해 중요한 것은 그 공유지를 점유했을 경우에 점유자가 어떤 권리를 누리는지의 문제다. 이는 점유 토지에 대해 조세가 부과될 수 있는지의 문제와 관련된다. 사료상에 나타나는 문구에 근거해 벡티갈이 부과되는 범주의 점유 토지가 있었다는 주장이 있는 반면에 법률적인 원칙의 측면에서 조세가 부과된 점유는 오류이며 이런 경우는 점유possessio(포세시오)가 아니라 임대locatio라고 해야 한다는 주장도 팽팽히 맞서왔다. 이와 관련해 티빌레티는 이런 개념상의 차이는 법과 생활의 불일치에서 비롯한 것이라고 보았다. 그에 따르면 국가에 진정한 재정 조직이 구비되지 않은 상태에서는 점유된 공유지에 대해 과세할 수 없었으나 적어도 티베리우스 그라쿠스의 개혁을 전후로 점유지에 과세하게 되면서 그런 관행에 변화를 기할 수 있었다는 것이다.[48] 그렇게 본다면 점유에는 일정한 변화가 시기적으로 존재했고, 그런 변화는 반대로 공화정기 로마의 역사를 들여다볼 수 있게 해주는 계기이기도 하다. 왜냐하면 그런 관념의 변화는 국가의 권력이나 통제력의 성장과 흐름을 같이하기 때문이다.

이런 점유의 성격 변화는 이 장에서 다루는 '기원전 111년 농지법' 19~20행의 이해와 매우 밀접한 관련이 있다. 왜냐하면 이 법이 제정되기 전에는 일단은 점유 상태였던 농지가 이 법의 제정으로 사유화된 것을 확인할 수 있으며,

---

47   Zancan(1935: 78).

48   Tibiletti(1948: 183f.).

이렇게 사유화된 토지에 어떤 자격이 부여되는지 또 그런 변화가 지닌 의미가 무엇인지를 이해하는 데 크게 기여하기 때문이다. 이를 위해서는 우선 사료상에서 발견되는 의미의 변화를 추적해 보아야 한다.

잔칸은 '공유지'라고 번역되는 'ager publicus'의 어원을 분석해, 애초 이것은 무장한 인민의 토지, 즉 무력에 의해 정복되고 전사戰士에 의해 점유된 토지를 의미하는 것[49]이라고 보았다. 따라서 그 전사는 그 토지에 대해 권리를 지니는 자로서, 그에게는 이른바 선점occupatio의 권리가 인정되었다. 그렇다면 이런 선점이 지니는 의미는 무엇인가? 잔칸의 설명에 따르면 선점은 사법상私法上의 점유 제도와는 다른 것이었다. 오히려 후자는 전자에서 나왔다는 것이다. 또한 로마법상의 소유권(도미니움)과도 다른 것으로 본다. 그러면 그 내용은 어떠한가? 그에 따르면 '영주적signorile' 권리 충족, 배타성, 공납 면제가 선점에 부여되었다. 다시 말하면 전사인 인민은 획득된 토지의 영주이며 선점을 통해 그 권리를 행사한다는 것이다.[50] 여기에서 문제가 하나 제기된다. 즉, 선점된 공유지에 대한 소유권이 누구에게 귀속되는지의 문제다. 이에 대해 기존의 일반적인 설명은 국가가 이론상의 우월권un dominio eminente을 유지했다는 식으로 제시되었다. 반면에 잔칸은 그런 공권의 존재는 하나의 허구fizione이며 그런 설명은 반박되어야 한다고 주장했다. 즉, 공유지에 대한 점유란 나름대로의 독특한sui generis 권리로 로마인의 고유한 제도라고 파악했다.[51] 잔칸은 로마에서 점유의 원래 성격은 '영주적'이었고 효과적인 선점과 관련된다고 정리한다.[52] 이 주장을 입증하는 자료는 결정적인 것이 없지만,

---

49 Zancan(1935: 6, n.1) 참조. '공공(公共)'으로 번역되는 '푸블리쿠스(publicus)'는 '적에게서 탈취했다'는 뜻을 지니기도 한다.

50 같은 책, 7쪽.

51 같은 책, 8쪽. 사법상의 점유에는 소유자가 있어 점유자와 소유자가 다를 수 있으나 공유지 문제에서는 사정이 다르다고 지적했다.

52 같은 책, 10쪽.

국가 성립의 초기 단계에서 사적私的 점유자의 상대적인 우월성을 인정할 수 있다면 가능한 주장이라고 생각된다.

잔칸의 이런 주장은 나중에 로마 농업사를 연구한 티빌레티나 가바의 연구에 크게 반영되었다. 특히 티빌레티는 공유지 점유의 변천을 개관하며 실정법 제정 이전의 점유에 관한 규제는 관습에 따라 이루어졌으며, 그 관습은 선점된 토지에서 효과적인 경작이 영위되는 한 점유를 인정하는 식으로 이루어졌다고 추론했다. 물론 여기에는 개간과 경작에 따르는 자금과 인력 동원이 뒷받침되어야 했기 때문에 무제한의 점유는 불가능했다는 것이다.[53] 따라서 영주적 점유란 그런 실력을 겸비한 자들이 추진할 수 있으므로 그런 단계는 초기 사회구조에 비추어 자연스럽게 설정될 수 있을 것이다. 한편 가바는 이런 추론에서 한 걸음 더 나아가 로마의 농업에서 토지 보유를 연구해 선점이 소유권과 더불어 농민의 생계에 중요하게 기여하도록 인정되었다는 사실을 지적하며, 이는 이탈리아 농업의 구조적 측면을 이루는 것으로 파악했다.[54] 이런 연구들은 잔칸의 주장을 보충하는 것으로 토지 소유관계에서 사적 점유의 문제에서 대체적으로 같은 입장에서 출발한 논의라고 생각된다.

이런 추론에 기초해 잔칸은 아피아누스의 보고에 대해 비판적인 견해를 표명한다. 우선 아피아누스가 공유지의 점유가 임의적이라고 본 것은 잘못이라고 밝히고 있다. 즉, 앞의 추론을 근거로 점유는 확고한 것이었고 원래부터 함부로 국가가 몰수할 수 없는 것이었다고 반론을 내세운다.[55] 그러나 이 주장은 티빌레티가 강하게 비판한 바 있다.[56] 그에 따르면 점유는 법적인 근거를 가지는 행위가 아니고 국가가 원하면 언제든 몰수할 수 있는 성질의 것이며,

---

53 Tibiletti(1949: 20, n.3) 참조.
54 Gabba(1979: 22f.) 참조.
55 Zancan(1935: 10). 잔칸은 이런 입장에 서서 그라쿠스 형제의 개혁을 비판하기도 한다.
56 Tibiletti(1984: 174).

시효 취득이 인정되지 않는다고 파악한다. 설사 뚜렷한 법규가 없었던 초기 사회에서도 그러한 공유지를 개인이 마음대로 관리할 수는 없었고 그것이 없었다면 공동체는 부정될 것이라며 잔칸식의 논의를 부정했다.[57]

필자는 이 두 대립하는 주장이 시기를 달리할 때는 나름대로 의미가 있다고 생각한다. 사실상 아피아누스가 다루는 시점은 초기의 사정과 크게 달라진 사정을 반영하는 것이 아닐까? 또 잔칸은 일체의 조세가 부과되지 않았다는 점과 원로원이나 콘술에 의해 규제되지도 않았음을 강조하는바, 이 또한 점유의 확실성을 주장하는 선에서 나온 것이다. 그는 오랫동안 점유 토지에는 과세되지 않았다는 근거로 대大플리니우스Plinius(23~79년)의 보고를 들고 있다. 이에 따르면 "방목세만이 오랫동안 유일한 조세였음(diu hoc solum vectigal fuit)"[58]을 알게 된다. 그러나 이 또한 그런 원칙이 달라졌음을 표현하고 있다고 생각된다. 다만 그 시점이 언제인지는 분명히 밝히고 있지 않다.

한편 잔칸은 아피아누스의 보고를 토대로 '재무관의 농지ager quaestorius'를 들어 소유권이 없는 점유가 나타남을 설명한다.[59] 이것은 개인에게 매각된 공유지인데, 재무관quaestor들이 이 토지를 매각하면서 그 소유권은 넘겨주지 않는 대신에 영속적인 점유권possesso perpetuo만을 넘겨준 것이라고 파악했다. 이는 앞에서 언급한 선점의 형태와는 상당히 격을 달리하는 것으로 볼 수 있고, 소유권이라는 권리의 측면에서 본다면 개인에게는 아무것도 아닐 수 있다는 것이다. 그러나 이 제도는 국가가 소유권을 지니면서 점유권을 부여할 수 있음을 확증한다는 점에서 중요한 변화를 보여준다고 파악했다. 아울러 이런

---

57 이와 관련해 김창성(1994: 19 이하)을 참조.

58 플리니우스, 『자연사』, 18.3.11.

59 Zancan(1935: 20f.). 한편 잔칸은 그 시기가 언제인지는 밝히지 않으나, 필자는 재무관이 매각하는 토지가 증가하는 시기를 정복 때문에 공유지가 늘고 전쟁으로 재정적인 수요도 커지는 기원전 3세기 이후로 보고자 한다. 재무관의 농지에 관해서는 Kaser(1942: 43f.)를 참조.

조건은 국가의 수입이 강조된 결과 만들어진 것으로 종래에 무료로 수여하거나 전사의 권리로 인정되는 것과는 큰 차이가 있다고 지적했다. 이런 범주에 드는 그 밖의 토지로는 제2장에서 설명한 '국채 보상 토지'가 있다. 이 두 가지의 범주는 비록 로마 시민의 소유권과 일치하지는 않고 국가가 소유권을 지닌다고 해도 일종의 사유지로 간주될 수 있다고 파악한 잔칸은 이것이 고문서에 나오는 표현인 '과세된 사유지'의 의미라고 정리했다. 그리고 원래의 점유인 영주적 점유는 후자의 제도가 만들어지는 시기에는 그 흔적이 소멸했다고 보았다. 이런 토지 점유 관념의 변화는 로마 지배층의 정치적 변화와도 관련 있는 것으로 그는 파악했다.[60] 즉, 처음에는 혈통귀족patricii(파트리키)[61]과 나중에는 명사귀족nobilitas(노빌리타스)의 경제적 기반과 관련해 이런 점유 제도가 마련되고 유지되었다고 보았다. 이렇게 본다면 티빌레티가 파악한 것과는 달리 잔칸의 의도는 점유의 확고부동함을 밝히기 위해서가 아니라, 점유라는 초기의 제도가 공화정의 정치적 흐름에 따라 가지는 의미 변화를 밝히고자 한 데 있다.

잔칸의 설명을 종합하면 결국 '기원전 111년 농지법'에서 표명되고 있는 과세된 사유지는 단순히 불안정한 점유지가 아니며 오히려 로마 시민의 권리에 입각한 소유권과는 다른 의미를 지니는 것으로 보인다. 이런 추론에 근거해 잔칸은 소마뉴의 입장을 거부하고 몸젠의 주장으로 돌아가 '기원전 111년 농지법'이 점유 토지에 소유권을 부여한 것이라는 입장을 취한다. 그러나 몸젠의 주장과는 약간 다르게 잔칸은 비문에 의해 새로 정의된 권리는 재산권이

---

60 대토지 점유자들과 소농 간의 관계에 대한 근래의 연구는 로마의 농업자본화 경향에 따라 소농의 몰락을 강조하는 입장에서 탈피해 대농장과 소농의 공존에 초점을 맞추고 있다(차전환, 1993: 52 이하 참조). 이미 잔칸은 프레카리움(precarium) 수여를 통해 소농을 확보하는 것이 대농장을 위해서도 긴요했다는 의견을 제시했다(Zancan, 1935: 14f., 34~38). 이 경우 프레카리움은 무료 수여와 언제든지 소유권자가 회수할 수 있는 권리를 의미했다.

61 단수는 '파트리키우스(patricius)'이고 영어로는 'patricians'다.

인정되는 것이나, 로마 시민의 완전한 권리optimo iure에는 도달하지 않아 로마 시민의 소유권과는 다르다고 결론을 내린다.[62] 이런 점을 고려하며 로마인의 재산권 관념의 형성에서 기원전 2세기는 하나의 혁명적 전기가 마련된 시기고, '기원전 111년 농지법'은 그런 변화의 귀결이라고 파악한다. 이러한 해석은 필자의 논지를 강화시켜 준다. 즉, 벡티갈의 부과가 토지의 피수여자에게 큰 부담이 아닐 때에야 하나의 권리로 인식될 수 있을 것이기 때문이다. 그러면 벡티갈이 부과된 토지는 어떤 상태에 있었는지를 파악해 보자.

벡티갈 부과 토지에 관한 연구서를 남긴 파비오 란프랑키Fabio Lanfranchi[63]에 따르면 일반적으로 법적인 측면에서 보아 과세된 사유지의 보유자가 누리는 권리는 소유권proprietà의 성격과 가까움을 알 수 있다. 그는 제정기의 법학자인 가이우스Gaius의 주석을 빌려 그런 토지의 보유자가 진정한 의미의 소유권자와 다른 점을 제시한다.

> 이를테면 만약 어떤 물物이 영구히 임대되었다면 …… 벡티갈이 납부되는 한 임차인 자신이나 그의 상속인이 토지를 빼앗기지 않는다는 법규에 따라 임대된 것이다.[64]

앞의 주석이 언급하는 법률이 무엇인지는 분명치 않으나, 단지 벡티갈을 지불한다는 의무가 벡티갈이 부과되는 토지에 존재한다는 사실과 부과된 의무

---

62 Zancan(1935: 80). 잔칸은 이렇게 만들어진 재산권의 개념을 '근대적인 의미의 것(diritto di proprietà nel senso moderno)'이라고 규정하고, 이는 본래 로마인의 소유권과는 모순되는 것이라고 보았다.

63 Lanfranchi(1938: 105f.)의 결론을 요약하면 다음과 같은 권리가 부여되어 있다고 한다. ① 토지에 관한 완전한 권리(영구적 또는 한시적), ② 상속, ③ 양도, ④ 용익, ⑤ 담보 설정, ⑥ 분할, ⑦ 재산권 행사와 관련한 소송이다.

64 가이우스, 『법학제요: 주석』, 3.145(Lanfranchi, 1938: 21 참조).

를 준수하지 않을 경우 수여한 토지를 다시 소유권자인 국가가 몰수할 수 있음을 시사한다. 그러므로 이것은 완전한 소유권은 아니며, 일부 학자의 주장과 달리 지상권과 같은 타인의 물物에 대한 권리ius in re aliena나 영대소작永代小作, enfiteuta과도 다르다고 란프랑키는 파악했다. 물론 이를 소위 일종의 하급 소유권untereigentum으로 파악할 수도 있으나 오히려 그 자체의 유형으로 간주하자는 제안을 남기고 있다.[65]

이런 란프랑키의 견해는 주로 제정기 이후 정리된 법 사료인『학설휘찬』과 법률학자들의 학설에 근거한 것이라 공화정기의 제도를 충분히 반영한 것으로 보기는 어렵고 순수하게 법학적인 관점에서만 논의했다는 한계를 지니고 있다. 그렇지만 제정기 법률학자들의 논의 대상으로 부각되었다는 것은 현실적으로 그 제도가 공화정기로부터 면면히 이어지고 있었음을 의미한다. 또 그런 관념에 따라 권리가 부여된 토지가 전체 토지 중에서 비중이 얼마인지가 알려지지 않은 상황에서 그 의미를 평가하기는 어렵다. 이 점은 제정기의 토지 경제사 연구를 통해 규명해야 할 사항이다. 단지 기원전 111년 이후에 정해진 사유 토지의 내용과 그 법적 지위가 중요한 원칙으로 남아 후대에까지 이어졌다는 점[66]이 란프랑키의 연구를 통해 확인된다고 하겠다.

5. 결어

필자는 이 장에서 로마 공화정기에 수립되고 제정기에도 법 사료를 통해

---

65 이에 대해 Kaser(1942: 7f.)는 그러한 별도의 범주 설정은 불필요하다고 본다. 아울러 소
    유권이라고 하면 흔히 과세되지 않는다는 의미로 파악하는 몸젠의 등식은 과세된 사유지
    에는 적용되지 않는다고 보면서 그러한 것도 사유지의 한 유형으로 파악해야 한다고 주장
    한다.
66 Nicolet(1977: 247)에 따르면 '기원전 111년 농지법'은 삼두정기까지 보존되었고, 공유지
    이용자들에 대한 벡티갈 징수도 공화정 말기까지 큰 변화가 없었다.

그 존재가 입증되는 '과세된 사유지'의 형성 과정을 '기원전 111년 농지법'의 해당 규정을 통해 살펴보았다. 우선 이 농지법 19~20행의 의미를 파악하기 위해 아피아누스와 플루타르코스의 보고를 검토했으며, 벡티갈이라고 표현된 조세가 두 가지 방식으로 표현되었음을 확인했고, 이것이 각각 상이한 내용과 규정을 담았다는 추론을 도출했다. 이러한 기초적인 작업 위에서 농지법의 해당 규정은 관련된 농지에 고율의 조세는 폐지하고 저율의 형식적인 조세를 부과하기 위해 마련한 것이라고 이해했다. 이렇게 변화된 조건에 따라서 부여된 농지는 벡티갈이 부과된 토지로 사유화한다는 규정과 언뜻 모순되는 듯 보이지만, 나름대로 독특한 제도로서 종래 로마 시민의 완전한 소유권과 유사한 지위를 부여받았다. 다만 후자와 다른 점은 과세된다는 사실인데 이는 국가에 소유권이 귀속된다는 형식적인 의미만을 부여한 것에 불과하다. 이런 범주의 토지가 제정기에도 지속되었다는 점은 법률 사료나 법률학자들의 논쟁을 통해서도 확인된다.

기원전 111년 이후에 제정된 농지법에서는 그런 원칙을 규정한 내용이 나타나지 않는 데 비해 '기원전 111년 농지법'은 이후 토지의 소유관계를 규정해 주는 원칙이 된다는 점에서 중요한 의미를 지닌다. 이 법을 검토하면서 그라쿠스 형제가 추구했던 정책은 대토지 점유자들의 이해관계에 막혀 더 이상 실현될 수 없어 그 개혁은 점진적으로 폐지되어 갔고, 궁극적으로는 토지 소유자들의 이익에 맞추어 법이 제정되었지만 그 법에는 토지에 대한 국가의 권력이 일반적으로 간여할 수 있는 근거가 확립되었음을 파악할 수 있었다. 기원전 1세기의 정치적 소요 과정에서 토지에 대한 국가적인 합법적 조치를 통하지 않고 몰수나 내란을 통한 토지 집적이 크게 진전되었다는 사실[67]은 '기원전

---

[67] Lintott(1992: 58)에 따르면 기원전 1세기에 사치스러운 빌라가 출현한 현상이 이러한 추세와 일치하는 것으로 보인다. 이는 궁극적으로 국가 자체의 재정 기능을 약화시키면서 원로원을 비롯한 공적 권위의 붕괴를 초래했을 것이고, 나아가 아우구스투스가 집권하면서 상속세를 신설해 시민의 재산에 과세하지 않을 수 없는 결과를 낳았다고 생각된다. 공화정

111년 농지법'이 공유지의 사유화私有化를 진전시킨 것과 불가분의 관련이 있다고 여겨진다. 요컨대 그라쿠스 형제의 개혁과 같은 시도는 법적으로 불가능하게 되었다. 기원전 107년 가이우스 마리우스Gaius Marius의 병제 개혁이 이루어지는 시기에 이르러 나타난 로마 평민의 무산자화無産者化 현상[68]은 그런 제도의 귀결이었다고 생각된다.

말기 원로원의 재정적 무능력에 관해서는 허승일(1985: 제3편 1장); Brunt(1988b: 274f.)를 참조.

68   Gabba(1949: 49, 197).

제 4 장

'기원전 111년 농지법'에 나오는
비아시·비카니의 기능과 아드트리부티오의 의미[*]

1. 서언 ㅣ 2. 공화정기 도로 유지·보수의 사정
3. 비아시·비카니의 존재와 기능 ㅣ 4. 아드트리부티오의 의미 ㅣ 5. 결어

1. 서언

'기원전 111년 농지법'은 로마의 공유지 점유를 조세가 부과된 사유私有로 전환한다는 점에서 기원전 133~123년에 전개된 그라쿠스 형제의 개혁에 종지부를 찍는 동시에 토지 소유의 제한을 없앰으로써 로마 시민에게 무제한의 토지 소유의 길을 열어놓았다는 점에서 고대 자본주의 길을 예비했다고 평가받는다. 이런 평가는 여러 논자의 논의, 특히 테오도르 몸젠과 막스 베버의 주장을 통해 굳어져 왔다.[1] 자본주의의 발전이 사적私的 소유를 기반으로 한다는 점에서 토지 소유의 확실성을 보장해 준 '기원전 111년 농지법'에 관해 그런 평가는 타당하다. 그러나 그런 파악과는 달리 이 법에는 국가의 유지라는 더 중요한 사안이 존재한다. 같은 법 11~12행의 '비아시·비카니viasii vicani'에

---

* 이 글은 ≪서양고대사연구≫, 제58집(2020.8)에 게재된 바 있다.

1 Love(1991: 19~20). 고대 자본주의의 의미에 관해서는 카를 로드베르투스(Karl Rodbertus) 와 에두아르트 마이어(Eduard Meyer)의 논쟁을 참고할 수 있다. 이에 관해서는 Weber (1909: 55~60)(김창성 옮김, 2019: 20~30)를 참조.

관한 규정이 이를 보여준다. 이들이 '기원전 111년 농지법'에 나오는 것으로 보아 로마 정부는 도로 주변에 일정한 토지를 수여하는 대신에 이에 관한 유지와 보수 관리를 이들에게 맡겼을 것이다. 이 제도는 '기원전 111년 농지법'의 현안이었던 점유된 공유지의 사유화만이 아니라, 국가의 도로를 중시하고 이를 유지하려는 로마 정부의 정책과 노력에 관한 단서를 제공한다는 점에서도 중요하다. 이런 점에서 필자는 로마 공공 도로via publica의 유지 실태와 접도민接道民이라고 할 비아시·비카니의 토지 보유 조건을 살펴봄으로써 '기원전 111년 농지법'의 의미를 재평가하고 나아가 로마 국가의 성격을 이해하고자 한다.[2]

2. 공화정기 도로 유지·보수의 사정

베버는 로마의 육상 도로에 관해 "군사 도로이지 상업 도로는 아니다"[3]라고 말한다. 이런 성격을 염두에 둔다면 공공 도로는 국가 방어 내지 제국 지배에

---

2 로마의 도로에 관한 연구사는 Rathmann(2003: 137~142)을 참조. 로마 도로사를 대표하는 저서로는 Pekáry(1968)가 있다. 페카리에 대한 반론으로 Wiseman(1970b: 122~152); Eck(1979)가 있다. 페카리는 이탈리아에 대해서는 와이즈먼과 에크의 주장을 받아들이지만, 속주 도로의 건설과 유지는 도로에 이웃한 점유자들이 부담한다고 주장한다. 라스만 역시 일부의 자발적인 도로 건설이나 지방자치단체들이 개별 또는 연합으로 도로나 교량을 건설한 예는 있으나, 기본적으로 도로 건설은 황제의 관심사였기에 토지 점유자들의 그러한 참여를 별로 허용하지 않았다는 점을 들어 페카리의 견해에 의문을 제기한다. 이처럼 로마의 공공 도로 건설은 아직 논쟁이 끝나지 않았다.

3 Weber(1896: 59). 물론 이 주장은 이상형이다. 힌릭스에 따르면, 근대에 도로의 목적은 농촌을 경제적으로 여는 것이었다. 그는 로마 공화정기의 경우 기원전 133년까지는 군사 목적으로 도로가 건설되었으며, 기원전 133~109년에 건설된 도로 여덟 개 중 여섯 개는 군사 목적과 무관하다고 본다. 그렇지만 여행 목적으로 사용되었지 운송 목적은 없었을 것이다(Hinrichs, 1967: 165, 170 참조). 몸젠은 이에 대해 율리우스 자치시법에 의거해 짐차와 객차가 도시의 안팎 도로를 다닌 것으로 본다(Mommsen, 1905b: 64).

가장 중요한 인프라이므로 국가 정책에서 중요했음이 당연하다. 이런 공공 도로는 필요한 곳에 반드시 건설해야 했으며, 이것을 유지하는 것이 지배력 확보에 중요했다.[4]

공공 도로의 건설[5]에 관한 관심은 공화정기의 역사에서 항상 있었지만, 티모시 와이즈먼Timothy P. Wiseman에 따르면[6] 기원전 3세기, 특히 기원전 261~260년이 전환기로 간주된다. 그에 따르면 로마가 이탈리아로 세력을 급격히 팽창하기 시작하면서 새로운 문제가 생기자 이를 해결할 필요가 있었고, 도로도 그 일환이라는 것이다.[7] 이 지적은 이탈리아의 통합 시기를 고려하면 적절해 보인다. 당시 교통의 획기적인 계기는 도로 건설이었다. 그렇지만 이미 토마스 페카리Thomas Pekáry는 도로 건설은 로마에 고유한 것이 아니며 기원전 2세기 헬레니즘Hellenism 왕국에서 차용한 것이라고 주장한다.[8] 이에 관해 와이즈먼은 로마인이 안티오코스Antiochus와 전쟁하기 전에는 그리스 동부에 관해 아무것도 몰랐다는 전제에 입각한 주장이라고 비판하며,[9] 특히 그라쿠스

---

4 고대 로마의 공공 도로는 이런 군사적인 목적 말고도 문화와 경제의 중요한 통로로도 기능했다. 로마 도로에 관해 취리히 대학교에서 국제 학술 대회(2017. 7. 1~2)가 열렸다(Kolb ed., 2019). 로마 도로 연구의 성과와 근래 추세는 Kolb(2019: 3~21)를 참조. 두드러진 경향은 고고학 연구가 활발하다는 점과 최근 들어 관심이 늘면서 그 일환의 하나로 도로의 이정을 표시하는 이정 표지석을 모두 모으는 작업이 이루어져 『라틴비문집성』(VIII)의 일부가 만들어졌고 앞으로 완성될 예정이라는 것이다.

5 공공 도로의 신설 비용은 1마일당 평균 50만 세스테르티가 필요하다. 2000마일이면 10억 세스테르티가 드는데, 로마 제국을 통틀어 수만 마일의 도로가 있었다(Pekáry, 1968: 96).

6 12표법에는 토지 주인이 자신의 소유지를 통과해서 도로가 지날 수 있도록 할 것을 요구하며, 만약 그렇지 않으면 길의 사용자는 자신의 가축을 주인의 땅 어느 곳에서도 몰고 다닐 수 있었다. 이 점에서 보면 도로의 통행권은 토지 소유권보다 우선했다고 볼 수 있다. "만약 길이 출입할 수 없으면, 원하는 대로 역축을 이끌도록 명한다(si via sit immunita, iubet qua velit agere iumentum)"(키케로, 『카이키나 변호』, 54; Wiseman, 1970b: 147 참조).

7 Wiseman(1970b: 143~144). 와이즈먼은 Pekáry(1968: 56~57, 87)의 논조를 비판한다.

8 Pekáry(1968: 56~67, 87f.). 페카리는 로마의 도로 시스템은 기원전 189~187년에 확립된 것으로 파악한다.

형제의 부친 티베리우스 그라쿠스가 청년일 때 마케도니아의 왕도와 이정 표지석을 본 것이 틀림없다고 주장한다.

도로 건설은 어떻게 이루어졌을까? 국가 방어에 직접적으로 관련되므로 국가의 정무관은 물론이고 원로원의 관심사이기도 했다. 기원전 312년부터 기원전 107년 사이에 이탈리아 반도에서 건설된 도로와 그 시행 책임자를 보면 〈표 4-1〉[10]과 같다.

이 표를 보면 로마의 공공 도로는 주로 콘술이 건설자였으며,[11] 호구조사관 censor과 법무관praetor도 건설자로 이름을 올리고 있다. 이처럼 도로 건설은 국가의 최고 정무관이 간여하는 국가적 관심사였다. 그렇지만 도로 건설은 막대한 재정과 인력이 필요한 분야라서 로마 원로원이 간여할 소지가 컸다. 특히 도로 건설에는 국가 재정이 사용되었다고 보아야 한다. 디오도루스 시쿨루스Diodorus Siculus[12]에 따르면 호구조사관 아피우스는 도로 건설로 "전체 국고(άπάσας τὰς δημοσίας προσόδους)를 탕진했다".[13] 기원전 296년과 294년에 국고에 들어온 벌금으로 공사비를 지불했고, 기원전 189년과 174년에는 호구조사관들이 청부 계약에 공공 자금을 사용했다.

한편 도로의 유지는 건설에 못지않게 중요했다. 도로는 관리하고 보수하지 않으면 사용할 수 없기 때문이다.[14] 대개 도로 사정은 좋지 못했다. 이탈리아

---

9   Wiseman(1970b: 143).

10   Wiseman(1970b: 142)을 참조해 수정했다. 호민관의 이름은 도로 건설자로서 언급되지 않는다(Hinrichs, 1967: 174).

11   Hinrichs(1967: 168). 콘술이 도로 건설자일 경우 군대를 동원할 수 있기에 시급할 때 더 유리했다. 반면에 호구조사관은 청부업자들에게 위임하는 수밖에 없었다.

12   디오도루스 시쿨루스, 20.36.

13   Hinrichs(1967: 167). 호구조사관인 아피우스가 도로를 건설한 것은 도로 건설 비용의 문제 때문이라고 볼 수 있다.

14   참고로 한국에서는 2008년 한국도로공사의 자료를 보면, 고속도로 건설비가 2조 3437억 원, 시설 개선비 4164억 원, 유지 관리비 1조 812억 원으로, 신설비 대 개선·관리비 비율이

표 4-1 로마 공화정기 이탈리아 반도 내 공공 도로의 건설자 (단위: 년, 개)

정무관	연도	도로 수
콘술	B.C. 287, 285, 285, 283, 187, 187, 153, 150, 148, 132, 127, 119	12(55%)
호구조사관	B.C. 312, 307, 241, 220, 107, 225, 187, 187	8(36%)
법무관	B.C. 225, 131	2(9%)

에서 교통 인프라 문제는 제정기의 여러 사료에도 정기적으로 나온다. 분명 도로는 걱정거리였으며 도로를 잘 유지하기 위해서는 중앙의 감독과 재정 지원이 필요했다.[15] 카이사르가 제정한 자치시의 법 규정에는 다음과 같은 구절이 나온다.

> 관리관과 4인 위원이 도시에서 도로들을 청소하는 일에, 2인 위원이 도시 로마 밖 1000보 이내의 도로를 청소하는 일에, 누구든지, 법들이나 평민 결의나 원로원 의결에 따라 해야 하며 해야 할 것처럼 도로를 청소하는 일을 관리할 것이며 그 도로에 관한 권한을 가지도록 한다. / 이 법에 의해 아무것도 요구되지 않아도.[16]

여기에서는 도로의 유지를 위해 관리관들과 도로 청소 4인 위원, 교외 도로 청소 2인 위원이 활동했음을 알 수 있다. 피에르 빌럼스Pierre Willems에 따르면 이 비문은 이전의 법과 평민 결의만이 아니라 원로원 의결에 의해서도 도로가 관리되고 있음을 보여준다. 이처럼 이탈리아 반도에서 공공 도로의 유지는 정무관, 민회는 물론이고 원로원도 의결로 뒷받침했던 국가사업이다.

이런 관점에서 아피아누스가 전하는 대로 가이우스 그라쿠스가 도로에 관심을 가진 것은 자연스럽다.

64퍼센트에 이른다. https://www.betulo.co.kr/1361(2020.7.23 검색)에서 참조했다.

15   Lomas(1996: 207~208).

16   *Corp. Inscri.*, I, p.121, l.50~52. 이 비문은 Willems(1968: 265)에서 재인용했다.

한편 그라쿠스는 이탈리아를 통틀어 큰 도로들도 만들었다(ὁδοὺς ἔτεμνεν ἀνὰ τὴν Ἰταλίαν μακράς). 다수의 노동 제공자와 수공업자들을 자신의 휘하에 있도록 하면서 그가 명령하는 것에 따르도록 했으며 다수의 식민시를 제안했다.[17]

가이우스 그라쿠스가 큰 도로들을 "만들었다(ἔτεμνεν)"라고 한 아피아누스의 설명에 따르면 새로운 도로들이 개설된 것으로 볼 수 있다. 하지만 플루타르코스의 다음 보고를 읽으면 다른 면을 볼 수 있다.

그는 무엇보다 도로 보수(ὁδοποιΐα)에 심혈을 기울였다. 그러면서 토지의 사용과 아울러 매력과 미관에도 관심을 두었다. 왜냐하면 곧은 도로들이 마을을 가로질러서 굽지 않고 이어졌으며, 다듬은 돌판으로 길을 덮었으며, 모래를 다지는 공사를 통해 단단하게 만들었고, 다른 한편으로 패인 곳은 메꾸고 홍수로 갈라진 곳이나 구렁은 다듬어 연결했으며 각 편의 높이를 통일하고 나란하게 만들어 그 작업으로 전반적으로 고르고 아름다운 외관을 갖추었기 때문이다. 게다가 이것들에 더해 모든 길을 마일 단위로 측정해 척도 표시를 위해 작은 돌기둥을 설치했으며, 한편 다른 돌들을 도로의 각 면에서 약간 띄워 설치했다. 이는 말을 가진 자들에게 마부의 도움이 없이도 스스로 승마하는 것을 쉽게 했다. 이런 것들로 인해 인민은 그를 기렸으므로 ……[18]

여기에 제시된 "호도포이안(ὁδοποιΐαν)"은 '도로를 만든다'는 뜻이지만, 앞의 사료에 소개된 내용은 실제로 보수 내지는 개량을 지시하고 있다. 가이우스 그라쿠스는 이 도로의 보수 작업에 열심이었는데, 이는 특별히 그의 정치적 목적에 잘 부합했다.[19] 일반적으로 도로 건설은 정치적 입지를 다지는 것과

---

17   아피아누스, 『내란기』, 1. 23.
18   플루타르코스, 『가이우스 그라쿠스』, 7. 1~8. 1.

관련이 있다. 지방에 거주하는 주민은 도로 개통으로 혜택을 입으며, 건설 계약자와 노동자들은 도로 건설에서 일감을 얻으므로, 도로 건설자나 수선자가 이들을 정치에 부를 경우 그에게 투표할 것이다.[20] 플루타르코스의 말 중에서 "척도 표시를 위해 작은 돌기둥을 설치했으며"에 따르면 이정 표지석이 가이우스 그라쿠스에 의해 도입된 것으로 보인다. 그러나 와이즈먼은 이미 이정 표지석이 있었으므로, 가이우스 그라쿠스는 새로운 유형의 이정표를 만들었다고 본다.[21] 이 새로운 이정 표지석에는 건설자의 성명 전체와 관직을 추가했으며, 이것은 정치 유세σπουδαρχία와 관련된다. 이처럼 도로의 유지와 보수는 건설과 마찬가지로 국가적 관심사로 부상했으므로 이에 관해 많은 관심이 기울어지고 역사 기록으로 남는 것도 자연스럽다.

〈표 4-2〉[22]를 보면, 공공 도로의 건설도 중요하지만 개·보수 작업 역시 매우 중요한 사항이었음을 알 수 있다. 특히 가이우스 수에토니우스 트랑퀼루스 Gaius Suetonius Tranquillus는 아우구스투스가 도로 유지에 깊은 관심을 가졌음을 다음과 같이 전한다.

로마시로 접근하는 것을 더 쉽게(facilius) 하도록 그는 플라미니우스 도로를 아리미눔까지 재포장하는 일을 스스로 떠맡았으며, 개선식을 한 다른 자들에게 자

---

19   도로 주변에 농민을 정착시키는 것은 티베리우스 그라쿠스를 상대로 한 원로원의 위장 정책(verkappte Siedlungspolitik)이다. 가이우스 그라쿠스도 이를 간파해 계승했으며, 호민관의 직무 범위에 도로 건설은 없었으므로, 공공 도로의 보수에 힘을 쏟은 것으로 파악된다(Hinrichs, 1967: 174).

20   Wiseman(1970b: 150).

21   같은 글(151쪽)에는 오토 히르슈펠트(Otto Hirschfeld)의 구분법이 소개되어 있다. 그에 따르면 폴라(Pola) 비문에 나오는 "militarii tabelariique"에서 전자 'militarius(밀리타리우스)'를 구식(舊式)의 이정 표지석으로, 후자 'tabelarius(타벨라리우스)'를 신식(新式)의 이정표로 구분해서 보았으나 나중에 모든 이정 표지석이 신식이 되자, 밀리타리우스가 일반적인 이정 표지석 명칭이 되었다는 것이다.

22   Wiseman(1970b: 144f.)에서 번역·게재했다.

표 4-2 공화정기 공공 도로의 주요 개·보수 관련 기록

시기	보수자	관직	보수 내용	출전
B.C. 296	크나이우스 퀸투스 오굴리우스 기문(Cnaeus Quintus Ogulnii)	귀족 관리관 (aediles curule)	• 보도를 사각형 바위돌(saxum quadratum)로 포장 • 아피우스 도로 카페나 관문(Porta Capena)에서 마르스 신전까지	리비우스, 10.23.12
B.C. 294		귀족 관리관 (curule aediles)	• 규암(silex)으로 도로 포장 • 아피우스 도로 미르스 신전에서 보빌라이(Bovillae)까지	리비우스, 10.47.4
B.C. 255 또는 B.C. 253	푸블리우스 클라우디우스 아피우스 가이우스의 아들(Publius Claudius Appius f. C.), 푸리우스 가이우스의 아들(Furius Caius f.)	귀족 관리관	• 폼포티나 습지의 아피우스 도로(중간)에 있는 이정표	『자유공화정비문』, 448
B.C. 189	티투스 · 큅크티우스 플라미니우스(Titus Quinctius Falminius), 마르쿠스 클라우디우스 마르켈루스(Marcus Claudius Marcellus)	호구조사관	• 규암으로 도로 포장 계약 • 포르타 캄파나(Porta Campana)-마르시 신전	리비우스, 28.28.3
B.C. 171	퀸투스 풀비우스(Quintus Fulvius), 아울루스 포스투미우스 알비누스(Aulus Postumius Albinus)	호구조사관	• 도시 밖 도로를 자갈과 연석으로 포장 • 내부는 규암으로 포장 • 여러 곳에 다리 건설	리비우스, 41.27.5
B.C. 123	가이우스 셈프로니우스 그라쿠스(Caius Sempronius Gracchus)	호민관	• 도로건설법, 다리 건설로 도로의 직선화 • 둑 건설, 이정표	플루타르코스, 『가이우스 그라쿠스』, VII
B.C. 94-93	가이우스 클라우디우스(Caius Claudius)	전직 법무관	• 도로 배수	『라틴비문선집』, 45
B.C. 1세기 초	가이우스 비비우스 테무디우스(Caius Vibius Temuudius)	도시재무관이자 도로 관할관	• 카이킬리우스 도로의 다리 건설과 자갈 포장	『자유공화정비문』, 465
B.C. 67-66	카이사르(Caius Julius Caesar)	전직 재무관	• 아피우스 도로의 관할(curation)	플루타르코스, 『카이사르』, 5,7
B.C. 65	(미누키우스) 테르무스((Minucius) Thermus)	전직 법무관	• 플라미나우스 도로의 관할, 다리 건설	키케로, 『아티쿠스서한』, 1.1.2
B.C. 50	가이우스 스크리보이우스 쿠리오(Caius Soribonius Curio)	호민관	• 도로 건설과 수리를 위한 5년 계획 가부됨	아피아누스, 『내란기』, 2.27.1

신들의 전리품으로 획득한 돈으로 포장할 나머지 도로들을 할당했다.[23]

이렇게 새삼 아우구스투스의 업적을 열거하는 것은 기원전 50년부터 이때까지 이탈리아에서 도로의 건설과 보수가 잘 이루어지지 않았기 때문이다. 이는 내란을 겪는 상황에서 막대한 공공 재원을 투여하기 어려웠던 사정을 반영한다.[24]

이런 도로 건설과 유지·보수는 자연히 여러 단계가 있었을 것이며 이를 시쿨루스 플라쿠스Siculus Flaccus는 다음과 같이 보고한다.

모든 [도로들의] 사정은 동일하지 않다. 이를테면 공공 도로가 있는데 그것들은 '공적으로 유지되고(publice muniuntur)' 건설자들의 이름을 얻는다. 이를테면 관리자들을 받아들이며 청부업자들을 통해 '유지되며(muniuntur)' 그것들의 보호를 위해 점유자들로부터 때를 따라서 정해진 액수가 징수된다. 한편 인접한 길들은 공공 도로에서 농지로 벗어난 것들인데 종종 그 길은 다른 공공 도로로 이어지며 (공공 도로와) 달리 파구스를 통해서, 즉 파구스의 관리들을 통해 유지된다. 이들은 점유자들로부터 그 도로들을 유지하기 위해 노동을 징발하는 것이 관습이다.[25]

이 플라쿠스의 보고는 기원후 6세기에 작성된 것으로, 그는 로마의 도로를 공공 도로viae publicae, 지방 도로viae vicinales, 개인 도로viae privatae로 나누고, 앞의 두 도로의 유지 방식에 관해 언급하고 있다. 이 자료에 나오는 "공적으로

---

23   수에토니우스, 「신격 아우구스투스의 생애」, 『황제전기』, 2.30.1.

24   Wiseman(1970b: 144, 150).

25   시쿨루스 플라쿠스 『농지종류론』, 146.1(Lachmann). 로마 도로의 종류에 관해서는 Pekáry (1968: 5f.)를 참조.

유지되고"에서 유추하면 공공 도로의 유지를 위해 국고 지출이 있는 반면에 지방 도로는 도로에 인접한 토지 점유자들의 부담으로 간주하는 것을 알 수 있다.

이런 후자의 유지 방식은 대大카토의 글에서도 찾아볼 수 있다. 앞의 인용 문에서 '유지維持'라고 옮긴 "무니레(munire)"는 농장 관리인인 빌리쿠스vilicus 가 축제일에 농장 주변에서 해야 할 일 중에서 "공공 도로를 유지하는 것(viam publicam munire)"[26]을 제시한 데서 찾아볼 수 있다. '무니레'는 광범위한 의미 를 지닌다. 도로를 처음 건설한다는 의미, 중대한 개·보수, 사소한 유지minor upkeep를 지시한다. 와이즈먼은 도로를 개설하는 것은 당국의 일이고, "원래 상태로 유지하는 것(viam reficere)", 즉 도로를 다닐 수 있게 청소하는 일이 토 지 점유자의 의무일 것이라고 추론한다. 그는 도로와 관련해 도로 신설, 중대 한 재건설은 재무관과 도로 관할관curatores viarum의 책임이고, 통상의 유지와 보수는 도로변 토지 점유자의 책임이라는 이상형을 제시한다.[27]

3. 비아시·비카니의 존재와 기능

'기원전 111년 농지법'의 11~12행에는 다음과 같은 문구[28]가 나온다.

---

26   카토, 『농업론』, 2. 4.
27   이 주장은 도로 건설의 책임이 인접 토지 점유자의 것이라는 페카리의 주장에 반대하며 나
      온 것이다(Wiseman, 1970b: 147). "유지하는 것과 만드는 것은 매우 동떨어지기 때문이
      다(Aliud est enim reficere, longe aliud facere)"(울피아누스, 『학설휘찬』, 43. 11. 1~2)에
      따라 'viam reficere'가 단지 원래 상태로 두는 것이며, 이것이 토지 점유자의 의무라고 본
      다. 여기에 속하는 것은 구멍을 메우기, 가시나무와 덤불과 쓰러진 나무를 치우기, 도로상
      의 사소한 위험을 제거하기 등이다. 몸젠도 도로 주변의 점유자나 가옥주에게 맡겨진 책임
      은 도로 유지에 국한된다고 본다(Mommsen, 1908: 65).
28   Johannsen(1971: 109f.).

푸블리우스 무키우스와 루키우스 칼푸르니우스가 콘술인 해에 이탈리아 땅에 있는 로마 인민의 공유지였던 … (30) …[29] 그의 3인 위원이 이탈리아 땅에 있는 농지를 수여하고 지정하고자 비아시·비카니viasii vicani에게 수여했고 지정했고 남겨주었다. 호구조사관이 그 농지, 대지, 건물을 호구 대장에 기록하는 한, 어느 누구도 그들이 이용하고 용익하고 보유하고 점유하지 못하도록 하지 않는다. …… 그리고 그것의 소유자가 그 농지, 대지, 건물을 양도하지 않기 때문에 그 농지를 제외하고 … (97) … 이 법에 따라 팔거나 수여되거나 재수여되어야 할 것이다. vv.[30] 비아시나 비카니에게 있는 저 농지, 대지, 건물은 그처럼 수여되고 지정되고 남겨지거나 그렇게 될 것이다. ……

이 인용에서 '비아시·비카니'라는 명칭이 나온다. '기원전 111년 농지법'을 연구한 키르스텐 요한센은 앞에서 소개한 가이우스 그라쿠스의 도로 공사 이전에 비아시·비카니를 위한 농장Stelle이 설치되었을 가능성이 있다고 보고, 이들에 대한 조치는 도로를 잘 유지하기 위한 것이며, 다른 도로 건설자들에 의해서도 유사한 조치가 관철되었을 가능성을 배제해서는 안 된다고 주석을 달고 있다.[31] 한편 빌럼스는 이 법에 관해 "부역의 제공을 대가로(en échange de la prestation de corvées)" 공유지나 국가 건물의 용익이 허용되었음을 지시한다고 해석했다. 즉, 도로의 정해진 부분을 인접한 토지나 건물의 소유자가 유지한다는 의무하에서 유지와 보수를 책임지도록 원로원이 결정한 것으로 본다.[32] 이런 설은 정통으로 인정되어 왔다. 와이즈먼에 따르면 접도민, 즉 비

---

29 줄임표(…) 사이의 숫자는 빠진 것으로 추정되는 글자의 수다. 이 수에 기초해 빠진 내용을 보충하기도 한다.

30 여기서 'vv.'는 글자가 없는 짧은 연속 공간을 지시한다.

31 Johannsen(1971: 235f.).

32 Willems(1968: II, 340, n.8). 개인이 공유지 위에 세운 건물에 대해 국가에 납부금(solarium)을 내는 것은 제정기 이전에는 언급되지 않는 사항이라고 파악한다. 이렇게 본 이유는 몸

아시·비카니(이하 '접도민'으로 표기함)에게는 공공 도로의 유지를 대가로 지대를 지불하지 않는 도로변 토지가 할당되었다.[33] 포케 힌릭스Focke T. Hinrichs는 이들을 티베리우스 그라쿠스에 대한 반대 정책의 일환으로 도로변에 정착시킨 경작자aratores면서 도로 유지 책임Straßenpflege을 부여받은 접도민Straßensiedler으로 본다.[34] 레안드로 잔칸은 이 논의를 세분화해 접도민에 대한 할당은 원로원에 의한 할당과 그라쿠스 형제에 의한 할당이 있다고 보면서, 둘 다 사적私的 점유지가 되지 못한 채 공유지로 남았다고 본 몸젠의 견해에 반대하며, 원로원의 할당지는 사적 점유지가 되지 않은 반면에 그라쿠스 형제의 할당지는 다른 그라쿠스의 토지처럼 사유화되었다고 주장한다.[35]

이런 주장들에 반대하며 페카리는 이 비문 재구성을 의심한다.[36] 특히 비석에 남아 있는 "… asii"를 근거로 'viasii'라고 추정하는 판독에 의문을 제기한다. 아피우스 클라우디우스 카이쿠스Appius Claidius Caecus가 "문자 R을 고안함으로써(R litteram invenit)" 기원전 300년 이전에 이미 'viasii'는 'viarii'로 표기되었으므로 '기원전 111년 농지법'에 나타날 이유가 없다는 것이다. 그러나 페

젠이 요한센의 판독과 달리 12행 "in [vi] asieis vicanisve" 뒤에 'ex S.C.'가 있는 것으로 복원했기 때문이다. 그러나 요한센의 판독에는 없다.

33 Wiseman(1970b: 148)에 따르면, 11행은 그라쿠스 농지분배위원회가 접도민에게 사유 토지로 제공한 부분을 언급한 것이고 12행은 원로원 의결에 따른 것으로 이 경우는 공유지로 남는다는 잔칸과 힌릭스의 주장을 소개하고 있다. 이 법의 목적을 공유지를 사유화하고 과세한다(vectigalis)는 것으로 생각한다면 그 차이는 큰 의미가 없어 보인다.

34 Hinrichs(1967: 175f., l. 11)의 'reliquerunt'에 근거해 가촌인(Straßendörfer)으로서 그라쿠스의 활동 이전에 정착한 자들이며 아울러 원로원 의결에 근거하고 있다고 보고 있다. 그에 따르면 접도민은 폴라 비문(『라틴비문집성』, I², 639)에 나오는 경작자(aratores)로 원로원이 티베리우스 그라쿠스의 개혁에 대한 대항마로서 도로 주변의 땅을 분배한 자들이며, 이들이 바로 비아시·비카니라고 파악된다(같은 책, 172쪽 참조).

35 Zancan(1935: 75f.).

36 Pekáry(1968: 118). 이 책의 117~119쪽에 따르면 비문학과 고전학의 문제 때문에 로마의 도로 역사에서 접도민은 제외하고 다루지 말아야 한다고 주장한다.

카리의 주장이 나온 지 3년 후에 간행된 요한센의 판독에 변화가 없는 것으로 보아 'viasii'는 그대로 남아 있으며 12행의 "비카니(vicani)"를 기록한 고체古體도 후대 비문에 자주 나타나므로 문제가 없다고 와이즈먼[37]은 본다.

그런데 와이즈먼은 접도민이라는 신분을 도로 유지 목적으로 지정한 것은 실패한 시도라고 지적한다.[38] 그는 접도민이 도로 유지 문제를 해결하는 데 일종의 '혁신'이었을 것이라고 파악한다. 도로 건설의 중흥기인 기원전 2세기 전반에 국부가 급격히 늘었으며, 간선도로인 라티나Latina 도로와 아우렐리우스Aurelius 도로가 새로운 양식에 따라 만들어졌고, 공공 도로의 유지 책임이 도로변에 이어진 라티푼디아Latifundia를 가진 토지 점유자들에게 전가되었을 것이다. 이러한 추론이 맞는다면 접도민의 소멸은 도로 주변의 소토지 보유자smallholders가 더 큰 이웃에 의해 축출되거나 보유한 토지를 매각할 수밖에 없었던 사정을 반영할 것이다. 그 결과 새로운 대안으로 나온 것이 도로 관할관이었다. 그러나 이 역시 실패했으며 기원전 27년에 시행된 아우구스투스의 조치에 의해 구제되었을 뿐이라고 본다.[39] 이러한 논쟁사를 보면 접도민은 기원전 111년 이전에 출현해 비문에 흔적을 남겼으나, 유지되지는 않았을 것이며, 더 이상의 연구는 어쩌면 페카리의 의견처럼 불가능한 것이다.

그러다가 2006년 발표된 로드리게스 곤살레스Rodríguez González의 논문[40]이 이 문제를 다시 볼 수 있게 했다. 그는 헤라클레아 서판Tabula Heracleensis의 도로 유지의 절차와 사정을 자세히 재조명했다. 헤라클레아는 마그나 그라이키아Magna Graecia의 한 식민 도시였다가 로마의 자치시가 되었다. 이곳에서 발견되었다는 이유로 비문은 해당 지역 이름을 얻게 되었는데, 그리스어로 표

---

37   Wiseman(1970b: 148).

38   같은 글, 149쪽.

39   이에 관해서는 Pekáry(1968: 36)를 참조.

40   González(2006: 397~410).

기된 부분에는 기원전 4세기의 마지막 10년대에 도시 성소의 관리에 관한 내용이 담겼으며, 라틴어 부분은 기원전 45년경으로 추정되며 율리우스 자치시법Lex Iulia Municipalis을 그대로 전재한 것이다.[41]

피터 브런트Peter A. Brunt에 따르면, 이 법조문은 매우 복합적이어서 난해한 면이 있으며, 세 번째 섹션에 율리우스 자치시법과 동일한 내용이 나오므로 이 법이 일반적으로 적용되는 법인지는 확실하지 않다.[42] 여기에서 제기되는 문제가 자치시법에 왜 로마시에 관한 법이 담겨 있는지에 관한 것이다. 로마시가 가진 기존의 규정을 자치시 헤라클레아에 적용할 목적으로 요약한 것일 가능성이 있다.[43] 그렇다면 이 비문에 나오는 도로에 관한 규정은 로마시의 규정이며 동시에 자치시의 규정이기도 한 것이다.

그러면 도로의 유지에 관한 규정을 살펴보도록 한다.

20~21행 로마시에 또는 도시 로마에서 1000보 이내 계속해서 거주되는 곳에 있으며 앞으로 있게 될 그 도로들 앞에 건물을 가지고 있는 자는 그해의 관리관의 재량에 따라[arbitratu eius aed(ilis)] 이 법에 의해 도시의 그 부분에 제시된 도로를 유지할 것이다.

흥미로운 것은 소유한 건물 앞에 도로가 있을 경우 그 책임을 건물주가 지도록 한 점이다. 이 규정은 '기원전 111년 농지법' 11~12행의 접도민에 관한 규정을 상기시킨다. 가이우스 그라쿠스에 의해 사유지로 인정되었든 원로원

---

41 이 법의 연구에 관해서는 같은 글(397, n. 3)을 참조.

42 Brunt(1971: 519~522).

43 González(2006: 397). 이 법의 내용은 다음과 같다. 1~19행 곡물 배급 대상자 명단의 정의, 20~82행 로마시의 도로 및 공공장소의 청소와 유지, 질서 유지, 83~141행 자치시 행정에 관한 규정, 142~158행 지방 호구조사에 관한 규정, 159~163행 푼두스 자치도시들(municipia fundana)에 관한 언급이다[푼두스에 관해서는 김창성(2010a: 153)을 참조].

에 의해 공유지 점유로 인정되었든, 이들이 특권을 가지게 된 것은 도로의 유지라는 목적을 위한 것이므로 이 헤라클레아 서판의 규정은 비록 비아시·비카니라는 명칭이 없더라도 도로변 건물주가 처한 같은 상태를 가리킨다.

서판에는 이런 도로 유지 의무를 건물주가 이행하지 않은 경우도 상정하고 있다.

32~34행 누구든지 자신의 건물 앞에 있는 공공 도로를 이 법에 따라 유지해야만 한다. 이들 중에서 길을 관리관의 재량에 따라 유지해야만 할 자가 길을 유지하지 않는다면, 그의 재량에 따라 그 길을 유지해야만 하는 관리관은 도로 보수를 입찰하도록 한다. 그리고 관리관은 도급하기 10일 전에 광장 연단 앞에 제안서를 제시할 것이다.

이처럼 건물주가 도로 보수를 하지 않으면, 강제로 보수 공사를 입찰하는 절차가 마련되어 있었다. 구체적으로 10일 이내라는 입찰 일자가 지정되어 있다. 물론 그 입찰 가액이 얼마인지는 건물주가 보고하도록 한다.

37~40행 그 입찰은 공개로 광장에서 (도시 재무관을) 통해 또는 국고 주재자가 하도록 한다. 얼마의 액수로 그 길을 입찰하든지 그 액수를 건물 앞에 그 도로가 있게 될 그자, 그들로 하여금 건물 앞에 있는 도로들이 길이와 너비에서 있게 될 크기에 비례해, 도시 재무관이나 국고 주재자가 만들어진 돈에 관해 '공공서판에(in tabula⟨s⟩ publicas)' 보고하도록 한다.

이렇게 "마련된 돈(pecunia facta)"을 공공 자금으로 공공 서판에 등재하는 것이 주목된다. 그러면 그 액수를 기준으로 입찰이 진행될 것이다. 이렇게 본다면 이 입찰액은 일종의 '국가 재정'으로 간주되는 것이므로 국가의 입장에서 이 액수는 재정에 들어가는 임대료 세입과 같은 의미를 지닐 것이다.

이 규정에서 가장 흥미로운 것은 아드트리부티오adtributio(이를 '분담'으로 번역함)[44]라는 절차다.

> 41~43행 분담될 자는 자신이나 자신의 대리인이 분담이 이루어진 것을 알게 된 후 가까운 30일 내에(diebus triginta proxum⟨e⟩is) 분담 지정될 자에게 그 돈을 지불하고 만족시키지 않을 것이라면, 그는 분담 지정될 자에게 분담된 액수와 그 절반을 주도록 한다.[45]

이처럼 도로의 유지와 보수에 드는 액수는 국고에 납입하는 것이 아니라 일단 의무가 있는 건물주에게 맡겨져 있고, 공사 낙찰자는 그 건물주에게서 돈을 받도록 지정되어 있는 것을 볼 수 있다. 만약 공사 후 30일 안에 공사 대금을 주지 않으면 건물주에게 50퍼센트의 과징금을 부과해 이행을 강행한다.

곤살레스에 따르면, 이런 일련의 과정은 사적私的 소송 절차를 보여준다.[46] 이 지적이 옳다면 도로 유지에 관한 의무는 의무 지정자와 공사자 간의 개인 계약이다. 이에 대해 국가가 강제력을 발휘하는 셈이다. 이것을 순수한 사적 관계라고 할 수 있을까? 오히려 국가를 위한 역의 의무를 대신하는 사람에 대한 보상을 원래의 의무자에게 강요하고 있는 것이 분명하다. 흥미롭게도 헤라클레아 서판 40행에 나오는 '아드트리부티오'를 분석한 클로드 니콜레는 '분담'이 의무자들에게 비용을 '분배répartition'함을 의미한다고 파악했다.[47] 그렇

---

44 이 단어는 트리부스(tribus)에서 파생된다. 트리부스는 '3'을 뜻하는 'tres'에서 파생된 것이 아니라 '(국가의) 부분'을 의미한다. 이에 따라 번역했다(Mommsen, 1844: 1 참조).

45 González(2006: 400)에서 인용한다.

46 같은 글(400, n.8)에서 이것이 사적소송(iudicium privatum)임을 의심할 필요가 없으며, 상호소송(azione di mutuo)이라고 본다.

47 트리부툼에 관한 대표적인 연구자인 니콜레도 이 문구를 인용해 트리부니 아이라리를 조명한다(Nicolet, 1976a: 48, n.82 참조). 이에 관해서는 허승일(2019: 131~135)을 참조.

다면 이 아드트리부티오는 국가의 공금을 건물주들이 공사자들에게 지불하는 식으로 국가 재정이 관리되는 것을 보여준다.

푸블리우스 코르넬리우스 타키투스Publius Cornelius Tacitus는 로마의 도로 상태가 엉망인 이유를 다음과 같이 언급한다.

코르불로는 이탈리아의 전체 길이 '입찰 계약자들의 사기(fraude mancipum)' 와 정무관들의 무관심 탓에 부서지고 사용할 수 없게 되었음을 한탄하며 자신이 일의 수행을 기꺼이 떠맡았다. 그것은 공적으로 유익한 것으로 간주되기보다는 많은 사람에게 파멸로 간주되었으니, 그는 그들의 돈과 명성에 대항해 벌금과 몰수에 의한 경매로서 분노를 표하고는 했다.[48]

여기에서 우리는 이탈리아에서 대부분의 도로 보수가 의무자인 건물주가 아니라 이를 떠맡은 도급계약자들, 즉 청부업자들에게 맡겨졌음을 알 수 있다. 타키투스의 보고는 도로변 건물주들이 직접 자신의 관리나 노동으로 도로 보수를 책임지기보다는 앞의 비문에서 나온 대로 분담자들이 돈을 제공하는 식으로 도로의 유지와 보수 역할을 맡았고, 이런 기능이 오랫동안 제대로 작동하지 않아 이탈리아의 도로가 참담한 사정에 놓였음을 보여준다. 이처럼 접도민은 헤라클레아 서판에 나오는 건물주의 처지와 같았을 것이다.

4. 아드트리부티오의 의미

페카리는 일관되게 도로의 신설과 유지·보수는 토지 점유자, 속주의 경우 자치단체의 의무였다고 주장한다. 이 주장[49]을 분담이라는 재정 운영의 방식

---

48 타키투스, 『연대기』, 3.31.

49 페카리는 국고인 아이라리움이나 군고인 피스쿠스가 도로 건설 유지 비용에서 의미가 없

과 관련해 다시 검토해 본다. 로마의 도로에 관한 교과서로 통용되는 페카리의 저서를 보면 특히 도로 유지와 관련한 재정 문제에 많은 분량이 할당되어 있다. 페카리에 따르면 도로와 관련한 비용은 "공공 도로를 신축할 때 평균 50만 세스테르티가 들었다"라고 보고, 2000마일을 만드는 데 이미 10억 세스테르티가 소요된다고 추론하며 막대한 유지 비용을 산출한다.[50] 그렇지만 페카리는 기이하게도 막대한 금액이 들어가는 도로 건설과 유지 비용에도 불구하고 그에 관한 예산이 없었다는 점을 지적한다.[51] 결국 그 부담은 점유자의 부역이었다는 것이다. 이 주장을 입증하기 위해 페카리는 황제의 기증, 국고 지출, 토지 점유자의 기여를 분석한다. 그 결과 페카리는 황제의 기증[52]은 간헐적이고 예외적이며 선전을 위한 것[53]이라고 주장한다.

이런 맥락에서 '국고'라고 번역되는 아이라리움aerarium의 구조가 검토된다. 페카리가 언급하는 것은 1873년에 로마에서 발견된 비문이다.[54] 술라Sulla 시기로 추정되는 이 비문은 첫째 줄에 "opus locata"로 시작하며, 둘째 줄은 몸젠의 보충에 의해 "[in censu]ra Caecili"로 판독되었는데, 나중에 'I'자가 발견됨으로써 "[in Via] Caecili(a)"로 수정된다. 몸젠은 이 비문을 호구조사관 카이킬리우스Caecilius 시기에 이루어진 살라리우스Salaria 도로의 신축이나 보수

다고 일관되게 주장한다(Pekáry, 1968: 97, 169). 와이즈먼은 공공 도로의 건설이 국가가 지불하는 비용으로 이루어졌다는 입장에 서서 접도 지주들이 지불했다는 페카리의 논의를 비판한다(Wiseman, 1970b: 144, 149~150).

50 Pekáry(1968: 96).

51 같은 책, 97쪽. 프랭크에 따르면 아우구스투스 치하의 로마 제국의 1년 세입은 약 5억 세스테르티로 추정된다. 베스파시아누스 황제 치세 때는 이 액수의 두세 배에 이른 것으로 추정된다(Frank, 1940: 4ff., 53). 아우구스투스 치세 때의 재정 운영 실태에 관해서는 김창성(2016: 387~419)을 참조.

52 Pekáry(1968: 97~100)에서 하드리아누스 황제의 예를 논한다.

53 같은 책, 102쪽.

54 Mommsen(1875: 198ff.). 서지 사항에 관해서는 Pekáry(1968: 102, n. 16)를 참조.

를 제시한 것으로 파악했다. 마지막으로 공사 절차는 다음과 같이 제시된다.

> 돈이 분담되었다. 인민에게서 …… 세스테르티(도급 액수)로 정해져 있으며, 도
> 급계약자 …… (이름)에게 (한때는 계약과 …… 덕분에mancupi et ope ……), 도
> 로 관할관이자 도시 재무관인 T. 비비우스 테문디누스에 의해(아니면 단지 도
> 로 관할관인 T. 비비우스에 의해cur. viar. T. Vibio ……)

이 비문에 관련해 페카리는 몇 가지 문제점을 지적한다. 우선 호구조사관
이 언급되지 않는다는 점, 그리고 '비비우스'라는 인물이 도시 재무관이면서
동시에 도로 관할관으로 나타난다는 점이다. 이를 지적한 페카리는 도로 관할
관이 바로 공사 도급자들에 대한 감독을 수행하며 동시에 도시 재무관이라고
본다. 필자가 흥미 있게 보았던 것은 "돈이 분담되었다"와 "인민에게서 정해져
있다"에 관한 그의 해석이다. 그는 "전자가 기여금의 출처에 관해 아무런 언급
도 없으며(est sagt nichts über die Herkunft der Beträge)", 자치단체명도 없으므
로 "인민(populus)"은 국고를 의미한다고 보았다. 그러면서 도로 관할관이 요
청한 국고액에 대한 청산만이 문제가 된다면서 이 비문에서는 아무런 명백한
해석이 있을 수 없다고 부정한다.[55] 이런 결론은 분담을 다음과 같이 제시한
몸젠의 영향을 받았다.

> "돈이 분담되었다." 즉, 원로원은 호구조사관에 의해 동의된 사안에 관해 원로원
> 이 재무관에게 할당한 돈으로부터 호구조사관은 정액을 인민의 이름으로 계약
> 한 자들에게 재무관이 지불하도록 명령했다.[56]

55 　Pekáry(1968: 104).
56 　같은 책, 103쪽, 주 65; Mommsen(1875: 200).

돈이 분담되었다는 의미를 행정상의 절차, 원로원·호구조사관·재무관·입찰자의 관계를 설정하는 것으로 파악하는 몸젠의 주장을 따를 때 앞의 문장은 흠결이 있어 해석할 수 없다고 페카리는 보는 것이다. 이어서 그는 율리우스 자치시법 20행 이하에 나오는 내용을 제시한다. 로마시 내에 국한되지만 도로의 유지와 관련해 건물주의 의무에 관한 규정[57]을 주목한다. 그는 공공 도로에 관한 것은 무조건 점유자의 의무로 간주한다.

이런 견해들을 종합해 페카리는 베른하르트 퀴플러Bernhard Kübler의 의견을 다음과 같이 인용한다.

부역Leistungen의 성립은 로마나 나머지 이탈리아 국가와 이탈리아 밖의 국가들만큼 오래되었다. 자치단체의 필요를 위해 각 사람이, 그가 시민이든 아니면 시민권이 없는 자든, 생명과 재산을 징발당할 수 있으며 부역을 해야만 한다는 것이 고대의 자명한 제국관이다.[58]

이처럼 로마도 다른 제국과 마찬가지로 국가 부역으로 운영되었다는 생각이 페카리의 의견을 기초하고 있다. 이를 강화하기 위해 『학설휘찬』의 내용을 다음과 같이 인용한다.

점유에 따른 의무들 고유한 것들에 연관되는 의무들이 있다. 이것들에 관해서 자유인의 나이나 군공軍功이나 어떤 다른 특권도 합법으로 면제를 제공하지 않는다. 그래서 도로 포장을 위한 농장들의 기여나 운송 부역 등이 있게 된다.[59]

57 리코보노 외 엮음, 『유스티니아누스 이전 로마 법원』, I², p. 143f. Pekáry(1968: 114, n. 126)에서 재인용했다.

58 Kübler(1933: c. 646). 이 생각은 셉티미우스 세베루스 황제와 이후의 사정에 관한 사료에서 비롯한 것이다. Pekáry(1968: 113)에서 재인용했다.

59 Hermodianus, 『학설휘찬』, 50. 5. 11. Pekáry(1968: 113~114)에서 재인용했다.

이렇게 본다면 공화정기나 제정기에 로마는 일종의 부역 국가가 되는 셈이다. 특히 토지 점유자의 부역 의무에는 예외가 없다. 이런 이론이 페카리 주장의 일관성을 뒷받침하고 있다.

그렇지만 전쟁세인 트리부툼 연구의 대표자인 니콜레는 마르쿠스 테렌티우스 바로Marcus Terentius Varro의 정의를 다음과 같이 제시한다.

> 트리부툼은 트리부스들로부터 명명된다. 왜냐하면 인민에게 명령된 그 돈이 개인에 의해 호구조사에 비례해 트리부툼이 징수되었기 때문이다. …… 이로부터 분담된 것(즉, 돈)은 아드트리부툼이라고 명명된다. 게다가 이로부터 병사에게 주도록 돈이 분담된 자들은 트리부니 아이라리라고 명명된다. 분담된 그것이 군전軍錢이다.[60]

이 정의에서 우선 트리부스tribus와 트리부툼의 어원이 같음을 알 수 있다.[61] 아울러 병사들에게 봉급을 줄 때 트리부니 아이라리가 지명되고 이들이 지불하는 과정을 이 정의에서 나오는 대로 아드트리부티오라고 할 수 있다. 앞의 헤라클레아 서판과 비교하면 로마시에서 도로변의 건물주에게 부과한 것과 같은 방식인데, 다만 봉급 지불자가 도로변 건물주가 아니라 트리부니 아이라리인 것이다. 분담은 이처럼 국가가 지불해야 할 공금을 개인에게 지불하도록 할당하는 과정이다. 분명히 트리부툼으로 명명되는 봉급, 즉 전쟁세에 적용되는 절차가 '분담'이다. 이런 용어가 도로 보수에 사용된 이유는 무엇일까? 도로의 유지가 국방 과제로 인식되었으므로, 같은 재정 구조를 가지게 되었다고 볼 수 있다. 바로 현장에서 문제를 해결해야 하기 때문이다. 유지·보수 의무자는 어떤 면에서 보면 트리부니 아이라리의 존재 방식을 따르고 있다. 이런 분

---

60 바로, 『라틴어론』, 5.181.
61 Nicolet(1976a: 17).

담은 어떤 성격을 지녔을까?

우리는 이 전쟁세가 임시성을 지녔음을 다음의 사료를 통해 살펴볼 수 있다.

다른 것들의 징수가 인두人頭에 따라 이루어지는 반면에, 트리부툼의 징수는 센
서스에 따라 이루어짐으로 심지어 임시적인 것(quoddam temerarium)이라고
이야기된다.[62]

이 구절에서 트리부툼의 징수는 '임시방편'이었음을 알 수 있다. 그런 의미
에서 항상 징수되는 세금과는 다르다고 할 것이다. 일찍이 재정과 관련해 위
僞 아리스토텔레스가 참조된다.

모든 세금들 중에 중요성과 관심 면에서 첫 번째는 농업세다. 즉, 사람들이 어떤
때는 농지세ἐκφόριον, 어떤 때는 십일세δεκάτη라고 부르는 것이다. 두 번째는
토지의 특수 산물에 의해 이루어진다. 여기서는 금, 저기서는 은, 다른 곳에서는
동 또는 지방에서 사람들이 발견할 수 있는 모든 것에서 비롯한다. 세 번째는 상
업 항구에서 이끌어내는 혜택으로 이루어진다. 네 번째는 동시에 들에서 그리고
장터에서 부과되는 세금을 포괄한다. 다섯 번째는 가축 무리에 대한 세입이다.
사람들이 세입 또는 십일세라고 부르는 것이다. 마지막으로 여섯 번째는 사람들
이 인두세ἐπικεφάλιον라고 부르는 인신에 대한 부과와 직업세χειρωνάξιον로 이
루어진다. ······ 세 번째 종류의 행정에서, 즉 도시의 행정에 가장 중요한 수입은
도시 영토 중 공공 소유지τὰ ἴδια에서 이끌어내는 것이고 다음으로 상업 항구와
통행로에 대한 부과금이며, 마지막으로 정규적인 특별세ἐγκυκλία다.[63]

---

62   'tributorum conlatio,' 페스투스(Muellero), 364 우.
63   위(僞) 아리스토텔레스, 『경제학』, 2.1.4. Nicolet(1976a: 9)의 번역에 따랐다.

이 자료에서 여섯 번째는 노예의 표지인데, 특히 인두세가 그렇다. 이 세금은 로마에서 에트루리아Etruria 출신의 왕이 재위하던 중에 징수되었으며, 가장 참주적인 단계를 나타낸다.[64] 이 세금은 언제나 국가 자체의 수입으로 재정을 조달한다는 그리스·로마의 이상에 모순된다. 그런데 아테네에 관해 가장 잘 알려진 세금이 바로 에이스포라다. 로마의 전쟁세인 트리부툼은 부과 방식과 의미에서 에이스포라와 같으며, 이것은 라틴어로 콘라티오conlatio로 번역될 수 있다.[65] 이 에이스포라는 어떤 의미를 지니는가? 앞의 인용문에서 보듯 도시의 공유지에 대해 부과되는 지대를 가지고 행정하는 것이 도시국가의 원칙이다. 그러나 도시 재정이 궁핍한 경우에는 에이스포라가 징수되었고, 그 점에서 이는 예외적인 세금이다. 물론 이 세금은 시민 경제보다는 전제주의 경제를 투영한 것이고, 시민의 재산이나 연 수입에 부과될 수 있었으며, 게다가 할당세이자 정률세이기도 했다. 그렇지만 니콜레에 따르면 세금 제도와 관련해 로마는 다른 그리스 도시들과 다를 것이 없다.[66] 그는 이 직접세에 관해 "불행이나 불가결로 인해 도시 안에서 설치될 때 …… — 그리고 노예의 표지인 인두세와 같지 않게 — 그리고 가장 빈번하게 종종 비례세로서, 즉 가난한 사람보다는 부자에게 더 가혹하게 타격을 주는 세금이라는 근본적인 이 이념을 잠시간 기억하자"[67]라면서 트리부툼의 성격을 규정짓는다.

이렇게 본다면 도로의 유지를 위해 점유자들에게 부과되는 의무가 콘라티오, 즉 징수나 분담으로 표현된 것은 시민의 정체에 합당한 조세 부과 방식이다. 퀴플러나 페카리가 보고 있듯이 일방적인 부역Leistung, Dienst의 부과가 아니다.

---

64   Nicolet(1976a: 9, n. 14b).
65   같은 책의 11쪽과 19쪽을 비교해서 참조.
66   같은 책, 7쪽.
67   같은 책, 12쪽.

5. 결어

여기까지 논의에서 필자는 '기원전 111년 농지법'의 성격과 관련해 다음과 같은 내용을 확인한다. 우선 이 법이 고대 자본주의의 길을 열어놓았다는 존 러브John R. Love의 논제는 인정한다. 하지만 도로의 유지·보수와 관련해 볼 때 개인의 권리를 보장해 주기보다는 오히려 국가 방위에 절실한 도로를 유지하기 위해 접도민들에게 역을 부과한 것이므로, 이 법의 일부 목적은 군사적인 것이었으며 이는 국가 존립을 위한 것이다. 그렇기에 '기원전 111년 농지법'에서 도로 유지의 의무를 맡은 접도민이 중요했으며, 이들은 도로에 접해 있는 자신의 농지, 대지, 건물에 따라 일정한 의무를 분담했다. 이는 가이우스 그라쿠스의 도로 정책에서 이어지는 정책이었다. 비록 비아시·비카나라는 접도민의 명칭은 사라졌어도 기원전 45년경으로 추정되는 율리우스 자치시법을 보면 건물주가 접도민의 의무를 수행하는 것을 알 수 있다. 그러므로 이 시기까지 이탈리아 내 로마 도로의 기본적인 유지 방식은 접도민에 대한 역의 부과와 면세 특권의 교환이었을 것이다. 그런데 우리의 주목을 끄는 것은 유지 의무자가 의무를 이행하지 않으면 재무관이 공사를 입찰하고 그 액수를 국고의 기록에 남겨놓은 채 공사 대금을 일정 기간 안에 의무자가 시공자에게 지불하도록 규정한 것이다. 이 과정에서 주목되는 표현이 분담, 즉 '아드트리부티오'다. 이 표현은 일찍이 니콜레가 주목했듯이 로마의 전쟁세인 트리부툼의 부과 방식이다. 이런 방식을 사용할 수밖에 없었던 이유는 바로 도로 유지에 군사적 의미가 있었기 때문이라고 볼 수 있다. 분담에 입각한 재정 운영 방식은 에이스포라의 성격을 가지고 있었기 때문에 페카리가 생각했던 대로 부역에 입각한 형태가 아니라 시민 경제의 형태에 부합하는 것이었다.

이런 분담 구조를 바탕으로 제정기 도로 건설과 보수가 점유자나 속주민의 부역인지 시민적 과세인지 재검토할 필요가 있다. 또 도시 안의 도로와 도시 밖의 도로 유지에 어떤 차이가 있는지도 연구를 심화시키는 데 기여할 것이다.

제2부
—
오르도

제 5 장

공화정기 로마 귀족과 평민의 관계
포룸과 포퓰리즘*

1. 서언 | 2. 귀족 | 3. 평민 | 4. 피호관계 | 5. 결어

1. 서언

2010년대 이후 한국 사회에서 뒤늦게 가열되고 있는 것이 포퓰리즘 논쟁[1]
이다. 이 논쟁을 역사적 맥락에서 이해하기 위해서는 로마의 포룸forum에서
전개된 이야기를 아는 것이 필요하다. 왜냐하면 포퓰리즘이 라틴어에서 '인민'
혹은 '하층민'을 뜻하는 포풀루스populus에서 유래했고, 그라쿠스 형제의 개혁
이래로 포풀라레스[2]라고 불리는 일련의 정치가들이 공화정 후기를 풍미했기
때문이다. 로마의 역사를 이해하는 방식에는 여러 가지가 있다. 일반적으로
정치가와 그들의 업적을 통해 역사를 파악하지만, 전쟁을 통해 로마를 파악할
수도 있고 제도나 법을 통해서도 로마를 파악할 수 있다. 혹은 탄생과 멸망이
라는 하나의 드라마로서의 연대기로 파악할 수 있으며, 근대 유럽의 형성에

---

* 이 글은 ≪도시인문학연구≫, 제3권 1호(2011.3)에 게재된 바 있다.
[1] 한국 사회는 학생들에 대한 무상 급식이 포퓰리즘으로 인식된다(≪조선일보≫, 2011.3.8).
 이런 논의는 이미 로마 사회에서 곡물 공급의 문제와 관련해 발현된 바 있다. 로마사에서
 곡물 공급 문제는 안희돈(2002)과 김상엽(2004: 79~102)을 참조.
[2] 이에 관한 개설로는 허승일(1993: 170~171)을 참조. 빈민의 요구 조건과 추세는 현재 우
 리의 복지 논쟁과 유사하다.

영향을 끼친 문화나 사상을 중심으로 파악할 수도 있다. 이런 설명 가운데 늘 등장하는 것이 사람과 사람의 관계다. 로마사 공부를 막 시작하다 보면 사회 갈등의 중심이 귀족paricians과 평민plebeians임을 알게 된다.[3] 그래서 로마 공화정의 역사는 이들의 갈등과 대립과 그 해소로 전개되어 간다. 이런 과정에서 무수한 이야기와 제도와 교훈을 전하는 것이 로마의 역사이며, 또 그런 점이 로마사가 사랑받는 조건이기도 하다. 그러나 막상 귀족이 무엇인지를 논의하기는 쉽지 않다. 마찬가지로 평민 역시 하나의 집단으로 파악되지 않는다. 단지 귀족은 경제적 의미로는 부자, 고리대금업자, 토지 독점자로 묘사되어 왔으며, 정치적으로는 앞에서 말한 대로 권리를 남용해 평민을 박해하는 자로 인식된다. 그래서 로마사는 귀족에 대한 평민의 이야기로 극적 재미가 풍부하다.[4] 이런 이야기가 전개되는 곳이 바로 도시 로마의 포룸[5]이다. 그러므로 포룸은 이런 이야기의 무대로서 역사적 상상을 불러일으킨다. 귀족과 평민의 대

---

3 로마사의 설명에서 귀족과 평민의 구도는 아직 유효하다(Ward, 1997 참조).
4 근래 연구자들은 귀족과 평민이라는 엄격한 구분법이 로마사의 갈등을 조명하는 데 적절하지 않다고 본다. 특히 Mitchell(1990)의 서문을 참조. 그렇지만 경제적인 구분—가진 자와 가지지 못한 자의 대립을 부인하는 것은 아니다. 그의 주장은 전자와 귀족을 그리고 후자와 평민을 일치시키는 도식적인 주장을 부수는 데 있다(같은 책, 19쪽). 무엇보다도 미첼의 공헌은 이 주제에 대해 도전적인 시사점을 던진 것이다. 고대 전승을 검토한 결과 그는 신분투쟁을 직접 지시하는 내용은 발견되지 않았으며, 오히려 단편적이고 산견되는 자료를 근대의 학자들이 재구성한 것이라는 결론에 도달했다. 그런 극적 재구성은 기원전 494년에서 시작해 기원전 287년에 종결되는 과정으로 이루어진다. 그리고 이런 구성은 기원전 2~1세기에 실제 신분투쟁의 관점을 반영한 데 불과하다. 이에 비해 오히려 고대 전승, 특히 리비우스의 로마사는 일관되게 왕정기부터 자신의 시대까지 계속되는 이야기로 본다. 그리고 이런 시각에서 귀족과 평민의 문제는 기본적으로 군역 동원의 문제를 반영했다고 파악했다. 그래서 귀족은 씨족적 배경과 무관하게 군사적 조직과 훈련을 갖춘 집단이며 평민은 그렇지 않다. 인민으로 번역되는 포풀루스는 기본적으로 군대라는 것도 이런 배경에서 이해된다(같은 책, 221~228쪽). 필자는 그런 귀족의 경제적 근간으로서 토지 소유 문제에 접근하는 것이 필요하다고 본다.
5 이에 관해서는 김창성(2010: 36~42)을 참조.

립 구조는 무대를 갖추어 전개되는 이야기로서 완벽한 극적 구조를 가진다.

　어떤 점에서 이런 관계는 그 자체로는 부산물일 수 있으나, 그 관계의 파악이 역사 구조를 이해하는 방법이 되기도 한다. 실제 이런 구조에 관한 이해가 없다면 우리의 인식은 시대라는 제약성을 간과할 우려가 있다. 시대착오적인 이해는 이런 관계를 의식하지 않는 가운데 나온다. 중세에 묘사된 아우구스투스는 봉신의 절을 받는 주군으로 나타난다. 프랑스혁명의 주역들은 대개 집에 하인을 두고 있었다. 그러므로 이런 관계를 잘 이해하는 것은 역사의 진실에 다가갈 수 있을 뿐 아니라 시대의 의미나 한계를 잘 알 수 있는 열쇠와 같다. 로마에서 중요한 역할을 맡았던 기사 신분의 위상에 관한 연구는 다른 신분과의 관계에서, 특히 전체 사회구조 속에서 조명해야 명료한 상을 얻는다. 이런 질문은 바로 로마가 어떤 사회인지 묻는 질문과 연관된다. 이 질문에 답하기에는 당장 문제가 되는 점이 있다. 그 시간 폭이 1000년을 넘는데 시점을 정할 필요가 있다. 필자는 기원전 2~1세기를 중심으로 언급하고자 한다. 사실상 로마 초기의 역사라고 하더라도 그것이 나름대로 정리된 것은 필자가 정한 시기였기에 그러하다. 로마는 제국이었다. 그것은 공화정기에 이루어진 업적이다. 그 시기의 로마 제국 안에는 수다한 국가가 있었다. 이들은 나름대로 소세계microcosme를 형성하고 있었다.[6] 사실 이런 소세계에 대해 연구해야 로마 제국의 사회상이 그려질 것이다. 그러나 현재의 연구로는 불가능하지 않다고 하더라도 충분할 수는 없다. 그래서 필자는 이탈리아로 국한하고 그곳 출신이 관계하는 지역 정도로나 범위를 넓힐 수 있을 것이다. 그렇지만 그 지역도 이탈리아 전쟁을 통해 동맹국들이 시민의 지위를 가지게 되기까지 다양한 지리와 종족과 언어로 나뉘어 있었던 것이 현실이고, 그 후에도 이루어진 것은 시민권의 통합이라는 점 외에는 없었다. 그러므로 이런 다양성이 어떻게 파악되고 나아가 통합에 이르는지는 중요한 연구 과제가 아닐 수 없다.[7] 이는 근본적

6　Nicolet(1977: 185). 이는 언어적으로나 문화적으로 차이를 지니고 있었음을 의미한다.

으로 로마에 있었던 제도의 확산이라는 점을 통해 연구되어야 한다. 로마에는 일찍이 혈통상의 씨족에 입각한 귀족과 평민이 있었고, 이와 더불어 신분으로 번역되는 '오르도'가 존재해 일정한 기준의 역할을 했다. 이는 일부지만 로마 사회의 사정을 드러내는 하나의 접근이 된다.

이런 난점이 있지만, 이 장에서는 로마 공화정 후기를 중심으로 도시 로마에서 전개된 귀족과 평민의 길항작용을 살펴본다. 이런 관계에서 대립적인 사회구조를 연상하기보다는 두 신분 계층의 상생과 관계 형성에 초점을 맞춘다. 이런 관점은 사회이동을 전제로 하는 것으로 두 신분 간의 관계를 이해하는 데 중심적인 기제가 된다. 특히 이들의 피호관계는 대립이라는 일방적인 구도에서 벗어나 점이지대를 통해 그런 충격을 완화했던 비결을 알 수 있게 한다.

2. 귀족

우리가 '귀족'이라고 번역하는 것은 라틴어로 파트리키patricii다. 흔히 '혈통 귀족'이라고 번역할 수 있는 이 표현은 아버지를 뜻하는 파테르pater에서 파생되었다. 이는 그리스에서 귀족을 뜻하는 에우파트리다이[8]와 비슷한 형성 과

---

7 신분에 관한 연구도 사회 변화와 더불어 관점을 변화시켜 왔다. 19세기 초에 이르러 니부어는 로마 공화정 초기의 사회를 신분 사회 혹은 귀족 사회로 보아 중세나 구체제하의 프랑스 사회에 견주었다. 그러다가 프랑스혁명이 일어난 후에 자유주의가 침투하고 부르주아 개념이 들어오면서 앞서의 개념이 배제되었다. 특히 이런 경향은 19세기 말에서 20세기 초에 두드러졌는데, 벨로(Belot)에서 로스토프체프(Rostowzew)에 이르는 일련의 학자들이 '부르주아', '자본가', '부동산 귀족' 등의 개념과 '프롤레타리아' 등의 용어를 널리 쓰기 시작했다. 그러나 법학자나 몸젠 등 법사학자들은 로마의 공식적인 분할을 단체(corporation)나 법적 단체(corps constitués)로 파악했다. 이런 파악은 앞서 말한 것을 대신하는 이론적인 틀(cadre théoretique)로서 남게 된다. 이처럼 여러 가지 파악이 존재했으며 여전히 로마의 사회 신분 제도를 파악하려는 시도가 이어지고 있다. 특히 집단 전기학의 방법은 알려진 개인을 대상으로 하면서 이들이 사용한 호칭과 그 가치를 밝혀주고 있어 이런 연구가 정밀해지면 새로운 성과를 낼 것으로 전망된다(Nicolet, 1977: 190 참조).

정을 보여준다. 그러나 이것의 분명한 의미는 아직 밝혀지지 않고 있다. 이와 관련해 많은 연구가 있었으나 대체적으로 이들은 왕정기와 공화정 초기에 형성된 것으로 인정된다. 법사학자들의 연구가 있는데, 이들의 연구를 종합하면 대개 다음과 같이 정리할 수 있다.[9]

첫째, 파트리키는 공화정 초기 임페리움imperium이라고 불리는 대권을 지닌 최고 정무관직을 가진 자들의 자손이다. 둘째, 이들은 종교 관습에 따라 일종의 종교적 특권을 보유했다. 즉, 파트리키는 대조점관의 권리를 가지고 있었다. 자연히 이들은 사회적으로 폐쇄된 집단을 형성했는데, 특히 공화정 초기 약 150년간 그러했다. 12표법에 평민과의 금혼 규정이 있는 것으로 보아 기원전 450년경에는 족내혼을 통해 일종의 카스트를 형성한 것으로 보인다. 이 규정의 목적은 평민의 진출을 막겠다는 정치적 의도라기보다는, 특히 종교적 권한을 가지고 있던 일종의 사제를 유지하려는 의도에서 나왔다. 왜냐하면 원래 귀족이라고 불린 파트레스patres는 사제였기 때문이다.[10] 공화정 말기에 이르면 이들은 대개 사라진다. 지금까지의 연구에 따르면 공화정 말기에 파트리키는 13개의 씨족gentes과 30개의 가문만 남아서 파트리키로 행세했을 뿐이다.[11] 이들은 제정기에도 간왕interrex이나 특정 대제관의 직책을 전유할 수 있었던 것으로 보인다. 이처럼 정치적으로나 종교적으로 특별한 대우를 받았다고 볼 수 있으나 경제적으로는 그렇게 보기 어렵다. 이를테면 파트리키가 전유하는 토지 같은 것은 공식적으로 존재하지 않는다.

---

8   이는 좋은 아버지를 두었다는 뜻으로 해석된다. 그러나 이런 계급적 이해와 달리 일부 특정 씨족을 뜻하는 의미로 보는 견해도 있다(Sealey, 1976: 117).

9   Nicolet(1977: 196).

10   Mitchell(1990: 129).

11   파트리키의 인구 비율은 공화정 중기에는 1퍼센트 정도였으나 말기에는 0.1퍼센트에 불과하게 된다. 그런 점에서 이들이 독점하는 직책이 여러 개 신설되었고 오랫동안 지속되었다(Cassola, 1988: 486).

이런 사정을 이해하려면 로마의 토지 제도에 대한 이해가 필요하다. 학자들은 로물루스Romulus가 시민에게 분배했다고 하는 2유게라의 토지에 주목했다. 시민 각자에게 분배한 이 토지는 분명히 사유 토지로 인식되었고, 이런 점에서 로마의 토지는 원칙적으로 사유지를 중심으로 관리되었던 것으로 이해된다. 그러나 왕정기 로마 전체의 토지가 다 2유게라로 분배된 것은 아니었다. 그럼 분배되지 않은 토지는 어떻게 관리되었을까? 잘 알려져 있다시피 이런 토지는 도시 로마의 공유지로 잔존했으며, 이 토지에 대한 이용이 2유게라의 토지로는 부족한 가족의 생계유지에 보완적 기능을 한 것으로 추론된다. 이 추론은 널리 인정되어 2유게라의 규모에 대한 이해가 가능해졌다. 그러나 테오도르 몸젠, 막스 베버,[12] 피에트로 본판테Pietro Bonfante, 비토리오 시알로야Vittorio Scialoja 같은 학자의 글을 통해 가설로 제시된 바 있는 영주제적 토지 소유의 가능성이 제시된다. 비록 그런 영주의 전유권을 전하는 사료는 없지만, 귀족의 전횡을 보여주는 토지 문제는 바로 공적인 권한으로서 귀족들이 행사하던 토지에 대한 권리를 나타낸다고 할 수 있다. 이것은 분명히 도시 전체의 공적인 소유권과는 구별되지만, 이러한 귀족의 영주권은 사실로 보아야 하고 이것이 귀족과 평민의 갈등에서 간접적인 매개였다고 짐작된다. 남아 있는 사서들은 이런 관계를 평민의 시각에서 또 개별 소유권의 시각에서 보아, 귀족의 영주적 토지 전유를 부당한 것으로(come ingiuste) 간주했는데, 세르비우스 툴리우스Servius Tullius(재위 기원전 578~535년) 왕의 개혁으로 변화가 일어나면서 그리고 나아가 평민이 신분투쟁에서 승리하고 12표법이 제정되면서 이런 개념이 확고해졌다. 이런 변화의 결과, 로마에서 토지의 영주적 전유

---

12 베버의 다음 말은 이 점을 이상형적으로 보여준다. "도시의 자유노동 곁에는 농촌의 부자유노동이 처음부터 서 있으며, 도시 시장에서 교환거래를 통한 자유노동 분업의 곁에는 농촌 장원에서 — 다시 말하면 중세에서처럼 — 자가 경영에 의한 토지 생산의 조직을 통한 부자유노동 분업이 있다. 그리고 중세의 경우처럼 또한 고대에도 인간 노동의 두 가지 형태의 공동 작업 간에 자연스러운 대립이 존재했다"(Weber, 1928: 293).

는 사라졌고, 기원전 4세기경 사유지에는 절대 소유권dominium(도미니움)이, 공유지에는 점유(포세시오)가 법적으로 고착되었다.[13] 후자를 둘러싸고 귀족과 평민은 동등한 권리를 가졌으며, 차후 그라쿠스 형제의 개혁에서 투쟁의 초점이 바로 여기에 집중되었다.

파트리키의 소멸은 전체적인 현상이었다. 어떻게 그런 결과가 초래되었을까? 다른 지역과 마찬가지로 아래로부터의 압력에 굴복했다고 볼 수 있다. 그러나 이 과정에서 로마에서는 참주정, 과두정, 급진 민주정이 나타나지 않았으니, 이는 그리스 국가들과 다른 점이다. 이런 결과는 로마를 둘러싼 적들의 정복욕에 대한 공포였을 것이다.[14] 이런 전쟁의 강화는 평민의 힘을 인정할 수밖에 없어, 크게 보면 파트리키로 불리는 귀족이 기울어져 가는 계기이기도 했다. 한편 수 세기 동안 두각을 나타내지 못하다가 공화정 말기에 이르러 등장한 가문들이 있었으니 루키우스 코르넬리우스 술라Lucius Cornelius Sulla, 루키우스 카틸리나Lucius S. Catilina, 세르비우스 술피키우스 루푸스Servius Sulpicius Rufus 같은 자들이 그런 예다.

'귀족'이라고 번역하기 좀 어려운 명칭이 있는데 노빌리타스nobilitas다. 이는 '명사', '저명한 인사'라는 의미의 노빌리스nobilis(복수는 노빌레스nobiles이며, 이하 '명사귀족'으로 표현함)에서 파생되었다. 이들은 순전히 혈통이 아니라 시민의 지지를 받아야 했으므로, 인민의 지지 의사volontà popolare가 중요한 요소였다. 이에 관해 정확한 정의를 내리기는 현 수준에서는 어렵다. 그러나 대체적으로 '콘술과 법무관 그리고 그들의 직계'로 정의할 수 있을 듯하다.[15] 그러나 술라의 개혁 이래로 이것은 콘술과 그 후손에게 국한된다. 이런 호칭을

---

13   Colognesi(1988: 266~269) 참조.
14   이와 관련한 서지 사항은 Ward(1997: 60, n. 32)를 참조.
15   Cassola(1988: 473). Ward(1997: 65)에서는 겔처와 브런트의 견해를 중심으로 소개한다. 후자는 귀족과 귀족관직을 역임한 자로 명사귀족을 국한했다.

정치 신인으로서 자신의 집안에서 처음으로 정무관이 된 자들도 누렸다. 그래서 '정치 신인'이라는 뜻의 노부스 호모novus homo와 관련된 것으로 인식된다. 그러나 신인novitas의 의미 또한 간단히 정의되지 않는 듯하다. 일단 로마 시민으로서 조상 중에 원로원의원이 없고, 처음으로 정치 생활에 뛰어든 사람[16]으로 볼 수 있다.

이에 관한 연구는 마티아스 겔처Matthias Gelzer[17]가 개척한 바 있다. 그는 집단 전기학의 방법을 이용해서 그런 성과를 냈다. 그 결과를 종합하면 기원전 366년 이후 귀족정무관직을 수행한 개인들이 '저명한 인사nobilis'라고 불렸다. 이를 '명사귀족'이라고 번역할 수 있다. 기원전 300년에 평민들도 사제직에 진출하는 것이 가능해지면서, 콘술을 지낸 명사가 되는 것이 단순한 귀족이 되는 것보다 더 중요해졌다.[18] 기원전 2세기에 이 의미는 콘술을 지낸 사람의 후손으로만 국한되었다. 이런 변화는 명사귀족 내에서 분화가 일어난 증거로 해

---

16 Cassola(1988: 475~476). 문제는 명사들과 이 신인의 관계인데 드 상티스(de Sanctis)는 회색지대가 있다고 보았다. 그는 법무관 이상의 정무관을 지낸 자들의 후손이 속하는 곳을 지시했다. 흥미로운 것은 키케로의 자랑이다. 그는 자신이 기원전 94년 콘술인 가이우스 카일리우스 칼도(Gaius Caelius Caldo) 이래로 30년 만에 신인으로서 처음 콘술이 되었음을 밝힌다. 그사이에 콘술의 후손이 아닌 자로서 여덟 명의 콘술이 있었으나, 이들은 원로원 가문의 자제였다. 이처럼 다양한 정의가 존재했다.

17 Gelzer(1962: 39~59) 참조. 노빌리스는 '안다'는 의미의 노스케레(noscere)에서 유래한다. 이런 명칭을 받는 사람은 조상의 음덕을 입은 자가 되고, 신인은 자수성가한 인물로 정의되나, 실제로는 콘술을 배출한 가문 출신자가 전자에 속하고, 후자는 기사 신분에서 올라온 자들을 의미한다. 이들의 후손이 자연스럽게 명사로 들어간다. 이렇게 해서 올라온 자들은 극소수에 불과하다는 겔처의 견해는 아직까지도 정설로 인정된다. 그러나 이후 수정론이 제시되었는데, Afzelius(1938)는 두 단계로 나누어 기원전 367년에서 기원전 2세기까지는 28퍼센트의 신인이 진출해 개방적이었고, 그 후로 17퍼센트로 떨어져 폐쇄적으로 바뀌었다고 보았다. 한편 Brunt(1982)는 기원전 199~49년을 연구해 신인 진출률이 20퍼센트라고 주장했다. 그다음에 홉킨스(Hopkins)와 버튼(Burton)은 신인을 3대에 걸쳐 콘술이 아닌 자로 규정하고 신인 정치가의 콘술 진출 비율을 36퍼센트로 보았다. 각 수정론의 문제점에 관련해서는 Cassola(1988: 471~472, n.62)를 참조.

18 Ward(1997: 65).

표 5-1 **기원전 3세기 콘술을 배출한 가문과 가문별로 배출한 콘술의 수** (단위: 명)

가문	콘술 수	가문	콘술 수
카이킬리우스 가문(Caecilii)	19	파비우스 가문(Fabii)	18
발레리우스 가문(Valerii)	13	아틸리우스 가문(Atilii)	12
아이밀리우스 가문(Aemilii)	11	풀비우스 가문(Fulvii)	10
클라우디우스 귀족 가문(Claudii)	8	클라우디우스 마르켈루스 평민 가문 (Claudius Marcellus)	8
셈프로니우스 가문(Semproni)	8		

석할 수 있다. 다시 말하면 여러 층의 명사귀족이 있게 된 셈이다. 이런 분화를 보여주는 것이 콘술을 배출한 가문의 표다. 〈표 5-1〉은 기원전 3세기에 콘술직을 배출한 가문들로[19] 명사귀족 간의 위계를 보여준다.

이들 가문에 속한 사람은 시민 전체의 0.05퍼센트에 이르는 극소수다. 이들은 혈통귀족과 달리 어떤 법적인 특권을 부여받지 못했다. 단지 선조의 조각상을 전시할 수 있는 권한[20]이 있었을 뿐이다. 기원전 2세기에 들어서면 이들이 콘술직을 전유하기 시작한다. 물론 정치 신인이나 가이우스 마리우스 같은 이들이 콘술에 선출되는 데 어떤 법적인 장애는 없었다. 그러기에 흔히 '혈

19　Nicolet(1977: 197).

20　이 권한은 '이마고의 권리(ius imaginum)'라고 부르는 권리다. 귀족정무관의 후손이 이 권리를 가졌으며, 이를 행사한 사람을 명사귀족(nobilis)이라고 보는 것은 카를로 시고니오 (Carlo Sigonio)가 제안하고 몸젠이 승인해 19세기 초까지 정설로 굳어졌다. 겔처는 이를 문제 삼지 않고 단순히 콘술의 직계 자손이 명사귀족으로 불린다고 보았다. 아담 아프젤리 우스(Adam Afzelius)는 겔처의 설은 공화정 후기에 유효하고 몸젠의 설은 기원전 4세기부터 공화정 후기까지 유효하다고 말하며 두 의견을 절충하고자 했다. 카솔라는 몸젠 등의 이해가 기초한 키케로의 『베레스 기소』(2.5.36)의 원문인 "기억과 후세를 위해 조각 인물상을 제시할 권리(ius imaginis ad memoriam posteritatemque prodendae)"에 관한 해석에 잘못이 있다고 본다. 이 사료는 키케로가 귀족관리관(aedilis curule)이 된 후에 이런 권리를 누리게 된 것을 보여주는데, 관직 자체가 이 권리를 주는 것이므로, 귀족정무관직과 명사귀족 간의 동등성은 제거된다는 것이다. 한 걸음 더 나아가 실제로 이런 권리는 존재한 것이 아니라 근대 학자가 만든 것이라고 주장한다(Cassola, 1988: 473, n.690).

동귀족·평민 명사귀족patricio-plebeian nobility'이라는 표현을 흔히 볼 수 있다. 그렇지만 다른 사람들이 새롭게 진출하는 것은 쉽지 않았는데, 기원전 1세기에는 콘술의 88.5퍼센트가 콘술 가문에서만 나왔다. 이런 결과는 이들이 비록 세습된 특권은 없었어도 여전히 정치권에서 맴돌면서 공적인 기능과 정치를 담당했다는 의미로 해석할 수 있다.

이들은 원로원의원이 되는 것이 상례였다.[21] 원로원 구성은 로물루스 시대까지 올라가며, 왕정기에도 간왕으로서 임무를 수행한 것으로 알려져 있다. 공화정의 수립으로 원로원이 핵심 권력으로 떠오르는데, 이미 이때부터 원로원은 단일한 구성을 보이지 않는다. 대씨족과 소씨족의 분할이 나타나고, 이른바 투표권만 가질 뿐 귀족정무관으로서의 권한은 행사하지 못하는 페다리 pedarii라고 불린 원로원의원도 존재했다. 이들은 "다리로 걸어와서 원로원에 투표한다(pedibus in sententian ire)"라는 말에서 파생된 것으로 짐작된다. 공화정 초기에 '파트레스 콘스크립티patres conscripti'라는 명칭이 나오는데, 이는 정확하게는 '파트레스 에트 콘스크립티patres et conscripti'로, 접속사 탈락이 일어나 생긴 형태다. 전자는 말 그대로 '아버지'라는 뜻이고, 후자는 '보충된 자'를 의미했다. 원래의 귀족 원로원의원은 전자를, 새로 충원된 사람들은 후자를 지칭하는 것으로 해석된다. 이는 초기 원로원 구성의 역사를 시사한다.[22] 자연히 후자는 애초 원로원 안에서 소수파를 이루었으나, 시간이 흐르고 대부분 이들로 채워지면서 원로원의원이 구분 없이 파트레스로 불리며 신분제를 연구하는 데 혼란을 야기하기도 했다.[23] 원로원에서 최고 임직자로서 명단에

---

21 공화정기 원로원의 위상에 관한 본격적인 연구가 필요하다. 대표 저서로 Willems(1968); Bonnefond(1989)를 참조.

22 콘스크립티(conscripti)라는 명칭은 왕정기에도 흔히 나오는 것으로 기술된다. 그러나 원로원에 평민 상층부가 본격적으로 진출하는 것은 기원전 409년경부터다(Cassola, 1988: 455). 원로원 내의 신분 분화에 관해서는 Mitchell(1986: 162~164)을 참조.

23 이런 혼란의 하나는 원로원 의원이 행사하는 권위(auctoritas)나 조점권(auspicia)과 관련

처음 이름을 올린 사람이 프린켑스princeps라고 불렸다. 구체적으로 어떤 구조를 가지고 원로원이 의사결정을 했는지가 중요한 문제지만, 더 연구해야 하는 분야로 남는다. 원로원의원은 오르도로서 파악되었다. 그래서 '오르도 세나토룸ordo senatorum'이라는 표현이 자리 잡았다. 이들은 기원전 1세기 중엽까지는 의원 본인을 지시했다. 그러다가 아우구스투스 시기인 기원전 18~13년에 원로원의원과 그 가족을 지칭하는 표현으로 의미가 바뀐다. 원로원 구성원은 기원전 80년까지 300명 선을 유지하다가 기원전 49년경에 450명에서 600명으로 늘어난다. 이어서 내란기와 삼두정치기에는 1000명이 되었다가 아우구스투스 시기에 600명으로 줄어드는데, 집단 전기 연구에 따르면 원로원의원을 배출한 가문은 수백 개에 불과한 것으로 나타난다.

이 원로원에 들어가려면 정무관직의 수행이 관건이었다. 이렇게 보면 정무관 역임자는 원로원의원 후보군으로 볼 수 있다. 이들은 재직 시에 수행한 다양한 공과와 자질 등에 따라 원로원에 들어갔으며, 시민이라면 원로원의원이 되고자 열망했다. 다시 말해 인생의 성공을 원로원의원이 되는 것으로 여겼다. 이런 사상은 앞서 이야기한 대로 정치 신인의 증가를 가져왔고, 이들의 각축은 오히려 전통적인 권위가 영속되는 결과를 가져왔다. 이런 시도에서 실제 성공을 거둘 수 있는 이들은 여가가 있는 사람들이었다. 한편 원로원의원이 되는 길은 때때로 다른 방식으로 열리기도 했다. 기원전 216년에 104명에 이르는 원로원의원이 전사하자 이들을 보충하기 위해 마르쿠스 파비우스 부테오Marcus Fabius Buteo는 기사 신분 중에서, 즉 평민으로서 전공이 뛰어난 사람들을 이곳으로 소환했다. 기원전 80년 술라는 백부장이나 병사로 복무했던 자신의 막료들을 원로원에 충원했다. 이어서 천부장이나 파견 부대장 등이 여기에 들어갔다. 아울러 군 복무와 무관하게 자유로운 직업을 가졌던 51명 중

된다. 이런 것이 인정되는 것은 오로지 혈통귀족 출신의 원로원의원에 국한된다(Cassola, 1988: 456, n.8 참조).

15명이 원로원에 충원되기도 했다. 이런 비율은 전직 장교로서 원로원의원이 된 비율과 동일하다. 반면 상업 활동이나 청부업자로 활동한 기사들이 원로원 의원이 된 예는 극소수에 불과하다. 이런 결과는 기원전 218년 클라우디우스 법Lex Claudia과 관련되는데, 그 내용은 다음과 같다.

> (플라미니우스는) 호민관인 퀸투스 클라우디우스가 원로원의 반대를 무릅쓰고 원로원의원들 중에서 오로지 가이우스 플라미니우스의 도움을 받아 제정한 새 법으로 인해 심지어 원로원의원들에게 혐오를 받았다. 그 법에서는 어느 원로원 의원이나 아버지가 원로원의원인 사람은 300암포라amphora[24] 이상인 용적의 선 박은 가지지 못하도록 했다 — 그것은 농지에서 과실을 나르는 데 충분한 것으로 간주되며, 어떤 이득의 추구도 원로원의원에게는 부적절한 것으로 보였다.[25]

이런 규정은 사실상 지켜질 수 없었다고 보는 것이 현실적이다. 우선은 농 산물을 수송할 때는 그런 규모의 선박을 소유하고 그것을 판매하는 것이 허용 된 것으로 간주되며, 그보다 큰 크기의 선박인 경우 피호민이나 피해방민을 통해 위임해서 경영할 수 있었다.[26] 그러므로 현실적인 이해관계에 원로원귀 족들이 무관심한 것은 아니었다.

흔히 로마 공화정의 정치를 과두정이라고 부른다. 소수 정치가가 권력을 독 점했다는 뜻인데, 이 말을 권력을 귀족이나 명사가 나누어 가졌으며 돌아가며 행사했다는 뜻으로 받아들여서는 안 된다. 이들 과두는 치열하게 경쟁하며 정 치에 참여했다. 로마의 엘리트들은 관직 경력을 쌓아 명예를 남기는 일에 경

---

24 약 7톤으로 간주된다.
25 리비우스, 『도시의 건설로부터』, 21.63.3~4(원로원의 선박에 관한 클라우디우스법은 기 원전 123년과 기원전 59년에 개정됨).
26 Cassola(1988: 479).

쟁적이었다. 혹 의견을 같이하는 동료들이 권력을 나누기로 합의했다면, 다른 경쟁자들을 제거하는 것이 다반사였다. 이러기 위해 다양한 인적 관계를 확보해야 했다. 이런 경쟁은 필연적으로 엘리트 내부의 분열을 낳았을 뿐 아니라 아래로부터의 압력에 좌우될 수 있었다.[27] 그러기에 로마의 과두정치는 평민과의 함수 관계 속에서 이해해야 한다.

3. 평민

이제 시야를 사실상 로마 시민의 대다수를 차지하는 평민[28]으로 돌려보자. 평민을 뜻하는 용어는 플레프스plebs다. 이 단어의 어원은 '채우다'는 뜻을 가진 '플레레plere'와 연관된 것으로 보는 견해도 있지만, 그리스어에서 '군중'을 뜻하는 플레토스πλῆθος의 의미를 지니는 것으로 보는 견해도 있다. 이들의 기원은 로마 초기 씨족에 기반한 사회에 들어올 수 없었던 사람들, 특히 상인이나 수공업자에서 찾을 수 있다.[29] 이들은 귀족 씨족과 피호관계를 형성할 수 없었던 자들로 보인다. 이런 평민은 공화정이 시작하기 전에 이미 존재했다.[30] 특히 에트루리아계의 왕들[제5대 타르퀴니우스 프리스쿠스Tarquinius Priscus(재위 616~578년), 제6대 세르비우스 툴리우스, 제7대 타르퀴니우스 수페르부스Tarquinius Superbus(재위 534~509년)]이 등장하는데, 에트루리아인들이 다수 로마로 이주

---

27 Ward(1997: 67~69).

28 귀족은 평민에 대해 다소 조롱의 의미를 지니는 정의를 내린다. '씨족 없는 평민(plebei qui gentem non habent)'이다. 일반적으로 로마에서 귀족은 단순히 씨족을 의미하는 'gentes'로 표시된다. 이 정의는 위기를 맞이한 로마에서 과두정이 출현한 기원전 5세기, 귀족의 폐쇄화에 따라 나타난 것으로 보인다(Torelli, 1988: 261).

29 Torelli(1988: 189, 198, 200~202).

30 이와 관련된 증거는 이들에 대한 곡물 공급이 최초로 이루어졌다는 점이다. 포럼 보아리움(Forum Boarium)과 오스티아(Ostia) 항구 사이에 네트워크가 있었다는 증거이기도 하다. 이에 관해서는 Coarelli(1988: 146)를 참조.

한 것이 지명 연구와 고고학 자료로 입증된다. 그뿐만 아니라 로마 주변의 라틴인도 계속된 복속 과정을 통해 이주했는데, 로마의 아벤티눔Aventinum 지역의 디아나Diana 신전은 이주한 라틴인들의 종교적 필요에 부응하는 것이었다. 특히 이들 왕은 종래 귀족이 가지고 있던 권한을 무시한 탓에 이들의 반발을 사게 된다. 상인 수공업자로 구성되었던 평민은 이를 암묵적으로 수용했다. 이렇게 보면 왕들의 기반은 귀족이 아니라 평민 세력이었던 것이다. 귀족들의 불만은 왕정 폐지를 불렀고 공화정 수립으로 이어졌다. 그러나 여기에는 부유한 평민들이 암묵적으로 동조했다는 점이 중요하다. 이들은 잇단 팽창 정책으로 혜택을 누리기도 했으나 계속되는 정복 전쟁에 염증을 느끼고 있었다. 로마의 마지막 왕인 타르퀴니우스 수페르부스의 폐위는 그가 아르데아Ardea에 원정 중이던 상황에서 이루어졌다. 그러므로 왕정에서 공화정으로의 변화는 귀족이 주도하고 부유한 평민이 동의해 일어난 것이다. 이런 변화에서 비교적 소외되었던 최하층은 로마의 경제가 어려워지면서 터지게 된 신분투쟁의 도구로 활용되었다.

신생 공화정이 위기를 넘어 공세로 전환하던 무렵, 베이Veii[31]에 대한 정복으로 중요한 변화가 일어났다. 로물루스 이래로 2유게라의 헤레디움heredium이 7유게라의 분배로 바뀌면서 이것이 이후 로마 시민에 대한 토지 분배의 기준으로 자리 잡는다.[32] 여기에는 귀족에 대한 평민의 단호한 대처가 있어 가능했다. 평민들은 잇따른 정복 전쟁에서 자신들의 기여를 확인하면서 자신들이 치른 희생의 대가를 강력히 요구했다. 그것은 공유지에 집중되었다. 그래서 정복된 토지에 대한 요구를 강화하는 한편 귀족의 공유지에 대한 권한은

---

31 베이 전쟁을 계기로 봉급 제도가 만들어진 것은 잘 알려진 사실이다(허승일, 1985: 399 참조). 이는 '무장자판(武裝自辦)'이라는 원칙이 수정되는 계기였다. 특히 획득된 토지는 로마 자체보다 넓었다(Alföldi, 1971: 402). 베이의 토지가 공유지로서 채권자들에게 상환 지급된 예는 허승일(1985: 174)을 참조.

32 Colognesi(1988: 288~289).

위축되어 갔다. 이런 배경을 이해하면 신분 갈등의 여지는 공화정 초기부터 가능성을 보였다고 평가해야 한다.

마침내 평민은 귀족에 대한 대항 세력으로 자리 잡는다. 처음에는 미약했겠지만 시간이 지나며 강력한 세력으로 성장했다.[33] 그 결과 12표법을 비롯한 일련의 입법 과정을 통해 기원전 367년에 콘술직 피선거권이 열리면서 평민은 명실상부한 시민이 된다. 시민은 시민으로서의 권리를 향유하는 자이므로 법적인 면에서는 모두 동등하다고 할 수 있으나, 현실에서 불평등은 당연한 것이다. 로마는 이런 불평등을 없애기보다는 오히려 제도화했다고 볼 수 있다. 그렇게 하려면 일종의 정당화가 필요하다. 평등하다고 보는 이념인데, 이른바 기하학적인 평등 또는 비례적인 평등이다. 이는 그리스에서 플라톤Platon과 아리스토텔레스 이래로 정치철학에서 차용되었으며, 로마에서도 왕정기에 이른바 센서스제 혹은 호구조사제[34]를 실시하기에 이른다. 로마 시민은 모두 이 조사에서 시민의 명단에 오른 사람들이다. 그러므로 평민은 앞에서 언급한 혈통귀족과 명사귀족을 제외한 모든 시민을 포함한다. 이것을 통해 확립된 것이 개인의 사적 소유권이며 이것이 지상의 법으로서 로마 사회를 규정짓는 특징이 된다. 크게 보면 이 사적 소유는 종래 귀족의 전유에 대해 평민의 재산을 수호하고 모든 재산이 국가의 유지와 관련 있음을 천명하는 것이다. 이것은 결국 로마에서 전개된 신분투쟁에서 평민의 승리를 나타낸다. 호구조사의 목적은 세 가지다. 군사 목적으로 징집 명부를 만들기 위해, 조세 징수를 목적으로 납세자 명단을 만들기 위해, 선거에 투표할 명단을 확보하기 위해서다. 이를 위해 로마는 평민을 다섯 개의 등급, 엄격히 말하면 여섯 개로 나누었는데,

---

33 이런 투쟁 양상의 변화를 잘 보여주는 것이 Raaflaub ed. (1986: 198~243).
34 이 센서스는 기본적으로 토지 재산과 보유 가축에 대해 산정된다. 그러나 기원전 312~311년에 이것이 동산을 포함하는 것으로 확대 개편되었을 가능성이 있다. 이는 피해방민에게 광범위한 정치 참여를 허용했던 아피우스 클라우디우스 카이쿠스의 개혁과 관련이 있는 것으로 보인다(Cassola, 1988: 467).

이의 기준은 가진 재산의 크기와 도덕 및 시민 자질이었다. 5년마다 호구조사가 이루어졌고, 이런 업무를 전담하기 위해 선출되는 관리인 호구조사권이 역시 5년마다 선출되었으며 임기는 1년 6개월이었다. 이 직책은 콘술보다 더 어렵게 선출되고, 호구조사의 중요성에 따라 전직 콘술이 맡았다.

로마의 병사는 자신의 부담으로(de suo) 복무하는 것이 원칙이었다. 그래서 일정한 재산을 가지지 못한 경우 무산자로 분류되어 징병과 징세에서 벗어났다. 이들은 두 가지 명칭으로 불리는데 '센서스에 이름을 올렸다'는 의미에서 카피테 켄시capite censi(말 그대로 '머리만 등록되었다'는 뜻임)나 '아이를 낳아 국가에 공헌한다'는 의미에서 프롤레타리우스proletarius(프롤레스proles가 '어린이', '후손'이라는 뜻임. 복수는 프롤레타리proletarii)라고 불렸다. 이들은 시민으로 파악되기는 하지만 정치적 권리의 측면에서, 특히 콘술 선거 때 투표권의 행사에서 권리는 있으되 행사해 볼 기회를 가지지는 못했다. 아마도 이들이 평민의 최하층을 차지한다고 볼 수 있을 것이다. 나머지 다섯 개의 등급[35]은 〈표 5-2〉처럼 편성되었다.

여기에서 이른바 기하학적 평등의 원리가 무장의 내용을 통해 드러난다. 많이 가진 자일수록 국가에서 혜택을 많이 받았으므로, 국가의 위기에 더욱 공헌해야 한다는 논리가 그것이다. 여기에 등록된 시민은 어떤 의미에서 제대로 된 시민이라고 할 수 있다. 그러나 그 대가는 이런 병역 의무였다. 재산 자격은 통상 토지 면적으로 표시되었으나 나중에 화폐 단위로 바뀐다. 학자들은 원래 아스as(복수는 아세스ases)는 동(구리) 1파운드를 나타냈으나, 기원전 214년 이후에 6분의 1파운드인 섹스탄타리우스sextantarius('6분의 1'이라는 뜻의 'sextans'

---

[35] '등급'은 '클라시스(classis)'의 번역이다. 이 말은 '소집하다'는 뜻의 '칼라레(calare)'에서 유래한 것으로 보인다. 왕정기에 세르비우스 툴리우스 왕이 이런 등급제를 만든 것으로 보는데, 소집에 응할 수 있는 자를 '클라시스', 그러지 못한 자를 '인프라 클라셈(infra classem)'으로 통칭했다. 후자는 적절한 무장자판 능력이 없는 자들이었을 것이다(Bernardi, 1988: 196).

표 5-2 **로마 보병대의 등급별 무장과 재산 자격**

등급	무장	재산 자격
1등급	원형 방패(clipeus), 청동 투구, 흉갑, 정강이 받침, 찌르기 창과 검	20유게룸(10만 아스)
2등급	장방형 방패(scutum), 청동 투구, 정강이 받침, 창과 검	15유게룸(7만 5000아스)
3등급	장방형 방패, 청동 투구, 창과 검	10유게룸(5만 아스)
4등급	장방형 방패, 창과 검	5유게룸(2만 5000아스)
5등급	투창과 투석기	2.5유게룸(1만 1000아스)

에서 나옴)를 지시하는 것으로 파악한다. 이런 조직은 비교적 천천히 형성되었다. 앞에서 보듯 무장의 변화, 즉 원형 방패에서 장방형 방패로 바뀐 시기는 기원전 4세기 초로 알려져 있다. 그러므로 〈표 5-2〉는 로마 군대의 전술 변화와 그에 따른 등급 변화도 함축하고 있다. 그러나 변화는 그것만이 아니다. 에밀리오 가바[36]는 최저 자격인 5등급이 로마가 위기를 맞아 하향되었다는 데 주목했다. 기원전 200년에는 1만 1000아스(혹은 1만 2500아스)가 유지되어 이보다 적게 소유한 자는 프롤레타리우스로 파악되었으나, 기원전 150~123년에는 이 자격이 4000아스로 내려왔고, 기원전 107년 전에 이미 1500아스로 하향되었다. 그러므로 마리우스의 병제 개혁은 이런 유명무실화된 자격을 없애고 무산자들에게도 군 복무를 개방한 것이었다. 여기에서 두 개의 중요한 사실을 파악할 수 있다. 군 복무가 하향된 것은 평민의 빈곤화 과정을 반영한다. 이는 이 시기가 로마 공화정의 중흥기로 대외 정복을 통해 심지어 전쟁세인 트리부툼이 기원전 168년 이래로 중지되었던 사정과 대비해 볼 때, 그런 부흥이 빈민에게는 미치지 못했음을 보여준다. 다른 한편으로 이런 센서스 액수는 과두정치의 특징이기도 하다. 아리스토텔레스는 다음과 같이 말한다.

재산 자격 요건timema이 처음 정해졌을 때는 시대 상황에 맞게, 말하자면 과두

---

36 Gabba(1949: 173~209)는 이를 체계적으로 연구해 획기적인 업적을 남겼다.

정에서는 소수만이, 민주정(폴리테이아)에서는 중산계급이 공직에 진출할 수 있게 정해졌을 것이다. 그러나 그 뒤 지속적인 평화나 그 밖의 다른 행운 덕분에 번영의 시대가 찾아오면, 똑같은 재산이라도 이전보다 훨씬 더 값어치가 있는 것으로 평가되어 시민들은 누구나 모든 공직에 참여하게 된다.[37]

그러나 이런 예상은 로마와 맞지 않았다. 로마의 부흥에도 불구하고 그 열매는 소수에 집중되었고 평민은 빈곤해졌다. 이런 두 가지 사실 탓에 로마 정부는 복무 자격자의 미달이라는 사태를 맞이할 수밖에 없었고, 그것은 이런 자격의 하강화로 전개되었다.

한편 5등급의 최상부인 1등급에는 또 다른 자격이 자리 잡게 되었다. 기원전 2세기 중엽 그라쿠스 형제의 개혁은 기사를 원로원과 분리했다. 그 결과 1등급의 최상부는 기사 신분으로 채워졌는데, 그 자격은 40만 세스테르티로 추정된다. 물론 이 액수는 기원전 150년경에 도입되었을 것으로 보이며,[38] 보병 1등급 자격의 10배에 해당하는 재산을 의미한다. 물론 재산만으로 기사 신분이 되었다고 보기는 어렵다. 이들은 민회에서 적어도 18켄투리아 내에 편성되어 평민에 우선해 투표했을 가능성이 있다. 이것은 기원전 123년까지 그러했을 것이지만, 그 후에도 이들은 같은 권리를 누렸을 것이다. 기원전 120~90년에 이르러 통상적인 의미에서 기사 신분의 자식도 지칭하게 되어 신분화됨을 보여준다.

제국을 운영하려면 많은 관리가 필요했다. 일련의 행정 관료들, 이를테면 서기관scriba(스크리바), 보조 행정관apparitor(아파리토르), 시종lictor(릭토르) 등인데, 이들은 원로원이나 기사처럼 별도의 '오르도'로 표현되었다. 이들과 아울러 청부업자인 푸블리카니를 임명하는 관리가 호구조사관이었으나, 기원전

---

37 아리스토텔레스, 『정치학』, 6. 11. 1306b(천병희 옮김, 2009).
38 Nicolet(1977: 195).

2세기 말경에 배심원단이 만들어지는데 이들의 명단은 법무관이 만들었다. 벤자민 코헨Benjamin Cohen[39]의 연구를 보면 공화정기와 제정 초기에 27~28개의 오르도가 확인된다. 이 오르도[40] 체계는 서서히 로마의 행정 수요에 따라 발전했다. 주목할 점은 공화정기에 이런 오르도가 출현하는데 대부분 1등급의 내부에 수렴된다. 이렇게 보면 1등급은 평민이 분명하지만, 기사 신분과 일반 공직자와 그리고 대규모 청부업자인 푸블리카니를 포함하는 계층으로, 사실상 로마의 일반 행정이나 조세 행정에서 핵심적인 역할을 맡고 있었다.

이렇게 본다면 평민은 '카피테 켄시'나 '프롤레타리우스'로 불리는 빈민부터, 일정한 토지를 가진 보병 등급을 거쳐, 기사 신분까지 이어지는 스펙트럼의 계층으로 자리 잡는다. 이런 차이 때문에 평민은 하나의 의식을 가진 계층이 아니라 그 자체로서 다양한 이해관계를 가지고 있다고 볼 수 있다. 이런 스펙트럼의 배후에는 경제적 분화가 존재한다. 흔히 일하지 않고 거저먹고 사는 로마 평민의 이미지는 왜곡된 측면이 있다. 도시로서 로마는 기원전 4세기 이래로 중요한 경제 중심지였으며, 항구 활동이 활발했고, 상공업이 발달했다. 로마에는 다양한 직업이 존재했고 사람들은 이 직업을 통해 생활을 영위했다. 최상부에는 대상업에 종사하는 자들이 있었는데, 네고티아토레스negotiatores라고 불렸다. 이들의 주업은 주로 금융업이었을 것으로 여겨진다. 이들은 금융업자를 뜻하는 아르겐타리우스argentarius는 아니었고 유사한 직역인 대금업자foenerator와도 차별성을 가진다. 물론 네고티아토레스는 그 밖에도 곡물이나 동방 사치품을 취급할 수도 있었다. 아마도 이들 중 최고 재산가들은 기사 신분에 속했을 것이다. 그 밖에도 많은 상인이 등장하는데 이들의 목적은 상

---

39   Cohen(1972; 1975, 259~282; 1984, 23~60).

40   Nicolet(1977: 193)에 따르면 이 오르도는 세 가지 조건을 갖춘다. 첫째, 공식적으로 호구조사관 및 기타 정무관의 승인을 받아야 하며 둘째, 이들의 이름을 등록하는 데 따른 통제를 받으며 셋째, 법률상 특권을 지닌다. 이렇게 보면 국가의 통제를 받음을 알 수 있고, 아울러 세습의 경향도 보인다.

행위였다. 이들은 일부 속주에 정착하기도 했고, 그곳에서 집단적으로 결속하기도 했다. 나아가 기원전 89년에는 로마의 대금업자들이 칙법으로 채무자에게 유리하게 하려는 법무관에 맞서기도 했다. 기원전 70년에는 푸테올리Puteoli (현재의 포추올리Pozzuoli)의 상인과 금융업자들이 가이우스 베레스Gaius Verres에 대해 반대 증언을 서기도 했고,[41] 푸블리우스 바티니우스Publius Vatinius에게 테러를 시도하기도 했다.[42] 이런 상인들의 결속은 평민들의 힘을 보여준다.

한편 평민 중 사회의 하층에 있는 이들의 직업은 수공업과 소매업이었다.[43] 선주인 경우 한두 척의 배를 가진 사람들인데 이들이 누릴 수 있는 이익은 매우 한정적이었다. 아울러 시민으로서 권리만 누릴 뿐이었다. 이들은 대개 가난한 상속자로 나타나며 직종도 다양했다. 특히 주목받는 자들은 타베르나리tabernarii라고 불리는 소상점주들인데, 이들은 도시에 머물며 소요가 일거나 내란이 터지는 경우 중요한 역할을 했다. 이들은 점포를 열고 닫는 행위를 통해 정치색을 드러냈으며, 이들이 운영하는 점포가 정치 선전에서 중요한 역할을 맡았다. 이런 예는 카틸리나의 음모 사건에서 잘 드러난다. 특히 키케로가 주도권을 잡을 수 있었던 것은 화재를 우려했던 도시민들의 의견을 조정하면서였다.[44] 도시 로마에는 이런 자영업자나 가구주만 있었던 것은 아니다. 많은 사람이 상점과 주택을 임차해 살았다. 이들에게는 집세나 부채 및 고리대에 대한 통제 혹은 소멸이 중요한 문제였다. 기원전 89~9년의 내란기와 기원전 63년 카틸리나의 음모의 배후에는 이들의 움직임이 있었다. 이들의 사회적 기원은 비문을 통해 알 수 있는데 주로 피해방민 출신이다. 이들은 보호자로부터 후원을 받아 정착했을 것으로 보인다.

---

41 키케로, 『베레스 기소』, 2.5.59.154.
42 키케로, 『바티니우스 반론』, 5.12.
43 Ste. Croix(1981: 192).
44 Nicolet(1977: 204).

이들의 밑에는 프롤레타리우스가 있는데, 이들은 자산의 소유 없이 그저 자신의 노동과 사적·공적 시여로 사는 이들이었다.[45] 이들을 부르는 호칭은 최저평민infima plebs, 가난뱅이egentes, 품꾼opifices이었다. 이들은 이매뉴얼 월러스틴Immanuel Wallerstein이 말한 대로 절대 봉급에 의존해 사는 자들이 아니었다. 이들은 농촌 출신으로 알려져 있다. 이들은 건축이나 상업 및 수공업에 종사하며 노예와 경쟁했다. 국가는 이들을 위해 대규모의 공공 취로 사업을 벌였다. 다음의 기사는 기원전 81년 이들의 일당이 얼마인지 시사한다.

> 왜냐하면 지체肢體, membra는 그 자체로는 12아스 이상을 벌어줄 수 없기 때문에.[46]

이 연설에서 우리는 일당이 12아스(4분의 3데나리우스)였음을 알 수 있다. 이는 보병 일당의 두 배를 넘는다. 그렇지만 휴일에는 일당 지급이 없어서, 이런 점을 고려하면 일반 병사와 비슷한 수준의 벌이를 했을 것으로 추정된다. 1년으로 환산하면 100~200데나리denarii(400~800세스테르티)다. 다음의 인용은 가난한 원로원의원의 수입과 대비해서 보여준다.

> 그는 자신의 농장에서 60만 세스테르티(sescenta sestetia)를 거두지만, 나는 내 농장에서 10만 세스테르티(centena)를 기둔다.[47]

여기에서 가난한 원로원의원인 키케로는 연간 2만 5000데나리를 거두는 것을 알 수 있다. 이와 비교하면 현저한 수입의 차를 볼 수 있다.

---

45 로마시의 빈민에 관해서는 임웅(2001: 99~132)을 참조.
46 키케로, 『퀸투스 로스키우스 변론』, 28.
47 키케로, 『스토아파의 역설』, 6. 49.

빈민의 일당은 어떤 의미를 가질까? 밀 1모디우스modius(8리터)당 6아스의 보조금이 지불되었고[48] 이것이 평균 가격임을 보면, 일당은 2모디우스를 구입할 수 있는 액수가 된다. 이것은 일당이 적은 액수가 아님을 보여준다. 기원전 73~70년 로마 정부는 시칠리아에서 모디우스당 3.5~4세스테르티로 구입했는데 여기에 수송비를 고려하면, 실제 시장에서는 더 비싼 가격에 판매되었을 것이며 노동자의 일당은 5~8리터 정도 구입할 만한 액수였을 것이다. 빈민은 근근이 생계를 유지하는 수준으로 살았을 것이다. 제정 초기에는 대목수fabri tignarii의 조합이 다수를 차지하는데, 이는 기원전 2~1세기에 벌어진 집중적인 건축의 시기를 반영한 것이다. 가장 밑바닥에는 '룸펜 프롤레타리아트'라고 불려도 좋을 이들이 있었다. 이들의 경제적 처지는 가장 열악했을 것이나 역설적으로 역사가들의 주목을 더 받았다. 이들은 위험 계층으로 분류되었는데 보수층에게는 그렇게 보는 것이 현실적이었다. 게다가 로마시 내에는 경찰이 없었기에 이들 때문에 로마는 위험한 곳이 되었다. 도시민들이 일반적으로 빈곤했을까? 호민관 루키우스 필리푸스Lucius Marcius Philippus는 기원전 104년에 "나라 안에 재산을 가진 사람이 2000명도 못 된다"[49]라는 말을 남겼는데, 이는 맥락상 그라쿠스 형제가 제정한 농지법 때문에 위협을 느낀 사람들이었을 것이다.

농촌에 거주하는 평민들은 어떠했을까? 그라쿠스 형제가 이들 농민의 몰락을 막고자 일련의 정책을 시행한 것은 잘 알려진 사실이며, 이 정책들은 어느 정도 성공을 거둔 것으로 보인다. 이들 자영농 말고도 토지가 없는 자유노동자가 이탈리아에 계속 존재했다. 이들은 콜로니coloni(단수는 콜로누스colonus)로 표시되었는데, 개인이나 단체로 기업농을 위해 노동했다. 이들의 상당수가 이농향도離農向都한 것으로 알려진다. 이런 이동에도 불구하고 기원전 1세기

---

48   허승일(1995a: 145, 234) 참조.

49   키케로, 『의무론』, 2.73.

에 재산이 없는 농촌인구가 있었다. 이들의 조건은 어쩌면 노예들과 다르지 않았을 것인데, 대규모 반란이나 노예 봉기가 있을 때 이탈리아에서도 도망 노예와 자유인이 참여했다. 카틸리나의 음모에서 무장봉기를 주장한 사람들이 이런 부류였음을 알 수 있다. 가이우스 살루스티우스Gaius Sallustius Crispus 는 다음과 같이 전한다.

왜냐하면 언제나 각 도시에서 아무런 재산이 없는 자들이 재산을 가진 자들을 시기하고, 악한 자들을 부추기며, 옛것을 증오하고 새것을 희구하며, 자신의 재산에 대한 혐오로 인해 모든 것이 바꾸어지기를 열망한다. …… 이것 말고도 농지에서 품을 팔아 가난함을 견디던 젊은이들이 개인적으로 그리고 공적으로 베풀어지는 시혜에 자극되어 덧없는 노동 대신에 도시가 주는 편안함을 더 좋아했다.[50]

기원전 2세기에 로마의 급격한 팽창과 그에 따른 소수 특권층의 치부는 라티푼디아의 발전을 가져왔고 이는 소농의 몰락으로 이어졌다는 등식이 오랫동안 통용되었다. 이런 점에서 피터 니브Pieter de Neeve의 연구[51]는 경제지리학의 원리를 이용해, 그 몰락이 현실적이었음을 밝히면서 그것이 로마 근교에 해당한다는 점을 분명히 했다. 그렇지만 로마 북서부 해안 도시인 코사Cosa의 발굴[52]은 실제로 대농장과 소농장이 그렇게 대립 관계가 아니라 병존 관계에 있었음을 보여주어 라티푼디아의 영향에 관해서는 종래의 주장대로 평가되지는 않는다. 이런 점을 고려하면 농촌에서 소농층의 동요나 어려움에 관해서는

50   살루스티우스, 『내란』, 37.3, 37.7.
51   de Neeve(1984). 니브의 성과를 티베리우스 그라쿠스의 개혁과 관련해 제시한 설명은 허승일(1994: 303~329)을 참조.
52   차전환(1992: 101).

깊은 연구가 필요하다. 특히 기원전 2세기와 1세기에 로마 사회를 특징짓는 것은 시민단 내에서 일어난 대립이다. 문제가 된 것은 두 가지다. 하나는 농지 문제였고 다른 하나는 부채 문제였다. 전자는 영세농이나 무전농이 공유지에 접근하는 것을 허용하는 것이었는데, 이 과정에서 대토지 소유자들이 가진 점유권과 충돌했다. 후자는 전자에 비해 두드러지지 않았지만, 마찬가지로 부채의 해결이 빈민의 중요한 정치적 목표가 되었다. 이런 문제는 크게 보면 도시와 농촌의 대립을 의미하는 것이기도 했다. 기원전 2세기 말경에 도시민은 농촌 주민에 비해 특권을 가진 자들이었다. 최대의 공공 투자가 도시에 집중되었다는 점과 특히 저가 혹은 무료로 식량을 공급받았다는 점이 중요했다. 포풀라레스라고 불린 정치 지도자들이 이들의 지지를 얻기 위해 공적인 혜택을 베풀었다.[53] 여기서 일종의 모순이 생긴다. 도시민 혹은 최상계층의 시민은 가장 많은 토지 소유자였고, 이들은 농촌의 소작인으로부터 최대의 이익을 이끌어낼 수 있었다. 그러면서 이런 이익의 일부는 시혜라는 형태로 도시의 평민에게 재분배되었다. 그러나 이는 충분하지 못했으므로 국가 재정에 의존하게 되었고, 이는 도시로 재정이 편중되는 현상을 낳았다. 이런 도농 간의 관계는 귀족과 평민의 투쟁의 부산물로서 주목된다.

4. 피호관계

국가가 만들어지면서부터 귀족과 일부 평민 간에 유대가 있었고, 이를 클리엔텔라clientela라고 한다. 이는 피호민cliens(클리엔스)[54]과 보호자patronus(파트

---

53 공화정 말기 로마의 도시 민중과 정치 지도자의 관계 그리고 도시 평민의 성격에 관해 가장 좋은 안내서 중 하나가 Yavetz(1969)다. 특히 카이사르를 추종한 평민이 일정한 이념을 갖춘 세력이라는 점을 잘 부각시키면서 이들의 향배가 로마사의 방향을 정한 중요한 요인이라고 지시한다. 이들에게는 현실적으로 곡물 분배가 중요했다. 이에 관해서는 김덕수 (1999: 187~212)를 참조.

로누스)가 맺는 관계인데 '피호관계'라고 번역한다. 로마법상으로 모든 시민이 평등하다는 원리가 있었지만 현실적으로 이 관계는 존재했다.[55] 그렇지만 이 관계가 어떤 것인지 분명치 않은 측면이 있다. 예로부터 이런 피호민을 칭하는 명칭은 그리스어에서 '보호를 구하는 자'라는 뜻의 펠라테스πελάτης, Pelates 와 관련된다. 이는 농노이며 반半자유인이었다. 따라서 피호민은 테살리아 Thessalia와 에트루리아에도 존재했을 것이다. 물론 이들은 자유인이고 시민이 었다. 그러나 관점을 달리해서 보면 12표법이 제정되기 전까지는 법률적인 무능력자로 낙인찍힌 상태였기에 법정에 출두할 수 없었다. 이 점에서 보면 이들은 소송을 대신하는 보호자에 대해 예속 상태에 있었다. 토지를 받은 경우 이것은 일종의 보호를 의미했다.

기원전 115년 마리우스가 뇌물죄로 소송을 당하자 소환된 가이우스 헤렌니우스Caius Herennius는 불리한 증언을 하기를 거부한다.

그런데 마리우스에 대해서 가이우스 헤렌니우스가 증인으로 소환되자, 그는 말하기를, 피호민(펠라타스)에 대해 불리한 증인이 되는 것은 전통에 어긋나며 오히려 법은 그런 강요에서 보호자를 풀어준다고 했고,[56] 아울러 처음부터 마리우스의 선조와 마리우스 자신은 헤렌니우스 집안에 대한 피호민이 되었다고 했다.

54　어원은 'clueo', 즉 '명령을 듣는다'에서 파생되어 '듣는 사람'이라는 의미를 지닌다. 이것은 귀족이 군사 지도자로 대두하던 시기인 기원전 7~6세기의 산물이다. 종래 신으로 군림하던 귀족이 영웅, 즉 군사 지도자로 지위를 유지하던 시대를 반영한다. 피호민은 자신의 조상을 숭배하지 못하고 보호자의 조상을 숭배한다. 이 관계는 기원전 4세기 귀족과 평민의 구도가 굳어지면서 약화되기에 이른다(Torelli, 1988: 244~246).

55　피호관계 연구와 관련해 매우 다양한 접근이 이루어지고 있다. 이 분야 연구자들이 대체적으로 동의하는 것은 이 사회관계가 자발적이라는 점, 사적이라는 점, 비대칭적이라는 점, 자발적이라는 점이다. 이 사회관계는 몸젠의 영향에 따라 비공식적인 것이자 국가 외적인 것으로 간주되었으나, 제정 초의 정치를 이해하는 데 그리고 권력이 구체적으로 행사되는 데 중요한 요소로 인식되는 것으로 변화했다(Wallace-Hadrill ed., 1990: 3, 5f.).

56　이런 이유로 로마인들은 이들을 '대변자'라고 불렀다.

배심원들은 증인 면제를 받아들인 반면, 마리우스 자신은 헤렌니우스에 대해 반론을 펴길, 그가 관직 당선자로 선포되자마자 피호민에서 벗어났다고 했다. 이것은 전부 맞는 것이 아니다. 왜냐하면 관직을 얻게 된 자와 그 씨족에게 어떤 관직이라도 보호자 지정을 면해주는 것이 아니라 법이 상아 의자를 수여한 관직만 그러하기 때문이다.[57]

마리우스가 자신의 피호민이었기 때문에 그에 대해서는 반대 증인이 될 수 없다는 뜻이다. 이런 이야기는 사실과 일치할까? 일반적으로 기원전 3세기경에 이르면 그런 의미의 피호관계는 사라지기에 마리우스의 보호자 이야기는 시대착오로 간주된다. 그렇지만 기원전 118년 루틸리우스 루푸스Rutilius Rufus의 칙법에 이르기까지 피해방민에게는 이런 관계가 적용되었다. 일반적으로 피해방민과 보호자의 관계는 상호적인 면이 있다. 즉, 보호자는 피해방민의 고용주이거나 임대인의 의미를 가지며, 이들은 해방된 후 보호자의 성을 쓰고 제사에 참여한다는 점에서 그렇다.

일반 시민 사이에서도 이런 관계는 넓은 의미에서 그런대로 유지되었다. 어떤 개인이든 하나나 여러 집안의 부분을 이루었으며, 이웃과 관계를 맺었다. 자신의 거주지에서 가장 유력한 자들과 관련을 맺지 않을 수 없다. 이런 관계는 정치 관계로 나타나는데, 이는 지방색과 관련된다. 이를테면 마리우스는 아르피눔Arpinum 출신으로 키케로와 깊은 관련을 맺었다. 이런 지연은 자연적인 관계라고 할 수 있다. 그렇지만 이런 관계 말고도 자발적인 피호관계를 이루는 것이 있다. 부자들은 가족이나 친지 말고도 '붕당'이나 '도당' 혹은 '부대'라고 불리는 관계를 형성했다. 기원전 2세기 말에 가이우스 그라쿠스는 그리스식으로 일종의 법정을 조직하고 이곳에 사람들이 출입하도록 했다.[58] 공화

---

57   플루타르코스, 『가이우스 마리우스』, 5.4~5.
58   Nicolet(1977: 233).

정 말기에 몇 개의 가문이 지역 자치단체와 피호관계를 맺기도 했다. 예를 들어 그나이우스 폼페이우스Gnaeus Pompeius는 피케눔Picenum과, 카이사르는 캄파니아 및 키살피나Cisalpina와 관련을 가졌다. 이들 가문은 거의 자치적이며 지연 관계로 묶여 있었다. 이런 선상에서 피호민은 세습적인 관계를 유지했다. 보호자와 피호민은 상호 간에 은혜와 의무beneficium et officium를 가지는데, 이것은 사회생활에 적용되어 충분한 기능을 했다. 이를테면 피호민은 선거하는voting 군대를 형성한다. 각자는 그 속에서 지위를 지니며, 필요한 경우 법률적이거나 군사적인 면에서 보호자를 호위한다. 이런 의무에 대해 보호자는 시혜를 제공한다. 대표적인 것으로 공적인 그리고 사적인 방식으로 물질적인 혜택을 제공하며, 더 나아가 피호민이 기대하는 정치적·경제적 목표를 이루어준다. 보호자가 야심이 큰 경우 후자의 경우가 가능했다. 티베리우스 그라쿠스나 푸블리우스 클로디우스Publius Clodius의 경우가 그러했다. 한편 일반적으로 어려운 처지에 놓인 개인은 보호자로부터 개인적인 보상을 받기도 했다. 이를테면 백부장이나 천부장직 및 기타 명예를 받기도 했다.

이런 관계 말고 더 넓은 범위로 확대할 수도 있다. 법의 경우를 보자. 법은 원칙적으로 모두에게 평등하다. 그러나 실제 소송에서는 불평등이 드러난다. 소송 중에 가장 빈번히 나오는 단어들을 보면 재판받는 사람의 영향력과 그 세력이다. 그 이유는 보호자의 비호를 받기 때문이다. 이런 경우 상대방도 이에 대항할 보호자를 지니고 있어야 한다. 이처럼 지속적인 피호관계는 법정에서 영향력을 행사한다. 이런 관계는 재정 및 경제적 관계에도 이어진다. 재정적 능력이 있는 사람은 전직 정무관이나 사법권을 지닌 정무관과 같은 노선을 택하는 경우가 빈번하다. 이런 관계는 다시 부자와 빈자를 묶어놓는다. 빈자들은 그 숫자가 많고 이를 통해 트리부스 평민회Concilium Plebis Tributum에서 행사하는 정치력이 있어서 중요시된다. 보호자는 이들의 호위를 받는 것을 중시한다. 이런 관계를 유지하기 위한 방편을 키케로는 다음과 같이 제시한다.

부유하고 명예로우며 유복하다고 자처하는 자들은 실제로 호의를 받는다고 생각하지 않는다. 오히려 그들은 매우 큰 어떤 호의를 받으면서도 심지어 자신이 호의를 베풀었다고 생각하며, 또 자기에게 무언가 요구하고 기대하지나 않을까 염려하며, 사실상 자신이 보호권에 의해 이용되거나 피호민이라고 불리는 것을 마치 죽음처럼 생각한다. …… 가난하지만 의롭고 겸손한 자를 지지해 도와준다면 악하지 않은 사람들 모두, 즉 시민의 대다수는 언젠가는 네가 자기들의 보호자가 될 수도 있다고 생각한다는 점을 상기하기 바란다.[59]

이것은 피호관계의 진정한 의미를 보여준다. 이것은 거의 법적인 것이나 다름없었다.

앞 장에서 센서스 제도에 구현된 기하학적인 평등은 권리와 의무를 분배하는 데 그치지만, 피호관계는 개인과 개인, 개인과 집단 간의 관계를 대체하는 효과가 있다. 유력자들은 자신보다 못한 유력자에 대해서 이익을 보호해 주며 이로부터 자신이 추구하는 정치적 목적에 이바지할 조력을 얻는다. 한편 금전이나 영향력이 전혀 없는 최하층에 대해서는 물질적 이익을 제공하며 인격적으로 결속되었다는 구체적인 증거를 요구한다. 후자의 경우 미천한 자들이 처한 경제적·사회적 어려움을 비교적 잘 부담할 수 있게 해준다. 기원전 2세기말에서 기원전 1세기까지의 두드러진 정치가인 그라쿠스 형제, 마르쿠스 아이밀리우스 레피두스Marcus Aemilius Lepidus, 클로디우스, 카이사르는 평민들 위에서 군림하는 보호자가 되려고 했다. 이렇게 본다면 피호관계는 개인의 사적인 유대에서 집단적으로 그리고 전체 도시로 확대되는 경향을 보인다. 물론 여전히 중간적인 피호관계도 씨족을 중심으로 형성되었으며, 친구나 피해방민이나 동료 등의 명칭으로 보호자와 결부되었다. 이런 유대는 혼인 관계로 강화되기도 한다.

---

59   키케로, 『의무론』, 2.70~71(허승일 옮김, 2006).

이런 구조 때문에 로마의 유력자들은 피호관계를 외국의 단체에도 적용해 그들의 보호자로 군림했다. 에른스트 바디안의 연구로 정립된 이 이론은 근래들어 더 강화되고 보완되는 경향을 보인다.[60] 이에 따르면 로마의 아시아 속주에 대한 지배는 지역 유력자들과의 관계에 기초한 간접적인 것으로 유지되었다. 이런 사정이 바뀐 것은 술라 이후다. 원로원은 전통적인 정책을 포기하고 직접적인 지배로 전환했다. 이것은 인민의 억압, 즉 경제적 욕구에 따라 유발되었다. 로마에 곡물을 공급해야 할 필요성이 증대되었고, 또 직접 지배함으로써 토지 소유를 넓히는 것이 관건이 되었으므로, 로마의 제국주의가 좀더 직접적으로 변했다. 이런 요구의 보호자로 등장한 것이 공화정 후기의 정치 지도자였고, 이런 측면은 공화정의 몰락으로 이어질 가능성이 높았다.[61] 아무래도 로마의 시민을 더 고려할 수밖에 없는 사정 때문에 속주에 대한 직접 지배를 강화하는 것은 그럴 위험성을 높였다.

5. 결어

사회관계는 제도와 달리 복잡하게 전개된다. 귀족과 평민 그리고 노예로 이어지는 단순한 계단은 같은 계단 안에서 전개되는 차별과 다른 계단에 존재하는 차별이 만나면서 복잡한 양상으로 변화한다. 특히 한 계단에서 다른 계단으로 오르는 문이 열려져 있는 사정하에서는 사회의 역동성과 이동성을 주목할 수 있으며, 그것은 한 사회가 겪게 될 모순으로 집약되기도 하지만 다른 면으로는 그런 모순으로 인해 로마의 사회체제는 상부구조의 동요가 없이 끊임없는 변화의 영향을 별로 받지 않고 유지된 측면이 있다. 로마 사회는 그런 점에서 현대 사회와도 비교된다. 평등을 원리로 하는 법과 능력과 기회 이용이

---

60   Ward(1997: 70, n. 59)를 참조.

61   이는 공화정기 지도자들의 단견이 낳은 결과로 본다(Brunt, 1988a: 81~82).

라는 게기가 만나 하모니를 만들어간다는 점에서 그렇다. 때로는 신분투쟁으로 때로는 노예 반란으로 점철되지만 그것에 동조하는 세력이 계급이나 신분 단위가 아닌 국지적인 반항 세력이었다는 점에서 로마 사회는 그런 충격을 완화해 갈 수 있었다. 로마는 평민만이 아니라 심지어 피해방민에게도 능력에 대해서 열린 사회의 모습을 보여준다. 한편으로는 오르도라고 불린 신분의 원리가 법으로 관철되어 카스트적인 사회를 연상시키지만, 로마 사회는 그 유동성이 극대화되었던 사회로 유지되었고 그 상부구조를 견고히 지탱할 수 있었다. 이것이 우리가 로마사 연구에서 대립의 국면과 함께 관계를 만들어가고 합의하는 과정에도 주목하는 이유다. 이 모든 이야기는 로마의 포룸을 중심으로 이루어졌다. 로마 포룸은 오늘날 유적으로 남아 우리에게 대화하기를 요청한다. 사유재산권의 지나친 수호가 대화의 거부로 이어지고 소통의 부재가 정치적 헤게모니의 상실로 이어진 것이 로마 원로원의 이야기[62]이기도 하다. 새삼 귀족과 평민의 관계라는 영원한 주제를 다시 생각해 보는 것은 포퓰리즘을 레드 콤플렉스와 동일시하는 관점을 수정할 기회를 가지는 것이다.

---

[62] 허승일(1995a: 431).

제 6 장

노예제의 이해와 역사교육

로마인의 관점을 중심으로[*]

1. 서언 | 2. 노예 | 3. 피해방민 | 4. 역사 수업 | 5. 결어

1. 서언

　유럽의 역사교육에서 노예에 관한 단원이 도입되어 근대의 노예에 관한 반성과 아울러 재발을 방지하려고 한다는 취지의 기사가 보도되었다.[1] 만시지탄의 감이 있지만, 늦게라도 노예에 관한 논의가 이루어지고 이를 어떻게 가르칠지 궁리하는 모습은 다행스러운 일이다. 실제 로마의 문명이 찬란한 조명을 받고 있지만, 그 그림자에 가려져 있던 사람들이 바로 노예라고 할 수 있다. 그러나 막상 노예제의 어떤 측면을 이해할 것인지가 문제다. 노예의 참상을 고발하는 것을 학생들이 그대로 소화할 수 있을지의 문제가 제기될 것이고, 또 요즘 드라마에서처럼 현대 사회의 가치를 투영해 검투사의 이야기를 내세우는 것 역시 바람직하다고 보기는 어렵다. 오히려 노예가 사회구성의 한 요소로서 필수 불가결했던 사정을 파악하고 나아가 노예제 논의가 단순히 도덕이나 윤리의 차원이 아니라 사회의 유지와 보존이라는 메커니즘[2]을 이해하

---

[*]　이 글은 ≪역사와 역사교육≫, 제22호(2011.9)에 게재된 바 있다.

[1]　≪서울신문≫(2008.5.12); ≪한겨레≫(2008.8.7); ≪경향신문≫(2009.6.9).

[2]　Weber(1928: 295)에 따르면 이미 공화정 중기에 노예노동은 진보적인 의미를 가진다(길

려는 노력과 연관 짓는 것이 바른 선택이라고 할 것이다. 노예제가 전성기였던 로마 공화정 중기와 후기를 중심으로 노예에 관해 로마인이 가졌던 사상을 이해하고 나아가 여기에서 해방된 피해방민의 존재를 조망함으로써, 자유가 아니더라도 일종의 사회이동이 가능했던 고대 사회의 면모를 이해하고자 이 장을 작성했다. 이 글이 한국에서 노예제에 관한 논의[3]를 한층 진전시키고 나아가 이를 교수하는 데 작은 보탬이 되기를 기대한다.

2. 노예

로마는 왕정 시기부터 노예가 존재한 것으로 알려져 있다. 이를 보여주는 것이 디오니시오스 할리카르나소스의 내용이다.[4]

23.1. 한편 귀족들이 현실에 대해 우려하고 기분이 상했으므로, 그는[5] 군중을 민회로 불러 말하기를, 우선 기분 상한 자들이 본성에 따라 자유인을 노예와 분리한다고 생각했는지 운에 의해서라고 생각했는지 의문이 든다고 했다. 이어서 그들은 행운에 따른 일이 얼마나 불안하고 잘 바뀌는지 그리고 완전히 운이 좋은 자들에게 언제까지 행운이 있을지 말하는 것이 쉽지 않음을 보면서, 태도와 습관이 아니라 행운에 의해서 선한 자들이 가치를 평가하는지 궁금하다고 했다.

2. 그들이 다음과 같은 점을 곰곰이 따져보도록 했다. 즉, 얼마나 많은 나라

현모 옮김, 1966: 102~103 참조). 선량한 주인이 있다고 해서 노예제가 비난받지 않을 이유는 없다. 그런 이유로 에드워드 카(Edward H. Car)는 막스 베버의 접근이 옳다고 생각한다.

3   로마 노예제에 관해서는 김경현·지동식(1987: 111~178)을 참조. 노예제를 둘러싼 논쟁의 전개를 알려면 차전환(2002: 87~120), 번역서로는 차전환 옮김(2001)이 있다.

4   디오니시오스 할리카르나소스, 『로마 고대』, 4. 23~24.

5   세르비우스 툴리우스 왕이다.

가, 야만인의 것이든 그리스인의 것이든, 노예에서 자유로 또 자유에서 노예로 넘어갔는지. 한편 노역에 적합한 자들에게 자유의 몫을 나누어주는 자들이 시민권을 주는 것을 주저한다면, 그들이 매우 어리석다는 점을 설명했다. 그리고 만약 그들이 무가치한 자들이면 그들이 자유인이 되게 하지 말고, 만약 쓸모가 있으면 타인의 재산이라고 무시하지 말 것을 권고했다.

3. 그는 말하길, 모든 외국인에게 국가의 일에 참여하도록 하면서 그들의 운을 구별하지도 않고, 또 만약 노예들 중에서 누군가가 자유인이 되었는지 묻지도 않으면서 그들 중에서 한때 노예였던 자들이 그런 호의를 받을 만한 가치가 없다고 생각하는 것은 타당하지도 않고 어리석은 일을 하는 것이라고 했다. 즉, 자유를 주는 것이야말로 수여받을 운이 따른 사람들에게는 가장 좋은 것이므로, 기꺼이 아무나 자유롭게 하지 않도록 주인들은 조심할 것이며, 다른 한편으로 노예들에게는 주인에 대해 여전히 쓰임새에서 더 큰 자발성이 있도록 하는 것이다. 만약 자유에 합당한 자로 평가되면 다행하게도 거대한 폴리스의 시민이 될 수 있으며 따라서 주인에게서 이 두 선물을 받는다는 점을 알게 되면, 그렇게 된다. …… 그리고 이런 이유로 선왕들도 모두 외국인에게 시민권을 부여했다고 그는 말했다.

……

5. 그리고 만약 그 법을 제정한다면, 수많은 젊은이가 피해방민으로부터 부양될 것이고, 나라에는 자국민인 중무장병이 부족하지 않게 되며, 부득이해 세계 만민과 전쟁할 경우 언제나 충분한 힘을 가질 것이라고 했다. 공동의 이익과는 별도로 개인적으로 로마의 부자들이 많은 혜택을 누릴 것이다. 만약 피해방민이 정치에 참여하는 것이 허용되면, 민회와 투표와 기타 정치적 필요시에 그리고 시급한 일이 있는 경우 혜택을 누릴 수 있으며, 피해방민의 자손을 당신 손자들을 위해 피호민으로 남길 것이다. ……

……

24.2. 참으로 로마인들에게서 노예 소유는 매우 정당한 방식으로 이루어지는 것

으로 보인다. 이를테면 국가로부터 전리품 중에서 '창 밑에서 팔린' 자들을 구입하는 자들이 있고, 또 다른 도움을 통해 그리고 사로잡은 자에게 장군이 갖도록 허락하거나, 또 같은 방식으로 소수의 사람들이 그들로부터 노예를 구매했다.

3. 이 관습을 만든 툴리우스도, 그것을 수용해 지킨 자들도 부끄럽거나 공공에 해가 되지 않는다고 생각하는 것이 있다. 즉, 전쟁에서 조국과 자유를 빼앗긴 자들이 노예를 삼은 이나 이들에게서 구입한 자들을 향해 유익한 자들이 되면, 이들에게 두 가지가 준비된 경우다.

4. 자유를 받는 것은 대부분 선행을 통한 선물이다. 그리고 이것이 주인으로부터 놓이는 가장 강력한 방법이다. 한편 소수만이 신성하고 합법적인 노동을 통해 모은 속량금을 지불한다. …… 그래서 도둑, 절도, 매춘 그리고 기타 모든 저급한 수단을 가지고 거래하는 자들이 자신의 돈으로 자유를 사며 곧바로 시민이 된다.

5. 독살, 살인 그리고 신들이나 공동체에 대해 악행을 범하는 일에 주인과 더불어 모의하고 함께해 주인에게서 혜택을 받기도 한다. 또한 어떤 사람들은 국가가 곡물을 제공하거나 어떤 유력자들이 가장 가난한 시민들에게 그렇게 하는 경우, 그것을 받은 자들이 자유를 준 자들에게 인간애로서 곡물을 가져오도록 하기도 한다. 또 주인의 경박함과 공허한 인기 영합으로 해방되는 자들도 있다.

6. 사실 나도 알고 있다시피, 어떤 사람은 자신의 임종 후에 모든 노예를 자유롭게 했다. 그 목적은 죽어서 괜찮은 자라는 이름을 듣고 운구하는 자들에 뒤따르는, 해방 모자를 머리에 쓴 자들이 많도록 하기 위함이다. ……

……

8. …… 차후에 어떤 자들이 도시에 적합하다고 인정되면, 이들을 지역구로 등록하며, 도시에 머물도록 선포된다. 한편 오염되고 깨끗하지 못한 족속은 '분가分家(식민시)'라는 그럴듯한 이름을 사실상 정해 도시에서 배출된다.

이 글은 제6대 세르비우스 툴리우스 왕이 귀족을 설득한 내용이지만 실제로는 아우구스투스 시기를 반영한다. 시대착오라는 해석의 문제가 있지만 이 글은 로마인이 노예에 관해 가진 일반적인 상을 알 수 있게 한다.

고대인들은 노예를 비슷한 시각으로 보았다. 자신의 자유를 누리지 못하는 사람, 다시 말해 자신에게 속하지 않고 타인에게 소속된 개인을 지시한다. 이런 상태에 속한 자는 물건과 동일한 상태로 사고 팔린다. 그래서 노예를 지시하는 용어 중 일반적인 것이 '말하는 도구instrumentun vocale'[6]다. 고전기의 로마법은 노예를 '인격성이 박탈된 존재' 혹은 '법의 주체가 아닌 객체'로 정의했다. 이런 경향은 뿌리 깊게 남아 있었다고 보아야 한다. 그만큼 현실이기도 했기 때문이다. 노예의 기원에 관해 아는 것에는 어원이 도움을 준다. 캅티부스captivus는 '전쟁에서 사로잡힌 자'라는 생각을 보여준다. 또 많이 쓰이는 만키피움mancipium은 '손'을 의미하는 마누스manus와 '잡는다'는 뜻의 카페레capere의 합성어다. 두 말에 공통으로 '잡힌 자'라는 뜻을 가지고 있다. 한편 세르부스servus는 '구해준다'는 뜻의 세르바레servare에서 비롯한 것으로 보는 견해도 있으나, 라틴어원과는 별 관계가 없고 에트루리아에서 차용된 것으로 본다. 로마에서 노예제가 시작한 것은 도시의 출현과 연관이 깊은 것으로 이해된다.[7]

이런 노예라는 단어는 외국인과 연관되고, 그 속에는 인종적 적대감이 담겼으며, 문명 시민에 대한 반대의 의미로 노예에 관한 이론을 정당화시키는 구실을 한다. 키케로의 다음 말을 들어보자.

> 그러나 다스리는 것과 종노릇하는 것의 상이한 점들을 인식해야 한다. 이를테면 정신이 육체에게 명령한다고 이야기되고 심지어 욕망에게도 그러하다고 하나, 육체에 내리는 명령은 왕이 자기의 시민에게 또는 부모가 자식에게 하듯이 이루

---

6   Weber(1928: 297).

7   한편 노예로 번역되기도 하는 파밀리아(familia)는 이탈리아어 파멜(famel)에서 온 것으로 보이며, 이 경우 가부장의 농장에서 일하는 노동 제공자를 뜻했다(Bernardi, 1988: 185).

어지는 데 비해 욕망에 대해서는 욕망을 제압하고 굴복시키므로 마치 주인이 노예를 부리는 것과 같다. 그래서 왕, 사령관, 스승, 부모, 인민의 명령은 마치 정신이 육체에 앞서듯 시민과 동맹국보다 우선하는 데 비해 주인이 노예를 괴롭히는 것은 정신의 최선 부분인 지혜가 동일한 정신의 사악하고 연약한 부분인 욕망, 분노, 기타 걱정을 굴복시키는 것과 같다.[8]

이런 정당화는 사실상 아리스토텔레스의 영향을 보여준다.

이렇듯 어떤 사람들은 본성적으로 자유민이고 어떤 사람들은 노예인데, 후자에게는 노예제가 유익하고 정당함이 분명하다.[9]

그렇지만 디오니시오스 할리카르나소스를 보면, 기원전 1세기경에는 이런 정당화는 한물 간 것이고, 노예의 가치를 적극적으로 인정하는 경향을 보이기도 한다.[10] 한편 '소년'을 뜻하는 푸에르puer도 라틴어에서 노예를 지시하는 용어로 가장 오래된 것이다. 참고로 '마르키포르Marcipor'라는 이름이 있는데 이는 '마르쿠스의 아이', 즉 노예를 의미한다. 이것은 노예가 실제로 오래된 혈족 내에서 통합되었는지 알려주는 것이기도 하다. 물론 노예가 가족의 일원이 된다고 해서 경제적인 측면이 고려되지 않은 것은 아니다.

이제까지의 연구 성과에 따라 노예에 관해 알 수 있는 사실은 세 가지다. 첫째, 노예는 주인에게 소속된다. 이 말은 가족에 통합된다는 말인데, 주인의 집에서 식사할 수 있으며 그의 권위 아래에 놓인다고 할 수 있다. 둘째, 노예

---

8   키케로, 『국가론』, 3, 27, 37; 아우구스티누스, 『율리아누스에 대한 반론』, 4, 12, 61, t. X, p. 613 Ben.

9   아리스토텔레스, 『정치학』, 1254b, 39(천병희 옮김, 2009).

10   이와 관련해 차전환(2000: 145~171)을 참조.

는 국가 밖에서 다시 말해 법적 공동체 밖에서만 모을 수 있다. 이런 계기를 보여주는 것이 기원전 104년의 원로원포고다. 마리우스가 킴브리Cimbri인에 대해 원정을 수행하던 무렵 (아나톨리아의) 비티니아Bithynia 왕에게 병력을 요청하려고 보냈으나, 자신의 백성이 조세 징수 청부업자에 의해 노예가 되었음을 알게 되었고, 원로원은 이에 대해 다음과 같은 포고를 내린다.

> 원로원은 어떤 자유인 동맹국 시민도 속주 관할하에서는 노예가 되지 않으며, 총독들은 이렇게 노예가 된 자들의 해방을 대비하라고 포고했다. 그러자 시칠리아에서 당시 총독인 리키니우스 네르바가 이를 따라 노예들 중에 분리 작업을 미리 하고 원로원포고에 부합한 자들을 해방시켰다. 그래서 며칠 안에 800명이 넘는 자들이 자유를 누리게 되었다. 그리고 그 섬에서 노예가 된 자들이 모두 자유를 갈망해 들뜨게 되었다.[11]

이런 식으로 법적인 권리를 공유한다는 측면에서 해방이 가능했다. 셋째, 노예를 그 신분에서 나오게 함으로써만 국가에 통합시킬 수 있다. 이들 피해방민은 전 주인에 대해 가지는 유대 관계 — 주인의 성을 쓴다든지, 주인이 보호자로서의 권리를 행세한다든지 — 때문에 순수한 외국인은 아니다. 이런 노예는 시기마다 숫자와 기원, 전개 방향과 관련해 그 역할이 매우 달랐다. 특히 기원전 3~1세기는 노예의 중요성이 증가하던 시대였기에 E. M. 슈타에르만E. M. Staerman은 이때를 개화기Blütezeit라고 불렀다. 기원전 136~133년, 106~100년, 73~71년에 일어난 노예 반란과 그에 대한 두려움은 그처럼 노예의 중요성이 커졌음을 보여준다.

노예의 수는 이탈리아에서 어느 정도였을까? 디오니시오스 할리카르나소스[12]는 기원전 476년에 11만 명의 시민이 있고, 나머지 여자와 어린이, 가내

---

11 디오도루스 시쿨루스, 36. 3. 2.

노예, 외국인 상인과 수공업자가 시민 수의 "세 배(triplasion)"라고 보고했다. 이로부터 노예 수에 관한 정보는 얻기 힘들다. 로마가 전쟁을 겪으며 포로 수도 늘었을 뿐 아니라, 기원전 2세기 이래로 해적이 노예 공급을 떠맡기도 했다. 슈타에르만은 모든 사료를 종합해 제2차 포이니 전쟁에서 기원전 52년까지 최소한 51만 6130명의 노예가 이탈리아에 유입되었다고 보았다.[13] 여기에는 갈리아Gallia에서 들어온 숫자(약 100만 명)는 제외되어 있다. 그 밖에도 농지 면적을 놓고 농학자들이 계산한 숫자가 있는데 이에 따르면 엄청난 수의 노예가 나온다. 또 하나의 방법은 피해방민의 숫자로 추정하는 방법이 있다. 후자의 경우 피해방민을 로마의 지역구인 트리부스에 배정해야 하는 문제가 야기되는데, 이들의 수는 전체 시민의 10~50퍼센트로 추정된다. 이들 중에는 3만 세스테르티의 재산을 가진 자들이 있었던 것으로 알려져 있다. 흥미로운 것은 기원전 58~46년 클로디우스가 무상으로 곡물을 공급하는 정책을 실시하자 수혜자의 숫자가 15만 명에서 32만 명으로 늘어났다는 점이다. 12년간 늘어난 17만 명의 숫자는 그동안 해방되지 못한 자들에게서 비롯한 것이며, 모든 노예가 해방된 것은 아니라고 본다면 적어도 이 시기에 로마 거주민 중 50만 명 정도가 노예였을 것으로 추정할 수 있다.[14] 카를 벨로흐Karl J. Beloch는 기원전 1세기에 약 150만 명의 노예가 있었다고 추정했다.[15] 장-크리스티

---

12   디오니시오스 할리카르나소스, 9. 25. 2.

13   Staerman(1969: 43f.).

14   Nicolet(1977: 210).

15   벨로흐의 추정 방법은 다음과 같다. 대(大) 카토의 올리브 농장 240유게라에 필요한 노예 13명, 포도 농장에 필요한 노예 16명을 기초로 해서 이탈리아 반도의 아펜니노산맥 남부의 92만 헥타르의 포도 농장, 64만 6000헥타르의 올리브 농장에 각각 55만 2000명과 12만 9000명의 필요노동을 산출했다. 이를 전체 이탈리아 반도로 확대하면 120만 명의 노동력이 필요하고, 여기에 부녀와 어린이를 더해 기원전 28년 전체의 노예 숫자가 200만 명을 넘지 않았을 것이라면서, 기원전 1세기는 대체로 전체 이탈리아 인구가 400만 명이고 이 중 150만 명의 노예 인구가 있었다고 추산한다(Beloch, 1986: 417f.).

앙 뒤몽Jean-Christian Dumont은 피해방민의 숫자를 기준으로 30세 이전에는 해방되지 않았다는 점과 농촌에 3분의 2가 있었다고 추론해 해방된 숫자는 전체 노예 숫자의 10분의 1에 불과했다고 보았다. 그 결과 노예 인구는 대체로 총 주민의 32~70퍼센트에 이르는 것으로 추산했다.[16]

이런 노예는 어디에서 공급되었는가? 세 가지의 가능성이 있다. 전쟁 포로, 노예 거래, 기타의 경우다.

전쟁에서 진 주민을 집단으로 노예화하는 일은 고대 세계에서는 일반적이었다. 로마인도 카르타고Carthago인이나 그리스인과 마찬가지였다. 그렇지만 조약을 맺거나 항복한 경우 완화될 소지는 있었다. 노예가 되는 것에서 벗어나거나 아니면 동맹국으로 보호받을 수 있었다. 제2차 포이니 전쟁에서 패한 카르타고가 그러했다. 정복자의 입장에서는 목전의 이익이 문제였다. 그래서 상당한 경우 포로가 자신의 몸값을 치르거나 그 동료가 대신하기도 했다. 그러지 못한 경우 집단으로 노예들을 상인에게 넘겼는데, 그래서 전쟁을 쫓아다니는 노예 상인에 관한 이야기를 종종 듣게 된다. 로마인은 얼마나 많은 전쟁 노예를 획득했을까? 앞서 슈타에르만이 51만 6000명으로 추정한 것에 대비해서 윌리엄 웨스터만William L. Westermann[17]은 기원전 200~150년에 25만 명이라고 보았다. 이처럼 견해의 차이가 크다. 전쟁 포로의 숫자는 〈표 6-1〉[18]과 같다.

물론 이들 숫자에는 피정복된 자들이 가지고 있던 노예를 더해야 한다. 이들은 병사들에게 분배되는 것이 일반적이다. 그렇지만 포로가 되었다고 해서 다 같은 처지는 아니었다. 그리스인들, 특히 부자인 경우에는 신속히 되사기

---

16   Dumont(1974: 502~522). Nicolet(1977: 211)에서 재인용했다.

17   Westermann(1955: 62). 이 중에서도 상당수는 어떤 방법으로든지 노예에서 벗어난 것으로 본다. 웨스터만의 계산은 Frank(1933: 188)에 근거한다.

18   Nicolet(1977: 213).

표 6-1 시기별 전쟁 포로의 숫자와 민족 구성   (단위: 년, 명)

시기	전쟁 포로 숫자	민족 구성
B.C. 177	20,000	사르디스인
B.C. 177	5,630	이스트리아(Istria)인
B.C. 167	150,000	에피로스(Epirus)인
B.C. 147	10,000	히스파니아(Hispania)인
B.C. 104	140,000	킴브리인과 테우토니(Teutoni)인[튜튼(Teuton)인]

가 이루어지거나 해방될 것을 전망할 수 있었지만, 문맹의 야만인들은 노예로 남았다. 기원전 73년 스파르타쿠스Spartacus의 난이 발생했을 때 노예군을 형성한 자들은 게르만인이거나 갈리아인이었다. 이렇게 된 이유는 기원전 104년에 이들이 포로였거나 아니면 그들의 자식이었던 데서 비롯한다. 마르쿠스 바로는 이들에 관해 간략하게 기술한다.

> 모든 족속의 노예가 가축 사육에 적합한 것은 아니다. 왜냐하면 바스툴루스인도 투르둘루스인도 적합하지 않으며 역축에 가장 알맞은 자들은 갈리아인이기 때문이다.[19]

키케로에 따르면[20] 라리눔Larinum시에 '디나이아'라는 여인이 있었고, 그에게는 동맹국전쟁Bellum Sociale 기간에 포로로 잡혀 원로원의원의 노예가 된 아들이 있었는데, 이를 구하기 위해 친지들에게 도움을 청하는 것을 볼 수 있다. 이처럼 내란기와 동맹국전쟁 시기에 이탈리아 출신 자유인들도 노예가 되었으나, 이들은 앞서의 법에 따라 신속한 되사기가 허용되었던 것으로 보인다.

기원전 2세기 말 시칠리아에서 부려진 노예의 다수는 오리엔트, 시리아, 유

---

19   바로, 『농사일』, 2.10.4.

20   키케로, 『클루엔티우스 변호』, 21~22.

대, 비티니아에서 온 사람들이었다.[21] 특히 시리아인들의 노예화는 셀레우코스Seleucos에서 왕조 전쟁이 벌어지자 이에 편승한 해적 활동에서 비롯했다. 유대인은 마카베우스Maccabeus 전쟁에서 포로가 된 자들이었다. 이러한 예처럼 이탈리아에 외국인 노예가 다량으로 유입되어 기원전 2세기에 새로운 유형의 농업 발전이 가능했다.

　　노예를 공급하는 또 하나의 경로는 매매다. 이는 법적으로 인정되었지만 불명예스러운 것이기도 했다. 예를 들어 자식들을 파는 것은 플라우투스의 극에 나오지만 언제나 조롱의 대상이었다. 해적들은 시칠리아와 이탈리아에서 포획자이자 판매자로 등장한다. 그렇지만 일반인도 노예를 매매할 수 있었으며, 공화정 말에는 많은 사람이 이것과 관련되었다. 스트라본Στράβων[22]은 델로스Delos섬에서 매일 1만 명의 노예가 거래되었다고 보고하는데,[23] 자세한 형태는 알려진 것이 없다. 기원전 2~1세기에는 라니스타lanista라고 불린 특별한 거래자가 등장했는데, 이들은 검투사를 노예로 소유하고 경기를 주관하는 사람들이었다. 이런 식으로 사치품으로서 또는 특별한 기능을 지닌 노예도 등장했는데, 이런 노예들은 오랫동안 도제 수업을 받았다. 이런 노예들은 노예 거래에서 더 높은 수익을 가져다줄 수 있었다.

　　마지막으로 베르나verna라고 불린 노예는 주인의 집에서 태어난 자로 항상 있어 왔는데, 흥미롭게도 기원전 2세기보다 기원전 1세기에 더 증가한 것으로 보인다. 다음의 기사를 비교해 보자.

21　Staerman(1969: 68)에는 민투르나이(Minturnae)의 비문을 분석한 결과를 싣고 있다. 분석 대상은 300여 명의 이름인데, 이들은 피해방민 출신으로 지방 관리가 된 자들이다. 내용은 다음과 같다. 그리스 출신(205명, 65.7퍼센트), 시리아 출신 그리스인(31명, 9.9퍼센트), 소아시아 출신(4명, 1.3퍼센트), 이탈리아인(48명, 15.4퍼센트), 셈(Sem)족(16명, 5.1퍼센트), 트라키아(Thracia)인(4명, 1.3퍼센트), 켈트(Celt)인(3명, 1퍼센트), 아프리카인(1명, 0.3퍼센트)으로 분류된다. 슈타에르만은 그리스 지역 출신들이 압도적이라고 결론을 낸다.

22　스트라본, 『지리학』, 14.2.5.

23　Heichelheim(1956: 415). 내용과 설명은 Meijer and Onno van Nijf(1992: 121)를 참조.

카토는 노예들이 임무를 소홀히 하는 것은 무엇보다 성욕 때문이라고 여기고, 남자 노예들이 일정한 대가를 치르고 여자 노예들과 동침하되 다른 여자에게는 일절 접근하지 못하게 했다.[24]

감독 노예는 보상에 의해 일에 더욱 열성적이도록 해야 하며, 자신의 재산을 조금이라도 가지도록 그리고 자식을 낳게 하기 위해 동료 노예 중에서 배필을 얻을 수 있도록 배려해야 한다.[25]

그러나 감독 노예가 어떠하든 간에, 그가 절도를 지키게 하기 위해 그리고 어떤 일에서든 그를 돕도록 그에게 여자 동료 하나가 주어져야 한다.[26]

이처럼 1세기 전의 카토와는 다르게 바로는 자식을 얻기 위해 노예혼을 장려하고 있다. 이런 경향이 반영되어 베르나가 많이 나타났다. 이런 현상은 노예 가격의 상승과 같이 간다. 키스 홉킨스Keith Hopkins에 따르면, 델포이에서 지불된 노예 속량금을 추적한 결과, 기원전 201~133년 대비 기원전 53~1년의 금액이 150퍼센트 증가한 것을 발견했다. 이것은 이탈리아에서 노예 수요의 급증으로 이해되며, 크게 보아 중부 그리스도 로마의 정복 이후에 범지중해 경제에 포섭되었음을 의미한다.[27] 노예 부족은 기원전 67년 노예 반란을 진압하며 두드러지기 시작했을 것이다. 특히 외부의 공급이 고갈되자, 노예혼을 통해 노예를 재생산하려고 했던 데서 노예 양육의 동기를 찾을 수 있다.

이런 양육 노예 말고도 여러 가지 경로가 있었다. 물론 이전에도 노예는 채

---

24 플루타르코스, 『대(大) 카토』, 21(천병희 옮김).

25 바로, 『농사일』, 1.17.5(차전환 옮김).

26 콜루멜라, 『농촌일』, 1.8.5(차전환 옮김).

27 Hopkins(1978: 159, t.III.3) 참조. 홉킨스의 노예제론에 관한 논문은 차영길(2001: 224~261)을 참조.

무로 생길 수 있었는데, 로마의 경우 기원전 326년 포이텔리우스법[28]으로 채무에 의한 구금인 '넥숨'이 금지되기까지 채무 노예가 존재했다. 모지스 핀리 Moses I. Finley에 따르면[29] 이는 동방에서 기원한 매우 오래된 형태의 노동관계로, 주인은 사실상 인신을 구입함으로써 노동력을 획득하고자 했다. 로마에서 이런 형태의 관계는 기원전 2~1세기에도 사라지지 않은 것으로 보인다. 법으로 금지했음에도 불구하고 기원전 216년에도 채무로 인한 구금이 있었다.[30] 이들의 처지는 동산 노예와 별로 다를 것이 없었다. 기원전 63년 카틸리나의 음모에 연루된 채무인들을 노예로 만드는 법무관 칙법이 반포되기도 했다. 아울러 자발적으로 노예가 되는 경우가 있었고, 공화정 말에 자유인이 스스로 검투사가 되기도 했다. 부모가 자식을 매각하는 경우도 있었는데, 이것은 일상적이었다고 보아야 할 것이다.[31]

노예의 처지는 어떠했을까? 주인을 어떻게 만났는지에 따라 달랐기에 흔히 스펙트럼[32]이라는 말로 이를 표현한다. 그러나 노예가 가져다주는 경제적 이익이나 주인의 처지 말고도 국가의 간섭도 중요하게 영향을 끼쳤다. 특히 법무관의 칙법으로 노예 거래에 대한 주인의 책임을 정해 제3자를 보호하는 경우, 노예는 '주인의 이름으로domini nomine' 권리를 행사할 수도 있었다.[33] 라틴어로 '인스티토레스institores', 그리스어로는 '코리스 오이쿤테스χορίς οἰκοῦντες'라고 표시되는 노예는 주인을 대신해 재산을 보유하는 자로 인정되었으며,[34]

---

28 로마의 정치 투쟁에서 채무 문제는 신분투쟁기에 이미 제시되었으나, 막상 넥숨의 해소는 가장 늦게 1세기의 시간이 흐른 후에 이루어진다. 이에 주목해 로마 평민의 변화상을 그려본 것이 Raaflaub ed. (1986: 208)다.

29 Finley(1982b: 160).

30 리비우스, 『도시의 건설로부터』, 23.14.3.

31 이 점에 관해 노예와 자식을 구분했으리라는 반론이 제시된다. 이와 관련해 차영길(1998: 71~97)을 참조.

32 이는 웨스터만과 핀리가 사용한 개념이다. 이와 관련해 Hopkins(1978: 137)를 참조.

33 Westermann(1955: 83).

이런 노예는 일정한 법적 능력을 보유하는데 이를 통해 경제적으로 독립하고 나아가 해방의 기회를 얻을 수 있었다. 로마 제정기 이후에는 '특유 재산'이라고 번역되는 페쿨리움peculium이 노예의 재산으로 인정되면서 그럴 기회가 늘어났다.

광산에서 사역되는 노예가 가장 가혹한 착취의 대명사일 것이다. 고대 광산의 열악한 환경을 고려하면 그럴 것이고, 투자를 빠르게 회수하기 위해서라도 광산은 가혹한 사업장이 되었다. 그렇지만 대부분은 죄인에 대한 징벌의 의미를 가진다. 농촌 노예(파밀리아 루스티카familia rustica라고 불림)의 경우 바로 그 밑에 위치한다고 하겠는데, 카토의 『농업론』에서 콜루멜라Columella의 『농촌일』에 이르기까지 외국인 노예가 대규모로 농장에서 사역되었음을 보여준다. 그리고 적어도 이들 농촌 노예의 일부는 쇠사슬에 묶인 채 노동했다. 이들은 왜 그렇게 되었을까? 다음의 글이 단서를 제공한다.

감독 노예는 두 가지를 지키도록 해야 한다. 하나는 가장이 그런 처벌을 받게 한 자가 그의 허락 없이 족쇄에서 벗어나지 않도록 하는 것이고, 다른 하나는 자원해 구속된 자를 주인이 알기 전에 풀어주지 않도록 하는 것이다.[35]

이처럼 쇠사슬에 묶인 노예는 처벌받은 자였을 가능성이 높으며 이후에는 그런 노예로 범주화된다. 카토가 이들에 대한 착취를 옹호했다면, 바로나 콜루멜라는 이들에게도 온정을 베풀어야 한다고 주장했다.[36] 기원전 2세기 말에

---

34 Finley(1978: 64; 189, n. 2). 이런 자들이 노예인지는 의문이다. 한편 「마태복음」 제25장 14절에 나오는 노예들은 이런 사정을 보여준다. "그 종들을 불러 자기 소유를 맡겼다(vocavit servos suos et tradidit illis bona sua)."

35 콜루멜라, 『농촌일』, 1. 8. 17.

36 카토의 태도는 노예의 법적 지위와 대우가 일치함으로 보여주는 사례다. 그는 가치가 없으면 가축이든 노예든 팔아야 한다고 말한 것으로 유명하다(White, 1970: 358 참조). 한편

서 기원전 1세기 초에 시칠리아와 이탈리아에서 일어난 노예 반란[37]은 주로 그리스인 소유주가 저지른 착취 행위가 주요 원인으로 보인다. 이처럼 무자비한 착취 대상으로서 노예 말고도 오페라리operarii라고 불린 특수한 청부 일을 하는 노동자 노예와 포도 경작자, 돼지 사육자, 노새 몰이 등이 있었는데 이들은 비싼 값에 거래되었다.[38] 이들은 주인으로부터 더 좋은 대접을 받았을 뿐 아니라 경우에 따라 자신의 비용으로 가축을 키우는 것이 허락되었다. 공화정 말에 일부 노예는 소작농민(콜로누스)으로 신세를 바꾸는 경우도 있었다.[39] 그러기 위해서는 이 장의 서두에서 제시한 대로 광범한 해방의 동기와 기회가 있었음을 고려해야 한다.

농촌 노예가 해방되는 경우는 빈번하지 않았다. 흔히 농촌에서는 농장이나 목장의 관리인으로 신세가 나아질 수 있었다. 목자 노예의 장인 마기스테르magister나 농장 관리인인 빌리쿠스가 그러한데, 이들은 법적으로는 노예지만 가정생활을 영위하고 나름의 특유 재산도 향유했다. 부재지주인 귀족이 이들에게 농장 관리를 맡기는 것은 일반적인 경우다. 여기에서 한 걸음 더 나아가면 이들은 해방되어 소작인으로서 농장을 경영할 수도 있었던 것으로 보이며, 이는 지방에서 발견되는 비문 연구로 알 수 있다. 도시의 경우 플라우투스의 희극이 기원전 2세기 초의 사정을 보여준다. 가내노예들은 주인의 곁에서 혹은 주인의 허락을 받아 중요한 일들을 처리했다. 그리고 해방의 희망을 가지기도 했다. 기원전 1세기에 도시 노예의 중요성이 크게 증가했다. 푸블리우스 스키피오Publius Scipio는 2000명의 병기창 노예를 카르타고에서 로마로 옮기

바로는 『농사론』(1.17)에서 노예를 채찍보다 말로 강요하라고 했지만, 노예를 극도로 착취하려는 목적은 동일했다(Yavetz, 1988: 157).

37 김경현(1987: 143~147)에서 원인을 소개한다. 특히 스파르타쿠스의 난의 역사교육적인 조명은 김덕수(2007: 13~44)를 참조.

38 Nicolet(1977: 216).

39 Gilberti(1981: 19f.).

고 일정 기간이 지난 후에는 자유를 주겠다고 약속했다.[40] 이런 경향은 수공업과 상업에서도 동일했다. 예컨대 도기 산업으로 유명했던 아레초Arezzo에서 발견된 장인의 비문을 보면,[41] 도기 제작 노동자의 75퍼센트 이상이 노예였다. 도기 장인은 일반적으로 7~58명 정도의 인원을 보유했다. 이처럼 중요한 기능을 수행한 노예들은 특권을 부여받았고, 대개는 이들이 비문을 남겼다.

노예는 통제받는 집단이다. 그러나 로마의 정치에 동원되는 노예들이 있었다. 로마의 정치가들은 합법적인 범위 안에서 검투사 집단이나 집안 노예 중에 사병을 만들어 유지할 수 있었다. 그러나 이런 경우와 달리 카틸리나나 클로디우스는 타인의 노예를 모집하고 고용해 무장시켰다. 여기에서 왜 노예 주인이 이에 반대하지 않았는지가 문제다. 아마도 기원전 58년 클로디우스의 곡물법이 제정되면서 해방되거나 버려진 노예가 많았고, 이들은 주인의 통제를 받지 않았을 것이며, 로마시 내에 이러한 노예 집단이 있었을 것이다. 이들은 이동이 자유로웠을 것이며, 경우에 따라 정치 소요에 동원되었을 것이다.[42]

사실 근대의 노예제는 인종, 좀 더 정확히는 피부색과 관련되어 있다. 주로 흑인이 노예로 표상되었다. 로마 공화정기에도 흑인의 존재는 알려져 있었다. 근래 연구에 따르면, 인종 개념은 로마 노예제에 적용하기 부적절하며 피부색의 구분은 있었지만 계층과 계급이 편견을 좌우하는 가장 큰 요인이었다.[43] 그러므로 피부색이나 인종에 기반한 편견의 문제는 근대적 현상으로 생각된다.

---

40 Westermann(1955: 73).

41 Puzzi(1973: 255~293).

42 Nicolet(1977: 218). 아피아누스의 『내란기』(2. 120)를 보면 노예는 주인과 외관(schema)이 같았다고 묘사된다.

43 Ward(1997: 76)에서 근래의 연구 성과가 소개된다. 흑인을 에디오피아인(Aethiopes)이라고 부르며 피부색이 다른 이들과 구분했다. 후자는 탈색(decolor), 가무잡잡(fuscus), 구릿빛(perutus), 갈색(coloratus) 등으로 구분된다.

3. 피해방민

노예제가 유지될 수 있었던 비결은 무엇일까? 키케로에 따르면 해방의 가능성이다. 다음의 인용을 보자.

어떤 종류의 노예도 자신들 앞에 해방의 희망이 없다면 유지되지 않을 것이다.[44]

우리는 6년간 자유를 기다려왔는데, 이는 능동적이고 정직한 포로가 하는 것보다 훨씬 더 긴 기간이다.[45]

역설적으로 노예 상태를 부정하는 해방에서 노예제의 영속성을 설명할 수 있다. 그러므로 해방의 가능성은 노예제가 유지되는 한 열려 있었다. 해방된 사람은 리베르투스libertus[46]라고 칭했다. 해방될 수 있는 경우는 세 가지다. 첫째, 센서스 조사에 의한 해방이 있다. 주인이 노예에게 호구조사관 앞에서 스스로 등록하도록 허락하는 경우다. 이렇게 되면 노예는 시민이 되거나 적어도 시민으로 인정받았다. 둘째, 빈딕타vindicta라고 알려진 구제('곤봉식 해방'으로 옮기기도 함)다. 이 경우는 법무관 앞에서 제3자가 노예가 자유인임을 주장하고 주인이 이를 받아들이면 해방된다. 셋째, 유언에 의한 해방인데, 공화정 말기에 빈번하게 이루어졌다. 이러한 법에 의한 해방 말고도 비공식적인 해방이 있는데, 주인이 자발적으로 해방시킨 경우로 기원전 63~52년에 로마에서 빈번히 이루어졌다.

피해방민의 지위는 법으로 규제된다. 이런 이유로 이들은 별도의 오르도를

44　키케로, 『라비리우스 변호』, 15~16.

45　키케로, 『필리포스 반대 연설』, 8. 32.

46　이에 관한 종합적인 연구서로 Fabre(1981)를 참조.

형성했다. 그래서 이들을 표시하는 정확한 용어는 '피해방민 신분의 로마 시민cives Romani libertini ordinis'이다. 피해방민은 해방된 후에도 전 주인에 대해 특수한 관계를 가진다. 앞에서 말한 대로 주인은 보호자가 될 뿐 아니라, 주인의 성을 사용함으로써 일종의 허구적 친자 관계filiation fictive를 형성한다.[47] 그렇지만 혈통귀족의 계보를 잇는 것은 아니다. 반대로 피해방민은 전 주인에게 여러 가지를 바칠 것이 요구된다. 이를 옵세퀴움obsequium이라고 칭하는데 '순종'이라고 번역한다.

> 울피아누스 42권 칙법에 관해 이 칙법은 피해방민이 보호자에 대해 지녀야 하는 존경을 규제하기 위해 제시되었다. 게다가 세르비우스가 기록하고 있듯이, 전에는 보호자들이 피해방민에게 가혹한 것을 요구하는 관행이 있었다. 즉, 노예 상태에서 로마 시민의 상태로 유도되었을 때 피해방민에게 수여되는 엄청난 혜택에 보답하기 위한 것이었다. 그리고 실제로 최초로 법무관 루틸리우스가 포고하기를, 피해방민이 그에게 순종(옵세퀴움)을 보증하지 않은 경우 보호자가 협약에 들어가도록 이것이 정해졌다면 일과 협약에 대한 소송행위 이상은 보호자에게 주지 말도록 했다. 후대의 어떤 법무관들은 재산 일부에 대한 점유를 허용했다. 즉, 이를테면 협약의 형식이 같은 부분에 대한 제공을 유도했으므로, 살아 있는 자가 협약의 명의로 제공하는 것이 관습이었기에, 죽은 후에 그것을 제공하도록 했다.[48]

이 의무들은 매우 엄격했다. 그러나 루틸리우스 루푸스가 기원전 118년에 법무관 칙법을 발표한 이후 공화정 말까지 단지 도덕적인 의무였던 것으로 알려져 있다. 키케로는 자신의 피해방민인 힐라리우스Hilarius가 배은망덕하다

---

47   Nicolet(1977: 219).
48   『학설휘찬』, 38. 2. 1.

고 생각하자 키케로의 친구이자 그의 보호자였던 아티쿠스Atticus에게 간섭하도록 요청한다. 아우구스투스 치하에서 아일리우스 센티우스법Lex Aelia Sentia에 따라 보호자의 권리를 회복시켜 준다. 이에 따르면 보호자는 피해방민에게서 노동이나 화폐를 얻어낼 수 있었다. 어떤 경우에는 피해방민의 재산 중 일부를 상속받을 수도 있었다. 반대로 보호자는 자신의 피해방민에게 보호를 제공해야 하고, 이를 신의fides로서 유지해야 한다. 이는 앞서 말한 피호제도와 같다.

피해방민과 관련해 복잡한 문제 중 하나는 보호자의 씨족에 들어가게 되는지의 문제다. 이 문제는 이미 공화정 말에 법률가들의 논쟁거리였다. 키케로는 다음과 같이 재치 있게 소개한다.

> 씨족원들gentiles이란 그들 간에 같은 성을 지닌 사람들이다. 이 정의는 충분하지 않다. 자유인에게서 유래한 자들이다. 역시 충분하지 않다. 자신의 조상 중에서 아무도 노예 직분에 노역하지 않은 자들이다. 역시 지금도 부족하다. 두품의 감소[49]를 겪지 않은 사람들이다. 이것은 아마도 충분할 것이다. 왜냐하면 내가 보기에 사제 스카이볼라가 이 규정에 더한 것이 없기 때문이다.[50]

여기에서 귀족의 피해방민이 귀족이 되지 않는다는 것은 상식임을 알 수 있다. 그러나 현실적으로 이런 상식에 반하는 예가 있다.

> 그해에 크나이우스 플라비우스는 크나이우스의 아들로 서기였으며, 피해방민인 아버지에게서 미천한 운을 안고 태어났으며, 분명히 교활하고 활발한 사람으로

---

49   "capitis deminutio"의 번역이다. 여기에는 세 가지가 있다. 최대(maxima)는 자유 상실, 중간(media)은 시민권과 가족권의 상실, 최소(minima)는 입양에 따라 가족이 변화한 것을 의미한다.

50   키케로, 『전제론』, 6.29.

서 귀족관리관이 되었다. …… 확실하며 거의 미동하지 않을 만한 점은 바로 자신의 미천함을 경멸하는 귀족들에 대해 완고하게 싸웠다는 점이다. 제관들의 내실에 보관되었던 시민법을 공개했으며 광장을 둘러서 백판에 달력을 게시했는데, 이로써 언제 법률에 따른 소송이 이루어질지 알게 했다.[51]

피해방민의 아들인 크나이우스 플라비우스Cnaeus Flavius가 귀족관리관aedilis curule에 선출되었다. 그는 귀족에 대항해 투쟁했고, "달력fasti(파스티)"을 공시함으로써 귀족의 독점에 저항했다. 이처럼 해방되면 일반 시민으로서 권리를 누렸고 적어도 다음 대에는 별 제한이 없었다. 대표적으로 통상권ius commercii과 통혼권ius connubi을 가지는데, 다른 시민과 거래하고 혼인하는 데 문제가 없었다. 나중에 아우구스투스 치하에서 원로원의원의 씨족과 혼인하는 것이 금지되었다. 이 말은 공화정기에는 이런 혼인도 허용되었다는 뜻인데, 실제로 원로원가문의 기사로 피해방민과 혼인한 사례가 있다. 평민과의 혼인은 빈번했다.

이들과 관련해 제기되는 또 하나의 문제는 어떤 트리부스, 즉 지역구에 배정하는지에 관한 것이다. 일부 피해방민은 부유했다. 그렇지만 경우에 따라 호구조사관은 켄투리아회에서 높은 등급을 받을 수 있는 이들을 백인대에서 배제하고 아이라리우스Aerarius[52]로 만들기도 했다. 피해방민 중에서 하층민과 연합하기 쉬운 빈곤층에 대해서는 다음과 같은 조치가 취해졌다.

확실하게도 플라비우스를 관리관으로 선포한 광장의 파벌은, 아피우스 클라우디우스의 호구조사관직 기간에 힘을 획득했다. 그는 최초로 원로원을 더럽혔는

---

51   리비우스, 『도시의 건설로부터』, 40.46.1; 4~5(기원전 304년 기사).
52   이들은 토지에 정착하지 않은 납세자로 파악된다. 자세한 논의는 Mommsen(1887a: 392)을 참조.

데, 피해방민의 자식들이 선발되게 했던 것이다. 그리고 차후에 아무도 이런 선발을 승인하는 사람이 없었고 그가 원하던 세력도 얻지 못했기에, 도시의 미천한 자들을 모든 트리부스에 분산함으로써 포룸과 군신의 광장을 타락시켰다. …… 퀸투스 파비우스와 푸블리우스 데키우스가 호구조사관이 되었다. 그리고 파비우스는 일부는 화합을 위해 일부는 민회 장소가 미천한 자들의 손에 장악되지 않도록 하기 위해 세력이 커진 광장의 모든 군중을 네 개의 트리부스에 함께 밀어 넣고 그것을 시내 트리부스[53]라고 불렀다.[54]

이 기사에서 보듯이 기원전 312년 호구조사관인 아피우스 클라우디우스 카이쿠스는 피해방민도 원로원에 들어가는 것을 허락했다. 이는 어떻게 보면 기원전 4세기 말에 있었던 근본적인 개혁으로서, 나중에 있었던 그라쿠스 형제의 시도보다 더 충격적인 일이었다.[55] 물론 이 개혁은 승인을 얻지 못하고 난관에 봉착했으며 이에 대한 반작용이 나타났다. 앞의 기사처럼 피해방민은 네 개의 도시 지역구에만 들어가도록 격리하는 조치를 취하게 된 배경에는 피해방민의 통제라는 명분이 있었다. 이런 논란은 이후에도 여러 차례 제기된 것으로 보인다. 기원전 168년에 다음의 기사가 나온다.

네 개의 시내 트리부스에 피해방민이 분산 배치되었다. 여기에서 자기가 낳은 5세 이상의 자식이 있는 자들 — 이들은 직전 기간의 호구조사에 등재되도록 콘술들

---

53 리비우스의 『요약』, 20(기원전 203년 기사)에 이 트리부스의 이름이 나온다. 에스퀼리나 (Esquilina), 팔라티나(Palatina), 수부라나(Suburana), 콜리나(Collina)다. 이때도 분산 배치된 피해방민이 시내 트리부스로 격리된다.

54 리비우스, 『도시의 건설로부터』, 40.46.10~11, 14(기원전 304년 기사).

55 주요 내용은 피해방민과 관련된 것인데, 트리부스 소속을 거주지나 재산 소유지가 아니라 원하는 곳에 할당하는 안, 센서스에 동산을 포함시키는 내용, 귀족 사제가 독점하고 있던 파스티의 결정과 달력의 공시 등이다(Cassola, 1988: 467~468).

이 명령했다 — 그리고 농촌에 있는 토지와 농장이 3만 세스테르티를 넘게 가지고 있는 자들은 제외하고 그렇게 했다. ……[56]

불행하게도 관련된 상세 내용은 누락되어 알 수 없지만, 이 문장에서 한 가지 추측할 수 있는 사실은 3만 세스테르티를 가진 피해방민이 농촌 지역구에 가입되었을 것이라는 점이다. 이후에도 이 문제는 계속 제기되었다. 그라쿠스 형제의 개혁에서 트리부스에서 피해방민을 전부 배제하려는 움직임이 있었으며, 이들은 결국 하나의 트리부스로 격리되었다. 기원전 115년에 마르쿠스 아이밀리우스 스카우루스Marcus Aemilius Scaurus는 피해방민의 투표에 관한 법을 제안했다. 기원전 88년 푸블리우스 술피키우스 루푸스Publius Sulpicius Rufus는 새 시민과 피해방민을 모든 지역구에 분산 등재하기 위해 노력했다. 그러나 곧 술라가 폐지했다가 루키우스 코르넬리우스 킨나Lucius Cornelius Cinna가 기원전 87년과 84년에 재개한다. 그리고 기원전 81년 술라가 다시 폐지한다. 기원전 66년 마닐리우스법Lex Manilia은 피해방민에게 그들의 보호자의 지역구에서 투표하는 것을 허용했다. 그러나 바로 원로원이 무효화했다. 기원전 63년 세르비우스 술피키우스 루푸스가 다시 문제를 제기했으나 이번에는 키케로가 반대했다. 그런데 키케로는 자신의 동생이 입후보할 때 그들에게 자문을 구할 것을 추천했고, 카틸리나의 음모 사건에서 이들의 세력을 고려하고 있었다. 이런 논쟁에서 피해방민이 어떻게 해서 문제가 되는지는 정확히 알려진 것이 없다. 아마도 상업과 공업에 종사하는 부유한 피해방민은 시내 트리부스에 배정되어 투표하기보다 원로원의원, 기사 등 사회 지도층이 배속되는 농촌 지역구에서 투표했을 가능성이 높다. 이것은 이들이 피호관계에서 자신의 보호자를 지지하는 것과 깊은 연관을 가진다고 볼 수 있다. 지역구 등재를 둘러싼 일련의 논쟁은 로마의 역사에서 이들이 차지하는 비중을 드러낸다.[57]

---

56   리비우스, 『도시의 건설로부터』, 45.15.1.

피해방민은 어느 신분까지 상승할 수 있었을까? 원칙적으로 기사 신분에 오를 수는 없었다. 그렇지만 일부는 군대에서 장군으로부터 은반지를 수여받거나 서기관직에 들어감으로써 기사 신분의 칭호를 얻기도 했다. 앞서 본 것처럼 정무관으로 나가는 것은 피해방민 당대에는 불가능했으나 다음 대에는 별 문제가 없었다. 카이사르를 포함한 삼두정치가들은 원로원에 피해방민을 많이 집어넣었다.[58] 아울러 이들이 식민시에서 시의원decurio(데쿠리오)에 진출하게 했다. 잘 알려진 시인 퀸투스 호라티우스Quintus Horatius가 피해방민의 자식으로 기사가 된 예다.[59] 이처럼 피해방민의 두드러진 진출은 그 자체로 다양한 차이를 가지고 있었기 때문이다. 일반인이나 평민이 소수의 노예를 거느리고 있었던 데 비해 원로원의원이나 기사는 수백 명에 이르는 노예를 보유했고, 이 중에는 교양과 능력을 갖춘 노예가 많았다. 앞에서 삼두정치가나 키케로가 공히 피해방민을 배출하게 만든 이유는 이들의 특출한 봉사 때문이었다. 카토의 일화는 피해방민이 귀족의 재산 형성에 얼마나 기여했는지를 보여준다.

> 카토는 또 선박 저당이라는 가장 악명 높은 대금업에도 손을 댔는데, 그 방법은 다음과 같다. 그는 자기에게 돈을 빌리고자 하는 사람들에게 단체를 결성하도록 요구했고, 배를 가지고 온 참여자가 50명이 되어 배도 50척이 되면 자신이 이익 중 한몫을 차지하기로 하고, 자신의 피해방민 퀸티오가 채무자들과 함께 항해하며 그들의 임무를 돌보아 주게 했다. 이런 방법으로 카토는 위험은 전부가 아닌 일부만 지면서 이익은 크게 올릴 수 있었다.[60]

---

57 상세한 사료는 Nicolet(1977: 222)를 참조.

58 이런 현상 중의 하나로 오르키니(orcini) 혹은 오르키비(orcivi)라고 불리는 원로원의원들이 있다. 김덕수(1994: 36쪽, 주 177)를 참조. 오르키니는 '명부의 신'을 의미하는 오르쿠스(Orcus)의 파생어로 죽은 자의 유언으로 지명되었다는 풍자를 담고 있기도 하다.

59 김진식(2006: 831) 참조.

이는 기원전 218년에 제정된 클라우디우스법을 회피하는 대표적인 방식으로 그 하수인이 피해방민이었다.[61] 델로스섬이나 사모스Samos섬에서 활약하던 로마의 상인들은 이런 출신들이었는데, 이들은 자신들의 보호자를 대리하거나 동료로서 활약했다. 이런 결과는 로마 노예의 특성에서 기인한다. 이들은 특유 재산을 보유할 수 있어 상대적으로 경제적인 독립성이 컸고, 이들의 목적은 자유의 구입이었다. 이런 메커니즘은 노예제를 유지하는 데 효과적이었다.

4. 역사 수업

지금까지의 연구 성과에 따라 필자는 가상으로 교과서 내용을 구성해 보았다. 내용은 로마사에서 노예제에 국한한다.

로마가 지중해 제국으로 팽창해 가면서, 정복된 지역에서는 노예 상인을 통해 많은 노예가 로마로 유입되었다. 이들은 크게 보면 도시의 가정과 공장에서 구매되기도 했으며, 농촌 지역에서 농업 노예로 부려지기도 했다. 특히 광산 노예는 로마 경제에 필요한 귀금속을 채굴하는 데 널리 사용되었다. 이들의 수가 시민의 수를 초과했기에 노예를 통제하는 일은 중요한 문제였다. 기원전 2세기까지만 해도 노예를 엄격하게 통제하기 위해 주인에게 절대적인 소유권과 처분권을 허락했다. 특히 노예는 재산이고 물건이라는 생각이 중심이었다. 그러나 기원전 1세기에 이르자 노예에 대한 생각이 바뀌었다. 특히 기원전 73년에 스파르타쿠스가 주도해 3년간 이탈리아 전역을 공포에 몰아넣은 노예 전쟁은 노예에 대한 인식에 변화를 가져왔다. 이후에는 노예에 대해 관용적인 정책을 취하게

---

60   플루타르코스, 『대(大) 카토』, 21(천병희 옮김).

61   이와 관련해 차영길(1992: 109~111); Shatzman(1975: 260)을 참조.

되었고, 가족처럼 대우하려는 시도가 이루어지기도 했다. 아울러 특유 재산제를 만들어 노예가 재산을 소유할 수 있는 길을 열어놓는가 하면 해방의 기회도 확대했다. 때로는 이 해방을 제한하는 법이 만들어지기까지 했다. 로마에서 해방된 노예는 법적으로 자유를 갖지만 전 주인과 피호관계를 유지하며 계속 관계를 유지하는 것이 일반적이었다. 특히 상업적인 재능이나 기술을 가진 자들은 주인에 대해 성실히 행동함으로써 신뢰를 얻고 나아가 자유인이 되는 경우도 있었다. 이들은 로마 사회에서 미천하다고 알려진 일에 종사하면서 로마 경제가 풍요롭게 되는 데 기여했다. 로마의 지배층은 이런 제도를 이용해 정치에 전념하거나 문필 활동에 종사하는 여가를 가질 수 있었다 _필자의 교과서 서술.

필자가 쓴 이 교과서의 서술은 노예의 해방 가능성과 대우의 향상이라는 점에 초점을 맞추었다. 흔히 노예의 가혹한 처지나 스파르타쿠스의 난 등이 강조되는 데 비해 구조와 기능이라는 면을 부각시킨 내용이다. 비판이 있을 수 있겠다. 그렇지만 노예제 자체가 가지는 의미를 부각하지 않고서는 고대 사회에서 노예 소유자의 활동을 이해할 수는 없는 노릇이다.

이어서 읽고 감상할 자료를 제시해 보겠는데, 이 활동은 학생들을 통해서도 이루어질 수 있을 것이다.

나 크나이우스 플라비우스는 행운의 사나이다. 내 아버지 크나이우스는 피해방민이었으니 말이다. 집안 이야기가 나왔으니 좀 소개해 보도록 하자. 우리 아버지는 노예였다. 아득한 기억에 따르면 머나먼 동방에서 포로로 잡혀 왔다고 한다. 불과 15세의 나이로. 처음에는 노예 상인이 아버지의 마을 사람들을 모두 샀는데, 로마의 장군에게 적은 돈을 지불했다고 한다. 돈이 급하고 노예를 관리할 수 없는 그 장군은 그럴 수밖에 없었을 것이다. 그때 아버지의 가족은 모두 흩어졌다. 생사는 전혀 알 수 없는데, 광산에 가면 3년을 넘기지 못하고 죽었다고 한다. 아버지의 친구 하나는 검투사가 되어 로마인의 장례식에서 희생의 제물이 되기도 했다. 다행히 그 상인은 노예를 관리하기 위해 서기로 일할 사람이 필요했다. 집안에서 훌륭한 교육을 받은 아버지는 상인의 눈에 들었고, 상인은 아버지를 하인으로 부리기 시작했다. 아버지의 말씀에 따르면, 노예 거래는 규모가 매우 커서 델로스섬에서 하루에 1만 명의 노예가 거래되었다고 한다. 이처럼 노예 사업은 수지맞는 장사였다. 주인은 기분이 좋으면 아버지에게 푼돈을 주기 시작했다. 이 돈을 아버지는 써버리지 않고 은밀하게 모으기 시작했다. 당시에 신전에서 이런 돈을 맡아주었는데, 반은 신전에 내고 반은 맡아주는 조건이었다. 10여 년이 지나 상당한 돈이 쌓일 무렵, 아버지의 주인은 행운의 여신이 고개를 돌리면서 갑자기 망하게 되었다. 비싸게 산 노예들이 전염병으로 죽었고 배가 바다에 가라앉아 많은 손해를 보았는데, 게다가 주인에게 돈을 빌려준 사람이 돈을 회수해 가면서 어려움에 처하게 되었다. 아버지는 주인에게 자기를 해방시켜 달라고 하며 돈을 주었다. 경제적으로 어렵게 된 주인은 아버지를 해방시켰다. 아버지의 눈가에는 눈물이 흐르고 있었다고 한다. 해방세를 내고 해방 모자를 쓰고 로마 시내를 돌아다녔을 때 아버지는 부러울 것이 없었다. 우리 가족의 이름은 바로 해방시킨 주인의 성인 플라비우스를 딴 것이다. 이래서 우리 아버지는 해방 노예로 로마에 자리 잡았다. 준수하게 생기고 경제적으로 능력이 있었던 아버지는 평민과 혼인했는데, 그분이 나의 어머니다. 나의 어머니는 예전부터 평민의 삶은 귀족에 비해 불리한 점이 많다고 이야기했다. 그래서 나는 로마에서 귀족이 아닌 평민을 위해 살고자 다짐했다. 부유한 아버지 덕에 나는 그리스 출신의 선생님으로부터 훌륭한 교육을 받았고, 귀족 집안의 자식들과도 교분을 나눌 수 있었다. 로마에서는 관리를 선거로 선출한다. 내가 쓰는 성이 플라비우스이고 귀족 자제들과 교분이 있었던 나는 운이 좋게도 관리관이 되었다. 그것도 상아 의자에 앉는 관리관이 되었다. 그러나 어떻게 알았는지 나의 미천함이 드러났다. 특히 나에게 패한 자들이 나를 비난했다. 그래서 나는 귀족들의 부당한 처사를 공격하기로 다짐했다. 나아가 비밀로 공개되지 않던 시민법을 공개했을 뿐 아니라 광장에 달력을 제시함으로써 언제 소송이 가능한지 알게 했다. 나는 평민을 위하는 정치가가 되었다. 이는 로마 사회가 나에게 준 행운이고, 로마의 제도 덕분에 최고의 명예를 누리게 되었다. 나는 로마 시민이다 _필자의 읽기 자료.

이 자료는 필자가 상상력을 발휘해 소설 형식으로 써본 것이다. 실제 사료에 입각해 살을 붙여 재구성했는데, 수업 시간이나 재량 시간에 소설 만들기를 통해 읽으면 상상력을 불러일으킬 수 있을 것이다.

이런 자료를 놓고 〈표 6-2〉와 같이 교수·학습 과정안을 마련해 보았다.

이 교수·학습 과정안은 노예와 노예 소유자 그리고 해방의 가능성을 염두에 두고 만들었다. 사료를 통해 발견되는 많은 자료를 섭렵하지는 못했지만, 적어도 학습자들이 기본적인 구조를 파악하는 데 다소간 기여할 수 있을 것이다. 이런 수업은 고대 문화의 겉모습에 가려진 노예의 존재를 같이 보도록 할뿐 아니라, 이들에게 제시된 해방의 가능성이 이들에 대한 통제와 효용의 극대화에 기여했다는 점을 찾을 수 있게 한다.

5. 결어

노예제의 문제를 반성하는 것은 바람직하고 우리가 세계인이 되기 위해 필수적인 교양이다. 그러나 현재 역사교육은 가치판단의 영역과 동떨어져 있었다. 그것은 정치적 목적에 이용될지 모른다는 불안감이 반영된 탓이다. 노예제를 교육에 반영해서는 안 된다고 우려하는 논자들도 있다. 그러나 에드워드 카Edward H. Car의 말처럼 역사적 해석이란 도덕적 판단, 즉 가치판단을 내포한다. 이런 맥락에서 바람직한 방법은 막스 베버의 말처럼 그 판단을 개인이 아니라 제도에 대해 내리는 것이다. 일단 고대 사회에서 노예와 노예 소유자 간의 관계만을 조명하는 것은 그 사회의 폭력성이나 원시성을 강조하는 것이다. 이런 관점은 그 자체로 오류는 아니지만, 그들의 다른 모습인 피해방민과의 관계에시 본다면 다른 맥락에서도 조명되어야 한다. 사회의 유지와 보존이라는 필요에서 또 사회의 기능이라는 의미에서 피해방민이 전제된 노예의 존재를 파악할 때 고대 로마 사회에서 그 역할을 제대로 이해할 수 있다. 이런 점에서 보면 로마 사회의 최하층에 존재했던 집단에게 사실상 사회이동을 위한 통로가 존재했던 사정을 이해할 수 있다. 물론 그런 이동이 있었다고 해서 이들의 처지가 개선되었는지는 의문이며, 그런 기회를 얼마나 많은 사람이 누렸는지도 해명해야 할 과제다. 그러나 그런 기회가 동기부여로 이어지고 이들의 열정과 노고의 결과 고대 문명이 꽃피고 유지되었다는 점을 이해해야 할 필요가 있다. 이런 점들이 현장에서 같이 교육될 때 우리는 그런 제도에 관한 윤리적 판단이 아닌 역사적 판단을 도모할 수 있다. 적어도 로마 사회는 그런 원리에 따라 움직였고, 그런 구조를 잘 보여주는 것이 노예와 그들에게서 나온 피해방민이라는 존재였다.

표 6-2 교수·학습 과정안(예시)

단원명	로마의 발전과 노예제(가상)		차시	1/2
학습 목표	① 로마 공화정기 노예의 증가 원인을 말할 수 있다. ② 노예가 로마 사회에서 어떤 역할을 했는지 경제와 관련해 설명할 수 있다. ③ 노예의 해방이 이루어진 과정을 파악하고 인간으로서 노예의 가치를 이해한다.		학습 모형	탐구 학습

단계	학습 내용	교수·학습 활동	시간	학습 자료
도입	학습 동기 유발	● 학생들에게 '노예'를 통해서 연상되는 것들을 적어보게 한다.	7분	○PPT
	학습 목표 제시	● 영화 《스파르타쿠스(Spartacus)》에서 노예가 가혹하게 착취당하는 장면을 클립으로 만들어 소개하고 로마 문명의 이면으로 노예제에 대해 발문하며 학습 목표를 제시한다.		
전개	로마의 팽창과 정복 활동	● 로마의 지중해 정복 과정을 시기별로 제시하고 지도에 표시한 후, 잡혀 온 포로의 숫자를 제시한다. → 교사: 노예의 증가는 로마 팽창에 따른 불가피한 결과임을 제시한다.	35분	○표 1
	노예의 활동	● 예시된 교과서 서술을 참조해 노예의 활동을 유형별로 정리해 본다. → 교사: 활동 후 노예의 쓰임새를 놓고 경제적인 기여도를 평가하게 한다.		○교과서 서술
	주인과 노예의 관계	● 플라비우스의 사례를 들어 노예가 주인과 어떤 관계였는지 탐구하게 한다. → 교사: 결론적으로 노예들이 처한 상황의 다양성을 보여주지만, 그것은 주인의 의지에 달려 있었음을 강조해야 한다.		○읽기 자료
	대우 개선과 해방 과정	● 카토, 바로, 콜루멜라의 노예에 대한 생각을 읽고 노예의 처지가 개선되어 가는 과정을 탐구한다. 그리고 그 이유를 밝혀본다. ● 노예 해방의 방법을 정리하고, 해방의 이유를 주인의 편에서 토의하고 탐구한다. → 교사: 무한한 착취보다 해방을 제공하는 것이 더 합리적인 방책임을 강조한다.		○본문에서 제시된 자료 ○디오니시오스 할리카르나스스, 4.23~24
정리	학습 내용 정리	● 노예의 증가는 로마가 팽창한 결과물이며, 노예는 고대 사회의 발전에 기여했다. 노예의 처우는 시기별로 달라졌으며, 로마인은 광범위한 노예 해방을 이루었으나 그것은 개별적으로 이루어졌다.	8분	
	형성 평가	● 노예 해방의 방법을 질문한다.		
	차시 예고	● 신항로 개척 이후 노예제와 미국의 노예 해방에 대해 간단히 소개하고 과제를 부과한다.		

제 7 장

플루타르코스의 『코리올라누스』에 나타난 로마 귀족의 권위와 기반[*]

1. 서언 | 2. 선거제도와 귀족의 권위 | 3. 곡물 배급과 권력의 창출
4. 토지 소유와 귀족의 기반 | 5. 결어

1. 서언

로마 공화정의 역사를 읽을 때 귀족과 평민의 갈등은 결코 벗어날 수 없는 주제다. 이는 로마사의 이해에 그만큼 중요하다고 하겠다. 한편 이 주제를 접근하는 우리의 시각은 다분히 후자를 두둔하는 심정에 젖어 있다. 그래서 변혁과 혁신, 개혁을 주장하게 될 때는 하층민의 시각을 주목하고 여기에 역사적 의미를 부여하게 된다. 과연 이런 자세가 올바를까? 특히 기원전 5세기를 살았던 로마인들에게 그런 의식이 있었을까? 이런 의문을 안게 되면서, 막상 우리는 그 개혁의 대상이 되었던 귀족[1]에 관해 아는 것이 별로 없음을 깨닫게

---

[*] 이 글은 ≪역사교육≫, 제136집(2015. 2)에 게재된 바 있다.

[1] 로마사에서 귀족은 '파트리키'로 불리는 혈통귀족이 있고, 신분투쟁이 종결된 후 새로운 형태의 노빌리스(nobilis)라고 불리는 명사귀족이 있었다. 이 글에서 다루는 코리올라누스는 전자와 후자 모두 속하지 않는다. 왜냐하면 다른 문헌의 파스티에는 나오지만, 플루타르코스에 따르면 콘술을 지내지 않았기 때문이다. 그래서 팀 코넬(Tim J. Cornell) 같은 학자는 1995년에 코리올라누스를 "an arrogant patrician"이라고 표시했으나 2003년의 글에서는 "aristocrat"로 표시했다. Cornell(1995: p. 448, n. 52)과 Cornell(2003: 77)을 비교하시오. 그러므로 필자가 이 글에서 귀족이라고 칭하는 것은 'aristocrat'를 지칭한다. 아마도 호

된다. 이런 문제의식에 일종의 충격으로 다가오는 것이 플루타르코스가 『대비열전』에서 전하는 『코리올라누스』다. 일찍이 이 이야기를 다룬 역사가도 거의 없는 반면에 윌리엄 셰익스피어William Shakespeare는 1607~1608년에 이 『열전』을 기초로 드라마를 만들었다.[2] 어쩌면 기원전 5세기의 역사는 진지한 연구 대상에서 멀어진 듯하다.[3] 그러나 팀 코넬Tim Cornell은 이 이야기의 주요 국면들이 "사실에 근거함(based on fact)"을 보여주었다.[4] 그래서 한 걸음 더 나아가 필자는 폴 벤느Paul Veyne의 '에우에르게티즘euergetism'에 관한 분석[5]을 이 귀족의 정체성 문제에 적용했다. 이를 통해서 플루타르코스[6]가 소개하

족(豪族)이라고 해야 정확할 것이다. 이런 자들은 혈통귀족이든 명사귀족이든 귀족의 중핵을 이룬다고 볼 수 있다.

2   Brockbank ed. (1976)를 참조했다.

3   코리올라누스 이야기에 대한 최초의 비판은 Mommsen(1870: 1~26)이 제기했다. 그는 이 이야기를 후대에 끼워 넣은 "삽입물(Einschiebsel)"(24쪽)로 평가한다. 따라서 『코리올라누스』는 "소설적인 이야기(novelistische Pragmatik)"로, 역사적 가치는 없지만 "시적 가치(poetisch Werth)"는 높은 작품으로 평가한다. 이런 몸젠의 비판에는 대부분 동의하지만, 그래도 후학들이 이를 역사와 관련지으려는 노력을 이어가고 있다. Last(1928: 499)는 호민관과 곡물 배분의 문제에 국한해 볼 때, "기원전 5세기의 역사가 아니라 기원전 2세기의 허구(fiction)"로 간주한다. 그렇지만 볼스키인의 침입에 관한 이야기는 근거가 있다고 판단을 내린다. 여기서 한 걸음 더 나아간 이가 Salmon(1930: 96~101)인데, "코리올라누스가 로마인이 아니라고 한다"(97쪽)라는 전제하에서 볼스키인의 침입과 그에 대한 설명은 역사적인 것(100쪽)으로 본다. 여기서 더 나아가 코리올라누스의 로마 공격을 술라의 로마 진군에서 영향을 받은 것으로 보는 견해도 있다(Noè, 1972: 108 참조).

4   Cornell(2003: 73~97). 특히 이런 견해는 같은 글(83쪽)을 참조. 특히 같은 글(90쪽 이하)을 보면 코리올라누스는 당시 군벌(warlord)로 추종자들(sodales)을 거느린 존재이며 아피우스 클라우디우스와 같은 부류에 속한다.

5   Veyne(1976b) 참조.

6   Russell(1963: 21ff.)은 플루타르코스와 디오니시오스 할리카르나소스의 전거 관계를 논하며 후자의 역사 서술을 전자가 전기로 바꾸었다는 데 동의하면서도, 세부 내용에서 외삽과 삽입 내지 확장을 통해 후자 나름대로의 구성을 보이고 있음을 지적한다. 필자가 비교해 본 바, 디오니시오스 할리카르나소스의 『로마 고대』(6~8에 걸쳐 있음)에서는 로마의 체제를 설명하는 것에 초점을 두는 데 비해 플루타르코스는 인물의 성격, 특히 귀족으로서

는 몇 가지 문제, 귀족 권위의 문제, 곡물 배급, 나아가 토지 소유권의 문제를 분석하고 로마 귀족의 의미를 공화정 초기에 국한해 접근해 본다.

2. 선거제도와 귀족의 권위

먼저 코리올라누스Coriolanus의 가계에 관해 플루타르코스는 다음과 같이 설명한다.

> 로마에서 마르키우스 가문의 집안은 귀족 중에서 명성이 높은 사람들을 많이 배출했으니, 그들 중에서 앙쿠스 마르키우스는 누마의 외손자요 툴루스 호스틸리우스 왕을 계승한 자다. 한편 마르키우스 가문에 드는 사람들로는 푸블리우스와 퀸투스가 있었으니, 이들은 매우 풍부하고도 가장 질이 좋은 물水을 로마에 공급한 자들이며, 켄소리우스는 로마의 인민이 두 번이나 호구조사관직에 선출했으나, 그 자신은 어떤 사람도 그 관직에 두 번 진출할 수 없도록 하는 법을 제안해 투표로 통과시켰다.[7]

이 설명에서 코리올라누스의 가계는 귀족 가문이라기보다 왕가王家라고 해야 옳을 것이다. 그 가문의 계통은 에트루리아계로 왕제가 폐지된 후에도 왕가로서의 자부심이 가득했고, 이것이 코리올라누스의 행위에 여러 가지로 작용했을 것으로 보인다. 로마의 초기 역사를 면밀히 읽어보면 오히려 귀족보다 왕이 더 인민과 친화적인 것[8]을 알 수 있고, 귀족을 견제하는 모습을 보여준

의 성격을 부각시키고 극적인 흥미를 불러일으킨다. 이 점에서 필자는 이 장에서는 플루타르코스의 작품만 언급한다.

7 플루타르코스, 『가이우스 마르키우스(Γάιος Μάρχιος)』, 1. 1~2. 이하에서는 『코리올라누스』로 표기한다.

8 키케로, 『국가론』, 2. 12. 23 참조. 고대 그리스 역사에서 흥미로운 상식은 팔랑크스의 도입

다. 이런 점을 본다면 오히려 그의 가문은 일반 귀족보다 평민에 대해 더 큰 영향력을 가졌을 것이며, 일설에 따르면 평민 가문으로 인식된다.[9]

코넬의 말처럼 "안하무인의 귀족(arrogant patrician)"으로서 받아들이기 힘든 것은 민의를 반영하는 정치 체제일 것이다. 귀족들이 선거제도에 대해 선뜻 동의할 리가 없었다. 스탕달Stendhal의 소설 『파르므의 수도원La chartreuse de Parme』(1838)에서 묘사되는 미국식 선거제도에 관한 귀족의 반응[10]은 엄연한 역사적 사실의 하나이며, 코리올라누스에게도 동일했다고 보아야 한다.

『코리올라누스』에서 주인공과 계속해서 대립각을 세우는 존재는 호민관이다. 호민관의 기원에 관한 플루타르코스의 말을 들어보자.

이 사람의[11] 설득으로 사람들은 합의했으니, 원로원에서 다섯 명의 사람을, 도움을 필요로 하는 사람들의 보호자(προστάς)로서 선발하는 권한을 획득할 것을

에 따라 사회에 평등한 구조(egalitarian structures)가 유입되었다는 점이다. 이 점에 비추어보면 제6대 세르비우스 툴리우스 왕의 켄투리아 개혁이 귀족의 분립을 막으려는 시도라고 보는 아르날도 모밀리아노(Arnaldo Momigliano)의 설명이 설득력을 가진다. 아울러 마지막 왕인 타르퀴니우스 수페르부스는 귀족과 평민을 섞으려고 시도했다고 이해된다. 기원전 509년 그의 추방과 공화정의 시작은 그에 대한 귀족의 반발이었다(Richard, 1986: 116~119 참조).

9 코리올라누스는 이렇게 귀족의 전형으로 보이는 외관과 달리 평민과 혼인했다. 디오니시오스 할리카르나소스에서는 부인의 이름을 볼룸니아(Volumnia)라고 하는데 평민으로 밝히고 있다. 반면에 플루타르코스는 볼룸니아가 모친의 이름이라고 하고 있다. 이런 점을 고려하면 12표법이 제정되기 전에는 평민과 귀족 간의 통혼에 제한이 없었던 것으로 보인다(Cornell, 1995: 255; 448, n. 52 참조). 몸젠은 마르키우스(Marcius) 가문을 평민으로 보고 이 설화를 평민귀족의 출현을 배경으로 한다고 해석한다(Mommsen, 1870: 24~26 참조).

10 "파브리스는 …… 뉴욕으로 가서 그곳 시민권이나 따가지고 미국 공화당 산하의 병정이나 되겠다고 말하는 것이었다. …… 미국이라는 곳은 달러를 하늘 같이 위하고 맨 밑바닥에 깔린 막벌잇군에게마저 머리를 숙이지 않으면 선거할 때 표를 얻지 못한다고, 여러 가지에 대해서 사람이 살 수 없는, 말할 수 없는 곳이라는 것을 누이이 설명했다"(오현우 옮김, 1981: 179). 이 『파르므의 수도원』은 프랑스혁명 직후인 1796년을 시점으로 이야기를 전개한다.

11 메네니우스 아그리파(Menenivs Agripa)를 지칭한다.

요구했는데, 이들은 지금 호민관이라고 불리는 자들이다. 실제 사람들은 최초의 호민관들로서 그렇게 되기를 열망하고 또 분리 운동에 참여했던 자들 중에서 유니우스 브루투스와 시키니우스 벨루투스를 뽑았다. 그래서 나라는 마침내 하나가 되었으니, 그 즉시 많은 사람이 무장을 갖추었으며, 그들 스스로가 콘술들에게 복종해 전쟁에 기꺼이 나가고자 하는 것으로 보였다.[12]

플루타르코스는 이런 변화를 귀족들이 쉽사리 받아들이지는 못했음을 코리올라누스의 입을 빌려 다음과 같이 묘사한다.

한편 마르키우스 자신은 귀족이 약해지고 그 대신 평민이 강해지게 된 사태들을 보고 유쾌하지 않았으며, 다른 대부분의 귀족이 같은 점을 고통스럽게 생각하는 것을 보았으므로, 그럼에도 조국에 관련한 경쟁들에서 평민에게 뒤지지 않고 오히려 덕에 관련해서는 그들보다 뛰어난 것으로 보일 수 있도록 할 것을 권유했다.[13]

이런 갈등을 안고 출범한 지 얼마 안 된 공화정이 안고 있던 대외 문제는 볼스키Volsci인과의 전쟁이었다.[14] 코리올라누스는 콘술인 포스투무스 코미니우스Postumus Cominius가 지휘하는 코리올리Corioli 공성에서 놀라운 능력을 발휘해 로마가 승리하는 전기를 마련한다.

이렇게 그 도시가 점령되었고 대부분의 병사가 탐욕스럽고 물건들을 약탈하자,

---

12 플루타르코스, 『코리올라누스』, 7.1.

13 같은 책, 7.2.

14 스컬러드는 『코리올라누스』가 볼스키인들이 캄파니아를 넘어 로마로 쳐들어온 것이 망명한 로마인의 행위라는 것을 설명하기 위해 마련되었을 가능성이 있고, 만약 그렇다면 이 사건은 "역사일지도 모른다(may be historical)"라고 평가한다(Scullard, 2003: 95 참조).

마르키우스는 분기탱천해 콘술 그리고 그와 함께 있는 시민들이 이미 어느 곳에서든 적들과 조우해 싸우고 있는 마당에 그들이 돌아다니며 약탈하거나 약탈을 핑계 삼아 위험을 몰래 회피하는 것은 수치라고 외쳤다. 그러나 그의 말에 주목한 자들은 많지 않았다. 그는 자원하는 이들을 거느리고 군대가 행진하며 취했던 길로 행군했으며, 한편으로는 자신과 함께한 자들이 포기하지 않도록 밀어붙이고, 다른 한편으로는 전투에서 소외되지 않고 적들을 만나 전투하는 것에 시간을 맞추어 갈 수 있도록 신들에게 빌었다.[15]

그러나 이는 문제였다. 이런 지휘권의 실추는 향후 큰 영향을 미칠 것으로 보인다. 특히 군령을 듣지 않은 병사에 대한 앙금은 평민에 대한 불신으로 이어질 수 있었다. 민회에 모인 인민은 혁혁한 공을 세운 그나이우스 마르키우스Gnaeus Marcius에게 코리올라누스라는 별명을 수여한다.[16] 이제 남은 일은 콘술이 되도록 하는 것인데, 이 일은 반드시 선거라는 절차를 통해 이루어져야 한다. 이 문제에서 코리올라누스의 갈등이 시작된다. 투표권을 가진 평민에게 선거는 지상 과제였다. 플루타르코스는 공화정 초기의 콘술 선거를 다음과 같이 묘사한다.

게다가 그 관직에 출마하는 자들에게는 속옷인 투니카를 입지 않은 채 겉옷인 토가만 걸치고 광장으로 내려가면서 시민들을 부르고 인사하는 것이 관행이었다. 이것을 하는 이유는 더 크게는 요구를 이루기 위해 모습에서라도 자신을 낮아지게 하는 것이거나, 아니면 상처가 있는 사람들에게는 용기의 상징이 드러나도록 하기 위한 것이었다. 그런데 띠를 두르지 않은 채 그리고 속옷을 입지 않은 채 시민들에게 나아가는 것을 후보자들의 의무로 생각한 것은 어쩌면 돈을 나누

---

15   플루타르코스, 『코리올라누스』, 9.1.

16   같은 책, 11.1.

어 주거나 뇌물을 주는 것을 의심해서가 아니었다.[17]

이런 관행에 따르면 국가를 위해 봉사했다는 증명이 중요했다. 그 방법은 자신의 상처를 보여주는 것이다. 코리올라누스는 기꺼이 상처를 보여주었고 로마 시민의 태도는 변했다.

그러나 마르키우스는 지난 17년간 계속해서 자신이 복무한 수많은 전쟁에서 입은 많은 상처를 보여주자, 사람들은 그 탁월함을 민망하게 생각하고 그를 뽑자는 말을 서로 주고받았다.[18]

그러나 문제는 원로원을 중심으로 한 귀족들의 태도였다.

이후 표결하는 날이 오자, 마르키우스는 광장으로 들어왔다. 그런데 그는 거만하게(σοβαρῶς) 원로원에 의해 호위를 받았으며, 모든 귀족이 그의 주변을 둘러쌌으니, 일찍이 어느 누구에 대해서도 결코 보여준 적이 없는 열정으로 그렇게 했던 것이다.[19]

이런 위세에 대해 시민들의 반응은 어떠했을까?

많은 사람이 그를 향했던 호의에서 거꾸로 돌이켜서 그를 미워하고 시기하게 되었다. 그런데 이 감정에 덧붙여진 것은 다음과 같은 두려움이었다. 즉, 만약 그가 귀족적인 남자로서 그 관직의 주인이 되고 혈통귀족들 사이에서 그렇게 큰

17　같은 책, 14.1~2.
18　같은 책, 15.1.
19　같은 책, 15.1.

명예를 가지면, 인민에게서 자유를 전부 박탈할지도 모른다는 것이다.[20]

이 설명을 그대로 받아들이기에는 유보 사항이 있다. 기원전 139년 로마에 비밀 무기명 투표 방식[21]이 도입되기 전에는 투표자들이 자신들의 보호자들, 대개는 원로원의원들에게 투표를 공개하는 것이 일반적이었기 때문이다. 이처럼 원로원이 관심을 기울였는데도 투표 결과가 이러했다면, 귀족들이 평민에게 좋지 않은 감정을 가진 것도 자연스럽다. 물론 12표법이 제정되기 전에는 그 후보다 평민회의 권리가 더 컸을 가능성도 있다.[22] 선거의 패배로 그의 감정은 극단적으로 치닫게 된다.

그는 이미 제기된 식민시 건설과 식민자 파견 문제로 평민들과 격돌한 바 있다. 코리올라누스는 선동가들에 대해 다음과 같은 방식으로 저항했다.

추첨으로 선발된 자들을 큰 벌을 가해서라도 내보내도록 강제했으나, 원정에 대해 사람들이 완전히 포기하자 식민시 건설을 단념했다. 그러자 마르키우스 자신은 피호민들과 자신이 설득한 많은 사람을 모았으며 안티움의 영토(χώραν)를 유

---

20 같은 책, 15. 2~3.

21 허승일(1993: 10~11). 그렇지만 『코리올라누스』에 나오는 투표 방식이 원래의 모습이었을 가능성도 열어놓아야 한다.

22 Mommsen(1870: 23). 트리부스 평민회에서 평민이 귀족을 심판하는 절차가 기원전 491년 코리올라누스 재판과 기원전 461년 카이소 큉크티우스(Kaeso Qunictius) 재판 두 사례에서 나타난다. 두 경우 모두 사형 대신 추방형으로 결정이 났다. 몸젠도 12표법에서 '최대의 민회(maximus comitiatus)', 즉 켄투리아회를 통해서만 시민의 생사를 결정하게 된 이후에는 중범죄 재판을 평민회에서 다룰 수 없게 된 점을 고려하면서 카이소의 사례는 시기적으로나 사실적으로 중요한 개혁 조치, 즉 평민회의 중범죄 재판권 제거와 부합하지만 그와 반대로 코리올라누스의 재판은 "역사적 연관에서 벗어나는 것(ausser …… historischen Verbindung steht)"으로 파악한다. 그 이유는 트리부스 평민회의 소집이 기원전 471년 이후이기 때문이다(18쪽). 이렇게 보면 기원전 471~451년에는 평민의 사법권이 가장 강했을 가능성이 있다.

린했다.[23]

이렇게 얻은 전리품을 자신은 가지지 않고 추종자들에게 분배함으로써 그들은 큰 부자가 되었다. 고향에 머물렀던 사람들은 후회하고, 부자가 된 사람들에 대해서만 아니라 코리올라누스에게 불만을 품은 자들에게도 화를 내기 시작했다고 플루타르코스는 전한다.

여기서 임의로 군대를 조직해 타국의 '영토'에 원정을 간 것에 대해 아무도 그것을 제지하거나 위법이라고 말하지 않는 사정이 눈에 띈다. 훨씬 후대의 일이지만, 제1차 포이니 전쟁의 기인이 되었던 마메르티니Mamertini의 시칠리아 원정이나 폼페이우스의 사병 동원 등은 우리가 알기에 그것이 불법이었다고 선포되지 않았다. 만약 같은 일이 현재 벌어졌다면, 국가 반역죄 등으로 처벌받았을 것이다. 그러나 공화정기 로마의 역사에서 그런 일은 없다.[24] 이 문제는 귀족의 권위 문제와 밀접한 관련을 가진다.

'아욱토리타스auctoritas(권위)'는 '아우게레augere(넓히다)'에서 파생되었다.[25] 로마 귀족은 이같이 영토를 늘리는 행위를 자신의 권위로 간주했으며, 이것이 귀족이 누리는 권리의 중핵을 이루었음을 코리올라누스는 제시한다. 같은 논리가 코리올라누스와 망명한 볼스키인들 사이에도 적용된다. 잇따른 전공戰功

---

23 플루타르코스, 『코리올라누스』, 13.3.

24 이 점에 관해 모밀리아노의 설명이 중요하다. 기원전 476년 파비우스 가문(Fabii)이 에트루리아와 싸울 때 그 피호민이 동원되었으며 거의 전멸해 이후의 파스티에서는 출현하지 않는다고 지적한다. 이러한 피호민 동원은 에트루리아인에게서 비롯한 것으로 간주된다 (Momigliano, 1986: 186).

25 일찍이 이 문제를 조명한 아렌트는 다음과 같이 지적한다. "아욱토리타스(auctoritas)에 관해 말하자면 그 어원은 아우게레(augere), 즉 '늘리다, 넓히다'인데 건국 정신의 활발함에서 비롯한 것이며, 그것에 의해 선조가 놓은 토대를 증가시키고 늘리며 넓히는 것이 가능했다"(Arendt, 1968: 202). 즉, 국가를 건설하고 영토를 늘리는 일이 권위의 의미라는 것이다(김창성, 2015b: 191~205 참조).

을 목도하자, 처음에는 받아들이기 어려웠던 망명국의 병사들도 점차 코리올라누스의 능력을 인정하게 되면서 적대감은 호의로, 더 나아가 기대로 바뀌게 된다.

> 로마에서 20킬로미터 정도밖에 안 되는 곳에 있는 볼라시를 점령한 후에, 그는 많은 재산을 차지했고 어린 나이의 모든 사람을 살육하자, 도시에 남도록 지정된 볼스키인들은 가만히 있지 않고 무장을 갖추어 마르키우스에게로 행진했다. 그들은 그야말로 한 사람의 장군이요 자신들의 유일한 통치자라고 말했던 것이다. 이탈리아 전체에서 그의 이름은 컸으며 평판이 놀랄 만했으니 …… 실제 엄청난 기대 밖의 업적을 이루었던 것이다.[26]

이 설명에서 플루타르코스는 귀족의 권위가 사실상 군사적인 능력에 달려 있음을 은근히 묘사하면서, 이 점은 로마나 그 적대 관계에 있는 나라에서도 같은 사정이었음을 보여준다. 여기에 나오는 것처럼 전리품과 토지를 확보하는 것이 보장된 전쟁에 관심을 가지지 않을 평민이 있을까? 이렇게 본다면 로마 귀족의 권위는 중세에 토지 쟁탈전을 벌였던 기사 귀족의 그것과 큰 차이가 없어 보인다.[27] 이런 사정하에서 어떤 귀족이 평민에게 굴종하면서까지 환심을 사고자 하겠는가? 이런 의식을 가감 없이 표출하는 것이 코리올라누스의 행위이며, 이 행위 자체에 대해 문제를 제기한 평민이나 권력은 없었다. 귀족의 특징은 뛰어난 무공武功이고 이를 통해 영토를 확장하고, 전사인 귀족이 마음대로 처분할 수 있었음[28]을 반영한다는 점에서 이 이야기는 공화정 초기에

---

26 플루타르코스, 『코리올라누스』, 29. 1.
27 알베르트 쉬베글러(Albert Schwegler)는 이를 "중세 말기의 강도 남작(late-medieval robber baron)"으로 본다. Cornell(2003: 90)에서 재인용했다. 아울러 비슷한 사례는 김창성 (2014a: 185~191)을 참조.
28 이런 주장을 처음 제시한 것은 Gerschel(1953: 33~40)이다. 그는 서양 고대 사회도 3신분

있을 수 있는 갈등이었다. 그러므로 코리올라누스와 같은 귀족에게 선거제는 체제에 대한 반감을 가지게 할 뿐만 아니라, 귀족 일반이 전통적으로 누려왔던 권위를 손상시켰다고 플루타르코스는 전하는 것이다. 특히 탁월한 기능을 가진 귀족을 일반민과 같은 차원에서 다룰 수 있을지에 관한 고민을 던지는 것이기도 하다.[29]

3. 곡물 배급과 권력의 창출

전쟁이 끝나자 플루타르코스는 이제 고대사의 중요한 과제인 식량 부족의 문제를 제시한다.

한편 전쟁이 중단되기가 무섭게 민중 선동가들은 불화stasis를 모았지만, 그들에게는 새로운 트집거리도 정당한 비난거리도 없었다. 그래서 그들은 그 전에 있었던 불협화음과 난관들에서 필연적으로 야기된 이 문제들을 귀족에 대한 핑곗거리로 만들었다. 즉, 경작지의 대부분이 파종되지 않았으며 쟁기질되지도 않고 버려져 있었건만, 전쟁으로 인해 수입된 물건을 팔 광장이 준비될 시간이 없었던 것이다. 참으로 궁핍은 심각했다. 민중 선동가들은 평민에게는 장터도 없고, 설령 있다고 해도 돈이 충분하지 않음을 보자, 부자들이 평민에 대한 원한 때문에 평민을 굶주리게 한다는 말을 퍼뜨려 부자들을 무고했다.[30]

제로 구성되었고 코리올라누스가 제2신분을 대변한다고 보았다. 그의 학설은 별로 동의를 받지 못하지만, 전형적인 영웅 전사로 주목한 점이 중요하다고 코넬은 판단한다. Cornell (2003: 82~83)에서 재인용했다.

29 이와 관련해 몸젠은 흥미롭게도 "역사는 코리올라누스들을 사랑하지 않는다. 역사는 이 경우에도 가장 대범하고 재능 있으며 무엇보다도 아쉽게 생각될 가치가 있는 자도 예외로 만들지 않기 때문이다"라고 설명한다. 이런 위인을 다루는 일은 사실 쉽지 않다(Mommsen, 1996: 303 참조).

30 플루타르코스, 『코리올라누스』, 12.1~2.

대개 현대의 로마 사가들은 이런 곡물 위기 상황이 로마 공화정 후기의 사정을 반영한 것이지 기원전 5세기의 상황은 아니라고 보며, 이는 기원전 1세기경의 사정을 투영한 것으로 인식한다. 그러나 막스 베버는 이런 곡물 부족 문제가 고대 사회에서 항상 있었다고 인식한다.[31] 사실 근래에 이르기까지도 식량 부족은 빈번히 등장하는 주제다. 그러므로 로마 공화정 초기 이런 구호가 나오는 것은 고대의 곡물 사정을 고려하면 보편적인 일이다.[32]

서양 고대사, 특히 그리스사와 로마 제정사 연구에서 자주 등장하는 용어 중 하나가 '에우에르게티즘'이다. 이 단어는 특히 생소해 아직 한국에서는 적당한 번역어를 찾지 못하고 있는 형편이다. 그러나 일찍이 『신약성서』「누가복음」(개역 개정판) 제22장 25절에서 다음과 같은 번역어가 제시되었다.

이방인의 임금들은 그들을 주관하며 그 집권자들은 '은인'이라고 칭함을 받느니라.[33]

여기서 최초로 '은인恩人'이라고 번역된 원문은 에우에르게타이εὐεργέται다. 즉, 에우에르게티즘을 이행한 사람으로서 적확한 번역이라고 하겠지만, 막상 그러한 행위가 무엇을 내포하는지는 분명하지 않다. 필자는 곡물 배급 기관인 선혜청宣惠廳과 같은 맥락으로 '선혜宣惠'라는 말이 번역어로 적합하다고 생각해 이 글에서 사용한다. 이런 선혜를 정확히 지시하는 용어는 고대에도 없었고,[34] 오히려 현대에 들어서 전문용어로 부상되었다.

---

31   Weber(1909: 136).

32   김창성(2015a: 101쪽, 주 2)에 나오는 연구들을 참조.

33   이 번역은 에트노스(ethnos)를 '이방인'으로 옮기는데, 이스라엘인의 관점에서 그렇게 말했다고 볼 수도 있지만, 이때까지 에트노스의 형태를 지니는 고대국가의 유형이 존재했고 이곳에는 바실레우스라고 불리는 지배자들이 있었음을 보여주는 중요한 단서다.

34   Veyne(1976b: 10). 라틴어 리베랄리타스(liberalitas)와 그리스어 필로티미오(philotimio)

벤느는 이 문제를 다루면서 베버의 접근법을 사용한다. 이상형으로 알려진 이 모델은 문제점이나 과제를 발견하는 데 가치가 있다. 이 방법을 십분 활용해 문제점을 다음과 같이 제시한다.

공화정 말기로 가면서 제정의 도래가 이미 임박해 있었을 때 호족들great lords은 공적인 책임을 자신의 개인적인 사업으로 간주하게 되었으며 결과적으로 자신의 주머니에서 이 책임들에 따르는 비용들을 지불했다. 이들 중에 한 사람이 다른 사람들보다 행운이 더 컸기에 아우구스투스라는 이름 아래에서 최초의 황제가 되었으며 참으로 최초의 국가 보호자가 되었다. 로마시에는 진정한 의미에서 그리스나 로마의 지배하에 있는 이탈리아의 명사들에게 비견할 만한 선혜자들이 없었다. 공화정이라는 과두정은 황제에 의해 계승되었는데, 다수의 선혜를 로마의 구미에 맞추어 창출했으되 이것을 국가를 위해서 공공 경로를 통해서 행했다.[35]

한마디로 로마 공화정기는 특별했다. 벤느는 그리스의 국가들이나 같은 시기 이탈리아의 여러 국가에서, 심지어는 제정 로마의 황제 치하에서 행해지던 방식, 즉 사적인 지출을 통해 공적으로 기여하는 것이 없었음을 지적한다.

우리는 그리스 도시들에서 발견하는 선혜euergesiae 행위의 풍부함과 다양함을 (그리고 거의 정확하게 똑같은 것을 이탈리아의 자치도시들에서 발견할 것임) 로마에서는 발견하지 못한다. 특히 자발적인 선혜는 로마에 존재하지 않았다.[36]

가 사용되었으나 상대적으로 더 넓은 의미를 지닌 것으로 파악된다. 이 용어를 만든 이는 앙드레 불랑제(André Boulanger)와 앙리-이레네 마루(Henri-Irénée Marrou)로 알려졌으며, 헬레니즘 시대에 도시에 선혜한 사람을 위해 명예를 선포하는 것을 의미했다.

35 같은 책, 203.

36 같은 책, 232.

그러면 공화정기에 이런 차이점이 나타난 이유는 무엇인가? 한마디로 로마의 귀족은 평민과 격차가 너무 벌어져 평민에게 기댈 필요가 없었다는 것이다. 그러기에 벤느는 선혜 문제와 관련해 그리스나 이탈리아 도시의 귀족과 달랐던 것이 로마 공화정의 귀족이었다는 결론에 도달한다.[37] 반면에 키케로의 시기에는 채무 변제를 거부한 채무자를 굶주려 죽게 할 수 있는 호족이라도 피호민에게 자신의 보호를 약속했으면 말을 지켜야 했다.[38] 또 지갑을 열어 정치적인 지기들에게 호의를 베풀 수 있었다. 이처럼 로마의 귀족들 역시 그리스나 이탈리아의 귀족들 못지않게 이런 식으로 선혜할 수 있었을 것이다. 그렇지만 벤느가 보기에 동기가 달랐다. 비록 시혜largess를 베풀고, 선거인들에게 금품을 나누어주며, 재산을 털어 개인적인 정책을 지원할 수 있겠지만, 중요한 점은 명성을 추구하는 것이 그런 금품 살포의 동기였다는 것이다. 그리스나 이탈리아의 귀족이 정치적인 진출을 위해 노력한 것과는 다르다. 그렇기에 상호 불신하고 있던 로마의 "과두정은 그 구성원들이 특수한 경우, 즉 개선식만 제외하고는 로마 내에서 어떤 형태로도 기념하는 것을 허용하지 않았다".[39] 기원전 62년에 로마시에 곡물 위기가 왔지만 선혜는 발생하지 않았다. 그 이유는 국고가 풍부했기 때문이었다. 아무도 은인이 되라고 부추길 필요가 없었다. 폼페이우스가 기원전 62년 그리스 동부 지역을 정복하면서 거의 5억 세스테르티의 전리품을 국고에 넣었다.[40] 군대의 유지 비용은 5000만 세스테르티 정도였다. 이런 국고 상태는 사적인 선혜를 불필요하게 했을 것이다.

이처럼 공화정기 로마에 선혜가 없었던 원인을 제시했지만, 그런 원인을 초

---

37 Veyne(1976b: 203~204). 공화정기 호족의 특성을 네 가지로 지적하고 있다. 한편 로마시에서 베풀어진 검투 경기, 전차 경주 등의 제전은 관리관(aediles)이 담당했다(Mommsen, 1887b: 517f.). 이 내용은 이 장의 범위를 넘어서기에 다루지 않는다.

38 Veyne(1976b: 232).

39 같은 책, 233.

40 같은 책, 233.

래한 까닭이 궁금해진다. 요컨대 귀족이나 명사들과 평민 사이에 재산상의 격차가 그리스와 이탈리아 도시들에서 그런 것보다 훨씬 벌어진 현상에 주목한다.[41] 이처럼 재산 차이가 벌어지면 자발적인 선혜가 더 잘 이루어져야 하지 않았을까? 벤느는 곡물 배급의 문제를 들어 그렇지 않았음을 제시한다. 그에 따르면 공화정 말기 소수 귀족은 내부 경합과 권력 추구 상태에 있었다. 그래서 가장 단순한 행정 개혁도 실행할 수 없었다. 그에 비해 그리스와 이탈리아 도시에서는 자신의 사재를 털어 문제에 대처했다. 마침내 로마 공화정 말기에 이르러 재정이 고갈된 상태에서 원로원의원들도 스스로 그렇게 하기 시작했는데, 최초의 인물이 공교롭게도 카이사르였던 것이다. 그것은 바로 사적私的 권력의 시대가 시작하고 국가 보호제가 도래하는 전조였다.[42] 특히 이런 대립 탓에 공공건물이 지어지지도 않고 보수되지도 않은 상황에서 아피우스 도로가 카이사르의 돈으로 보수되었다. 로마 광장의 바실리카 아이밀리아Basilica Aemilia도 사실은 카이사르가 수여한 돈으로 재건축한 것이다.

곡물 배급의 문제는 원로원의원의 사적인 시혜와는 성격을 달리한다. 곡물을 염가 또는 무상으로 공급하는 문제는 법으로 정해진 국가 제도다. 이 문제에서 비용은 개인이 부담할 수 없었을 뿐 아니라 분배하기 위해서는 매우 복잡한 조직이 필요했다. 이것은 사적인 주도권에 맡길 수 없는 것이었다. 그래서 곡물 공급은 선혜자들이 할 수 없는 문제이고, 계급투쟁으로 국가에서 짜낼 수도 없는 것이었다. 그래서 로마에서는 선혜가 작동할 수 없었다. 이 일을 담당해야 할 관리관들aediles은 마치 검투사 경기를 베풀 듯이 곡물과 기름을 공급했지만 지극히 제한적이었다. 그래서 호족, 이를테면 폼페이우스에게 이 직책이 전가되었다. 기원전 57년에 5년의 기한으로 곡물 공급 위원장에 추인되면서 제국 전체에 전권을 행사할 수 있었다.[43] 여기서 한 걸음 더 나아가 그

---

41   같은 책, 232.
42   같은 책, 234.

는 피케눔에서 자신의 가족에게 의탁하는 피호민들로 이루어진 사병을 소집했으며, 카이사르 역시 소규모의 군대를 징발해 정적에 대항했다. 옥타비아누스 역시 공화국을 지킨다는 명목으로 소집한 사병에게 지급할 돈을 원로원이 지불하도록 했다. 이런 점에서 사적 권력의 시대가 다가오고 있었다.[44] 벤느는 결국 공화정기에 선혜 행위가 이루어지지 않은 이유로 과두 간의 경합과 국가 기구의 기능 때문이라고 종합한다. 이런 단서를 남긴 채 벤느는 제정의 도래로 넘어간다. 이제 관점을 탈피해 제정기 황제의 선혜에 집중하고 탁월한 결론을 냈다. 즉, 제정기의 선혜를 독점한 사람이 바로 황제였고 다른 인사의 도전을 허용하지 않았다는 것이다. 한마디로 곡물 배급을 장악한 것이 바로 황제 권력의 바탕이었다.

그렇지만 공화정 전기나 중기는 어떠했을까? 더 오랜 세월 선혜 없이 로마 공화정은 지탱되어 오지 않았는가? 이런 문제와 관련해 우리에게 단서를 하나 주는 것이 코리올라누스의 사례다. 코리올라누스는 자신을 지지해 참전한 자들에게 시혜를 베풀었을 뿐 아니라 곡물 공급의 문제와 관련해 무상 공급에 반대하는 의사를 표현해 곤경에 처하게 된다. 이것이 사실일까? 많은 학자가 기원전 5세기 공화정 초기에 곡물 문제는 없었고, 이는 공화정 후기의 사정을 투영한 허구로 본다. 그렇다면 코리올라누스를 둘러싼 곡물 공급의 문제는 없었고 플루타르코스가 소급 추정한 것이 아닐까 한다. 면밀히 검토하면 『코리올라누스』에서 곡물 부족의 문제를 해결하는 방안이 결국 해외 수입이었다. 근래 12표법에 관한 연구에서 로마는 더 이상 육상 제국이 아닌 해상 세력이었으며 특히 페니키아Phoenicia나 카르타고와의 관계, 즉 국제적인 교역 관계가 주목된다.[45] 다음의 보고를 보자.

---

43   같은 책, 240; 289, n. 183.

44   같은 책, 247.

45   Nörr(2005: 147~189). 특히 포룸 보아리움에 있는 헤라클레스(Heracles) 신전의 기능과

이때 곡물이 로마로 들어왔는데 많은 양이 이탈리아에서 구입되었으며, 시라쿠사이의 참주인 겔론Gelon(기원전 540~487년)이 그에 버금가는 양을 선물로 중여했다. 그래서 많은 사람이 곡물 공급으로 희망을 가지게 되었으니, 곡물 부족과 불화에서 나라가 벗어날 것이라고 전망했기 때문이다. 바로 원로원이 소집되자 인민은 의사당 밖에서 결과를 기다리며 에워싸고 있었다.[46]

이 보고는 이미 기원전 5세기에 로마가 해외 곡물을 구입하거나 증여받았음을 보여준다. 해상 교통의 이점이 있었던 오스티아Ostia 항구를 통해 티베리스Tiberis강을 따라 주행하는 항로는 그런 수입을 가능하게 했을 것이다.[47] 이런 사실은 적어도 일찍이 공화정 수립 때부터 평민이 정부에 가장 크게 기대했던 것이 바로 곡물 부족의 문제를 해결하는 것이었음을 보여준다. 그리고 그것이 정권을 유지하는 첩경임을 지배층은 깊이 인식했다. 이런 점을 다음의 인용문은 보여준다.

인민은 광장에서 인간애에 따라(φιλανθρώπω) 공급될 것과 무료로 선물이 분배될 것을 기대했다. 게다가 원로원의원 중에는 원로원에게 이 점들을 설득하는 자들이 있었다.[48]

곡물을 염가나 무상으로 공급한다는 바람이나 계획은 바로 정권의 향배와 연결된 문제임을 앞서 충분히 조명했다. 벤느의 해석이 돋보이는 부분이다.

중요성에 대한 언급이 참조된다(같은 글, 166쪽).

46　플루타르코스, 『코리올라누스』, 16.1. 이 기근에 관해서는 디오니시오스 할리카르나소스가 착각했고, 이를 플루타르코스가 따른 것으로 파악된다. 특히 새먼은 기원전 433년과 기원전 411년의 사건을 잘못 적용한 것으로 파악한다(Salmon, 1930: 96, n.6 참조).

47　김창성(2011: 224~230).

48　플루타르코스, 『코리올라누스』, 16.1.

그렇지만 이 정책과 관련해 코리올라누스는 이런 방식으로 인민을 만족시키려는 원로원의원들을 "선동자($\delta\eta\mu\alpha\rho\gamma\circ\circ\acute{\upsilon}\varsigma$)"요, "귀족에 대한 배신자($\pi\rho\circ\delta\acute{o}\tau\alpha\varsigma$ $\tau\tilde{\eta}\varsigma$ $\dot{\alpha}\rho\iota\sigma\tau\circ\kappa\rho\alpha\tau\acute{\iota}\alpha\varsigma$)"라고 비난한다. 이 비난은 무심코 원로원 내부의 갈등을 토로한 것일 수도 있다.[49] 그렇지만 그의 비난은 이해되지 않는 측면이 있다. 우리에게 당연한 것을 반대하는 그의 논리는 무엇인가? 다음과 같이 말했다.

"그 원로원의원들은 자신들에 반대해 대담함과 오만함이라는 고통스러운 씨앗들을 대중에게 뿌려 자라게 만들기 때문입니다. 그런 씨앗들을 애초에 자라 나오지 못하도록 차단하는 것이 잘하는 것이며, 인민이 그렇게 큰 권력을 가지고 강해지지 않도록 하는 것이 잘하는 것입니다. 그렇지만 두려운 것은 자신들이 원하는 경우 모든 것에 대한 주도권을 가지는 것이며, 원하지 않은 것들을 하는 것은 콘술들에 의해 강요되지도 설득되지도 않고, 오히려 이 콘술이 없는 상태를 자신들의 지도자들의 통치라고 부르는 것입니다. 그런데 그리스인들 중에서 가장 강력한 민주주의자들이 그러하듯이, (곡물을) 자발적으로 증여하고 게다가 참으로 분배하도록 앉아서 투표하는 사람들이 자신들의 불복종을 비호하는 것이야말로 완전히 공적인 파멸로 이끄는 것입니다"라고 이야기했다.[50]

이 연설에서 코리올라누스의 이야기는 마치 곡물 배급 수혜자들을 '거머리

---

49 이 비난은 원로원 내부의 구성이 달랐음을 드러낸다. 즉, '파트레스'라고 불리던 구(舊) 원로원의원들과 '콘스크립티'라고 불리는 신(新) 원로원들 간의 갈등을 표면화한 것으로도 볼 수 있다. 전자가 타르퀴니우스 수페르부스 왕에 의해 살해당하며(decimated) 수가 많이 줄자, 공화정은 원로원을 재건하기 위해 평민 출신자들을 선발하고 이들에게 귀족 가문의 자격을 부여한 후에 의석을 벌충한다. 그렇지만 이들은 평민에 대해 친밀한 관계를 가질 수밖에 없었다. 흔히 기원전 480년대 '귀족의 폐쇄(serrata del patriziato)'라고 불리는 현상은 이들 콘스크립티의 사회적 상승 욕구에 따라 촉발된 것으로 이해된다(Richard, 1986: 121~124 참조).

50 플루타르코스, 『코리올라누스』, 16. 2~3.

들'이라고 언급했던 키케로[51]를 연상시킨다. 이 역시 기원전 1세기의 사정을 투영할 것일까? 너무 같은 말이라 게으른 평민을 단순히 비난하는 듯 보인다. 그러나 키케로와 코리올라누스의 관점은 다르다.

후자는 이들에게 그런 시혜를 베풀어서는 국가의 존립이 위태롭다고 주장하는 것이다.

> 왜냐하면 아마도 심지어 사람들은 자신들이 병역을 기피한 대가로, 조국을 떠났던 반역의 대가로, 원로원에 대해 퍼부었던 비난의 대가로, 이런 것들을 받는다고 결코 말하지 않을 것이기 때문입니다. 오히려 공포로 인해 우리가 아첨을 떨고 이런 것들을 준다고 동의하고 양보할 것이라고 기대하기에, 그들의 불복종은 한이 없을 것이며 싸움질하며 소요를 일으키기를 그치지 않을 것입니다. 그러므로 이런 짓은 미친 것이나 다름없습니다. 만약 우리가 분별력이 있다면 우리는 그들에게서 호민관직을 제거해야 할 것이니, 그것이 콘술직을 죽이며 나라를 나누는 것이기 때문입니다. 나라는 이제 전처럼 하나가 아니라 나누어져 결코 하나로 될 수 없다고 여겨지며, 우리는 한마음이었으나 우리는 계속해서 미친 상태이며 서로에 의해 괴로움을 당하는 것을 받아들입니다.[52]

이 말은 벤느의 주장을 뒤집는 것이 아닐 수 없다. 코리올라누스에 따르면 곡물 배급의 수혜 대상은 바로 병역을 이행한 사람들이다. 역설적으로 표현하고 있지만 병역을 거부하고 전쟁을 하지 않으려는 자들에게 곡물을 무상으로 준다면 누가 병역을 이행하겠느냐는 것이다. 바로 이 점이 키케로와 다른 점이 아닐 수 없다. 이미 마리우스의 병제 개혁 이래로 직업군인화된 로마 군대는 코리올라누스 시기의 소집 군과 달랐다. 이런 병역 의무자들이 병역을 기

51   허승일(1995a: 298).
52   플루타르코스, 『코리올라누스』, 16. 3~4.

피하게 되면 '국가의 완전한 파멸'에 도달한다고 본 코리올라누스의 주장은 시대의 사정을 잘 반영한 것이다. 이런 점에서 벤느의 설은 한계를 지닌다. 권력은 생각보다 더 교묘한 장치인 것이다.

지중해 세계에서 이런 곡물 부족의 문제를 해결하는 보편적인 방안은 식민시colonia를 건설해 도시에 포화된 시민의 수를 줄이는 것이었다. 마침 좋은 기회가 왔다. 벨리트라이Velitrae에 속한 도시들에서 사절들이 왔다. 이들이 로마에 간청하기를 역병 때문에 시민 중에 90퍼센트가 죽어 로마인 이주자가 필요하다는 것이었다. 이는 곡물 부족에 시달리는 로마로서는 반가운 제안이었다. 특히 소요를 미연에 방지하는 효과가 있었을 것이다. 그렇지만 적극 찬성해야 할 호민관 유니우스 브루투스Junius Brutus가 이 제안에 반대하고 나선다.

> 그러자 시키니우스와 브루투스 주변에 있는 민중 선동가들은 저항했다. 그들은 콘술들이 이름 중에서 가장 부드러운 이름을 가진 식민시로 가난한 사람들을 소집하는데 마치 구덩이 속으로 밀어 넣듯이 하고, 건강에 나쁜 공기와 묻지도 못한 시신으로 가득 찬 도시로 보내면서, 낯선 지역 신과 살인자와 더불어 살게 하는 것이야말로 더할 나위 없이 참혹한 것이라고 외치며 울었다. 게다가 시민들 중에서 굶주림으로 파멸한 것에 그치지 않고 역병에로 내몰고, 게다가 자의적인 전쟁에 내보내는 것처럼 이렇게 도시의 어떤 악도 줄어들지 않으니, 부자들에게 종노릇하는 것을 거부하라고 외쳤다.[53]

이런 말에 자극받은 평민들이 동요하고 원로원도 어찌할 바를 모르게 되었다고 플루타르코스는 전한다.

마침내 호민관들이 코리올라누스에 대한 사형을 주장하게 되고, 결국 추방에 이르는 이유가 재판 과정에서 드러난다. 이 재판은 켄투리아회가 아니라 트

53　같은 책, 13. 1~2.

리부스 평민회에서 열렸다. 플루타르코스는 재판 경과를 다음과 같이 전한다.

그런 후에 (호민관들은) 참주 행위에 대한 고소는 입증되지 않았으므로 이를 포
기하고, 마르키우스가 광장에서 염가로 곡물을 팔게 해서는 안 된다는 것과 인
민에게서 호민관직을 제거해야 한다고 주장하며 원로원에서 제시한 발언들을
다시 기억했다. 게다가 그들은 안티움Antium의 영토에서 획득한 전리품들을 국
고로 납부하지 않고 자신과 함께 복무했던 자들에게 해준 분배를 그에 대한 새
로운 죄목으로 했다.[54]

로마 공화정의 역사에서 가장 나쁜 죄목은 참주가 되고자 하는 것이다. 이
는 체제를 정면으로 부정하는 것이기 때문이다. 이 대목에서 코리올라누스가
참주가 되고자 했다는 죄목은 입증될 수 없었다고 밝힌다. 다음으로 곡물을
염가로 공급하는 것을 방해했다는 것이 더 중요한 항목으로 제시되고, 이어서
호민관직을 없애자고 했던 내용을 제시한다. 게다가 전리품을 국고에 납입하
지 않고 추종자들에게 나누어준 것도 죄목에 추가된다. 그런데 장군이 전리품
을 자의로 처분하는 것은 공화정기의 전통이라 반드시 국고에 넣어야 한다는
주장은 사실 근거가 없다.[55] 이렇게 본다면 이 대목에서 곡물 가격을 낮추거
나 무상으로 분배하는 것에 대한 반대가 그의 죄목인 것이다. 플루타르코스는
표결을 다음과 같이 담담히 전한다.

마침내 트리부스별로 투표한 결과 세 표의 유죄 판결이 더 많이 나왔다. 그래서

---

54 같은 책, 20.2~3.
55 이를 직접 언급하는 것이, 키케로의 『의무론』(2.76)에 보면 전리품을 국고에 전부 넣은 예
    가 나온다. 이는 도덕적인 행위이며 결코 강요된 것이 아님을 보여준다. 이 문제에 관해서
    는 Shatzman(1972: 177~205)을 참조.

판결은 영구 추방($\dot{\alpha}\dot{\imath}\delta\iota\sigma\varsigma$ $\varphi\upsilon\gamma\acute{\eta}$)이었다. [56]

차이가 작은 것으로 보아 코리올라누스의 주장이 설득력을 가졌음을 알 수 있고, 켄투리아회에서 투표했다면 결과가 달라질 수도 있었을 것이다. 그러므로 로마에서 이루어진 곡물 배급은 시기마다 다른 맥락에서 시행되었다. 특히 코리올라누스의 항변은 공화정 초기 징병제에 기초해 국가 방어가 이루어지는 사정에서 그 나름대로 설득력을 가지는 것이다. 왜냐하면 식량은 바로 무기이고, 국가권력의 원천임을 그는 잘 알고 있었기 때문이다. 이것이 유지되어야만 명령을 내리고 군을 통솔하는 귀족이 존재할 수 있다. 그런 기능을 가진 귀족의 권위에 대한 도전은 이 재판에서도 나타나지는 않는다. 이처럼 귀족은 적어도 공화정 초기에는 자의로 병력을 동원할 수 있는 존재였다. [57]

4. 토지 소유와 귀족의 기반

형벌을 모면하기 위해 코리올라누스는 적국인 볼스키인들에게 망명한다. 비록 적이기는 했으나 볼스키인들에게 그는 다음과 같이 인정받는다.

---

56 플루타르코스, 『코리올라누스』, 20. 4.

57 이런 권리를 근거로 베버는 공화정기의 사병이나 피호민에 의해 유지되는 관계를 봉건제로 파악한다. 이런 관계는 마메르티니에서 폼페이우스까지 공화정 말기와 내란기에도 일반적이었던 것으로 보인다. 1977년에 발견된 사트리쿰 석비(Lapis Satricanus)는 기원전 500년경의 것으로 추정되며 마르스(Mars) 신에게 봉헌된 것이다. 여기에는 공화정 초기 로마를 지배했던 푸블리우스 발레리우스(Publius Valerius)의 소달레스(sodales), 즉 막료나 동료를 뜻하는 자들의 명단이 기록되어 있다. 이들은 국가의 구성원도 지역 사회의 일원도 아니다. 디오니시오스 할리카르나소스의 『로마 고대』(9. 15. 3)에서는 이들을 헤타이로이(hetairoi)로 번역하는데, 이들은 호메로스(Homeros)의 작품에서 나오는 대로 독립한 장군의 무장 종사들이다(Cornell, 1995: 144f. ; 2003: 88f. 참조).

이어서 마르키우스는 부름을 받았으며 군중과 말로 대화를 나누었는데, 중무장을 갖춘 무서운 사람이자 적으로 보인 것에 못지않게 그의 말에 의해 그가 특별히 용기가 있다고 생각하게 되어 군중은 툴루스와 더불어 장군이며 전쟁 사령관으로 임명되어야 한다고 생각하게 되었다.[58]

이처럼 능력과 용기를 인정받은 그는 이제 로마의 적군의 사령관이 되어 보복한다. 기습전을 통해 얻은 많은 전리품으로 볼스키인들의 인정을 받았는데, 그의 목표는 다른 데 있었다.

그런데 그에게 전리품을 풍부하게 얻은 것은 그 원정의 가장 사소한 결과(μικρό τατον ἔργον)였으며, 무엇보다 영토(χώρα)를 유린한 것이 눈에 가장 두드러졌다. 이것 때문에 그런 일들을 그가 완수한 것이니, 대체로 인민에 의해 귀족들이 모욕의 말을 듣게 하는 것이었다. 왜냐하면 다른 모든 것들은 약탈하고 파괴당하더라도 귀족들의 토지(ἀγρούς)를 강력하게 지켜주었으니, 해를 당하거나 귀족들에게서 몰수되지 않도록 했기 때문이다. 그래서 서로에 대해 비방과 혼란이 전보다 가중되었으니 …… 반면 인민은 귀족들이 예전의 나쁜 일을 기억하며 마르키우스를 불러들여, 다른 사람들이 적에게 유린당하는 동안에 앉아서 보고 있으며, 밖으로는 전쟁 자체를 재산과 소유물을 보호해 주는 것으로 간주하고 있다고 비난했다.[59]

---

58 플루타르코스, 『코리올라누스』, 27.1. 세르비우스 툴리우스 왕이 6켄투리아의 기병대를 편성할 수 있는 귀족에게 부여했을 때 그 기반은 투르마이(turmae)로 알려져 있고, 이것은 세르비우스의 개혁 이전의 지역구인 트리부스(pre-Servian tribes)를 의미한다. 이것은 귀족의 세습적인 권리를 인정한 조처다(Richard, 1986: 117). 이렇게 본다면 공화정 초기 귀족의 병력 소집권은 의문의 여지가 없는 특권이다.

59 플루타르코스, 『코리올라누스』, 27.2~4.

한마디로 이 보복은 철저하게도 평민에 대한 것이었다. 그렇지만 평민이라는 표현 대신 "인민(ὁ δῆμος)"이라고 쓰고 있어 사실상 이 침해받은 토지는 로마의 영토, 즉 공유지ager publicus일 것이다. 그런데 이 보고는 기이하게 들린다. 전쟁 중에 어떻게 귀족과 평민의 토지를 구분했을까? 귀족의 토지와 일반 평민의 토지는 로마의 토지에서 다른 범주로 인식되고 있거나 그리스처럼 경계석으로 다르게 표시된 것이 아닐까? 아니면 귀족의 개인 소유 "토지(ἀγροὺς)"는 로마의 "영토(χώρα)", 즉 인민의 소유와 다르게 구분되었다는 증거로도 읽을 수 있는 것인가? 이 설명은 이 설화가 가진 역사성 문제와 관련이 있어 보인다. 평민의 토지와 귀족의 토지가 분리되어 있다는 내용이다. 그리고 이 이야기에서 코리올라누스는 귀족의 재산은 침해받지 않도록 한 것으로 보아 두 범주의 토지에 엄연한 구분이 있었던 것으로 보인다. 귀족의 토지와 재산은 결국 귀족의 소유이면서 피호민 등이 경작하는 토지로 일종의 귀족의 배타적인 소유지로 존재했을 가능성이 있다.[60]

이 문제와 직접 관련된 농지 보유의 문제에 대해 일찍이 베버는 『고대농업사정』에서 다음과 같이 말한다.

파이스의 입장에 관한 판단을 나는 내 것이라고 주제넘게 말하지는 않겠다. 한 가지만 언급하고자 한다. 그렇게 수많은 사례와 관련해 씨족 전설들, 후대에 일어난 농지를 둘러싼 투쟁Agarakämpfe에 대한 경향적인 투사 그리고 초기에 일어난 사회적인 대립 등이 단지 복제duplicazioni, 즉 같은 대립의 되풀이로 증명된다. 파이스는 이런 점들을 협의의 근거로 종종 조작하는데, 그 자체로서는 아무것도 입증하는 것이 없다. 이를테면 후대 그리스의 농지를 둘러싼 투쟁은 사실상 다른 점을 지닌 고전 그리스 초기에 있던 전선戰線의 되풀이다. 그것은 고대의 본질이다.[61]

---

60   이 문제에 관해서는 Colognesi(1988: 263~289)(김창성 옮김, 2013a: 75~117)를 참조.

이 언급에서 베버는 농지를 둘러싼 투쟁이 결코 후대의 반영이 아니라고 본다. 이런 구호는 토지의 편재偏在와 관련이 깊다. 베버의 언급을 이어서 들어보자. 우선 로마 귀족의 성격을 다음과 같이 논한다.

로마에서도 (그리고 여기에서는 다수의 그리스 고전기 국가들의 경우보다 더욱 강력하게) 귀족 씨족은 경작지 점유자였으나 도시에 정주하는 씨족이다. 로마의 대규모 군대를 이루는 병사들은 팽창의 시기에 농민이었으나 그들의 장교는 항상 도시민이었다. 고전기 그리스에서 귀족 씨족이 거의 언제나 인민과는 다른 수호 신성을 지니고 있는 것처럼(에른스트 마이어Ernst Meyer가 최초로 날카롭게 지적함) 씨족들의 제사들은 신성한(sacra) 개인적인 제례다. 다시 말해 씨족은 원칙상으로 "국가에서 벗어난(präterstaatliches)" 형태이며, 또한 국가의 "부분(Teil)"이 결코 아니다. 그에 비해서 쿠리아들에서 지내는 공동의 제사는 공적인 제례다.[62]

초기 왕정기를 보면 로물루스의 국가에서 귀족은 왕의 지배를 받는 존재가 아니었다. 오히려 농촌의 토지는 귀족의 전유물로 볼 수 있다.

분명한 것은 16개의 구농촌 트리부스가 씨족명을 가지고 있다는 점이다. 그리고 자연히 이것은 여기에서도 ① 관련된 지역의 전부 또는 대부분의 토지가 영주인 씨족들에 속했다 ─ 그렇다면 귀족 씨족의 대다수는 바로 토지가 없는 상태에 있었을 것이다 ─ 는 것이 아니라는 점을 지시하거나 아니면 ② 씨족gens이 원래 모든 자유인에 공통되는 제도였다는 것도 아니라는 점을 지시한다.[63]

---

61   Weber(1909: 142).
62   같은 글, 146쪽.
63   같은 글, 145쪽.

이런 지적에 따르면 원래 로마의 귀족은 공화국 로마를 구성하는 시민과는 별개의 존재임이 틀림없다. 이들이 가진 토지는 얼마나 되었을까? 베버는 다음과 같이 추정한다.

16개의 씨족에 따라 명명된 농촌 트리부스는 기원전 5세기 중반에 성립되었음에 틀림없는 한(다음을 보시오), 전승에서 끌어낼 수 있는 당시 로마의 농지 범위(5만~6만 헥타르)에[64] 따르면 트리부스 각각은 약 3200~3500헥타르의 면적을 포괄했다 — 이는 완전히 수용 가능한 숫자일 것이다. 로마 국토의 전체 면적 중에서 생산이 가능한 면적을 최대 3만 헥타르라고 볼 때(다음을 보시오), 옛 전승에 나오는 300명의 원로원 씨족의 각각에 대해 여기에 방목권을 더해 그들이 전체 로마 토지를 점유하고 있는 한, 약 100헥타르를 넘는 점유가 있었을 것이다. 우리에게 이것은 독일 동부의 경우 대점유의 한계로 정해진 크기로 보인다. 그러나 사람들은 아테네 귀족의 직영지와 토지 할당에 관해 상기한다(500메딤노스급이 약 50헥타르고 알키비아데스가 상속받은 땅이 30헥타르임). 그 숫자로부터 시험 삼아 한번 따져보되 대충 보면, 도시 귀족이 전체 로마 토지를 점유하고 있어야 한다는 사실이 도출된다.[65]

이런 계산에 따르면 로마가 국가를 이룰 당시 귀족은 사실상 로마 영토 전체의 주인이었다고 생각해야 한다. 이런 추정이 뒷받침된다면 로마의 토지 제도는 이런 귀족 씨족의 토지와 2유게라의 할당지로 구성되는 사유지와 국가의 소유지인 공유지로 구분되었다.[66] 이런 상황에서 귀족의 토지는 사실상 파

---

64 '로마의 농지'는 'ager Romanus'의 번역어인데, 이 당시 로마의 농지에 관해서는 오래된 것이라는 의미의 안티쿠스(antiquus)를 붙여 별도로 표시한다. 즉, 'ager Romanus antiquus'로 표기되며, 이 농지는 복점관(augur)이 관할하는 신성한 개념으로 본래의 도시 영역으로 간주된다. 이 점에 관해서는 Mommsen(1887c: I, 824)을 참조.

65 Weber(1909: 150).

악 대상이 되지 않았을 것이다. 어쩌면 농지 투쟁이 공유지만 둘러싸고 전개된 것은 이 같은 틀을 전제로 할 것이다.[67] 로마의 영토 중에 농촌 트리부스에 속해 정부가 파악한 면적은 사실상 로마 영토의 일부에 불과한 것이다. 이처럼 로마 귀족은 유구한 역사 속에서 독자적인 토지 소유와 운영, 국가에서 독립한 의식을 가지고 있는 존재였다.[68]

공화정이 점점 제도화되고 평민의 세력이 조직화되면서 이런 토지 보유는 점차 변화하기 시작했을 것이다. 루이지 콜로네지Luigi C. Colognesi는 그런 변화를 다음과 같이 언급한다.

> 우리의 이 전망과 독립적으로 공통적으로 충분히 가능한 것은 완전 소유권하에 있는 지역이 가장 오래된 16개의 트리부스에 상응해 기원전 5세기 내내 공유 토지에 의해 둘러싸이고 단절되었다는 점이다. 이것은 씨족의 옛 공동 토지거나 아니면 최근에 정복된 토지로서 이를 둘러싸고 양 신분 간에 경쟁이 더 활발하게 폭발한 것이다. 이것이 유일하게 가능한 해결책이다 — 우리는 이것을 다시 한번 되풀이할 것이다. 여기에서는 영토 트리부스가 오로지 공유지만 지시하며 마찬가지로 이미 공화정 초기에 시민의 소유권으로 할당되지 않은 로마 토지가 일부 존재한다는 것이 확실하다는 생각이 확고하게 유지된다.[69]

---

66 Colognesi(1988: 275)(김창성 옮김, 2013a: 94).

67 평민이 로마 영토 중에서 구속력을 가지는 결정을 할 수 있는 곳은 오로지 공유지였음을 명심할 필요가 있다(Cornell, 1995: 262).

68 Raaflaub ed. (1986: 211)에서 라프라우브가 신분투쟁 초기인 기원전 6세기에 평민에 대한 토지 분배가 순전히 공유지를 대상으로 한 것인지 아니면 귀족의 소유지를 대상으로 한 것인지 모른다고 지적한 부분은 이 문제와 관련이 있어 보인다. 적어도 『코리올라누스』에서는 그런 토지 분배가 귀족이 이런 식으로 차지한 영역을 대상으로 이루어지고 이것이 공화정 말기에 하나의 관념으로 남았기에 아우구스투스가 이집트를 자신의 사유재산으로 다루게 되었다고 생각된다.

69 Colognesi(1988: 281)(김창성 옮김, 2013a: 103).

이런 토지 사정을 고려하면 코리올라누스와 평민의 대립, 평민에게 굴복하지 않겠다는 코리올라누스의 결연함은 로마 귀족의 토지 소유가 지니는 특성에서 나온 것이다.[70]

5. 결어

우리는 귀족에 대해 비판이나 조롱의 칼날을 들이대고, 그들도 평민과 다름없는 인간이라는 것을 느끼면서, 그런 구분이란 허구라고 보았다. 단지 특정 세력이 자신의 이익을 보호하려는 외투로 귀족을 보았을 뿐이다. 그렇지만 셰익스피어의 『코리올라누스』를 통해 제시된 로마 귀족의 인간상은 평민과의 타협을 거부하고 원칙과 소신을 세워나가는 것이다. 공화정이라는 제도하에서 인민의 투표로 지도자가 결정되는 구조에서, 정치가로서 입신하려는 지도자들이 반드시 거쳐야 하는 것이 표심 얻기다. 그렇지만 코리올라누스는 전혀 다른 태도를 취하며 거짓이나 위장으로라도 그런 모습을 보일 수 없음을 분명히 한다. 오히려 평민들이 예민하게 생각하는 곡물 배급의 문제에 반대하고, 전투에 참여하지 않은 사람은 자격이 없다고 주장해 호민관에게 고발 조처되고 망명에 이르게 된다. 이것은 결국 로마의 위기를 가져오며, 간신히 모친의 설득이 효과가 있어 진격은 멈추게 된다.[71] 이런 과정에서 귀족인 코리올라누스가 보여준 무공은 탁월하며, 그런 무공이 조국 로마를 향해 돌려질 때 이를 막을 수 없었던 것으로 보인다. 이런 이야기가 플루타르코스의 입을 통해 전해졌을 때 우리는 이것이 하나의 허구이거나 셰익스피어의 시기에 사라진 귀

---

70 몸젠은 기원전 60년경에 이르러 대중이 원한 것은 곡물 공급이지 토지 분배를 받아 직접 경작하는 것은 아니었다고 파악한다. 그러기에 『코리올라누스』에서 농지 분배의 문제가 더 중요하게 나오는 것은 공화정 초기의 문제임을 방증한다(Mommsen, 1996: 473 참조).

71 이는 로마사에서 여성이나 여성성의 이해가 중요함을 보여주는 연구 과제다(Pelling, 1997: 3~32; Mustakallio, 1990: 121~135; Bonjours, 1975: 157~181 참조).

족에 대한 향수를 그 동기라고 해석하는 것이 가능할 것이다. 그러나 플루타르코스가 전하는 사정은 좀 더 근본적인 문제, 즉 곡물 부족과 토지 문제가 이야기의 저변에 깔려 있음을 제시한다. 그런 문제가 상존해 있던 사정을 충분히 고려해야 이 이야기를 이해할 수 있다. 그런 귀족의 자의식은 사실 귀족의 토지 소유가 로마 국가의 파악에서 벗어나 있었던 사정을 반영한 것이 아닐까 한다. 베버부터 근자의 콜로네지에 이르기까지 공통적으로 초기 로마 공화정의 토지 보유 사정을 지적하는 것이 있다. 로마 국가가 팽창한 결과 공고해진 16개 트리부스의 명칭이 귀족 씨족의 명칭이라는 사실이 중요하다는 점이다. 여기에서 필자는 공화정 초기 로마 귀족의 토지 소유는 국가의 파악에서 벗어나 있었고 그런 사정이 공화정 말기까지 지속된 것이 아닌지 의문을 제기해 본다. 로마의 절대적 소유권에 입각해 로마 시민이면 누구에게나 보편적인 토지 보유와 재산세를 부과하는 것을 우리는 원칙으로 생각해 왔다. 그러나 귀족의 소유는 그런 틀 밖에 존재하는 것으로 영주적인 지배권하에 있었던 것이다. 코리올라누스를 통해 대변되는 귀족으로서의 자의식에는 그런 토지 소유라는 현실이 존재한다. 왜냐하면 『코리올라누스』에서 제시되듯이 정복을 통해 얻게 된 토지를 자신의 추종자인 피호민에게 나누어주는 존재가 귀족이었기 때문이다. 그런 점에서 귀족이나 그들의 자의식은 허구나 명분이 아니고 적어도 기원전 5세기에는 하나의 현실이었고, 그런 현실이 평민을 기반으로 하는 새로운 공화정 질서와 충돌한 것이 『코리올라누스』에 대변된 것이다. 이런 강고한 구조와 의식을 가진 귀족과 평민의 갈등이 두 세기를 넘어 이어지면서 로마 공화정사의 줄거리가 되었다.

제 8 장

키케로와 페다리
『아티쿠스 서한』 1.19의 이해를 중심으로[*]

1. 서언 | 2. 원로원 의결의 내용 | 3. 페다리의 주도권
4. 원로원의 충원과 구성 | 5. 결어

1. 서언

기원전 60년 3월 15일 키케로는 『아티쿠스 서한』에서 다음과 같이 말한다. "그 원로원 의결이 페다리의 전체 의지로(summa pedariorum voluntate), 우리 중 어느 누구의 권위도 없이 이루어졌다(nullius nostrum auctoritate factum)".[1] 이에 관해 키케로는 아티쿠스에게 "그 원로원 의결에서 자네는 그때 다른 사태가 보고되었음을(aliam rem tum relatum) 이해할 것"이라고 부언한다. 이 말은 그 원로원 의결이 관행과 달리 이루어졌음을 의미한다. 원로원 의결이 주재 정무관이나 상아象牙관직[2] 의원이 아니라 '페다리'라고 칭하는 원로원 구성원들에 의해 이루어지는 사태가 온 것이다. 키케로의 이 서신에서 언급한 이

---

[*]   이 글은 ≪서양고대사연구≫, 제56집(2019. 12)에 게재된 바 있다.

[1]   키케로, 『아티쿠스 서한』, 1.19.

[2]   이 표현은 '대정무관'이나 '귀족정무관'직으로도 번역해 쓸 수 있다. 이에 관해서 빌렘스는 'curulis'라는 말이 'currus curulis'(상아로 제작한 2륜 마차)보다 사비니(Sabini)어 'curis, quris'에서 유래하며, '로마 시민의 권리(ex iure Quiritium)'에서 유래하는 관리를 지시했다고 본다(Willems, 1968: I, 133 참조). 그렇지만 필자는 관례에 따라 이렇게 사용한다.

유일한 내용이 어떤 변화를 보여주는지를 파악하는 것이 이 장의 목적이다. 물론 페다리에 관해서는 비교적 많은 문헌이 있고, 그 정체와 관련해 어떤 해결을 분명히 본 것은 아니다. 그렇게 된 것은 현대 연구자의 이론異論도 문제지만, 사료 자체에서 보이는 상충에도 문제가 있다.[3] 그럼에도 이 주제를 접근하게 된 중요한 동기는 헤바 서판Tabula Hebana의 내용 때문이다.[4] 필자는 원로원의원과 기사들이 같이 모여 투표하는 모습에서 상충되는 이론과 보고들을 묶을 수 있다고 보았다. 필자는 이 장에서 키케로의 서신을 이해하려는 관점에서 자료를 분석하고 적용했음을 먼저 밝힌다. 그러다 보니 다른 시각이나 자료를 잘 수용하지 못한 문제가 있다. 이런 한계는 추후 밝혀야 할 과제이기도 하다.

2. 원로원 의결의 내용

키케로가 언급한 원로원 의결의 내용은 구체적으로 명시되지 않는다. 다만 이 법이 적용되는 대상이 "자유 인민들(populis liberis)"임을 밝히고 있다. 그들은 실제 속주민을 지칭한다.[5] 그런데 "까닭 없이 더해졌다(sine causa additum)"라는 말로 의결의 정황이 기술된다. 키케로는 이들에 관한 의결이 부차적으로

---

3   그 중요성에 비해 공화정기 원로원에 관한 국내 연구는 거의 없는 실정이다(Kyunghyun, 2011: 261~299; 김덕수, 2018: 41~75 참조). 이 연구는 키케로의 연설을 중심으로 원로원의 난맥상과 쟁론을 소개한다. 서양에서는 원로원의 중요성에 걸맞은 걸출한 연구서들이 나왔다. 19세기의 대표 작품으로 Willems(1968)와 Mommsen(1888: II)를 들 수 있다. 자세한 참고문헌은 Bonnefond-Coudry(1989: 765~800), 원로원에 관한 연구사 정리는 같은 책(2~4쪽)을 참조. 여기서는 몸젠의 업적을 가장 중요하게 평가했다. 아울러 이 장의 주제인 페다리에 관해서는 같은 책(655~682쪽)에서 자세하게 연구사를 정리했다.

4   김덕수(2003: 1~28) 참조. 이 자리를 빌려 어려운 비문을 해석하고 풀이한 김덕수 교수에게 감사를 표한다. 어려운 비문을 번역해 소개함으로써 이 장의 구상에 큰 도움이 되었다.

5   Bonnefond-Coudry(1989: 673).

이루어진 것임을 밝히고 있는 것이다. 이어서 이 의결의 적용 대상이라고 짐작되는 사람들의 신원이 앞에서 인용한 것과 같은 사료에서 나온다.

> 그럼에도 자네를 즐겁게 해주는 것으로 인해 시키온인들에게서 얼마간의 돈을 강취할 것이라면 제발 내가 더 확실히 알게 해주기를 바라네.

이 내용에서 도시 시키온Sicyon과 아티쿠스가 일정한 이해관계를 가지고 있었음을 알 수 있다. 그 관계는 금전적인 이해관계였고, 그들과의 관계에서 기사 신분이던 아티쿠스는 많은 이익을 얻었으나 이 의결 때문에 타격을 입었을 것이다. 앞으로 "시키온인을 강탈할 것이라면(expresseris)"이라는 조건을 달았으니, 이는 속주의 도시들에게 대여금prêts을 빌려주고[6] 고리대를 취하는 관행을 지시한다고 볼 수 있다.

푸블리우스 세르빌리우스 이사우리쿠스Publius Servilius Isauricus가 이 법의 제안자인데, 그는 소小카토(기원전 95~46년)의 추종자로 알려져 있다. 카토에 관해 키케로는 다음과 같이 언급한 바 있다.

> 내가 보기에는 계획과 재능보다는 오히려 일관성과 성실함에 관심을 기울일 한 사람이 바로 카토라네. 그는 자신의 측근 중 가장 친애하는 자로 여겼던 불행한 청부업자들을 이제 세 달째 홀대했다며 그들에게 원로원에서 답변하는 것을 허용하지 않고 있지. 그래서 우리는 나머지 일에 관해 청부업자들에게 답변이 주어지기 전에 아무것도 결정할 수 없다네.[7]

---

6 같은 책, 655쪽. 이에 관해서는 Badian(1976: 88)에 보면 이집트 왕이 자신의 신민을 담보로 돈을 빌리는 것을 소개하면서 청부업자들은 로마 총독의 관할을 받지 않는 곳에 투자하는 것을 선호했다고 지적한다.

7 키케로, 『아티쿠스 서한』, 1. 18(기원전 60년 1월 20일).

여기에서 카토가 속주에서 청부업자들의 고리대 관행에 어떤 제한이 가했음을 알 수 있다.[8] 키케로는 계속해서 시키온인에 관해 다음의 편지에서 언급한다.

전에 내가 자네에게 썼던 대로 시키온인에 관해 원로원에서는 별로 희망이 없다네. 왜냐하면 아무도 같은 불만을 제기하는 사람이 없기 때문이네. 그래서 자네가 그것을 기대한다면 그것은 오래 걸리는 일이고, 자네가 할 수 있는 다른 방도를 취한다면 그것은 투쟁pugna이라네.[9]

이 언급을 보면 앞의 3월에 보낸 키케로의 "그러나 이 시점에 그것은 변경될 수 없다(sed immutari hoc tempore non potest)"라는 답신에 대해 아티쿠스가 그 의결의 수정이나 폐지의 가능성을 물었을 것이다. 그러나 먼저 서신과 마찬가지로 분위기는 그 의결에 관한 수정이 어렵다는 것을 보여준다. 그것은 발의자나 개정 여론이 별로 없기 때문이라는 것이다. 그런 분위기를 키케로는 같은 편지에서 다음과 같이 진술한다.

원로원 의결을 도입할 시기가 무르익지 않았다네. 왜냐하면 불만을 제기하는 사람도 없으며, 많은 사람이 일부는 악의에 의해, 일부는 공평을 주장하는 의견에 의해 이끌리고 있기 때문이지.

여기에서 주목되는 것은 공평aequitas에 관한 여론이다. 이것은 속주민들에

---

8   Morell(2017: 102)을 보면 카토는 속주에 관해 지대한 관심을 지니고 있었다. 특히 속주 견학(study tour)을 재무관직 학습만큼이나 정치 경력을 준비하는 데 중요하다고 보았다. 이에 관해서는 플루타르코스의 『소(小) 카토』(12.2, 16.1, 19.1)를 참조.

9   키케로, 『아티쿠스 서한』, 1.20(기원전 60년 5월 12일).

게도, 특히 자유 속주민에게 공평을 베풀어야 한다는 주장이 등장했음을 보여준다.[10] 그 구체적인 내용은 알 수 없지만, 이 주장이 관철되면 시키온인과 같이 속주민에 대한 돈벌이의 기회가 제한됨을 의미한다. 여기까지 우리는 이 의결에 따라 속주민, 특히 자유 속주민으로 이루어진 자치단체에 행해지던 가렴주구 행위에 대해 일정한 제한이 가해졌으며, 마침내 아티쿠스와 같은 기사 신분에게까지 영향을 미쳤고 키케로도 난처한 입장에 처했음을 알 수 있다.

이 원로원 의결은 어떤 영향을 끼쳤을까? 다음과 같은 말이 이어진다.

처음에는 사람들로 가득 찼던 모임들(conventus)이 이제 그러지 않은 지 오래 되었다.[11]

여기에서 "모임"은 어떤 뜻일까? 여러 가지 뜻이 있지만 불화 때문에 꼬여 버린 상황을 보여준다고 이해할 수 있으며, 각종 모임에 대한 사람들의 관심이 멀어졌다는 뜻일 것이다. 같은 곳에 나오는 다음의 설명은 이를 좀 더 자세히 표시한다.

다음으로 나는 나 자신에 의해 아무리 나누어지지는 않았어도 우리의 청부업자 들이 원로원과 쉽사리 분리되었으며 유복한 자들, 이 양어장 주인들, 내가 이르 길, 자네의 친구들이 감추지 않고서 우리를 시기하고 있음을 보았네.

---

10 비견할 수 있는 사례가 기원전 149년에 로마로 귀환한 갈바를 호민관 루키우스 스크리보 니우스 리보(Lucius Scribonius Libo)가 민회장 앞에서 기소한 것이다. 이와 관련해 스크 리보니우스는 갈바가 팔아버린 루시타니아(Lusitania)인들의 자유를 회복해야 한다고 제 안했다. 원로원의원인 대(大) 카토가 스크리보니우스를 지지했고, 퀸투스 풀비우스 노빌 리오르(Quintus Fulvius Nobilior)는 갈바를 변호했다. 물론 이 기소는 실패했다. 여기서 원로원과 호민관의 관계에 관해서는 Kyunghyun(2011: 292f.)을 참조.

11 키케로, 『아티쿠스 서한』, 1. 19.

여기에서 언급되는 청부업자들, 유복한 양어장 주인들은 키케로의 지지자들일 텐데 그러지 못한 사정을 보여준다. 오히려 반대파에 서 있다. 다음의 편지는 구체적으로 이 원로원 의결로 피해를 입은 사람을 적시한다.

자네는 시키온인들이 자네에게 해를 끼친 것을 카토 그리고 그의 모방자인 세르빌리우스 탓으로 돌리고 있네. 바로 그 재앙은 많은 선량에 관련되지 않는가? 어떤가? 그러나 그것이 괜찮았다면 우리는 칭찬하세. 그러고 나서 우리만이 토론에 남겨져 있다네.[12]

시키온은 코린토스Korinthos와 붙어 있는데, 청부업자들은 흔히 지대를 받는 계약을 맺고 시키온시 주변의 땅 대부분을 임대해 직접 임대료를 징수했다. 원로원은 이들의 활동을 억제하고자 했다.[13] 주목을 끄는 것은 시키온인에 관한 원로원 의결이 인용문에서 '선량vir bonus(비르 보누스)'이 "다수에게 재앙이 되었다(ea plaga nonne ad multos bonos viros pertinet)"라는 점이다. 만약 이들을 트리부니 아이라리로 추정할 수 있다면,[14] 국고 지불인 또는 세금 선납자로서의 위치를 가진 자들이 어떤 손해를 보았다는 뜻이다. 과연 어떤 손해를 보았기에 재앙이라고 했을까? 스토아stoa학자인 카토로서는 속주민들에 대한 보편적인 정의를 주장했을 것이고, 카토의 추종자인 세르빌리우스의 제안에 따라 시키온인이 지불해야 하는 공납 액수가 감면되면서, 그에 해당하는 국고 부담이 결국은 트리부니 아이라리에게 전가된 것이 아닐까? 아티쿠스는 대여금에 대한 이자를 받지 못해 손해를 보았을 것이다. 어떻게 보면 키케로의 말대로 괜찮았을 수 있고 칭찬할 만한 일이었다. 그러기에 이를 원로원에

---

12 같은 책, 2.1.
13 Hill(1952: 61).
14 김창성(2017: 81~106; 2018: 143~164).

서 재론할 수 없다는 것이 아닐까? 다수의 원로원의원이 동의해 결론을 내린 것이고 공평에 입각한 것이니까 말이다. 그러므로 그 원로원 의결의 내용은 속주민에 대한 보호라는 명분에 따라 제기된 것이고, 적어도 기사 신분으로 속주 도시들에 대여업 같은 영업을 한 자들에게 타격을 주었고, 나아가 트리부니 아이라리 같은 선납자 집단에게도 적지 않은 충격을 주어 매우 중요하면서도 실제적인 경제 문제를 야기했던 것이기에 사소한 문제가 아니었을 것이다. 키케로의 편지는 이런 점을 분명히 보여준다.

3. 페다리의 주도권

원로원 의결 과정은 잘 알려져 있다. 통설을 소개해 보자. 원로원을 소집해 사회를 맡아 회의를 진행하는 사람은 정무관인 콘술, 법무관 등이다.[15] 사회자는 현안을 내놓고 그에 대해 원로원 명부에 있는 순서대로 질문하고, 만족한 답에 이르면 질문을 그치고, 추인하거나 표결하는 식으로 이루어진다. 이과정에서 프린켑스는 원로원 명부에 첫 번째로 올라가는 사람이니, 그의 의견은 우선권자praerogativus로서 이후 의사진행에 중요한 영향을 미친다. 그러므로 원로원은 내부에 차별 구조를 지니고 있다. 특히 프린켑스가 되는 사람은 주로 콘술을 지낸 자들이었으며 토론은 물론이고 심의에 관한 발언을 거의 독점했다.[16] 연설을 하는 경우 원로원의원이 안을 제시하고 정당화하며 토론을 유발한다. 반면에 무언의 자리바꿈을 통해 의견을 표현하는 것은 페다리라고 불리는 사람들의 행동으로 인식된다. 이처럼 원로원 회의는 크게 이원화되었다고 볼 수 있다. 콘술을 지낸 자들이 주도권을 행사하고, 나머지는 단순히 침

---

15 원로원에서 표결이 이루어지는 것은 특별한 경우다. 일반적인 절차에 관해서는 Staveley (1972: 227f.)를 참조.

16 Bonnefond-Coudry(1989: 355, 594).

묵으로 의사를 표현하는 것이 원로원의 정경이었다.

이러한 개설적인 배경을 염두에 두고 문제의 의결이 이루어진 과정을 살펴보자.

그리고 푸블리우스의 아들인 세르빌리우스에 의해 다음처럼 이루어졌다. 그는 가장 늦게 발의했다네.[17]

입안되었을 때 그 의결이 어떤 사람들에게 해당할지 주목하지 않았으며 재빠르게 그 의견을 향해 페다리가 달려갔던 것이네.[18]

이 두 자료를 보면 발의자는 세르빌리우스인데, 그는 의결안을 "가장 늦게 (in postremis)" 제시했다. 그리고 이에 관해 페다리들이 세르빌리우스의 의견을 빨리 지지함으로써 의사를 표현했다는 것이다.[19] 아들인 세르빌리우스는 어떤 인물일까? 우선 그 아버지 세르빌리우스에 관한 키케로의 보고가 눈에 들어온다.

푸블리우스 세르빌리우스는 가장 위대한 업적들에서 가장 뛰어난 남자로서(vir clarissimus) 그대에[20] 대해 판결을 내릴 것입니다. 그는 오래되고 모든 면에서 확

---

17 키케로, 『아티쿠스 서한』, 1. 19.

18 같은 책, 1. 20.

19 Monro(1872: 118)는 영국 하원에서 'agreed'라는 외침이 법적 표결이 아닌 것처럼 이 문장에서 이렇게 달려가는 행위는 법적인 표현이 아니라고 본다. 집산채결(集散採決)이라는 의미의 '디스케시오(discessio)'라는 절차는 연설에 따르는 찬반의 이점과 연설 말미에 취해지는 분리의 이점이 결합한 것으로 기본적으로 호메로스의 작품에서 장로회에서 연장순으로 의견을 묻지만 투표는 없는 것과 같다고 파악한다. 대개는 회의를 주재하는 정무관의 뜻에 따랐겠지만, 키케로의 서한에 나오는 것처럼 페다리의 견해가 실제로 어떻게 의결되었는지는 의문이다.

장되고 장식된 올림포스를 힘으로, 군사력으로, 계획으로, 덕으로 차지했습니다. 나는 가장 용감한 자의 최근 예를 제시합니다. 왜냐하면 그 후에 세르빌리우스는 로마 인민의 장군imperator으로서 적의 도시인 올림포스를 차지했으며 ……[21]

만약 판결이 다음과 같은 식이라면, 즉 루키우스 옥타비우스를 재판관이 되도록 한다. 만약 소송되고 있는 카페나의 토지가 로마 시민의 절대 소유권에 따라 푸블리우스 세르빌리우스의 소유가 되는 것으로 보이면 그 토지가 퀸투스 카툴루스에게 회복되지 않는다. 그렇다면 루키우스 옥타비우스에게는 푸블리우스 세르빌리우스로 하여금 퀸투스 카툴루스에게 토지를 돌려주라고 강요할 필요가 없을 것이다.[22]

이처럼 푸블리우스 세르빌리우스 바티아Publius Servilius Vatia는 사령관으로서 올림포스Olympos를 정복하고, "가장 뛰어난 남자"라는 귀족에 어울리는 칭찬을 받았으며, 키케로와도 사이가 좋았다. 그는 분명 콘술을 지낸 원로원의 원이고,[23] 카페나Capena에서 가진 토지를 돌려주라는 소송에 관련된 것으로 보아 재산이 없는 자도 아니었을 것이다. 이런 세르빌리우스의 아들은 카토를 추종했으며 기원전 54년에야 법무관이 된다.[24] 이 시기에 그는 아직 상아관직 역임자가 아니었으므로 하위직인 재무관 역임자에 속하거나 기사 신분에서

---

20 베레스를 지칭한다.

21 키케로, 『베레스 기소』, 2.1.56.

22 같은 책, 2.2.31.

23 Taylor(1968: 94).

24 *Oxford Classical Dictionary*(2nd ed.), p.980. 이후에는 카이사르파가 되고, 기원전 48년에는 카이사르와 콘술 동료가 된다. 한편 Cantarelli(1915: 51)에서는 세르빌리우스가 재무관을 지냈으며, 카토는 기원전 60년에 지명 호민관(tribune designate)을 지냈다고 하면서 이들은 페다리가 아니라고 주장한다. 그렇다면 어떻게 전격적으로 페다리 전체의 지지를 받아 의결할 수 있었을까? 아무래도 페다리와 관련해서는 설명되기가 어렵다.

충원되었을 것이다. 그러므로 페다리의 일원이었으며, 원로원에서 가장 늦게 의견을 낸 것이 이를 재확인해 준다. 세르빌리우스의 제안에 대해 페다리가 재빠르게 찬성했고, 원로원 의결로 굳어지게 되었을 것이다. 일종의 의회 반란이라고 할 만한 사태였다. 키케로의 회한은 그런 점을 보여준다. 통설적인 이해를 뒤집는 상황이 전개된 것이다.

페다리는 누구인가? 그 정체에 관해 가장 많이 연구되는 것이 다음 사료다.

> 적지 않은 사람이 원로원에서 입으로 말하는 것이 아니라 다른 의견을 향해 발로 걸어가던 자가 '페다리 원로원의원들'로 불렸다고 믿는다. 이는 어찌된 일인가? 원로원 의결이 집산채결discessio을 통해 이루어졌을 때, 모든 원로원의원들이 발로써 의견을 표시하지 않는가?[25]

이 구절에서 우리는 두 가지 의견이 상충하고 있음을 보게 된다. 첫 번째는 일종의 민간전승으로 원로원의원들 중에서 침묵하며 자신의 의견을 표결로만 표시하는 부류가 있다는 것이다. 그러나 후자의 문구에서 전체 원로원의원이 발로써 의견을 표현하는 것이 표결 방식이라는 식으로 앞의 내용을 정정하는 모습을 보인다.

대부분의 연구자가 전자를 받아들이고 있다.[26] 반면에 뚜렷하게 일찍부터 이런 의견에 반대한 사람은 피에르 빌럼스다. 그는 리비우스 등의 여러 사료를 검토한 끝에 페다리는 "벙어리(personnages muets)"처럼 침묵한 것이 아니라 자신의 의견을 제시했다고 주장한다.[27] 그는 원로원의원이 침묵을 지킨다

---

25   아울루스 겔리우스, 『아테네의 밤』, 3.18.

26   예컨대 Wiseman(1971: 154)은 "'foot-men' did because they did not expect their own opinion to be asked"라고 설명한다. 키케로의 『아티쿠스 서한』(1.19)(로브판, p.90f.)에서는 "Members who did not speak, but only took part in the division"이라고 소개되며, 영역에서는 "the silent members"라고 번역되었다.

는 것은 말이 안 된다고 본다. 빌럼스는 타키투스의 다음 말을 인용한다.

도시의 지도자들만 아니라 모든 콘술 역임자들, 법무관직을 수행한 자들의 대부
분, 심지어 페다리 원로원의원들이 서로 다투어 일어나(exsurgerent) 수치스러
운 것들과 심지어는 과도한 것도 결의한다.[28]

이 기사는 티베리우스 황제 시기의 것으로, 페다리의 적극적 역할 — 발언
권은 유지되고 있음을 보여준다.[29] 한편 빌럼스는 타키투스 역시 콘술 역임자
와 법무관 역임자를 망라하는 상아관직 원로원과 페다리 원로원을 대비하고
있다고 보았다. 그리고 제정기에는 재무관 역임자보다 낮은 계층이 있다고 믿

---

27 Willems(1968: 141f.; 662, n.2); Roscio di Torrepadula(1918: 36)에서 이 점에 동조하는
    의견을 볼 수 있다. 이처럼 페다리가 오랫동안 침묵하는 의원으로 간주된 것은 원로원의
    독특한 의사 절차 때문이다. 특히 정무관이 프린켑스에게 질문하고 정무관은 임의로 질문
    을 중단할 수 있는 권한이 있기 때문이다. 이런 절차는 바로 시기에 바뀌어 주재하는 정무
    관은 콘술급 의원이면 누구에게나 우선 질문할 수 있게 된다(Bonnefond-Coudry, 1989:
    475~488 참조).
28 타키투스, 『연대기』, 3.65.
29 Willems(1968: I, 144). 이에 대해 루이지 칸타렐리(Luigi Cantarelli)는 강력한 반론을 제
    기한다. 그는 빌럼스의 추론, 즉 페다리가 비상아(非象牙) 관직 의원이라는 주장이 바로
    "단순한 추측(semplice congettura)"에 불과하며 키케로가 말한 노스트리(nostri)를 콘술
    역임자와 법무관 역임자로 본 것은 잘못이고 오직 콘술 역임자만 지시한다고 본다(50쪽).
    그는 Willems(1968, II, p.185f.)를 인용해 원래 원로원의 발언권은 세 가지가 있는데 첫
    째, 연설(oratio), 둘째, 구두로 동의하기(verbo adsentiri), 셋째, 발로 다른 사람의 제안으
    로 가기(pedibus ire in sententiam alienam)이며, 여기서 페다리는 세 번째에 대해서만
    권리가 있고 두 번째에 관해서는 권리가 없는 것으로 본다. 그리고 디오니시오스 할리카르
    나소스(7.47)에 따라 신참자(νεώτατοι)로 보고 원로들(seniores)에게 양보하는 것이 미덕
    이라면서 젊은 신참자가 페다리였다고 주장한다. 그러나 이에 관해 신참자들이 페다리라
    고 볼 수 없다는 의견을 Roscio(1918: 29)에서 찾아볼 수 있다. 같은 구절에서 그것은 젊은
    이(i piu giovani)와 노년(vecchi)을 지시하는 것이라고 보았다. 하위 정무관직에 속하는
    자가 바로 페다리라고 보는 빌럼스의 의견을 따른 것이다.

을 근거는 없다고 본 빌럼스는 페다리가 아울루스 겔리우스Aulus Gellius의 보고처럼 침묵하는 원로원의원이 아니라고 생각한다. 이 주장은 아들 세르빌리우스의 경우를 잘 설명해 준다.

이런 용어와 편제를 이해하기 위해 원로원 구성을 살펴볼 필요가 있다. 원로원의원의 집단 전기를 수집한 빌럼스는 원로원 구성을 〈표 8-1〉과 같이 제시한다. 이 구성은 기원전 55년에 〈표 8-2〉와 같이 변한다. 두 표의 대조를 통해 원로원의원의 구성에서 귀족 출신이 88명에서 43명으로 크게 줄었으며, 이는 술라가 원로원의원을 300명에서 600명으로 조정한 것을 감안하면 비율로는 4분의 1로 줄었다고 볼 수 있다. 빌럼스는 흥미롭게도 〈표 8-2〉에 제시된 43명의 귀족 출신 원로원의원의 출신이 불과 12개 가문에 국한되었고, 평민 출신 원로원의원 중에서 자치도시 가문 출신이 급증한 것을 지적한다.[30] 그다음으로 그가 지적하는 점은 소위 상아관직 의원들과 페다리 의원 간의 비율이 급변한 것이다. 기원전 179년 상아관직 역임자는 귀족 출신 63명에 평민 출신 110명을 더해 173명이고 하위 관직자이면서 귀족 출신인 25명을 더하면 과반수지만, 기원전 55년에는 전체 415명 중에서 상아관직 역임자가 163명(= 26+137)인데 비해 페다리는 252명으로 집계된다. 그러면서 빌럼스는 목록에서 누락된 185명(=600-415)은 대체로 페다리에 속한다고 보았다. 이런 불균형은 술라의 개혁 결과인데, 원로원을 두 배로 늘리면서, 매년 선출되는 상아관직 정무관의 수는 두 자리만 늘렸기 때문이라는 것이다. 마지막으로 달라진 것은 기원전 175년 원로원을 장악한 것은 군대 장교 출신들이어서 군사적인 요소élément militaire가 강했지만, 기원전 55년에는 변호사 등 법조인과 정치가들로 구성되어 민사적인 요소élément civile가 주도했다는 점이다.

이런 빌럼스의 노고 덕분에 필자는 키케로의 편지를 잘 이해할 수 있었다. 빌럼스에 따르면 기원전 61년에 원로원 선발이 이루어졌다.[31] 〈표 8-2〉의

---

30   Willems(1968: I, 555).

표 8-1 **기원전 179년 원로원의 구성**　(단위: 명)

계급	수	귀족 출신			평민 출신	
원로원 프린켑스(princeps senatus)	1	1			0	
독재관 역임 신분(ordo dictatorius)	2	1	22		1	
호구조사관 역임 신분(ordo censorius)	9	3		63	6	110
콘술 역임 신분(ordo consularius)	33	17			16	
법무관 역임 신분(ordo praetorius)	121	37			84	
귀족관리관 역임 신분(ordo aedilicus curulis)	7	4			3	
평민관리관 역임 신분(ordo aedilicus plebis)	5	0			5	
호민관 역임 신분(ordo tribunicius)	33	0		25	33	106
재무관 역임 신분(ordo quaestorrius)	93	25			68	
계	304			88		216

자료: Willems(I, 366)를 참조해 작성함.

표 8-2 **기원전 55년 원로원의 구성**　(단위: 명)

계급	수	귀족 출신		평민 출신	
원로원 프린켑스	1			1	
호구조사관 역임 신분	7	2	8	5	
콘술 역임 신분	28	6	26	22	137
법무관 역임 신분	120	16		104	
귀족관리관 역임 신분	7	2		5	
평민관리관 역임 신분	?	0		?	
호민관 역임 신분	53	0	17	53	235
재무관 역임 신분	199	17		182	
계	415		43		372

자료: Willems(I, 555)를 참조해 작성함.

31　Willems(1968: I, 139, n.1). 빌럼스의 주장에 반대하며 칸타렐리는 술라의 원로원 충원 이래로 기원전 70년에 64명의 원로원의원이 제거되었으며(리비우스, 『요약』, 98), 기원전 61년에 호구조사관들이 원로원 명부에 정무관직을 지내지 않은 일정 수의 시민을 등록했으며, 이들이 페다리를 충분한 숫자로 만들었다고 본다[Willems(1968: I, 52, n.1)에 있는 헤어초크(Herzog)의 주장을 참조]. 그래도 원로원에서 하급 정무관 역임자를 포함하지 않으면, 다수결을 이루기에는 충분하지 않았을 것으로 본다.

원로원 구성이 기원전 60년의 상황을 반영한다면, 키케로의 서신 내용을 그대로 이해할 수 있다. 페라리의 전체 의지summa voluntas가 원로원 의결을 결정지었던 것이다. 원로원의원의 과반수를 이룬 페다리의 숫자는 이들이 의지를 가졌을 때 원로원 상층부인 콘술 역임자나 법무관 역임자의 권위를 넘어설 수 있었다.[32] 그러나 발언이나 투표의 우선권이 지배하는 로마의 회의에서 그것이 어떻게 실현될 수 있을까? 이 점을 알기 위해서는 원로원의 충원에 나타나는 특색을 살펴볼 필요가 있다.

4. 원로원의 충원과 구성

페다리는 어떤 집단인가? 마리안 본퐁-쿠드리Marianne Bonnefond-Coudry는 이들을 당파적 집단group-partisan이 아니라 구조적 집단groupe-structurel이라고 보았다. 물론 키케로의 지적에 따르면, 세르빌리우스가 소小카토를 추종한 것으로 나오지만 원로원의 구성에 따른 집단으로 보아야 할 것이다.[33] 이들이 하나의 동기로 행동한 것을 보면 이들에게 명분이나 이념이 없었다고 보기는 어렵다. 오히려 빌럼스의 논의로 돌아가게 되면, 이런 원로원 구성의 변화는 자치도시 출신자들의 동향과 밀접한 관련이 있다.

빌럼스는 기원전 123년 반환법의 규정 중에서 배심원이 되는 자는 로마시 내에서 1000보 이내에 거주해야 한다는 규정을 들어 원로원의원도 거주지를 로마와 그 근교에 가졌을 것이라고 추정한다. 그럼에도 자치도시 가문이 정무

---

32 이런 주도권 문제와 관련해 에리히 그루언(Erich S. Gruen)의 분석이 참조된다. 그는 페다리의 출신을 조사해 101명을 찾아냈다. 이 중 46명이 콘술 가문이고, 17명이 법무관 가문이며, 38명은 그 이하 관직 역임자들 가문이다. 좋은 가문 출신자들이 하급 가문 출신자보다 상아관직으로 오르는 비율이 높았다는 것이다. 이렇게 본다면 아들 세르빌리우스와 같은 사람에 의해 페다리가 주도될 수도 있는 것이다(Gruen, 1974: 201 참조).

33 Bonnefont-Coudry(1989: 674).

관을 지내고 원로원에 도달하게 되었다는 것이다. 특히 군단에서 기사로 복무하는 것은 로마 시민과 마찬가지로 이탈리아 자치도시의 시민에게도 개방되었다. 적어도 술라의 시기까지 군대 경력이 이름을 알리고 정무관직에 이르는 중요한 수단이었다는 것이다.[34]

빌럼스가 제시한 자치도시 출신 원로원의원의 분포가 〈표 8-3〉에 나타나 있다. 이 명부를 작성한 빌럼스는 원로원이 '중부 이탈리아의 대표자들 모임'이 되었다고 지적한다.[35] 이런 원로원의 구성에서 여러 변화가 일어났음은 예상할 수 있는 일이고, 기원전 60년의 원로원 의결은 이런 변화에 따라 있을 수 있는 사건 중 하나였을 것이다. 그러나 이런 자치도시 출신자들이 바로 원로원에 진출할 수 있었을까? 자치도시 출신자들은 군사직을 통해 또는 호구조사에 등재됨으로써 로마의 기사가 될 수 있었다.[36] 그렇다고 해도 관직을 맡고 나아가 그 관직에 기반해 원로원 구성원이 되는 것은 쉽지 않았을 것이다. 이점에서 원로원 충원의 사례를 살펴볼 필요가 있다.

기원전 312년 호구조사관이 된 아피우스 클라우디우스 카이쿠스는 유례없는 토목 공사인 수도교와 도로를 건설한 후에 다음과 같은 방식으로 원로원에 인원을 채워 넣었다.

> 그리고 원로원도 섞었는데, 관례에 그런 것처럼 귀족 출신과 명단의 가치에서 뛰어난 자만 아니라 피해방민의 많은 아들도 혼합했다.[37]

---

34 Willems(1968: 179). 구체적인 비문 자료는 김창성(2010: 340 이하)을 참조. 이 시기의 기사들을 Brunt(1988a: 3)는 주로 이탈리아 출신으로 본다.

35 Willems(1968: 179).

36 김창성(2010a: 334 이하)을 보시오. Gruen(1974: 205f.)에서는 술라 이후에 이탈리아 출신자들의 이러한 대두를 근거로 페다리의 증가를 설명한다.

37 디오도루스 시쿨루스, 20.36.3.

표 8-3 로마 자치도시 출신 원로원의원의 분포

지역	도시	시기	가문
구(舊)라티움	투스쿨룸(Tusculum)	B.C. 4세기	폴비우스 가문
		B.C. 3세기	코룬카니우스 가문, 마릴리우스 가문
		B.C. 2세기	포르키우스 카토 가문, 유벤투스 가문, 프론테이우스 가문
		공화정 마지막 세기	코일리우스 라티누스 가문
	라니비움(Lavinium)	B.C. 2세기	레니우스 가문, 토리우스 가문, 리키니우스 무레나 가문
		B.C. 1세기	파피우스 켈수스 가문, 로스키우스 파바투스 가문, 프로클리우스 가문
	아리키아(Aricia)	B.C. 2세기	아티니우스 가문, 보코니우스 삭가 가문, 스칸티니우스 가문
		B.C. 1세기	아티우스 발부스 가문
	티부르(Tibur)	B.C. 1세기	코시누스 가문, 코파니우스, 무나티우스 플랑쿠스 가문
	벨리트라이	B.C. 2세기	옥타비우스 가문
	노멘툼(Nomentum)	B.C. 2세기	아틸리우스 노멘타누스 가문
	노르바(Norba)	B.C. 1세기	노르바누스 가문
부가된 라티움	프라이네스테(Praeneste)	B.C. 2세기	아니키우스 가문, 사우페이우스 가문
		B.C. 1세기	셀리키우스 가문
	아르피눔	B.C. 2세기	마리우스 가문
		B.C. 1세기	툴리우스 키케로 가문
	아티나(Atina)	B.C. 1세기	아풀레이우스 사투르니누스 가문
	푼디(Fundi)	B.C. 3세기	푼둘루스 가문
		B.C. 1세기	아우피이우스 루르코 가문
	안티움	B.C. 2세기	발레리우스 안티아스 가문
캄파니아	칼레스(Calles)		아리우스 가문, 푸피우스 칼레르 가문, 비니키우스 가문
	푸테올리	B.C. 1세기	코일리우스 루푸스 가문
사비니		B.C. 3세기	아울레리우스 코타 가문, 쿠리우스 덴타투스 가문
		B.C. 2세기	섹스티우스 가문
		B.C. 1세기	베티우스 가문, 티투리우스 가문, 칼리시니우스 사비누스 가문, 안나키우스 브로키우스 가문, 리가리우스 가문
	누르시아(Nursia)		세르토리우스 가문, 플로티우스 가문
	레아테(Reate)		카이세티우스 가문, 바티니우스 가문
삼니움(Samnium)	말벤툼(Malventum)	B.C. 3세기	오타킬리우스 가문
	라리눔	B.C. 1세기	포스투미우스 가문

지역	도시	시기	가문
마루키니(Marrucini) 지역		B.C. 1세기	아시누스 폴리오 가문
			스타이우스 삼니타, 겔리누스(?)
피케눔		B.C. 2세기	스크리보누스 쿠리오 가문, 폼페이우스 가문
		B.C. 1세기	롤리우스 팔리카누스 가문, 라비에누스 가문, 소시우스 가문
	피르뭄(Pirmun)	B.C. 1세기	에퀴티우스 가문
	아스쿨룸(Asculum)	B.C. 1세기	마기우스 가문
	하드리아(Hadria)	B.C. 1세기	파비우스 아드리아누스 가문
움브리아(Umbria)		B.C. 1세기	마티에누스 가문, 벨리에누스 가문, 부리에누스 가문, 사트리에누스 가문, 칼페누스 가문, 비베에누스 가문, 루키에누스 가문
에트루리아	카이레(Caere)	B.C. 4세기	아울리우스 가문
		B.C. 2세기	페르페르나 가문
		B.C. 1세기	파보니우스 가문
비도시 출신		B.C. 2세기	마이아니우스 가문
		B.C. 1세기	알비노바누스 가문, 투디카누스 갈루스 가문
시칠리아, 에스파냐		B.C. 1세기	플라비우스 히스파니엔스 가문, 헤렌누그 가문, 카이킬리우스 니게르 가문

자료: Willem(1968), I, pp.179~182에서 인용해 표로 정리함.

여기에서 원로원 충원을 늘린다고 하지 않고 "섞었다(κατέμιξε, ἀνέμιξεν)"라는 표현을 쓰고 있음에 주목할 필요가 있다. 이를 기원전 216년에 이루어진 특별한 원로원 충원과도 비교해 볼 수 있다. 제2차 포이니 전쟁 초기에 다수의 원로원의원이 전사하자 마르쿠스 파비우스 부테오는 독재관으로서 재빠르게 원로원을 다음과 같이 복구한다.

구원로원 명단을 낭독한 후 …… 죽은 자들 대신에 상아관직 정무관직을 가졌으되 원로원에 선발되지 않던 사람을 먼저 선발해 그들 각자가 제일 의원이 되도록 하고 이어서 관리관, 호민관, 재무관이었던 자들을 선발했다. 그런 후에 관직을 차지한 적이 없는 자, 집에 적으로부터 빼앗은 정액의 전리품을 가지거나 시민이 수여하는 관을 받은 자들을 선발했다. [38]

이는 원로원 재구성의 일반 절차로 보인다. 새로이 명단을 만드는 작업을 통해 재무관 이상의 관직을 가진 자들이 충원되는 경우 "선발(legi, lectum)"이라는 용어가 사용되었다. 이 뒤에 나열되는 인물들은 바로 기사들이었을 것이다.[39] 이 경우는 부테오가 공식적으로 선발했던 것이므로 원로원의원으로 등재되었을 것이다. 이런 경우 '혼합'이라고 하지 않고 일관성 있게 '선발'이라는 용어가 사용되었다.

가이우스 그라쿠스는 300명의 원로원에 600명 기사를 '혼합'하는 법을 만들었다.

> 기사 중에서 600명을 쿠리아로 선발하고 당시에 원로원의원이 불과 300명이었으므로, 600명의 기사가 300명의 원로원의원과 섞이도록 하는 ……[40]

이 자료는 가이우스 그라쿠스가 원로원의원 정수를 900명으로 만들었다는 뜻일까? 아니면 원로원의원 300명을 유지하고 600명을 기사로 충원해 합동으로 원로원 회의가 열리게 했다는 뜻일까? 일반적으로 술라가 600명을 원로원 정수로 할 때까지 전통적인 숫자는 300명으로 알려져 있기에 후자일 가능성이 있어 보인다. 여기에서도 "섞이다(adminiscentur)"라는 표현이 주목된다.

술라의 원로원 충원에 관해서는 아피아누스가 다음과 같이 전한다.

> 내란과 전쟁들로 인해 아주 사람들이 줄어든 원로원 자체에 우수한 기사들 중에서 대략 300명을 트리부스들 각각에게 투표권을 수여하면서 추가 등재했다.[41]

---

38 리비우스, 『도시의 건설로부터』, 23. 23. 5~6.

39 Hill(1952: 41)은 리비우스의 『요약』의 "원로원이 기사 신분에서 197명을 보충했다(senatus ex equestri ordine hominibus CXCVII suppletus est)"라는 기술이 정확하다고 보며 원로원 경력에 들어가는 요건이 기사로서의 군 복무라고 파악한다.

40 리비우스, 『요약』, 60.

이 구절은 흔히 술라가 원로원 정원을 600명으로 만든 조치로 이해되나, 기존의 원로원의원이 150명에 불과한 상황에서 450명 정도의 원로원 구성원이 있었을 것으로 추정된다.[42] 이 구절은 사실상 술라의 원로원 충원을 알려주는 유일한 자료다. 이 구절에서 필자는 두 가지 점에 주목했다. 하나는 '고귀한 기사들'로 번역한 "ἀρίστων ἱππέων"이 어떤 사람들인지에 관한 것이다.[43] 기사 신분 중에서 꽃이라고 불렸던 자들이 바로 푸블리카니였다면, 그리고 술라가 재무관을 8명이나 12명에서 20명으로 증원한 것[44]이 아무래도 재정에 관한 대책에서 나왔다고 한다면[45] 우수한 기사들은 기사들 중에서 상위에 있었던 사람으로 재산에서 기존의 원로원의원들에 뒤지지 않는 이들이었을 것이다.[46] 그러나 호구조사관의 업무가 기대되지 않는 사정[47]에서 이들의 신분은 기사였을 것이다.[48] 아울러 기사 신분을 얻게 된 다수의 이탈리아 출신자들도

---

41 아피아누스, 『내란기』, 1.100.

42 Santangelo(2006: 7f.).

43 이 아피아누스의 언급과 상충되게 이렇게 충원된 기사들 중에는 백부장과 술라에게 아첨할 것 같은 무가치한 사람들도 포함되었다는 주장도 있다(Botsford, 1909: 418, n.3). 이 논쟁에 관해 그루언은 하급 병사의 예로는 단 한 건이 있었음을 지적하며 술라의 충원에 관해 부정적인 견해를 공박한다. 루키우스 푸피디우스(Lucius Fufidius)가 술라의 측근으로서 백부장에서 원로원의원이 된다(Gruen, 1974: 190, n.102 참조). 그는 기사 가문과 관련이 없다.

44 Botsford(1909: 415f.)에 따르면 호구조사관들이 원로원 명부를 재조정(revision)하는 것을 없애고 원로원을 보충하기 위한 조처였으며 재무관직을 맡는 나이는 37세로 술라가 고정한다.

45 술라는 로마로 진격할 때 재무관 한 명만 동반했다. 그리고 그가 제정한 법이 비문(『라틴 비문집성』, I, 202)으로 남아 있는데, 그 조문에는 재무관 수하의 보조 행정관의 자격, 임명, 보수에 관한 내용이 나와 있다. 이는 트리부스회를 통해 제정되었다(Botsford, 1909: 416, n.1).

46 Wiseman(1971: 66)에 따르면 기원전 3세기 말에 100만 아스(40만 세스테르티)는 기사의 센서스액이었을 것이며, 이것은 원로원의원의 재산 자격이었다.

47 술라부터 기원전 70년이 되기 전까지는 호구조사관이 뽑히지 않았다(Suolahti, 1963: 553). 같은 책(43쪽)에는 술라가 기사 신분의 센서스 조사권을 박탈한 것으로 지시된다.

원로원에 충원되었다.[49] 여기에서 더 중요한 것으로 주목되는 것은 "트리부스들에게 각각 투표권을 수여(τᾶις φυλαῖς ἀναδούς ψῆφον περὶ ἑκάστου)"한다는 말이다. 조지 보츠포드George W. Botsford는 술라의 조치를 트리부스 평민회에서 새로운 원로원의원이 선출되었다는 의미로 해석하면서도, 시간을 절약하기 위해 각 트리부스가 아마도 원로원 충원자로 아홉 명씩 선발하는 특권을 가졌다고 주장한다.[50] 그러나 이 구절을 보츠포드처럼 추론할 수 있을까? 호민관의 권한을 약화시키려는 상황에서 보츠포드의 주장처럼 술라가 민회에 이런 특권을 주었다고 보기는 어렵다. 필자가 보기에는 원로원 구성에서 또는 표결에서 큰 변화가 일어났다는 점이 중요하다. 오히려 민회를 약화시키는 대신에 원로원의 회의 절차에 모종의 변화를 준 것이 아닐까? 그렇다면 술라의 개혁은 이제부터 원로원 구성원이 투표할 때 트리부스별로 나누어 투표한 것으로, 즉 원로원 구성원이 속한 트리부스가 투표 단위로 원로원에 도입되었다고 추론할 수 있다.

이런 충원의 예들은 호구조사를 다시 한 것이 아니라면, 원로원 구성에서 기사 신분이 동원된 경우 그것이 혼합 구성이었음을 보여준다. 이런 점과 관련해 테오도르 몸젠의 언급이 주목된다. 그는 "세나투스(Senatus)라는 명칭은 옛날부터 혈통귀족과 평민의 회합(patricisch-plebeischen Versammlung)에 속하게 되었다. 왜냐하면 그것은 확대된 혈통귀족의 원로원에 불과하기(nicht ist als erweiterte patrische Senat) 때문이다"라고 말한 바 있다.[51] 그렇게 보는 이유로 앞에서 인용한 겔리우스의 자료를 제시한다.

48　그루언도 이들이 사업가임에 주목한다. 원로원 충원이 하층의 장인, 외국인, 무산자가 아니라 기사 신분에서 이루어지는 것이 원칙이었음을 강조한다(Gruen, 1974: 208).

49　Dart(2016: 207)에 따르면 주로 로마에 순종한 자치시민의 명단이 술라의 원로원 명부에서 확인된다.

50　Botsford(1909: 418f.).

51　Mommsen(1888: II, 838f.).

마르쿠스 바로가 견마犬馬, Ἱππυκύον[52]라는 표제를 지닌 메니페우스의 풍자시에서 그 기사들이 '페다리'라고 불린다고 말하고 있다.[53]

몸젠은 이 구절에 근거해 발언권 없이 투표권만 지닌 원로원 구성원die nur stimmberechtigen Senatsmitglieder은 기사 신분이었으며, 결코 '세나토레스senatores'가 아니었다고 본다.[54] 이 지적은 우리가 앞에서 논의한 페다리가 애초 기사 신분이었음을 가리킨다. 그렇다면 원로원 회의는 기사들이 세나토르senator라고 불리는 사람들과 같이 모여 이루어졌다는 것이다. 이런 평민들은 처음에는 콘술, 후에는 호구조사관의 자유로운 선발을 통해 원로원에 도달했으되, 원로원의원에 합당한 어떤 정무관직도 지내지 않은 자들이라고 몸젠은 본다.[55]

가이우스 그라쿠스, 부테오, 술라의 선례에서 원로원 회의는 몸젠의 말대로 두 신분의 혼합이 되었을 것이다. 몸젠의 이런 주장에 따르면, 앞에서 키케로의 서신에 나타난 아들 세르빌리우스가 만약 어떤 관직도 지내지 않았다면, 지냈더라도 호구조사관에 의해 선발되지 않았다면 기사 신분이었을 것이다. 이처럼 기사 신분은 애초 기사 가문의 출신자이기도 하지만, 원로원의원으로 호구조사관에 의해 선발되지 않은 원로원의원의 자제도 기사 신분이었던 것이다.[56] 이 점을 좀 더 분명히 보여주는 것이 다음의 기록이다.

---

52 필자가 단어 순서를 바꾸어 번역했다.
53 아울루스 겔리우스, 『아테네의 밤』, 3.18.5.
54 Mommsen(1888: II, 838, n. 2).
55 같은 책, 963쪽. 바로가 기사를 페다리라고 지칭한 데 관해 Nicolet(1984b: 160)의 해결책은 다음과 같다. 마지막의 원로원의원 선발(lectio)이 있은 후에 임무에서 떠난 정무관들은 계속해서 기사로 남았고, 이들은 다음번 선발에서나 원로원의원이 되었다. 따라서 바로가 기사에게 페다리라는 형용사를 부여한 것은 정당하다고 보았다(Bonnefond-Coudry, 1989: 668 참조).
56 Santangelo(2006: 14).

지금도 원로원의원들이 출석할 것을 명령받을 때 "그들이 원로원에서 의견을 말하는 것이 허용된다". 왜냐하면 이자들은 루스트룸이 끝난 후 청년조로부터 정무관직을 얻었고, 원로원에서 의견을 말하지만 장년조에서 센서스 등재되기 전에 원로원의원들이라고 불리지는 않기 때문이다.[57]

여기에 나오는 청년조iuniores(유니오레스)와 장년조seniores(세니오레스)는 기사 신분 내의 구분으로 알려져 있다.[58] 비록 원로원에서 발언권을 행사하더라도 장년조에 속해 있으면서 호구조사관에 의해 등록되기 전에는 기사 신분으로 있음을 알 수 있다. 그러므로 키케로가 말하는 원로원의 이원적 구조, '노스트리nostri'로 표현되는 집단과 '페다리'로 표현되는 집단이 함께 모인 구조를 보이고 있으며, 역설적이게도 원래 로마 원로원의 구성원은 몸젠의 말처럼 원로원의원과 기사로 이루어진 것이다.[59] 이것이 임시적인 것인지 아니면 구조적인 것인지는 해명해야 할 문제로 남는다.

이러한 구도를 가지고 섹스투스 프론티누스Sextus Frontinus의 『도시 로마의 상수도론』에 나오는 내용을 보자. 아우구스투스는 마르쿠스 아그리파Marcus Agrippa가 사망하자, 그가 가지고 있던 물 공급관의 직책을 다음과 같이 다른 사람에게 맡긴다.

그 업무를 이어서 시행할 공급관으로 메살라 코르비누스를 지정했으며 그에게는 법무관 역임자인 포스투미우스 술피키우스와 페다리우스인 루키우스 코미니우스가 보조인으로 임명되었다.[60]

---

57 'senatores,' 페스투스(Muellero), 339 좌.

58 Santangelo(2006: 13, n. 22).

59 흔히 키케로가 언급한 '노스트리'는 콘술 역임자와 법무관 역임자로 보는 것이 정설이다. 이들은 전체 원로원의원의 4분의 1 정도였을 것이다(Gruen, 1974: 191). 그루언도 페다리를 이해하는 것이 원로원의 사회 구성을 파악하는 데 관건이라고 본다.

이 기사에서 메살라 코르비누스Messalla Corvinus는 기원후 8년 또는 13년에 사망한 것으로 알려져 있으며, 이때까지는 페다리가 원로원의 구성원으로 남아서 불리고 있었음을 알 수 있다.[61] 애초 원로원의원이라는 말이 평민에게나 고위 정무관을 지내지 않은 자에게는 쓰일 수 없다는 몸젠의 말을 참고하면,[62] 공화정의 관습을 살려 정확한 신분으로 페다리우스pedarius라고 칭했다고 볼 수 있다.

이런 술라의 원로원 개혁 조치와 몸젠의 구상을 가지고, 헤바 서판의 투표 과정을 이해해 보자. 릴리 테일러Lily R. Taylor는 1947년에 발견된 헤바 서판에서 투표 단위들이 여러 개 모여 하나의 단위를 이루는 과정이 몸젠이 주장한 대로 판타가토Pantagatus가 주장한 373개의 켄투리아가 키케로 시기에도 193개로 변함이 없었던 이유를 설명해 주는 단서로 파악했다.[63] 그러나 다른 연구자들은 이 서판을 이해할 수 없었다. 그래서 드 상티스de Sanctis는 민회에 관한 모든 설명 중에서 "가장 불행한 것으로(most infelice)", 아르투어 로젠베르크Arthur Rosenberg는 "괴물"이라고 했다.[64] 많은 역사학자가 이것을 몸젠의 착상을 입증하는 자료로 받아들였지만, 이 법조문이 나온 시기는 민회가 역할을 하지 못하는 상황에서 나온 것이므로 민회에 대한 기록이라고 볼 수는 없는 것이다.

60　프론티누스, 『도시 로마의 상수도론』, 99. 4.

61　Bloch(1982: 171). 이에 관해서는 김칠성(2016: 305 이하)을 참조.

62　Mommsen(1887c: II, 838, n. 2). 기원전 491년 처음 만들어진 원로원 구성원 300명은 모두 혈통귀족이었다고 본다(같은 책, 839, n. 2 참조).

63　테일러는 몸젠이 제시한 이런 신적인 판단의 확실성이야말로 뛰어난 역사가를 지시하는 것이라고 본다(Taylor, 1966: 90). 켄투리아회의 개편과 편성에 관해서는 허승일(2019: 56~65)을 참조.

64　Taylor(1966: 89). Staveley(1972)의 설명에 따르면, 이 헤바 서판의 지명 회의는 켄투리아회의 로마 공화정기 1등급과 기사 신분으로 구성된 켄투리아회의 복사판(replica)(129쪽), 공화정기 1등급의 축소판(miscrocosm)(219쪽)으로 파악된다.

헤바 서판의 8~9행에는 다음과 같은 내용이 나온다.

원로원의원들과 공공 재판을 위해 구성되어 있고 앞으로 될, 모든 데쿠리아decuria
에 소속된 기사들이 투표를 행하도록 한다.

이 법에서 우리는 원로원의원들과 법정 배심원으로 복무하는 기사들이 모
여 투표하는 모습을 본다. 이것은 앞에서 설명한 대로 원로원 충원 시에 나타
난 현상을 보여준다. 23~24행의 규정을 보자.

수쿠사나와 에스퀼리나를 제외한 33개의 트리부스를 표시하는 가장 고른 공들
을 회전하는 단지에 던지고 추첨이 공포되도록 명령하고, 어떤 원로원의원과 기
사들이 각 바구니에 투표해야 하는지 추첨되어야만 한다.

이 구절에서는 우리가 앞서 술라의 원로원 개혁에서 본 것처럼 각 트리부
스가 한 표씩 가지도록 되어 있다. 물론 헤바 서판의 25~27행에 보면 이 표는
각각 두세 개씩 조합된 트리부스가 15개의 켄투리아라고 이름이 붙은 바구니
에 투표하게 규정된다. 이렇게 보면 서판의 내용은 켄투리아 373개가 193개
로 조합되었다는 단서를 제공하지만, 원로원 회의가 술라의 개혁처럼 트리부
스별로 투표했다는 점도 보여준다. 다만 서판에서는 33개의 트리부스가 15개
켄투리아로 조합된다는 사실이 달라진 점이다. 이처럼 아피아누스[65]에 나오는
술라의 개혁은 헤바 서판의 기록으로 입증된다.
　이 논의에 기초해 보면 헤바 서판의 내용은 민회의 모습이라기보다 오히려
원래 원로원의 회의와 의결 장면이라고 보는 것이 옳다. 왜냐하면 원로원의원
과 기사가 함께 참여하고 트리부스별로 표가 할당된 것으로 보아 술라 이후에

65　아피아누스, 『내란기』, 1, 100.

개혁된 원로원 회의의 구체적인 모습일 가능성이 높기 때문이다. 이 시기에 기사들은 이처럼 당당하게 원로원 구성원이 된다.[66] 이들은 트리부스별로 모여 추첨된 켄투리아에서 투표함으로써 사실 "모든 원로원의원이 발로써 의견을 표시했"던[67] 것이라고 하겠다.

키케로의 편지에서 페다리가 모여 이처럼 각 트리부스별로 투표하며 몰표를 행사함으로써 아티쿠스에게 불리한 결정을 내렸다. 이 설명은 『아티쿠스 서한』 1.19에 나오는 대로 기사들이 원로원에서 멀어졌다는 주장이나, 회합 conventus에 모이는 자들의 수가 줄었다는 내용도 바로 원로원 회의의 달라진 광경을 묘사한 것일 수 있다. 이렇게 보면 키케로의 편지는 키케로의 구상과 달리 기사 신분의 균열상을 전해줄 뿐 아니라, 당시 원로원의원과 기사로 이루어진 원로원 구성에 관한 중요한 정보를 제공한다. 무엇보다 헤바 서판의 내용에서 나온 투표 절차는 민회가 아닌 원로원 회의의 절차로 볼 단서를 준다.[68] 이런 트리부스별 투표에서 페다리의 전체 의지가 상황을 바꾸게 되었고

---

66 Nicolet(1999b: 657)에서는 헤바 서판의 내용과 함께 1982년 세빌리아(Sevilla)에서 발견된 시아룸 서판[Tabula Siarensis, 시빌랴(Siviglia) 박물관 소장]을 보완해 이 새로운 민회 (nouveaux comices)를 위해서, 이는 황가의 상(喪)을 빌미로 원로원의원과 인민 사이에 기사 신분을 넣음으로써 키케로가 표명했던 '양 신분의 화합(concordia ordinum)'하에서 아우구스투스와 티베리우스의 축복을 받아 만들어진 개혁이라고 본다. 그렇다면 이 절차의 마련은 기사들이 페다리라는 조롱거리에서 공식으로 국정 결정의 일원이 되는 과정이 아닐까 생각된다. 시아룸 서판은 게르마니쿠스 카이사르(Germanicus Caesar)의 명예를 결정하는 데 관한 원로원 의결(Senatus Consultum de Honoribus Germanici Decernendis)의 내용을 담은 두 개의 청동판이다(González and Julián, 1999: 123~142 참조). 2010년에는 페루자(Perugia) 박물관에서 보충 내용 22행이 발견되었다(Cippolone, 2011 참조). 새로 판독된 비문 12~13행에 따르면 게르마니쿠스의 명예 결정은 원로원이 시행했으므로, 헤바 서판의 내용도 그 일환으로 보아야 할 것이다.

67 아울루스 겔리우스, 『아테네의 밤』, 3.18.

68 물론 정무관을 뽑는 과정을 어떻게 해석할지의 문제가 남는다. Staveley(1972: 220)는 기원후 70년 베스파시아누스 황제 때부터 원로원이 정무관을 뽑는 것으로 해석하는데, 이는 타키투스의 기술을 무시하는 것이다. 기원후 14년 기사에서 타키투스는 "그때 처음으로

보수적인 집권층에게 큰 충격을 주었을 가능성이 있다. 몸젠도 술라 이후의 시점부터 페다리라고 불리는 원로원의원들이 평민 원로원의원, 호민관 출신 원로원의원, 재무관 출신 원로원의원들을 포괄했으며, 콘술 역임자와 법무관 역임자로 이루어지는 원로원 구성원에 대비되는 것으로 보았다.[69] 이런 추론은 빌럼스의 주장을 보완하면서 좀 더 포괄적으로 원로원 회의인 쿠리아curia의 구성과 절차에 관한 키케로의 정보를 해석하게 해준다. 이런 사정은 키케로에게는 정치적 무능력이 나타난 현실이라고 볼 수 있으나, 다른 한편으로는 이처럼 원로원을 확대하는 것이 살루스티우스의 꿈[70]이기도 했다.

5. 결어

기원전 60년 3월 15일 키케로가 아티쿠스에게 보낸 편지에는 원로원의 구성에 관한 중요한 정보가 담겨 있다. 그것은 페다리라는 이름을 지닌 원로원 구성원에 관한 보고다. 그들의 전체 의지가 원로원 의결을 이끌어냈으며, '우리'라고 칭해지는 상아관직을 지닌 원로원의원들의 권위(아욱토리타스)는 행사

민회(=정무관 선출)가 캄푸스(campus)에서 나와 원로원의원들에게 옮겨졌다. 왜냐하면 비록 가장 강력한 것들이 프린켑스의 자의에 좌우되었을지라도 그때까지 어떤 것들은 트리부스들의 호감에 의해서 이루어졌기 때문이다(tum primum e campo comitia ad patres translata sunt: nam ad eam diem, etsi potissima arbitrario principis, quaedam tamen studiis tribuum fuebant)"(타키투스, 『연대기』, 1.15.1). Staveley(1972: 262, n.430)에서 재인용했다. 이에 관해 같은 책(주 431)에서 타키투스의 착오라고 지적하는데, 설득력이 없어 보인다. 그러면 같은 책(218쪽)에서의 켄투리아회의 선거 기능을 기원후 5년 아우구스투스가 원로원과 일부 기사로 이루어진 '선출회의(select assembly)'로 넘겼다는 기술과 상충된다. 헤바 서판의 내용은 기원후 19년의 기사이기 때문에, 타키투스의 기록이 정확하므로 그 회합은 민회가 아니라 원로원 회의다. 이미 켄투리아회에서는 기사들이 투표하지 않았는가?

69   Mommsen(1887c: 982).

70   Bonnefond-Coudry(1989: 728).

되지 못했다. 그 의결의 내용은 정확하게 알려져 있지 않으나, 자유 속주민과 관련되는 것으로 자치도시 정부에 제공된 대여금을 감면하는 것에 관련된 것이었다. 이 의결의 여파로 아티쿠스는 심각한 금전상의 손해를 보았으며, 당황한 키케로는 그에게 동조하면서도 그 의결은 돌이킬 수 없다고 지적한다. 원로원 운영에 새로운 시대가 온 것이며, 이는 페다리라고 불린 일련의 구조적 성원이 조성한 것이었다. 당연히 페다리가 어떤 부류인지에 대한 관심이 클 수밖에 없고, 당시 사료에서나 현대의 연구자들도 관심을 기울여 왔다. 그러나 당시의 사료 자체도 상충하는 보고를 하고 있으며, 사료를 보는 입장에 따라 현대의 연구자들도 다양한 의견을 내세웠다. 필자는 여기서 키케로와의 연관에서만 보았고 키케로의 설명이 이해되는 방향으로 논지를 전개해 보았다. 이를 위해 필자는 빌럼스의 견해와 몸젠의 견해를 합성했다. 전자는 재무관 역임자 이하의 관직을 지낸 원로원의원들을 페다리라고 보았으며, 몸젠은 더 나아가 원로원 구성 자체가 나중에는 원로원의원과 기사들의 혼합이 되었다고 보았다. 이런 견해를 염두에 두고 원로원 충원에 관한 기록을 살펴본 결과 술라에 이르기까지 원로원 구성은 원로원의원과 기사의 혼합임을 입증하고 있다. 바로 아래 신분에서 신분을 충원하는 로마의 관행, 모든 정무관 역임자와 기사 신분에서 충원된 자들이 원로원의원으로 등재되기 전에 기사 신분을 유지했다는 사실, 아울러 고관의 자제들이 원로원에 들어갔을 때 기사 신분을 유지한 사실 등을 통해 페다리는 광범위한 부분을 포괄하고 있으며 상급 원로원의원들, 즉 콘술 역임자와 법무관 역임자 집단과는 구분되어 있었던 것이다. 그러나 페다리, 즉 하급 정무관 역임자들과 기사들이 어떤 식으로 영향력을 행사했는지를 보여주는 것이 헤바 서판의 내용이다. 헤바 서판에는 원로원의원과 기사들이 같이 참여하며, 트리부스별로 한 표씩 배당된다. 기원후 14년에 정무관 선출이 원로원에 넘어갔다는 타키투스의 말을 받아들인다면, 소위 이 지명 켄투리아는 원로원 회의로 보아야 한다. 이런 구조이기에 기사 신분과 하급 정무관 역임자로 구성된 페다리가 예외적으로 정국을 주도할 수 있었던 것이다. 그러므로 키케로가 기사들이 원로원에서 떠나고 집회에 사람들이 모이지 않는다는 것은 키케로의 정치 지형에 큰 타격을 준 것이었고[71] 이는 페다리의 요구, 즉 속주민에 대한 공평을 달성하려는 페다리의 의지에 의해 여러 면에서 충격을 받아 쓰게 된 것이 바로 그날의 편지였다. 이런 충격 때문에 그는 혼합정체에서 '위대한 시민과 거의 신적인 인물'의 영도를 찬양했을 것이다.[72]

---

71 키케로는 페다리에게 반감과 실망을 품었을 것이다(Bonnefond-Coudry, 1989: 728). 그래서 새로운 대안이 필요했다. 그것이 '모든 선량의 합의'가 아니었을까?

72 김창성 옮김(2007: 27) 참조.

제3부
—
에퀴테스

제 9 장

로마 공화정기 기사 신분의 사회이동[*]

1. 서언 | 2. 기사 신분의 성장 | 3. 신분으로서의 성격과 직업
4. 사회이동과 그 의의 | 5. 결어

1. 서언

로마의 기사 신분에 관한 연구는 1830년대부터 시작해 현재에 이르기까지 계속되는 분야다.[1] 그동안에 저명한 학자라면 대개 이와 관련한 주제를 한 번쯤은 다루었을 정도로 주목받는 관계로 그 연구 성과는 매우 방대하다. 따라서 로마의 기사 신분에 관해서 전체적으로 다루는 일은 단일 연구의 범위를 초월하는 것이다. 다만 이 장에서는 사회이동이 사회의 유지에 매우 중요하며 특히 중간 계층의 역할이 주목된다는 점에 착안해, 로마 공화정기가 매우 혼란스러운 인상을 주면서도 동시에 체제가 어떻게 유지되었는지의 의문에 답하는 한 방법으로서 기사 신분의 사회이동이라는 측면을 구체적으로 조명한다. 이를 위해 먼저 공화정 시기 로마에서 기사 신분의 정치적 성장 과정을 살펴보고, 이어서 기사들의 구성을 분석해 성격을 이해하며, 마지막으로 다른 신

---

*   이 글은 『서양고대사강의』(한울엠플러스, 1996.9)에 실린 바 있다.

1   기존의 연구 성과에 관해서는 Hill(1952: 200f.); Christ(1980: 99)를 참조. 지금까지 나온 연구 중 가장 철저한 고증적인 연구서로는 Nicolet(1966)가 있다. 연구 논문으로는 Brunt (1988d: 144~193)를 참조.

분과의 관계를 파악하고, 이를 토대로 사회이동의 측면과 의의를 제시한다.

2. 기사 신분의 성장

고대 로마에서 기사equites(에퀴테스, 단수는 에퀘스eques)의 기원에 관해 여러 의견이 제시된다. 어떤 사람들은 이들이 귀족으로 구성되었다고 주장하며, 어떤 사람들은 그리스 기병騎兵과 마찬가지로 이들이 말을 탄 보병步兵에 불과하다[2]고 말한다. 몸젠에 따르자면, 기병의 켄투리아는 본래 귀족으로만 구성되었다가 기원전 534년 세르비우스 툴리우스 왕의 개혁으로 처음으로 평민에게 개방되었다고 한다. 이후에 본래의 귀족으로 구성된 켄투리아는 '6표.sex suffragia'라고 별칭되었으며 추가된 12개의 켄투리아는 '기사 켄투리아centuriae equitum'로 불렸다.[3] 이들 18켄투리아의 기사들에게는 국고에서 말의 구입비로 1만 아스가 지급되었고, 또한 이를 위해 과부vidua가 지정되어 말의 유지비로 해마다 2000아스씩 할당받아 지불하게 되었다.[4]

일반적으로 기사를 언급할 때는 무엇보다 병제와 관련해 생각할 수 있다. 그러나 이들은 군사적으로 그리 중요한 역할을 수행한 것으로 보이지는 않는다. 로마의 강성을 가져온 군사력의 주력 부대는 보병이었고 그만큼 보병 전술이 중요했다. 따라서 리비우스 같은 일부 사람이 기사의 역할을 예찬하기도 하나[5] 이는 다소 과장된 면이 있다고 보인다. 한편 제2차 포이니 전쟁 기간에 로마의 보병 전술은 그 한계를 드러냈다.[6] 이를 보완하기 위해 스키피오 장군은 스페인인이나 누미디아Numidia인으로 구성된 용병대를 이용하기로 했다.

---

2 Hill(1952: 3).

3 Mommsen(1887c: 254).

4 리비우스, 『도시의 건설로부터』, 1.43.9.

5 같은 책, 4.38.3. 여기에는 기사 템파니우스(Tempanius)의 무용담이 실려 있다.

6 같은 책, 25.19.8~17. 로마군이 한니발의 기병대에게 패주하는 모습이 그 예다.

본래 용병의 전통이 없었던 로마 군대에 변화가 일기 시작해 카이사르 시기에 이르러서는 로마인 출신 기사는 별로 찾아볼 수 없게 되었다. 이렇게 보면 로마 기사equites Romani(에퀴테스 로마니)란 처음부터 군사적으로 중요성이 별로 크지 않았으며, 나중에는 본래 가졌던 군사적 역할마저 상실해 단지 사회적인 신분을 지칭하는 것[7]에 지나지 않게 되었다.

이렇게 변화된 의미를 지니게 된 로마 기사들은 로마의 팽창[8]으로 지중해의 주도권을 로마가 장악한 것과 흐름을 같이해 성장해 가기 시작했다. 많은 수의 로마인과 이탈리아인이 전쟁과 관련해 활발하게 활동했다. 이들은 전쟁에 필요한 물자를 군대에 공급해 이익을 얻었고, 이를 다시 토지에 투자하거나 금융업에 진출하며 기반을 다져나갔다. 바로 이런 자들 가운데 기사 신분을 형성하는 자들이 배출되었다.[9]

그런데 왜 이들 기사 신분은 자신들보다 상위에 있었던 원로원의원들을 제치고 로마의 성장에 따르는 경제적인 과실을 최대한 누릴 수 있었는가? 아마도 이런 사실은 당시 로마인들의 재산 축적에 관한 사고방식을 보여준다는 점에서 주목받을 수도 있다. 기사의 활동 분야가 로마의 지배자들이었던 원로원 귀족들에게는 혐오할 만한 것이었다고 한다. 그렇다고 해서 로마의 귀족들이 영리 추구를 도외시하고 체면만을 중시했다고 할 수는 없다. 분명히 공화정 초기에 농업이 가장 중요한 산업이었으며 토지가 가장 안전한 투자 대상이었다는 점을 고려한다면 대토지 보유자인 귀족들에게 기사들의 영리 활동은 대수롭지 않은 것이었다. 어쩌면 피터 브런트가 말하는 것처럼 고대인들의 관심은 궁극적으로는 정치적인 것에 있었을지도[10] 모른다. 이런 사조에 따라 일반

---

7   Hill(1952: 27).
8   이 시기는 호르텐시우스법(Lex Hortensia)이 제정된 기원전 3세기 초반부터로 잡는 것이 일반적이다.
9   Rostovtzeff(1957: 16f.).
10 Brunt(1965: 136).

적으로 영리 추구의 행위가 명예롭지 않게 간주되었을 것이다. 일찍이 키케로는 "쾌락에 의해서 더 천한 자가 되며, 돈으로 별로 더 고귀한 자가 되지 못한다"[11]라고 말했는데, 이는 바로 그런 사조를 대변하는 문구로 보인다. 이런 식의 사고는 귀족들의 행동 범위를 제약하는 역할을 했다고 보인다.

반면 로마의 통치 영역이 확대되면서 여러 문제가 새로이 파생되었다. 그에 비해 로마 정부는 소수의 행정 관리와 조직으로 유지되었다. 따라서 로마의 팽창에 따라 야기되는 문제에 직면했을 때 로마의 행정력은 미흡했으며, 당장 국가의 체제를 변화시키려는 시도도 이루어지지 않았다. 로마 정부가 당면한 문제 가운데 가장 중요한 분야 중 하나가 바로 재정이었다. 이런 일을 떠맡을 수 있는 실무자들은 원로원 귀족의 구성원에서 나올 수 없었다.[12] 일 자체가 고도로 전문적인 공공 계약의 실무와 관련되어 있을 뿐 아니라, 앞에서 언급한 대로 경제적인 기능이 중요하다고 할지라도 원로원 귀족들에게는 어울리지 않는 직종이었기 때문이다. 자연히 그런 분야에 진출하게 된 자들이 바로 기사 신분이었다. 특히 이들 중에서 조세 징수 청부업자는 로마의 재정과 관련해 핵심적인 기능을 전담했다.[13] 이렇게 볼 때 로마 기사의 성장은 로마의 팽창에 따른 필연적인 산물이었다고 하겠다.

로마의 팽창과 발전에서 가장 중요한 계기는 카르타고와의 전쟁이다.[14] 이 전쟁의 결과 로마는 지중해 세계를 제패했지만 스스로도 극심한 변화를 겪어야 했다.[15] 그런 변화 중에서도 특히 기사 신분자들에게 유리하게 작용한 것

---

11 키케로, 『국가론』, 2.59. "쾌락으로 인해 더 열악했으며, 돈으로 인해 확실히 더 우월하지는 않았다(voluptatibus erant inferiores, nec pecuniis ferme superiores)." 이 말은 향락이나 재산이 회피할 수 없는 생활의 기초지만 귀족이란 자신이 수행하는 직책을 통한 우수함에서 비롯한 것이라는 주장을 입증하려는 말로 해석된다(Büchner, 1984: 239 참조).

12 Meier(1966: 65f.). Toynbee(1966: II, 341)에 따르면 지배층의 목적은 도시국가 체제의 유지였다. 이것이 바로 제국으로의 변신을 가로막는 요인이었다.

13 Cohen(1975: 272).

14 Bury et al. ed., *Cambridge Ancient History*, VIII(1965: 26).

이 전쟁의 결과로 로마에 복속된 속주들이 이들을 위한 상업·금융 활동의 무대가 되었다는 점이었다. 게다가 기원전 218년에 제정된 클라우디우스법Lex Claudia은 원로원의원들이 토지를 소유하고 경작하는 것 외에는 상업에 종사하지 못하게 해서 기사들의 성장에 더욱 유리한 조건을 마련해 주었다.[16]

제2차 포이니 전쟁 시기에는 군대에 대한 식량과 장비 보급이 전투에 매우 긴요했다. 일반적으로 공공 계약[17]은 로마의 원로원이 국고 지출을 결의하면 호구조사관이 이를 경매에 부쳐 개인들과 계약을 체결하는 방식으로 이루어졌다. 이때에는 계약의 규모가 컸으므로 청부업자들이 회사societas를 형성했고 많은 시민이 계약자 또는 조합원으로 이런 계약에 참여했다. 폴리비오스는 당시에 모든 시민이 이 일에 관여되었다고 말한 바 있다. 비록 아놀드 토인비 Arnold Toynbee는 폴리비오스의 보고가 다소 과장되어 그대로 믿을 것이 아니라고 지적했으나[18] 그만큼 많은 시민이 이 활동에 관심을 기울였음을 알 수 있다.[19]

한편 한니발 바르카Hannibal Barca와의 계속되는 전쟁 탓에 로마의 국고는 고갈되었다. 이에 청부업자들은 국고가 채워지면 우선적으로 변제할 것을 조건으로 군량과 기타 군수물자를 제공할 것을 제안한다. 단, 이에 대한 반대급부로 군 복무를 면제해 줄 것과 운송에 따르는 손실에 대해서도 국가가 책임져 줄 것을 요구했다.[20] 국가는 이들의 요구를 받아들였다. 한편 청부업자들

---

15 Rostovtzeff(1957: 17f.).
16 Hill(1952: 49~51). 그렇지만 원로원의원들은 피호민을 하수인으로 사용해 법망을 빠져나갈 수 있었다. 특히 동맹국의 피호민이 이용되었다(리비우스, 『도시의 건설로부터』, 35.7 참조).
17 이것의 절차에 관해서는 리비우스의 『도시의 건설로부터』(39.44)를 참조. 이런 지출이 적용되는 국고는 '울트로 트리부타(ultro tributa)'로 칭해진다. 전반적인 절차에 관해서는 허승일(1993: 147~161)을 참조.
18 폴리비오스, 『역사』, 6.17.1~8; Toynbee(1966: 343).
19 Meier(1966: 66).

중에 한 사람이었던 마르쿠스 피르겐시스Marcus Pyrgensis는 이런 계약 조건을 악용해 자신의 선박 한 척에 가치가 없는 물건을 싣고 고의로 파선시켰다. 그러고 나서 이에 대한 보상금을 받아냈다. 이 사실이 알려졌으나 원로원은 어찌된 일인지 아무런 조치를 취하지 못했다. 이 사실을 알게 된 한 호민관이 이들을 처벌하고자 민회에 소환했으나 그는 민회의 권위를 무시하고 민회장에 소동을 일으키고 빠져나간 것으로 알려진다. 이에 대해서도 별다른 조치가 취해지지 못했다.[21] 이런 일화는 기사들이 지닌 경제적 실력을 잘 드러내준다는 점에서 주목받아야 할 것이다. 그러나 이때까지 이들은 특별한 정치적 권한을 물려받지는 못한 상태였다. 아울러 적어도 그라쿠스 형제 이전에는 카르타고를 멸망시키는 등 로마의 팽창을 야기한 동기가 경제적인 것에 있다기보다는 정치적인 것에 있다는 주장[22]이 우세한 상황에서, 기사 신분이 일련의 정치적 사건에서 아직 독자적인 영향력을 형성한 것은 아니었다고 보아야 한다.

로마가 지중해 세계를 장악한 후에, 특히 현저하게 활동했던 자들은 조세 징수 청부업자들이었다. 이들도 기사 신분을 형성하는 일부분이었다. 이들은 속주민을 상대로 그들이 위임받은 권한을 이용해 사업을 확대해 갔으며 이는 바로 속주민에 대한 착취를 유발하게 되었다. 로마 원로원은 이런 경향을 우려해 새로운 속주의 편입을 주저하게 되었다. 이것은 제국의 질서 유지를 어렵게 하는 요인이기 때문이었다. 그래서 아프리카와 마케도니아를 편입하면서도 합리적인 대처 방안을 고안했다. 즉, 10인 위원을 속주에 파견해 속주민

---

20 리비우스, 『도시의 건설로부터』, 23.48; 34.613.

21 리비우스, 『도시의 건설로부터』, 24.4; Toynbee(1966: 353~354)에 따르면 '피르겐시스'란 이름으로 미루어 보아 전형적인 로마인은 아니라고 판단된다. 그는 민회에서 폭력을 동원했는데, 이는 시민 중에 많은 추종자를 거느리고 있었음을 의미한다. 기사 신분의 정치적 영향에 관해 상반된 견해가 제시되는데 대표적으로 Rostovtzeff(1957: 21); Hill(1952: 98)을 참조.

22 Brunt(1988a: 180~182). 기사 신분의 이익과 관련되는 경우라도 이는 국가의 명예가 우선시된 결과라고 본다.

들과 공물貢物의 양 및 그 징수 방법을 협정해 청부업자들의 착취를 예방하고 자 했다. 이는 구체적으로 속주법Lex provinciae 안에 명문화되었다. 이에 따르 면 청부업자들에게는 방목세와 관세portoria의 징수만을 허용하고, 중요한 전 비戰費, stipendium는 국가가 직접 징수하게 되었다.[23] 이러한 통제가 가능했다 는 것은 아직 이 청부업자들을 위시로 한 기사 신분이 정국에 어떤 영향력을 행사할 만큼 성장하거나 하나의 의식이나 이해관계로 결속한 상태에 이르지 는 못했음을 보여준다고 생각된다. 사실 공공 계약의 범위가 확산되면서 기사 신분은 공공건물, 도로, 항만, 수도 등의 건설 청부로 얻는 이익으로 경제적 성 장을 도모했을 것이다. 그렇지만 당시까지는 원로원의 정국 주도가 불변한 것 으로 보인다. 기사들은 이들과 근친 관계로 결합해 있어 그들 간의 투쟁 같은 것은 거의 존재하지 않았을 가능성이 높다. 오히려 기사 신분의 이익을 도모 하려면 장차 원로원의원이 될 정무관과 우호적 관계를 맺는 쪽이 현실적이었 을 것이다. 따라서 기사 신분은 기존의 지배층과 큰 충돌이나 갈등이 없이 전 통에 따라 정해진 영역 분할에 입각해 서서히 성장하고 있었다[24]고 판단된다.

이처럼 원만했던 관계는 그라쿠스 형제의 시기에 들어 큰 변화를 맞이하게 되었다. 이제까지 견고해 보였던 원로원의 주도권이 흔들리기 시작했다. 기원 전 133년 호민관에 당선된 티베리우스 그라쿠스는 당면한 도시 로마의 곡물 문제와 실업자 구제의 문제를 항구적으로 해결하고 아울러 토지 보유 농민을 육성하려는 목적으로 농지법을 제정·통과시켰다.[25] 그의 입법 목적은 당시의 상황을 고려하면 충분히 타당성을 지니는 것으로 보이지만, 이에 경제적 이해 관계가 많았던 부유층의 반발을 야기했고, 이는 해당 법의 발의자였던 티베리 우스 그라쿠스의 피살로 이어졌다. 이로써 원로원의 지배 체제에는 일견 아무

---

23   Hill(1952: 59).
24   Meier(1966: 68~70).
25   허승일(1973: 65~95).

런 변화가 없는 듯했으나 그동안 원로원이 누려왔던 국고에 대한 관할권이 심각하게 침해받았다는 사실을 지적하지 않을 수 없다. 왜냐하면 티베리우스 그라쿠스는 법을 시행하며 필요한 많은 재정 수요를 원로원에 의존하지 않고 독자적으로 해결했기 때문이었다. 이런 사실은 기사 신분의 이해관계에도 중요한 영향을 미칠 소지가 있었다.[26]

기원전 129년에는 한 평민의 결의plebiscitum가 통과되었다. 이 결의는 원로원의원으로서 국가가 지급한 공마公馬를 보유한 경우 이를 국가에 반환한다는 내용reddenorum equorum이었다.[27] 이 규정이 마련된 것으로 보아 이전까지 원로원의원을 이루는 집단과 기사 신분을 이루는 집단 간에 분명한 구분이 존재하지 않았던 것으로 파악된다. 그러나 이후에는 기사의 구성원은 원로원의원과 엄격히 분할되어야 했다. 이것을 두고 스키피오와 같은 보수파 귀족들은 '뇌물largitio'이라고 했으며, 또한 어리석게stulte 행한 것으로 인식했다. 이 법이 통과되면서 기사 신분은 독자적인 세력으로 성장하게 되었다. 종래 기사의 켄투리아를 장악했던 원로원의원들이 배제되면서 순수한 기사 신분이 켄투리아회의 투표에서 중핵을 형성했다. 결과적으로 정치적으로 취약했던 이들 부유층이 중요한 결정권을 지니게 되면서 사회적 위신을 법적으로도 보장받게 되었다.[28]

기사 신분이 이렇게 성장하면서 이들이 하나의 경제적 이해관계나 의식을 공유하며 결속하게 된 계기가 가이우스 그라쿠스의 개혁이었다. 그는 기원전 123년과 122년에 걸쳐 호민관직을 수행하며 형이 제안한 농지법을 다시 시행했을 뿐 아니라 이 시기에 도래한 곡물 공급의 부족을 대처하고자 곡물법Lex

---

26   Hill(1952: 65, 103).

27   키케로, 『국가론』, 4.22. 이 법에 관한 문제점과 논쟁에 관해서는 김경현(1983: 49~75)을 참조.

28   Hill(1952: 105f.).

frumentaria[29]을 제정했다. 아울러 일련의 개혁을 시행하는 데 따르는 재정 문제를 해결하고자 '속주 아시아에 관한 법Lex de provincia Asia'을 제정해 이 지역에서 징수되는 십일세, 방목세, 관세 등의 징수권을 청부업자들에게 임대하고 이를 통해 나오는 수익을 개혁 자금으로 사용했다. 이는 앞서 그의 형 티베리우스 그라쿠스가 시행한 정책과 비슷한 맥락에서 이루어진 것으로 보아 원로원의 권위를 매우 손상시키는 조치였을 것이다. 이 법이 제정되면서 조세 징수 청부업자들은 속주에 대한 수탈을 심화하며 그들의 이익을 도모할 수 있었다. 이것은 결국 원로원이 우려한 대로 속주에서 로마의 지배 체제에 대한 반발을 야기하게 되었다. 이 후에 폰투스Pontus 지역에 발생한 소요로 로마인과 이탈리아인들이 다수 살해되었는데, 이들이 주로 청부업과 관련되었으므로 속주민의 반발은 이들이 자행한 가렴주구의 결과라고 보아야 할 것이다.[30]

그러면 그런 위험 부담을 무릅쓰고 가이우스 그라쿠스가 기사 신분의 이익을 신장시켜 준 이유는 무엇일까? 우선 청부업자들에게 조세 징수를 위임하는 것은 일시불로 선납받을 수 있다는 점에서 정책을 수행하는 데 따르는 비용 조달을 쉽게 해주었다. 원로원이 가이우스 그라쿠스의 정책에 반대하고 국고의 관할권을 장악한 원로원의 적절한 재정 지원을 기대할 수 없는 사정이 고려된 조치라고 해석된다. 재정 기반이 없는 상태에서 추진하는 개혁은 자칫 물거품이 될 수 있기 때문이다. 아울러 그는 기사들의 협조가 정책 수행에 긴요하다고 보고 이들의 지지를 얻기 위해 과거에 그의 형이 제정한 농지법으로 손실을 입은 기사들을 현실적으로 보상해 주어야 한다는 계산도 했을 것으로 짐작된다. 결과적으로는 아시아 속주에서 속주민들의 부담은 가중되었지만, 그는 자신의 개혁 입법을 통해 기존의 정치 질서에 변화를 주기 위한 일환[31]

---

29 허승일(1972: 65~95).

30 Hill(1952: 67f.). 아시아 속주에 대한 원로원의 정책과 가이우스 그라쿠스의 입법에 관해서는 김경현(1984: 67~97)을 참조.

으로 기사 신분을 최대한 이용하고자 했던 것으로 파악된다. 이런 관심은 리비우스의 다음의 보고를 통해 확인된다.

> 티베리우스의 동생이며 더 유능한 연설가인 가이우스 그라쿠스는 호민관으로
> 몇 개의 파괴적인 법들을 통과시켰다. …… 세 번째 법은 당시 원로원과 조화로
> 운 관계를 유지하고 있던 기사 신분을 유혹하는 것으로 기사 600명을 원로원에
> 부가하는 것이었다. 당시에는 300명의 원로원의원밖에 없었기 때문에 300명의
> 원로원이 기사 600명과 혼합되었다. 이것은 기사 신분이 원로원에서 2 대 1로
> 다수를 차지하는 것을 의미했다.[32]

원로원의원을 충원하는 관례는 있었지만, 리비우스는 이렇게 많은 수의 기사 출신으로 원로원을 확충한 것을 비판적으로 보고하고 있다. 이로써 가이우스 그라쿠스는 자신의 정책을 원활히 수행하는 데 필요한 지지 기반을 확보하려고 노력했음을 알 수 있고, 이는 자연히 원로원의 세력 약화로 이어질 수 있었다. 기사 신분으로서는 정치적으로 상승할 수 있는 어부지리의 기회가 이런 세력 경쟁을 통해 마련되었다.

가이우스 그라쿠스는 이에 그치지 않고 자신의 동료인 마르쿠스 아킬리우스Marcus Acilius를 통해 아킬리우스법Lex Acilia을 제정했다.[33] 이 법으로 원로원의원들이 안정적으로 독점해 오던 이른바 '부당취득물 반환 법정'의 배심원직이 기사 신분에게 넘어갔다. 이로써 이 법정에서 기소될 경우 원로원의원 신분이라도 기사 신분에게 재판받게 되었다. 이런 사실은 이제까지 나름대로

---

31   Meier(1966: 70).

32   리비우스, 『요약』, 60.

33   이 법의 제정으로 복속민으로부터 부당하게 취득한 재산에 대한 재판의 성격이 크게 달라
      졌다. 즉, 민사소송에서 형사소송으로 바뀌었고 상설화되었다(Eder, 1969: 119).

조화를 유지했던 양 신분 간에 알력과 견제 관계가 생성되었음을 의미했다.[34]

이런 일련의 조치는 기사 신분들에게 유리한 정치적 기회를 제공했음이 분명하다. 그렇다면 그런 조치를 통해 가이우스 그라쿠스가 달성하고자 했던 목적은 무엇인가? 이에 관해 크리스티안 마이어Christian Meier는 원로원의 자의적 행위를 제한하고, 새로운 지배층을 창출함으로써 원로원의 통치를 개선하고 나아가 폭 넓은 지반에서 원로원을 재구성하고자 했다고 주장한다. 아울러 그는 그것이야말로 로마의 팽창과 이에 따른 변화 속에서 원로원과 평민을 둘러싼 질서 있는 새로운 관계를 정립할 수 있는 책략이었다고 가이우스 그라쿠스의 정책을 호의적으로 평가했다. 그러나 실제적으로는 가이우스 그라쿠스의 시도는 기대한 만큼 효과를 거두지 못했다. 왜냐하면 그가 지지를 얻으려고 했던 자들은 사회 개혁을 주저하는 계층으로 보아야 하기 때문이다. 배심원이 될 수 있었던 자들은 '기사 신분 중에 제일인자principes equestris ordinis'였으므로 이들의 관심은 원로원의원들의 그것과 크게 다르지 않았고, 또한 이들을 선발하는 기초가 되는 명단의 작성은 원로원의 영향에서 크게 벗어날 수 없었다. 또한 배심원단을 구성한 자들이 '기사 신분의 꽃'이라고 불리던 청부업자들일 가능성이 많았다. 이런 점들을 고려한다면 애초 가이우스 그라쿠스가 의도했던 대로 원로원에 대한 견제 기능을 수행하기는 매우 어려웠다고 하겠다. 오히려 기사 신분은 원로원의원 및 정무관들과 원활한 관계를 유지하고자 했을 것이며, 기존의 질서에 어떤 변화를 가져오기가 쉽지 않았고, 이들의 경향은 유산 지배층의 이해관계에 부합하는 것이었다. 이렇게 본다면 기사 신분은 한 개혁자의 도움으로 자신들의 정치적 입지를 강화하기에 이르렀으나 이미 얻은 특권을 보장받게 되자, 원로원 측으로 기울어지며 가이우스 그라쿠스를 지지하는 데 소극적이었다. 이후 양 신분의 관계에서는 상호 충돌의 소지가 있기는 했지만 일종의 담합 형태가 유지되었다.

---

34 Meier(1966: 72, 74~76).

이런 소강상태는 가이우스 그라쿠스의 죽음 이후 13년간 그런대로 유지되었다. 그러다가 기원전 109년에 기사들로 이루어진 배심원단이 뇌물을 받은 전직 콘술과 사제들에 대해 유죄 판결을 선고했다.[35] 이 최초의 유죄 판결은 양 신분 간에 상충할 만한 요소가 있었음을 보여주는 전조로 해석될 수 있다. 그러나 사실 기원전 109년의 판결은 양 신분 간에 적대 감정의 결과 나타난 것은 아니었다. 플로루스Florus는 이에 관해 다음과 같은 보고를 남겼다.

> 그라쿠스 형제는 그들의 배심원법으로 로마인들 사이에 분열을 야기했다. 그리고 두 개의 머리를 가지게 함으로써 국가의 통일성을 파괴했다. 로마의 기사들은 제일 시민들의principum 운명과 재산을 그들에게 장악하게 해주는 특별한 권한에 의존해 국고의 수입을 횡령함으로써 마음대로 국가를 약탈하고 있었다. 메텔루스의 추방과 루틸리우스에 대한 유죄 판결로 인해 원로원은 위엄의 모든 모습을 상실했다.[36]

여기에서 기사 신분이 두 번째로 유죄 평결을 내린 경우가 제시되어 있다. 루틸리우스 루푸스는 기원전 92년에 유죄 선고를 받고 추방되었다. 그는 본래 퀸투스 무키우스 스카이볼라Quintus Mucius Scaevola의 사절로 근무한 적이 있었는데 그것이 유죄 선고의 구실이었다. 스카이볼라는 속주 총독으로 재직하며 청부업자들 때문에 발생한 사태를 근본적으로 막기 위해 노력했고 이것은 사실 원로원의 정책을 충실하게 반영한 것으로 보인다. 이에 기사들은 자신들의 이해관계가 침해되자 유력한 실력자 스카이볼라보다는 그의 사절로 흔히 너무 고지식해 '원칙의 바보'로 통했던 루틸리우스를 처벌했다.[37]

---

35 같은 책(80쪽)에 따르면 기사들의 의도는 단지 자기들의 실력을 한번 과시하려는 데 국한되었고 원로원의원을 향한 적대감을 표출한 것은 아니었다고 한다.

36 플로루스, 2.5.3.

이런 부당한 배심의 평결은 곧 원로원이 배심원에 다시 참여할 수 있는 빌미를 주었다. 기원전 92년 호민관에 당선된 마르쿠스 드루수스Marcus Drusus는 원로원과 협조해 기사들로부터 배심권을 회수했다.[38] 그는 동시에 일부 기사를 원로원에 충원하고 나머지는 그들의 고유 영역에 국한시키는 조치를 취했다. 그렇지만 기사 신분에게 불리한 정책을 취했던 드루수스는 자신의 인플레이션 정책으로 기사들의 반감을 불렀고 정치적 소요의 와중에 피살되었다.

이후 호민관 퀸투스 바리우스 히브리다Quintus Varius Hybrida가 제정한 바리우스법Lex Varia[39]에 따라 기사 신분은 대역죄 심판 법정iudicium de maiestate을 장악했는데, 이에 따라 처벌받은 원로원의원도 있었다. 그러나 이 배심권은 기원전 89년에 제정된 플라우티우스법Lex Plautia 이후 트리부스로 귀속되었다. 이처럼 배심권을 둘러싸고 원로원의원과 기사 신분 간에 알력이 벌어졌으나 그것이 어느 특정 집단에 유리하게 전개된 것이 아님을 알게 된다. 즉, 원로원은 일시적으로는 배심권을 상실하며 타격을 입기도 했으나 기회가 주어지면 배심권을 회복할 수 있었고 속주에서 청부업자들을 통제하고자 시도할 수 있었다.[40]

한편 술라의 집권은 기사 신분에게 불리한 결과를 가져왔다. 그는 본래부터 청부업자들에게 혐오감을 가졌던 것으로 알려져 있다. 그가 집권하며 취한 조치 중 하나가 가이우스 그라쿠스가 마련한 조세 징수 청부를 폐지했다[41]는

---

37   Meier(1966: 77, 85).

38   리비우스 드루수스가 입법한 배심원법(Lex Iudicaria)은 동맹국전쟁의 직접적인 원인으로 해석될 수 있을 만큼 기사 신분의 이해관계는 물론이고 이탈리아 동맹국의 이해관계에도 중요한 사안이었다(Salmon, 1962: 119, n.37).

39   바리우스가 통과시킨 법으로 제정 배경은 정확히 알려지지 않으나 기사 신분의 강력한 무기가 된 것은 분명하다(Hill, 1952: 136f.).

40   Brunt(1988c: 206)에 따르면 부당 취득 재산 반환과 대역죄를 심의하는 법정을 제외하면 원로원의원은 기사 신분과 기타 법정에 대한 배심권을 공유했다고 파악된다.

41   Hill(1952: 69, 114).

사실이 그런 점을 입증한다. 반면에 기사들은 마리우스와 킨나를 지지했다고 하는데, 이는 술라에 대항하기 위한 수단이었다. 이런 정치적 대립 구도와 이에 따라 야기된 무질서 상황은 기사 신분에게 매우 불리한 환경을 조성했다. 마리우스의 화폐 정비는 기사들의 환영을 받았지만, 부채를 75퍼센트나 삭감하고, 곡물 수송을 차단하며, 상인을 습격해 기사들의 원성을 사기도 했다. 킨나는 이탈리아 귀족 출신의 정치 신인을 많이 참여시켰다. 이는 기사 신분에게 별로 도움이 되지 않는 조치였다. 오히려 상호 경쟁을 유발해 그들에게는 불리할 수도 있었다. 기원전 83년에 로마로 진군한 술라의 손에 마리우스와 킨나를 지지했던 자들이 많이 희생당했고 이들 다수가 기사들이었다.

술라의 권력 장악은 원로원 강화로 이어졌다. 그러나 한때 안정을 가져다주는 듯해 보인 술라의 체제는 그가 은퇴하자마자 허물어졌다. 비록 그가 원로원을 확충하고자 여러 가지로 노력을 기울였지만 기존의 전통과 규율은 사실상 주요 원로원의원이 대다수 제거되었던 관계로 회복될 수 없었고, 동맹국 전쟁의 여파로 과거와 같은 원로원 체제와 권한이 유지되기 어려웠다.[42] 이런 상황에서 기원전 70년에 루키우스 아우렐리우스 코타Lucius Aurelius Cotta의 발의로 아우렐리우스법Lex Aurelia이 제정되었다. 이 법에 따르면 배심원 구성에서 원로원의원, 기사 신분, 트리부니 아이라리가 동등한 비율로 결정권을 가지도록 했다.[43] 일반적으로 마지막 신분은 기사 신분과 사회적 처지가 비슷했기에 배심원 구성에서 원로원의원들의 영향력이 상대적으로 줄어든 것으로 해석된다.[44]

기원전 60년대로 들어서자 호민관 아울루스 가비니우스Aulus Gabinius가 해

42   Meier(1966: 84).

43   이 배심원 구성 이후의 투표 예에 관해서는 김창성(1989: 158~165)을 참조.

44   Hill(1952: 155f.)에서는 트리부니 아이라리와 기사 신분을 동일시해 중산층으로 묶었다. 그런데 왜 별도의 오르도를 구성했는지는 밝히지 않는다.

적을 소탕하자는 제안을 했다. 이 문제는 로마의 해상 활동과 관련해 중요한 현안이었다. 이전에도 같은 제안이 있었으나 원로원은 소극적이었다. 왜냐하면 대농장을 경영하는 데 관심이 있는 원로원의원들은 노예노동의 확보를 중요시했으며, 그런 제안을 받아 해적을 소탕하다가 노예 공급에 어려움이 생길 것을 우려했기 때문이다. 이제 가비니우스의 제안에 따라 해적을 소탕하자는 방침이 수립되자 지휘권을 누구에게 넘길지가 문제로 떠올랐다. 어떤 개인에게 지휘권을 부여하는 것은 독재를 가져올 우려가 있어 원로원의원들이 두려워했기 때문이다. 따라서 가비니우스법에 반대하는 움직임이 가시화되었다. 루키우스 로스키우스 오토Lucius Roscius Otho는 가비니우스법에 반대하며 그 대안으로 기원전 69년에 '로스키우스 극장법Lex theatralis Roscia'을 제정했다. 그 내용은 기사 신분에게 극장의 좌석 중 처음 14개의 열을 지정해 주는 것이었다. 이를 분석한 허버트 힐Herbert Hill은 그것이 가비니우스법에 반대하기 위해 제정된 것으로 파악했다.[45] 결과적으로는 폼페이우스가 사령관으로 지명되어 해적을 일소하는 것에 성공했다. 물론 가비니우스와 기사 신분의 관계가 별로 우호적이지 않았고, 가비니우스법이 상업적 이해에 기여하고자 제정된 것이 아니라는 브런트의 지적[46]을 충분히 고려하더라도, 해적 소탕이나 로스키우스 극장법의 제정으로 사회적 위신과 경제적 이익을 향유할 기회가 기사 신분에 속한 자들에게 크게 열리게 되었다.

이후로 기사 신분은 광범한 특권을 누리며 고유의 활동 영역에서 별로 구속받지 않았던 것으로 보인다.[47] 통상 그들의 관심은 정치적인 것보다는 상업적인 이해에 국한되었으며, 자신들에게 우호적인 원로원의원들과 결탁하면서

---

45   Hill(1952: 159f.). 이에 반대한 원로원의원으로 소(小) 카토, 퀸투스 호르텐시우스 호르탈루스(Quintus Hortensius Hortalus), 퀸투스 루타티우스 카툴루스(Quintus Lutatius Catulus)가 있었다.

46   Brunt(1965: 133f.).

47   Hill(1952: 76).

문제를 해결해 갔다. 기사 신분은 원로원 주도의 전통을 그런대로 수용했고 보수적인 입장을 견지하며 원로원을 중시했다.[48] 기사 신분의 이런 동향은 그자신이 기사 출신이기도 했던 키케로의 말 속에서 찾아볼 수 있다. 그는 국가 안에서 평등을 주장하는 자들을 비웃으며 "평등 자체는 아무런 위엄의 등급을 가지지 않을 때 불평등하다"[49]라고 말한 바 있다. 나아가 키케로는 아테네의 민주정치를 비판하며 사회적 구분이 부재했기 때문에 본래의 명성을 유지할 수 없었다고 주장했다. 신분상의 제약을 뚫고 콘술에 취임한 키케로와 같은 기사 출신자들에게 로마의 정체는 수호할 만한 가치가 있는 것이었고, 이런 태도가 기사 신분을 가진 자들의 일반적인 모습이었다고 보인다.[50]

키케로가 콘술을 맡아 직면한 최대 문제는 자신의 라이벌이던 카틸리나의 음모였다. 카틸리나는 부채 말소를 빌미로 모반을 꾀해 정치에서의 패배를 극복하려고 했다. 그렇지만 키케로가 사전에 적발해 카틸리나 일당은 처벌되었다. 카틸리나의 음모는 대금업의 분야에서도 활약한 기사 신분에게 큰 위협이었을 것이며 이들의 결속을 초래할 만한 명분을 주었을 것이다.[51] 이런 사정을 고려하면 원로원의원과 기사라는 '양 신분의 화합concordia ordinum(콩코르디아 오르디눔)'을 키케로가 정책 구호로 들고 나온 것은 충분히 타당성이 있었다고 하겠다. 그렇지만 이들 간의 상반되는 이해관계는 키케로의 호소에도 불구하고 일치를 보지 못했다.[52]

기원전 59년 콘술에 취임한 카이사르는 아시아 속주의 조세 징수 청부 도급액의 3분의 1을 삭감해 주었다. 이 조치는 원로원의 재정권을 박탈하는 동시에 기사 신분에 속하는 자들을 키케로의 지지 세력에서 분리시키는 효과를

---

48 Meier(1966: 88).

49 키케로, 『국가론』, 1.43.

50 이런 정치 신인의 태도에 관해서는 김영목(1993: 1~27)을 참조.

51 Meier(1966: 90)에 따르면 기사들의 결속은 일시적이었다고 판단된다.

52 Hill(1952: 178).

가져왔다. 이후에도 카이사르는 술라가 처벌한 자들의 자손들을 복권시켜 자신의 충실한 지지자로 만들었다. 이들 중에는 기사 신분이 다수 포함되었을 것이다. 물론 카이사르의 조치가 반드시 기사들에게 유리한 것만은 아니었다. 그렇지만 그가 전체적인 질서를 회복시키고 원로원의원으로 상승할 기회를 넓혀주었다는 점에서 기사 신분의 지지를 받을 조건은 충분했다.[53]

카이사르의 피살[54] 이후에 기사 신분의 역할은 소극적으로 되었고 내분 양상을 보였다. 마르쿠스 안토니우스Marcus Antonius와 옥타비아누스의 투쟁에서 어느 정도는 관망하는 자세를 가졌던 것으로 보인다. 그렇지만 옥타비아누스가 최종적인 승리를 거두었고, 기사 신분에 속한 자들이 그를 지지하게 되었다. 그렇게 된 배경으로는 그가 기사들과 친분 관계를 맺었다는 사실과 아울러 안토니우스가 로마를 배반했다는 나쁜 소문이 퍼졌다는 점을 고려해야 한다. 사실 옥타비아누스가 황제로 즉위한 후에 자신의 수하로 이용했던 자들이 원로원의원들보다는 기사들이었다는 점은 그의 성공에서 이들의 지지가 그만큼 중요했음을 나타낸다. 공화파 원로원의원들이 아우구스투스 체제에 적대적이었던 것[55]과는 달리 기사 신분은 대체로 그 체제에 순응했다.[56]

여기까지 공화정기 로마의 정치사 전개를 기사들의 성장 과정을 통해 조망해 보았다. 이들은 잠재력이 큰 세력이었으나 독자적인 정치 세력으로 성장하지는 못했다. 아울러 이들은 원로원과 알력을 겪으면서도 크게 보아서는 로마의 지배층[57]으로서 원로원이 하지 못하는 보완적인 기능을 수행하다가 제정기의 관료 기구로 흡수되어 갔다.

---

53   Brunt(1965: 135). 기사 신분에 불리했던 조치는 배심원에서 트리부니 아이라리를 제거한 점, 관세의 부활, 태양력 공포(公布), 갈리아 지역에 대한 조세 징수 청부 금지 조치 등이다.
54   카이사르의 살해에는 기사도 일부 가담했다(Hill, 1952: 195).
55   김덕수(1994: 41).
56   아우구스투스와 기사 신분의 관계에 관해서는 배은숙(1991: 142~148).
57   Cohen(1975: 265).

3. 신분으로서의 성격과 직업

기사 신분에 속하는 자들은 로마의 체제를 유지해 주었다는 점에서 중요한 역할을 맡았고 그들의 잠재력은 컸지만 그럼에도 이들이 일관된 정치 세력으로 드러나지는 않는다는 점이 주목되고 있다. 로마의 정치 판도 변화에 따라 희생자가 되기도 하고 수혜자가 되기도 했지만 자신들의 정치 이념을 구체적으로 내세운 바도 없고, 원로원이나 정무관을 통해 자신들의 이익을 보존하고자 했다. 이처럼 정치 면에서 보여준 소극적 성격은 이들이 경제적 활동에 매우 적극적이었던 것과 대조적이다. 아마 그 이유는 우선 기사 신분 자체가 지니는 성격을 통해 찾아야 한다고 생각된다. 아울러 이들의 태도와 관심의 범위를 제약하는 가장 직접적인 요소가 이들의 직업으로 보이므로 이들의 직업을 분석해 그 신분으로서의 성격을 규명해 보고자 한다.

이제까지 필자는 기사에 대해 '신분'이라는 말로 통칭했다. 여기서 신분은 본래 라틴어인 '오르도ordo'를 번역한 말이다. 실제 이 오르도가 무엇을 지시하는지를 분명히 알려주는 사료는 없다. 이 말을 키케로가 사용할 때 보여준 특징 중 하나가 눈에 띄는데, 그는 오르도를 기사 일반을 지시하는 데 사용했다.[58] 한편 같은 기사이면서도 특히 조세 징수 청부업자와 같은 부류에 대해서는 오르도가 다시 부가되는 경우도 있었다. 이러한 식으로 용례가 명확하지 않을 뿐 아니라 상세한 법규가 발견되지도 않아 근래 연구자들도 그 의미를 제각기 다르게 적용하며 기사 신분의 성격을 파악하는 실정이다.[59] 혹자는 센서스 조사에 따라 결정되는 경제적 범주로 규정하기도 하고, 혹자는 센서스가 그렇게 규칙적으로 실시되지 못했다는 이유를 들어 세습적인 사회적 지위로

---

58 키케로, 『필리포스 반대 연설』, 6. 13. "저 오르도가 보호자로 받아들인 자(quem umquam iste ordo adoptavit patronum)."

59 Cohen(1975: 269).

파악하기도 한다.[60] 따라서 우리가 기사 신분의 성격을 파악하기 위해서는 먼저 이 오르도의 용례를 다시 분석하고 나름대로의 기준을 설정해야 할 필요가 있다.

먼저 세르비우스의 병제에 따르면 평민은 호구조사인 센서스에 따라 다섯 개의 등급인 '클라시스classis'로 구분되며 그에 맞게 무장을 달리해 군역을 수행하는 한편 켄투리아회의 투표 시에도 그런 등급의 구분에 따른 순서대로 투표에 참여한 것으로 알려지고 있다.[61] 이 체제는 최상부에 기사(에퀴테스)를 두고 최하부에는 무산자proletarii(프롤레타리)를 둔다는 점에서 재산의 소유에 따라 구분하는 등 시민의 경제적인 구분과 일치하는 것으로 보인다. 그렇지만 세르비우스Servius회는 리비우스의 로마사가 작성될 무렵에는 이미 크게 개편되어 있었음을 다음의 말로 알 수 있다.

> 그뿐만 아니라 현존하는 이 제도는 트리부스의 수가 35개로 최종 확정된 후에 그 각각의 트리부스가 장년조와 청년조의 켄투리아로 구분되어 전체의 수는 배로 늘어났기 때문에, 세르비우스 툴리우스에 의해 마련된 수와는 맞지 않는다는 사실에 놀랄 필요가 없다.[62]

여기에서 언급된 수의 변화는 등급이 가졌던 군역으로서의 의미가 변화하고 있었음을 지시한다. 이를테면 기원전 107년에 마리우스가 전쟁에 나갈 수 있는 재산 자격을 철폐했을 때 이미 로마의 군대 편성은 세르비우스의 병제와는 매우 이질적인 것이 되었다. 특히 기원전 167년 이후 전쟁세인 트리부툼의

---

60   법적인 범주로 생각한 자들은 오르도를 'Stand', 'état', 'stato', 'estate'로 번역했고, 사회·경제적인 의미로 본 자들은 'Menschenklass', 'Berufsklasse', 'Volksklasse', 'couche sociale' 등으로 번역했다(Cohen, 1975: 260).

61   리비우스, 『도시의 건설로부터』, 1.43.

62   같은 책, 1.43.12. 켄투리아회의 개편에 관해서는 허승일(1978: 173 이하)을 참조.

부과가 중지되면서 군역과 조세 부담의 밀접한 상관관계마저 사라지게 되었다.[63] 이런 식으로 변화가 일어나고 있었으므로 기사 신분이 지니고 있는 역할이나 의미도 크게 변화했다고 보인다. 그래서 메리 이소벨 헨더슨Mary Isobel Henderson은 공화정 후기에 들어 기사란 새로 성장한 부유층이 차용한 명칭에 지나지 않으며 본래 그 명칭이 지니고 있었던 군역 수행과는 무관하다고 보았다. 아울러 기원전 167년 이후 센서스 조사가 상당 기간 실시되지 않았기 때문에 그들은 재산에 의해 자리 매겨진 이후에 하나의 세습된 신분으로 남았다고 한다.[64]

그렇지만 공화정기에 이 오르도를 그처럼 일관되게 경제적 계층을 지칭하는 의미로 간주해도 좋은지는 의문으로 남는다. 키케로는 아울루스 클루엔티우스 하비투스Aulus Cluentius Habitus를 변호하는 한 연설[65]에서 로마 시민을 원로원의원 오르도, 기사 오르도, 기타의 오르도들ceteri ordines로 삼분하고 있다. 키케로가 제3의 부류에 속하는 자들을 복수로 지칭한 것은 이 범주에 단순화할 수 없는 상이한 요소들이 섞여 있기 때문이라고 생각된다. 여기에는 경제적으로 보아 빈자만이 아니라 부유한 자들도 혼재되어 있을 가능성이 높다.[66]

일반적으로 기사가 되기 위한 재산 자격은 대개 40만 세스테르티로 추정된다. 이런 추정을 가능하게 하는 근거는 플리니우스가 전하는 문구인데, 다음과 같은 내용이다.

만약 자유인으로서 부친이나 친조부로부터 40만 세스테르티(sestertia cccc)로 재산이 평가되지 않았고 극장에 관한 율리우스법에 의해 14개의 좌석 열에 앉지

---

63   Nicolet(1980: 385).
64   Henderson(1963: 61~63).
65   키케로, 『클루엔티우스 변호』, 150.
66   Cohen(1975: 266).

276 제3부 에퀴테스

않았었다면 ……[67]

이 문구는 제정기인 기원후 23년 티베리우스의 제도를 설명하기 위해 플리니우스가 인용한 대목이다. 앞의 규정은 기사 신분을 상징하는 금반지를 가질 수 있는 자격이 없는 자들을 제거한다는 취지에서 마련된 것이다. 이로써 비록 간접적이지만 공화정기에도 기사 신분의 센서스가 있었으며 그 액수가 얼마였는지를 알 수 있다. 이 액수는 브런트의 의견에 따르면 그렇게 높은 수준은 아니었다. 실제로 로마 시민이 부유하게 생활한 경우 60만 세스테르티의 재산이 필요했고 절약해서 생활한 경우에는 10만 세스테르티 정도가 필요했던 것으로 계산된다.[68] 공화정 후기에는 이보다 높은 수준이 필요했다고 볼 수 있으므로 기사의 재산 자격을 갖춘 자들이 많이 있었다고 보는 것이 타당하다. 그러나 그런 재산을 가졌다고 해서 그것이 바로 기사 신분으로 행세할 수 있는 자격을 주는 것은 아니며, 제3의 범주인 기타 신분에 포함되었다고 보인다. 이렇게 볼 때 오르도는 일정한 재산을 가진 자 일반을 통칭하는 용어로 이해할 수는 없을 것이다.[69]

이런 난점을 염두에 둔 클로드 니콜레는 오르도란 공식적으로 호구조사관의 지명을 받는 절차에 의해 지위가 부여된 집단으로 파악했다.[70] 다시 말해 재산을 취득했다고 자동적으로 자격이 부여되는 것이 아니라 지명이라는 충분조건을 만족해야 하는 것이다. 우리가 다루는 기사 신분의 경우 재산은 필요조건에 불과하고 호구조사관의 검열을 받아 신체적으로나 도덕적으로나 혈

---

67 플리니우스, 『자연사』, 33.32. Nicolet(1966: 1, 57)에서 재인용했다.

68 Brunt(1966: 117, n.1). 니콜레도 이 액수가 '소액(modestie)'임을 강조한다(Nicolet, 1980: 57).

69 Brunt(1988a: 146)에 따르면 공화정기에 원로원의원과 기사 신분의 재산 자격은 동일했던 것으로 추론된다.

70 Nicolet(1969: 124f.); 허승일(1984: 277쪽, 주 65).

통상으로나 문제가 없다고 인정될 경우에 그 신분에 속하게 된다. 사실상 우리가 일반적으로 호구조사라고 일컫는 센서스는 앞에서 언급한 모든 조건을 포함하는 조사 활동이다. 따라서 이런 활동을 전담하는 관리인 호구조사관의 권한은 사회 신분 질서의 유지라는 측면에서 대단히 중요했음은 두말할 나위가 없다.

아마도 니콜레의 주장을 잘 뒷받침해 주는 예가 아이라리우스aerarius(복수는 아이라리aerarii)라는 범주의 설정일 것이다. 이들은 호구조사관이 정해진 신분에 머물기에 부적합한 자로 판단한 경우로, 비록 전직 관리나 기사라도 그가 받은 말을 박탈당하고, 정치적인 권리가 일체 인정되지 않으며, 납세의무만을 지닌 자로 변할 수 있었다.[71] 이런 점을 고려한다면 신분 구성에서 재산은 단순한 최소한의 조건에 불과한 것이었다. 이 말은 다르게 표현하면 재산 자격 외에도 사회적인 지위가 이들에게 필요했다는 뜻이다.

키케로는 안토니우스를 비난하는 연설을 개진하며 다음과 같이 말했다.

그러나 그것은 너의 거만함 때문이다. 왜냐하면 로스키우스법Lex Roscia에 따라 '특별석'이 파산자들을 위해 설치되었을 때, 어느 누구라도 자신의 잘못이라기보다는 운명의 잘못에 의해 파산한 것임에도 불구하고, 네가 14개의 열에 앉았기 때문이다.[72]

여기서 키케로는 안토니우스가 자신이 파산했음에도 불구하고 마땅히 앉아야 할 특별석에 앉지 않고 기사들을 위해 예비된 14개의 열에 앉았음을 비난하고 있다. 이 연설의 내용으로 알 수 있는 것은 비록 파산한 기사일지라도 극장에는 이들을 위한 특별석이 마련되었다는 사실이다. 이것이 더 나아가 이

---

71   Nicolet(1980: 77).
72   키케로, 『필리포스 반대 연설』, 2.44.

들이 사회적 통념상 일정한 지위를 고수할 수 있음을 보여주는 예라고 한다면, 오르도는 단순히 경제적인 능력이나 자격과는 거리가 먼 것임을 알려준다고 하겠다.

그 밖에 오르도란 명칭을 보유했던 다른 집단에 관해 살펴보자. 벤자민 코헨의 연구에 따르면 오르도[73]는 매우 다양한 집단에 대해 사용되었음을 알 수 있다.[74] 원로원의원과 기사는 물론이고, 트리부니 아이라리, 조세 징수 청부업자(푸블리카니), 자치시의원decuriones, 서기관, 보조 행정관 등도 별도의 오르도로 호칭되었다. 이들은 사회적 지위나 권위에 있어 큰 차이를 보인다. 그런데도 이들이 같은 명칭으로 범주화되는 데는 어떤 공통점을 찾을 수 있지 않을까? 먼저 이들은 의도적으로 법률적인 절차를 통해 생성된 집단이라는 점에서 공통적이다. 다시 말하면 이들은 로마의 공공 기능을 수행하기 위해 지위가 인정되었다는 점이다. 코헨의 결론을 빌린다면, 오르도는 공화정기에 발생한 제도의 변경 속에서도 그 의미를 잃지 않고 있으며 그 구성원에게는 공공기능을 수행할 수 있는 지위가 부여된 단체로서의 성격을 가진 것이다. 이는 우리 식으로 표현하면 '국역國役의 수행자'라는 의미를 지닌다고 할 수 있다. 어떤 면에서 모든 로마 시민은 국역의 수행자이므로 모두 각각의 기능과 관련된 오르도에 속한 것으로 묘사될 수 있다. 따라서 이 신분 구성은 당시의 사회적·정치적 필요에 따라 광범하게 조합될 수 있었고, 매우 다양한 범주를 형성할 수 있었을 것이며, 그 범주는 상호 배타적이라기보다는 중첩되는 것이 일반적인 현상이었을 것으로 생각된다. 이러한 구성의 원리에 따르면 군역이 문제되는 경우에 기사와 보병의 오르도가 별도로 수립될 수 있으며, 국가의 체제와 관련해서는 원로원의원과 기사 신분 및 평민으로의 구분이 이루어질 수 있다.[75]

---

73 이에 관해서는 김창성(1989: 166)을 참조.
74 Cohen(1975: 276).

로마 신분제의 용어인 오르도가 이런 의미를 지닌다면 기사 신분이라고 호칭된 집단은 엄밀히 말해 중산층이라고 보기는 어렵다고 생각된다. 오히려 기사 신분은 제도적으로 인정된 공적인 의미를 지닌 집단으로 파악하는 것이 더 나을 것이다. 예를 들어 기사 신분 중에서 특별히 청부업자들만이 독자적으로 오르도를 형성한 이유는 분명하다. 기사 신분에 속하면서 다른 직업에 속하는 자들과 분리해 호칭한 이유는 그들의 본래 기능이 국가의 유지에 필수적이라고 할 만한 조세 징수의 책임이기 때문이다. 이들은 공인公人이라는 의미의 푸블리카니에 걸맞은 의무를 지고 있었다. 이런 점을 고려하면 기사 신분을 비롯한 여러 오르도는 독자적이기보다는 오히려 체제에 더 의존할 수밖에 없었을 가능성이 높다고 하겠다. 기사 신분의 경우 좀 더 상위의 원로원의원 및 정무관의 간섭이나 조력이 그들의 사회적 기능의 존재 근거가 된 것으로 보아야 한다.

이런 식의 이해는 기사 신분의 정치적 소극성을 설명해 주는 한 방편일 수도 있다. 토인비가 지적하듯 이들도 로마의 지배층으로서 로마의 귀족들과 마찬가지로 로마의 기존 체제를 유지하는 것이 중요한 관심사였다고 하겠다.[76] 이런 추정이 맞는다면 로마 공화정기에 부르주아혁명 같은 것은 기대할 수 없었고 오히려 이들은 체제 유지를 위해 중요한 기능을 수행한 것으로 보인다.

이제까지 기사 신분은 단순히 재산의 소유 여부가 아니라 국역의 수행에 따라 규정되었음을 보았다. 그렇다고 이들이 부유한 유산자층이었음을 잊어서는 안 된다. 이제까지 알려진 대로 이들은 청부업자, 대금업자, 상인 등으로서의 전문 직업을 지니고 있었다. 그래서 일반적으로 이들을 사업가로 이해하는 듯하다. 여기에서는 이런 통념이 그렇게 정확하지 않았다[77]는 점을 지적하고,

75   같은 글, 281쪽.
76   Toynbee(1966: 341).
77   Brunt(1965: 122).

표 9-1 **기사 신분의 직업 분포** (단위: 명, %)

직업	인원	비율	직업	인원	비율
토지 소유자	60	16*	배심원	17	5
상업·대금업	46	12	자유직업**	51	14
청부업	15	4	관리인	10	3
정무관·시의원	26	7	미상	145	39

* 실제로는 80% 이상일 것으로 추정됨.
** 법률가, 변호사, 작가, 웅변가 등의 지식인으로 다른 범주와 중첩됨.

아울러 이들이 지닌 직업의 유형을 제시해 앞서 언급했던 정치적인 소극성을 설명하겠다.

고대 세계에서 토지는 가장 중요한 투자 대상임에 이론異論의 여지가 없다. 다른 수단을 통해 치부致富한 자들이 토지에 재산을 투자하는 것은 당연한 현상으로 생각될 수 있다. 비록 청부업자라고 하더라도 기본적인 재산은 있어야 한다는 점과 도시국가의 시민으로서의 특권이 토지 소유에서 비롯했다는 점을 생각하면, 어느 사업가든 축재나 영리 활동의 출발점은 토지 소유였을 것이다.[78] 이러한 관계 속에서는 기사 신분이라고 하더라도 이들이 토지 소유와 별개였다고 생각할 수 없다.

이런 점을 분명히 하기 위해 기사 신분 보유자들의 직업 분포를 살펴보고자 한다. 니콜레는 사료상 기원전 4세기 말부터 기원전 43년까지 기사 신분으로 확인된 370명의 직업을 분석했다.[79] 그 조사 보고에 따라 필자는 〈표 9-1〉을 작성해 보았다.

이 표를 통해 우리가 강조할 수 있는 것은 일반적으로 로마의 기사 신분이 사업가나 금융업자라는 통념이 상당 부분 수정되어야 한다는 점이다. 사료상으로 밝혀진 범위라는 한계가 있으나 기본적으로 기사 신분은 토지 소유자로

---

78   Meier(1966: 67).
79   Nicolet(1969: 139~142).

서의 생활 기반이 우선이었으며, 오히려 그들의 꽃이라고 불렸던 청부업에는 비교적 제한된 비율만이 참여했음을 알 수 있다. 따라서 잠정적으로 기사 신분의 직업은 원로원의원과 비교해 큰 차이를 보이지 않음을 확인할 수 있다. 이런 경제적인 기반을 고려한다면 기사 신분이 로마의 체제에 저항하고 개혁하기보다는 보수적인 입장을 견지했을 가능성이 높다고 하겠다.

한편 앞 절에서 우리는 기사 신분이 군사적 편제와 무관함을 밝혔다. 그래서 기사란 단순히 옛 명칭의 차용에 불과하고,[80] 국가로부터 공마를 받은 숫자는 18개의 켄투리아 숫자에 국한되지 않고 그 이상의 광범한 집단을 포괄하게 되었다는 사실이 널리 인정되고 있다.[81] 그러나 이런 통념에 대해 니콜레는 '로마의 기사 신분이 군역에 무관심했는지déintéressait'라는 질문을 제기한다.[82] 이 문제는 또한 기사 신분의 동향이나 관심을 엿볼 수 있게 하는 중요한 단서가 된다. 이 점을 로마의 사회구조와 연관 짓기 위해 니콜레는 로마 사회의 구조적 특성을 다음과 같이 요약한다.

모든 고대 도시와 같은 정도로 혹은 다른 도시보다 더 큰 정도로 로마는 전사의 공동체였다. 이것은 실제로 모든 시민에게 해당되었다. 군 복무가 특권이나 의무로서 어느 특별한 집단에 국한된 것으로 보이지는 않는다. 로마는 이러한 점에서 초기 역사시대의 인도·유럽의 사회들과는 달랐다.[83]

니콜레의 의견을 다시 부연하면 일반적으로 인도·유럽의 사회는 군사, 정치·종교, 경제가 분할된 이른바 '기능적 삼분할' 체제가 유지되었다는 것이다.

---

80   Henderson(1963: 64).
81   같은 글, 70쪽.
82   Nicolet(1969: 124).
83   Nicolet(1980: 89).

이에 비해 로마에서는 특이한 점이 있는데, 사회가 군대와 분리될 수 없는 특성을 지니고 있었다고 본다. 다시 말해 로마인은 누구나 훈련받은 전사로서의 시민이었다는 것이다.[84] 아마 이런 특징은 로마가 지중해를 제패한 동력이 바로 군사력의 확보에 있었다는 사실을 고려할 때 간과해서는 안 되는 특징이라고 생각된다. 이런 특징이 공화정 후기에 들면서 크게 바뀌기 시작했던 것으로 보인다. 그런 사정을 염두에 두고 니콜레는 다음과 같은 점을 지적했다.

> 아마 이 점이 최종적으로 그리고 가장 중요한 점일 것이다. 군 복무가 기원전 1세기에 일반 시민에 대해 더 이상 강제적이지 않게 된 경우에도, 군역은 여전히 공직에 선발되는 전제 조건이었거나 제정기에 고위 문관직에 지명되기 위한 선결조건이었다. 따라서 로마의 전 역사를 통해 상부 계층은 군사적 의무에 종속되었고 상무 정신에 물들어 있었다. 비록 로마가 세계를 정복했을 때도 결코 군대를 해산하지 않았다.[85]

니콜레의 지적에 따르면 로마 역사에서 지배층에게 군역 수행은 하나의 필요조건이었다고 생각된다. 우리는 이미 켄투리아회의 편성에서 원로원의원들이 참여했음을 확인했다.[86] 이는 군역 수행이 정치 활동에 대해서도 관련을 깊게 맺고 있었음을 입증한다. 이후 원로원의원들이 이 기사 켄투리아[87]에서 배제되고 나서도, 원로원의원의 아들이 기사 켄투리아의 구성원이었다가 통

---

84 같은 책, 90쪽. 이 점은 아테네에서 사제 계급이 발달하지 않은 이유가 군사적 권력의 우월성이라는 점을 통해 설명된다는 사실과 비교할 만하다(양병우, 1975: 181쪽, 주 46 참조).

85 Nicolet(1980: 91f.).

86 키케로, 『국가론』, 4. 2. 2.

87 Nicolet(1969: 127). 센서스는 기원전 252년부터 기원전 70년까지 20회 실시되었다. 센서스 조사 때 기사에 대해서는 보다 엄격했던 것으로 보인다. 재산과 가문은 물론이고 개인적인 자질과 인품이 고려되었으며 군기나 용기도 심사 사항이었다. 특별히 청년조(유니오레스)를 기사로 선발했다. 이 조치는 실제적인 군무 수행을 염두에 둔 것이다.

상 30세에 원로원에 진출한 것으로 알려져 있다.[88] 이 사실 또한 같은 맥락을 전하고 있다고 생각된다. 즉, 원로원의원의 아들일지라도 사회적 지위를 유지하려면 군 복무 과정이 필요했고, 장교 직책에 해당하는 기사가 그들에게 제시되었다고 생각된다. 통상 청년 기사들이 정무관이 되기 위해서는 10년의 복무decem stipendia가 필수적[89]이었다고 한다. 기사들은 대개 각 단위 부대의 천부장tribuni militum(트리부니 밀리툼)이나 파견대장praefecti(프라이펙티)[90]으로 복무했을 것으로 생각된다.

이처럼 로마의 귀족 지배층의 자제는 군 복무 과정을 하나의 통과의례로 겪어야 했으므로 순수한 기사 신분에 속한 자들도 장교나 때로는 일반 병사로서 로마 군대에 편성되어 활동했던 것으로 알려지고 있다. 앞서 니콜레가 조사한 370명의 기사와 다른 조사를 통해 확인되는 기사 95명을 포함해 총 465명 중에서 군역을 수행한 자들이 135명으로 확인되고 있다. 즉, 약 30퍼센트가 군 장교로 활약한 점으로 보아 어떤 직업보다 높은 빈도로 군사적 직책을 떠맡았다고 하겠다. 또한 니콜레가 조사한 370명을 보면 천부장이 25명, 파견대장이 15명으로 확인되는데, 이는 11퍼센트의 기사 신분이 장교로 활약했음을 의미한다. 그런데 그런 고위 장교직은 그 수효가 매우 제한되었으므로 단순히 병사로 복무한 기사 신분들도 적지 않았을 것으로 보인다.[91] 이는 대다수의 원

---

88 Henderson(1963: 61f.). 원로원의원의 자제들 중에서 원로원의원이 되는 경우와 그렇지 못하고 기사 신분으로 남아 원로원의원의 형제로만 파악되는 것이 가능한데, 그런 사례는 Nicolet(1966: 271, t. 1)를 참조.

89 Nicolet(1969: 128).

90 동맹국전쟁 이후에 로마인과 동맹국 출신자 간의 차별은 사라졌다. 특히 천부장(트리부니 밀리툼)은 일부가 평민회에서 선거로 뽑히기도 했는데, 비록 하급 장교직이었다고 해도 나중에 정치적 진출을 위해 중요했으므로 장군에 의해 임명되는 경우보다 선호되었다(Hill, 1952: 27f.).

91 예를 들어 4대가 지난 후에야 비로소 콘술에 진출했던 아이밀리우스 스카우루스는 단순히 병사(cornicularius)로 복무했다고 한다. 니콜레의 계산에 따르면 동맹국전쟁 시기에 공마

로원의원의 자제들이 장교로 복무한 데 비하면 고위 장교직을 맡을 기회가 상대적으로 많지 않았으므로 다소 불리했다. 그러나 일부지만 군 복무 과정에서 원로원의원의 자제와 동일한 위치에서 복무하고 그들과 교분을 가질 수 있다는 사실만으로도 양 신분 간의 이해관계 대립은 크지 않았을 것이다. 이렇게 본다면 일부 기사가 때때로 군역 면제를 주장하기도 했지만, 이에 전혀 관심이 없었다고 보기는 어렵다. 때때로 원로원에 충원되는 행운을 누리기도 했고, 마리우스처럼 신인으로서 정치적인 실권을 장악한 자들도 나왔음을 고려한다면 군역 수행은 이들의 중요한 관심사였을 것으로 보아야 한다.

4. 사회이동과 그 의의

앞 절에서의 검토를 통해 필자는 기사 신분의 정치적인 소극성[92]을 그 신분상의 성격이나 직업적인 구성 및 군대 복무와 관련해 분석했다. 이들은 집단적인 이해관계를 지니고 원로원 귀족 세력에 대항하기보다는 원로원과 일정한 사적私的 관계를 유지하고 체제에 기생하며 자신들의 경제적 이익을 추구했던 것으로 파악된다. 그러면서 이들이 체제의 지지자로 모아질 수 있었던 것은 이들에게 일정한 사회적 지위 상승의 기회가 제시되었던 데서 원인을 찾을 수 있다고 생각한다. 요컨대 기사 신분의 수에 비해 극소수지만 관직과 장교직 또는 배심원으로의 진출이 제도적으로 열려 있었다는 것은 이들에게 사회적 지위 상승의 기회를 엿볼 만한 가능성이 되어[93] 자신들의 능력을 체제 유

를 지급받은 약 2400명의 기사가 있었고 이 중 500명 정도가 군에 복무했다. 장교직이 수십 개에 불과했으므로 나머지는 일반 병사로 복무했을 것이라고 추산할 수 있다(Nicolet, 1969: 131).

92 Hill(1952: 88f., 117f.)에 따르면 기사 신분은 정치적인 압력단체로 행세하거나 원로원이 주도한 대외정책에 도전하지 않았다.

93 리비우스, 『도시의 건설로부터』, 24. 18. 호구조사관의 역할이 중요했음을 알 수 있다.

지에 바칠 만한 여건으로 받아들여짐으로써 로마 체제의 안정성이 확보된 것이 아니었을까 생각한다.

이런 사회적 이동의 가능성에 관해 일찍이 이 문제를 검토한 바 있는 헨더슨은 평민의 사회이동 가능성은 강하게 부인하고 있다.[94] 사실 그의 지적대로 공화정 후기의 사회 발전과 센서스 조사 실시의 미비 등을 고려한다면 그럴 가능성이 높다고 할 것이다. 이것을 어떻게 보아야 하는지는 바로 로마 공화정 사회의 성격을 어떻게 규정하는지와 관련된 것이므로 대단히 중요한 문제다. 사실상 귀족의 지배 체제라고 하더라도 하층민의 암묵적인 동의 없이는 유지되기가 매우 어렵다는 핀리와 같은 학자의 지적을 따른다면[95] 헨더슨의 견해는 유지되기 어려울 것으로 보인다. 오히려 사회 구성원의 자발적인 의사나 관념이 사회체제의 유지에 얼마나 중요한지를 인정한다면, 그런 고정된 시각은 사회를 올바로 보는 데서 벗어난 것이라고 생각된다.

일단 필자는 기사 신분의 경우 상위 신분으로의 이동 가능성이 열려 있었음을 로마의 정치적 격변 속에서 확인했다. 따라서 기사 신분은 그 자체가 지배층은 아니더라도 기회가 주어지면 국가의 공무 담당자로 활동할 수 있었다는 점에서 일단 기사 신분이 된다는 것은 그만큼 사회적으로 이동한 것을 의미한다. 야코 수올라티Jaakko Suolahti의 연구[96]는 이런 점을 분명히 보여준다. 그의 연구는 〈표 9-2〉로 제시했다. 이 표에는 기사 신분의 사회적 지위 상승을 보여주는 대비할 만한 기준이 설정되어 있지 않아 이를 파악할 수는 없으나, 기사 신분 출신자들이 군직을 발판 삼아 자신의 능력을 발휘해 상위 신분으로 이동할 수 있었음을 확인해 준다는 데서 수올라티 연구의 의미가 있다고

---

94 Henderson(1963: 64). "그러나 우리는 한 등급으로부터 상승이나 하강에 대해 결코 듣지 못하고 있다." 여기서 등급은 평민의 센서스와 관련된 범주였음을 주목할 필요가 있다.

95 Finley(1984: 141). 특히 로마의 경우를 염두에 두었다고 보인다.

96 Suolahti(1955: 110, t. 10)를 참조해 필자가 재구성했다.

표 9-2 **천부장 역임자의 사회적 진출**

(단위: 년, 명)

시기	친척들의 사회적 지위(천부장직 진출 이후)			계
	콘술	원로원의원	기사	
B.C. 509~219	7	4	-	11
B.C. 218~134	8	8	2	18
B.C. 133~82	3	3	6	12
B.C. 81~49	11	5	11	27
B.C. 48~30	1	3	15	19
계	30	23	34	87

하겠다.

한편 로마의 지배층이라고 할 원로원 귀족 가문의 사정에 비추어 보면, 이런 식으로 지배층을 충원하는 것은 필수 불가결한 측면이 있다. 제정기의 인구 동태를 연구한 키스 홉킨스에 따르면[97] 로마의 귀족 가문은 낮은 출산율 탓에 가계가 끊어질 위험이 상존했다고 한다. 이렇게 낮은 출산율을 초래한 원인으로 귀족의 생활비가 지나치게 높았던 점을 꼽기도 한다. 또한 로마 사회는 균분상속제여서 다산多産은 자손의 재산 소유의 부족을 초래해 가문이 쇠락할 위험을 안고 있기에 바람직하지 않았다고도 한다. 아울러 로마 사회에는 독신과 자식을 낳지 않는 풍조가 만연했다는데 이에 귀족도 예외는 아니었을 것이다. 이런 사회적 풍조 또한 귀족 가문의 소멸에 적지 않은 영향을 끼쳤다. 이런 양상은 비록 제정기의 것이지만 공화정기에도 적용될 수 있을 것이다. 일찍이 기원전 131년에 메텔루스 마케도니쿠스Metellus Macedonicus와 같은 인물이 귀족의 출산을 장려하는 연설De prole augenda을 했는데, 이런 사정을 십분 반영한 것이라고 생각된다.[98] 사실상 로마는 전쟁과 내분에 따른 인구

---

97 Hopkins(1965: 24).
98 아우구스투스가 옛 전통을 부활한다고 표방하며 출산을 덕목 중 하나로 들었을 때 바로 이 메텔루스의 연설을 재인용했다고 전해진다(Brunt, 1971: 559).

감소가 심했다. 귀족이라고 해서 예외일 수는 없었고, 특히 정치 보복 등으로 유력한 원로원의원을 비롯한 지배층이 상당히 소멸하는 것을 피할 수 없었다. 이런 사정은 지배층의 인원 부족으로 이어질 수 있었으며, 고비마다 새로운 성원을 하위 신분인 기사 신분에서 능력과 야심을 갖춘 자로 충원하는 것은 불가피했고 또 사실 그렇게 했다.

그렇다면 기사 신분으로의 상승 기회는 있었는가? 일반 평민이나 피해방민의 입장에서 기사 신분으로 상승할 가능성이 있었다면, 기사 신분은 사회적 신분 상승을 위한 사다리와 같은 역할을 맡아 사회이동의 통로로 기능했을 것이다.

토인비는 로마의 귀족들이 체제를 유지하기 위해 기사 신분의 수를 늘렸다고 밝힌 바 있다. 이들을 어디에서 충원할 수 있었을까? 일단 부유한 평민이 그런 자격을 가질 수 있었다고 보인다. 그런데 앞서 밝힌 대로 개인의 재산 액수는 실상 사회이동의 필요조건이지 충분조건은 아니었다. 그렇다면 헨더슨의 지적대로 센서스를 통한 신분 상승의 기회는 사실상 없었다고 보아야 한다. 그렇다면 어떤 경로가 열려 있었을까? 평민으로 기사 신분에 올라갈 수 있는 기회는 군 복무 기간 중에 가능했던 것 같다. 이런 가능성은 로마 사회가 군사력에 기초해 발전했다는 점에 비추어 충분히 높다고 보인다. 또 실제로 평민이었던 자가 군 복무를 통해 기사 신분을 획득한 사례가 있다.[99] 마리우스와 같은 인물이 대표적이다. 앞에서 군의 장교직이 기사 신분과 밀접하게 관계되었음을 보여주었는데, 선거나 장군의 은총을 통해 임명된 평민 출신 장교들은 기사 신분 출신자들과 동등한 대우를 받지 않았을까 생각해 볼 수 있다. 이런 생각이 맞는다면 군사적인 공적을 세운 사람은 그 보상으로 사회적 신분이 상승할 수 있었다는 결론에 도달한다. 군대를 지휘하는 장군 입장에서

---

[99] 발레리우스 막시무스, 4.7.5. "아주 미천한 곳에서 태어나 기사 신분으로(admodum humile loco natus ad equestrem ordinem)."

서투른 귀족 자제보다 경험이 많고 최선을 다할 수밖에 없는 평민 출신자를 휘하에 거느리는 것이 더욱 유리했을 것이다. 이런 문제를 검토한 니콜레는 자신의 능력으로 지위 상승을 도모할 수 있었던 군대가 사회보다 오히려 더 민주적이었다는 역설을 제시한 바 있다.[100] 그는 평민이 오를 수 있는 계급인 백부장이 바로 기사 신분으로 이어질 가능성을 제시했다. 이렇게 군의 장교직을 거쳐 기사 신분이 된 자들은 어느 정도 사회적 상승을 할 수 있었을까? 니콜레의 보고에 따르면 기사 신분 출신의 천부장 75명 중에서 나중에 15명이 원로원의원으로 진출했음을 알 수 있다. 또 파견대장은 35명이 있는데 이 중에서 7명이 원로원의원이 되었음을 확인할 수 있다.[101] 키케로는 술피키우스를 공격하며 다음과 같은 사실을 알려주고 있다.

그러므로 나는 항상 너를 우리의 범주에 넣어왔다. 왜냐하면 덕성과 근면으로 인해 너는 기사의 아들임에도 불구하고 최고의 관직에 적합한 인물이 되었기 때문이다. 아울러 신인이었으며 가장 강한 사나이였던 폼페이우스에게 있는 덕성이 귀족인 아이밀리우스에 못지않았던 것으로 내게 항상 보였다.[102]

여기에서 "덕성(virtus)"이나 "가장 용감한(fortissimo)"이라는 표현이 쓰인 것은 군대 활동을 통해 이들이 소기의 목적을 달성할 수 있었음을 보여준다. "기사의 아들"이나 "신인"이라는 표현으로 보아 본래 평민이었을 가능성이 높으므로 이들이 군대를 통해 기사 신분으로 상승하고 이를 거친 후 최고 관직까지 도전해 볼 수 있었다고 보인다. 따라서 군대의 복무 과정을 통해 일정한

---

100 Nicolet(1969: 155). 기사 신분이나 평민 신분도 군대에서 일반 병사로 복무할 수 있었고 반대로 평민에게도 장교직에 오를 기회가 있었다고 보았다.
101 같은 글, 141쪽.
102 키케로, 『무레나 변호』, 7.16.

장교직을 얻는 것이 기사 신분으로 상승하는 중요한 동로였음이 확인된다.[103] 군대 편성에서 기사 신분이 별 의미가 없다고 하더라도 해당 명칭을 고수한 것은 이런 내력 때문이라고 생각해도 좋을 것이다.

　노예나 해방된 노예인 경우에는 어떤 사회이동을 기대할 수 있었을까? 일반적으로 헬레니즘 세계에서는 노예에게 해방의 기회를 부여해 노예들의 기예技藝를 상업이나 제조업에 활용하는 것이 하나의 관례였다.[104] 노예들이 자신의 능력을 최대로 발휘하게 하는 것이 고대 상업의 발전에 중요한 동력이었다.[105] 로마도 여기에서 벗어나지 않은 것 같다. 로마의 경우 국가 운영에 필요한 최하급 관직인 시종이나 전령viatores을 노예로 충원했다. 심지어 국가의 서기관직은 신분의 차이에 관계없이 개방해서 평민과 피해방민도 진출할 수 있었으며 이들은 독자적인 오르도로서 단체를 이루었다.[106] 보조 행정관은 자신이 받들던 정무관이 직무를 다할 때 금반지를 수여받는 관행이 있었다고 한다.[107] 통상 이렇게 수여받은 금반지는 기사의 상징이었다. 따라서 서기관직은 기사 신분으로 영구적으로 편입되는 보장을 확실히 받을 수 있는 기회였기에 사회적 상승을 원하는 자들에게 염원의 대상이었다. 이렇게 본다면 국가의 공직을 수행함으로써 기사 신분으로의 상승 가능성을 부여받을 수 있었다고 생각된다.

　이상과 같은 사실을 통해 알 수 있는 것은 로마 사회가 생각보다 사회적 이

103　주로 제정기를 다룬 연구에서지만 백인대의 전열에서 싸우는 프리미필라리스(primipilaris)에게 기사 신분의 지위가 부여되는 경우를 볼 수 있다. 이는 병사인 평민이 귀족으로 신분을 상승할 수 있는 유일한 통로였다(Dobson, 1974: 432).

104　Toynbee(1966: 369f.).

105　차영길(1992: 107 이하).

106　Purcell(1983: 125~173) 참조.

107　Nicolet(1980: 233). 카이사르는 기원전 49년에 피해방민인 푸블리우스 시루스(Publius Syrus)에게 포상하며 금반지를 수여했다. 이는 그를 기사 신분으로 인정한 것으로 여겨졌고 이는 기사 신분들의 분노를 사게 되었다(Gelzer, 1968: 286).

동의 가능성을 열어놓았다는 점이다. 특히 기사 신분은 그런 점에서 사다리의 중간 역할을 하는 위치에 있었다. 낮은 신분에 속한 자들은 기사로 상승하고자 했고, 일단 기사 신분에 오른 자는 그 이상의 진출도 꿈꿀 수 있었다. 그러나 기사직에 오르기 위해서는 재산만으로는 불충분했고 군역이나 공직을 수행해 자신의 능력을 발휘해야 했다. 이런 상승의 가능성 덕분에 하층민의 불만이 희석될 수 있었던 것이 아닐까 생각해 본다.

5. 결어

이제까지 로마 공화정기 기사 신분의 성장과 특징을 추적해 보았다. 그 결과 얻게 된 인상은 다음과 같다. 먼저 로마 공화정 시기에 사회적 신분은 오르도로 표현되는데, 이는 공적인 기능의 수행과 관련되어 부여된 호칭이었다. 이런 호칭을 지닌 기사 신분이 크게 성장하게 된 계기는 로마의 팽창이라는 과정을 통해서였다. 이 과정에서 원로원의 통제하에 일정한 기능적 분화를 거치며 성장했다. 그러다가 이들이 법률적으로 권리를 부여받아 영향력을 행사하게 된 동인은 그라쿠스 형제의 개혁에서 찾을 수 있다. 그렇지만 이들은 원로원에 대한 견제 세력으로 역할을 하기에는 정치적인 면에서 대단히 소극적이었고 원로원의원들에 못지않게 보수적이었다. 이런 성향을 지니게 된 이유는 이들이 지닌 신분상의 특징과 직업의 다양성에서 찾을 수 있는데, 이들은 독자적인 세력으로 성장하거나 이해관계를 주장할 만한 구성을 갖추지 못했다. 이들은 근대의 부르주아라기보다는 절대다수가 토지 경작층이었고 군에서도 요직을 맡고 있었다. 이들은 또한 로마사를 통해 볼 때 제도적으로나 임시방편적으로나 상위 신분으로 상승할 기회를 가졌다. 그런 점에서 이들은 예비 지배층으로 군림했다. 아울러 하위 신분의 구성원도 자신의 능력을 군 복무나 공직 수행을 통해 발휘하며 인정받은 경우 기사 신분에 진출할 수 있었다. 따라서 기사 신분은 사회이동의 매개였으며, 이들의 존재는 공화정기 로마 사회를 안정시키는 장치였다.

기사 신분의 문제와 관련해 계속 연구해야 할 분야가 있다면, 우선 '개인의 말equus privatus'을 보유하고 전쟁에 참여한 자들에 관한 문제와 소위 '기타의 오르도ordines ceteri'로 칭해지는 신분과의 관계를 들 수 있다. 아울러서 기사 신분의 전체적인 의미를 파악하기 위해서는 아테네의 재산 등급에서 300메딤 노스medimnos 이상의 소출로 자격이 규정되어 제2의 위치를 차지했던 히페이 스hippeis와 비교하는 것도 중요한 과제다.

제10장

로마 공화정기 방목세 징수와 기사 신분의 역할*

1. 서언 | 2. 방목세 징수의 중요성 | 3. 방목로의 관리와 방목세 규정
4. 기사 신분의 징수 활동과 갈등 | 5. 결어

1. 서언

로마의 역사에서 기사 신분이 차지하는 위치는 공화정 후기에 접어들면서 두드러지게 높아진다고 할 수 있다. 이들의 동향과 특히 제정기의 활동을 주목하는 이유는 이들이 실제로 현실 생활에서 행사하는 영향력 때문이다. 만약 이들이 존재하지 않았다면, 로마는 다른 방향으로 발전했을 것이고 제정으로의 이행도 다른 국면을 보여주었을 것이다. 이런 중요성에 비추어 서양의 로마사 대가들이 이들을 분석하고 여기에서 로마사의 구조적 특성을 찾으려고 했던 것은 당연하다. 근래 한국에서도 이에 대해 관심을 보이고 이를 조명하려는 노력이 증대되는 것은 이러한 중요한 역사적 동향에 관심을 기울이려는 시각의 확대라고 할 수 있다.[1] 이런 시도는 로마의 정치만이 아니라 그 정치를

---

* 이 글은 ≪서양고전학연구≫, 제39권(2010.3)에 게재된 바 있다.

1 기사 신분에 관한 논저로는 다음의 것이 있다. 김창성(1995: 397~430)은 기사들의 직업 분석을 통해서 공화정기의 사회이동이 기사 신분을 매개로 이루어졌음을 보여준다. 김덕수 (2008: 177~199)는 공화정에서 제정으로 이행을 가능하게 한 인적 토대로 조명한다. 김덕수(2009: 147~174)는 기사 신분이 원로원과 대립하지 않고 아우구스투스 체제에 행정 기능인으로서 위상을 가졌다고 보여준다. 김상협(2009: 175~191)은 앞의 논지를 구체화시

유지시키는 기제를 밝히려는 노력의 일환이라고 평가한다.

필자는 이 장에서 기사 신분이 쌓아나간 물적인 토대로서 이탈리아 반도에서 광범위하게 이루어졌던 목축업과 그것에 대한 방목세 징수의 과정에 주목한다. 이를 통해 기사 신분이 공화정 후기, 나아가 이행기에 특히 두드러지게 성장하고 향후 행정의 주역으로 주목받게 되는 단서의 하나를 발견할 수 있을 것으로 전망한다. 특히 조세 징수 청부업이라는 국가의 기능을 수행하면서 이들의 역할은 귀족에 대한 견제 세력이 되기에 사실상 충분했는데, 이런 측면에 관한 탐구는 '양 신분의 화합(콩코르디아 오르디눔)'이라는 정치 구호[2]를 이해하는 데도 크게 도움을 줄 것이다.

2. 방목세 징수의 중요성

"로마를 건국한 자들은 목자들pastores이었다"[3]라는 말에서 알 수 있듯이 이탈리아의 자연환경과 관련해서 볼 때 가축 사육은 기본적인 산업이었다.[4] "가장 확실한(certissimus)" 이익을 가져다주는 것은 가축 사육이라고 카토가 답한 것도 잘 알려져 있다.[5] 이 언급은 과수 재배가 수익이 많지만 "불상사가 없어야 한다(non frustro, nec id false)"[6]라는 조건이 있는 데 비해 가축 사육은 매우 안정된 소득원이었음을 지시한다. 그러기에 국가의 세입을 확보한다는 측면

켜 실제 인물의 사례를 분석한다. 앞으로도 제정 말기에 이르기까지 여러 각도에서 기사 신분의 의미가 조명될 수 있을 것이다. 특히 로마 전 시기에 걸쳐 로마 사회의 유동성을 심층적으로 조사하는 것이 과제다. 이를 통해 로마 사회의 구조를 파악하고 그 존속의 비결을 규명할 수 있을 것이다.

2   이에 관해서는 허승일(1995a: 312).

3   바로, 『농사일』, 1.2.16.

4   Pasquinucci(1979: 79~85).

5   키케로, 『의무론』, 2.89.

6   플리니우스, 『자연사』, 18.20.

에서 보면 가축[7]에 대해 부과되는 세금이 중요했다고 할 수 있다.[8]

　다음의 말을 검토하면 로마의 조세[9] 중에서 오랫동안 유일한 세원稅源이었던 것이 바로 방목세였음을 알게 된다.

　　이제 호구조사관의 장부에는 인민의 소득원인 모든 방목지pascua가 언급되어 있다. 왜냐하면 오랫동안 이것이 유일한 조세였기 때문이다.[10]

　본래 방목은 농업에서 이차적 역할에 불과하지만, 앞에서 보다시피 조세 수입의 측면에서는 가장 중요했다. 이러한 위치를 차지할 수 있었던 것은 방목이 과세원으로서 매우 안정적이었다는 점에서 비롯된다. 국가의 재정 목표와 관련되는 방목지의 명칭은 '공공 방목지pascua publica', '호구조사관의 방목지censorum pascua', '공공 산지 방목지saltus publica', '방목세 부과지ager scripturarius'가 있다.[11] 그렇지만 주로 국가의 공유지로서 과세된다는 의미에서 이러한 방목지는 '방목세 부과지'로 일반적으로 통칭된다.

7　가축을 뜻하는 '페쿠스(pecus)'가 후일 동산 일반이나 화폐를 뜻하는 '페쿠니아(pecunia)'의 어원이 된다는 것은 널리 알려져 있다. 그러나 Benveniste(1961: 47f.)에서는 이를 뒤집어 어근인 'peku'가 동산 일반을 뜻하는 것으로 파악했다. 이에 따르면 돈이라는 말은 가축과 무관하다. 그러나 Bracchi(1991: 161f.)에서는 'peku'의 어원을 'pek'에서 찾는데, 이는 '소모(梳毛)'의 뜻이다. 후자의 견해에 따르면 다시 정통설이 근거를 가진다. 이에 관해서는 Montovani(2006: 318, n.204)를 참조.

8　목축에 부과되는 세금의 중요성은 근세 스페인의 경우가 대표적이다. 방목업자들이 양모 수출을 독점하고 국가는 이를 통해 재정 문제를 해결하며 농경지 잠식으로 이어지는 일련의 과정은 로마에서 있었던 일을 이해하는 데 크게 참고된다(Cameron, 1993: 137~138).

9　벡티갈(vectigal)의 어원이 'vehere(이끌다)'에서 비롯한 것은 방목과 조세 징수가 관련이 있음을 보여준다. 즉, 현물인 가축으로 납부한다는 뜻을 담고 있다(Trapenard, 1908: 28; 29, n.2).

10　플리니우스, 『자연사』, 18.3.11.

11　Trapenard(1908: 11).

카미유 트라페나르에 따르면[12] 로마 건국 이후 '공동 방목지ager compascuus'
로 남겨진 토지는 방목세 부과지였다. 그는 공동 방목지 이용이 무료였다는
막스 베버의 설[13]을 반박하며, 공동 방목지가 공유지로서 존재하면서 여기서
방목세가 부과되었다고 보았다.[14] 이 주장의 근거는 '기원전 111년 농지법'의
14~15행이다.[15] 바로 일정 수의 대축·소축의 방목에 대해 방목세를 면제해 주
는 조항이 그동안에 공동 방목지에서도 어떠한 형태로든 방목세가 부과되었
음을 의미하는 것이라고 해석될 수 있기 때문이다. 이 주장을 수용할 수 있다
면 방목세는 그만큼 중요한 세목이었음을 알 수 있다.

이처럼 방목세는 재정 수입에서 큰 비중을 차지했으므로, 국가로서는 방목
세 납부 토지를 최대한 확보해 대규모 방목을 가능하게 하는 것이 재정 정책
에서 중요한 과제였다. 이를 위해서는 로마의 팽창이 결국 필수적이었고, 결과
적으로 공유지ager publicus가 "적에게서 빼앗은 토지(ager ex hostibus captus)"
와 동의어가 되기에 이르렀다.[16] 이탈리아에서 이루어진 로마의 팽창은 이탈
리아 반도의 방목 지역인 중·남부로 향했다. 따라서 로마가 치른 최초의 대외
전쟁도 방목지의 필요에서 비롯했다. 이러한 목적에서 로마의 방목세 납부지
로 대규모로 확인되는 곳은 이탈리아 남부 삼니움Samnium이었다. 따라서 공
유지의 확대는 공화정 말기까지 국가의 일관된 관심사였다.[17] 나아가 이러한
방목세 부과지는 로마 세계의 최후까지 국가의 소유 자산으로 남았으며,[18] 일

---

12   같은 책, 11쪽.
13   Weber(1891: 128).
14   Trapenard(1908: 28, n. 1) 참조.
15   '기원전 111년 농지법', l. 14~15. "만약 어떤 자가 이 법이 제안될 때 경작을 목적으로 30유게
      라 이내를 점유 혹은 보유한다면 그 토지는 사유다(privatus est). 대축 10마리 이하와 ……
      이에서 난 1년 미만의 새끼를 공동 방목지에서 방목하는 자는 …… 인민이나 청부업자에
      게 벡티갈이나 가축세를 내거나 청산하지 않도록 한다."
16   Trapenard(1908: 13, n. 2).
17   Clerici(1943: 457); Gabba(1988: 135).

런의 농지법에서 방목세 납부지의 문제가 별로 언급되지 않은 것도 그런 재정 목적을 염두에 둔 데서 비롯한 것이다. 오히려 이런 목적을 위해서는 공유지에 광대한 방목세 납부지를 마련하는 것이 중요했을 것이다.

이런 방목세는 방목지의 이용자인 가축 사유자가 납부하는 것이 원칙이었다. 이것은 국가의 재산인 토지를 이용하는 데 따른 기초적인 원칙에서 부과되었는데, '기록'이라는 뜻을 가진 '스크립투라scriptura'라고 명명된 이유는 특별히 가축 대장과 같은 문서를 작성하고 이에 기초해 징수되었기 때문으로 보인다.[19]

방목세율이 얼마였는지는 현재 우리에게 전혀 알려져 있지 않다. 페스투스Festus의 사전辭典이 전하는 바에 따르면 다음과 같다.

> 공공 방목세 납부 공유지는 가축을 사육하기 위해 금액이 정해져 있다는 데서 호칭되었다.[20]

이처럼 분명한 비율이 제시되지 않은 것은 가축의 종류 및 대소大小와 노소老少의 차이, 방목지의 지리적 위치와 지역, 토질의 차이가 컸기 때문으로 보인다.[21] 따라서 방목세는 이러한 조건을 염두에 두고 징수되어야 하므로 가축 대장의 작성이 필요했다. 방목세 징수를 위한 기초 자료인 가축 대장은 매우 치밀해야 했으므로 이것을 한정된 수의 정무관이 직접 관장하기는 어려웠을 것이다. 그래서 앞서 플리니우스의 언급처럼 방목세 납부지, 즉 공공 방목지는 호구조사관의 방목세 대장tabula에서 파악되었으나 직접적인 가축 대장은

---

18   Trapenard(1908: 7). 제정기 이후의 추세에 관해서는 Gabba(1988: 137f.)를 참조.
19   Clerici(1943: 453).
20   'scripturarius,' 페스투스(Muellero), 1839, 333 좌.
21   Pasquinucci(1979: 98).

'방목세 징수 청부업자'가 작성했던 것으로 보인다. 이렇게 부과된 조세는 처음에 국가재정 수입에서 차지하는 비율이 높았던 점으로 보아 상당히 큰 액수였다.[22]

이러한 정규적인 조세 수입과 더불어 국가 재정에 중요했던 것은 공공 방목지의 이용에 관한 법규를 위반했을 때 부과되는 '벌금multa'이었다. 리비우스에 따르면, 이러한 벌금이 처음 부과된 것으로 알려진 시기는 기원전 296년이고 마지막으로 전해지는 것은 기원전 193년이다.[23] 이 벌금의 부과 시기와 사용처에 관해서는 〈표 10-1〉에서 알 수 있다.

표에서 나타나듯이 이러한 벌금의 부과자는 관리관이었으므로 이들이 방목 규정의 준수 여부를 감독했다고 보인다. 아울러 가축 사육자에게 부과된 벌금은 제전이나 공공 건축에 사용될 만큼 거액이었다고 할 수 있다. 또한 이는 거대한 자금력을 지닌 사육자들이 있었음[24]을 뜻하는 것으로 해석될 수 있다. 그렇다면 국가의 재정적인 측면에서 이런 현상을 어떻게 볼 것인가? 앞에서 언급한 벌금 부과는 법적으로 "불완전한(minus quam perfecta)" 것이었다.[25] 따라서 이 벌금은 일반적으로 부과되는 방목세보다 더 많은 액수를 의미하지만, 행위를 무효로 돌릴 수는 없는 것이었다. 단지 그것은 그 벌금의 사용처가 말해주듯이 계속해서 일종의 공공적 목적에 이바지했다.

이런 벌금에 대한 일반적인 여론은 오비디우스 나소Ovidius Naso(기원전 43~기원후 17년)의 다음 시구에서 파악된다.[26]

282행 그러나 그때까지는 금지된 것으로부터 각자가 재산을 마련했지.

---

22 Trapenard(1908: 32).
23 Skydsgaard(1974: 20)에서는 기원전 298년에도 가축 사육자가 관련되었을 것으로 본다.
24 Pasquinucci(1979: 93~94).
25 Tibiletti(1949: 15).
26 오비디우스, 『시집』, 5. 282~296(Botteri, 1977: 317f. 참조).

표 10-1 가축 사육자에 대한 벌금의 용도

연도	부과자	사용처	출전
B.C. 296	평민관리관(aediles plebis) 루킬리우스 아일리우스 파이투스(Lucilius Aelius Paetus), 가이우스 풀리부스 쿠르바(Caius Fulvius Curba)	• 축전을 개최함(ludi facti) • 황금접시를 농업의 신(Ceres)에게 헌사함	리비우스, 『도시의 건설로부터』, 10. 23.13
B.C. 293	귀족관리관(aediles curules)	• 축전을 개최함 • 석재로 도로를 건설함(Mars-Bovillae: 12마일)	리비우스, 『도시의 건설로부터』, 10. 47.4
B.C. 240	귀족관리관 루킬리우스 푸블리키우스 말레올루스 형제(Lucilius M. Publici Malleoli)	• 푸블리키우스 경사로(Publicius Clivus)를 설치함	페스투스, 항목 보기(Festus, s.v.) 'Publicii'
B.C. 196	평민관리관 가이우스 도미티우스 아헤노바르부스(Caius Domitius Ahenobarbus), 크나이우스 스크리보니우스 쿠리오(Cnaeus Scribonius Curio)	• 티베리스섬에 파우누스(Faunus) 신전(aedes)을 건설함 • 이틀간 제전과 축제를 거행함	리비우스, 『도시의 건설로부터』, 33. 42.10
B.C. 193		• 도금된 방패(clipea inaurata)를 유피테르 신전에 바침 • 두 곳에 회랑(porticum)을 설치함	리비우스, 『도시의 건설로부터』, 35. 10.11

283행 국가의 의사에 따라 방목지를 이용하는 것이 매각되었다네.

284행 그것이 오랫동안 허락되었고 아무런 벌금이 없었지.

285행 군중은 어떠한 감시자에게도 국가 수입을 제공하지 않았구려.

286행 그리고 그때까지는 사유지에서 방목하는 것이 게으른 것이었지.

    ……

291행 벌금은 대부분이 그리고 호의적으로

292행 새로운 경기의 승자를 만들었으며

293행 일부는 당시에 높은 바위산의 경사면의 공사를 시공했고

294행 이제 이것은 유익한 것이니, 사람들은 푸블리키우스라고 불렀다네.

이것에 따르면 "금지된 것으로부터(de vetilo)" 재산을 마련한 것은 방목의 제한 규정을 어긴 것이 분명하다. 반면에 "사유지에서 방목하는 것이 게으른

것"이었다는 말을 주목할 필요가 있다. 곧 법률의 적용이 엄격하지 않았고, 사육자는 공공사업에 쓸 규모의 벌금을 내야 했지만 그것이 공공지에서의 방목을 막았던 것은 아니었다고 보인다. 단지 하나의 방목세를 문 것에 불과했다. 이러한 벌금은 앞서 언급한 대로 공공 행사와 사업에 크게 기여했다.

앞의 시구에서 보다시피 벌금이 사라졌다. 어느 시점부터 제한 규정이 의미 없게 되고 일반적으로 널리 방목의 권리가 매각되었던 것으로 보인다. 이것은 국가의 재정 필요에 따라 나온 조치다. 방목에 관한 규정이 존재했으나 준수되지 않았다고 여겨지는 기원전 167년 이후에, 특히 전쟁세의 징수 중지와 관련해서 마련된 조치였을 것으로 추측된다. 이 시기에는 국가가 공유지를 회복하고 사유지를 되사서 재정을 확충하기 위해 노력했다. 트라페나르의 설명에 따르자면[27] 로마 국가의 정책은 기원전 167년 이후에 목축이 대규모로 팽창하는 것을 억제하지 않고 단지 소규모 사육자만을 보호하는 것으로 굳어지기 시작했다. 즉, '기원전 111년 농지법'에서 공동 방목지에서 대축 10두에 대한 면제 규정은 이런 맥락에서 나왔다는 것이다.

재정을 확충하기 위한 이러한 일련의 노력은 기원전 167년 이래로 징수가 중지된 전쟁세의 결손을 보충하기 위해 원로원이 취한 정책의 산물이었다. 이러한 정책은 그 후에도 계승된 것으로 보이는데, 그라쿠스 형제의 개혁에서도 방목세 징수지에 대해서는 언급되지 않은[28] 점이 이를 입증한다. 오히려 이러한 국가 수입의 증대 요구는 호민관으로서 개혁 입법을 지지했던 자들에게서 더욱 확인된다.[29] 따라서 이 방목세는 국가 재정에서 중요한 비중을 차지했고, 처음부터 재정 수입의 관점에서 방목세 부과지가 운영되었던 것은 물론이고,

---

27 Trapenard(1908: 135).

28 Pasquinucci(1979: 137).

29 예컨대 룰루스는 모든 공유지에 대해 더욱 철저하게 징수할 것을 주장했다(키케로, 『룰루스 농지법 반대』, 1.4.10).

끝까지 일관되게 정책적으로 이를 확보하려고 했음을 알게 된다. 특히 기원전 167년 전쟁세의 징수 중지 이후에는 정책적으로 이러한 '방목세 부과지'를 확보하고, 규정의 적용을 유보하거나 사문화하면서 방목세를 확보하려고 했다. 또한 이 방목세는 그런 목적에 이바지해야 했으므로 상당히 높은 액수였을 것이다.[30] 이처럼 방목세는 국가 재정의 운영에 중요했기에 이에 대한 적절한 관리와 규정은 그만큼 긴요했다.

3. 방목로의 관리와 방목세 규정

일찍부터 로마에서는 두 가지 형태의 방목이 이루어졌다. 하나는 한 장소에서 계속해서 방목하는 경우로 대大카토의 농장에서 제시된 모델[31]이 입증하며, 앞에서 언급한 대로 일반적으로는 사유지에서 이루어졌다. 다른 하나는 고고학적으로 선사시대부터 입증되고 있는 '이목transhumance'[32]이다. 이는 계절적인 장거리 이동을 통해 이루어지는 형식이다. 이 경우에는 국가에 사용료를 지불할 의무가 있는 공유지가 대상이 된다.

이처럼 재정 목적에 긴요했던 대규모 방목지는 어느 지역에 위치했는가? 이러한 대규모의 가축 사육은 카토 시기 전후 또는 적어도 로마의 이탈리아 지배기 이후라고 일반적으로 생각된다. 우선 이러한 목적의 공유지가 있었던 곳으로 아풀리아가 주목된다. 이에 대한 리비우스의 기사는 다음과 같다.

그해에 아풀리아에서 대규모의 노예 소요가 있었다. 포스투미우스가 법무관으

---

30 카토의 『농업론』(149)을 보면 사유지를 방목지로 임대한 경우에 임대료가 3분의 1에 이르렀다. 공유지를 이용하는 경우에는 이보다 높지는 않았으나 그것에 준했을 것으로 보인다 (Pasquinucci, 1979: 136 참조).
31 차전환(1987: 79, 표 2) 참조.
32 차전환(1990: 33~70) 참조.

로서 타렌툼을 관할했다. 그는 대로vias와 공공 방목지pascana publica를 약탈로 위협했던 목자들의 음모에 관해 엄하게 심문했다.[33]

즉, 아풀리아에 대규모의 공공 방목장이 있었고, 7000명이 처형당할 정도의 대규모 방목이 이루어지고 있었음을 알 수 있다. 이에 따르면 적어도 아풀리아에서는 1만 4000명의 노예[34]가 있었던 셈이다. 이를 양¥으로 환산하면 일인당 80~100두를 사육했을 경우[35] 약 100만 두가 방목되었을 것이다. 이처럼 남부 이탈리아에서 대규모 방목이 성행한 것은 포이니 전쟁을 전후로 하는 하나의 경향이었다.[36] 따라서 이 공공 방목지는 국가의 수익에 매우 중요했을 것으로 생각된다.[37] 특히 이 지역이 남부 이탈리아에서 방목지의 중심이었다는 사실은 가축 이동로가 바로 여기를 통과한다는 점에서 확인된다. 다음의 〈표 10-2〉는 마르쿠스 바로의 보고에 근거해 작성해 보았다.[38]

방목세 수입에 중요한 공공 방목지를 원활히 운영하기 위해서는 이 방목지 간을 이동하는 통로인 칼레스calles(단수는 칼리스callis)[39]를 안전하게 유지하는 것이 중요하다. 기원전 60년 카이사르가 비불루스와 함께 콘술로 선출되었을 때, 원로원에서 장차 콘술에게 방목지와 칼레스의 관할권을 부여하는 결정을 내린다.[40] 이를 두고 카이사르가 "매우 부당하게 모욕받았다(Qua maxime iniuria

---

33 리비우스, 『도시의 건설로부터』, 39. 29. 8~9.

34 Botteri(1977: 319, n. 2).

35 카토, 『농업론』, 10. 1, 11. 1 참조.

36 White(1973: 444).

37 그 밖에 방목지로 중요했던 곳은 라티움 평야, 중부 아펜니누스(Apenninus) 산맥, 아킬리아(Acilia) 지역, 포지아 지역이다(Pasquinucci, 1979: 142).

38 이탈리아 남부의 방목로에 관해서는 Gabba et al.(1979: t. 1)를 참조.

39 흔히 이 표현은 포장되지 않은 도보용 통로(foot path), 산길(mountain path)을 가리킨다. 이 장에서는 복수의 표현을 사용한다.

40 수에토니우스, 「신격 율리우스」, 19. 2.

표 10-2 **가축 이동로의 구간**

자료 번호	기점	종점	비고
2.1.16	아풀리아	삼니움(여름)	양떼
2.2.9	아풀리아	레아테 산지	가축 무리(greges)
3.17.9	아풀리아	사비눔 산지	가축(pecus)
2.1.17	로세아(Rosea) 평야(Reate)	부르부르(Burbur) 고산	수직 이동
2.9.6	움브리아 울티마(Umbria Ultima)에서 구입함	메타폰툼(Metapontum) 방목지	헤라클레아에서 매각함

자료: 바로, 『농사일』.

instinctus)"라고 전해진다. 카이사르가 이 결정에 대해 불만을 품은 이유는 원로원이 군대가 주둔하지 않은 속주를 부여하려고 했기 때문으로 알려지고 있다.[41] 그렇지만 칼레스와 공공 방목지가 별도의 프로빈키아provincia[42]로 분류될 만큼 국가 재정에 중요했다는 사실을 간과해서는 안 된다. 원로원의원들이 그곳을 콘술의 관할에 맡길 만큼 명분이 있었던 것이다. 그곳은 도적이 창궐하고, 목자의 반란이 빈번했으며, 분쟁의 중재[43] 등으로 별도의 관할구를 설치해야 할 필요성이 그만큼 컸던 지역이다. 사실 기원전 185년 아풀리아의 반란에서는 콘술이 직접 군대를 인솔하기도 했다.

공공 방목지와 칼레스가 프로빈키아로 취급되기 시작한 것은 언제부터인가? 이것이 형성된 시기를 전하는 사료는 없으나 몇 가지 추측이 가능하다. 이 시기는 아풀리아에서 정복된 토지가 공유지로 편입된 이후로 볼 수 있는데,

---

41   Rolf trans. (1914: I, 22)에 주목하라.

42   프로빈키아의 의미는 기원전 2세기에 들어 지방의 행정구역이라고 할 속주만을 지칭하는 것이 아니라 정무관 등이 맡은 과업이나 책임 등을 지시하는 용어로 사용되었다(Hinrichs, 1966: 286, n.87).

43   대표적인 분쟁이 키케로의 『클루엔티우스 변호』(161)에 나온다. 키케로가 직접 변호를 맡았다. 이는 클루엔티우스의 농장 관리인(빌리쿠스)과 앙카리우스(Ancharius)와 파케누스(Pacenus) 집안의 방목 노예 간에 벌어진 분쟁이었다(Pasquinucci, 1979: 106 참조).

기원전 200년경에 제조된 'Q'가 각인된 데나리우스화Victoriatus(빅토리아투스) 11개가 포지아Pozia에서 발견된 것에 근거를 둔다.[44] 엔스 스키드스가르드Jens E. Skydsgaard는 이들 지역의 프로빈키아 지정은 재무관의 관할이었으며 그 시기는 적어도 기원전 60년에서 훨씬 이전으로 보았다. 그리고 가능성이 있는 시기로 재무관이 네 명에서 여덟 명으로 증원된 제1차 포이니 전쟁 직전(기원전 267년)을 들고 있다.[45] 즉, 이때 프로빈키아의 제도가 재무관의 배가와 관련 있다고 추측한다. 공공 방목지와 이동로에 대한 관할권을 가진 재무관[46] 직책은 본래 국고를 관리하는 것이었으므로 이러한 조치가 재정 확대와 관련이 있었다고 보겠다.

따라서 공공 방목지나 칼레스가 별도의 '속주'로 더욱 관심을 끌게 된 것은 이런 방목지가 국가 재정 수입의 측면에서 중요성이 더 커진 시기였다. 특히 노예들이 야기한 위협을 심각하게 겪은 후였을 것으로 보이고, 기원전 167년 카토의 연설에 나오는 농지규모법에서 자유인 고용의 조항을 명시한 것과 관련이 있으리라고 생각된다. 이 조항은 노예에 의한 소요를 염두에 둔 조치이기 때문이다. 따라서 칼레스와 공공 방목지가 언제 속주로 제도화되었는지는 불분명하나 적어도 기원전 2세기[47]에는 속주로 관리할 만큼 중요한 의미를 가졌다.[48]

---

44 Pasquinucci(1979: 141, n. 126).

45 Skydsgaard(1974: 1). 참고로 재무관의 숫자는 다음과 같이 변동했다. 기원전 444년에 두 명에서 네 명이 되었고 두 명은 '우르바니(urbani)'라고 칭해졌다. 267년에 네 명이 증원되었는데 이들은 '클라시키(classici)'로 불렸다. 술라의 시기에 총 20명이 되었고 카이사르가 이를 배가했으나 아우구스투스가 원래의 숫자로 되돌렸다.

46 차전환(1990: 57 이하) 참조.

47 Pasquinucci(1979: 103)에 따르면 이런 이용이 활발해진 시기는 기원전 2세기 전반으로 파악된다.

48 로마 제정기에는 재무관의 이 기능이 박탈된다. 칼레스의 관할권은 황제 직속의 '재정감독관'에게로 이전된다(수에토니우스, 「클라우디우스」, 24. 2).

이런 결과는 재정적 목적에 따라 이루어졌고 특히 공유지의 환수 조치가 있었던 기원전 167년 전후의 사정과 깊은 관련이 있었을 것으로 보인다. 일반적으로 로마의 공유지 이용에 부과되는 액수는 정액certum aes이었다. 그렇지만 속주에 대해서는 경매되는 것이 일반적이었다.[49] 따라서 같은 조세라도 속주나 로마 공유지에는 차이가 있었다.[50] 즉, 이를 통해 더 높은 수익을 올림으로써 국가 재정에 기여하려는 것이었다. 이러한 점은 흔히 조세 징수 청부업자의 활동이 국내보다는 속주에서 활발했고 충분한 수익이 예상되는 곳에서만 이루어졌다는 원칙과 잘 부합한다. 요컨대 이동로를 로마의 공유지에서 배제한 것은 국가의 재정 수입원을 항구적으로 확보하기 위한 적극적인 조처였다. 이를 위해서는 청부업자들에 대한 배려가 필요했으며, 그것은 좀 더 확고한 안전 보장이 선행되어야 했다.

그렇지만 비록 국가가 재정적인 목적을 우선시한다고 하더라도 조세를 부과하는 것은 공유지를 이용하는 입장에서는 손실을 의미했으므로 목축업자의 이해관계도 고려해 징수 수준을 정해야 했다. 이들은 단순히 납세자로 존재하는 것이 아니라 경우에 따라서는 정치적인 유력자일 수도 있었다. 또한 국가에서 보호해야 할 소농일 수도 있었으므로 이들에 대한 보호도 고려해야 했다. 소자본의 목축업자에게 과세는 불리한 상황을 의미했다.[51] 특히 이들에게는 고액의 방목세만 문제가 아니었다.

소규모 가축을 사육하는 것보다 수천 두를 사육하는 자가 좀 더 쉽게 양떼를 몰 수 있다.[52]

---

49 Trapenard(1908: 47).

50 센서스에 등재되는 사유재산으로 속주의 것은 제외되었다. 따라서 속주의 토지는 더 많은 조세를 부담했다고 하겠다(Nicolet, 1976a: 32 참조).

51 Gabba et al. (1979: 49, n.84)는 방목세 징수의 도급이 소 가축 사육자에게는 손해를 의미한다고 보았다.

방목의 규모가 클수록 관리가 용이했다는 바로의 이 설명처럼 경영 측면에서도 소규모 가축 사육자는 불리했다. 국가는 이들에 대한 보호를 외면할 수 없었다. 한편 국가는 세원인 공유지를 보존하고 관리할 책임이 있었다. 아울러 방목세의 징수가 원활히 이루어지기 위해서는 징수 대리자인 청부업자에게 적절한 이익을 보장해 주어야 했다. 이처럼 국가는 다양한 이해관계의 틀 속에서 중립적인 위치를 지켜야 했으므로 자연히 방목세의 징수는 여러 변수를 고려해 결정해야 했다.

우선적으로 언급해야 할 점은 방목세의 징수 업무가 지니는 복잡성이다. 가축에 대한 방목세를 결정할 때는 가축의 범주에 따르는 차이도 고려해야 했다. 과세액을 결정하는 경우 여러 기준이 있었다는 점을 다음의 보고를 통해 알게 된다.

방목자들에게 대축大畜과 소축小畜의 조세가 부과되었다.[53]

앞에서 보다시피 가축의 대소에 따라 다른 과세표준이 적용되었다. 양자의 교환 관계는 어떠했는가? 일반적으로 대축 한 마리에 소축 다섯 마리의 비례로 결정되었다고 본다.[54] 이는 아피아누스가 전하는 농지규모법에 나타난 소축 500두와 대축 100두라는 분류를 근거로 한다. 그렇지만 잔프랑코 티빌레티는 이러한 일반론을 반박했다.[55] 우선 아피아누스의 본문에 충실하면 소축과 대축의 관계가 누적적이었음을 그리스어 접속사 'καὶ'의 사용에서 알 수 있다. 따라서 양자의 비율이 1 대 5였다는 것은 설득력이 없다고 하겠다. 또한

---

52   바로, 『농사일』, 2.10.10~11.
53   아피아누스, 『내란기』, 1.7.
54   Trapenard(1908: 33).
55   Tibiletti(1950: 249~252).

100두와 500두는 현재 라티움 지방에서 사육되는 가축 구성비인 490 대 102와 비슷한 것임을 근거로 이는 현상이 그러한 것이지 교환 비율은 아니라고 주장한다. 또한 1헥타르의 면적에서 소가 한두 마리 정도 사육될 수 있는 데 비해 양은 대여섯 마리 정도였으므로 이 비율은 1 대 5 내지는 1 대 3일 것이다. 또한 전통적인 가치의 교환비로 보면 1 대 10이었다는 점을 고려해야 한다. 아울러 방목지의 사정은 다 달랐다. 이런 티빌레티의 주장에 따른다면 과세를 위한 기초 자료의 작성은 매우 복잡했음에 틀림없다.[56] 따라서 이런 방목세의 징수는 그 규모가 거대해지면서 로마 정무관 몇 명으로는 수행하기가 불가능했을 것이다. 이들은 상당 기간의 수련이 필요한 전문 지식이 결여되어 있었다. 따라서 조세 징수 청부업이 로마에 본격적으로 도입된 것은 정무관의 기술적인 무능력과 관련된다.[57] 이는 반대로 청부업자의 입장에서 보면 방목세 규모가 상당히 컸으므로 충분한 수익이 보장되는 것이었다. 앞에서 설명한 대로 전쟁세의 징수를 중지한 데 따른 재정 결손을 인식한 국가가 적극적인 정책을 수행했던 기간인 기원전 167~123년에 청부업자들의 활동 기회가 대폭 증대했을 것이다. 한편 국가의 입장에서 보면 이러한 방목세 징수의 도급都給, locatio은 정무관의 기술적 무능력을 해결해 준다는 점 외에도, 미리 확정된 수입으로 국가 재정을 충당하고 아울러 직접 납세자로부터 징수하는 데서 야기되는 조세 저항의 문제를 회피할 수 있다는 이점이 있었다.[58]

방목세 징수의 도급은 호구조사관의 주재하에 (부재 시는 콘술이 대리로) 입찰을 통해 이루어진다. 따라서 이 호구조사관에 의한 일련의 규정, 즉 '호구조사관법Lex Censoria'이 있어 방목세의 청부와 관계되는 사항도 규정했다. 여기에는 징수 규정 외에도 공공 방목지의 운영에 관련된 여러 사항을 규정했다.

---

56   Trapenard(1908: 33, n. 2)는 가축의 연령도 고려되었다고 본다.
57   같은 책, 34쪽, 주 2.
58   같은 책, 35쪽.

이는 국가의 관심이 어떠했는지를 지시해 준다고 하겠다.[59] 국가는 우선 과세 대상 지역을 지정했고, 조세의 종류를 설정함으로써 사용자들이 납세액을 파악할 수 있게 했고, 청부업자의 과세 기준을 마련해 주었다.[60] 또한 징세자와 납세자의 관계도 규제했을 것이다. 국가는 공공 방목지가 남용으로 황폐화되지 않도록 해야 했다. 즉, 방목지의 개장 시기를 규정하고, 적절한 장소에 알맞은 가축이 방목되도록 했다. 예컨대 양과 염소는 삼림이나 산악의 방목지에, 말은 기복이 있는 언덕에 방목되도록 했다. 아울러 방목지의 능력을 고려해 사육에 과부족이 없도록 사육될 가축의 두수를 제한했던 것으로 보인다. 앞에서 언급한 대축 100두와 소축 500두의 규정도 이와 관련된다고 할 수 있다. 이런 제한 규정은 경작지를 확보하려는 의도로도 생각된다. 티빌레티의 말처럼 사용자들 간의 질서 유지도 중요하게 생각했다. 그 밖에 특정 가축의 사육 금지 조항이 있었는데 이는 역병의 유행을 막기 위한 조치였다. '기원전 111년 농지법'에 나오는 일정 두수 이하의 가축에 대한 면세 조항은 소규모 사육자를 보호하는 규정이었다. 아울러 전쟁 같은 경우에는 감면 조치가 있었을 것이다.

한편 호구조사관법이 제정 법률로서 하나의 원칙을 제시했다면, 실제 입찰에서는 호구조사관이 재량권을 가지고 있었다. 이들이 입찰 규정서를 작성했다. 이는 보다 세밀한 규정을 지니고 있었으므로 이로써 방목 규정이 좀 더 완전해졌다고 본다. 예컨대 여기에서 방목자와 징수자 또는 그 대리자와의 구체적인 관계를 규정했으리라고 여겨진다. 호구조사관법에 따르는 제한 규정이 마련되면, 이것에 입각해 방목세의 총액을 정하는 한편 납세자의 의무 조항, 가축 수의 '신고申告, professio' 사항이 정해졌다.

이와 같은 세밀하고 이중적인 제한이 필요했던 이유는 방목세의 사회적 중

---

59   같은 책, 55~61쪽.
60   Pasquinucci(1979: 138).

요성 때문에 청부업자의 자의에 맡겨둘 수 없었기 때문이다. 이어서 청부업자 및 납세자와 맺는 '협약pactio'은 그러한 법의 범위 안에서 체결되어야 했던 것이다. 그러므로 비록 조세 징수 청부가 재정의 목표를 달성하기 위한 것이지만 그것은 납세자의 권익도 아울러 보호하고자 했음을 알게 된다. 이 점은 동일한 조세의 징수라도 로마 시민에 대해서는 더욱 세심한 배려가 있었음을 알게 해준다. 이러한 사정을 고려하면 국가는 조세 징수 청부업자를 위한 분명한 보장책이나 제도의 마련이 긴요했다. 조세 징수의 목표를 실현하기 위해 반드시 필요한 조치였다.

4. 기사 신분의 징수 활동과 갈등

먼저 방목세 징수 청부업자들에 관해 검토해 보자. 페스투스의 사전에서 정의한 바에 따르면, '방목세 납부 공유지scripturarius ager publicus'라고 불린 이유는 다음과 같다.

청부업자가 대장의 작성을 통해 목자와 계산을 하기 때문이다.[61]

따라서 일반적으로 청부업자가 방목세의 징수 청부를 맡은 것으로 보인다. 위僞 아스코니우스의 주석에 따르면 이들은 다음과 같이 구분된다.

십일세decuma를 수급했으면 데쿠마니decumani, 항구나 공공 방목지를 수급했으면 포르토리portorii나 페쿠아리pecuarii라고 칭한다.[62]

61　'scripturarius,' 페스투스(Muellero), 1839, 333 좌.

62　위(僞) 아스코니우스, 'ad Cic. div. in Q. Caeci 33'(Pag. 113 Or.); Botteri(1977: 313, n. 1).

여기에서 '페쿠아리'는 단순한 가축 사육자가 아니라 방목세 징수 업무를 맡은 자로 기술되어 있다. 파울라 보테리Paula Botteri의 연구에 따르면 앞의 기록은 정확한 것으로 판단된다.[63] 방목세 징수 청부의 계약을 체결하는 자는 일정 수준 이상의 재산이 있어야 했으므로 가축 재산을 소유한 자, 즉 페쿠아리가 방목지에 대한 조세 징수권을 도급받았을 것으로 보인다. 이 점은 다음의 기록을 통해 입증된다.

이제 라리눔 지역에서(in agro Larinati) 농장을 가진 자와 업무를 맡은 자 그리고
가축 재산을 가진 자들은 도덕적으로 선하며 최고의 역량을 지닌 자들인데 ……[64]

여기서 언급되는 라리눔이라는 지역은 이목되는 가축의 무리가 반드시 통과하는 과세 지점으로 방목세 징수 청부업자들이 살고 있었다.[65] 이들은 농장, 사업, 방목을 생업으로 삼고 있었다. 앞의 경우처럼 키케로의 찬사를 받은 자들은 기사 신분에 속했을 것으로 보인다. 기사들의 재산이 이처럼 구성되기에 기사는 단순한 상인이 아니었음을 알게 된다. 이는 클로드 니콜레의 연구 결과를 통해 충분히 입증되었다.[66] 그의 연구로 기사 신분의 80퍼센트 정도가 토지 소유자였고, 12퍼센트 정도만이 상업과 금융업에 종사한 것으로 밝혀졌다. 따라서 로마의 기사들은 대부분 토지를 보유하고 이를 이용한 자들이었다. 따라서 대규모 목축업에 종사하던 자들이 방목세 징수업자로 나섰을 가능성이 높았다고 하겠다. 한편 이들이 생산하는 양모, 가죽, 모피 등은 중요한 군수품이었다. 이것이 청부업자에 의해 군납되었으므로, 가축 사육자들이 일찍부터

---

63 Botteri(1977: 322~324).

64 키케로, 『클루엔티우스 변호』, 198.

65 Gabba(1979: 51).

66 Nicolet(1969: 139~142).

청부업자의 회사와 긴밀한 이해관계를 유지했음에 틀림없다.[67]

이런 맥락에서 원래 '가축 사육자'를 뜻하는 페쿠아리우스pecuarius와 '방목세 징수자'를 뜻하는 스크립투라리우스scripturarius는 동의어였을 가능성이 높다.[68] 이러한 추정이 맞는다면 방목세 징수를 맡은 자들은 바로 대가축을 보유한 자들이었다고 결론지을 수 있다. 이러한 결론에 부합하는 것이 플리니우스가 전하는 다음의 사료다.

> 이제 오랫동안 그 토지에서는 이아세르피키움iaserpicium이[69] 발견되지 않았다. 왜냐하면 방목지를 수급한 청부업자가 더 큰 이익을 생각해 가축들의 목초pabulo를 고갈시켰기 때문이다.[70]

이에 따르면 청부업자는 애초 공공 방목지의 이용권을 임대받았을 것으로 보이는데, 이들의 무절제한 용익으로 목초가 고갈되었음을 뜻한다. 다시 말하면 이들이 자신의 가축을 해당 방목장에서 방목한 것으로 보인다. 목초지가 고갈되는 사정은 징수의 청부를 맡은 자에게는 바람직하지 않기 때문이다. 이런 사정을 고려한다면 가축 사육자들이 국가로부터 일단 방목지의 사용권을 수급한 것이었다. 이렇게 본다면 '대축 100두와 소축 500두'의 규정은 바로 이들에게 적용되었다고 생각할 수 있다. 이런 제한의 목적은 공공 방목지의 보호였다.[71] 또한 이 정도의 재산을 가진 사람이어야 청부업자로 활동할 수 있

---

67 Pasquinucci(1979: 167~168, n. 203).

68 Botteri(1977: 322). 이와 관련해 티빌레티도 규정을 위반해 벌금을 낸 페쿠아리가 방목세 징수업자였을 가능성을 인정한다(Tibiletti, 1949: 229). 한편 에밀리오 가바는 이를 입증할 수 없는 가설로 본다(Gabba, 1979: 49, n. 84).

69 값비싼 약용 식물이다.

70 플리니우스, 『자연사』, 19.39(Cimma, 1981: 21, n. 65 참조).

71 Tibiletti(1949: 8, n. 2).

었다. 앞의 플리니우스에서 보듯이 원래 청부업자의 일반적인 뜻이 바로 국가 재산의 이용권을 경매로 수급受給하고 일정한 액수를 납부한 자들이기 때문이다. 따라서 이러한 의미의 청부업자가 페스투스의 사전에 나오는 것처럼 방목지의 운영권을 수급했다(각주 61 참조). 차츰 방목지의 도급보다는 방목지에 대한 징수권의 도급으로 변화되면서 방목세 징수만을 전문으로 하는 청부업자인 스크립투라리우스가 생기게 된 것으로 보인다.[72] 이것은 결국 방목세 징수 청부업자가 처음에는 방목권을 획득했으나 나중에는 전문화되면서 순수하게 방목세의 징수만을 맡는 것으로 전이해 갔음을 의미한다. 따라서 후자의 경우에는 자기 관리 영역의 토지를 직접 용익하는 것이 금지되었다. 아울러 하도급下都給이 허용되지 않았을 것으로 보인다. 그렇지만 전자의 경우에는 그런 제한이 없었을 것으로 생각된다. 이처럼 전문적인 징수업자를 육성해 이들에게 징수 권한을 부여하는 목적은 공유지인 방목지를 보호하려는 것이었다. 왜냐하면 이들은 항구적인 수입이 보장되려면 방목지의 목초가 일정 수준 이상으로 유지되도록 하는 데 관심을 기울이지 않을 수 없기 때문이다. 결과적으로 이들은 국가를 대신해 방목지를 관리해야 했으므로 자연스럽게 가축 사육업자를 통제하는 경향이 나타나게 되었다. 이것이 바로 방목세의 징수만을 전문적으로 수급하는 청부업자를 육성한 목적으로 보인다.

그렇다면 스크립투라리우스가 방목세 징수 청부업자로, 페쿠아리우스가 가축 사육업자로 분화分化된 시기는 언제쯤일까? 다음의 단편에서 하나의 단서를 구할 수 있다.

650행 나는 푸블리카누스로서 Publicanus vero ut

아시아의 스크립투라리우스가 되고자 Asiae fiam scripturarius[73]

---

72 Trapenard(1908: 39f.).

73 Warmington(1938), III, 'Fragmento Lucilii,' l.650.

이 단편은 가이우스 그라쿠스가 법률을 제정할 무렵에 작성된 것으로 보인다. 따라서 이런 전문적인 징수업자가 출현한 때는 벌금이 매겨진 마지막 시기인 기원전 196년부터 기원전 123년 사이라고 판단된다.[74] 방목세 징수 청부업자에게는 업무의 효율적인 수행을 위해 일정한 권리가 부여되었다. 그 권리는 방목세의 징수를 뒷받침하는 효력을 지닌 것이었다. 우선 방목자들은 '신고professio' 의무가 있었다. 이러한 조항은 방목세의 총액을 빠짐없이 집계할 수 있게 해주었다. 바로의 시대에 이르러 이런 신고 제도가 정규적으로 시행되었음을 다음의 보고를 통해 알 수 있다.

> 만약 미등록된 가축을 방목한다면 호구조사관법에 따라 몰수하지 않을까 해서 청부업자에게 양떼를 신고했다.[75]

앞의 조항은 바로 호구조사관법에 규정된 것임을 알 수 있다. 흥미로운 사실은 방목자에게 신고 의무가 있었는데, 신고를 받는 자가 방목세 징수 청부업자였다는 점이다. 이처럼 징수 청부업자의 행위는 법에 의해 뒷받침되는 것이었다. 여기에서 "몰수하지 않을까(ne …… committant)"는 미등록된 가축이 적발될 경우 즉시 청부업자의 재산이 되었다는 것을 뜻한다.[76] 이러한 '몰수commissum'는 신고 대상인 가축이 대장에서 누락된 경우나 몰래 들여온 경우에 적용되었다. 이런 행위는 일종의 범법 행위fraus였다.[77] 이처럼 규정이 엄했으므로 신고 제도는 잘 준수되었을 것이다. 바로의 보고는 이러한 점을 잘

---

74 Botteri(1977: 323). 한편 트라페나르는 이 시기를 기원전 2세기 후반으로 본다(Trapenard, 1908: 36, n. 1; 37 참조).

75 바로, 『농사일』, 2. 1. 16.

76 이 점에서도 방목세 징수 청부업자가 가축 사육자였다고 보인다.

77 『학설휘찬』, 39. 4. 14. "왜냐하면 몰수된 것은 언제나 범죄를 야기한 자에게 해당되도록 규정했기 때문이다." Trapenard(1908: 80, n. 2)에서 재인용했다.

입증해 준다고 하겠다.

몰수 규정은 신고를 강제하는 효력을 지녔으며,[78] 이렇게 신고받은 내용은 방목세 징수의 기초 자료가 되었다. 이렇게 작성된 '방목 대장rôle de pacage'[79]을 기초로 방목 규정서에 정해진 범위 안에서 개별 사육자의 방목세 총액, 지불 방법, 계약 불이행 시의 조치들이 기재되었을 것으로 보인다. 이는 개인이 국가의 대리자인 청부업자와 관계를 맺는 것을 의미했다. 아울러 이런 협약을 통해 청부업자는 조세 감면이나 예약권 등의 혜택을 방목자에게 부여할 수 있었다.

이렇게 협약이 체결된 후에 방목자가 이를 이행하지 못했을 경우에는 어떤 일이 발생했는가? 다음과 같은 카토의 보고가 참고된다.

> 그가 돈을 청산하거나 대리 충족시키거나 타인에게 전가하기까지는 그에게 귀
> 속된 가축과 노예는 담보물에 속한다.[80]

이 기록은 개인의 사유지인 동계 방목지에서의 계약을 설명한 것이지만, 청부업자에게도 적용되었다고 하겠다. 방목세 징수 청부업자에게는 고유 권한으로 압류권pignoris capio(피그노리스 카피오)이 인정된 것으로 알려져 있다. 트라페나르는 이를 사적私的 압류권의 잔유물이 아니라, 정무관이 행사하는 압류권이 국가에 의해 청부업자에게 부여된 것으로 보았다.[81] 그렇지만 이 권리

---

78 이 규정은 신고 누락의 원인을 불문하는 것이었다. 제정기에 들어 코모두스 황제 치하에서 폐지되면서 점차 행정적인 통제 방향으로 바뀌게 된다(Trapenard, 1908: 80).

79 Trapenard(1908: 56).

80 카토, 『농업론』, 149. 이에 관한 전통적인 견해는 Martino(1979: 1~4)를 참조. 고고학적 발굴에 근거해 이에 관해 의문을 제시하는 의견은 Ampolo(1988b: 120~133)를 참조.

81 Trapenard(1908: 64, n.1). 정무관에게는 담보를 파괴할 수 있는 권한이 있었으나 이것이 청부업자에게는 인정되지 않았다.

를 정무관이 아닌 청부업자가 사용할 때는 일정한 제한이 가해졌다.

이 압류권은 '압류를 통한 법률 소송legis actio per pignoris capionem'이라고 표시되었지만 사실은 "재판을 통하지 않는(extra ius)" 점에서 다른 법률 소송과 구별되었다.[82] 다만 이러한 압류권은 단순한 강탈furtum과 구별하기 위해 일종의 요식 행위라고 할 '절차에 따른 선언verba certa'을 통해 행사되어야 했다. 이렇게 확보된 압류물에는 카토의 예에서 보듯 가축은 물론이고 가축을 돌보는 노예도 포함되었다. 이렇게 확보된 담보물에 대해서는 피압류자에게 되살 수 있는 기회가 부여된 것으로 보인다.[83] 만약 체납자가 납세를 거부하는 경우 일정한 유예 기간을 거친 후에 조세 징수 청부업자의 재산으로 귀속되었다. 이는 본질적으로 납세를 강제하는 수단이었으므로, 일반적인 벌금과는 성격이 달랐다. 그렇지만 이러한 압류권이 원래 정무관의 권한에 속하는 것이었음을 기억해야 한다. 이처럼 중요한 권리인 몰수권과 압류권이 방목세 징수 청부업자들에게 부여됨으로써, 비록 이것이 재정적인 목적에 기여한다는 데서 인정된 조치였지만, 이들이 권리를 남용할 기회가 생긴 것도 사실이다. 그렇다면 조세 징수 청부업자의 부당 행위가 발생했을 때 국가는 가축 사육자들을 어떻게 보호했는가? 이 문제를 검토하기에 전에 앞서 지적했듯이 가축 사육자의 처지가 다 같지 않았음을 염두에 두어야 한다.

애초에 로마의 귀족들은 부호로 이들이 지닌 재산의 기초가 바로 대규모의 방목에 근거했다. 키케로가 전하는 다음의 말은 이런 점을 시사한다.

재산은 가축과 토지의 점유에 있다. 여기에서 '가축 부자(pecuniosi)'와 '땅 부자(locupletes)'라는 말이 생겼다.[84]

---

82 같은 책, 67~69쪽. 이런 절차는 기원전 60년 율리우스법의 제정으로 폐지되었다. 이후에는 이런 격식도 사라지고 그냥 담보를 취득했다. 납세자에게는 불리한 상황이었다.

83 같은 책, 74쪽, 주 1.

여기서 언급된 부자들은 단순한 재산가가 아니라 세력을 지닌 자들이었을 것이다. 귀족과 평민의 사회적 차이만큼이나 가축을 사육하는 데서도 규모와 방법에 따라 차이가 있었음을 바로의 글을 통해 짐작할 수 있다.

> 정주식 사육(villatica pastio)과 이동식(agretis)은 별개다. 후자는 명성이 있고 고귀하다(nobilis). 왜냐하면 그것은 가축군(pecuaria)이라고 불리고 또 부호들이 그것을 위해 많은 산지 방목지의 이용권을 수급受給하거나 구매했기 때문이다. 정주식 사육은 그와 다르다. 왜냐하면 미천해(humilis) 보이기 때문이다. 어떤 자들은 이것을 경작 항목에 포함한다.[85]

따라서 법률을 어기거나 징수업자와 충돌을 빚을 가능성이 있는 사람은 이목 경영을 할 만한 부호들이었다. 플라우투스의 극에 나오는 다음의 대화는 이 점을 희화적으로 보여준다.

> 디니아르쿠스Diniarchus 공공 청부를 맡은 자는 결코 내가 아니며 그 여자다. 너는 반대로 해석했다. 왜냐하면 그 여자가 내가 스스로 만든 법에 반해 내가 지불할 방목세로 인해 가축을 가졌기 때문이다.
> 아스타피움Astaphium 일이 잘못되면 대부분의 사람이 당신이 한 것을 똑같이 하는군요. 방목세가 없을 경우에 납세자는 청부업자들을 비난합니다.[86]

이 대화에서 자신의 처지를 한탄하는 디니아르쿠스는 부유한 아테네 청년

---

84 키케로, 『국가론』, 2.9.14.
85 바로, 『농사일』, 3.1.8.
86 플라우투스, 〈트루쿨루엔투스〉, 1.2, ll.143~146. 이 극의 제목은 주인의 아들을 찾아다니는 노예의 이름이다.

이다. 그는 자신의 난봉으로 재산을 탕진한 것을 조세 징수 청부업자들에게 강제 징수당한 것에 비유하고 있다. 결국 방목세의 징수가 문제되는 경우는 앞과 같이 일정한 재산과 지위를 가진 자들이었다고 보겠다.

이들에게서 방목세를 강제로 징수하는 일은 쉽지 않았다. 왜냐하면 귀족은 법률 지식을 가졌고 조세 징수 청부업자에게 불이익을 줄 수도 있었기 때문이다.[87] 이 때문에 농지법이 제정될 때마다 징수를 철저히 할 것을 조문화했던 것이다. 한편 이와 관련해 '기원전 111년 농지법'의 25행이 주목된다.

> 25행 …… 어느 누구도 공유지를 선점하거나 담을 둘러 이용하려고 해서는 안 된다. 만일 그런 일을 행하는 자가 있으면 …… 공유지의 용익권을 수급(受給)한 자에게 …… 1유게룸당 50세스테르티[88]를 주어야 한다.

결국 이 규정처럼 선점하고 담을 둘러 이용을 독점할 만한 자는 그만한 힘이 있는 자임에 틀림없다.

반면에 공화정기에 제정되었을 것으로 보이는 다음의 법조문은 적어도 방목세 징수업자의 권력 남용을 막으려는 시도가 있었음을 보여준다.

> 청부업자가 자신의 공무를 핑계로 강탈했거나 청부업자의 노예가 그랬는데 그것을 원상 복구하지 않았을 경우에는, 두 배를 배상하거나 또는 만약 1년 이후에 인도된다면 1배를 배상하도록 판결을 내릴 것이다. 마찬가지로 만약 손해(또는 강탈)가 불법적으로 발생했다고 선고되면, 나는 그같이 판결할 것이다. 만약 이것들이 귀속될 자에게 주어지지 않았다면, 주인들에게도 손실이 없는 반환을

---

87 Trapenard(1908: 106).

88 이는 4분의 1데나리우스로 환산된다. 1데나리우스는 기원전 140년경에 10아스에서 16아스로 교환율이 바뀌었다(Boren, 1983: 435 참조).

판결할 것이다.[89]

이 규정은 강탈 등 비합법적인 권한 행사에 대해 법무관이 반환을 구체적으로 규정한다. 강탈물이 1년을 경과한 후에 반환할 때 오히려 처벌액이 줄어드는 것은 그것이 가축이었음을 나타낸다. 마땅히 사육 비용이 고려된 조치였다. 여기에서는 청부업자 자신의 행위는 물론이고 그의 대리자인 노예의 행위도 대상으로 삼은 점이 주목을 끈다. 이런 조치들이 마련된 것은 적어도 피해를 입은 납세자들이 즉시 보호받을 수 있었음을 의미한다. 그러나 이것은 법무관의 소관 업무가 아니었으므로[90] 직접적으로 효과가 있는 조치는 아니었다. '기원전 111년 농지법'에서는 조세 징수와 관련한 문제가 제기될 경우를 대비해 다음과 같이 배심 법정이 설치되었다.

37행 만약 조세 징수 청부업자가 그러한 문제로 자신에게 돈이 지불되는 것이 마땅하다고 주장한다면 그 문제에 대해 유권해석을 내릴 콘술이나 프로콘술 혹은 법무관이나 임기연장 전직법무관propraetor은 일등급에 속한 시민 50명 중에서 11명의 특별 배심원을 선정해야 한다. 그런 다음 소송을 제기한 사람과 소송을 당한 사람이 차례로 11명의 특별 배심원들 중에서 비록 상대방은 원할지라도 자신이 원하지 않는 사람이 있으면 최대한 네 명까지 특별 배심원직에서 배제할 수 있도록 허용한다.

이 규정은 국가가 소송 당사자로서 역할을 하는 것이 아니라 소송의 절차만을 관장했음을 알게 해준다.[91] 법무관이나 콘술이 직접 결정을 내리는 것이

---

89   『학설휘찬』, 39.4, 'De publicanis 1. pr. Ulpianus, 55. ad edictum praetor ait.' Trapenard
      (1908: 87)에서 재인용했다.
90   Trapenard(1908: 91~93).

아니라 절차만 마련하고 배심원의 선발을 통해 중간적인 입장을 견지하고 있다. 실상 원고原告의 입장에 서야 할 당사자는 국가일 것이다. 그러나 징수 문제를 시민 간의 문제로 해결하도록 하는 점이 같은 법에도 나타나고 있다. 게다가 소송 당사자에게는 일정 수의 범위에서 배심원에 대한 거부권까지 인정하는 조항이 있는 것으로 보아 소송 당사자의 입장을 최대한 반영하고자 했음을 알 수 있다.

이를 위해 기사 신분은 대변자가 새로 필요했다. 필자의 보기에 이들의 이해를 반영하려면 '기원전 111년 농지법'의 이행이 절실하다. 이런 점에서 마리우스의 등장은 우연이 아니었으며 기사 신분이 계획한 결과였다. 특히 다음의 구절은 중요한 의미를 지닌다.

> 이 호민관(룰루스)은 감히 마리우스와 카르보가 콘술을 지낸 후에 각자가 점유한 것을(possideret) 최고의 사유 권리를 지닌 채(quod optimo privatum est) 가지도록 포고하고자 합니다. ……[92]

이 연설에서 '기원전 111년 농지법'이 본격적으로 발효되기 시작한 것은 마리우스의 콘술직 진출 이후라고 짐작된다.[93] 이 추정이 맞는다면 방목세 징수업자인 기사 신분의 입장[94]에서 방목세 징수의 청부 제도가 활성화되고 일정한 규칙을 마련해 강행하게 된 것이 마리우스 이후였으므로, 마리우스를 기사

---

91 로마에서는 법의 적용에서 국가가 개인과의 소송에 말려드는 것을 금했다. 왜냐하면 잘못된 소송에 따른 국가권력 자체에 대한 반역의 가능성을 막고자 했기 때문이다. 일차적으로 국가의 관심은 권리를 침해받은 시민이 규정된 절차에 따라 법에 호소할 수 있게끔 기회를 부여하는 데 있었다. 이런 정신에 부응하는 것이 절차법이다(Meyer, 1961: 137f. 참조).

92 키케로, 『룰루스 농지법 반대』, 3.3.11.

93 이에 관한 자세한 논의는 김창성(1997: 112 이하)을 참조.

94 기사 신분은 청부업자에 의해 주도되었다고 보는 것이 일반적이다(Badian, 1983: 96f.).

신분의 옹호자로 평가하고 드높이는 것은 기사 신분의 동향을 보여주는 중요한 지표다.[95] 이처럼 갈등 구조를 인식하고, 귀족의 자의적인 침탈이나 위법에 맞서 기사 신분은 같은 기사 출신의 정치가를 내세워 자신들의 의사를 적극적으로 관철하고자 했다.

5. 결어

지금까지 공화정기 로마 사회에서 목축의 중요성과 이에 대한 과세의 의미를 살펴보았다. 목축은 로마 국가의 중추 세력인 귀족들의 물적 기반이었을 뿐 아니라 국가 세입의 가장 중요한 부분이었다. 방목세는 수익의 안정성 덕분에 국가의 운영에도 긴요했다. 그런 이유로 국가는 이탈리아 안에서 이루어지는 방목과 그 경로인 방목로를 보호하고 관리하는 데 크게 관심을 기울일 수밖에 없었다. 하지만 로마의 정치 구조상 그런 것을 국가가 관리할 수는 없었다. 자연히 이 방목세를 국가로부터 수급해 징수하는 청부업자들의 역할이 중요했는데, 이들의 협조는 재정 운영의 성패를 좌우할 만했다. 그러나 국가의 이런 관심에도 불구하고 방목세 징수 청부를 둘러싼 사정은 매우 복합적이었다. 귀족은 일찍이 노예노동을 동원해 대규모 방목업에 간여해 왔다. 이들을 통제해 과세한다는 것은 사실상 힘겨운 일일 뿐 아니라 소규모 영세 목축업자에 대한 국가의 보호도 이들의 활동을 제약하는 요인이었다. 이런 관계는 자연히 방목업자들과의 대립과 갈등으로 나타났다. 로마 국가는 이런 갈등을 소송을 통해 해결하도록 했으며 국가가 직접 행정력을 행사하지는 않으려고 했다. 이런 방식의 문제 해결은 원로원 귀족과 기사 신분의 갈등으로 전개되었고, 그런 갈등이 그라쿠스 형제의 개혁이나 마리우스의 등장 등 현실적인 힘으로 등장했

---

95 마리우스에 관한 키케로의 찬사는 그의 『법률론』(1.1f.)을 보시오. 마리우스의 지지자는 대소 귀족과 기사 및 평민을 망라한다(Badian, 1983: 200~202).

다. 양 신분 간의 화합은 이런 갈등과 알력을 전제로 한 것이었다.

이런 점을 충분히 이해할 때야 로널드 사임Ronald Syme이 언급한 혁명의 의미나 프린키파투스로의 이행이 지니는 의미를 파악할 수 있다. 요컨대 기사 신분은 로마사의 조역에 그친 것이 아니며, 원로원의원으로 대변되는 로마 지배층의 행동을 제약하거나 대체하며 견제와 균형으로 표현되는 로마 체제를 면면히 이어갔던 주연 중 하나였다. 그런 로마 사회의 구조를 방목세의 징수를 통해 읽을 수 있다. 다른 한편으로 이런 갈등의 구조 덕분에 바로 이런 기사 신분이 등장하고 발전했을 뿐 아니라, 그런 발전의 귀결이 아우구스투스 체제와 긴밀하게 관련되어 있음을 제정기의 기사 신분을 다룬 논문들이 보여준다. 앞으로 이탈리아 동맹국의 통합 이후 재지귀족으로서 기사 신분이 어떻게 형성되고 그 위상이 어떻게 변화했는지에 관해 엄밀히 검토해야 한다. 여기서 시각을 넓혀 제정기 속주에서 어떤 식으로 기사 신분이 유지되고 기능했는지, 아울러 이들이 나름대로 어떤 의식이나 문화를 가졌는지를 규명하는 것[96]이 로마 제국의 구조를 심층적으로 이해하는 데 긴요한 과제다.

---

96 이와 관련해 Macmullen(2000)을 참조. 특히 각 속주의 로마화를 고고학의 발굴에 근거해 그 의미를 구체적으로 조명하고 있어 좋은 지침서가 된다.

제11장

로마의 속주 지배와 징세 청부
공화정 후기를 중심으로[*]

1. 서언 | 2. 로마의 속주 지배와 조세정책
3. 조세 징수 청부의 절차 | 4. 속주에서의 징세 절차 | 5. 결어

1. 서언

이매뉴얼 월러스틴에 따르면, 근대 자본주의 세계 체제가 다양한 정체를 단일한 경제로 포괄하는 데 비해 고대 로마는 세계 체제지만 단일한 정체로 다양한 경제를 포괄한다고 한다.[1] 하나의 이상형ideal type이라고 할 수 있겠지만 이런 지적은 로마의 사정에 대해서는 정확하지 않은 이해다. 적어도 로마가 지중해를 지배하기 시작한 후에 로마 제국은 다양한 정치적 요소를 포함했고, 생각보다 일관된 지배 체제를 가지지 못했으며,[2] 반면 속주에서는 조세 징수 청부업자들이 존재해 로마와 경제적으로 긴밀한 관계를 맺고 있었다. 이 장에서는 공화정기 로마에서 기사 신분의 꽃으로 불리던 청부업자들이 속주 관할에서는 어떤 식으로 참여하고 또 이를 위해 어떻게 조직을 만들었는지를 파악한다.[3]

---

[*] 이 글은 《서양고대사연구》, 제35집(2013.8)에 게재된 바 있다.
[1] Wallerstein(1974: 16).
[2] 김창성 옮김(2012: 27, 221) 참조.

로마의 속주 지배를 보여주는 단적인 사건이 바로 「누가복음」 제19장 1~6절에 등장하는 '세리장 삭개오Ζακχαῖος'의 일화다. 부자πλούσιος[4]였지만 동족에게 따돌림받았던 삭개오가 예수를 만나 개과천선하는 모습이 감동적으로 그려져 있다. 동시에 이 일화는 로마가 유대 속주를 어떻게 지배했는지 보여주는 단서다.

2. 로마의 속주 지배와 조세정책

속주에 대한 로마의 조세정책은 이탈리아의 부담을 감소시키는 대신에 이를 속주민에게 전가하는 방향으로 진전되어 갔다. 그 결과 로마 재정에서 차지하는 속주의 기여도는 5분의 3에서 5분의 4 정도에까지 이르렀다. 이는 한편으로 대외 팽창기 로마의 경제적 호황이 재정적 측면에 반영된 결과이기도 하고, 다른 한편으로는 중심지 로마를 둘러싼 고대 유통 경제 체제의 구조가 완성된 것이기도 하다.

이처럼 로마의 국부는 전체적으로 증가했으나, 역설적으로 로마의 재정 상태가 균형을 달성한 때는 기원전 2세기 전반이라는 일부 시기에 국한되었다.[5]

---

3 조세 징수 청부업자에 관한 연구사는 Christ(1980: 99)를 참조. 근래 주목을 끄는 연구로는 Malmendier(2005: 31~42, 361~365)가 있다. 이를 포함해 근래 연구를 촉발한 것이 튀르키예의 에페소스에서 발견된 관세법 비문이다. 이에 관해서는 Cottier et al. (2008)에 관한 조반나 다니엘라 메롤라(Giovanna Daniela Merola)의 서평을 참조(*Byrn Mawr Classical Review*, 2010.5.15, https://bmcr.brynmawr.edu/2010/2010.05.15).

4 '삭개오'는 라틴어로 'Zacchaeus', 그리스어로는 'Zakchaios'이며, 히브리어 뜻으로 '순수하고 정의로운 사람'이다. 그가 부자가 될 수 있었던 것은 예리코(Jericho)의 지역적 특성과 관련이 있다. 이곳에는 향료와 약으로 쓰이는 천연수지인 발삼(balsam)의 집산지가 있었으므로 상당한 관세 수입이 있었을 것으로 짐작된다.

5 가령 기원전 186년 만리우스 불소(Manlius Vulso)에 의한 전쟁세 반환 조치, 기원전 167년 아이밀리우스의 전리품 유입에 따른 전쟁세 중지를 꼽을 수 있으나 기원전 2세기 후반을 고비로 달라진다(허승일, 1995a: 100~102, 404~406 참조).

크게 보아 재정 운영이 원활하지 못한 것이 로마 재정의 일반적 특징이었다. 아놀드 존스Arnold H. M. Jones는 이러한 현상을 지적하면서 그 이유로 속주에서의 지출, 특히 속주 주둔군의 유지비가 세입을 초과했기 때문이라고 설명한다.[6] 사실 로마의 국고는 외화내빈 상태에 있었다.[7]

결국 제국의 수익은 국가보다 개인에게 대부분 돌아갔다고 보아야 한다. 따라서 이러한 사정은 어떠한 구조에서 연유했으며 이런 구조하에서 가장 혜택을 누린 자가 누구인지에 관한 의문이 제기되지 않을 수 없다.

이 점을 해명하려면 로마의 속주 통치에 관한 이해가 선행되어야 한다. 우선적으로 지적할 사항은 로마의 속주 통치 조직이 매우 적은 인원으로 유지되었다는 점이다. 기원후 2세기 속주에 파견된 로마 관리는 약 150명 정도였으며, 이는 일인당 35만 명에서 40만 명 정도의 속주민을 지배하는 것을 의미했다.[8] 이것은 한편으로 로마의 행정이 그만큼 효율적이었다고도 할 수 있지만, 결국에는 중앙의 통제가 약했고 상대적으로 속주 행정의 자치 수준이 그만큼 높았음을 의미한다. 따라서 비용과 인원이 많이 소요되는 직접적인 조세 행정을 펼치기보다 각 지역의 지방정부에 조세 징수를 위임하거나 로마인으로 구성된 조세 징수 청부업자 조직을 이용해야 했다. 전자의 경우 로마에 납세할 총액을 결정해 주면 속주의 각 지역이 자체로 보유하고 있는 재산 조사에 따라 속주민의 부담을 결정하는 것이 일반적이었다. 사실상 로마의 지배하에 있던 그리스계의 각 도시에서는 시당국의 행정력을 이용해 직접 징수하기보다는 그리스인 청부업자τελώνης(텔로네스)를 이용했다.[9] 그렇지만 이런 청부업자

---

6   Jones(1974a: 116).

7   Nicolet(1977: 258).

8   Hopkins(1980: 121)에 따르면 비슷한 인구를 가졌던 12세기 남송(南宋)은 1000여 개의 행정구역에 4000명의 관리가 파견되었으므로 관리 일인당 1만 5000명을 관할하는 셈이었다. 따라서 로마의 관리가 약 20배의 인구수를 관할했으므로 그만큼 성긴 조직이었다고 하겠다. 공화정기의 사정은 더 열악했을 것이다.

324 제3부 에퀴테스

의 사업 구역은 작은 촌락이나 행정구역을 단위로 했으므로 대부분은 소규모 활동에 국한되었다.

로마에서도 앞서 언급한 조세 징수 청부업자의 활동이 기원전 3세기경부터 나타났으므로 그리스계 도시들과 사정은 비슷했다고 하겠다. 다른 점이라면 로마는 이를 적극적으로 활용했다는 것이다. 실제로 국가의 입장에서 보면 이러한 사조직의 활용은 도시국가의 재정 운용 원칙에 비추어 볼 때 필수 불가결했다. 왜냐하면 도시국가의 최소화된 세수로는 방대한 재정 기구와 조직을 갖추는 것이 사실상 불가능하기 때문이다. 오히려 이러한 재정 정책은 유리한 점이 있었다.[10] 미리 일정 기간의 조세 수입을 확보할 수 있을 뿐 아니라 직접 징수에 따르는 정치적 문제를 회피할 수 있었기 때문이다.

이것이 가능하려면 조세 징수 청부업자 개인에게 충분한 수익이 보장되어야 했다. 결국 그러한 수익은 국가가 직접 징수를 시행할 때 지출되는 총비용 수준에서 결정되었을 것이다.[11] 이런 체계가 원활히 작동하려면 상대적으로 청부업자의 인센티브가 많아야 했으므로 투자자의 이익 폭은 그만큼 증대될 필요가 있었고, 이는 조세 수준이 상대적으로 더욱 낮아져야 가능했다. 그렇게 되어야만 국가에 납부되는 조세액과 실제 징수되는 액수와의 차이가 벌어질 수 있었다. 반대로 국가가 조세 징수의 규모를 늘리면 청부업자의 활동이 위축되고 더 나아가 이런 체제의 작동이 중단된다. 로마 제정기의 상황이 그러했다.[12]

이런 체제가 원활히 유지되는 한 조세 징수 청부업은 로마 시민 개개인에게 투자 대상이 될 수 있었다. 자연히 이러한 추세에 따라 청부업이 시민 전반

---

9   Nicolet(1977: 261).

10   같은 책, 260쪽.

11   청부업자의 이익으로 떨어지는 것은 행정 비용, 위험 부담, 선납분에 대한 이자, 초과 청구분의 합으로 이루어진다(Hopkins, 1980: 122, n.64 참조).

12   Weber(1909: 65).

의 관심 사항으로 떠오르기 시작했는데 다음의 기록이 이를 입증한다.

> 전체 이탈리아에 대해서 공공건물의 보수와 수축을 위한 많은 공사가 호구조사
> 관들에 의해 도급되었는데 이 숫자는 쉽게 셀 수 없을 것이다. 아울러 많은 강,
> 하구, 채원, 광산, 농지 등 한마디로 로마인의 지배하에 장악되어 선포된 모든
> 것이 '무리에 의해' 취급되었는데, 거의 모든 자가 이러한 공사의 입찰과 도급에
> 참여하게 되었다고 말할 수 있을 정도였다.[13]

이 언급은 비록 이탈리아의 상황을 묘사한 것이지만 청부업에 대한 국가적
관심이 있었음을 분명히 보여준다. 앞에서 나온 "무리(πλήτους)"라는 표현은
이 사업에 참여하기에 충분한 재산을 가진 시민이 그처럼 많아졌음을 의미한
다. 에른스트 바디안에 따르면[14] 이런 상황이 전개된 것은 한니발 전쟁 이후
로 추측된다. 이렇게 볼 때 이 기사는 이것이 작성된 기원전 150년대의 상황
을 전하는 것이라고 보겠다. 이는 기회만 주어진다면 이탈리아를 넘어 속주로
확대될 수 있는 상황이었다.

따라서 가이우스 그라쿠스가 '호구조사관에 의해서 징수를 도급하는 속주
아시아에 관한 법Lex de provincia Asia a censoribus locanda'을 제정하는[15] 기원전
123년에 이르러서는 로마 시민 중에서 많은 청부업자가 거대한 자금력을 지
니고 있었다고 보인다. 가이우스 그라쿠스의 조치는 장기적으로 보아 개혁에
대한 기사 신분의 협력을 구하려는 것이었으나, 당장은 개혁의 실시에 따르는
다급한 재정 문제를 해결하려는 것이었다. 그래서 되도록이면 신속히 이 일이
이루어져야 했고, 결국은 기사 신분의 이해를 대표했던 청부업자들을 끌어들

---

13 폴리비오스, 『역사』, 6. 16. 2~3.
14 Badian(1983: 43~45).
15 이 법의 입법 의도에 관해서는 허승일(1995a: 237~238)을 참조.

여야 했다. 이들은 선납을 통해 가이우스 그라쿠스의 개혁에 결정적이었던 재정의 문제를 해결하는 데 일조할 수 있었으므로 이들의 존재는 무시할 수 없었다.

기원전 62년의 아시아 속주의 조세 징수액은 4000만 세스테르티였는데 이는 개인이 부담할 수 없는 액수였다. 이를 위해 자연히 청부업자들이 일정한 규모의 회사를 조직하게 되었으며 조세 징수 청부업은 새로운 면모를 가지게 되었다. 우선 개별 회사들의 자금 동원력이 거대해졌다. 기원전 215년에 히스파니아Hispania 원정군에 대한 군납을 세 개의 회사가 분담했는데 이 액수는 약 600만 세스테르티에 불과했다.[16] 회사별로는 200만 세스테르티가 도급액이었으니 이에 비한다면 '아시아 청부 회사societas Asiae'의 규모는 20배 이상이었다. 단순히 낙찰을 받는 데서 끝나는 것이 아니라 이에 계약상의 담보물로 세 배를 제공했으므로 이 회사의 규모는 과거의 것과는 비교되지 않는 거대 기업이라고 하겠다. 만약 이 회사가 일시불로 5년 치의 조세를 선납했다면 실제로 1년간 국가 세입의 60퍼센트 정도를 제공할 수 있는 능력을 가졌던 것으로 보아야 한다. 바로 이런 점이 기원전 123년 이후로 나타난 새로운 양상이었다. 일찍이 막스 베버는 이를 당시 세계에서는 전례 없는 현상으로 지적했다. 요컨대 그는 로마의 재정 경제가 사적 자본의 거대화를 선도한 예로 보았고 이를 공화정기 로마사의 특수한 국면으로 설정하기에 이른다.[17]

이러한 규모의 청부업자 회사는 흔히 담당하는 지역의 명칭이나 조세의 명목에 따라 호칭되는 것이 일반적이었다. 이는 회사들이 점차 조직화되면서 항구적인 기구와 조직을 갖추었음을 의미한다. 더군다나 이 조직은 로마시와 속

---

16 Nicolet(1977: 262~263).

17 Weber(1909: 65). 이런 견해에 대해 공화정기의 조세 징수업자들이 일시불이 아니라 매년 분납한 것으로 보는 견해가 제기되었다. 그 근거는 기원전 61년에 청부 회사들이 감액을 요청한 것과 아울러 에페소스에서 비문으로 발견되어 1989년에 간행된 '속주 아시아 관세법'의 99행 이하에 있다(Engelmann und Knibbe ed., 1989: 112).

주의 여러 거점을 잇는 방식으로 연결망을 유지했으므로 사실상 로마와 속주를 단일한 제국 안으로 편성하는 일원화된 행정조직으로서의 기능을 수행할 수 있었다. 이러한 규모와 조직을 가지는 대규모의 기업이 만들어지는 것과 일치해 새로이 나타난 현상은 국가의 재정 관리 방식의 전환이었다.

속주가 별로 없던 시기에 재정 수납의 중심지는 로마시였다. 국가의 대소사가 로마에서 집행되는 수입과 지출에 따라 이루어졌고 속주가 생긴 이후 얼마간도 속주의 경비가 중앙에서 집행되었다. 즉, 속주 총독은 자신을 보필하는 재무관으로 하여금 로마시 재무관으로부터 승인된 금액을 직접 수령하도록 하고 속주로 갔던 것이다.[18] 이런 방식은 기원전 2세기 말을 고비로 달라지기 시작했는데 그 이유는 속주의 정규 세입이 급증해 수송하는 것이 번거롭고 위험해졌기 때문이다. 따라서 속주에서 징수된 조세를 로마로 반출하기보다 이를 회사가 보관하고 속주 총독에게 지불하도록 위탁하는 방식을 쓰는 것이 가능해졌다. 이러한 사정을 전해주는 것이 키케로의 언급이다.

> 배심원들이여, 이 공금에 대해서는 세 종류의 절취 행위가 있습니다. 첫째는 공금公金 지불의 책임이 저 회사들에 맡겨져 있기 때문에 생긴 것입니다.[19]

이 보고를 통해 볼 때 중앙에서 지불할 '공금pecunia publica'을 총독의 관리가 직접 로마에서 수령하기보다 회사가 국가에 납부할 금액을 현지 사무소에

---

18 키케로의 설명에 따르면 기원전 83년에 갈리아 키살피나 총독인 그나이우스 파피리우스 카르보(Gnaeus Papirius Carbo)는 자신의 재무관으로 베레스가 추첨된 데 대해 화를 냈다고 한다. 그러면서 다음과 같이 기술하고 있다. "돈이 할당되고 지불되었다. …… 그는 기대를 받으면서 돈을 가지고(cum pecunia) 갈리아에 있는 콘술의 군대에 도착했다"(키케로, 『베레스 기소』, 2.1.18.34). 이런 예는 아직 갈리아 키살피나가 정돈되지 못해 청부업자의 회사가 없었던 데 기인했다고 보인다.

19 키케로, 『베레스 기소』, 2.3.165.

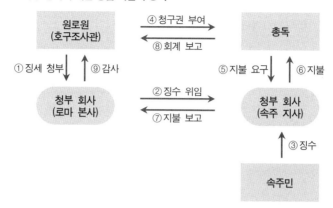

그림 11-1 **속주 총독에 대한 공금 지불의 방식**

서 "보관하고(posita)" 있다가 총독에게 지불해 주도록 위임하는 체제가 형성되었음을 확인할 수 있다.[20] 이를 〈그림 11-1〉과 같이 만들어보았다.

이러한 관행이 술라 이전에는 보이지 않는 것으로 보아, 이 체제는 기원전 70년대 이후에 생겨난 것으로 추정된다. 총독과 그 수행 관리들은 국가의 공금은 물론이고 개인 재산도 청부 회사에 맡겼다. 이렇게 위탁된 자금은 대개 월 1퍼센트의 이자가 가산되었다.[21] 이렇게 본다면 청부업자의 회사는 단순한 도급都給 업체로서의 기능에 그친 것이 아니라 일종의 은행으로[22] 국고는 물론이고 개인의 예금도 취급했음을 알 수 있다. 이런 다양한 기능을 수행하는 것이 가능했던 것은 조세 징수 청부 회사의 규모가 거대해지고 이들의 신용도 이런 일을 감당할 만큼 높아졌던 데서 연유한다.

이런 점에서 기원전 1세기는 청부업자의 전성기[23]로 부르기에 조금도 부족

---

20   Badian(1983: 77).

21   같은 책, 77쪽.

22   로마의 은행업은 일찍이 12표법에도 나타나 있다. 제2차 포이니 전쟁 이후 로마는 지중해 세계의 금융 및 자본의 중심지로 부상한다(Heichelheim, 1956: 418f.).

23   Nicolet(1977: 261).

함이 없는 시기였다. 나아가 이들이 국내 정치에도 크게 영향을 미치게 된 것은 단순히 규모가 커졌다는 데서 비롯한 것이 아니라 이런 구조적 변화에서 비롯한 결과였다. 즉, 이들은 로마의 지배 지역을 하나의 조세체제로 긴밀하게 연결해 중앙과 속주의 유기적인 관련을 유지시키는 데 결정적으로 기여했던 것이다.[24]

3. 조세 징수 청부의 절차

많은 로마 시민이 참여하고 있었다고 해서 '국가적'이 되었다는 평가를 받았던 청부 사업은 일의 성격상 국가로부터 여러 가지의 통제를 받았으며, 자연히 다양한 규정과 절차가 마련되었다. 이런 절차와 통제에 대한 이해야말로 조세 징수를 위해서 조직되었던 청부 회사의 존재 의의를 파악하는 데 중요한 지침이 된다. 특히 청부 회사를 통해 속주민에게 가해진 과도한 징수가 속주민이 로마의 지배 체제에 반발하게 만든 원인이 되었던 만큼, 이런 절차의 구체적인 작용에 대해 탐구하면 로마의 속주에 대한 지배의 면모를 엿보는 것이 가능해진다.

먼저 속주의 조세 청부를 규제하는 행정 기구에 관해 알아보자.

로마 공화국 행정의 일반적 특징으로 제시할 수 있는 것은 행정 기능이 최대한 분산되도록 한다는 점이다.[25] 이 점은 폴리비오스가 언급한 대로 견제와 균형의 원리가 일상적인 행정 실무에도 작용했음을 시사한다. 특히 국가의 재정 문제와 관련해서는 부문별로 기능이 분산되었는데, 재정의 책임자와 실무자가 관련을 맺지 못하도록 해서 부정의 소지를 없애려고 했다. 이런 경향은 국가의 공공사업이나 조세 징수 등에서도 마찬가지여서 여러 정무관이 이에

---

24 Hopkins(1980: 112).

25 Nicolet(1977: 242).

상호 보완적으로 관여했다. 리비우스의 기록에 따르면 기원전 184년에 농지세와 기타 조세에 대한 징수를 청부시켰는데, 그 절차는 다음과 같다.

원로원이 …… 전부를 도급하도록 명령하자 호구조사관들은 포고령을 내려 이전에 도급계약을 맺은 자들을 제외하고 조금 삭감한 가격으로 이 모두를 도급했다.[26]

이 기사에서 보듯이 공공 도급계약은 우선 원로원이 결정해서 명령을 내리고 나면, 실제로 계약을 체결하는 자들은 호구조사관임을 알 수 있다. 우선적으로 이런 계약에는 원로원의 결정이 있어야 하므로 공공 도급계약의 최우선권은 로마의 원로원이 지닌 셈이다. 폴리비오스의 다음과 같은 언급은 이 점을 다시 확인시켜 준다.

앞서 이야기된 이 모든 사항에 대해 로마의 원로원이 권위를 가진다. 왜냐하면 ① 시간을 부여할 수 있으며, ② 사고가 발생하면 부담을 줄여줄 수 있고, ③ 어떤 자가 맡은 일을 절대로 이행할 수 없는 경우에 면제시켜 주는 능력이 있기 때문이다.[27]

여기서 언급된 사정 ①, ②, ③은 계약의 불이행이라고 할 만한 사유이므로 원칙적으로는 수급자가 담보를 상실하거나 처벌받아야 할 상황이지만, 원로원은 계약 당사자들의 상위에 서서 조정할 수 있는 능력이 있었다. 이러한 점에서 원로원은 공공 계약의 최종적인 재결권을 가지고 있었던 셈이다. 다음의 사례는 원로원의 위치를 충실히 반영하고 있다.

---

26 리비우스, 『도시의 건설로부터』, 39. 44. 5~8.
27 폴리비오스, 6. 17. 5.

아시아 속주의 조세 징수 청부를 맡은 자들이 탐욕으로 인해 호구조사관들에게서 지나치게 높은 액수로 수급했음을 불평하고 원로원에 다시 결정해 줄 것을 청원했다.[28]

이 청원을 과감하게 제기한 사람은 '청부업자들의 제일인자요, 크나이우스 플랑키우스의 부친princeps publicanorum Cn. Plancii pater'이다. 그는 청부업자의 명의로 원로원에 셈프로니우스법에 의거해 그들과 함께 회계하고 적의 침입을 받아 손해를 본 액수에 따라 형평이 허락하는 정도로 총액에서 삭감해 줄 것을 요청했다.[29]

이 사례가 기원전 61년에 나온 것으로 보아 적어도 이때까지는 재정 문제와 관련해 원로원의 권위가 유지되었던 것으로 보인다.

이처럼 원로원의 결정이 이루어진 후에 일체의 실무를 수행한 자들이 호구조사관이다. "수많은 일들이 호구조사관에 의해(ὑπο τιμητῶν) 도급되었다"[30]라고 폴리비오스는 밝히고 있다. 호구조사관은 전직 콘술 중에서 5년마다 선출되는 것이 관례이고 임기는 1년 6개월이다. 따라서 콘술과 맺은 계약은 5년의 이행 기간을 갖는 것이 일반적이었다. 이 기간을 흔히 '루스트룸lustrum'이라고 하는데 이에 대해서는 다음의 설명이 제시되어 있다.

루스트룸은 지불, 즉 청산을 하기 위한 5년의 기간이다. 왜냐하면 5년마다 지세 및 기타의 조세를 호구조사관을 통해 청산하기 때문이다.[31]

---

28   키케로, 『아티쿠스 서한』, 1.17.9.
29   『보비오 수도원 키케로 연설 주석』, p.157. St. Greenidge et al. (1966: 36)에서 재인용했다.
30   폴리비오스, 6.17.2.
31   바로, 『라틴어론』, 6.11.

이 정의에서 드러나듯이 호구조사관들이 관할한 분야는 조세 징수의 청부였다. 그 계약 기간은 5년이었다. 따라서 계약 액수는 일반적으로 5년간의 총액이었다고 보인다. 계약이 체결된 경우 계약 조건에 따라 청부업자는 5년 치를 일시에 선납하거나 일정한 연부금을 납부했던 것으로 보인다.[32]

한편 호구조사관들이 반대로 국고를 지출하는 도급계약을 체결할 경우 국고의 사정을 고려해 도급계약 여부를 결정했음을 다음의 기록으로 알 수 있다.

호구조사관들이 국고가 빈곤하자 도급을 주저했으므로 ……[33]

아울러 호구조사관들은 계약의 체결과 관련된 '호구조사관법'이 있어 이에 따라 계약을 체결하고 집행 여부를 감독했다. 이런 법률의 예로 들 수 있는 것이 기원전 123년의 '셈프로니우스 아시아법Asiae lege Sempronia'이다.[34] 상황에 따라서 호구조사관들은 이러한 호구조사관법에 가감하며 입찰에 관한 규정에 약간의 변화를 가져올 수도 있었다. 키케로는 다음과 같이 말하고 있다.

나는 많은 옛 법들에서 …… 호구조사관인 카시우스L. Cassius와 세르빌리우스 Cn. Servilius가 첨가한 것을 보았소.[35]

---

32   이 점은 기원전 61년의 연부금 감축 요구로 짐작된다. 이런 경향은 조세 징수의 한계를 드러내는 현상이었다고 보인다(Nicolet, 1977: 251).

33   리비우스, 『도시의 건설로부터』, 24.18.10. 이때 청부업자들은 국고에 돈이 있는 것으로 하고 계약을 맺으며 전쟁이 끝날 때까지는 국고에 청구하지 않을 것을 약속한다. 이런 예는 청부업자들의 자금 동원력을 드러내는 것이라고 보인다. 이는 앞으로 청부업자의 활동이 청부의 권리를 사는 형태로 변화할 것임을 보여준다.

34   키케로, 『베레스 기소』, 3.6.12. "또는 셈프로니우스 아시아법처럼 호구조사관들에 의한 도급이 이루어진다(aut censoria locatio constituta est, ut Asiae lege Sempronia)."

35   키케로, 『베레스 기소』, 2.1.54.142.

주로 이들이 첨가한 것은 다음과 같은 내용이었다.

포고령으로 전에 수급한 자는 입찰에서 제외하고 ……[36]

그들은 호구조사관 풀비우스와 포스투미우스로부터 국가의 지세나 기타 조세 징
수를 수급한 자는 그 계약에 사원이나 기여자로 참여하지 못한다고 포고했다.[37]

이런 입찰 자격 제한 규정은 하나의 법률로 굳어져 다음과 같은 규정이 만
들어졌다.

먼젓번의 도급계약을 완수하기 전에 다른 조세 징수의 도급계약에 참여하는 것
이 허용되어서는 안 된다.[38]

이처럼 호구조사관은 계약을 체결할 때 국가를 대표하는 도급자로서의 위
치를 가지고 입찰에 관한 여러 사항을 규정할 수 있었으나, 현금의 출납은 자
신이 직접 관할하지 않았다. 다음의 기록이 이 점을 보여준다.

원로원의 포고에 따라 공공사업을 벌이도록 그해의 조세 중 절반이 재무관을 통
해 호구조사관들에게 위임되었다.[39]

이처럼 현금의 직접적인 출납은 로마시 재무관이나 군 재무관이 장악하고

---

36   리비우스, 『도시의 건설로부터』, 39.44.5.
37   같은 책, 43.16.2.
38   『학설휘찬』, 39.4.9.2, 'Paulus V sentetiarum'; Cimma(1981: 87).
39   리비우스, 『도시의 건설로부터』, 44.16.9.

있었으며,[40] 호구조사관이 직접 현금을 관리함으로써 초래될 부정의 여지를 미리 차단했다고 하겠다. 이처럼 지불 명령인과 현금 관리자 그리고 집행자 간의 구분이 분명했으므로 호구조사관이 시민의 도덕성마저 심사할 수 있을 정도로 신임받은 것으로 보인다.[41] 다음은 키케로가 동생에게 보내는 편지의 일부인데, 이는 호구조사관직의 특성을 잘 표현하고 있다.

그리고 만약 청부업자의 속성 자체와 명성이 불공평한 정신에 의해 유지된 것이 아니었다면 너의 판결과 기타의 지혜는 그들에게 좀 더 온화한 것으로 보일 수 있었을 것이다. 그들은 계약을 체결하는 데 있어 호구조사관법을 부정적으로 볼 것이 아니라 오히려 업무를 이행하는 데 편리함을 주고 번거로움에서 해방시켜 주는 것으로 볼 수 있을 것이다.[42]

이 편지의 내용은 일반적으로 청부업자들이 호구조사관에 대해 불만을 많이 가졌음을 보여준다. 결국 이러한 갈등은 조세 징수의 청부에서 최고의 액수를 얻어내야 하는 호구조사관과 최저 가격으로 낙찰받고 싶어 하는 청부업자가 대립할 수밖에 없었음을 지시한다. 따라서 대大카토와 같은 인물이 청부업자에 대해 엄격한 태도를 취한 것은 직책의 성격에 따른 것이었으며, 청부업자와 이해관계가 컸던 마리우스는 자연히 이 직책에 출마하는 것이 사실상 어려웠다고 보인다. 이처럼 로마의 행정은 이해당사자 간의 견제를 통해 역동성이 부여되었다는 특징이 있다.

이렇게 계약이 체결된 경우, 우선 콘술에게 계약 내용이 통보되었던 것으로

---

40 총독의 재무관이 되는 것은 추첨으로 이루어지고, 총독은 결정권이 없었던 것으로 보인다. Nicolet(1977: 242) 참조.

41 Astin(1978: 89).

42 키케로, 『동생 퀸투스 서한』, 1. 1. 12. 35.

보인다.

호구조사관 코르넬리우스Cornelius와 뭄미우스Mummius에 의해 도급계약이 이루어지자, 원로원은 포고를 내려 이 점을 콘술들이 인지하도록 했다. [43]

이 기사를 통해 보면 일단 계약이 체결되면 호구조사관이 이를 원로원에 보고하고 다시 원로원이 콘술에게 통보하는 절차가 있었음을 알 수 있다.

이런 도급계약과 관련해 콘술의 권한이 질적으로 달라졌음을 엿보게 하는 것이 기원전 59년에 제정된 '부당취득 재산 반환에 관한 율리우스법Lex Julia repetundarum'이다. [44] 이 법은 원로원이 앞서 청부업자들의 청원을 거부하자[45] 카이사르가 제정한 것이다. 그는 이 법을 통해 청부업자들의 삭감 요구를 들어주는 한편 경쟁입찰에 관한 규정을 마련해서, 사실상 원로원의 권한을 박탈하는 조치를 취했다. 이에 따라 청부업자는 매년 콘술이 실시하는 회계감사를 받게 되었다. 이런 규정이 이후에도 오랫동안 유지되었음은 다음의 단편적인 기록으로 알 수 있다. 즉, 기원전 55년에 로마로 돌아오자마자 콘술인 폼페이우스가 "청부업자들과 회계감사를 했다(ut rationes cum publicanis putarent)"라는 것이다. [46] 이런 현상은 그 자체로 두 가지 의미를 담고 있다. 첫째, 재정 문제와 관련해 원로원의 권한이 매우 약화된[47] 반면에 콘술의 권한은 그만큼 강

---

43   키케로, 『브루투스』, 22.85.

44   Nicolet(1977: 242).

45   이때 원로원을 주도하며 청부업자들의 요구를 거부한 자가 소(小) 카토다(Nicolet, 1977: 266).

46   키케로, 『아티쿠스 서한』, 4.11.1.

47   속주 총독은 지불대체(支拂代替) 방식을 통해 필요한 자금을 입수해 지출한 후에 원로원에 보고했던 것으로 보인다. 이때 제출된 서류는 국고에 보관되었다. 그러나 기원전 59년 이후에는 두 벌의 사본을 작성해 속주 내의 주요 거점에 보관하게 된다. 이러한 변화도 원로원의 재정 관할권에 손상을 주는 조치의 하나였다(Nicolet, 1977: 242).

화되었다. 둘째, 계약 기간에 일정한 제한을 받지 않았던 청부업자들이 콘술의 직접적인 관할을 받게 되면서 이전에 누렸던 자율권을 점차 상실하는 조짐이 나타났다. 이러한 현상은 제정기에 들어 청부업자의 활동이 크게 위축되어 간 것과 관련이 있다는 점에서 주목되는 현상이다.

한편 호구조사관에 의한 계약은 5년마다 이루어지므로 매년 발생하는 사안에 대해서는 다른 정무관이 계약 당사자가 되었다. 조세 징수를 제외한 공공 도급계약은 법무관에게 위임되었다. 예를 들면 기원전 169년에 마케도니아에 군마와 피복을 공급하기 위해서 법무관인 가이우스 술피키우스 갈루스Gaius Sulpicius Gallus가 "도급했고(locavit)",[48] '기원전 111년 농지법'에서는 로마 공유지의 매각에 관한 사항을 법무관의 "재량에(arbitratu)" 맡겼다.[49] 아울러 주목되는 것은 관례에 어긋난다는 이유로 키케로가 비난의 표적으로 삼았던 행위였지만[50] 법무관이기도 한 베레스가 호구조사관법에 단서 규정을 첨가한 것이다. 이로써 베레스는 공사 기간을 촉박하게 잡아 다른 응찰자가 없도록 했다.[51] 이것은 비록 비난받을 만한 행위였지만 그 자체가 불법이라고 볼 수는 없고 법무관의 권한 안에서 가능한 행위였다.

그 밖에 공공 도로의 유지 및 보수와 관련해서는 관리관이 도급자였다.[52] 로마시 재무관이 콘술의 명을 받아 공사 입찰을 하는 사례도 공화정 말에 나타난다.[53] 이처럼 공공 입찰 계약은 상황이나 사안에 따라 여러 정무관에게 분

48　리비우스, 『도시의 건설로부터』, 44.16.4.
49　'기원전 111년 농지법', l.83.
50　키케로, 『베레스 기소』, 2.1.55.143.
51　같은 책, 2.3.7.16.
52　『율리우스 자치시법』, l.46. "그 도로를 유지하는 것을 도급할 관리관은, 그는 …… 도급에 의해 유지되도록, …… 그 도로의 도급을 관할할 자의 재량에 따라 유지되도록 할 것이다 [aed(ilis), quem eam viam tuendam locare oportebit, is …… tuendam locato, …… arbitratu eius, quei eam viam locandam / curaverit, tueatur]." Cimma (1981: 57, n.48)에서 재인용했다.

산되어 있었으나 조세 징수와 관련한 사항은 주로 센서스 조사라는 고유 임무를 지닌 호구조사관에게만 위임되었던 것으로 보인다.[54]

조세 징수의 입찰은 어디에서 이루어졌는가? 다음의 사료는 입찰이 로마에서만 이루어졌음을 보여준다.[55]

조세 징수의 도급은 이 도시를 제외하고는 아무 데서도 허락되지 않는다.[56]

입찰 장소는 포룸이었음을 다음의 기록을 통해 알 수 있다.

로마 인민의 감시하가 아니면 호구조사관들에게는 조세 징수를 도급하는 것이 허락되지 않는다.[57]

이 기사에 따르면 조세 징수의 도급은 반드시 공개 경쟁입찰을 통해 이루어졌고, 이를 "창槍 아래의 도급(locatio sub hasta)"이라고 부른다.[58] 이를 위해 먼저 일반에게 입찰 규정서를 발표했는데 여기에는 여러 계약의 조건이 세부적으로 명시되어 있었다.[59] 이것이 공포되면 청부업자들은 원칙적으로 자신

---

53 키케로의 『필리포스 반대 연설』(9.7.16)을 보면 콘술인 판사와 히르티우스(Hirtius)가 무너진 단을 수축하도록 시 재무관들에 명하자 이들이 직접 도급계약을 '체결했다(locaverint)'.

54 '기원전 111년 농지법'의 89행에는 아프리카의 로마 공유지의 지세를 콘술이 관리한 것으로 나타난다. 그 밖에도 관리관이 이런 일에 관계되었을 가능성이 있으며 그 밖의 정무관도 원로원의 위임을 받은 경우 가능했다고 보인다(Trapenard, 1908: 43, n. 1).

55 일반적으로 속주에 대한 조세는 로마에서 결정되었고 이를 다른 곳에서 변경할 수 없었다. 그렇지만 속주 총독이 재량에 따라 속주민에게 공납(tributa)을 부과할 수 있었다. 이는 인두세와 재산세를 합친 것으로 생각된다(Laurent-Vibert, 1908: 181~184).

56 키케로, 『룰루스 농지법 반대』, 2.21.55; Jonkers(1963: 89).

57 키케로, 『룰루스 농지법 반대』, 1.7.

58 여기서 '하스타(hasta)'는 '창'을 의미한다. Berger(1953)의 'locatio sub hasta' 항목을 참조.

59 Nicolet(1977: 266).

의 판단하에 자발적으로 응찰한 것으로 보인다. 다음의 사료가 이를 입증한다.

청부업자들은 스스로 수급受給하겠다는 의사를 밝혔다.[60]

왜냐하면 정말로 수급자들의 자발성이 여하튼 적법하게 보호되고 있기 때문이다.[61]

일단 입찰에 응한 자들은 경쟁을 거쳐 낙찰받는데, 이때 손가락을 써서 자신의 금액을 제시했다. 이것을 지시하는 것으로 "손가락을 들다(digitus tollit)"라는 말이 있는데, 이는 입찰 금액을 밝히는 행동이었다. 최종적인 결정은 경쟁입찰의 주무자인 정무관에게 달려 있었다.[62] 최고 가격을 제시해 낙찰받은 자는 계약의 체결을 위해서 "보증인과 담보물을 제시한다(paedibus et praediis cautum est populo)". 앞 장에서 설명했듯이 청부 회사의 결성은 이러한 보증과 담보 제시를 통해 이루어지는 것이었다. 이것은 물론 수급자의 "신용을 보증하기(fidem praestent)" 위한 것으로, "모든 것을 수급자가 '자신의 자발성(suo voluntate)'으로 행하고 '자신의 위험을 안고서(suo periculo)' 무엇이든지 하도록 하기 위한 것"[63]이었다.

담보물은 주로 가옥domus이나 농지ager였다. 만약 계약을 이행하지 못하면 "국가는 담보물을 모두 매각한다(haec omnia venduntur)"라고 규정하고 있다.

---

60 리비우스, 『도시의 건설로부터』, 34.6.13.

61 『칙법휘찬』, 4.37.6, 'Imp. Justinianus, A. Iohanni.' Cimma(1981: 60, n.56)에서 재인용했다.

62 키케로는 베레스에 대해 "장차의 승인(probatio futura)은 도급을 준 그대의 것이므로"라고 쓰고 있다. 이에 따르면 도급자인 정무관에게 결정권이 있었다(키케로, 『베레스 기소』, 2.1.54.143).

63 위(僞) 아스코니우스, In C. Verrem, 2.1.142(pag. 196 Or.); 바로, 『라틴어론』, 5.40; Cimma (1981: 66~67).

'기원전 111년 농지법'에 공유지 매각 대금의 완납을 위해 해당 토지의 세 배의 담보를 설정하고 있는 것으로 보아 통상 세 배에 해당하는 담보물이 요구되었던 것으로 보인다.[64] 이렇게 담보로 설정된 재산은 국고에 등재되어 로마시 재무관의 관리를 받았다. 이처럼 계약 체결을 위해서는 반드시 담보가 있어야 했으므로 도급액이 클 경우 여러 청부 회사가 협의체라고 할 만한 콘소르티움consortium을 결성할 수 있었던 것으로 보인다.[65] 이렇게 되자 담보의 성격을 둘러싸고 논쟁이 있었는데 키케로의 다음의 언급을 통해 알 수 있다.

나는 다음과 같은 점을 묻고 있네. 담보물이 센서스 조사 때에 수급자의 것인지 아닌지, 국고에 등록이 된 것인지, 아니면 호구조사관의 기록에 올릴 수 있는 것인지 ······[66]

이처럼 국고에 담보로 설정된 재산은 법적인 성격이 불분명해 여러 혼란의 원인이 된 것으로 보인다.

한편 보증인과 담보가 있을 때 어느 것이 우선적으로 효력이 있는지의 문제가 제기되었다. 이 문제는 기원전 149년에 규정된 조문을 통해 판단된다.

······ 만약 유죄 선고를 받은 자가 보증인을 제시하지 않는 경우, 그의 재산은 국가에 의해 소유, 장악, 매각된다.[67]

---

64 '기원전 111년 농지법', 84행, "수급자의 충분한 담보를 설정하기 위해서 담보를 제공할 사람의 의사와 무관하게 세 배를 받도록 한다[satis subsignari oportet praedia emptor]ris ter tanti invito eo quei dabit accipito;" Warmington(1967: IV, 428).
65 Nicolet(1977: 266)에서는 아시아의 3구역에 한 개의 콘소르티움이 있었다고 볼 수 없다고 한다.
66 키케로, 『플라쿠스 변호』, 32.80(Cimma, 1981: 68, n.78 참조).
67 『아킬리우스 반환법』, 57행(Warmington, 1967: IV, 352).

이 기록에 따르면 먼저 보증인의 제시가 우선시되고, 그것으로 불충분할 경우나 없을 경우에 차선으로 담보 재산이 제공되었던 것으로 보인다. 그러므로 체결된 계약에서 제시된 보증인과 담보물은 국가에 의해 파악되어야 했다. 특히 청부 회사의 성원으로서 보증인의 명단이 국가에 의해 별도로 파악되었으므로, 이들이 기사 신분과는 별도의 '오르도'로 인정되기에 이르렀다고 할 수 있다.[68] 그리고 보증에서 인적 보증이 우선시되었던 것이 로마의 공공 계약의 특징으로 보인다.

이러한 로마에서의 공공 계약의 절차는 다른 자치도시의 경우에도 동일했음이 다음의 비문에서 확인된다.[69]

민회가 열리는 날	quo die comitia habebuntur
투표가 이루어지기 전에	antequam / suffragim feratur
민회를 주재할 자의	arbitratu eius
판단에 따라	qui ea / comitia habebit
자치시는 공동으로 보증인들을	praedes in commune municipium
세우고 그들의 공금을	dato pecuniam communem eo / rum,
만약 신뢰할 만하다면	quem in honore suo tractaverit,
자신의 명예에 따라 취급할 것이다	salvam is fore.
만약 이 사안에 대해 보증인이	Si de ea re is praedibus
충분하지 않다고 여겨지면	minus / cautum esse videbitur
그의 판단에 따라	praedia subsignato /
담보물을 설정하도록 하라	arbitratu eiusdem

---

68 바로 이 점이 원래의 '오르도'의 의미이므로 이렇게 칭해진 자들이 일정한 사회계층 전반을 지칭하는 것이 아니라는 니콜레의 견해가 더욱 타당해 보인다(Nicolet, 1984a: 17f.).

69 『말라카 자치시에 관한 플라비우스법』(기원후 81~84년), c.60. Cimma(1981: 67~68, n.78)에서 재인용했다.

여기에서도 자치시의 조세 징수와 같은 공금의 취급이 문제될 경우에 우선적으로 보증인을 세우고, 부족하다고 판단될 경우에 담보물을 제공하게 했음을 알 수 있다.

여기까지 언급한 행정적 절차가 진행된 후에 도급된 조세의 징수가 구체적으로 어떻게 이루어지는지를 살펴보도록 한다.

4. 속주에서의 징세 절차

조세 징수 청부업자들이 '공인公人'이라는 의미를 지니고 있는 데 걸맞게, 이들은 자신이 할당받은 지역을 대상으로 국가의 공적인 기능이라고 할 수 있는 조세 징수를 대행할 수 있었다. 이렇게 본다면 이들은 체결된 계약에 따라 일정 기간 동안 국가 정무관의 권한을 위임받는 존재였다. 따라서 이를 구체적으로 실행하기 위해서 이들에게 속주민들에 대해 조세 납부를 강제할 수 있는 권한도 아울러 부여되었다. 이들에게 부여된 권한은 기원전 2세기 말 이전에는 납세자에 대해 적용되는 압류권(피그노리스 카피오)이었다. 이후에는 직접적인 압류 행위는 금지되어 일정한 재판이 이루어진 후에야 압류 처분할 수 있는 것으로 바뀌기도 한다.[70] 그러나 실상은 크게 달라진 것은 없었고 그만큼 청부업자들의 자의적인 권리 행사의 여지가 많았던 것으로 보인다.

속주에서 조세 징수는 우선 속주민 납세자의 신고에 기초해 이루어졌음을 다음의 기록으로 알 수 있다.

왜냐하면 십일세의 계산은 많은 문서가 없으면 이루어질 수 없는 것이기 때문입니다. 각 경작자의 이름과 각자가 십일세 징수자와 맺은 협약이 문서에 기재되는 것입니다. 그대[71]의 명령과 규정에 따라 모든 경작자가 (토지의) 유게라 수

---

70   Nicolet(1977: 266).

를 보고했습니다.[72]

이 기사에 따르면 경작자는 면제자가 아니라면 파종 면적을 신고했고, 국가는 이에 입각해 추산되는 생산량에 기초해서 조세 징수를 도급한 것으로 보인다. 이러한 경작의 경우 한해의 수확량이 보장되는 것이 아니었으므로 국가가 청부업자를 이용한 것이다.[73] 이를 토대로 십일세 징수업자는 자신의 이익을 고려해 응찰했을 것이고 일단 낙찰받은 자는 대장에 의거해 개별적으로 경작자와 다시 납세와 관련된 계약을 체결했을 것이다. 여기까지의 과정을 그려본 것이 <그림 11-2>다. 이러한 과정은 속주의 도시들과 청부업자가 계약을 맺는 경우에도 적용되었을 것이다.[74]

만약 납세자와 징수자 간에 조세 징수의 문제로 소송이 제기될 경우 청부업자와 징수자 간에 맺은 협약이 소송의 자료로 사용되었을 것으로 보인다. 속주에서의 소송 절차는 총독이 속주민을 보호하는 정책의 일환으로 마련된 것이었다. 이는 속주 총독의 위원회에 설치되었으며 소송의 부담과 담보의 설정은 징수업자에게 전가되었다. 이처럼 제도상으로는 속주의 납세자를 보호하는 규정이 마련되었으나 로마인의 그것과는 차이가 있었다.[75] 예컨대 '기원전 111년 농지법'에서 이탈리아에 소재한 농지의 경우 제1등급 시민 중에서 조세 심판의 배심원recuperator이 선발됨으로써 납세자의 권리가 보호받은 것에 비하면 그다지 효과적인 보호책은 아니었다.[76] 즉, 총독이 징수자들과 결탁하

71　베레스를 지칭한다.

72　키케로, 『베레스 기소』, 2. 3. 122.

73　Jones(1974b: 155, n. 25).

74　Broughton(1936: 173~176).

75　같은 십일세라도 로마인에게는 하나의 임대료로 인식되었던 데 비해 속주민에게는 진정한 조세로 인식되었다(Tibiletti, 1948: 187).

76　'기원전 111년 농지법' 37행에 따르면 1등급 시민들 가운데 선발된 50명 중에서 선임한다

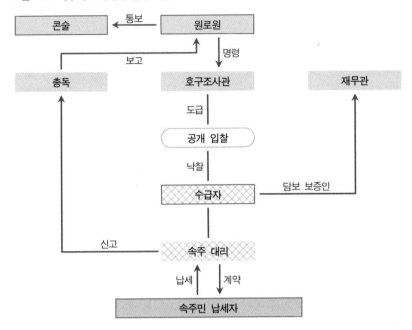

그림 11-2 **속주의 조세 징수 청부 과정**

는 경우에는 사실상 아무런 보호책이 될 수 없었다. 일찍이 총독 베레스는 압류의 유예 기간을 무시하고 청부업자들에게 즉각적인 압류를 허용해 물의를 빚기도 했다. 게다가 속주민들은 로마 시민과는 법률적 지위가 달랐으므로 효과적으로 보호받기도 어려웠다. 특히 속주에서는 조세의 징수를 주로 경매에 의존했으므로[77] 속주민들의 부담은 가중되었다.

이런 배경에서 우리는 『신약성서』에 등장하는 삭개오가 다음과 같이 고백

(Nicolet, 1977: 267 참조).

77 Trapenard(1908: 47). 시칠리아에서 베레스가 속주에 부과되는 십일세 청부를 지나친 가격으로 올렸는데 이는 불법이었다. 키케로는 이를 이유로 베레스를 기소한다(Nicolet, 2000c: 309).

한 것을 이해할 수 있다.

만일 누구의 것을 '속여 빼앗은 일'이 있으면 네 갑절이나 갚겠나이다.[78]

그의 신분은 한글로는 '세리장'으로 번역되었지만, 그리스어 "아르키텔로네스(ἀρχιτελώνης)"는 사실 '청부업자 회사의 장chef des publicains'이었다. 아우구스투스 이래로 푸블리카니의 조세 징수 청부는 중지되었지만, 속주에 존재하는 현지인 회사는 제정 초기에는 그대로 존속했다.[79] 사실 청부 회사의 사원이 되려면 로마의 기사 신분이어야 하는데,[80] 사도 바울Paul이 타고난 로마인이었다는 점을 고려하면 삭개오도 로마 시민이거나 기사의 자격을 받았을 가능성이 있다.[81]

---

78 "εἴ τινός τι ἐσυκοφάντησα ἀποδίδωμι τετραπλοῦν." 「누가복음」, 제19장 8절.

79 Nicolet(1999a: 214~215)에 따르면 제정 초기에도 속주에서 청부 회사가 그대로 활동하고 있었다. 특히 곡물 수급과 관련해 십일세와 벡티갈이(vectigalia) 계속해 징수되었다. 타키투스의 『연대기』(4.13, 4.6)를 보면 "그런데 곡물과 벡티갈에 따른 세금과 기타 청부업자들의 과실이 로마 기사들의 회사에 의해 좌우되었다(at frumenta et pecuniae vectigales, cetera publicorum fructuum, societatibus equitum Romanorum agitabantur)"(기원후 23년 기사)가 참조된다. 곡물 공급이 시급한 문제로 대두되면서 이들의 활동이 유지된 것으로 보인다.

80 Nicolet(1999a: 301).

81 이는 삭개오를 청부 회사의 장으로 설명하는 『성서』 내용에 바디안이 신빙성을 두지 않는 점과 대비된다. Badian(1983: 11)에는 『신약성서』에 나오는 푸블리카니는 진짜 청부업자가 아니라 그들의 하수인으로 인식되며, 이들은 죄인으로 간주되었다고 주장한다. 사실 바디안이 책 제목을 이렇게 정한 것은 삭개오의 경우를 염두에 둔 것이다. 그렇지만 「사도행전」(라틴어판)의 제22장 28절을 참조할 필요가 있다. 여기서는 천부장과 바울의 대화가 나온다. "그리고 천부장이 '나는 많은 돈으로 이 시민권을 얻게 되었소'라고 대답했다. 그러자 바울은 '그런데 나는 (로마인으로) 타고 났소'(Et respodit tribunus: ego multa summa civitatem hanc consecutus sum. Et Paulus ait: Ego autem et natus sum)." 여기서 많은 돈을 써서 로마 시민권을 얻은 천부장과 태어나면서 로마인인 바울이 대조해서 나온다. 삭개오도 천부장과 같은 방법으로 로마 시민권을 획득했을 것이다. 일찍이 기원전 54년 시

이런 조건을 염두에 둔다면 「누가복음」 제19장 3절의 "키가 작았기 때문(ὅτι τῇ ἡλικίᾳ μικρὸς ἦν)"이기보다 "오히려 군중에 의해서(ἀπὸ τοῦ ὄχλου)" 예수를 볼 수 없었다는 반응이 이해된다. 군중이 그를 몰랐다기보다 의도적으로 배척한 것이다. 또한 같은 책 제19장 9절에는 "아브라함의 자손(αὐτὸς υἱὸς Ἀβραάμ)"으로, 제19장 10절에는 "잃어버린 자(τὸ ἀπολωλός)"로 묘사된다. 전자는 국적이 로마인임을 암시하나 혈통으로는 유대인이라는 의미로, 후자는 중성이므로 "잃어버린 것", "버려진 것" 또는 "죽은 것"이라는 의미로 해석해야 한다. 이처럼 삭개오는 동족에 의해 백안시된 존재였다. 그가 이렇게 큰 재력을 가진 것은 조세 징수 청부업이 얼마나 가렴주구의 수단이었는지를 대변한다. "속여 빼앗은 일"은 "시코판테인(συκοφάντειν)"의 번역인데, 이는 거짓 정보를 통해 돈을 갈취하는 수법이나 또는 밀고를 의미한다.[82] 그래서 그런 잘못이 "있으면 네 갑절(τετραπλοῦν)"로 보상하겠다고 공언한다. 여기서 네 배란 「출애굽기」 제22장 1절에 따르면 가축을 훔친 도둑이 변상해야 하는 액수인데, 자신의 행위가 도둑질이었다고 고백한 셈이다. 제국의 속주 지배라는 구조 속에서 참으로 상상하기 어려운 고백이 아닐 수 없다.

그는 가룟 유다Judas Iscariot 대신에 맛디아Μαθθίας[83]라는 이름으로 보궐 사도가 되었으며, 가이사레아Caesarea의 초대 감독이 되었다.[84] 이곳은 유대인의 반로마 운동 때 로마군의 진압으로 파괴되었으나 이후 기독교의 중심지가 되는데, 유명한 오리게네스Origen와 유세비우스Eusebius 등이 감독을 지냈다. 이러한 기독교 부흥의 단초는 로마의 하수인으로 로마를 잘 이해하고 있었던 한 청부업자의 회심이 낳은 결과였다.

칠리아의 곡물 공급업자들이 폼페이우스를 도와주고 로마 시민권을 얻은 바 있다(Rickman, 1980: 57).

82 이에 관한 용례는 주명철 옮김(2002: 239)을 참조.

83 「사도행전」, 제1장 23절.

84 Easton, "Zacchaeus," *Easton's Bible Dictionary*(1897: 806) 참조.

5. 결어

로마는 제국을 유지하기 위해 속주민들에게 조세를 부과하고 이를 바탕으로 속주의 치안과 행정, 나아가 제국의 방위를 유지했다. 로마는 비교적 적은 수의 관료로 넓은 제국을 통치하고자 일찍이 조세 징수 청부업자들을 이용했다. 이들은 공인으로 표시되듯이 속주에서 로마의 실제적인 지배를 대변했다. 물론 총독의 관할하에서 활동했지만, 어떤 면에서는 총독도 이들이 없으면 통치할 수 없었다. 재정권을 쥔 원로원이 이들의 조직을 이용해 속주에 필요한 공적 자금을 공급하는 체제를 유지하고 있었기 때문이다. 종종 총독을 지낸 자와 청부업자 간의 알력은 이런 구조에서 비롯한 것이다. 이런 구조이기 때문에 이들의 가렴주구를 적절하게 통제하지 못했을 뿐 아니라 베레스와 같은 총독은 아예 이에 편승했던 것이 속주에서 행해진 로마 재정 구조의 특징이었다. 이런 사정하에서 속주민의 처지는 법적 미비 탓에 불안했으며 부담은 커질 수밖에 없었다. 이런 불만과 불안은 제국의 기초를 위태하게 만들 수 있어, 아우구스투스가 등장하면서 이들을 일소하고 국가가 통제하는 재정 정책으로 전환했다. 삭개오의 사례는 속주 차원에서 이루어진 조세 징수 청부업의 실태를 잘 드러낸다. 이는 로마의 속주에 대한 제국주의 정책의 실상이었다.

제12장

로마 공화정 후기 청부 회사의 조직과 위상[*]

1. 서언 ı 2. 청부 회사의 규모와 편제 ı 3. 회사의 조직
4. 사원의 성격 ı 5. 조세 징수 청부 회사의 위상 ı 6. 결어

1. 서언

로마사에는 '국가 안의 국가'라는 표현이 자주 등장한다. 주로 군대와 관련
해 그런 표현이 나오지만 조세 징수 청부 회사도 "국가 내의 진정한 국가" 또
는 "국가의 모습(image d'une république)"[1]으로 묘사된다. '기사 신분의 꽃'인
청부업자들의 위세를 보여주는 표현이다. 이처럼 속주에서 조세를 징수하는
실무를 관장하기 위해서 속주의 조세 징수 청부 회사는 치밀한 조직과 다수의
구성원을 필요로 했다. 그렇지만 소키에타스societas라고 불린 이러한 회사들
이 어떤 조직을 가지고 있었는지 그대로 전하는 자료는 없다. 다만 여러 사료
에서 발견되는 자료를 통해 조직의 면모를 짐작해 볼 수 있을 뿐이다.[2] 다음에

---

[*]   이 글은 ≪서양고대사연구≫, 제37집(2014. 4)에 게재된 바 있다.

[1]   de Laet(1949: 104); Nicolet(1977: 265).

[2]   연구는 오래전부터 이루어지고 있지만, 비교적 근래의 Cimma(1981)의 연구가 대표적이
      다. 아울러 Nicolet(2000a)는 그동안 발표된 관련 논문을 묶어 간행한 것으로 근래의 성과
      까지 담고 있다. 이 청부 회사의 의미에 관해 고대사 비전공자들이 활발히 논의하고 있는
      것이 주목할 만하다. Malmendier(2005: 31~42, 361~365, note); Dufour(2011: 307~380)
      가 새로운 시각으로 청부 회사의 조직에 관해서 조명하고 있다. 전자는 경영학의 관점에서
      청부 회사를 근대의 회사 조직과 같은 것으로 보는 반면에 후자는 법학의 관점에서 사료를

서는 이런 자료들을 종합해 하나의 이상형으로 조세 징수 청부 회사를 재구성해 본다. 이로써 도시 로마에서 조직된 청부 회사를 통해 속주에서 행사된 권력 기구의 실체를 파악할 수 있을 것이다.

2. 청부 회사의 규모와 편제

청부 회사 구성원의 규모가 얼마였는지는 정확히 알 수 없지만, 현대의 기준으로도 상당했을 것이다. 다음의 자료를 통해 이 점을 알 수 있다.

> 빅투물라이의 금광들(Victumularum aurifodinae)에 대해 호구조사관법은 ……
> 청부업자들이 작업에서 5000명 이상을 거느리지 못하도록 했다.[3]

이 규정은 갈리아 키살피나의 마을인 빅투물라이에 있는 금광의 운영에 관한 것으로 청부업자가 부리는 인원을 규정해 광산의 산출량을 제한하려는 조치다. 이에 따르면 광산 한 곳을 도급받은 회사가 5000명의 노동력을 동원할 수 있었다.

기원전 215년 스페인 원정군에 대한 군납 계약을 체결한 회사는 "세 곳(tres societates)"으로 "19명(undeviginti)"의 푸블리카니가 이 회사들에 소속되었다.[4] 이들이 공급한 군수품은 당시에 "마치 풍부한 국고에서 나오는 것처럼 병사들에게 공급되었는데 전혀 궁핍함이 없었다"라는 평가를 받을 정도였다. 해외에 주둔하는 군단軍團에 군수품을 공급하는 것이 당시로서는 매우 어려운 일이었음을 감안한다면, 이들의 조직망이 매우 치밀하고 넓었던 것으로 보인다. 리

검토해 앞의 주장을 반박하고 있어 흥미롭다.
3   플리니우스, 『자연사』, 33.78.
4   리비우스, 『도시의 건설로부터』, 23.49.1.

비우스에 따르면 이는 "전례 없이 큰 전쟁"이었기에,[5] 이들이 조직한 회사의 규모는 이전 세기에 비해 급격하게 커진 것으로 보인다. 이런 로마 기업의 성장은 전쟁을 바탕으로 한 현대 기업의 성장과 유사하다.

폴리비오스에 따르면 하나의 청부 활동은 다음과 같이 임무를 달리하는 성원이 모이면서 이루어졌다.

① 어떤 사람은 호구조사관으로부터 도급을 받고,

② 어떤 사람은 전자의 동료가 되고,

③ 어떤 사람은 도급의 이행을 보증하며,

④ 어떤 사람은 이 계약과 관련해 국가에 재산을 공탁한다.[6]

이 기사를 보면 하나의 도급에 네 부류의 사람이 각각 다른 역할을 맡고, 연대를 형성하고 있음을 알 수 있다. 이들은 결국 하나의 회사를 구성하는 집단이다. 앞에서 언급된 자들은 라틴어로 각각 다른 명칭을 가졌다. ①은 만켑스 manceps, 레뎀프토르redemptor이며, ②는 소키socii(사원), ③은 프라이스praes (보증인)다. ④는 프라이디아praedia(국가에 공탁하는 재산)다.[7]

키케로의 다음 연설을 통해서 이 회사의 조직이 어떻게 이루어졌는지를 알수 있다.

---

5 같은 책, 21.1.1~2. "가장 기억에 남는 전쟁이며 …… 무장에서 더 강한 것도 없으며 …… 이것과 더불어 그렇게 많은 병력과 지구력에서 큰 것도 없으며(bellum maxime omnium memorabile …… neque validiores opibus …… arma, neque his ipsis tantum umquam virium aut roboris)."

6 폴리비오스, 6.17.4. ① "ἀγοράζοθσι …… τάς …… ἔκδοσεις," ② "κοινονοῦσι," ③ "ἐγγυῶ νται τοὺς ἠγοραότας," ④ "διδόασι."

7 이 담보물은 이중적인 보장을 의미한다. 이런 관행은 이집트의 도급계약에서는 분명히 나타난다. 로마에서 이런 이중적인 보장의 존재에 대해서는 니콜레가 이의를 제기한 바 있으나, 아직까지 그것을 입증할 증거가 부족하다(Nicolet, 1971: 163~176).

(베레스)는 …… 회사의 '마기스테르magister'인 자신의 친구에게 …… 일을 맡겼다. …… 그는 '소키'의 무리가 멀리 떨어져 있었으므로 '데쿠마니'를 불러 사정을 개진했다.[8]

여기서 볼 때 '마기스테르'는 회사를 대표하는 오늘날의 사장이나 대표이사에 해당하며, '소키'는 회사의 운영에 책임을 지는 사원社員, '데쿠마니'는 이사회理事會로 여겨진다. 이런 구성 요소를 더욱 알아보기 위해 사료에 나타난 회사의 명칭과 구성 요소를 제시하면 〈표 12-1〉과 같다.[9]

이에 따르면 프로마기스테르promagister(임기연장사장)와 노예들도 회사의 구성원으로 파악된다.

여기까지 보고를 종합하면 청부 회사를 구성하는 요소는 만켑스나 레뎀프토르, 마기스테르, 프로마기스테르, 데쿠마니, 소키, 세르부스 또는 파밀리아임을 알 수 있다.[10] 이제 구성원 각각의 임무를 알아보자.

3. 회사의 조직

1) 대표

우선 만켑스를 살펴보자. 페스투스의 사전에는 다음과 같이 정의되어 있다.

인민人民으로부터 무엇을 사거나 계약한 자는 '만켑스'라고 불린다. 왜냐하면 그는 자신의 '손'을 들어 스스로가 구매의 당사자임을 표시했기 때문이다.[11]

---

8 키케로, 『베레스 기소』, 2.2.71.173.

9 이 표는 Nicolet(1979: 89~95)의 그림을 재구성했다.

10 이런 구성을 볼 때 기사 신분으로서 우월한 사회적 지위를 누린 자는 회사 성원 중에 일부에 국한되었을 것이다(Nicolet, 1977: 268 참조).

11 'manceps,' 페스투스(Muellero), 151.

표 12-1 **청부 회사의 구성원 일람**

번호	회사	기원전	구성원	업무
1	수지(樹脂) 제조를 청부한 회사(societas, quae picarias redemerat)	138	사원들(socii), 가솔(familia)	실라(Sila)의 수지
2	철을 다루는 사원들[soc(ii) fer(rarii)]	94	사원들, 용인노예(servu)	엘바섬의 철광
3	소금 판매자이며 방목세 징수자인 사원들[soc(iorum) sal(inatorum) et scr(ipturariorum)]	?	사원들	소금 판매 방목세
4	관세 징수 사원들[soc(iorum) port(orii)]	?	사원들, 용인노예	관세
5	(관세 징수) 사원들[soci(orum) (portorii)]	?	사원들, 용인노예	관세
6	수지 제조 청부 사원들[soci(orum) picar(iorum)]	1세기	사원들, 용인노예들(servi)	수지
7	사원들 가운데 소금 판매인들[sal(inatores) soc(iorum)]	1세기	용인노예들	소금 판매
8	방목세 징수 청부 회사(societas scripturae)	73~70	임기연장사장(pro-magister), 사장(magister)	방목세
9	방목세와 6곳의 공유재산 관리 청부 회사 (societas scripturae et sex publicorum)	73~70	사장들(magistri)	방목세와 6곳의 공유재산(sex publica)
10	소금 사원들[salar(ii) soc(ii)]	?	사원들, 용인노예	소금 판매
11	십일세 청부 사원들 중 알렉산드로스[Αλέξανδρος ΚΟΙΝΩΝΩΝ Δεκ[άτης]]	93	사원들, 용인노예	십일세
12	최대 청부 회사들(maximarum societatum)	59	경매수급자(auctor), 사장	
13	방목세의 사원들(socii scripturae)	51	임기연장사장	
14	항구에서의 일들과 아시아의 방목세(operas in portu et scriptura Asiae)	47	임기연장사장들(promagistri)	방목세 관세
15	비티니아 청부 회사(Bithynica societas)	51	사장	
16	방목세 관세 (회사)[(societas) scripturae portus]	51	사장들(magistros)	방목세 관세

이에 따르면 인민, 즉 국가로부터 수급受給한 자가 '만켑스'라는 이름을 듣는 것은 '마누스manus(손)'를 써서 스스로 수급한 주창자auctor임을 표시했기 때문이라는 것이다. 인용문에 "산다(emit)"라는 표현은 국가와의 도급계약으로 위임받은 권리에 대해 그가 돈을 지불하는 관계에 있음을 뜻한다.[12]

---

12 Berger(1953), 'locatio-conductio'. 만켑스가 속주에서 거둔 곡물을 지정된 곳, 이를테면

이와 비슷하게 설명된 자가 '레뎀프토르'인데, 같은 저자의 사전에 다음과 같이 정의되어 있다.

본래 그리고 오래전의 관습에 따르자면 공적公的으로 무언가를 만들거나 공급하기로 계약하고 실행한 후에 마지막으로 대금을 받았던 자들을 일컬었다. 그런데 대금을 받기 위해 도급받는 것은 낡은 것으로 간주되었다. 이제는 그와 달리 무언가를 공급하고 용익할 것을 수급하는 자들이 '레뎀프토르'라고 불리기 때문이다.[13]

이 두 개의 정의로 살펴보면 만켑스는 넓은 의미로 국가로부터 도급계약을 맺는 자 일반을 지칭하는 데 비해, 레뎀프토르는 좁은 의미로 공공 공사나 공급의 도급계약자였으나 나중에 의미가 변해 전자와 같은 의미를 가지게 된 것으로 보인다. 그래서 "만켑스는 청부업자들의 우두머리다"[14]라는 말이 생겨났다. 사실 이런 수급자는 청부 회사를 대변하는 존재였다.

이와 아울러 청부 회사는 '마기스테르'라고 불린 사장이 대표했다. 이들은 수급자와 어떤 관계에 있을까? 페스투스의 사전에 따르면 마기스테르는 일반적으로 단체의 장長이나 권위자를 지칭한다.

따라서 의술의 박사만이 아니라 도시 구역, 회사, 촌락, 조합 및 기병대의 장長도 '마기스테르'로 일컬어진다. 왜냐하면 이 모든 자들은 다른 사람들보다 큰 능력을 가지고 있기 때문이다.[15]

로마로 수송하는 도급을 맡은 경우도 있다(Nicolet, 1999a: 205, n. 35 참조).

13 'redemptores,' 페스투스(Muellero), 270 우.

14 위(僞) 아스코니우스, 'ad Cic. div. in Q. Caeci 33'(pag. 113 Or.).

15 'magistrerare,' 페스투스(Muellero), 126.

이 칭호는 국가의 정무관을 가리키는 용어인 '마기스트라투스magistratus'와 같은 어원에서 출발한다는 점에서 주목된다. 이들은 회사에서 어떠한 역할을 맡았을까? 키케로는 자신의 친구인 푸블리우스 루틸리우스Publius Rutilius를 다음과 같이 소개한다.

특히 지금 최고의 직무를 수행하고 있는 자로 루틸리우스가 있는데, 그는 그 회사에서 '마기스테르'다.[16]

이를 통해 볼 때 루틸리우스는 회사 사장에 해당하는 직책을 맡고 있었음을 알게 된다. 또 키케로는 그나이우스 플랑키우스Cnaeus Plancius를 "최대 규모의 회사들의 주창자(auctor)요, 가장 많은 회사들의 사장(magister)"으로 묘사했다.[17] 이 말에서 알 수 있듯이 회사의 사장은 도급계약의 당사자와 같은 인물이었다. 다음의 기록은 이런 추론을 입증해 준다.

따라서 회사들의 계약이 성사될지 안 될지는 사장에 달려 있다.[18]

그렇다면 사장은 앞에서 설명한 수급자와 동일 인물이라고 보아야 한다. 결국 동일 인물이 회사를 대표할 때는 '사장'으로, 국가를 대신한 도급자인 호구조사관을 상대할 때는 '수급자'로 호칭되었다. 이를 뒷받침하는 것이 "방목세의 사장(magister scripturae)"[19]이라는 표현이다. 곧 방목세의 징수 계약을 수급한 자가 바로 사장이었기 때문이다. 이로 미루어 볼 때 사장의 우선적인 역

---

16 키케로, 『친지서한』, 13.9.2.
17 키케로, 『플랑키우스 변호』, 12.32.
18 『학설휘찬』, 2.14.14, 'Ulpianus IV ad adictum'(Monro trans., 1904: 115).
19 키케로, 『베레스 기소』, 2.3.71.167.

할은 국가와의 도급계약을 성사시키는 수급자의 임무였다. 따라서 이들은 주로 수도인 로마시에 거주하면서 국가의 정무관과 긴밀한 접촉을 유지했을 것이다.

사장은 회사 업무의 전반을 관리하는 자다. 그러므로 이들이 회사의 회계 "장부(tabulae)"를 보관했으며 "후임자(novo magistro)"에게 업무를 인계할 경우에 장부를 반드시 넘겨주었다.[20] 이로 보아 사장의 임기가 정해져 있었고 한 회사는 한 명의 사장이 대표했다고 보인다.[21] 특히 중대 사안에 대해서는 사원총회나 이사회 등을 소집해 회의에 부칠 수 있었다.[22] 그뿐만 아니라 기원전 59년 이후에 이들은 로마에 주재하며 매년 콘술의 감사를 받았다.

공공의 도급계약이 수도인 로마시에서 사장에 의해 이루어졌다면 각 속주에서 이들의 직무를 대행하는 자는 '프로마기스테르'였다.[23] 즉, 이들은 실무를 맡으며, 호칭이 뜻하는 것처럼 청부 회사의 사장을 "대리하는(pro magistro)" 존재였다. 이는 마치 총독이 '프로콘술proconsul'이나 '프로프라이토르propraetor'로 호칭되는 것과 같다고 하겠다. 후자가 국가의 이익을 위해 속주에 대한 전권을 위임받았다면, 전자도 "회사의 이익을 대변하고 활동했다(quod sociorum interesse arbitrabantur)".[24] 시칠리아의 경우 한 청부 회사가 관세와 방목세를 수급했는데 프로마기스테르는 두 명이 있어, 한 사람은 관세를 관리하고 다른 사람은 방목세를 관리했다.[25] 그렇다면 일종의 지사장의 역할을 수행한 것으로 볼 수 있다.

---

20 같은 책, 2.2.74.182.

21 Nicolet(1977: 264)에는 매년 한 명에서 수 명이 선출된 것으로 본다. 아울러 다수의 마기스테르가 회사 경영을 수행한 예도 보인다(de Laet, 1949: 104, n.1).

22 키케로, 『베레스 기소』, 2.2.71.173.

23 키케로, 『아티쿠스 서한』, 11.10.1.

24 키케로, 『베레스 기소』, 2.2.70.169.

25 de Laet(1949: 84, 104).

우선 이들은 속주에서 조세 징수의 실질적인 업무를 수행하기 위해 하급자, 서기, 징수원, 호위대를 거느렸다. 이들의 수효는 수천 명에 이르렀을 것으로 여겨진다.[26] 이 정도의 인원을 보유한 대리들이라면 실제로 총독에 버금가는 사조직을 거느린 셈이다. 이런 규모의 보조자를 거느리는 인물로 사장의 직무를 대리하는 자라면 상당한 실력을 지녔을 것이다.

또한 이들은 로마로부터 위임받은 속주만 징수하는 것이 아니라 속주 안의 개별 도시들과도 조세 징수 도급을 맺을 수 있었던 것으로 보인다.[27] 이처럼 각 도시들의 조세 징수 청부는 로마인들과 계약되는 경우도 있었고, 이런 경우에는 총독의 감독하에 개별적으로 대리들이 계약을 맺었던 것으로 보인다. 더 나아가 이런 관행은 개별 도시나 왕국에 속주민을 담보로 삼아 대부하고,[28] 이들로부터 고리대를 받는 데까지 이르렀다. 물론 이때도 대리들이 전권을 지니고 집행했을 것이다. 아울러 로마와 속주 간에 서류상으로 계정을 설정하고 지불하는 "대체(permutatio)"가 발전하면서 속주 총독에게 직접 국가의 공금을 지불해 주거나,[29] 총독이 즉시 인출하지 않은 경우 장기간 위탁받아 관리하고 일정률의 이자를 지급하는[30] 임무도 대리들에게 위임된 것으로 보인다.

2) 이사회

회사의 주요한 의결 기관으로 인정되었던 데쿠마니라고 불린 이사회가 있었고 이들은 집단적으로 호칭된다는 점이 앞서 언급한 임원들과 다른 점이다. 데쿠마니는 기원전 123년 이후 아시아 속주에서 현물세인 십일세를 도급받은

26　Nicolet(1977: 265).

27　대표적인 인물로 히스포(Hispo)가 있다. 그는 속주의 각 도시와 징수 도급계약을 체결하는 데 유능했다(키케로, 『친지서한』, 13.65.1).

28　Badian(1983: 88, n.29).

29　Nicolet(1977: 242~243).

30　Badian(1983: 77). 이율은 통상 월 1퍼센트였다(김창성 옮김, 2013a: 8 참조).

청부업자를 지칭하는 것으로 이해되었다.[31] 그러나 키케로는 "데쿠마니는 청부업자 중에서 제일인자요 마치 원로원의원과 같다"[32]라고 평가했다. 이 표현에 따르면 회사의 이사회를 구성한 데쿠마니는 단순한 청부업자가 아니라[33] 그들 중에서도 특별한 존재였음을 알게 된다. 따라서 처음에는 단순한 십일세 징수업자로 출발했으나 가진 재력이라든지 능력의 특별함으로 인해 동료들과는 구분되는 중요한 인물로 부상한 것으로 보인다.

폴리비오스가 전해주는 로마 국가가 원로원이 주도해 이끄는 것처럼,[34] 이들이 "청부업자들의 원로원의원처럼(quasi senatores publicanorum)" 비유된 것은 청부 회사의 조직에서 이들이 차지하는 지위에 남다른 점이 있었음을 지시한다.[35] 이들은 원로원과 마찬가지로 사장의 소집 요구에 응해 사장이 결정하기 어려운 문제를 재결해 선포하는 "권한(decreto)"을 지녔다. 키케로의 연설에 따르면[36] 베레스와의 불법적인 거래가 문제가 되자 한 사장은 이사회를 소집해 "사태를 설명하고(rem defert)", 이사들은 문제가 된 회사의 "문서를 없애라(ut eae litterae …… removentur)"는 결정을 해준다. 이로 미루어 볼 때 실무는 사장이나 대리들이 처리했고, 이들은 사장의 최고 자문기관으로 주요 사항에 대해 결정해 준 것으로 보인다. 이는 로마 정부에서 콘술이 정무를 집행하고 원로원이 자문하는 것과 같다.

그런데 데쿠마니decumani는 곡물의 십일세 징수 청부업자decimateurs로 일반적으로 이해되고 있다. 그러나 제롬 카르코피노Jérôme Carcopino에 따르면 이는 오해다. 특히 키케로의 『베레스 기소』 2에 나오는 데쿠마니는 같은 책 2.3에

---

31   Cimma(1981: 76).
32   키케로, 『베레스 기소』, 2.2.71.175.
33   Nicolet(1979: 90).
34   폴리비오스, 6.13 참조.
35   이들에 관해서는 Carcopino(1905: 401); Ivanov(1910: 43); Nicolet(1966: 331~333)를 참조.
36   키케로, 『베레스 기소』, 2.2.71.173.

나오는 데쿠마니와 다른 점을 보여준다. 전자가 앞서 밝힌 대로 청부업자들 중 원로원의원에 비유되는 위상을 가졌다면, 후자는 시칠리아 출신의 여러 신분의 사람들로 구성되었으되 로마의 기사는 한 사람도 없다고 비교 분석하고 있다. 이렇게 된 이유는 기원전 75년 루키우스 옥타비우스와 가이우스 아우렐리우스 코타Gaius Aurelius Cotta가 콘술이었을 때 시칠리아에서 생산된 곡물의 십일세를 로마의 청부업자 회사에 맡기려고 했으나 스테니우스Sthenius라는 시칠리아 청부업자의 반대로 납세자에 대한 보호를 조건으로 세우게 되어 로마의 청부 회사가 참가할 수 없었기 때문이라고 한다.[37] 그러므로 카르코피노는 시칠리아에서 활동한 데쿠마누스decumanus를 보고 로마의 조세 징수 청부 회사의 주요한 임원으로 파악할 것이 아니라고 주장한다. 그러면서 페스투스의 사전의 용례[38]를 들어 데쿠마니가 '크다magna'는 의미에서 나왔음을 보여준다. 애초 이들의 명칭이 확립된 것이 기원전 123년 가이우스 그라쿠스가 '속주 아시아의 조세 징수를 도급하는 법'을 만들고 나서 이들의 규모가 거대해지면서부터다. 이 지역의 조세는 세 가지 곡물에 대한 십일세, 관세, 방목세가 있으나, 이 중에서 맨 먼저 중요한 의미를 가진 것이 곡물에 대한 십일세였다. 이것의 조세 징수 청부자는 애초 단순히 계약자라는 뜻의 만켑스라고 불렸으나,[39] 나중에 세 가지 범주에서 가장 중요한 십일세 담당자를 데쿠마니로

---

37 Carcopino(1905: 423~426).

38 'decumana ova,' 페스투스(Muellero), 71. "십일세의 달걀과 십일세 징수자의 물결이라고 말해지는 것은 그것들이 크기 때문인데, 십 중 하나 달걀이 더 크게 나오고 열 번째 물결이 가장 크다고 이야기된다(dicuntur et decumani fluctus, quia sunt magna, nam et ovum decimum maius nascitur et fluctus decimus fieri maximus dicitur)."

39 Carcopino(1905: 440)에서는 위(僞) 아스코니우스 편집자의 잘못을 언급한다. "만켑스들은 청부업자들의 프린켑스들로서 자신의 이익을 추구하기 위해서 자신의 십일세들을 청부하는 로마인들인데 [데쿠마누스들로 불린다](Mancipes sunt publicanorum principes Romini homines qui quaestus sui causa sui decumas redimunt [decumani appellantur])"에서 "[decumani appellantur]"가 잘못 들어갔다는 것이다(같은 글, n.1 참조).

부르게 된 것이다.[40] 이들은 특히 국가에 대해 계약의 이행을 책임지는 역할이었으므로[41] 사실상 회사의 중역들이었다. 앞서 베레스 총독과 관련된 비리 문서를 없앨 때 소집된 데쿠마니를 십일세 징수자로 파악하는 것은 모순[42]으로 보인다. 그러므로 데쿠마니를 십일세 징수자로 파악하는 것은 잘못이며, 오히려 청부 회사의 이사들administrateurs로 보아야 한다.

3) 용인

청부 회사의 실무를 수행하려면 용인傭人들이 많이 필요했다. 이들은 주로 노예였는데, 이들이 실제로 맡은 임무는 서기, 호위대 등 조세 징수에서 실질적인 분야였다.

> 회사의 노예 …… 그는 장부를 작성해 왔다.[43]
> 그대는 검투사의 수만 제외하고는 …… 누구도 찾을 수 없을 것이다.[44]

이 기사를 통해 보면 장부 작성 임무는 회사에 속한 노예의 손으로 이루어졌다. 아울러 검투사를 주축으로 하는 호위대가 있어 청부 회사의 업무를 보좌했다고 알려진다.[45] 청부 회사에서는 피해방민도 일정한 업무를 수행하고 있었음을 다음의 비문으로 알 수 있다.

40 　같은 글, 436~438쪽.
41 　같은 글, 439쪽.
42 　같은 글, 432쪽.
43 　키케로, 『베레스 기소』, 2. 2. 77. 188.
44 　키케로, 『내 집에 관하여』, 18. 48.
45 　Nicolet(1977: 264); de Laet(1949: 106). 특히 관세의 경우 관세리(portitor)라고 불리는 자들이 있어 필요한 경우 광범위한 조사도 시행했다.

사원들 중에서 마르쿠스 피카리우스에게 　M. PICARIO SOCIOR(UM)

리베(르투스) 누라이우스에게　　　　　　LIB(ERTO) NURAEO[46]

여기에서 보이는 '리베르투스LIB(ERTO)'는 피해방민을 지칭하므로, '누라이
우스NURAEUS'(?)라는 이름의 피해방민이 청부 회사에 있었던 셈이다. 이들은
처음에 노예로 고용되었다가 특전을 받아 해방된 후에도 회사의 용인으로 근
무한 것으로 보인다. 이들은 회사의 지분pars을 부여받았을 가능성이 있다.[47]
　아울러 용인들 중에는 자유인도 있었을 것이다. 유일한 예는 카눌레이우스
Canuleius다. 그에 관해서 다음의 기록이 있다.

최초로 이 사람 카르피나티우스는 그(베레스)와 친구 관계로 그렇게 들어가기
이전에는 그의 불의에 관해 사원들에게 자주 편지를 보냈지요. 그런데 카눌레이
우스는, 그는 시라쿠사이에서 노동을 제공해 왔는데, 관세 없이 시라쿠사이에서
유출된 것들을 말 그대로 절도요 엄청나게 많다고 사원들에게 통지한 적이 있습
니다.[48]

　여기에서 카르피나티우스Carpinatius는 지사장으로 보이며, 그가 보고를 올
리지 않자 카눌레이우스가 직접 보고했다는 것이다. 그는 시라쿠사이Syracusai
에서 관세 징수 업무를 맡았던 것으로 짐작된다.[49] 이런 예가 예외적일 수 있
지만 공화정기에는 가능했을 것으로 보인다.[50]

46　『라틴비문집성』, XI, 6393.

47　이는 카를 잘코브스키(Carl Salkowski)의 견해로 이 지분이 일부 용인들에게 수여될 수 있
　　다고 했다(Cimma, 1981: 90, n. 120 참조).

48　키케로, 『베레스 기소』, 2. 2. 71. 171(de Laet, 1949: 105, n. 4~5).

49　Greenwood(1966: 476).

50　목동들의 고용과 관련해 자유인을 고용해야 한다는 규정이 기원전 167년에 나오는 것으로

4) 투자자

청부 회사의 구성원은 아니지만 회사와 관련이 깊은 자로 참여자particeps(파르티켑스)와 기여자adfinis(아드피니스)가 있다. 참여자는 회사의 사원처럼 회사 지분을 갖지만, 회사 업무에 보증인이 되지는 않는다는 점에서 사원과 구별된다.[51] 기여자로 옮겨지는 '아드피니스'라는 표현은 배우자의 친척을 일컬을 정도[52]로 회사와 밀접히 관계된 인물이었다. 이들은 일정하게 법의 규제를 받았음을 알 수 있다. 우선 "그의 도급계약에 기여자로 참여하지 못한다(ne accederet …… adfinis eius conductionis)"라는 규정이 있는데,[53] 이런 규제를 받는 자는 먼저 계약을 하고 완수하지 않은 자다. 이 규정은 상호 출자의 규제를 목표로 한 것이었다. 이들이 어떤 자인지는 분명하지 않다.[54] 현재까지의 연구에 따르면 이들은 이자를 목적으로 일정한 금액을 회사에 맡긴 자로, 회사는 이들에게 일정의 이자나 이익배당을 주었을 것이다.[55] 필자의 의견으로는 이런 형

보아 자유인의 고용도 가능했을 것으로 파악된다(김창성, 2010: 70). 반면에 이 자유인의 고용은 별로 효과를 거두지 못했을 것으로 보는 견해는 차전환(1990: 57)을 참조.

51 Cimma(1981: 90f.) 참조.

52 Berger(1953: 349).

53 리비우스, 『도시의 건설로부터』, 43.16.2.

54 루트비히 미타이스(Ludwig Mitteis)의 주장에 따르자면 이 기여자는 회사에 일정한 지분을 가지고 참여하나 회사 업무에서는 배제되어 있고 자신의 출자분 외에는 다른 부담이 없는 자다. 그는 이들의 지분이 일종의 '부정기적 저축(Depositum irregulare)'으로 이자를 청구할 수 있는 것이라고 보았다. 어떻게 보면 금융기관의 수신 업무와 같은 것으로 보이는데, 이는 청부 회사가 자체의 대체 제도를 발달시키면서 자연스럽게 은행과 같은 역할을 수행하게 되었음을 지시한다(Cimma, 1981: 94~95 참조). 로스토프체프는 이런 제도가 공화정 후기에 대규모 투기를 낳게 한 원인으로 본다(Rostowtzew, 1902: 372). 한편 이들은 회사 입장에서 보면 회사의 책임을 나누는 자들이 아니고 이들로부터 얻는 자금은 결국 회사의 부채로 남는 것이었으므로, 이들의 기여액은 회사의 출납 장부에 상세히 기록되었다(Nicolet, 1977: 265).

55 더 나아가 키케로의 『바티니우스 반론』(12.29)에서 "당시에 가장 고가의 지분들을(partes illo tempore carissimae) 당신은 일부는 카이사르에게서 일부는 청부업자들에게서 훔쳐

태로 회사에 참여하는 것을 막은 이유가 과도한 부채로 정부 회사의 운영이
부실해지는 것을 막으려는 의도였다고 본다. 그러나 다른 면으로 생각하면 그
런 규정은 무자격자를 제외하면 일반 시민은 여기에 자유로이 참여할 수 있었
음을 뜻하는 것이기도 하다. 이런 활동에는 원로원의원이 참여해도 사원과는
달리 회사 운영에 직접 간여하는 형태가 아니므로 기원전 218년에 평민회의
결의로 제정된, 원로원의원을 공공의 도급계약에서 배제한 클라우디우스법[56]
에 저촉되지 않았다. 이렇게 본다면 이들은 엄격히 말해 회사의 성원이 아니
라 일종의 투자 고객이었을 것으로 판단된다.

4. 사원의 성격

회사의 사원이 모두 모이는 총회가 있다. 이들은 일반적으로 '동료'를 의미
하는 '소키'라고 불린다. 앞서 폴리비오스의 설명에서 나오는 표현인 "동료가
된다(κοινωνοῦσι)"[57]라는 것은 이런 뜻을 분명히 한 것이다. 이들은 법률적으
로는 회사에 대해 일정한 기금이나 용역을 제공함으로써 회사의 성원으로 참
여하는 자들이다.[58] 동료들은 평민으로 비교된다.[59] 이들은 일반적으로 특별
한 조건을 미리 정하지 않은 한 동등한 권리를 누리고 이익과 손실을 같이 나
누는 성원이었다. 사원이 되는 이들은 어떤 자들이었을까? 리비우스에 따르
면 기원전 167년에 호구조사관들이 다음과 같은 규정을 포고하면서 기사 신

지 않았나요?"에 근거해 일종의 주식시장이 존재하고 이에 입각한 주가 변동을 지시하는
것으로 해석하기도 한다(Malmendier, 2005: 38). 이에 대해 그런 것은 사료에 관한 오해
에서 비롯한다고 보는 주장도 있다(Dufour, 2011: 358, 361, 378 참조).

56 Cimma(1981: 93, n.128). 이처럼 공공 도급계약에서 원로원의원을 배제함으로써 별다른
    법적 조건이 없어도 기사 신분과 원로원의원이 구분된다(Nicolet, 2000a: 308).

57 폴리비오스, 6. 17. 4.

58 Berger(1953: 708).

59 Nicolet(1977: 264).

분의 분노를 자아냈다.

> 풀비우스와 포스트미우스가 호구조사관이었을 때 국가의 농지세나 그 밖의 조
> 세를 경쟁입찰에서 도급받은 자는 계약의 '동료'나 '기여자'로서 이 계약에 참여
> 하지 않도록 한다.[60]

이 조항은 도급을 받은 자로서 그것이 만료되기 전에 새로운 계약에 참여
해 계약의 이행이 부실화되는 것을 막으려는 조치였다고 생각된다. 그런데 여
기서 주목되는 것은 이 규정이 있기 전에는 관행적으로 수급자受給者가 다른
수급자의 동료가 될 수 있었다는 점이다. 이렇게 보면 회사의 사원은 단순한
소액 투자자가 아니라 상당한 영향력을 가진 자로 회사의 사장과 사실상 동일
한 수준의 능력을 가진 자였다고 여겨진다. 말 그대로 동료인 셈이다.

이러한 동료가 하는 일은 무엇인가? 국가와 도급계약을 맺기 위해 반드시
필요한 것이 보증인praes이다. 보증인에 대해 페스투스의 사전은 다음과 같은
설명한다.

> 보증인은 인민에게 의무를 지는 자로서, 가까이에 있어 정무관이 찾을 때 '가까
> 이 있소'라고 대답하는 자다.[61]

여기에서 "가까이 있다(praes)"라는 말이 전용되어 도급계약의 보증인을 뜻
하는 말로 사용되었음을 알 수 있다. 이들은 정무관의 요구에 즉시 응해야 했

---

60 리비우스, 『도시의 건설로부터』, 43. 16. 2.
61 'praes,' 페스투스(Muellero), 223과 바로의 『라틴어론』(6. 74)에 기록된 것도 동일하다.
    "따라서 공적으로 가까이 있어 정무관의 질의를 받으면, 그때부터 그리고 그가 답변할 때,
    '가까이에'라고 말하는 자가 프라이스다(Itaque praes qui a magistratu interrogatus, in
    publicum ut praestet; a quo et cum respondit, dicit ≪praes≫)".

으므로 주로 로마에 거주했을 것이다. 이어서 마르쿠스 바로는 다음과 같은 기록을 남기고 있다.

> 담보물은 보증인처럼 '앞서다'라는 말에서 일컬어졌다. 왜냐하면 공적으로 담보
> 를 제공함으로써 수급자의 신용을 보증하기 때문이다.[62]

여기에서는 담보물의 경우를 들고 있는데 담보물과 보증인은 둘 다 도급계약자의 신용을 보증하기 위한 장치임을 알 수 있다. 이어서 페스투스 사전의 다음 설명은 수급자 자신이 보증인이 될 수도 있음을 보여준다는 점에서 주목해야 할 부분이다.

> 만켑스 …… 그도 마찬가지로 보증인으로 불린다. 왜냐하면 그를 대신해서 보증
> 인이 된 자처럼 자신이 약속한 것을 인민에게 제시해야 하기 때문이다.[63]

이 정의에 따르면 담보물을 제시하는 자가 보증인이며 아울러 수급인과 보증인은 동일 인물이 될 수도 있다. 후자의 경우는 계약 규모가 작다거나 중요성이 덜한 경우라고 생각된다. 이렇게 본다면 회사의 대표인 수급자는 물론이고, 계약에 대한 보증인으로 제시된 사람도, 또 그에 대한 재산을 공탁한 사람도 동일한 계약자로 취급받았음을 확인하게 된다. 이렇게 본다면 이들은 신용에 입각한 공동체라고 부를 만한 것을 형성했다. 이것은 회사의 규모가 커짐에 따라 필연적인 결과라고 하겠다. 필자는 이러한 보증인도 회사의 사원으로 간주하고자 한다. 즉, 이들은 연대보증해 회사의 운영에 책임을 지며 이들이 국가에 의해 등록되어 있었기 때문이다.[64] 점점 이런 현상이 일반화되고 도급

---

62   바로, 『라틴어론』, 5. 40.
63   'manceps,' 페스투스(Muellero), 151.

액수가 거대해지면서 여러 사람의 공동 책임이 필요하게 되었고,[65] 결국 이사들이 동료로서 사원총회를 형성하거나 이사회의 일원이 되었을 것이다. 이처럼 애초에 청부 회사는 상호 보증을 토대로 하는 인적 결합체였다는 점에서 오늘날의 주식회사와는 성질을 달리한다.[66]

이제까지 검토된 직책들은 어느 특정한 자가 독점하는 것이 아니라 교체가 허용되었고,[67] 각 임무에 따라 이름을 달리했을 뿐이라는 점을 확인할 수 있다. 필자는 이들 모두가 동료socius로서 회사를 구성해 상호간에 평등한 권리를 지니고 있었으며, 일반적으로 조세 징수 청부업자라고 칭해지는 자들이 이에 속한 것으로 본다.

청부 회사의 주요 안건은 이들로 구성되는 사원총회가 의결할 수 있었다.[68] 그 의결은 이사회 의결보다 상위의 결정권을 지니고 있었다. 왜냐하면 앞에서 제시한 사례에서 이사회를 소집한 것은 "사원의 대다수가 멀리 떨어져 있었기 때문에(Itaque ille multitudine sociorum remota)" 부득이한 조치였다고 하기 때문이다.[69] 아울러 이들에게 사장은 정기적으로 "서신을 보내(ad socios litteras ······ miserat)"[70] 회사의 상태를 보고했다. 이렇게 본다면 사원총회는 로마의 트리부스 평민회가 입법기관의 기능을 가지고 최종적인 결정권을 행사한 것처럼 회사의 가장 중요한 안건에 대해 최종적인 의결기관으로서 기능했다. 그

---

64   Cimma(1981: 69).

65   같은 책, 59쪽.

66   Trapenard(1908: 47, n. 1); Nicolet(1977: 265).

67   그뿐만 아니라 회사의 사원은 계속 교대되지만 회사는 그대로 지속된 것으로 보인다. 특히 새로운 도급계약에 참여하는 사원들이 있었다(Nicolet, 2000c: 307).

68   "모든 회사들이 ······ 포고들을 행했다(Omnes societates ······ decreta fecerunt)"(키케로, 『내 집에 관하여』, 18.74); "사원들의 포고에 따라서(decreto sociorum)"(키케로, 『베레스 기소』, 2.2.71.177).

69   키케로, 『베레스 기소』, 2.2.71.173.

70   같은 책, 2.2.71.171.

렇다면 청부 회사의 사장은 이 사원총회를 통해 선출되었으리라고 추측된다.

클로드 니콜레에 따르면[71] 가이우스 그라쿠스의 속주 아시아법Lex de Asia 에 따라 이 사원들의 성격에 중요한 변화가 생겼다. 그는 다음과 같이 말한다.

> 이런 유형의 회사에 참여하는 사원으로 인정받을 수 있기 위해 최소한의 센서스 자격(그것이 의미하는 순박함과 위엄을 모두 고려하면 기사의 재산이거나 마찬 가지로 로마 기사의 직함임)을 강요했음에 틀림없는 것이 바로 이 법이라고 나 는 생각한다.

이런 자격 제한은 수급에 따르는 보증의 문제를 해결하기 위해 마련된 것 으로 해석된다. 각 사원이 최소한의 재산 자격, 즉 적어도 기사 신분의 자격을 갖추어야 한다는 것이 속주 청부 회사의 구성원에게 요구되었던 것이다. 그 결 과 기사 신분은 청부업자와 같은 자격으로 이해되었다. 실제로 두 신분은 같 은 존재였다. 이런 자격 조건의 부여에 따라 '청부업자 신분ordo publicanorum' 이라는 호칭이 키케로 시절에 일반화되었다. 이들은 속주 징수 청부업자 회사 의 사원들이었다.[72] 이렇게 파악해 본다면 '오르도'로 표시되는 로마의 신분제 는 국가의 필요에 따라 형성된, 매우 인위적인 계층 구조의 원리로 마련된 것 이었다.

5. 조세 징수 청부 회사의 위상

여기까지의 자료를 종합해 청부 회사의 이상형의 형태로서 조직도를 그려 보면 〈그림 12-1〉과 같다. 이렇게 편성된 청부 회사는 도급계약 기간이 통

---

71 Nicolet(2000c: 307).

72 같은 글, 308~309쪽.

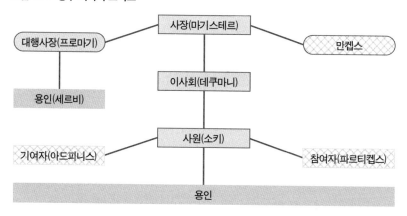

그림 12-1 **청부 회사의 조직도**

상 5년이었으므로 그 기간 동안은 유지되었다고 보인다. 처음에는 회사가 영속적인 것이 아니었으나 이런 일에 전념하는 자들이 별도로 청부업자의 신분을 형성하면서, 그리고 일의 성격이 고도의 전문성을 요구했으므로 계약이 종료된 후에도 청부 회사는 계속 유지되어 활동했다고 보인다. 이러한 경향은 결국 다음의 법률 규정을 만들도록 했다.

심지어 청부 회사는 영구히, 즉 (사원들이) 생존하는 한 결성될 수 있다.[73]

따라서 이런 법규에 따르자면 개별 성원의 간헐적인 교체가 있어도 청부 회사는 부단히 지속될 수 있었다. 이런 회사의 성격은 어떻게 보아야 할까? 이를 오늘날의 법인personalité civile[74]이라고 볼 수 있을까?

---

73 『학설휘찬』, 17. 2. 1, 'pr. Paulus, XXXII ad edictum'(Cimma, 1981: 60, n. 56 참조).

74 이 법인(legal person)의 개념은 현대의 기업(corporation)을 의미하지만, 이 개념은 16세기 이래로 오랜 세월을 통해 정립되었다. 그러므로 이 개념을 로마사에 적용하는 것은 시대착오이기는 하지만, 회사의 성격을 이해하는 데 도움이 된다. 이런 성격을 이루는 것은 세 가지다. 첫째, 회사의 존재가 개인 사원의 이탈에 의해 영향받지 않아야 한다는 것, 둘

니콜레의 연구에 따르면 이 조직은 일반적인 상업 회사société commerciale와 다름없었다. 으레 그렇듯이 로마의 상업 회사도 근대적인 법인, 즉 구성원 개인과 무관하게 고유한 법적 존재로서 간주되지는 못했다. 구성원의 가산을 담보로 책임을 지는 것이 일반적이며 특히 구성원의 죽음은 이런 회사의 해체를 가져왔다. 이런 불안정성 때문에 로마 경제나 재정의 비약은 불가능했다. 그렇지만 국가의 입장에서 청부업자 회사의 존재와 유지는 중요한 것으로 간주될 수밖에 없었다. 자연히 법인격을 부여하는 것을 생각하게 되었다. 법인은 구성원 공동의 채권과 채무가 인정되었으며, 이는 개인의 가산과 구별되어 법인의 독자적인 존재를 입증하는 것이다.[75] 그러나 이런 단체는 엄격한 조건하에서 인정된 것으로 법에 기록된다.

> (회사도 조합도) 이런 유형의 단체도 가지는 것이 아무 데나 허용되지는 않는다. 왜냐하면 법에 의해서도 원로원 의결들에 의해서도 황제의 명령에 의해서도 그런 것이 강요되지는 않기 때문이다. 단지 약간의 사례에서 이런 유형의 단체들이 허용되고 있다. 그래서 여기에 공공 벡티갈의 사원들socii에게는 단체를 가지는 것이 허용되어 있는데, 은광이나 금광이나 염전의 사원들에게도 그러하다.[76]

니콜레에 따르면 가이우스는 여기에서 오로지 회사들의 일부에 대해서만 법인을 가지는 것을 허용했음을 보여준다. 그러나 문제는 이 지시가 공화정기에도 해당되는지다. 불행하게도 선행 연구자들은 이를 부정하거나 혹은 동조해도 증거가 없다고 본다.[77] 그러나 그에 대한 반대 의견으로 타키투스의 『연

째, 지정된 사원이 회사를 대표하되, 그에 따른 권리와 의무는 자신이 짊어지지 않는다는 것, 셋째, 자본 투자에는 관리 참여가 부수되지 않으며 투자자의 책임이 제한된다는 것이다(Malmendier, 2005: 31, 39).

75 Nicolet(2000c: 299).

76 Gaius, libro tertio ad edictum provinciale = 『학설휘찬』, 3.4.1.

대기』를 제시한다.

바로 그해에 인민의 극심한 소요들이 있었고 여기에서 청부업자들이 과도함을 드러냈으므로, 네로는 벡티갈들vectigalia 모두를 제거하도록 명령을 내리면 그것이 죽을 인간에게 가장 아름다운 선물을 주는 것이 아닐까 하고 생각했다. 그러나 처음에 원로들은 정신의 위대함을 높이 찬양하고 난 후에 국가가 먹고 사는 과실이 줄어들게 되면 제국이 해체된다는 점을 가르치면서 그의 충동을 약화시켰다. "참으로 관세portoria가 제거되면 이어서 직접재산세(트리부툼)의 폐지가 요구될 것입니다. 그리고 대부분의 벡티갈 징수 회사들은 콘술들에 의해 또 호민관들에 의해 로마 인민의 자유가 최고일 때도 인가되었습니다. 나머지 회사들은 임시변통으로 마련되었는데 이는 수입의 계산과 수요의 필요가 서로 일치하도록 하기 위한 것이지요. 그렇게 오랜 세월 불평 없이 감내해 온 (벡티갈을) 새로운 착취로 인해 증오로 바꾸지 않도록 청부업자들의 탐욕들은 명백히 제한되어야만 할 것입니다."[78]

여기에서 '인가認可'는 '콘스티투타스constitutas'를 번역한 것이다. 앞에서 가이우스가 "그래서 여기에 공공 벡티갈 징수 청부 사원들socii에게는 단체를 가지는 것이 허용되어 있는데, 은광이나 금광이나 염전의 사원들에게도 그러하다"라고 한 것과 같은 맥락에서 말하고 있는 것이다. 이 문장에서 중요한 것은 바로 이런 단체의 허용이 공화정기에 이루어졌다는 점이다. 특히 "로마 인민

---

77 Nicolet(2000c: 304)에 따르면 Eliachévitch(1942)는 공화정기를 부정적으로 보고 있으며, 바다안은 큰 회사들이 법인격을 가지고 있다고 믿지만 증거는 없는 것으로 보고 있음을 지적한다.

78 타키투스, 『연대기』, 13.50. 네로 황제의 이 명령에 따라 모든 조세 징수 관련 규정이 공포되었는데, 이것을 입증하는 비문이 'Monumentum Ephesenum'이다. 최근에는 '속주 아시아 관세법'으로 표기한다.

의 자유가 최고일 때도"라고 지시하는 것은 민중의 소요에 대비해 한 말이지만, 특히 그라쿠스 형제의 시기를 전후한 때를 지시한다. 그러므로 여기에서 지시된 호민관 입법은 그라쿠스의 법이고, 원로원 의결은 기원전 78년 시칠리아의 광산에 부과된 십일세 도급을 콘술에게 위임하는 것으로 니콜레는 해석한다.[79] 타키투스의 이 기록을 신뢰한다면 적어도 기원전 123년 전후에 이미 조세 징수 청부업자의 회사를 특별하게 취급해 왔음을 확인할 수 있다. 여기에서 주목되는 것은 '인가하다constituere'[80]라는 단어다. 이처럼 '인가하다'가 사용된 예는 다음의 경우도 찾아볼 수 있다.

> 심판들이여, 시칠리아와 나머지 속주들 사이에는 벡티갈이 부여된 농지의 회계에서 이런 차이가 있습니다. 즉, 다른 곳들에는 마치 히스파니아와 대부분의 포이니 사람들의 경우 마치 승리의 보상과 전쟁 도발의 형벌처럼 스티펜디아리움 stipendiarium이라고 불리는 정액의 벡티갈이 부과되었거나 혹은 호구조사관에 의한 도급(censoria locatio)이 아시아 속주에 관한 셈프로니우스의 법처럼(ut Asiae lege Sempronia) 인가되었습니다(constituta est). 우리는 시칠리아의 도시들을 우정과 신의 속으로 그렇게 받아들였으므로 전에 그랬던 것처럼 같은 법을 지니고 전에 자신들의 조건에 복종했던 것과 같은 조건으로 로마 인민에 복종하게 되었던 것이지요.[81]

이 자료에서 우리는 로마의 속주에 대한 조세가 세 가지로 나뉨을 알 수 있

---

79   Nicolet(2000c: 306).
80   이 말의 의미는 "법적인 사정, 관계나 강제적인 구속(예속, 의무, 지참금 등)을 만들어내는 것(to create a legal situation, relation or an obligatory binding[servitutem, obligationem, dotem])"이다(Berger, 1953: 409). 또한 "어떤 사람을 고정된 장소에 고정한다(fixer qnn à un endroit déterminé)"라는 의미도 지닌다.
81   키케로, 『베레스 기소』, 2.3.6.

다. 첫째, 시칠리아처럼 로마와 우호 관계를 맺고 있어 기존의 관행이 인정된 곳, 둘째, 스티펜디아리움이라는 정액 속주세가 부과된 곳, 셋째, 호구조사관의 입찰에 의해 도급을 받은 곳이 그것이다. 마지막의 경우 셈프로니우스법, 즉 가이우스 그라쿠스의 아시아 속주 관련 법들에서처럼 특별한 단체의 수립이 법적으로 인정된, 다시 말해 법인法人의 성격을 받은 것이다. 이렇게 한 것은 국가의 수지 균형을 맞추기 위해서라는 현실적인 이유가 있었다. 사실 니콜레의 이 논의를 따른다면, 적어도 공화정 후기에 조세 징수 청부 회사가 법인이었다는 주장은 받아들여도 좋을 것이다.

이러한 주장을 입증하는 자료가 1976년 에페소스에서 발견된 '속주 아시아 관세법Lex portorii Asiae'의 내용이다.[82] 많은 내용에 불확실한 점이 있어 논란의 여지는 있지만 기원전 7년의 콘술인 네로와 크나이우스 칼푸르니우스 피소Cnaeus Calpurnius Piso가 다음과 같이 선포했다.

109~110행 티베리우스 클라우디우스 네로 두 번째 콘술과 크나이우스 칼푸르니우스 피소 콘술은 20일 이내에 수급자가 교체될 수 있음을 부가했다.[83]

이 비문에서 콘술들은 "20일 이내에(ἐν ἡμέραις εἴκοσι ταῖς ἔγγιστα) 수급자(τὸν αὐθένυη[ν)가 [교체될 수 있다]"라고 규정하고 있다. 이는 청부업자들이 자신들의 회사 대표를 교체할 수 있는 권한을 가졌다는 단서다. 그러므로 회사는 대표의 교체가 있더라도 지속되었다. 그리고 이어서 기원후 5년부터는 해마다 교체가 가능했을 것이다.[84]

---

82   이 법에 관한 연구 모음으로는 Cottier et al. (2009)(김창성 옮김, 2015)가 있다.

83   "Τι]βέριος Κλαύδιος Νέρων τὸ Β, Λεύκιος Καλπούρνιος Πείσων ὕπατοι προσέθυκαν ἐν ἡμέραις εἴκοσι ταῖς ἔγγιστα τὸν αὐθένυη[ν ἀλλάξαι ἔξεσται." 이는 Engelmann und Knibbe ed. (1989: 152)의 판독과 해석에 따른 것이다. 단, Cottier et al. (2008: 70f.)에 따라 루키우스는 크나이우스(Cnaeus)로 고쳐 읽는다.

이처럼 조세 청부 회사의 경우 사원의 이동에도 불구하고 예외적으로 지속될 수 있었는데 이는 그만큼 그 회사의 성격과 중요성을 반영한 것이다. 그러므로 공화정기 청부 회사의 전성기에는 이런 법인의 요건과 자격이 만들어지기에 이르렀다.

6. 결어

청부 회사가 국가의 직제와 유사한 구조를 지니며 실질적으로 공무를 대행했기에 국가 내의 국가로서 위상을 보이며 로마 속주 통치의 근간을 이루었다. 이런 면을 고려해야 기사 신분의 위상 변화를 이해할 수 있다. 특별히 회사의 구성원인 사원이 동업자로 참여했으나 국가는 이들에게도 일정한 자격을 요구함으로써 이들도 기사 신분과 동일하게 간주되었다.

공화정 말기와 제정 초기에 보인 이러한 대규모 청부 회사는 이후 사라졌는데, 기원후 2~3세기에도 청부업자라는 명칭이 나오지만 다른 의미일 것이다.[85] 이처럼 회사의 조직은 없어졌어도 그 원리는 역사 속에 계승되었다. 실제로 서유럽에서 프랑스혁명 전까지 조세 징수는 이런 식의 조직을 통해 청부되었다.[86] 그렇게 된 것은 그 자체에 효율성이 있어서다. 특히 방대한 관료 조

---

84 Malmendier(2005: 37); 『학설휘찬』, 17. 2. 65. 15. "…… 마치 회사들이 벡티갈 징수를 위해 그리고 여러 계약으로 인해 결성되었을 때 회사에서 철수하는 것이 허용되지도 않고 중간에 다른 곳으로 옮기는 것이 보고되지 않는 것처럼."

85 Nicolet(2000c: 298).

86 프랑스의 조세와 청부업자에 관해서는 김수행 옮김(1993: 396~399)을 참조. 애덤 스미스(Adam Smith)는 청부업자를 비판하고 나아가 조세사 연구자들은 이것이 프랑스혁명의 시발점이 되었다고 그 부정적인 측면만을 지적한다. 그러나 관료나 통신 체제가 미흡하고 국가의 공권력이 미치지 못하는 상황에서 인류 역사에서 최선의 대안은 이런 조세 징수 청부업자 회사일 것이다. 한국사에서도 신라 시대에 청부업자의 존재가 확인된다(서의식, 2010: 521 참조).

직을 운영하지 않고 징수의 신속성이 보장된다는 점에서 이런 청부 회사는 근대 이전에 합리적인 조직으로서 국가의 운영에 기여했다. 이 청부 회사 또한 서양 사회에 미친 로마의 유산으로 보아도 좋을 것이다.[87]

---

87 현대 법인 회사나 지주회사의 기원도 로마의 조세 징수 청부 회사에서 비롯한 것으로 보기도 한다(Malmendier, 2005: 39 참조). 이는 키케로의 『친지서한』(13.9.2)의 "나머지 다른 회사들로 구성된다(constat ex ceteris societatibus)"에서 근거한다. 이 회사는 비티니아 회사로 그러한 구성적인 특성 말고도 사람들의 종류에서 '국가의 가장 큰 부분(pars maxima civitatis)'으로 평가된다. 이처럼 청부 회사들이 모여 하나의 그룹 회사, 재벌을 만들었다고 보는 견해는 일찍이 Laurent-Vibert(1908)가 제시했으나 사료에 대한 오역과 회사의 성격을 오해한 것에서 비롯했다고 비판받는다(Nicolet, 2000a: 371).

제13장

프린키파투스 시기 재정감독관과 청부업자의 관계
로스토프체프의 유형론을 중심으로[*]

1. 서언 ┃ 2. '속주 아시아 관세법'에 나타난 변화 ┃ 3. 재정감독관의 존재와 활동
4. 조세 징수 청부업자의 명칭과 개념 변화 ┃ 5. 결어

1. 서언

1976년 튀르키예의 에페소스에서 발견된 '속주 아시아 관세법'은 중요한 법임에도 불구하고, 판독이나 해석에 관한 의견의 합의를 보지 못해[1] 그것에 근거한 새로운 연구가 크게 진전되지 못했다. 이 장은 이 비문의 내용 중에서 확인되는 청부업자와 재정감독관procurator(프로쿠라토르)에 관한 조문을 분석하고, 조세 징수 청부업자의 활동을 공화정의 '역병Hauptplage'[2]으로 여겼던 로마

---

* 이 글은 《서양고대사연구》, 제65집(2022. 12)에 게재된 바 있다.

1 '속주 아시아 관세법'의 비문 해독이 어려울 뿐 아니라 쉽게 합의하기 어려웠다는 점에 관해서는 Cottier et al. ed. (2008)의 서문(특히 10, 12쪽)을 참조. 이보다 먼저 간행된 편집본이 Engelmann und Knibbe ed. (1989)이다. 아울러 Nör(2013: 72~126)를 참조.

2 이는 로스토프체프의 표현이다. Rostowzew(1902: 329~512)에서 407쪽을 참조. 이 논문은 1899년에 러시아어로 발표되었으며, 에른스트 코르네만(Ernst Kornemann)이 독일어로 번역해 게재했다. 일반적으로 로스토프체프의 이름은 'Rostovtzeff'로 표기되지만, 이 책에서는 이 논문에 실린 철자로 표기한다. 청부(請負)는 일반적인 용어이며 도급(都給)은 법적인 용어다. 필자는 일반적인 용어를 사용한다. Neesen(1980: 15)에 따르면 아우구스투스 이래 제정 초기의 황제들은 재정 정책과 관련해 국가 토대를 창출하기 위해 카이사르가 방향을 잡은 정책을 추구했다. 그중에서 속주에 공정한 세제를 확립하기 위해 '조세 징

황제들이 그 질병을 고치기 위해 취한 정책과 이로 인해 조세 징수 청부업이 점차 국영화되어 가는 변화상을 그려보고자 한다. 로마 황제들은 기사 신분의 꽃이며 청부업자를 대변하는 푸블리카니를 통제하고자 했다. 그러나 제정 초기 정부는 이들이 가진 조세 징수의 경험과 자산을 그대로 인수할 형편이 되지 못해 점진적으로 조세 징수에 대해 통제를 가한다. 우선 공화정기부터 이어져 온 구舊조세는 그대로 두되 신新조세, 이를테면 기원후 6년에 신설된 5퍼센트 상속세는 기존의 푸블리카니가 징수하지 않는다.[3] 이어서 더 적극적인 감시의 필요로 따라 재정감독관 직책이 신설된다. 이 과정을 '속주 아시아 관세법'에서 확인하고, 제정 전기에 이런 조세 징수 청부에 대한 점진적인 통제 강화와 청부업자의 위상 변화를 추적하는 것이 이 장의 목표다.

2. '속주 아시아 관세법'에 나타난 변화

'속주 아시아 관세법'[4]에는 기원전 123년 법부터 기원후 62년까지 제정된 관

수 청부의 격퇴(Zuruckdrängen der Steuerpacht)'와 속주 총독들에 대한 통제가 긴요한 것으로 파악된다. 공화정 말기에 속주 총독에 관한 통제의 필요성과 원로원의 조치에 관해서는 김덕수(2013: 304~205)를 참조.

3   Rostowzew(1902: 408)에 따르면 이 상속세는 공공재(publicum)가 아니라서 푸블리카니가 아니라 벡티갈 징수 가솔(familia vectigalis)이 담당하고, 특수한 금고로 귀속된다. 이에 관해서는 반론이 있음을 알 필요가 있다. 침마는 적어도 기원후 2세기 중엽까지는 상속세 징수가 푸블리카니 회사를 통해 이루어졌고 이 벡티갈 징수 가솔은 푸블리카니를 지시한다고 본다(Cimma, 1981: 141f.). 이런 주장은 청부업자 회사를 없애는 것이 단시간에 가능하지 않았음을 반증한다. 따라서 점진적인 과정을 염두에 둘 필요가 있다(Rostowzew, 1902: 390). 조세 징수 청부업자 신분인 푸블리카니에 대한 통제는 이미 카이사르 시기부터 시작했다(Cimma, 1981: 103). 이에 관해서는 Badian(1983: 117f.)을 참조. 바디안은 푸블리카니가 근본적으로 약자였으며 과두정의 산물임을 강조한다.

4   비문의 사진과 그 판독 및 해석은 김창성(2015a: 93~133)을 참조. 필자는 Cottier et al. ed. (2009)의 영문 번역과 라틴어 번역을 따른다. 이하에서 이 책을 '속주 아시아 관세법'이라고 표기한다.

세법 조문의 개정 내용이 연대별로 나타나 있어 특이하게도 관세 징수 청부 제도의 변화상을 보여준다. 이를 통해 단편적 자료로 추정되어 왔던 관세 징수 청부에 관한 국가의 통제를 기원후 62년까지 이해할 수 있다. 먼저 볼 것은 다음의 비문이다. 비문 내용은 기원전 123년의 것으로 추정된다.

> 에우메네스의 아들 아탈로스 왕이 관세 징수를 위해 가지고 있던 막사와 왕실[관청]과 관련해, 청부업자는 왕이 사용한 것처럼 그것들을 사용할 것이며, [청부업자는] 자신이 넘겨받는 것은 무엇이든지 [다음에 오는] 청부업자에게 혹은 선량의(ἀνδρος ἀγαθοῦ, boni viri) 중재에 따라[5] 넘길 것이다.[6]

이것은 관세 징수와 관련된 세관에 관한 내용이다. 여기에서 청부업자들이 기존의 시설, 특히 아탈로스Attalos 왕[7]이 운영하던 세관을 활용할 수 있도록 하고 있다. 이 조치에서 청부업자들 간에 시설의 인수인계를 "선량의 중재에 따라" 행하는 것을 볼 수 있다. 세관이 국가 재산이므로 이를 이용하게 한 것은 일종의 특혜로 보인다. 이와 관련해 다음의 규정도 눈에 띈다.

> 어떤 막사든 미리 지어진 것이 있다면, [사람들은 그것을 사용할 것이다. 그러나

---

5   "양식(良識)에 따라"라고 볼 수도 있다. 정식 재판이 아니라 당사자들이 선정한 중재자(boni viri, arbiter)가 행하는 중재 결정은 로마법에서 정식 재판에 버금가는 것으로 간주된다. 이 중재 결정에 관해서는 Milotići(2013)를 참조. 이런 중재 결정의 장점으로는 소송 당사자 자신이 이해하는 언어로 분쟁을 해결받을 수 있다는 점(para. 9)을 들 수 있는데, 로마의 지배 하에 있는 그리스어 사용 지역에서 널리 사용되었다는 증거가 있다. 이런 점에 따라 판결은 구두로 이루어지고(para. 12), 특히 공공에 알리지 않고 비밀을 유지한 채(para. 11) 일을 신속하게 마무리하는 장점이 있다. 이 장에서 다루어지는 에페소스의 경우 중재에 따른 결정이 이런 점에서 이루어졌을 것이다.

6   '속주 아시아 관세법', §28~30, l. 67~72(기원전 123년).

7   아탈로스 3세의 로마 유증에 관해서는 허승일(1995a: 220)을 참조.

새로운 것을 짓는다면, 사람들은 100발자국보다 가까운 벽 안에 짓게 해서도 안 되고 각 경비소와 관련해서는 이 경비소들 간격이 80스타디온[8]이라면 [사람들이 …… 보다 더 짓게 해서는 안 된다.[9]

이때 새로운 시설을 건립하는 경우 일정한 거리라는 제한이 있을 뿐이다. 이 특혜와 더불어 기원전 17년에 관련된 행에서 다음과 같은 규정이 보인다.

같은 사람들이 [추가했다.] 인민에게서 관세 징수를 위한 청부 계약을 받은 청부업자(δημοσιώνης)는 그 징수 업무를 받아들인 해가 언제든지 그해 다음 10월 15일에 [국고에서] (자신의 의무를) 이행할 의무가 있으며 마찬가지로 다음부터 해마다 10월 15일에 그렇게 해야 한다.[10]

같은 사람들이 추가했다. [관세] 징수 계약을 수급한 청부업자는 콘술 가이우스 푸르니우스와 가이우스 실라누스의 재결 또는 국고 관리 [책임을 맡은] 법무관의 재결에 따라 재산과 농장을 공적으로 담보 설정해야 한다. 그 일을 하기 위해 지정된 날은 다음 1월 13일이다.[11]

첫 번째 내용에서는 청부업자가 그리스어 "데모시오네스(δημοσιώνης)"[12]로

---

8   1스타디온(στάδιον)은 약 190미터다.
9   '속주 아시아 관세법', §14, l. 36~38.
10 '같은 글', §42, l. 99~101(기원전 17년).
11 '같은 글', §43, l. 101~103(기원전 17년).
12 니콜레는 '속주 아시아 관세법' 연구에서 가장 중요한 위치를 차지한다. Cottier et al. ed. (2008)의 저자들은 헌정자를 니콜레로 하고 있으며, 로마 공화정과 제정 초기 재정사를 포괄하는 논집이 2000년에 간행되었다[Claude Nicolet, *Censeur et publicains: Économie et fiscalité dans la Rome antique*(Paris, 2000)]. 여기에는 '속주 아시아 관세법'과 관련해 두 편의 논고가 있다. 니콜레는 데모시오네스의 관련 용어인 데모시오니아(δημοσιωνία)

확인되고 있다. 이 단어는 '푸블리카누스publicanus'의 번역이다. 여기에서 징세 개시일을 규정하고 있어 구체적으로 더 통제하고 있음을 보여준다. 두 번째 내용에서는 법무관이 청부 계약에 대한 보증 담보를 설정하도록 하고 있어, 청부업자의 재산에 대한 통제가 가해졌음을 알 수 있다.

이어서 기원전 7년에는 다음과 같이 규정된다.

> 관세 징수 계약을 수급한 [그] 청부업자는 [두 번 콘술을 지낸] 티베리우스 클라우디우스 [네로]와 콘술 [그나이우스] 칼푸르니우스 피소의 재결에 따라 또는 국고의 책임자들의 재결에 따라 [1년간] 징수 청부하는 액수의 다섯 배에 이르는 재산과 농장을 인민에게 담보로 제공해야만 한다. 그리고 그는 다음 1월 13일부터 계속해서 5년간 징세한다. 나머지는 해마다 같은 법에 따라 이루어진다.[13]

여기에는 5년간 국가 납부액에 대한 청부업자의 담보 규정이 보인다. 사실 쟁점은 5년의 총액을 일시에 납부하는지 아니면 매년 납부하는지인데, 기원전 61년에 일정한 연부금年賦金으로 변경되었다고 본다면[14] 이 담보는 세금 납입이 이루어지지 않는 경우를 대비한 조처로 파악된다.

여기까지의 '속주 아시아 관세법'의 내용은 어떤 의미가 있을까? 미하일 로스토프체프Michael Rostowzew는 조세 징수 청부의 유형을 폴리스형과 헬레니즘 왕국형으로 나눈다.[15] 폴리스형은 기원전 5세기 아테네의 조세 징수 청부[16]

가 공공재보다는 '청부한다'는 뜻을 지닌 'conductio'나 'redemptio'와 가까우며, 맥락 속에서는 청부된 공공재의 성격을 지시한다고 보았다(Nicolet, 2000d: 349).

13 '속주 아시아 관세법', §47, l. 110~112(기원전 7년).

14 김창성(2013: 152).

15 Rostowzew(1902: 333~336). 필자는 과문해 이 유형론을 '속주 아시아 관세법'에 적용한 예는 보지 못했다. 하지만 이 책을 읽는 독자들은 로스토프체프의 유형론이 아직도 유효한지 의문을 가질 것이다. 이 유형론은 로마 제국이 헬레니즘 왕국들의 유형과 같아짐을 보여줌으로써 그만큼 전자의 발전에 후자의 영향이 컸음을 전제한다. 게다가 아마도 유목민

의 경우다. 이 경우 청부는 완전히 자유이고 개인영업이며, 그런 조건으로 국가와 맺는 계약에 따른 영업 형태다. 다만 징수를 보장하기 위해 담보를 설정하고, 이행하지 못했을 때는 '불명예자ᾰτιμος'로 간주되며, 협의회는 그를 감금할 권리를 지닌다. 따라서 징수액만 확보된다면 그 징세 조직의 내부에 간여하지 않는 것이 폴리스형이다. 이런 점을 고려하면 기원전 17년과 7년에 가해지는 조건들은 징수를 확보하기 위한 조치이지, 조세 징수 청부업자의 활동에 대한 간섭이나 내부 조직에 대한 통제는 아니다. 따라서 적어도 기원전 7년까지의 관세법은 아시아 속주에서 로마의 관세 징수 청부 제도가 폴리스형에 가까웠음을 보여준다.

기원후 5년의 규정은 달라진 상황을 보여준다.

같은 사람들이 추가했다. 아시아 속주로 새로운 남녀 노예를 수입하거나 남녀를 수출하는 자는 누구든지, 청부업자가 관세 징수를 [위한 막사를] 가지고 있는 곳이면 어디든지 [청부업자나] 그의 [재정감독관] 그리고 세관소에 이름이 명백히 공시된 자와 더불어 (남녀 노예를) 등록해야 하며, 동료 사원의 인장으로 낙인을 찍은 이 노예를 수출하거나 수입해야 한다. 만약 [청부업자도] 재정감독관도 세관소에 없으면, 그는 (노예를) 가장 가까운 도시에서 최고 직책을 가진 자와 더불어 등록해야만 한다.[17]

물론 소괄호 안은 추정이지만, 세관에 남녀 노예를 등록해야 한다는 규정이

세력의 침투를 막고 도시 영역을 넓혔다는 로스토프체프의 독특한 사관에서 볼 때, 두 체제가 같은 역할을 수행했기 때문이라고 볼 수 있을 것이다. 이 점에 관해서는 Momigliano (1966: 94~96)를 참조.

16   아리스토텔레스, 「아테네 정치제도사」, 47. 2~5. 이 자료는 최자영·최혜영 옮김(2002: 95~99)을 참조.

17   '속주 아시아 관세법', §51~52, l. 117~122(기원후 5년).

나온다. 청부업자들은 물론이고 그들의 용인인 노예들에 대한 등록을 명시하는 것은 청부업자 회사 내부의 조직에 대한 통제가 생겼음을 보여주는 단서다.

이런 간섭은 재정감독관의 활동을 명시하는 것으로 점점 고조된다. 기원후 62년에 해당하는 규정이 다음과 같이 나온다.

[폰투스로 수출하려는 의도를 가진 어떤 사람도] 칼케돈Chalcedon시로 항해하기 [전에] 그는 징수자(τελώνηι, portitorem)나 그의 재정감독관에게(ἐπιτρόπωι, procurator) 신고하고 등록해야만 한다. [어떤 사람이 무엇이든지 폰투스로부터 유입하거나 수입하려는] 의사를 가진 경우, 칼케돈시로 항해하기 전에 징수자나 그의 재정감독관에게 신고하고, 그와 더불어 [등록해야] 한다.[18]

이런 지역들을 통해 수입하는 것에 관련된 자는 전에 왕국에 속했든지 자유도시에 속했든지 에트노스에 속했든지 데모스에 속했든지 [각 영토의 경계에 있는 세관에] 신고하고 [등록하되], 징수자나 그의 재정감독관과 함께하지만, 그가 누구든지 수입품이 [그 세관에서] 부당한 사기 행위가 없이 명백하게 제시되어야만 한다.[19]

이 규정에서 주목되는 것은 용어의 변화다. 기원전 17년에는 청부업자가 푸블리카니를 의미하는 '데모시오네스'로 표현되었다면 기원후 62년의 규정에는 징수자가 "텔로네스(τελώνης)"로 표현되고 있다는 점이다. 사실 두 단어는 의미상 대동소이할 수 있으나, 로스토프체프의 견해를 따르면,[20] 푸블리카

---

18 '같은 글', §4, l. 13~15(기원후 62년). Cottier et al. ed. (2009)에서는 'τελώνηι'를 영어로는 'collector'로, 라틴어로는 'portitorem'로 번역했다.

19 '속주 아시아 관세법', §10, l. 26(기원후 62년).

20 Rostowzew(1902: 377).

380 제3부 에퀴테스

누스가 콘둑토르conductor로 변화한 것으로 해석할 수 있다. 이는 개념의 변화를 반영한다고 볼 수 있다.[21] 더욱이 비문 두 군데에서 재정감독관ἐπιτρόπωι(에피트로포스)이 조세 징수 청부업자와 함께 업무를 관장하는 것을 본다. 즉, 이들 청부업자를 감독하는 것이다. 이런 변화는 어떤 의미를 가질까? 로스토프체프의 유형을 따르자면[22] 기원후 62년 조세 징수 청부업자를 감독하는 관리의 파견과 청부업자의 노예를 징수자 내지 관리로 활용하는 것은 바로 헬레니즘 왕국의 청부 유형이라고 해야 한다. 이 유형에서 징수 업무는 청부업자가 아니라 국가에서 파견된 관리가 징수 노예를 통해 실행하며, 청부업자는 단순히 보증인으로 미납액을 벌충하는 기능을 맡는다. 따라서 청부업으로 얻게 된 소득이 청부업자에게 직접 귀속되는 것이 아니라 결산이 끝난 후에 일정한 지분만 보장받을 수 있을 뿐이다.

이런 유형론에 따르면 기원후 62년을 계기로 조세 징수 청부의 유형이 바뀌고 있음을 '속주 아시아 관세법'의 조문이 확실히 보여준다. 로스토프체프가 제시한 유형론에 입각하면, 이것은 단순한 어휘의 변화 이상의 의미를 부여할 수 있는 것으로 판단된다. 따라서 다음에서는 로스토프체프의 견해에 근거해 조세 징수 청부업자를 통제하는 역할을 맡은 재정감독관의 위상과 활동을 살펴본다.

3. 재정감독관의 존재와 활동

아우구스투스가 재정감독관을 신설했다.[23] 이와 관련해 카시우스 디오Cassius

---

21 두 명칭이 공존했던 것은 아탈로스 왕국의 유산이 있었기 때문으로 파악된다. 이 점도 헬레니즘 왕국의 유형이 로마의 청부 제도에 큰 영향을 끼쳤을 가능성을 열어놓는다.

22 Rostowzew(1902: 337f., 384) 참조.

23 이와 관련해 김창성(2016: 403)을 참조. 콜루멜라의 『농촌일』(1.6.3~1.6.8)에 따르면, 프로쿠라토르는 노예 감독인 빌리쿠스를 관리하는 자로 묘사된다. 이들은 한군데 머물지 않

Dio는 다음과 같이 제시한다.

> 황제는 심지어, 기사 신분 출신이든 피해방민 출신이든 재정감독관들ἐπιτρόπους 을 (이들은 공공 세금을 징수하고 자신에게 명해진 비용을 쓰므로 이렇게 불렀 음) 무차별적으로 자신의 관할과 원로원 관할의 모든 속주에 파견했는데, 총독 들이 통치하는 지역에서 총독이 스스로 세금을 징수하지 못하게 한 것이다.[24]

그 의도는 청부업자들의 활동과 바로 연관된, 속주 정무관들의 가렴주구를 막기 위한 것이었다. 그렇지만 구체적으로 재정감독관이 어떤 기능을 수행했 는지는 잘 밝혀지지 않았다.[25]

비문들을 살펴보면 기원후 2세기까지는 '푸블리카니 청부 회사들societates publicanorum'이 존재한다.[26] 그런데 이들은 정치적인 힘을 잃은 채 더 이상 옛 날에 누렸던 자유를 향유하지 못했다. 이는 황제의 재정 개혁에 따른 것인데, 특히 직접세 영역에서 푸블리카니를 배제했을 뿐 아니라 속주 정무관들과의 협잡을 원천 봉쇄함으로써 투기의 가능성이 줄어들어 이익을 얻을 수 없었기 때문이다. 이런 변화를 가져온 주역이 바로 재정감독관이었다. 이들은 황제의 피해방민들이었는데 정무관magistrate과는 아무런 상관이 없었다. 이들은 오히 려 봉급을 받으며 황제에게 책임을 지는 관리층이었다. 물론 이들은 완전히

고 여러 농장을 돌아다니며 감독하는 자로 등장한다. 차전환(2015: 81, 92)에 상세히 제시 되어 있으니 참조. 여기에서는 프로쿠라토르를 '대리인'으로 번역했으며, 저자는 이들이 공 화정기의 농업서에는 나타나지 않고 제정기의 농업서인 콜루멜라의 『농촌일』에 나타남을 지적한다.

24 카시우스 디오, 『로마사』, 53. 15.
25 몸젠은 카시우스 디오의 이 보고에서 황제의 재정감독관이 지닌 권능이 단지 일반적으로 만 설정되어 있다고 보면서도, 실제로는 시칠리아에서 활동한 것을 간과해서는 안 된다고 말하고 있다(Mommsen, 1887b: 1005, n. 1; 1017을 참조).
26 Rostowzew(1902: 381).

황제의 의지에 종속된 1년 임기의 관리로 언제든 면직될 수 있어 오늘날의 공무원처럼 임기나 신분이 보장된 존재는 아니었다. 그럼에도 이들은 속주에서 황제의 대리자로서 이론상이 아니라 사실상 속주의 전체 재정 행정을 통제하는 자들로 자리 잡았다.[27] 한마디로 재정감독관들은 황제의 인신 대리자로 황제의 명령에 따라 속주 주민과 속주 정무관 사이에서 중재 관청[28]이 되었고, 황제 속주는 물론이고 원로원 속주에서도 청부업자들과 속주 정무관 사이의 결탁을 분쇄했다. 마침내 앞에서 '속주 아시아 관세법'을 통해 보았듯이 이 황제의 대리인들은 속주에서 푸블리카니의 경영을 가까이서 관찰할 수 있었으므로 각 속주가 지닌 지불 능력에 관해 점점 더 많은 지식을 가지게 되고, 자연히 속주에서 청부업자들이 누리는 이익은 줄어들었다. 왜냐하면 '속주 아시아 관세법' 26행이 보여주듯이, 청부 시에 청부액과 정해진 벡티갈의 실제 징수액 간의 차액을 이들 재정감독관이 파악할 수 있었기 때문이다. 일차적으로 이런 조세 징수 청부업에 대한 사전 지식을 통해 재정감독관들은 납세자들을 보호할 수 있었을 것이다.

여기에서 더 나아가 기원후 1세기에 재정감독관들의 주요 과제는 모든 속주에서 황실지의 운영과 황실지 수지의 관리 감독이었다. 이들이 필요했던 이유는 황실지가 개인의 사유지로서 존재하고 확장되었던 데서 찾을 수 있다. 특히 아우구스투스는 악티움Actium 전투 후에 모든 부유한 이집트인이 가진 재산의 3분의 2를 차지했으며, 그의 치세 마지막 20년 동안 14억 세스테르티에 이르는 재산을 유산으로 받았다.[29] 이후 이탈리아의 많은 원로원 가문이 명단 공개 처벌proscriptio과 내전으로 단절되면서 황실지가 넓어지는 원인을 제공했다. 이렇게 황제의 사유재산(파트리모니움) 관리가 중요해지면서 황실 회계

27   Rostowzew(1902: 382).

28   Milotić(2013: para. 14).

29   Duncan-Jones(1994: 6f.).

ratio privata(라티오 프리바타)가 확립된 것이 코모두스Commodus(재위 180~192년) 황제의 시기다.[30] 이것을 감독하는 관리는 프로쿠라토르 프리바타이procuator privatae 혹은 마기스테르 프리바타이magister privatae라고 불렸다.

여기에서 한 걸음 더 나아가 셉티미우스 세베루스 황제가 대대적으로 몰수한 후에 황실지에 관한 재정감독관의 관할이 확정된다. 황제사의 저자는 "그때에 최초로 (황제) 사유재산에 관한 재정감독직이 형성되었다"[31]라고 보고한다. 황제의 사유재산에는 몰수 재산이 있었으며, 이들 몰수 재산도 황제 사유재산인 가산과 같이 재정감독관이 관리했다. 그러므로 이 보고를 통해 기원후 3세기 초에는 재정감독관의 활동 범위가 획기적으로 넓어져, 재정감독관이 국유재산은 물론이고 사유재산으로 간주되는 황실 재산에 대해서도 감독권을 행사한 것을 알 수 있다. 이는 국유재산의 감독권을 사유재산으로 확대한 것으로 볼 수도 있고, 황실 재산이 행정관리 면에서 사실상 국가 재산으로 파악되는 과정으로 볼 수도 있다. 이런 점을 고려하면 재정감독관은 이제 징세 구조의 정점에 선 셈이다.[32]

우선 재정감독관에 대해 앞서 제시한 카시우스 디오의 "기사 신분 출신이든 피해방민 출신이든"이라는 표현에서 두 신분이 언급된다. 먼저 기사 신분의 재정감독관을 살펴보자. 다음의 비문은 트라야누스Traianus(재위 98~117년) 황제 시기의 것으로 추정되며, 속주 아카이아Achaea에서 상속세 징수를 감독하는 관리가 있었음을 보여준다.

티베리우스 클라우디우스, 아우구스투스의 피해방민 사투르니누스, 속주 아카

---

30 Millar(1977: 171). 황실 회계에 관해서는 같은 책(627~630쪽)을 참조.

31 황제사가들, 『셉티미우스 세베루스』, 12.4. "그리고 그때에 최초로 (황제의 _옮긴이) 사유물에 대한 재정감독직이 설치되었다(tuncque primum privatarum rerum procuratio constituta est)."

32 Rostowzew(1902: 385).

그림 13-1 로마 재정감독관 관저의 모습

주: 이스라엘 카이사레아 국립공원(Caesarea's National Park) 안에 있는 로마 재정감독관 관저(procurator's palace)의 모습이
다. 총독 관저의 왼쪽에 있는데 현지의 설명에 따르면 이런 궁륭 네 곳이 처음에는 재정감독관의 관저 하부 구조였으나, 나중에
이 앞에 화려한 장식의 건물이 더해지면서 저장고가 된다.
자료: 2023년 6월 29일 필자가 촬영함.

이아의 5퍼센트 상속세 재정감독관.[33]

여기에 나오는 티베리우스 클라우디우스는 소小플리니우스(61~113년)의 지
기인 클라우디우스 폴리오Claudius Pollio로 짐작된다. 왜냐하면 그도 재정감독
관을 지냈기 때문이다.

그가 '가장 높은 재정감독관직들에 승진한' 후에 타고난 절제에 대한 사랑에 의
해 타락해 빗나가는 경우는 없었다. 그는 결코 부차적인 것들에 의해 고무되지

---

[33] 『라틴비문집성』, VI, 8443 =『라틴비문선집』, 1546. "Ti(berius). Claudi(us) / Aug(usti).
lib(ertus) / Saturninus / proc(urator) XX here(ditatium) / prov(inciae) / Achaiae." 여기
에서 두 사람인지 한 사람인지의 문제가 있다. Davenport(2019: 304)에서는 한 사람으로
본다. 반면에 Millar(2004: 154)에서는 두 사람으로 파악한다.

않았다. 그는 직무들의 다양함에 의해 계속된 사람의 칭찬을 단절하지 않았으며 마찬가지로 정신의 굳건함에 의해 고생들을 견뎠고, 그 덕에 이제 여가가 허용되어 있다.[34]

이 편지와 앞의 비문에 나오는 티베리우스는 같은 인물로 보인다. "재정감독관직들(procurationes)"에 오르기 전에 그는 조세 징수 업무에 종사하고 있었던 것이다.[35] 그러므로 그는 기사 신분에 속한 것으로 판단된다.

그런데 앞의 비문에는 아우구스투스의 피해방민 사투르니누스가 역시 같은 관직자로 등장하는 것을 볼 수 있다. 여기에서 피해방민이 담당하는 재정감독관과 기사 신분의 재정감독관이 있음을 알게 된다. 이 둘의 차이는 없었을까? 일찍이 재정감독관에 관한 논고를 작성한 한스-게오르크 플라움Hans-Georg Pflaum은 그 두 범주 간에 차이가 있었으며, 피해방민 출신의 재정감독관은 '황제의 재정감독관pocurator Augusti'이라는 호칭을 받지 못했고, 기사 신분 출신자의 보조 역할을 맡은 데 불과했다고 보았다. 이 주장에 대해 퍼거스 밀러Fergus Millar는 앞에 있는 비문을 제시하며, 티베리우스와 사투르니누스의 신분 차이에도 불구하고 재정감독관직은 두 신분에게 같이 개방된 관직 경력이라고 파악한다.[36] 실제로 재정감독관은 플리니우스의 친구들이 선호했던 것을 알 수 있다.[37]

이어서 검토할 것은 에페소스에서 가이우스 비비우스 살루타리스Caius Vibius

---

34 플리니우스, 『서한』, 7.31.3.

35 Rostowzew(1902: 385, n.104) 참조.

36 이 논의는 Millar(2004: 151~154)를 참조. 이 논고는 Pflaum(1960/1961)에 대한 비평으로 Fergus Millar, *Journal of Roman Studies*, 53(1963), pp.194~200에 게재되었다.

37 Sherwin-White ed.(1983: 21)에서 친구 바이비우스 마케르(Baebius Macer)가 재정감독관으로 활약하는 모습을 "아마도 히스파니아에서 재정감독직을 수행하고 있을 때(cum procuraret in Hispania)"라고 묘사한다. 설명은 같은 책(103쪽)을 참조.

Salutaris가 세운 비문이다. 그는 라틴어와 그리스어로 비문을 새겼는데, 다음과 같은 내용이다.

속주 시칠리아 세관 관리관이자 매입 곡물의 대행사장(promagistro)
속주 시켈리아의 세관 감독관이며 로마 인민의 곡물 사장(ἀρχώνης).[38]

비비우스는 도미티아누스Domitianus(재위 81~96년) 치하에서 경력을 시작했으며 비문에서의 묘사처럼 시칠리아에서 곡물 매입 관리관으로 활약했던 인물이다. 이 직책을 오토 히르슈펠트Otto Hirschfeld는 관직으로 이해했으나, 테오도르 몸젠은 청부 회사의 대리인으로 이해했다. 여기서 로스토프체프는 히르슈펠트의 견해를 지지하며 프로마기스트로promagistro나 마기스트리magistri는 로마시 내에서 그리고 황실 가산에서 흔히 발견되는 관직명이라고 본다.[39] 그런데 그리스어 번역 "아르코네스(ἀρχώνης)"가 문제된다. 이것은 조세 징수 청부업자인 만켑스manceps이기 때문이다. 그는 사실상 사유재산의 청부업자인 콘둑토르와 아주 유사한 인물로 파악한다. 그래서 로스토프체프는 이 인물이 사실상 청부업자와 곡물 관리관의 중간적인 존재였다고 보면서, 조세 징수 청부업자가 프로마기스트로로 불렸던 시칠리아에서 그가 옛 직책을 유지하면서 관리로서 기능했다고 보았다.[40]

문제는 노예 출신인 경우다. 이들의 소유자는 분명 청부업자, 구체적으로

---

38 『라틴비문집성』, III, 6065. "promagistro portuum provinciae Siciliae et promagistro frumenti mancipalis; ἀρχώνης λιμένων ἐπαρχείας Σικελίας καὶ / [ἀρ]χώνης σείτου δήμου Ρωμαίων."

39 Rostowzew(1902: 392). '마기스테르', '프로마기스테르'는 사실 청부업자 회사의 사장 직함이기도 하다. 이런 관직명은 사실 청부 회사가 로마의 국가 조직을 닮은 점과 관련이 있어 보인다(김창성, 2014b: 75~79쪽, 90쪽의 그림 1 참조).

40 Rostowzew(1902: 393).

임차인이지만, 노예가 재정 감독의 직능을 수행하는 경우, 갑자기 재정감독관으로 바뀌는 것을 볼 수 있다. 그런데 로스토프체프에 따르면,[41] 재정감독관이 애초 청부업자의 소유였을 가능성이 높다. 앞에서 검토한 '속주 아시아 관세법', §4, 13~15행에 "징수자나 '그의' 재정감독관(τελώνηι ἢ ἐπιτρόπωι αὐτοῦ)에게"라는 표현이 그 점을 입증한다. "그의(αὐτοῦ, eius)"는 징수자가 소유자임을 보여주기 때문이다. 그래서 "그의 재정감독관"이 청부업자의 징세를 감독한다는 논리가 어떻게 성립하는지 상당히 어려운 문제를 야기한다. 이 문제와 관련해 로스토프체프는 『학설휘찬』의 내용을 제시하고 있다.

이 점에서 가솔familia이라는 명칭을 우리는 푸블리카니의 노예들에게만이 아니라 사실상 푸블리카누스의 가솔의 수에 드는 자들도 지시하는 데 적용한다. 따라서 만약 자유인이든지 만약 노예든지, 그 벡티갈에서 푸블리카니를 대신해 관장하는 자들이 이 칙법에 의해 관할될 것이다. 따라서 만약 푸블리카누스의 노예가 강탈했으며 그가 공공으로 벡티갈을 관장하는 그 가솔에 속하지 않는 것으로 정해지면, 이 칙법은 중지될 것이다.[42]

로스토프체프는 이 자료를 분석해 개인에 속하는 노예와 '벡티갈 징수 가솔 familia vectigalia'을 구별하고 이들이 재정의 기능을 수행하면서, 그 직이 끝나면 다시 청부업자의 노예로 파악되었을 것이라고 본다. 그렇다면 황제가 사적 노예를 자신의 명령을 수행하는 공무자로 만드는 것이 허용되었다고 보아야 한다. 이런 견해를 받아들인다면 실제 재정감독관은 기사 신분의 자유인, 피해방민은 물론이고 청부업자의 노예를 포함하는 다양한 신분으로 구성되었음을 알 수 있다.[43]

---

41 같은 글, 384쪽.
42 『학설휘찬』, 39.4.1.5.

이처럼 재정감독관은 청부업자와 분리되는 것이 원칙이지만, 업무 내용을 서로 잘 알고 있던 청부업자와 재정감독관의 관계는 복잡한 양상을 보인다. 이는 직접 징수로 가는 이행의 단계를 보여준다고 할 수 있다.[44]

4. 조세 징수 청부업자의 명칭과 개념 변화

제정기 청부업자들의 변화[45]와 관련해 용어의 변화를 추적할 필요가 있다.

---

43 Rostowzew(1902: 448)에서는 광산의 경우 재정감독관이 임차인의 곁에서 자기 직무를 수행했음을 알 수 있다. 그는 물론 감독관직을 행사하는 경우 임차인의 개인 대리는 아니라는 점을 강조한다.

44 같은 글, 431쪽.

45 이 주제에 관해서는 Cimma(1981: 102~112)의 연구사 정리가 참조된다. 프린키파투스 시기 공공 청부의 역사에 관한 중요한 연구는 앞서 언급한 로스토프체프의 1902년 논문이다. 그는 이 시기에 푸블리카니 회사들이 급격히 쇠퇴해 기원후 1세기에는 개별 임차인들(콘둑토레스)과 병존하게 되었다고 주장한다. 때로 '만키페스(mancipes)'라는 용어가 쓰였는데, 하드리아누스 황제 시기에 전문용어가 되고 기원후 4세기 말에는 독점 용어가 되었다고 보았다. 이와 관련해 푸블리카니의 청부 회사는 기원후 2세기를 넘기지 못했다고 주장한다. 이런 과정에서 제국 정부가 납세자를 보호하고 세제를 확립하고자 재정감독관을 통해서 푸블리카니를 통제하려고 했다. 이 개혁은 티베리우스 황제가 시작했으며, 네로 황제와 플라비우스(Flavius) 황실에 의해 지속되었다. 그래서 종래 '소키'라고 불리던 청부업자는 개별 임차인들이 대신했으며, 이들은 반(半)관리로 자리 잡게 되었다. 아울러 이들은 납세 총액을 국가에 납부하지 않았으며, 자신에 맡겨진 징수만 책임지고 일정한 보상이나 비율의 약정에 따라 이익을 누릴 수 있었다. 푸블리카니 회사는 직접 징수로 대체되고, 간접세 징수 청부는 오리엔트에서 살아남고, 헬레니즘 왕국 유형의 소청부(Keinpacht)만 남는다. 이러한 로스토프체프 연구에 대해 Hirschfeld(1877; 1905)가 같은 인식을 보여준다. 히르슈펠트의 책은 로스토프체프의 성과를 잘 고려하고 있다. 이후 카냐(Cagnat)도 로스토프체프의 영향을 받아 1퍼센트의 판매세는 푸블리카니가 아니라 공공경매사를 의미하는 아욱티오나토레스(auctionatores)에 의해 징수되었다고 주장하게 되었다. 이후 프랭크 애벗(Frank F. Abbott), 바실 엘리아체비치(Basile Eliachevitch), 즈데네크 즐라투스카(Zdeněk Zlatuška), 기외르기 위뢰그디(György Ürögdi), 아르파드 도보(Árpád Dobó), 아세 바위(A. Bay), 아놀드 존스(Arnold H. Jones), 페데리코 드 마르티노(Federico de Martino) 등 많은 학자에게 영향을 주었다. 드 라에(de Laet)의 연구는 관세가 징수되는 단

대체적으로 사람들은 공화정기의 청부 회사를 이룩한 조세 징수 청부업자들이 푸블리카니라고 파악한다. 그렇지만 푸블리카니라는 용어 말고도 다양한 용어가 존재했다. 로스토프체프에 따르면 푸블리카니는 벡티갈vectigal, 농지 ager, 건물aedificium을 뜻하는 공공재publicum와 관련을 맺는 기업가의 일반 명칭이다.[46] 그러면서 오토 카를로바Otto Karlowa는 푸블리카니에 관한 정의를 다음과 같이 제시한다.

> 그러나 아무나 다른 파벌에 대한 개별 계약에 관련해서가 아니라, 일단 이 인민과의 영업을 영리적으로 운영하는 신분의 소속원으로서, 그러나 다음으로 청부업자에게 위임된 벡티갈 자체에 대한 인민의 권리에 의거해 청부업자에게 지불해야 하는 국유재산의 직접 이용자들에 관련해서, 또한 대체로 제3자에 관련해서도 푸블리카누스로서 인민에게 지정되는 것이다.[47]

계를 3단계로 나누었는데, 이 또한 로스토프체프의 견해를 계승했으나 콘둑토레스가 반(半) 관리라는 정의는 거부하면서 로스토프체프에 대립하는 경향을 보여준다. 그 대신에 드 라에는 콘둑토레스에게 청부는 허구가 아니라 실제의 활동이었다고 보았다. 아울러 드 라에는 비문 사료에서는 청부 체제의 쇠퇴가 보이는 반면에, 유스티니아누스와 테오도시우스의 법전에는 청부 자료들이 많이 남아 있는 현상에 주목했다. 이 점은 일찍이 로스토프체프나 히르슈펠트가 주목하지 못한 점이다. 그래서 『학설휘찬』에 보존된 단편은 일반적인 관세가 아니라 제한된 부분에서만 관련되므로 청부업자가 충분한 이익을 얻을 수 없다고 보았다. 이런 견해에 대해 안토니오 과리노(Antonio Guarino)는 청부가 폐지되었다고 보기는 어렵다고 여겼으며 제국의 법률가들이 입증하는 사항이라고 보았다. 이런 연구사를 참조하면 로스토프체프의 주장을 기반으로 논의가 전개되어 왔고, 그의 주장의 문제점과 허점을 수정해 가는 추세가 보인다고 할 수 있다. 그런데 침마의 논점은 푸블리카나나 청부 회사의 지속과 존폐 시기에 관해 로스토프체프의 견해를 수정할 뿐이며, 유형론 자체를 비판하는 것은 필자로서는 보지 못했다.

46 Rostowzew(1902: 376). 벡티갈이 오로지 국가의 재산에만 해당하는지 아니면 일반 도시나 공동체에도 해당하는지에 관해 논쟁이 있다. 이 점이 청부에서 도시의 경우 푸블리카니가 참여하지 못하게 한 명분일 수 있다(Lanfranchi, 1938: 14).

47 Karlowa(1901: II, 21). 이 문구는 Rostowzew(1902: 376)에서 재인용·번역했다.

이 개념에 따르면 인민, 즉 국가와 관련된 업무를 떠맡으며 인민의 권리를 행사한다는 점에 푸블리카니의 특성이 있다. 따라서 이들은 신분을 이루었던 것이다. 이런 점에서 '기원전 111년 농지법'의 여기저기에 이 푸블리카니가 나오는데[48] 바로 국가의 공공물을 다루기 때문이다.

공공재 중의 하나인 벡티갈에 관한 가이우스 율리우스 히기누스Gaius Julius Hyginus의 정의를 살펴본다.

> 한편 벡티갈 농지들은 어떤 때는 로마 인민의 공유물에, 어떤 때는 식민시들이나 자치시들이나 다른 도시들에 묶여 있으며, 이것들은 그 자체로 대부분이 로마 인민에게 속하며 적으로부터 탈취되었으며 이에 이바지한 용기를 가진 병사들에게 할당되도록 켄투리아별로 분배되었으며, 규모의 용도보다 혹은 병사들이 숫자가 요구한 것보다 더 많은 잔여 농지들이 어떤 경우 (5)년 동안 다른 경우에는 [참으로 구입한(ementibus) 만켑스들에 의해서, 즉 임대자들에 의해서 (conducentibus)] 100년간이나 그보다 오래 벡티갈에 종속된다. 그 기간이 끝나면 다시 돌아오며 벡티갈들을 통해서 관습인 것처럼 임대된다. …… 한편 위 임법에 의해 벡티갈의 권리를 구입한 만켑스들은 스스로 켄투리아들을 통해 측근의 어떤 점유자들에게 임대하거나 판매한다.[49]

여기에서 이 벡티갈로 지정된 농지는 병사나 시민에게 켄투리아별로 구획해 분배한 농지를 제외한 나머지에 해당한다.[50] 이것은 국유지나 각종 시유지에 속한 것이다. 따라서 사유지가 된 켄투리아 구획을 제외하고 나머지에 관

---

48 Johannsen(1971: 432)에는 16회 등장하고 있음을 보여준다.

49 라흐만(1848: 116~117).

50 켄투리아로 분할되어 할당된 것은 사유지의 권한을 가진다. 따라서 잔여지에 대해서만 과세된다고 볼 수 있다. 이에 관해서는 막스 베버가 정리한 바 있는데, 김창성(2010: 149 이하)을 참조.

해서 이것을 구입하는 자들ementibus(에멘티부스: 구입자를 뜻하는 에멘스emens 의 복수 여격이나 탈격)을 만켑스라고 표현한다.

히기누스의 이 정의에는 청부 입찰과 관련해 두 가지 용어가 쓰이고 있다. 매입을 뜻하는 '에멘티부스'와 임차를 뜻하는 '콘두켄티부스conducentibus'라는 용어다. 이것들이 기원 전후의 시기에 같은 문서에 등장한 것으로 보아, '매매 emptio-venditio(사기·팔기)'라는 형식의 국가 청부 용어가 '임대차locatio-conductio' 라는 용어로 바뀌는 현상을 볼 수 있다. 이 현상은 제정기에 드러난 조세 청부 에 관한 개혁 조치와 밀접한 관련이 있다. 로스토프체프에 따르면[51] 공화정에 서 제정으로 바뀌었다고 하더라도 재정 행정에 급격한 변화는 일어날 수 없었 다. 물론 푸블리카니라는 정치 세력이 분쇄된 것은 사실이나, 그들의 자본과 경험 그리고 징수 조직은 그대로 존속했다. 그래서 직접세인 재산세tributa와 전비stipendia의 징수에서 이들을 배제했는데, 이들 세목의 징수는 푸블리카니 가 아니라 도시들 자체에 의해 이루어졌기 때문이다. 그러므로 푸블리카니의 세력이 남아 있을 곳은 소위 간접세 징수의 영역이었다. 티베리우스 황제의 치세(기원후 23년)에 "그런데 곡물과 벡티갈들이, 공공 수익의 나머지들은 로 마 기사들의 회사들이 좌우해 왔다"[52]라는 기록이 남아 있다. 이 기사는 티베 리우스 황제 치세에도 푸블리카니가 운영하는 회사들이 현물세나 현금 조세 징수 활동을 하며 아직 영향력이 있었음을 보여준다. 물론 몸젠은 티베리우스 의 통치 후기에는 이들의 활동이 줄어든 것으로 파악한다.[53] 이런 사정은 일 거에 청부 회사의 조직을 정부가 장악할 수 없었던 데서 비롯한다. 그러나 네 로 황제 치하에 이르면 그 표현의 결이 달라진다.

---

51   Rostowzew(1902: 379).

52   타키투스, 『연대기』, 4.6.

53   Mommsen(1887c: 1017, n. 1) 참조.

그래서 황제는 다음과 같이 칙법을 내렸다. 각 세입에 관해, 그때까지 감추어져 있던 공적인 법들이 공시되고, 기각된 요청들은 1년이 넘었으면 재론하지 말 것이며, 로마에서는 법무관이, 속주들에 대해서는 임기연장 법무관이나 임기연장 콘술이 푸블리카니에 대한 비상 법정을 제공할 것이며, 병사들에게는 그들 사이에 매매를 위해서 행사하는 것이 아니라면 단시간 보존되고 이어서 무효로 간주되는 다른 것들은 어느 정도 공평하다면, 면세가 보존되도록 하며, 그럼에도 50분의 1세와 40분의 1세와 푸블리카니가 어떤 이름을 붙였든지 다른 불법적인 징수에 대한 폐지가 유효하도록 한다. 해외 속주들 간에 곡물 운송이 적절해야 하며, 대상인(네고티아토레스)들의 선박이 과표에 등록되어서 그들에게 정해진 재산세가 부과되지 않도록 한다.[54]

네로에 관한 이 보고는 이미 그의 치하에서 일종의 개혁에 도달했음을 잘 보여준다.[55] 이런 분위기에서 푸블리카니라고 칭해지는 자들은 더 이상 벡티갈 외의 다른 분야로 진출하기 어려웠을 것으로 보인다.

이와 함께 청부업자들을 지칭하는 경우는 푸블리카니 대신에 다른 용어들이 쓰이는 점이 주목된다. 사실 국가 소유물에 대한 청부는 매우 국한되었으며, 자치단체나 황실지 및 기타 유력자들의 영지를 관리하는 것도 중요한 청부 대상이 되었을 것이다. 로스토프체프는 다른 특정 지역의 공공물에 관한 청부 계약을 체결한 곳에서 청부업자를 '푸블리카누스'라고 부르지 않는다는 점을 지적한다.[56] 이 경우에 개별 청부업자는 '만켑스', '레뎀프토르', '콘둑토르'라고 불렸다는 것이다.

---

54 타키투스, 『연대기』, 13.51. 이와 관련해서 이 책의 369쪽 각주 78 참조.

55 네로 황제가 평민을 지지하는 입장에서 재정 개혁을 하고자 했던 것으로 보인다(안희돈, 2004: 142~157 참조).

56 Rostowzew(1902: 377).

사실상 청부업자들의 가장 오래된 명칭은 만켑스와 레뎀프토르였다.[57] 이 두 호칭은 매매를 뜻하는 'emptio-venditio'와 관련된다. 만켑스와 관련해 "무언가를 인민에게서 구입하거나 임차하는 자는 '손을 들어' 자신이 구입의 당사자라는 것을 표시하기 때문이다"[58]라고 페스투스의 사전은 설명한다. 이 구절에서 애초 만켑스는 노예를 구입하겠다는 의사를 표시한 데서 출발함을 지시한다. 그렇지만 이후 자치단체의 재산이나 추방된 사람의 농장 구입에도 연결되고 나아가 공공재의 용익에까지 확대되어 마침내 시장세vectigal foriculiarium et ansarium의 징수 권리도 구입하는데, 여기에서는 만켑스가 푸블리카니에 속하는 것으로 여겨진다.[59] 레뎀프토르는 기업가의 호칭이라는 점을 페스투스의 사전은 보여준다.

> 레뎀프토르는 고유하고도 오래된 관습에 따라 호칭되는데, 그는 공공으로 무언가를 만들거나 공급할 것을 계약하고 실행하고 그때에 마침내 돈을 받아 왔다. …… 그런데 지금 무언가를 공급하고 용익하는 것을 계약한 이들이 레뎀프토르들이라고 불린다.[60]

그래서 일반적으로 만켑스와 레뎀프토르는 이런 공공 계약의 청부업자들이라고 인식된다. 반면에 콘둑토르라는 호칭은 원래 공화정기부터 개인과 관련된 청부에서 주로 사용되었다.[61] 그런데 이런 사적인 청부업자를 뜻하는 콘

57 이에 관해서는 김창성(2014b: 75 이하)을 참조.

58 'manceps,' 페스투스(Muellero), 151. "qui quid a populo emit conducitve quia manu sublata significat se auctorem emptionis esse."

59 Mommsen(1887c: 430, n.6).

60 'redemptores,' 페스투스(Muellero), 270.

61 Rostowzew(1902: 375, 377)에는 제정기에 불과 두 개의 비문에 'manceps'가 있는 것으로 파악하고 있다. 이는 만켑스가 사라져 가고 있다는 증거다.

둑토르의 사용이 제정기로 넘어가면서 대세가 된다. 이런 현상이 강화된 것은 황제의 개인 재산인 황실지의 증가 때문으로 보인다. 자연히 황실 재산의 청부업자들이 만켑스와 콘둑토르라는 용어와 섞여 나타난다. 이를 보여주는 자료가 있다.

벡티갈에 관해 히기누스는 "이 농지들은 참으로 5년마다 만켑스를 수용하는 것이 관습이다. 그러나 1년의 임차에 따라 임대되는 것이 관행이다"[62]라고 보고한다. 여기에서 나타난 농지는 베스타Vesta 여사제들에게 할당된 것이다. 아마도 임의로 사고파는 것은 허용되지 않았을 것이다. 그래서 국가 소유지로 준해서 본다면, 이들 농지의 관리 청부를 맡은 것이 만켑스인데 그는 '임차인'의 지위를 지닌다. 그런데 가이우스에 보면 다음과 같이 묘사된다.

한편 그처럼 매매와 임대차가 어떤 친근성을 그 자체에 지니고 있는 것으로 보이므로, 어떤 경우에는 매매가 이루어지는지 아니면 임대차가 이루어지는지를 물어야만 한다. 이를테면 만약 어떤 것이 영구히 임대될 것이라면 그러하다. 그 법에 따라 임대된 자치도시들의 시유지에 관련해 [그것이] 벡티갈이 제시되는 한에서 그들의 시유지가 임차인 자신에게서도 그의 상속자에게서도 빼앗기지 않을 것이다. 그러나 그것은 임대와 임차라고 하는 게 나을 것이다.[63]

이 구절에서 자치도시의 시유지들(프라이디아)에 관한 청부를 맡은 자들이 으레 임차인이라고 번역된 '콘둑토르'임을 볼 수 있다. 『학설휘찬』에는 다음

---

62   라흐만(1848: 117).

63   가이우스, 『법학제요: 주석』, 3.145. 임대차와 매매는 근사한 것으로 파악되어 왔다. 여기서 가이우스는 '벡티갈이 부과된 농지'를 일종의 '영구 임대(in perpetuum locata)'로 파악한다. 그러나 유스티니아누스 황제의 『칙법휘찬』에서는 그런 입장을 배제하고 '영대 소작 계약(contractus emphyteuticarius)'이라고 파악한다. 이와 관련해 Mayer-Maly(1956: 68~69)를 참조.

과 같은 문구가 보인다.

어느 누가 공공의 임차인으로서 자신이 의무를 졌던 5년간에서 벗어났다면, 이 어지는 기간에는 그 이름으로 유지되지 않는다. 그리고 그것은 황제의 칙답들에 의해 표현되었다. 심지어 신격 하드리아누스는 이런 말로 칙답했다. "참으로 비 인간적인 관습은 공공재와 농지의 벡티갈들의 임차인들이, 비록 그런 것들이 임 대될 수 없는데도, 유지되는 관습이다. 왜냐하면 만약 5년의 기간이 지나 그들 이 떠나려고 하면 붙잡지 않도록 되어 있다는 것을 그들이 안다면, 심지어 더 쉽 게 임차인들이 발견될 것이기 때문이다."[64]

여기에서 하드리아누스 황제의 칙법에서 "임차인"이라는 표현이 벡티갈 징 수 청부업자에 대한 전문용어가 되었음을 알 수 있다. 물론 이 구절에서 이 시 기에 한번 임차인이 되면 의무로서 벗어나지 못하는 관행을 보여주기도 한다.
아울러 기원후 161~168년에 해당하는 다음의 비문은 흥미롭게도 이들 임 차인이 회사를 구성하는 것을 알게 한다.

…… 일리리아와 트라키아 강변의 공공 관세의 임차인이자 플라비우스 시르미 움인의 자치도시의 결정에 따라 모든 명예들로 영예롭게 된 율리우스 카피토를 위해서 ……[65]

이 비문에서는 같은 지역의 관세인데, 그 징수 임차인이 한 사람으로 나온

---

64 『학설휘찬』, 49.14.3.6, 'Callistratus 3 d. i. fisci.'
65 『라틴비문집성』, III, 753 = 7428, l. 1~3. "Iul(io) Capitoni c(onductori) p(ublici) p(ortori) Illyric(i) / et r(ipae) T(hraciae), omnib(us) honorib(us) ab ord(ine) / [mun(icipii)] Fl (avii) Sirmiatium honorato."

다. 그렇지만 다음의 비문은 다른 내용을 전한다.

> 황제들의 신위를 위해서 그리고 공공 관세의 수호령을 위해서 일리리아와 트라
> 키아 강변의 공공 관세의 임차인들인 율리우스 가문과 야누아루스, 카피토, 에
> 파프로디투스의 노예인 감독 노예가 헤르메스 상을 세웠다.[66]

이 비문에는 "임차인들의(conductorum)"라는 복수 소유격이 등장하며 그들
의 이름이 나오고 여기에 소속된 감독 노예가 있어 이들이 하나의 회사를 운
영하고 이 회사에 노예가 소속된 것을 볼 수 있다. 따라서 임차인들도 회사를
이루는 경우가 있었음을 알 수 있다.[67]

한편 자치도시들에서 직접세 징수는 도시의 관할이지만 청부되는 것이 일
반적이었다. "직접세를 징수하는 의무는 불명예스러운 의무들에 드는 것으로
간주되지 않으며 따라서 게다가 데쿠리오들에 의해서 위임된다"[68]라는 『학설
휘찬』의 구절에서, 시의회가 직접세 징수를 청부하며 이것이 위임mandatur으
로 표시되었음을 볼 수 있다. 이런 경우 데쿠리오(시의원)들이 자신의 고향에
서 청부하는 것은 금지되었다.[69] 다음의 『테오도시우스 법전』에서 조세 징수
청부업자는 임차인으로 지시되어 있다.[70]

---

66   『라틴비문집성』, III, 751 = 7434. "Numini Augustor(um) / et Genio p(ublici) p(ortori),
     Hermes / Iuliorum Ianu / ari Capitonis / Ephaphroditi / conductorum / p(ublici) p(ortori)
     Illyrici et / ripae Thraciae / ser(vus) vil(icus) posuit."

67   Cimma(1981: 137~138)에는 단독인지 아니면 회사인지에 관해 질문을 제기하면서 회사를
     배제했다는 로스토프체프의 주장을 반박한다.

68   『학설휘찬』, 50.1.17.7.

69   『학설휘찬』, 50.2.6.2, 'Papinianus 1 resp.' "데쿠리오는 심지어 자신이 속한 도시의 벡티갈
     을 관할하는 것이 금지된다(Decurio etiam suae civitatis vectigalia exercere prohibetur)."

70   이 임차인 청부업자가 푸블리카니 회사를 대체하는 시기는 학자마다 다르게 파악한다. 관
     세의 경우, 히르슈펠트는 하드리아누스 황제 시기로, 드 라에와 플라움은 트라야누스 황제

그대는 이집트 대관구를 제외하고 도처에서 어느 누구도 데쿠리오가 임차인 conductor으로서 비록 매우 작은 벡티갈의 취득에라도 깊이 간여하지 않도록 지켜야 한다는 점을 알고 있다.[71]

이런 용어의 변화는 결국 공적인 영역이 사적인 영역으로 대체되었다는 의미일 것이다. 이런 사적인 청부업자의 용어가 공적인 영역에 미치게 된 이유는 무엇일까? 아마도 국가 소유지의 관리를 청부업자들에게 맡긴 것처럼, 이들 황실 사유지를 청부업자들에게 맡기게 되었기 때문일 것이다. 이런 사정은 결국 '매매'라는 용어를 쓸 수 없게 했을 것이다. 황실지를 사고팔 수는 없었을 테니 말이다. 그 대신에 '임대차'라는 용어가 일반화된 것이라고 할 수 있을 것이다.

마침내 제정 후기로 접어들면서 청부업자들이 동시에 황제의 대리인 재정감독관으로 자리 잡게 되었다고 볼 수 있다. 이를 입증하는 것이 다음의 비문이다.

/ 최상 최대인 유피테르 신을 위해서 / 디오클레티아누스 [그리고 막시미아누스] / 정황제들은 자신의 용기로 사마르타를 정복했으므로, // 가이우스 안토니우스 룰푸스(?) / 정(황제의) 프[로쿠라] / 토르이자 동일하게 그해 일(리리쿰의) 공(공) 관(세) 벡(티갈) 임(차인)이던 해(에) 제[단을] 세웠도다.[72]

시기로, 프리드리히 피팅호프(Friedrich Vittinghoff)는 기원후 1세기 말로, 제라르 불베르(Gérard Boulvert)는 트라야누스 황제 때 시작한 개혁이 하드리아누스 황제 때 완성되었다고 보았으며, 로스토프체프는 베스파시아누스 황제로 소급한다. 이런 시기 설정을 비판한 침마는 기원후 2세기 말에 관세에 대한 회사 청부가 없어진 것이 아니라며 3세기 초 수십 년간까지 존속했다고 본다(Cimma, 1981: 126~127, 156 참조).

71 『테오도시우스 법전』, 12.1.97. "scias excepta dicocesi Aegyptiaca ubique servandum esse ne usquam penitus in susceptionem vel minimi vectigalis decuria conductor accedat." Rostowzew(1902: 417, n. 186)에서 재인용했다.

이 비문에서 청부업자가 황제의 관리가 되는데, 이렇게 된 것은 앞서 언급한 대로 청부의 과정을 곁에서 볼 수 있도록 한 네로 황제 시기의 관세법 조치보다 더 진전된 것으로 보인다. 아울러 재정감독관은 조세 징수 청부업자로서 같은 임무를 수행해도 조금도 이상하지 않게 되었다.[73]

5. 결어

필자는 공화정기에 전성기를 맞았던 청부업자 신분인 푸블리카니가 제정기에 들어서면서 어떤 변화를 겪었는지 살펴보았다. 이들은 공화정이라는 국가 운영에서 필수적인 신분이었으나, 공화정 말기에 속주 소요의 원인이기도 했으므로, 카이사르를 이은 아우구스투스는 통제의 필요성을 느껴 재정감독관(프로쿠라토르)을 신설한다. 재정감독관은 처음에는 속주 정무관에 대한 통제를 통해 푸블리카니의 남징을 제한하려고 했다. 나중에는 여기에서 한 걸음 더 나아가 '속주 아시아 관세법'에서 확인되는 것처럼 재정감독관은 조세 징수 청부업자들과 같이 세관 입출에 관한 보고를 받는 입장으로 강화된다. 그리고 이들이 점차 국가 소유지는 물론이고 사유지인 황실지까지 관할하게 되면서 그 위상이 높아졌다고 할 수 있다. 그래서 플리니우스의 서한에서 친지들이

---

72 『라틴비문집성』, III, 10605. "I(ovi) O(ptimo) [M(aximo)] / Diocletianus [et Maximianus] / Augusti ob d[evictos virtu] / te sua S[armatas] // C(ai) Antoni Ru]fi(?) p[rocura] / [tor] is Aug(usti) cond(uctoris) ve[ct(igalis)] / [eiu]sdem pos(u)it a[ram] / [an]no p(ublici) p (ortorii) I(llyrici) XII Kal(endis) Mai[is]." 이 비문은 https://db.edcs.eu/epigr/epi_url. php?p_edcs_id=EDCS-27600016&s_sprache=en(2022. 11. 28 검색)에서 옮겨왔다. 비문의 연대는 기원후 284~285년으로 추정되며, 바르바리쿰(Barbaricum) 속주에서 출토되었다.

73 Rostowzew(1902: 397)에는 일리리아(Illyria)의 레우케 코메(Λευκή Κώνη)의 관세 징수 비문을 통해 반(半)관리인 징수자의 지위를 분석하며 우선 재정감독관과 임차인의 지위가 한 사람에게 통합된 결과로 본다. 그래서 근본적으로 이제 청부업자는 관리로 받아들여진다고 본다.

그 자리를 맡은 것을 "승진(promotus)"이라고 표현하기에 이른다. 이 직책은 피해방민과 노예들이 맡았던 것인데, 기사 경력자도 기꺼이 맡았다고 볼 수 있다. 한편 청부업자들은 종래의 푸블리카니와 관련이 깊은 만켑스나 레뎀프토르라는 호칭 대신에 임차인이라는 의미의 콘둑토르가 일반화된다. 앞의 관세법에서는 호칭들의 공존과 변화를 볼 수 있다. 이 조치는 국가 소유가 아닌 분야의 청부에서는 푸블리카니를 배제하고, 황실지에 대한 관리를 콘둑토레스conductores에게 위임하는 경향이 늘었기 때문이다. 그래서 국가나 공공 청부가 일반적으로 '매매'라는 표현에서 '임대차'라는 표현으로 옮아가고, 제정 후기에는 이것이 일반화된다. 이는 종래에 국가 소유를 중심으로 활동했던 청부업자가 개인의 사적 영역으로 줄어든 것을 의미한다. 나아가 이들은 반半관리로 자리 잡고, 재정감독관도 청부업자의 역할을 맡기에 이른다. 일찍이 막스 베버는 이런 변화를 고대 자본주의의 대표라고 할 사기업인 조세 징수 청부 회사가 '국가화'된 것이라고 지적한 바 있다.[74] 이 장은 그렇게 변화되는 과정을 로스토프체프의 유형론을 중심으로 추적해 보았다. 다만 그의 유형론이 얼마나 유효한지는 필자의 능력을 넘어서는 것이라 충분히 검토할 수 없었다.

---

74 베버는 "더 광범위하게 징수제의 '국가화의 길(der Bahn des Verstaatlichung)'로 점점 더 나아가게 되었음을 …… 국가 청부업자는 결국 국가 관리(Staatsbeamter)가 되어버린다"라고 결론을 내린다(김창성 옮김, 2019: 345).

제4부
—
트리부니 아이라리

제14장

로마 공화정기 트리부니 아이라리의 역할과 신분*

1. 서언 ┆ 2. 트리부툼 징수의 단위 ┆ 3. 트리부니 아이라리의 역할
4. 트리부니 아이라리의 신분 ┆ 5. 결어

1. 서언

고대 로마에서 지배 신분은 '원로원의원 오르도', '기사 오르도'처럼 오르도[1]로 표현되었다. 그 표현 속에는 로마의 고유한 신분질서에 관한 인식이 내포되어 있다고 여겨져 왔다.[2] 따라서 앞의 두 오르도에 관해 상세한 연구가 수행되고 있는 것은 자연스러운 일이다.[3] 근래에는 이 오르도로 표현되는 신분질서의 의미를 확대해 그동안에 소홀히 파악되었던 '기타의 오르도ceteri ordines'에 관해서도 관심을 기울이는 연구가 나오게 되었다.[4] 후자에 관심을 가진 연구자들은 그렇게 표현되는 집단 개개에 대해 의미를 부여하는 데 그치지 않고

---

* 이 글은 ≪역사학보≫, 제122집(1989.6)에 게재된 바 있다.

1 '오르도'의 용례에 관해서는 Kübler(1939: c.930~936)를 참조. 퀴플러는 '신분'의 의미로는 원로원의원이나 기사들에게만 국한되는 것으로 본다.

2 Nicolet(1984a: 17)에서는 그것이 카스트(caste)도 삼신분(etats)도 사회계급(classe sociale)도 아닌 것으로 본다.

3 관계되는 문헌은 Christ(1976: 73f.; 1980: 99).

4 '기타의 오르도'에 포함되는 자들은 다음과 같다. 전령(viatores, praecones), 시종(lictor), 서기관(scriba), 자치시의원(decuriones), 트리부니 아이라리(tribuni aerarii). 이에 관해서는 Cohen(1984: 23~60); Purcell(1983: 125~173)을 참조.

오르도를 로마 시민 전체를 포괄하는 체제로 보고자 한다.[5] 이 관점에 따르면 오르도에 관한 이해는 이제까지의 그것과 다른 체계를 가질 것으로 보인다. 그러나 현재로서는 몇 가지의 시도에도 불구하고 그러한 시각은 단순한 가설 수준에 머물고 있다.

이러한 가설이 검증되기 위해서는 오르도로 표현되는 개별 집단의 성격을 분명히 하는 것은 물론이고, 다른 집단과의 유기적인 관계도 동시에 파악할 수 있어야 한다. 그러한 과제에 적합한 연구 대상 중 하나가 흔히 '전쟁세 선납자先納者'로 이해되는 트리부니 아이라리라고 생각한다. 그 이유는 이들이 공화정 후기에 단기간 동안 별도의 오르도로 지칭되었고, 기사 신분과 평민의 중간 위치를 차지해 이 집단의 성격을 어떻게 규명하는지가 오르도로 표현되는 신분제의 파악에 영향을 준다고 보기 때문이다.

트리부니 아이라리에 관한 연구는 1838년 요한 마드비Johan N. Madvig가 일찍이 착수한 바 있다.[6] 테오도르 몸젠과 요제프 마르크바르트Josef Marquart가 이어서 같은 주제에 관심을 보인 바 있으나, 그 후부터 지금까지 이 부문에 관심을 둔 연구자가 별로 없었다.[7] 그동안 이들 집단에 관한 연구가 부진했던 이유는 이들을 새롭게 조명할 시각이 마련되지 않았던 것뿐만 아니라, 필요한 기초적인 연구가 수행되지 않았던 데서 찾을 수 있다. 다행히 이 분야에서 새로운 조명이 가능하게 된 것은 클로드 니콜레의 연구서[8]가 출간되면서부터다. 그것은 고대 로마의 전쟁세인 트리부툼에 관한 종합적인 연구서로 거의 4세기에 걸친 연구 업적을 정리한 것이다. 그는 종래의 연구에서 한 걸음 더 나아가 아테네의 제도와 로마의 제도를 비교·연구해 새로운 연구 시각을 제시했으

---

5   코헨은 퀴플러와 다르게 오르도를 전체 시민을 포괄하는 의미로 본다(Cohen, 1975: 260~281).

6   필자가 참조한 것은 Madvig(1842: 242~263)다.

7   마드비의 설에 대한 반론은 Mommsen(1887b: 189~198, 533)을 참조.

8   Nicolet(1976a).

며 전쟁세를 통해 파악되는 고대 사회 조직의 실태와 유형을 상세히 조명했다. 니콜레의 이러한 연구 성과는 한국에서 허승일이 로마 공화정 말기의 현실 정치 파악에 구체적으로 응용했다. 그에 따르면 공화정의 몰락은 정치적·군사적인 면으로만 이해할 것이 아니며 재정적인 면, 특히 전쟁세 징수에서 나타난 원로원의 무능력과 직접적으로 관련이 있다고 한다.[9]

이처럼 로마 공화정 말기에 재정 문제가 중요했다는 인식하에서 자연히 필자의 관심은 재정 문제와 불가분의 관계를 맺고 있었던 트리부니 아이라리에 끌리게 되었다. 왜냐하면 원로원이 트리부툼 징수를 결의했으나 실적이 극히 부진했던 것은 공화정 말기에도 다수 존재했던 이들의 동향과 관련이 깊을 것으로 보이기 때문이다. 따라서 이 장은 이 점을 밝히기 위한 것이다. 논지는 트리부니 아이라리의 역할 및 기능과 공화정 말기에 초래되었던 재정 곤란 사태를 연계시키고, 나아가 이들의 신분 문제를 해명하는 방향으로 전개한다. 이를 위해 이들의 활동 무대가 되었던 지역구의 징세 단위 조직을 먼저 살펴보고, 전쟁세의 징수가 중지되는 시기인 기원전 167년을 전후로 한 역할을 비교해 본다. 왜냐하면 전쟁세의 중지로 이들의 기능에 어떤 공백의 여지를 가져왔음에도 불구하고, 아우렐리우스법의 제정 등을 통해 오히려 이들의 사회적 지위가 더 상승해 가는 것을 볼 수 있기 때문이다. 이런 현상을 분석함으로써 오르도로 표현되는 로마 공화정 후기의 신분제를 밝히는 단서가 제시되리라고 기대해 본다.

2. 트리부툼 징수의 단위

그리스·로마인들은 조세 유형을 두 가지로 나누고 그것을 정체와 결부시켜 생각했다. 즉, 인두세, 재산세 등 직접세는 전제적 형태이고, 간접세가 도시국

---

9   허승일(1984: 259~283; 1985, 제3편 1장)을 참조.

가적 형태라고 보았다. 따라서 도시국가의 시민들에게는 전자의 조세 유형이 인정되지 않는 것이었다. 그런 점에서 재산에 직접 과세되는 전쟁세인 트리부툼은 로마에서 예외적인 것으로 되도록 부과되지 않아야 한다고 여겨졌다.[10] 부득이하게 징수해야 할 경우 원로원의 결의가 있어야 했다. 전쟁에 대비하려면 신속히 징수되어야 했으므로 평소에 센서스census, 즉 호구戶口조사를 통해 각 시민의 재산액에 대한 정확한 파악이 이루어져야 했다. 이를 전담하기 위해 별도로 호구조사관직이 신설된 때가 기원전 443년이었다.[11] 이처럼 평소에 세원이 파악되어 있었으므로 전쟁세의 징수에는 당시 조세 징수의 일반적인 관행이던 조세 징수 청부업이 개입할 여지가 없었다.[12] 아울러 센서스의 액수에 따라 시민 부담이 차등적으로 이루어지고, 그것이 곧 시민의 권리 행사와 밀접히 연관되어 온 것이 로마 사회의 특징이었다.

트리부툼으로 표현되는 전쟁세의 존재는 왕정기부터 찾아볼 수 있으나[13] 병사들의 장기 복무가 야기하는 문제를 해결하기 위해 국가가 봉급을 지급하기로 하고 센서스에 따라 전쟁세를 징수하게 된 것은, 리비우스에 따르면 기원전 406년 베이 전쟁 때부터라고 한다.[14] 그러나 리비우스가 전하는 것을 신빙성이 없다고 보는 연구자들도 있다. 디트마르 키나스트는 발굴물을 연구해 각자가 무장을 마련할 필요가 없어지게 된 시기를 기원전 4세기 후반으로 내려 잡고 있다.[15] 이처럼 봉급을 제도화한 시기에 관해서는 의견이 불일치하지만 분명한 것은 무장의 자비 부담이라는 원칙이 약화되어 1등급의 병사 외에는[16]

---

10 키케로, 『의무론』, 2.74(Nicolet, 1976a: 8ff. 참조).

11 Homo(1929: 36). 호구조사관직의 신설 배경에 관한 논의는 허승일(1985: 11~14)을 참조.

12 Jones(1974b: 154).

13 디오니시오스 할리카르나소스, 『로마 고대』, 4.11.2. 세르비우스 툴리우스 왕이 귀족들에게 전쟁세를 부과하는 모습이 그려져 있다.

14 리비우스, 『도시의 건설로부터』, 4.59.11. 전에는 '자신의 부담으로' 복무했다고 한다.

15 Kienast(1975: 107~109).

국가로부터 봉급을 받는 것이 일상화되어 간 점이다. 예컨대 기원전 387년 갈리아인의 로마 점령 이후에 "국고에서 지급되는 봉급 없이는 병사도 없었다"라는 말이 그러한 사정을 잘 드러낸다.[17] 결과적으로 전쟁세는 군의 운영에서 필수적인 요소가 되었으며 이를 징수하는 조직이나 기구 또한 체계적으로 정비되어 갔다고 보겠다. 더불어 그 기구의 운영 책임자들이 일정한 신분과 지위를 가지게 되었음은 물론이다.

현재 그러한 전쟁세 징수 조직의 초기 모습을 알려주는 라틴 문헌은 전하지 않으며, 그저 단편적인 사실을 검토해 볼 수 있을 뿐이다. 먼저 로마인들은 소요되는 비용을 산출해서 군사비 총액을 "193개의 로코스들λόχους"로 나누었다.[18] 이 193개의 로코스는 바로 켄투리아, 즉 백인대百人隊를 의미한다. 따라서 로마의 백인대는 단순히 부대 단위로서만이 아니라 그 자체가 전쟁세를 산정하는 단위로 인식되었음을 알 수 있다. 계속해서 이 193개의 백인대가 "여섯 개의 심모리아συμμορίας로 구분되었다"라고 전한다.[19] 이 심모리아를 "로마인들은 클라시스classis로 부른다"라고 기록하고 있다.[20]

여기까지 보면 'λόχος = centuria', 'συμμορία = classis'로 이해되며 로마의 백인대가 전쟁세 징수의 산정을 위한 단위로서도 기능했음을 알 수 있다. 그런데 그가 묘사한 로마의 심모리아는 어떤 것이었을까? 이를 기록한 자는 그리스의 용어를 가져와 기술한 것이니 먼저 아테네의 심모리아에 대한 이해가 필요하다.[21] 지금까지의 연구에 따르면 그것이 조직된 동기나 수에서 다소간

---

16   Gabba(1949: 192).

17   'ex quo sine publico stipendio milites non fiebant,' 페스투스(Muellero), 234.

18   디오니시오스 할리카르나소스, 『로마 고대』, 4.19.1.

19   같은 글, 7.59.3~4.

20   같은 글, 4.18.2~3.

21   심모리아의 창설 시기는 기원전 378/377년으로 알려져 있다(Poland, 1932: c.1162; Jones, 1957: 23~30; Thomsen, 1964: 24).

의 견해 차이가 있으나[22] 전쟁 등에 소요되는 액수를 균등히 분담하기 위해 조직되었다는 점에는 별 이견이 없다.

이러한 아테네의 심모리아의 특성을 염두에 둘 때 우리에게 알려진 로마의 클라시스[23]는 그것과는 별개로 여겨진다. 즉, 클라시스는 백인대의 등급으로 1등급에서 5등급까지 다섯 개가 있었으며(등외를 등급으로 보면 여섯 개임) 각 등급에 속한 켄투리아의 수에서 차이가 컸을 뿐 아니라, 그것은 재산 소유에 따라 구분지어진 것이므로 각 등급이 동일액의 조세를 부담했다고 보기 어렵기 때문이다.[24] 따라서 디오니시오스 할리카르나소스에서 기술된 심모리아의 의미는 앞에서 간단히 소개한 백인대의 등급과 일치할 수 없다. 그렇다면 로마에서 193개의 켄투리아를 포괄하면서 아테네의 심모리아처럼 균등한 담세 능력을 가진 징수 단위로는 어떤 것이 있었을까?

로마에서는 징병에 필요한 총원을 산정하고 트리부스별로 할당했던 것으로 알려져 있다.[25] 따라서 전쟁세의 징수도 같은 방식으로 이루어졌다고 볼 수 있다. 요컨대 전쟁세의 산정은 백인대를 단위로 했지만 징수는 지역구를 단위로 해서 이루어졌을 것으로 이해된다. 그렇다면 전쟁세 징수의 측면에서 볼 때 디오니시오스 할리카르나소스에서 기술된 '클라시스'는 트리부스의 착오일 가능성이 높다. 여기에서는 트리부스의 기능[26] 중 전쟁세 징수와 관련된 부분을 검토해 보자.

트리부스는 파구스pagus를 모델로 삼아 만들어진 것으로 생각된다.[27] 디오

---

22 심모리아의 수에 대해서는 Nicolet(1976a: 41)를 참조.

23 켄투리아회의 전반에 대해서는 허승일(1985: 제1편 2장)의 '켄투리아회 개편'을 참조.

24 같은 책, 42~44쪽.

25 Coli(1955: 199f.).

26 리비우스, 『도시의 건설로부터』, 1.43.13. '트리부툼(tributum)'에서 '트리부스(tribus)'라는 말이 생겼다고 한다. 원래 트리부스의 기능에 대해서는 Taylor(1960: 8, 99)를 참조.

27 Coli(1955: 195).

니시오스 할리카르나소스에 따르면 이 파구스는 세르비우스 툴리우스 왕이 설치했다고 한다. 여기에는 촌주村主, ἄρχοντες가 임명되어 다음과 같은 임무가 맡겨졌다.

> 같은 파구스에 속한 촌민들의 이름과 그들의 재산 상태를 알아야만 한다. 그리고 무장을 시키기 위해 그들을 소집하거나 각자의 재산에 따라 전쟁세를 부과할 필요가 있을 때, 그들을 전부 집합시키고 재산에 대해 징수한다.[28]

여기서 보다시피 파구스의 주된 기능은 병력 동원과 전쟁세 징수였다. 이런 파구스의 기능에 비추어 보아 트리부스에 부여된 중요한 기능이 전쟁세를 징수하는 것이었다고 할 수 있다. 그런 의미에서 트리부스는 '로마의 농지ager Romanus'가 행정 목적으로 구분된 지역구distretti다. 이는 군대의 조직이 지역 조직을 가지지 않은 것에 대한 보충으로 생겼으며 이 트리부스를 통해 시민에 대한 기록, 특히 재산 소유의 상태가 파악되었다.[29] 다른 면으로 보면 시민들은 트리부스에 자신의 재산을 등록함으로써 그 재산을 보호받을 수 있었다. 이처럼 로마 시민은 지역구를 떠나서는 생각할 수 없었으므로 트리부스에 가입되어 있는 자로 파악되었고, 자연히 지역구민tribulis(트리불리스)[30]은 완전한 로마 시민을 뜻했다.

로마의 영토 확대와 함께 로마의 트리부스는 기원전 241년에 이르러 35개로 확정되었으며 이 숫자는 이후 변하지 않는다. 이와 함께 켄투리아회의 개

---

28 디오니시오스 할리카르나소스, 『로마 고대』, 4.15.3.
29 Fraccaro(1933: 154f.).
30 몸젠은 시민의 한 범주로 이해해 트리불리스를 '성인 남자로 처벌을 받지 않고 등급에 오르기에 충분한 센서스를 가진 자로 정의한다. 이에 대해 필리니오 프라카로(Plinio Fraccaro)는 그것은 단순히 같은 트리부스의 성원이라는 일상적인 표현에 불과하다고 본다(같은 글, 150쪽 참조).

편이 기원전 241~218년에 이루어졌다고 보는 것이 일반적이다. 개편의 핵심은 백인대가 지역구의 일부로 된 것이라고 전한다. 따라서 그 전에는 백인대의 조직과 지역구가 불일치했으나 이제 보병 켄투리아의 수와 트리부스의 수가 정확히 비례하게 되었다. 즉, 35개의 트리부스가 다섯 개의 등급별로 각각 두 켄투리아씩 제공하게 되어 보병 백인대의 수가 종래 170켄투리아에서 350켄투리아로 배가되었으나, 기사 18켄투리아와 비무장병 5켄투리아는 그대로 남아 총 373개로 되었다. 이런 외형상의 변화에도 불구하고 투표 단위의 숫자는 여전히 193개로 개편 전과 동일했던 것으로 밝혀졌다.[31] 여기서 필자가 주목하는 것은 이 개편을 통해 징병 명부와 전쟁세 납부자 명단이 단일화되었다는 점이다. 이 개편으로 얻게 되는 직접적인 효과는 우선 이중의 명부가 단일화되면서 호구조사관들의 번잡한 업무가 간소화되었다는 점이다. 또한 지역구 자체도 이제 징병 및 전쟁세 징수 단위로서의 행정 기능이 강화되었으리라고 보인다. 이러한 개혁에 앞서서 군대 조직과 시민 등록의 방법에 변화가 있었다. 이미 이전 세기에 중대 전술이 도입되면서 1등급에서 5등급에 이르는 무장의 차이는 소멸해 갔다.[32] 기원전 241년에 이르자 더 이상 등급의 차이가 무장의 차이를 의미하지 않게 되었으며, 그런 점에서 등급은 재산 소유의 차등만을 의미하게 되었다고 보인다. 아울러 센서스 등재의 기준도 달라졌다. 기원전 312~310년의 호구조사관인 아피우스 클라우디우스 카이쿠스의 개혁은 각 트리부스에의 가입 기준을 종래의 토지 소유에서 동산으로까지 넓힌 것이었다. 이를 통해 비토지 소유자도 트리부스에 가입되었다고 한다.[33] 이처럼 가입 기준으로 토지만 보았던 종래의 규정을 폐지해 다른 종류의 재산을 가진 시

---

31 허승일(1985: 29쪽 이하, 153쪽의 주 82) 참조. 개편 후의 전쟁세 산정의 단위는 193개에서 373개로 바뀌었을 가능성이 있다.

32 Kienast(1975: 107); Gabba(1949: 1, n. 1).

33 몸젠의 개혁설에 대해 프라카로는 카이키우스의 조치는 큰 의미가 없다고 본다(Fraccaro, 1933: 157~159; Nicolet, 1961: 353 참조).

민들도 트리부스에 가입할 수 있는 길이 열리면서 그만큼 납세할 수 있는 시민의 수가 늘게 되었다. 따라서 로마의 시민으로 파악된 수효는 재산에 기준을 둔 것이었지 신체의 상태가 아니었다는 에밀리오 가바의 주장도 이런 맥락에서 타당성을 지닌다.[34] 켄투리아회 개편의 골자인 명부의 일원화는 이러한 사전 조치에 기초한 것이므로 병력 충원보다 오히려 전쟁세 징수의 세원을 확보하려는 것이 목표였다고 판단된다. 이후 징집에 요구되는 최소 재산 자격이 하강했고, 마리우스 이전에도 긴급을 요하는 경우에는 재산이 없는 자들도 징병되었던 예가 있었으므로 그만큼 국가가 봉급 지불액을 늘려야 했을 것이다.

전쟁세는 기원전 167년 이후에 로마 원로원이 전쟁세의 징수를 결의하지 않으면서 124년간 징수가 중지되었다. 여기서 전쟁세의 징수와 관련된 지역구의 기능은 이제 소멸했다고 볼 수 있을 것이다. 그렇다면 이 기간 지역구는 어떤 기능을 가지고 있었을까? 릴리 테일러에 따르면 트리부스의 군사적 기능은 점점 사라지고 투표구로서의 기능이 중심이 되어갔다.[35] 그러나 전쟁세는 언제라도 원로원의 결의만 있으면 징수될 수 있었으므로 징세 조직이 완전히 없어졌으리라고 생각되지 않는다.[36] 또한 동맹국전쟁의 결과 동맹국 시민을 받아들이면서 트리부스의 기능은 더욱 강화되었을 가능성도 있다. 키케로가 재산권을 보장받기 원하는 자에게 — 문맥에서는 면세되기 위해서 — "어느 트리부스에(in qua tribu)" 토지를 등록시켰는지를 묻는 것이 그 점을 입증한다.[37] '지

---

34 Gabba(1949: 181f., 187f.). 가바는 5등급의 재산 액수가 시기적인 차이를 보인 데 주목해 기원전 107년 마리우스의 병제를 점진적인 변화의 귀결이라고 여겼다. 즉, 5등급의 재산 액이 1만 5000아스에서 4000아스로 바뀐 것은 기원전 214~212년, 4000아스에서 1500아스로 바뀐 것은 기원전 133(146?)~123년으로 잡고 있다. 이러한 재산 자격의 하향 조정은 병력을 확보하기 위한 것이었다. 따라서 이렇게 새로 등록된 자들은 면세되었을 것이라고 추측된다.

35 Taylor(1960: 13)에서는 트리부스에 기초한 징병의 쇠퇴를 농민 수의 감소 때문이라고 설명한다.

36 Nicolet(1976a: 80f.).

역구민'이란 말이 같은 이해관계의 표현으로 등장하는 것은 바로 그런 사정을 반영한 것으로 여겨진다.[38] 왜냐하면 트리부스 소속이 시민임을 보장하는 것이었으며 나아가 정치무대에서도 같은 트리부스 소속의 동료가 중요해졌기 때문이다.

3. 트리부니 아이라리의 역할

1) 기원전 167년 이전

앞에서 징수 단위로서의 지역구인 트리부스에 관해 살펴보았다. 이러한 지역구 조직이 지니는 조직 형태는 앞서 언급한 아테네의 심모리아와 같은 것으로 보인다. 아테네의 경우에 비록 정무관은 아니지만 자기 심모리아의 명부를 관리하고, 징세 과정에 간여하는 대표자diagrapheis가 있었다.[39] 파구스의 촌주들도 유사한 성격을 지녔다. 따라서 트리부스 안에도 같은 역할을 하는 자들이 있었을 것으로 보인다. 어떤 자들이었을까? 디오니시오스 할리카르나소스는 다음과 같이 전한다.

> 한편 트리부스의 주도권(τρίβων ἡγεμονίας)을 가지고 있는 자들은 필라르코이 (φύλαρχοι) 및 트리티아르코이(τριττύαρχοι)다. 로마인은 이들을 트리부누스들 (τριβούωνούς)이라고 부른다.[40]

---

37 키케로, 『플라쿠스 변호』, 80. 이 시기에 이르러서는 로마 시민이 지닌 재산의 소재지에 따라 과세 기준이 달라졌던 것으로 생각된다. 즉, 속주에서 보유한 사유지는 면세되지 않게 되었다(Shaw, 1989: 813).

38 Fraccaro(1933: 154).

39 Thomsen(1964: 188f., 246f.).

40 디오니시오스 할리카르나소스, 『로마 고대』, 2.7.3.

412 제4부 트리부니 아이라리

여기서 "필레(φυλή)"나 "트리티스(τριττύς)"는 로마의 행정구역인 트리부스를 지시하는 말로 이해되며, "아르코이(ἄρχοι)"[41]라는 칭호는 대표자인 장長의 의미를 지닌다. 따라서 "트리부누스들(τριβούωνούς)" 역시 그러하다. 여기서의 '트리부누스tribunus'는 어떠한 자들일까? 그런 칭호를 가질 수 있는 자들은 '트리부니 밀리툼tribuni militum(천부장)', '트리부니 아이라리', '트리부니 플레비스tribuni plebis(호민관)' 등[42]이다. 그런데 아테네의 경우 심모리아에서 가장 많은 액수를 납부하는 자가 '헤게몬ἡγεμών'으로 표현되었다는 점을 생각할 때,[43] 앞에서 언급된 주도권은 바로 가장 부유한 자에게 해당한다고 하겠다. 한편 "최강자(ἀνδρεοτάατους)"란 수식어가 앞의 트리부누스에게 붙어 있다. 후대의 글이기는 하나 키케로가 같은 의미의 수식어인 "가장 용감한 남자들(fortissimos viros)"[44]로 표현한 자가 바로 트리부니 아이라리였다는 점에서 트리부스의 헤게모니를 가진 자로서의 트리부누스는 다름 아니라 바로 '트리부니 아이라리'였을 것이다.

이러한 추론은 바로 트리부니 아이라리의 본래 의미와 잘 일치한다. 트리부누스는 '트리부스의 대표자'라는 의미를 지니고 있어 '트리부스의 헤게모니를 장악한 자'라는 표현과 잘 부합한다. 아이라리우스aerarius는 일반적으로 국

---

41 Nicolet(1966: I, 603)에 따르면 이 명칭은 왕(王)을 지칭한다. 이 칭호로 보아 이들은 지역 사회의 유력 인사임에 틀림없다. 공화정이 성립한 후에 이들이 원로원의원들과 어떤 관계에 있었는지가 문제가 된다. 사회경제적 기반 측면에서는 원로원 귀족들과 큰 차이가 없었으나 기원전 487년경에 발생한 '귀족의 폐쇄'에 따라 이들은 귀족과 분화해 평민을 대변하는 세력으로 성장한 것으로 보인다. 공화정 초기에 발생한 신분투쟁이 이런 문제와 밀접한 관련을 지닌다(Raaflaub ed., 1986: 228f.).

42 트리부누스로서의 호칭을 가진 자에 대해서는 Enßlin(1936: c.2432~2435)을 참조.

43 Thomsen(1964: 247). 아테네에서 이들은 대수롭지 않은 처지였던 것으로 파악된다. 하지만 로마에서 트리부니 아이라리의 역할은 아테네에서와는 달리 대표자(diagrapheis) 직책도 행사한 것이 아닐까 생각이 든다.

44 키케로, 『카틸리나 탄핵』, 4.7.15.

고aerarium와 관련이 있는 말로 본다. 또 단독으로 쓰일 경우 아이라리우스는 본래 처벌을 받아 납세의무만 지게 된 자들을 표현하는 말이기도 했으니[45] 트리부니 아이라리가 그와 무관하지 않다고 보아야 한다. 양자에 대한 평가는 상반된 것이었겠으나 비슷한 어휘 구성으로 보아 속성은 같은 것으로 여길 수 있다. 여기까지의 논의에서 각 트리부스에는 국가 재정의 운영과 관련한 대표자로서 트리부니 아이라리가 로마 공화정 초기부터 존재했음을 알 수 있다. 아마 이들이 트리부스 안의 호구조사 기록을 정리 및 유지했으며 그것에 기초해 활동했다고 보아야 할 것이다.

트리부니 아이라리의 그러한 역할을 조명하기 전에 전쟁세 징수를 위한 조직이 아테네의 심모리아와 같은 동기에서 형성된 점을 앞서 지적했으므로, 아테네의 '전쟁세εἰσφορά'의 징수에 관해 좀 더 살펴보는 것이 좋겠다.[46] 아테네에서도 전쟁세의 성격이 변했다. 본래 전쟁세는 공동체로서의 폴리스를 잘 대변하는 것으로 같이 분담하고 여분이 있으면 같이 분배하는 것이었다. 아테네의 경우 기원전 428년에 신설되었다는데, 처음에는 순전히 토지 재산에 부과되었으나 나중에는 동산을 포함하는 일반적인 재산에 부과되었다.[47] 또 전쟁세를 수월히 징수하기 위해 심모리아가 조직되었음은 이미 언급한 바와 같다. 이후 강제적인 '선납제προεισφορά'가 정착되어 간 점이 주의를 끈다.[48] 아테네에서 선납제가 분명히 언급되는 최초의 시점은 기원전 359년으로 알려져 있다. 데모스테네스Demosthenes의 연설에 따르자면 각 데모스demos에 속한 자들과 그곳에 토지를 가진 자들 중에 "데모스 성원을 대신해(ὑπὲρ τῶν δημοτῶν)" 선납할 자의 이름을 조사하도록 표결한 것[49]을 알 수 있다. 여기서 선납이 지

45   Fraccaro(1933); Nicolet(1976a: 30f.).
46   세율, 납세자 수, 징수액에 대해서는 Jones(1957: 23~30; 1974b: 154)를 참조. 아테네에서 에이스포라 징수의 정치적인 사정에 관해서는 김봉철(1992a: 20~23)을 참조.
47   Jones(1974b: 154). 도입 시기에 관해서는 Thomsen(1964: 14f.)을 참조.
48   Littman(1989: 800).

역을 단위로 이루어졌다는 데 주목해야 한다. 이러한 강제적 선납 제도에 대해 그것이 유산자들을 단결시켰다고 해석하기도 한다.[50] 반면에 모지스 핀리는 그런 방식의 재부 사용이 지배층이 빈민층으로부터 권력 기반을 확보하는 방식의 하나였을 것이라고 지적한다.[51] 특히 로마에서 부유한 시민이 정치 주도권을 독점한 이유를 재정상의 이유에서 찾는 핀리의 견해는 시사하는 바가 크다.

공화정 초기의 많은 징수 사례에서 빈민들은 전쟁세를 면제받는 것을 볼 수 있고,[52] 그러한 빈민이 또 병사로 복무할 자격을 얻게 되면서 로마의 전쟁세 징수도 아테네처럼 선납 제도가 점차 굳어져 갔다고 본다. 페스투스의 사전에 트리부니 아이라리를 다음과 같이 정의한 것은 트리부니 아이라리가 아테네의 전쟁세 선납자와 같은 부류에 속했음을 보여준다.

트리부니 아이라리는 돈을 떠맡는 데서 불린 명칭이다.[53]

여기서 "떠맡는다(tribuendo)"는 '분담하다(tribuere)'에서 비롯했으니, "돈을 떠맡는다"라는 것은 '전쟁세를 책임진다'는 뜻이고 경우에 따라서는 '선납先納한다'는 의미로 보아야 할 것이다.[54] 이처럼 국가가 지불할 금액을 일종의 공채처럼 개인들이 떠맡거나 분담하

---

49 데모스테네스, 50.8. 도입 시기에 관해서는 Thomsen(1964: 14f.)을 참조. 이들 선납자는 공공 봉사자(λητουργοῦντες)로 인정되었다(같은 책, 207쪽 참조).

50 Schaefer(1962: c. 1230~1235).

51 Finley(1983: 32f.).

52 리비우스의 『도시의 건설로부터』(2.9.6)에서는 빈자들(pauperes)은 자식을 양육하는 것으로도 충분히 전쟁세를 내는 것이라고 했다. 대개 징병 자격은 4000아스 이상, 전쟁세 납부 하한은 1500아스였을 것으로 보는 견해도 있다(Gabba, 1949: 178).

53 'aerarii tribuni,' 페스투스(Muellero), 2. "aerarii tribuni a tribuendo aere sunt appelati."

54 어의(語義)에 관해서는 Nicolet(1966: I, 599f.; 1976a: 48f.)를 참조.

는 것은 오래된 관행의 하나가 아니었나 싶다. 예를 들어 리비우스에 따르면 기원전 378년에는 소실된 목책을 대신해 석재로 성을 쌓는데 국고가 고갈된 상태였다. 이때 호구조사관들이 다음처럼 해서 성을 쌓게 된다.

> 트리부툼으로서(tributo) 새로운 계약이 체결되었다.[55]

여기서 트리부툼은 국고가 고갈된 상태이므로 앞으로 징수해야 할 것이다. 그러한 계약은 일상적인 사적인 관계에서 이루어지는 것이 아니라 비상조치 이므로 그 계약에 참여한 개인은 채권을 확보할 수 없는 상황에서 일방적으로 계약을 체결하지 않을 수 없었을 것이다.

이와 관련해 다음의 비문은 구체적인 지불자를 명시하고 있다는 점에서 트리부툼을 매개로 한 계약 관계를 더 잘 설명한다.

> 도로 보수 청부를 맡은 자에게 …… 만약 '분담 맡을 자(is quei adtributus erit)' 가 그 돈을 자신이나 대리인이 (분담된) 사실을 안 지 30일 후에 '분담액에 권리 가 있는 자에게(quoi ad tributus erit)' 청산하지 않는 경우 …… 액수의 1.5배를 주어야 한다.[56]

여기에 따르면 도로 보수 청부 계약은 삼각의 관계로 이루어져 있다. 지불을 보장하는 국가권력, 청부업자, 지불자의 관계가 그것이다. 이 경우 청부업자는 전쟁세에 대한 권한이 있고, 지불 의무자는 특정 업자에게 공사 금액을 지불해야만 한다. 여기서 로마의 전쟁세는 국가가 직접 관리한다기보다는 간접적으로 지불자와 권리자를 연결시키는 방법으로 관리되었음을 엿볼 수 있

---

55 리비우스, 『도시의 건설로부터』, 4.32.1.
56 『라틴비문집성』, I², p.593, ll.41~43(Nicolet, 1976a: 48, n.8과 비교).

다. 그러한 지불 방식이 일상적인 것은 아니었으므로 성곽 축조나 도로 보수 등 군사상 시급히 요구되는 사안에 대해서만 허용되었을 가능성이 높다. 한편 앞의 비문처럼 명시된 것으로 보아 그것이 양해 사항을 넘어 관행으로 굳어지기에 이른 것으로 보아야 할 것이다.

이런 맥락에서 트리부니 아이라리가 '분담하다(tribuere)'에서 비롯한 호칭이라는 말은 병사들에 대한 봉급 지불도 앞에서 예를 든 것과 같은 방식으로 이루어졌음을 지시한다. 마르쿠스 바로에 따르면 앞에서 "그들이 분담하는 돈(aes)은 군인에게 지급할 돈, 즉 군전軍錢(aes militare)이었으며, 그런 역할을 떠맡게 되어(attributus) 병사에게 주는 자가 트리부니 아이라리"라고 했다.[57] 이 설명도 군인의 봉급 지불이 이들에 의해 직접 이루어졌음을 시사한다. 또한 이를 보장하기 위한 조치에 따라 지정된 트리부니 아이라리에 대해 병사는 압류권(피그노리스 카피오)을 가졌던 것으로 알려져 있다.[58]

바로는 이 군전軍錢이 플라우투스의 극 〈황금단지〉에 나오는 병사가 청구하는 돈을 가리킨다고 설명한다. 이 구절은 극의 대본 526행에 나오는데 극의 배경은 아테네지만 그 내용은 로마인들에게도 친숙한 것이었다. 따라서 이를 통해 로마에서 전쟁세를 둘러싼 관계의 일면을 엿볼 수 있다. 극중 인물인 메가도로스Megadorus는 부유한 여인과의 결혼이 왜 불리한지를 설명하며 자기도 모르는 사이에 트리부니 아이라리에 속하게 되었음을 이야기한다. 즉, 그는 재산 문제 때문에 곤경에 빠지게 되었고, 설상가상으로 그를 더욱 곤경에 빠뜨리는 것이 병사의 청구다. 극중에서는 비록 식사까지 건너뛴 병사가 강제집행을 하지는 않았지만 메가도로스는 국가 때문에 강제로 채무자의 입장에 처하게 되었다. 이처럼 국가에 의해 병사 봉급의 대리 지불의 책임을 지게 된 자가 바로 트리부니 아이라리로 일컬어졌음을 이 극의 단편으로 알 수 있다.

---

57   바로, 『라틴어론』, 5. 181.

58   Nicolet(1966: I, 599f.).

그러한 것이 관행이었다면 특정 병사와 트리부니 아이라리의 관계는 더욱 밀접했을 것으로 보인다. 리비우스가 전하는 다음의 말은 그런 관계를 잘 드러낸다.

그리고 전쟁세가 트리부니 (아이라리)를 통해 징수될 수도 없으며 전비戰費가 장군들에게 보내지지도 않고 병사는 봉급을 요구하고 있으므로 ......[59]

이 기사에서 "전쟁세", "전비stipendium", "봉급"은 모두 같은 대상을 가리키는 다른 표현이다. 결국 전쟁세를 둘러싸고 트리부니 아이라리-장군-병사의 관계가 정립되어 있었던 것이다. 이와 더불어 생각할 것은 페스투스의 사전 기록이다.

제일 군단의 전쟁세를 '지불할 것을 약조했던(scribebat)' 자가 제일 군단의 트리부누스(primanus tribunus)였다.[60]

이 "제일 군단의 트리부누스"는 전쟁세를 다루고 있는 것으로 보아 트리부니 아이라리로 보아야 할 것이다. 이들이 특정 군단과 관계를 맺고 있었음을 알 수 있다. 그러한 점은 트리부스의 수가 군단의 수에 비례한다는 사실에서도 추론된다. 따라서 리비우스와 페스투스 사전의 이러한 기록에 따르면 특정한 장군과 트리부니 아이라리의 관계가 단순하지 않았음을 알게 된다.

한편 봉급 지불은 액수 중 일부가 야전에서 지급되기도 했으나 대개는 연고지에서 이루어졌으며 계산도 직접적인 현금 계산이 아니라 장부상의 계산이었다.[61] 그러므로 각 트리부스에 흩어져 있는 트리부니 아이라리들의 존재

59   리비우스, 『도시의 건설로부터』, 5.12.7.
60   'primanus tribunus,' 페스투스(Muellero), 235.

가 병사들에게 매우 중시되었을 것이며, 플라우투스의 극 중 병사가 봉급을 강제 집행하지 못하는 사정이 이 점에서 연유한다고 하겠다. 다른 한편으로 이렇게 실력을 갖춘 자들을 확보하는 것은 국가에게도 매우 중요했을 것이므로 호구조사관들이 이들의 명단을 파악하고 있었을 것이다. 즉, 이들을 원로원의 원이나 기사 신분처럼 별도의 명단으로 파악하고 있었다는 것이니 그만큼 국가로서는 전쟁세의 징수 및 운용에서 필수 불가결한 집단이었다는 의미다.

흔히 트리부니 아이라리는 선납한 후 자신의 분담액을 제외한 나머지를 다른 시민으로부터 거두었다고 생각된다. 그러나 이것은 단순한 일이 아니었다. 왜냐하면 이는 일종의 공공 봉사liturgy[62]의 성격을 내포하는 것이었으며 국가가 이들에게 징수 권한을 주었던 것은 아니기 때문이다. 조세 징수 청부업자에게는 속주에 대한 조세 징수권을 5년 계약으로 팔았으나[63] 트리부니 아이라리는 그러한 계약과 무관했다. 단지 국고가 차게 되면 지불받는 것이었으리라고 본다. 평소에는 "분담된 여자들(viduae attributae)"처럼[64] 의무적으로 납세만 했을 것이다. 이 추론에 대한 한 단서로 제시될 수 있는 것이 가이우스 파브리키우스 루스키누스Gaius Fabricius Luscinus가 자랑하는 자신의 업적이다. 그는 여러 가지를 열거하며 "미리 지불된 전쟁세를 개인들에게(τοῖς ἰδίωταις) 되돌려 주었다"[65]라고 말하고 있다. 이 조치를 통해 혜택을 입게 된 개인들은 주로 원로원의원이나 트리부니 아이라리였을 것으로 추측된다.[66] 그러한 상환은 국고가 찰 경우에나 가능했으며 호의적으로 이루어지는 것이다.

---

61   Boren(1983: 436).

62   공공 봉사(레이투르기아)의 양상에 관해서는 Littman(1989: 800~802)을 참조.

63   Badian(1976: 63). 니콜레는 트리부니 아이라리가 이들의 원형(prototype)이라 생각했다.

64   아울루스 겔리우스, 『아테네의 밤』, 4.10.2. 이러한 부녀들에게도 압류권(피그노리스 카피오)이 부과되어 있었다.

65   디오니시오스 할리카르나소스, 『로마 고대』, 19.16.3.

66   Nicolet(1976a: 50).

이렇듯 선납 의무자로서의 트리부니 아이라리의 역할은 로마의 관할 영역이 확대되며 크게 변화했을 것으로 보인다. 병사의 봉급을 지불하는 것도 일대일의 사적인 차원에서 이행되던 것이 군대 규모가 커지고 전비가 기하급수적으로 늘면서 한계에 부딪혔을 것이기 때문이다.[67] 니콜레는 바로 그 시기를 제2차 포이니 전쟁 기간으로 본다.[68] 이때부터 재무관이 직접 징수하는 것이 더 유리하게 되었다. 특히 이 기간에 재정 궁핍 문제를 해결하고자 국가가 적극적으로 활동하고 있었음을 본다. 병력 소집과 봉급 부담을 일정액의 재산을 가진 자에게 강요하고, 청부업도 크게 이용하지 않을 수 없었다.[69] 이렇듯 강제적이고 임기응변적인 조치는 전시라는 특수한 상황의 산물이지만, 다른 한편으로 국가의 직접적인 징수 기능의 강화를 불러왔다. 특히 이 시기를 전후로 재무관의 수가 대폭 증가한 것이 그런 점을 지시한다.[70]

그런 의미에서 기원전 167년 이후 전쟁세의 징수가 결의되지 않은 것은 적어도 트리부니 아이라리에게 봉급의 지불 책임을 지우지 않고 필요한 전비를 국가가 직접 관리할 수 있게 된 사정을 반영한다. 속주에서 들어오는 수입이 늘면서 재무관의 수가 기원전 197년 10명에서 기원전 80년에 20명으로 증가한 것도 바로 그러한 변화와 관계가 있다.

2) 기원전 167년 이후

앞 절에서 언급한 것처럼 군사 부문의 재정 규모가 방대해지면서 트리부니

---

67 특히 제2차 포이니 전쟁 기간 납세자의 격감이 큰 문제였다(리비우스,『도시의 건설로부터』, 23. 48. 7, 24. 35. 5; Nicolet, 1976a: 71f. 참조).

68 Nicolet(1976a: 46).

69 예컨대 수병을 개인의 부담으로 마련케 한 예(리비우스,『도시의 건설로부터』, 24. 11. 7), 청부업자를 통한 군수품 공급의 예(같은 책, 35. 7)를 들 수 있다.

70 타키투스,『연대기』, 11. 22. 특히 로마가 지중해의 패자가 된 후에 재무관의 수가 배가된 것이 주의를 끈다.

아이라리의 역할이 위축되어 갔고 기원전 167년에 이르러서는 이들의 선납과 봉급 지불의 역할이 중단되었을 것으로 생각된다.[71] 이 이후에 트리부니 아이라리는 단순한 한직에 불과했을 것으로 보인다. 그런데 이미 언급한 것처럼 이들의 행태가 주목받는 것은 그러한 예상과 달리 오히려 공화정 후기로 접어들면서 이들이 대두하는 모습을 보이기 때문이다. 물론 마드비의 말처럼[72] 이 시기의 트리부니 아이라리는 과거와는 아무 관련이 없는 옛 이름의 차용으로 볼 수도 있다. 별다른 기능이나 역할이 기대되지 않는 상황에서 이들의 존재는 의미가 없기에 그런 판단이 가능하다. 그렇지만 아무 관련이 없는 자들이 왜 같은 명칭을 사용했는지, 또 기원전 101년에서 기원전 70년에 왜 오르도로서 표현되었는지에 대한 충분한 설명이 제시되어야만 한다.[73] 특히 그러한 오르도가 단순히 명예가 아니며 구체적인 공적 역할과 분리해서 생각할 수 없기에 더욱 그렇다.

그러한 논의에 앞서서 우선 트리부니 아이라리가 가장 두드러진 모습으로 대두하게 되는 기원전 70년 아우렐리우스법 제정 이후에 기원전 46년까지 약 24년 동안의 활약에 주목한다. 아스코니우스Asconius(기원전 9년~기원후 76년)는 다음과 같은 기록을 전하고 있다.

> 코타(루키우스 아우렐리우스 코타)는 자신이 제정한 법으로 심판직을 원로원의원, 기사, 트리부니 아이라리의 세 오르도에게 배분했다.[74]

---

71 전쟁세의 중지가 가능해진 것은 막대한 양의 전리품이 유입된 데 기인한다(Jones, 1974a: 114 참조).

72 Madvig(1842: 261).

73 마드비는 단지 이들이 평민과 분리되었다는 점을 지적한다. 그리고 키케로가 언급한 기원전 100년대에 이들은 청년에 불과했으므로 당시에는 오르도로서 파악되지 못했다고 주장한다(Madvig, 1881: 181). 그러나 같은 문구 속에 다른 오르도에 관한 언급이 있는 점을 간과하고 있어 그의 주장은 설득력이 없다고 생각된다(Marquardt, 1888: 225, n.2 참조).

74 아스코니우스, in Corneliam, p.67(Kiessling, p.59). 같은 책(79쪽)에는 배심원직이 아우

이미 앞의 조처에 앞서서 술라의 체제가 무너지면서 여러 개혁이 이루어졌다.[75] 특히 사법제도 개편에서 그때까지의 원로원의원들의 독점을 두고 기사들의 참여를 요구하는 소리가 높았다.[76] 그 결과 원로원의원이 독점했던 배심원단에 이제 기사들도 참여하게 되었다. 그러나 아우렐리우스법이 명백히 보여주듯이 우리의 관심을 끄는 것은 트리부니 아이라리가 이 배심원단에 참여하게 된 것이다. 이들의 참여는 나중에 카이사르의 조치가 있을 때까지 24년간 지속되었다.[77] 이 기간 동안 로마의 지배층인 원로원의원, 기사들과 함께 대등하게 배심원단에 참여한 트리부니 아이라리의 모습이야말로 공화정 후기 사회를 특징짓는 것이라고 할 수 있다. 이 참여는 이들의 신분 상승을 지시하는 척도이며 동시에 로마 공화정 후기의 사회변동을 지시하는 것이기도 하다. 그러한 변동의 모습이 어떤 성격이었는지는 이들의 성향에서 찾아볼 수 있다. 이는 재판 과정에 참여한 이들이 배심 활동을 하며 어떠한 표결을 보여주었는지를 살펴보면 드러난다.

본래 로마에서는 법정 배심원의 표결 내용을 밝히지 않고 결과만 공개하는 것이 규칙이었다. 그런데 이 규칙은 기원전 59년 푸피우스법Lex Fufia의 제정으로 바뀌었다.[78] 이후의 재판에서는 표결 내용이 공개되면서 각 배심원단의 성향을 알 수 있게 되었다. 여기에 근거해 트리부니 아이라리의 활동을 분석할 수 있다. 표결 내용을 알려주는 사례는 몇 가지가 있으나 각 배심원단의 표결 내용이 다르게 나타나는 세 경우를 분석 대상으로 삼았다.

렐리우스법에 의해 "원로원의원, 기사 신분, 트리부니 아이라리에게로 배분되었다"라고 기록되어 있다.

75 술라 체제의 몰락에 대해서는 Wiseman(1932: 334f.)을 참조.

76 키케로의 『베레스 기소』(3.96.223)에서는 공화정의 운명이 기사들에게 배심원직을 되돌려 주는 데 있음을 역설하고 있다.

77 기원전 55년의 콘술이었던 폼페이우스가 아우렐리우스법을 수정하나 법정의 배심 구성은 동일했다(아스코니우스, in Pisonem, p.16).

78 Madvig(1842: 263).

첫 번째 사례는 기원전 56년의 한 재판의 표결 결과다.[79] 이 재판에서 피고
는 섹스티우스 클로디우스Sextius Clodius였다. 그는 키케로가 매우 경멸했던 것
으로 보아 클로디우스 가문의 피해방민으로 추측된다.[80] 그의 죄목은 그의 보
호자인 푸블리우스 클로디우스Publius Clodius가 호민관으로 재직하던 중에 그
가 저지른 악행이었다.[81] 고소자는 티투스 안니우스 밀로Titus Annius Milo였다.
키케로에 따르면 그는 이미 유죄 선고를 받은 것이나 다름없었는데, 밀로의 행
위가 시민들의 반감을 일으켜 단 네 표 차이로 유죄 선고가 내려지지 않았다
고 한다. 키케로는 표결 내용을 다음과 같이 보고한다.

> 왜냐하면 원로원의원들의 투표 단지는 대다수가(copiose) 무죄 표였고, 기사들
> 의 (투표 단지는) 동수였으며(adaequavit), 트리부니 아이라리는 유죄로 했기 때
> 문이다.

이 사례에서 키케로의 진술만으로는 피소자가 무죄 판결을 받지 못할 것으
로 여겨진다. 흔히 각 배심원단이 같은 수의 표를 가지고 있었다고 여겨지기
때문이다. 그러나 그러한 예상과는 달리 전하는 표수에 따르면 각각 차이가
났다. 이를테면 아스코니우스에 나오는 스카우루스Scaurus 소송에서 배심원단
의 표수는 원로원의원 32표, 기사 20표, 트리부니 아이라리 25표였다.[82] 이처
럼 차이가 났으므로 비록 트리부니 아이라리가 전부 유죄 표를 던졌어도 무죄
판결이 날 수 있었다.[83] 피고의 보호자인 클로디우스는 키케로와 정적 사이였

---

79 키케로, 『동생 퀸투스 서한』, 2.4.6.
80 Nicolet(1966: I, 593; 597, n.8) 참조.
81 푸블리우스 클로디우스는 기원전 58년의 호민관이었다(Broughton, 1984: II, 197f.).
82 아스코니우스, in Scauro, p.30
83 그 밖에 배심원단의 표수가 서열 순으로 하나씩 줄어드는 경우도 있다(아스코니우스, in
  Milone, pp.53~54). 이렇게 표수가 달라지는 것은 일찍부터 주목받았으나 어떤 원칙이 있

다. 무죄로 판결나자 그 "법정이 매우 혐오스럽다(teterrimo in consilio)"라고 말하는 점으로 볼 때, 법정의 판결을 둘러싼 파벌 간의 문제가 심각했다고 볼 수 있다.[84] 그런데 중요한 것은 세 배심원단의 표결에서 원로원의원 배심원단의 표와 트리부니 아이라리 배심원단의 표를 거의 대립하는 양상으로 키케로가 기술했다는 점이다. 여기서 원로원의원들의 다수결에 비해 수적인 면에서 반대 성향을 드러내는 집단인 트리부니 아이라리의 활동에 대해 의미를 부여할 수도 있을 것이다. 계속해서 나머지 사례들도 검토해 보자.

두 번째 사례는 기원전 54년의 기사다.[85] 여기서는 앞의 소송에서 법무관으로 재직했던 리비우스 드루수스Livius Drusus가 규정된 소송 처리 절차를 어기고 피고와 담합한 혐의(praevaricatio)로 피소되었다. 재판 결과 그는 곧 사면받았다. 여기에서 키케로는 다음과 같이 표결되었음을 전한다.

> 드루수스는 …… 합계해 …… 네 표 차이로 트리부니 아이라리에 의해 무죄로 판결되었다. 반면 원로원의원과 기사들은 유죄 판결을 했다.

여기서 두 배심원단이 유죄 판결을 했다는 것은 투표 단지를 개봉했을 때 결과가 유죄 표가 무죄 표보다 많았다는 의미로 보아야 한다. 아스코니우스가 전하는 사례에서도 표수를 밝히지 않은 경우 단지 각 배심원단의 집계 결과만 표시하는 것으로 보아 그러하다.[86] 여기서 트리부니 아이라리에 의해 투표 결과가 뒤집히는 장면은 가히 극적이라고 할 만하다. 그러기에 키케로도 트리부니 아이라리의 역할을 강조해 우선 언급한 것이다. 이런 결과를 얻으려면 트

　　　 었는지 여부는 아직 알려지지 않았다(Madvig, 1842: 262 참조).

84　위(僞) 살루스티우스, 『노(老) 카이사르에 보내는 국정 서한』, 3.

85　키케로, 『동생 퀸투스 서한』, 2. 16. 3.

86　아스코니우스, in Milone, p. 55.

표 14-1 사우페이우스에 대한 표결 (단위: 명)

배심원단	유죄	무죄
원로원의원	10	8
기사	9	8
트리부니 아이라리	6	10
계	25	26

리부니 아이라리가 거의 일치단결해야 한다. 따라서 원로원의원이나 기사에 비해 이들의 결집성이 더 강했다는 인상을 받게 된다.

세 번째 사례는 기원전 52년의 소송 기록이다.[87] 피고인 마르쿠스 사우페이우스Marcus Saufeius는 여기서 클로디우스 피살 사건의 공범으로 고소당했다. 루키우스 카시우스Lucius Cassius, 루키우스 풀키니우스Lucius Fulcinius, 가이우스 발레리우스Caius Valerius가 고소자들로 이들은 모두 친카이사르파였다. 이 소송은 이례적으로 두 차례에 걸쳐 진행되었다. 결과는 모두 무죄 판결이 내려졌다. 그중 제1차 소송의 표결 내용이 〈표 14-1〉과 같다. 이 표에서 보듯이 표결 내용은 백중세였다. 특히 주목되는 것은 대체로 트리부니 아이라리의 표결이 사우페이우스 쪽으로 치우쳐 있어 그것이 무죄 판결을 이끌었다는 점이다. 소송 당사자인 사우페이우스의 가문은 프라이네스테Praeneste의 유력한 지방 세력이었다.

이 지역은 본래 라틴동맹의 지위를 가진 도시로 기원전 90년 마리우스의 편에 섰으나 기원전 82년 술라에 의해 정벌된 곳이다. 사우페이우스 가문이 이런 지역에서 영향력을 가졌다는 점과 트리부니 아이라리의 다수표가 관계가 있으리라고 생각된다. 이런 맥락에서 거론될 수 있는 예로 키케로가 변호했던 플랑키우스의 재판(기원전 54년) 때 그의 출신 지역인 아티나Atina로부터 트리부니 아이라리가 대거 지원을 나왔다는 사실이다.[88]

---

87 같은 책, 54쪽(Kessling, p. 48).

여기까지의 세 가지 사례에서 트리부니 아이라리가 재판 과정에 참여하며 특정 인물을 위해 몰표를 던지면서 원로원의원, 기사 배심원단의 의사를 무력화시키는 모습을 볼 수 있다. 한편 이 세 사례에는 모두 키케로가 밀접하게 관계되어 있다. 첫째 사례의 피고인 섹스티우스 클로디우스는 키케로와 대립하는 관계였으나 무죄 선고를 받는다. 둘째 사례의 드루수스는 키케로와 절친한 관계였던 것으로 알려져 있다. 셋째 사례의 사우페이우스는 키케로가 직접 변호를 맡은 인물이다. 그런데 우연일지 모르겠으나 세 사례 모두 트리부니 아이라리는 키케로 쪽으로 기운 것을 볼 수 있다.[89] 이러한 결과는 키케로 자신이 '신인新人, homo novus'[90]에 속했다는 점과 관계가 있을 것으로 보인다. 자연히 여기에는 지역 간의 문제도 표출되고 있다고 여겨진다.[91]

이러한 점에 비추어볼 때 공화정 후기에 로마 원로원이 트리부니 아이라리를 장악하지 못했음이 확인된다.[92] 이 시기 원로원의 재정적 무능력을 이러한 트리부니 아이라리의 장악 실패와 관련해서 생각해 볼 수도 있다. 이런 생각을 입증하기 위해서는 우선 전쟁세의 징수 중지 기간에 이들이 국가 재정 운영과 관련해 어떤 역할을 수행할 수 있었으며 또 수행했는지를 검토해야 한다. 왜냐하면 이것이 전제되지 않고서는 원로원의 전쟁세 징수의 실패를 이들의 활동과 연결시킬 수 없기 때문이다.

---

88 사우페이우스 가문에 관해서는 Nicolet(1966: II, 1013)를 참조. 그를 지원하는 트리부니 아이라리가 많았다(키케로, 『플랑키우스 변호』, p.8 참조).

89 물론 키케로가 변호한 경우에도 트리부니 아이라리가 키케로의 뜻대로 조종되지 않은 때도 있었다(아스코니우스, in Milone, p.55).

90 Wiseman(1971: 136f.).

91 Taylor(1966: 292f.).

92 폴리비오스(6.17.3~5)에 따르면 원로원의 재정권은 '공금의 취급자들을(τοὺς τὰ δημόσια χειρίζοντας)' 장악하고 있었던 것 때문이라고 한다. 트리부니 아이라리를 이들에 포함시켜도 좋다고 한다면 원로원과 이들의 관계가 달라지는 것은 기원전 2세기 후반부터 시작된다고 보아야 할 것이다(Walbank, 1957: 695 참조).

쉽게 생각하면 로마 시민은 전쟁세를 면제받았으므로 재산권 행사에 전혀 간섭을 받지 않았다는 결론에 도달할 것이다. 그러나 기타의 조세가 로마 시민들에게 아무런 부담을 주지 않았다고는 생각할 수 없으며,[93] 또 언제든지 전쟁세는 재징수될 수 있는 것이었음을 상기해야 한다.[94] 일반적으로 로마는 속주에서 들어오는 수입으로 군대를 운영했다고 말해지나 사실상 그 액수는 해당 지역에 주둔하는 군대의 유지비로 쓰기에도 부족한 정도였으며, 로마에 이익을 가져다주는 곳은 아시아 속주 외에는 없었던 것으로 알려진다.[95] 또한 다수의 로마 시민이 속주에 토지를 가지고 있었는데 거기서 얻는 수입에는 로마가 면세하지 않았다. 즉, 이탈리아 안에 있는 사유 토지가 면세되었던 것이며 그러기에 귀족들의 투자 대상으로 각광받았다.[96]

여기서 일반적인 재정 운영의 문제와 관련해 트리부니 아이라리의 역할을 검토해 볼 필요가 있다. 우선 재무관과의 관계를 살펴보아야 한다. 이 정무관 수가 대폭적으로 늘어난 것은 로마의 재정 규모가 크게 증가했음을 의미한다. 이를 국가기관의 재정 관리 강화라는 측면에서 본다면 트리부니 아이라리의 활동 약화 또는 배제라는 결과를 가져왔으리라고 생각할 수 있으며, 나아가 이 기간의 트리부니 아이라리는 이전의 그들과는 무관하다고 생각할 수도 있을 것이다.[97] 그런데 술라의 집권을 전후한 시기에 트리부니 아이라리와 재무관의 관계를 암시하는 구절로 다음과 같은 단편이 남아 있다.

93　Nicolet(1976a: 71f.) 참조.

94　키케로, 『플라쿠스 변호』, 32.80. 전쟁세 부과에 반대하는 키케로 역시 그에 대한 대비를 소홀히 하지 말 것을 권하면서 공공연히 전쟁세가 부과될 수 있음을 암시한다(Marquardt, 1888: 225, n. 2 참조).

95　Jones(1974a: 116)에 따르면 속주에서 거둔 돈은 이탈리아에서 사용되지 않았으며, 속주 주둔군이 쓰기에도 부족했다고 한다. 속주 주둔군에 관해서는 Smith(1958: 25)를 참조.

96　키케로, 『플라쿠스 변호』, 80(Brunt, 1971: 121~123).

97　Madvig(1842: 252).

기사들이 심판직을 다시 차지했음에도 불구하고 재무관직은 후보들의 위엄이나 '분담자'들의 편의(facilitate)에 맡겨졌다.[98]

여기서 필자가 강조하는 부분은 'tribuentium', 즉 'tribuens(떠맡은 자)'의 복수 소유격이니 이들의 편의가 재무관 선출의 변수였다는 점은 적어도 이들이 앞으로 원로원의원이 될 재무관과 깊은 관계에 있었음을 보여준다고 하겠다. 이러한 관계는 앞의 문장에서 보듯이 기원전 70년대의 큰 변화에도 불구하고 여전히 변함이 없었던 사항이라고 하겠다.

그렇다면 기원전 167년 이후 트리부니 아이라리와 군 재무관의 사이에 어떤 관계가 만들어졌다고 볼 수 있을까? 이 점은 키케로의 『베레스 기소』에서 찾을 수 있다. 여기서 "공금 횡령자(aversa pecunia publica)"[99]라고 비난받는 베레스는 속주로 출발하며 필요한 전비를 다음과 같이 마련했다고 전한다. "돈이 분담되었고(attributa) 계산되었다." 이러한 전비 마련의 방법은 앞 절의 언급처럼 전쟁세를 부과하는 것과 연관된 것으로 보인다. 그러나 기원전 167년 이래로 공식적인 전쟁세의 징수 결의가 없었던 점으로 미루어 볼 때, 이는 국가의 공적인 재정을 지출하는 방식을 의미한다고 여겨진다. 앞 절에서도 언급했지만 이 말은 특정한 인물을 통해서 그러한 공공 재정의 지출을 대행하도록 강제하는 제도와 관련이 있는 표현이 아닐 수 없다. 베레스는 원로원에 잔고가 아르미니움Arminium에 남아 있다고 보고했다. 여기서 국고의 관리자 또는 위임자가 그곳에 있어 재무관에게 재정 지출을 했을 가능성이 있고, 앞서의 예에 나오는 분담자들은 바로 그런 직책을 맡은 자들로 보인다. 사실 베레스가 돈을 마련하면서 각 지역의 책임자에게 강제로 일정액을 부과했는데 키케로가 그 자체에 대해 비난한 것은 아니었다.[100] 키케로가 돈을 남용한 베레스에

---

98 타키투스, 『연대기』, 9. 22.

99 키케로, 『베레스 기소』, 2. 1. 13. 34.

게 공급 횡령이라는 죄목을 붙인 것은 그 돈이 공금의 성격을 가지고 있으며 군 재무관의 재량에 맡겨졌기 때문이라고 보아야 한다.

요컨대 이제 트리부니 아이라리는 종전과 달리 봉급 지불자로서 병사에게 직접 돈을 지불하는 것이 아니라 군 재무관에게 지불하게 되었음을 알 수 있다. 이에 대한 아스코니우스의 주석은 국고에서 트리부니 아이라리를 통해 재무관에게 지급되는 것이 "관례임(solet)"을 지적한다.[101] 즉, 이 시기에 트리부니 아이라리의 역할은 전쟁세의 징수가 없었음에도 국고를 지불해 주는 대리자로서의 역할을 유지했음을 알 수 있다. 다만 트리부니 아이라리가 직접 국고로부터 받았는지는 알 수 없다. 아마도 재무관에게 지불해 주고 중앙에서 결재하는 방식을 취했을 가능성이 있다.

이들의 이러한 중간 지불자로서의 역할은 언제까지 지속되었을까? 기원전 46년에 이들이 배심원에서 제외된 후에도 계속해서 같은 역할을 수행한 것으로 보인다. 옥타비아누스가 자신의 재산을 매각해 돈을 분배할 때 '트리부스의 관할자φύλαρχοι(필라르코이)', 즉 트리부니 아이라리를 통해 했다는 기록이 이 점을 입증한다.[102]

여기까지 미루어 보아 트리부니 아이라리가 기원전 167년 이후 전쟁세의 징수가 중지된 기간에도 단지 경로만 바뀌었을 뿐 국가의 공공적인 특히 군사적인 지출과 관련해 계속해서 중간 지불자의 역할을 맡았음을 알 수 있다. 여기

---

100 키케로는 베레스(Verres)가 원로원에 60만 세스테르티가 남았다고 보고한 데 대해 그것이 '누가 제공한 것인지(quibus data essent)' 알고 있는 것처럼 말하고 있다(『베레스 기소』, 2.1.14.36). 또한 그나이우스 코르넬리우스 돌라벨라(Gnaeus Cornelius Dolabella)의 휘하에 있을 무렵 지방 관리가 돈의 '요구'를 거절하자 그를 처벌했는데, 여기서 키케로는 그러한 요구의 부당함이 아니라 처벌의 가혹함을 비난한다(『베레스 기소』, 2.1.17.44). 그러한 '요구(proposcit)'는 정무관의 공적 권위의 일부였다고 생각된다(Mommsen, 1887c: 552f. 참조).

101 아스코니우스, in Pisonem, p. 167(Nicolet, 1976a: 54).

102 아피아누스, 『내란기』, 3.23.

서 공화정 말기에 원로원의 조세정책이 실패한 원인의 하나를 이들의 활동에서 찾을 수 있다는 단서가 생긴다. 우선 원로원의원과 트리부니 아이라리의 관계가 크게 달라졌음을 염두에 두어야 한다. 원래 후자는 전자의 완전한 통제하에 있었으나, 기원전 70년 이후 배심원 활동에서 보듯이 원로원의원들 다수의 결의를 무기력하게 만드는 사례가 나타났다는 점은 그렇게 변화된 사정을 보여주는 것이다. 따라서 원로원의 결의에도 불구하고 전쟁세의 징수 실적이 부진하게 된 이유를 원로원의원과 트리부니 아이라리의 관계 변화에서도 찾을 수 있을 것으로 보인다. 한편 이들에게는 자신들을 보호해 줄 강력한 자를 위해 이런 역할을 하는 것이 더 유리하다는 판단하에 독자적인 행위를 할 여지도 있었던 것으로 보인다.

4. 트리부니 아이라리의 신분

로마에서 전쟁세가 중지되는 기원전 167년 이후에 트리부니 아이라리가 한직에 불과하게 되었다는 생각과 달리 이들은 기능은 축소되었지만, 어떤 구조적 성격을 띠고 공화정 말기까지 유지되었다. 비록 그 역할이 병사에게 직접 봉급을 지불하는 관계에서 이루어지지는 않았으나, 단편적인 사료들을 통해 볼 때 이들과 재무관의 관계가 긴밀했음을 알 수 있다. 즉, 재무관은 국고에서 직접 경비를 지급받는 것이 아니라 각 지역의 트리부니 아이라리를 통해 지불받는 관행이 있었던 것이다. 따라서 기원전 70년 이후에 이들이 배심원단에 들어간 것은 이들이 지닌 구체적인 기능에서 비롯한 것이라는 단서를 잡을 수 있다. 이후 이들의 활동이 정국에 영향을 미치게 된 것 역시 로마 사회의 변화한 모습을 암시한다고 여겨진다. 그러한 변화상을 파악하기 위해서는 그처럼 독자적으로 활동했던 트리부니 아이라리의 사회적 지위에 대한 고찰이 필요하다.

본래 로마 사회는 두 개의 신분, 즉 귀족patricii(파트리키)과 평민plebs(플레프스)으로 나뉘어 있었다. 그라쿠스 형제의 개혁으로 로마 시민은 원로원의원, 기사, 평민으로 삼분된다.[103] 이후 공화정 후기의 신분제는 상당히 복잡한 양상을 띠게 되는 것을 볼 수 있다. 그 문제의 하나가 기사 신분에 관한 것이다. 현대의 사가들은 기사 신분의 역할이 군사적인 것과 직접 연결되지 않는다는 점에 동의하면서도 이들에 대한 정의와 범위에 관해서 의견이 일치하지 않는다.[104] 또 하나의 문제는 소위 '기타의 오르도'에 관한 것이다. 이들은 비록 소수였다고 알려지지만 일반 평민과는 다른 지위를 누렸으며 일부 기사가 기타의 오르도에 포함되기도 했음이 밝혀지고 있다.[105] 이들을 단순한 직업이 아닌 특권을 가진 신분으로 인정한다면 로마 공화정 후기의 신분 문제는 상당히 복잡해진다. 이런 두 문제에 모두 관련된 것이 지금까지 언급해 온 트리부니 아이라리의 신분 문제다. 키케로는 이들을 기원전 101년 이래로 별도의 오르도로 묘사했으며 이들을 원로원의원, 기사의 다음에 위치시켜 설명한다. 이를 통해 이들이 기사 신분의 아래로 파악되는 신분임을 알겠으나 그렇다고 단순히 평민으로 처리해 버릴 수 없는 이유가 그 아래에 또 기타의 오르도가 놓여 있기 때문이다.[106]

일단 이들을 신분상으로는 기사와 평민의 중간에 위치하는 자로 보아야 하나 이들에 관심을 보인 연구자들은 이들의 사회적 위치 설정의 문제를 놓고 각기 다른 주장을 펼쳐왔다. 최초의 연구자 마드비에 따르면, 기사 신분 이하의 센서스를 가진 평민으로서 이들은 사적 차원에서 역할을 수행했고 공화정 후기의 이들은 전 시대의 트리부니 아이라리와는 전혀 무관한 것으로 파악된

---

103 Meier(1966: 64).

104 특히 계급적·신분적 성격이 문제가 된다고 본다. Hill(1952)과 Nicolet(1966)의 견해 차이가 대표적인 예다(Wiseman, 1970a: 67~83 참조).

105 예를 들어 서기관 오르도에는 기사에서 피해방민까지 포괄되었다(Cohen, 1984: 55).

106 키케로의 『라비리우스 변호』(9.27)에서는 원로원의원, 기사, 트리부니 아이라리를 열거하고 그 아래에 '기타의 오르도'를 두고 있다(키케로, 『카틸리나 탄핵』, 4.7.15와 비교).

다.[107] 몸젠은 마드비와 약간 다른 견해를 제시했다. 그에 따르면 이들은 각 트리부스의 대표자로 켄투리아별로 한 명씩 총 350명이 있었으며, 기사의 재산액인 40만 세스테르티를 소유했으나 국가에서 공마를 지급받지 못한 자로 파악된다.[108] 양자의 관점은 트리부니 아이라리가 관직官職인지 아닌지의 문제에서 나뉘고 센서스 액수에 대해서도 차이를 보이고 있다.[109] 이후 이들을 평민으로 보는 연구자들 중 일부는 이들을 30만 세스테르티의 소유자로 보기도 했다.[110] 한편 기사를 넓은 의미로 생각한 자들은 전자의 연구자들과 다른 견해를 제시했다. 토마스 라이스 홈스Tomas Rice Holmes는 이들을 중산층 사업가로 간주하는 한편 센서스상으로 기사 신분과 동일시한다.[111] 허버트 힐은 이들이 지역별로 피선되었으며 기사 센서스의 소유자로 기사 칭호가 예외적으로 허용되었다고 보았다.[112] 그는 기사 신분을 일종의 중산계급 부르주아로 파악했으며 이들이 그런 광의의 기사 신분에 속한다고 보았다.[113] 이런 두 입장을 정리한 클로드 니콜레는 힐의 견해를 부분적으로 수용하면서도 기사를 좀 더 엄격하게 파악하려는 입장[114]에서 트리부니 아이라리를 기사의 센서스 액수를 소유한 평민으로 보았고 아울러 이들을 지방의 유력자로 파악했다.[115]

---

107 Madvig(1842: 182f.).

108 Mommsen(1887c: 192f.). 몸젠은 이들을 쿠라토르(curator)와 연결시키고 있으나 근거 없는 설로 비판받는다. 『라틴비문선집』을 통해 보면 쿠라토르는 그 자체에서 끝나지 않고 대부분 기사나 원로원의원 등으로 진출한다. 이 점이 공화정 후기 트리부니 아이라리와 가장 큰 차이로 여겨진다(『라틴비문선집』, III, pp.357~360 참조).

109 양자의 관점 차이는 Marquart(1842: 222~225)를 참조.

110 벨로의 설로 Nicolet(1966: 607); Henderson(1963: 63)을 참조. 한편 Hill(1952: 213)은 20만 아스로 보는 것이 합리적이라고 여긴다.

111 Holmes(1923: 392).

112 Hill(1952: 213) 참조.

113 힐에 대한 비판은 Finley(1978: 46)를 참조.

114 Nicolet(1969: 125).

115 Nicolet(1966: I, 595~602).

이처럼 트리부니 아이라리를 둘러싼 논의는 이들이 어느 신분에 속하는지를 둘러싸고 갈라져 있음을 알 수 있다.

트리부니 아이라리의 성격을 둘러싼 논의가 이처럼 다양한 것은 관련되는 사료들이 조금씩 차이가 나는 보고를 하기 때문이다. 이들에 대한 분명한 이해를 위해서는 사료가 지니는 시기적 차이를 염두에 두면서 겉으로 보기에 상충하는 보고들을 통일적으로 연결해서 살펴볼 필요가 있다. 아울러 연구가 미진한 것은 이들에게 적극적인 의미를 부여하지 않아온 데도 원인이 있다. 사실 이제까지의 연구자들은 기사인지 평민인지의 여부에만 관심을 두었지, 오르도로서 표현된 것 자체에 대해서는 별로 의미를 부여하지 않았다. 그러하기에 계속된 논쟁에도 불구하고 연구상 큰 진전이 없었던 것으로 보고 싶다. 어떤 의미에서는 이들이 기사인지 평민인지의 여부보다 이들이 별도의 신분으로 구분되어 표현된 것이 더 중요할 수도 있다. 이것은 바로 마드비가 질문만 제기했지 답변하지 못한 문제이기도 하다.[116] 따라서 필자는 트리부니 아이라리가 그 역할의 위축에도 불구하고 별도의 오르도로 표현되어야 했던 이유를 살펴봄으로써 이 신분의 성격을 나름대로 정리해 보고자 한다.

원래 오르도는 일정한 공역을 수행하는 집단으로 호구조사관들이 명단을 파악하고 있는 자들을 의미한다.[117] 기원전 100년에 마리우스가 원로원의 포고에 따라 내란을 수습할 때 키케로는 트리부니 아이라리가 여기에 적극 참여했음을 지적하며 다른 오르도와 분리해 이들을 별도로 언급한 것을 볼 수 있다.[118] 이것은 이들이 이미 별개의 오르도로 파악되고 있었음을 뜻한다. 따라서 이들은 기원전 70년에 배심원단의 일원이 되기까지 30년간 별도의 오르도로서 파악되고 있었던 셈이다. 이 기간은 옵티마테스와 포풀라레스 간의 정치

---

116 Madvig(1842: 254).

117 Nicolet(1984a: 21).

118 키케로, 『라비리우스 변호』, 9.27.

대결로 점철된 시기다.[119] 이러한 와중에 술라가 득세하는 기원전 80년대에 비공식적인 트리부툼이 부과되었음이 지적되기도 한다.[120] 그렇다면 부과 대상은 시민 전체가 아니라 일부 부유층에 한정되었을 것이고, 이 중 일부가 트리부니 아이라리였을 것이다. 재무관들이 별도로 활약함에도 이들의 선발에 트리부니 아이라리의 편의가 중요했다는 앞의 언급과 연결해 볼 때 이들에 대한 우대의 의미가 드러난다. 이렇게 볼 때 로마의 정쟁에서 특히 마리우스와 술라로 대변되는 정파 간에 트리부니 아이라리의 동정이 중시되었다고 보인다. 여기서 이들이 단순한 집단이 아니라 별도의 오르도로서 우대받아야 할 충분한 조건을 발견하게 되는 것이다. 즉, 이들은 서열상 기사 다음에 놓이지만 재력과 지지 세력을 보유하고 있었다는 점에서 그렇게 우대받은 것으로 보인다.

기원전 70년대에 접어들면서 포풀라레스가 다시 등장하고 술라가 폐기했던 제도들이 부활한다.[121] 이때 키케로는 공화정을 구하는 길은 기사들에게 심판직을 되돌리는 것이라고 역설한다. 그라쿠스의 개혁으로 기사들이 관할했던 배심원직은 술라의 조치로 원로원의원들이 다시 독식하게 된 상태였다.[122] 그러다가 술라가 은퇴한 후에 독직 사건에 따른 여론에 밀려 기원전 70년에 아우렐리우스법이 제정되었다. 키케로는 이 법의 제정자에게 매우 큰 호의를 보이고 있다.[123] 여기서 우리는 신인인 키케로가 이 법의 제정에 관심이 많았음

---

119 옵티마테스와 포풀라레스의 개념에 대해서는 허승일(1985: 145~158)을 참조.

120 Wiseman(1932: 336).

121 Brunt(1971: 21, n. 5).

122 이때 일곱 개의 법정이 설치되었다. 그 밖에도 술라의 개혁 중에서 원로원의원과 관련되는 것은 원로원의원을 늘려 600명으로 만든 것과 민회에서 선출하는 재무관의 수를 12명에서 20명으로 늘려 이들이 직무를 마친 후에 원로원의원이 되게 해 간접적으로 인민에 의해 원로원의원이 선발되도록 한 점이다(Scullard, 1985: 80~83).

123 키케로는 루키우스 아우렐리우스 코타를 진정한 귀족으로 인정하면서 아울러 '가장 고귀한 자(nobilissimus)'로 묘사했다(키케로, 『베레스 기소』, 2. 2. 71. 174). 이 점은 자칭 귀족들에 대해 경멸적인 언사를 사용한 것과는 대조적이다.

을 알 수 있다. 아우렐리우스법의 제정으로 이제까지 배제되어 있던 트리부니 아이라리가 여기에 참여하게 되었음은 이미 지적한 바다.

이후 트리부니 아이라리는 기원전 46년에 카이사르가 배심원직에서 제외할 때까지 24년간 배심원단 오르도의 칭호를 받게 된다. 이 기간에 주목되는 것은 키케로가 공개 장소에서 이들을 기사와 동일시한다는 점이다. 두 가지의 예를 들어보자.

첫째, 키케로는 배심원들 앞에서 이들을 기사 신분에 포함시켜 언급했다.[124] 즉, "저(기사) 신분의 제일인자들 50명" 안에 트리부니 아이라리를 포함하며 이들을 별도로 언급하지 않는다.

둘째, 키케로는 플랑키우스의 변호에 기사와 트리부니 아이라리만 참여했는데 재판에는 "평민이 참여할 수 없었기 때문"이라고 밝히고 있다.[125] 그렇다면 키케로는 이들을 평민으로 보지 않았다는 것이고 트리부니 아이라리가 기사에 준하는 신분으로 이전보다 더 우대받았음을 알 수 있다. 그렇지만 키케로가 다시 기사와 분명히 구분한 것은 그러한 구분의 기준이 또한 현실적으로 존재했다는 의미다. 이처럼 이들을 별도로 배려한 것은 그 나름대로 이유가 있었으리라고 보인다.

여기서 아우렐리우스법의 제정을 통해 트리부니 아이라리가 배심원에 참여한 의미를 재검토해 볼 필요가 있다. 일찍이 투표구로서의 트리부스에 대한 역저를 남긴 테일러는 아우렐리우스법의 제정에 주목하며 이것이 각 지역 간 신분 수의 분포가 불균형했던 데 따른 문제를 해결하려는 조치의 하나였다고 지적한 바 있다.[126] 즉, 원로원의원이 일부 지역에 편재되어 있어 어떤 지역은 자신들의 지역대표를 가지지 못하므로 그에 따르는 불이익을 감수해야 했다

---

124 키케로, 『플라쿠스 변호』, 2. 4.

125 같은 책, 8.

126 Taylor(1966: 292f.).

는 것이다.

이러한 주장을 단적으로 입증하는 것이 키케로의 언급이다. 그는 동맹국전쟁의 원인을 언급하며 재판의 공정성이 문제로 제기되었고,[127] 일부 지역에 원로원의원이 없었다고 밝힌 바 있다.[128] 또 이러한 맥락에서 생각해야 될 문제가 배심원 수다. 몸젠이나 테일러는 각 배심원단이 300명씩 모두 900명으로 이루어졌다고 보았고, 에밀 벨로Emile Belot는 약 2500명에 달한다고 보았다.[129] 어느 쪽의 수를 취하든 그 수는 기사와 원로원의원을 합친 수보다는 많지 않다. 그렇다면 이들보다 하위 신분으로 파악되는 자들을 배심원에 흡수한 것은 앞에서 언급한―이들이 각 지역에 고루 분포되지 않은 데서 비롯한―문제가 있었음을 입증하는 것이라고 하겠다. 이렇게 볼 때 동맹국전쟁 이후 새로 로마 시민권을 받게 된 지역에서는 트리부니 아이라리를 통해 자신의 권익을 지키려고 노력한 것으로 보이며 그 결과 이들이 기사와 대등한 사회적 대우를 누리게 되었다고 본다.

앞 장의 예에서 나타난 것처럼 트리부니 아이라리의 전형적인 인물은 부유한 자였을 뿐만 아니라 "당파적인 자(factiosus)"[130]였다. 한편 이런 자들이 별도의 오르도로 구분되고 배심원으로 활약하게 되면서 원로원의원과 기사가 좌우했던 로마의 정치무대에 새로운 변수가 등장하게 되었다. 이런 사실은 이들의 배심원 활동에서 드러난다. 따라서 키케로와 같은 정치가들은 이들의 동향을 매우 중요시했다. 그런 점에서 기원전 46년 로마로 개선한 카이사르가 트

---

127 특히 소송 문제는 심각했던 것으로 보인다. 키케로는 동맹국전쟁의 원인을 '재판에 대한 두려움(metum iudiciorum)'에서 설명한다(키케로, 『의무론』, 2.75).

128 키케로, 『플랑키우스 변호』, 8.

129 두 설을 소개하면서 니콜레는 1300명을 적정선으로 제시했다(Nicolet, 1966: I, 611f.).

130 플라우투스의 〈황금단지〉(227~230행)에서 메가도로스는 "부유하고 당파적인 자(hominem divitem, factiosum)"로 묘사되었다. 여기서 에우클리오(Euclio)는 자신을 "노새(asellum)"로 메가도로스를 "황소(bovem)"로 묘사한다. 한편 후자의 조카 리코니데스(Lyconides)는 "가장 지체 높은 청년(summo adulescens loco)"으로 기술되어 있다(28행).

리부니 아이라리를 배심원단에서 몰아낸sustulit 것[131]은 의미심장한 사건이다. 이들의 문제가 카이사르의 관심사였다는 점에 대해 이보다 더 명백한 증거는 없지만 이제까지의 논의에 기초해 카이사르의 의도를 추론해 보고자 한다.

먼저 이들 중에 무자격자가 다수 있었다. 이들에게 호의를 가졌던 키케로도 일찍이 "아이라리우스만도 못한 트리부니 아이라리"를 지적한 바[132] 있다. 이 말은 납세 능력이 없는 자들이 트리부니 아이라리로 행세했다는 의미다. 사실 호구조사관의 활동은 기원전 60년대 이후 매우 부진했다.[133] 기원전 55년에 폼페이우스가 배심원의 선발 요건을 강화한 것도 그런 사정에서 연유한 것이라고 할 수 있다.[134] 이렇게 본다면 이들이 카이사르의 개혁 표적이 될 만한 명분을 주었다고 하겠다. 이것은 또한 보수적인 귀족들에게 개혁의 명분을 인정케 하는 구실이 될 수도 있었으리라고 보인다.

이어서 생각할 수 있는 것은 앞서 검토한 배심원 표결의 예에서 나타나듯 투표의 경향성이다. 우연일지 모르나 세 경우 모두 트리부니 아이라리가 유죄 판결을 내린 인물은 카이사르파로 알려져 있다. 따라서 이들이 반反 카이사르파의 조종을 받았을 가능성도 배제할 수 없으므로 믿을 수 없는 이들을 일찌감치 제거해 반대파의 지지 기반을 중앙에서 단절시키려는 것이 카이사르의 본래 의도였으리라고 여겨진다.

이처럼 트리부니 아이라리를 배심원에서 축출한 것은 개혁의 명분과 실리를 모두 고려한 결단으로 보아도 좋다고 생각된다. 이후 트리부니 아이라리의 배심원으로서의 활약상은 사료에서 그 자취조차 남기지 않고 사라진다. 기원

---

131 수에토니우스, 「신격 율리우스」, 『황제전기』, 41. 2; 키케로, 『필리포스 반대 연설』, 1. 8. 19.

132 키케로, 『아티쿠스 서한』, 1. 16. 3.

133 Taylor(1966: 120)에 따르면 기원전 70년 이래로 호구조사관들이 직무를 포기했다.

134 아스코니우스(in Pisonem, p. 16)에 따르면 배심원의 선발 기준에 두 가지가 부가된다. 그 중 하나가 "최고 센서스로부터(amplissimo ex censu)"라는 규정이다(Madvig, 1842: 253 참조).

전 43년에 원로원이 전쟁세 징수를 결의하나 이들의 눈에 띄는 활약은 찾아볼 수 없다. 이후에도 이들이 각 지역에서 잔존했을 것으로 여겨지나 같은 이름으로는 다시 거론되지 않는다.

카시우스 디오는 "평민들 중의 어떤 자들이(ἐκ τοῦ ὁμίλου τινὲς)" 기사들과 더불어 배심원단에 참여한 적이 있다[135]고 전한다. 여기서 평민 중의 어떤 자들은 곧 트리부니 아이라리라고 보아야 한다. 이처럼 트리부니 아이라리는 평민 중에서 성장한 자들로 공화정 후기라는 특수한 상황에서 기사 신분에 해당하는 대우를 받았다. 기원전 101년에서 기원전 46년에 이르는 짧은 기간에 이들이 보여준 활동상은 공화정사의 일 국면을 이룬다. 동맹국전쟁 이후 시민권의 확대 조치가 야기한 사회적 문제와 정치적으로는 내란과 파벌의 대립 속에서 이들은 기존의 지배 세력인 원로원의원과 기사 신분에 도전할 만큼 성장했다. 그러나 이들의 정치적 효용이 사라지자 배심원단에서 배제되었고 본래의 위치인 평민으로 복귀하게 되었다. 이러한 변화는 이들이 성장한 밑거름이 되었던 사정이 사라지면서 법적인 지위를 상실한 것을 반영하므로 로마 신분제도의 특성으로 해석할 수 있다.

5. 결어

흔히 전쟁세 선납자로 이해되는 트리부니 아이라리는 로마 공화정 후기에도 다수 존재했다. 그런데 로마 원로원은 전쟁세의 징수 실적이 극히 미진해 지급하기로 약속한 보상을 이행하지 못했고 옥타비아누스에게 로마 진군의 구실을 주게 되었다. 그러한 사태를 초래한 원인의 하나로 트리부니 아이라리의 활동 부진에 초점을 두고 이들의 성격을 규명하는 데 관심을 기울였다. 그 결과 다음과 같은 몇 가지 사항을 확인하게 되었다.

---

135 카시우스 디오, 『로마사』, 43. 25.

첫째, 지역구를 중심으로 한 전쟁세의 징수 단위를 살펴보면서 지역의 유력자인 트리부니 아이라리의 존재를 확인할 수 있었다. 이어서 그러한 징수가 이루어지는 과정을 검토했는데, 이제까지 이해된 대로 공화정 후기에 이들은 한 직의 보유자가 아니라 제한된 범위에서나마 나름대로 역할을 계속 수행했음을 알게 되었다. 즉, 재무관의 직능이 강화되기 전에는 개인적으로 병사들에게 봉급을 대신 지불해 주는 자로 활약했으나 나중에는 재무관에게 국고의 지불을 대신해 주는 자로 역할이 바뀌었다. 그렇지만 이들이 국가의 재정 운영에 간접으로 간여하고 있었음은 별로 달라지지 않았다.

　둘째, 아우렐리우스법의 제정 이후 배심원으로 활동한 내용을 분석해 본 결과 발견된 특징은 이들이 다른 배심원단보다 더 강한 결속을 보였다는 점이다. 그런데 이런 결속은 어떤 특정 인물을 지지하는 것으로 나타났고 이는 지역적 편파성과도 관련되어 있었다고 여겨진다. 한편 이 분석을 통해 분명해진 것은 과거와 달리 원로원이 이들을 장악할 수 없었다는 점이다.

　셋째, 이들의 신분 문제를 검토해 보았다. 이제까지의 논의가 이들의 귀속 문제에 초점을 두었다면, 이들이 오르도로 별칭된 의미를 앞의 연구 결과와 관련해 생각해 보았다. 그 결과 이들이 우대받은 것은 공화정 후기의 재정 문제와 분리해 볼 수 없다는 결론에 이르게 되었다. 반면에 이들이 별도의 신분으로 우대받았고 그럴 만한 충분한 이유도 있었지만, 결코 기사 신분이 아니었던 것은 로마 신분제의 특수성을 드러내는 예라고 하겠다.

제15장

'속주 아시아 관세법'과 트리부니 아이라리

기원전 75~70년 로마시 곡물 공급 문제[*]

1. 서언 | 2. 기원전 75~70년 정치 사정과 곡물 공급
3. '속주 아시아 관세법'에서 면제 조항과 곡물 공급의 문제
4. 가이우스 아우렐리우스 코타와 트리부니 아이라리 | 5. 결어

1. 서언

역사 연구에서 중요하지 않은 것은 없지만, 그중에서도 유행하는 주제가 있고 이는 시대의 요구와 사정을 반영한다. 근래의 화두는 인류의 복지와 생존이고 이는 자연스레 먹거리 문제와 관련된다. 그래서 카트린 비를루베Catherine Virlouvet와 데니스 판베르켐Denis van Berchem을 비롯한 사가들은 로마시의 곡물 공급 문제에 초점을 맞추고 있다.[1] 국내에서도 이런 연구 경향을 십분 반영해 여러 논자가 같은 주제를 둘러싸고 활발하게 기고한 바 있다.[2] 이 장에서 필

---

[*]   이 글은 ≪서양고대사연구≫, 제41집(2015.6)에 게재된 바 있다.

[1]   van Berchem(1975); Veyne(1976a); Virlouvet(1985); Garnsey(1988).

[2]   한국에서는 허승일이 그라쿠스 형제 시기의 곡물 공급 문제를 도시 빈곤의 문제라는 시각에서 보아 깊이 있고 포괄적인 논문을 발표했다(허승일, 1995a: 45~188, 228~255, 448~450 참조). 김영목(1985: 21~37); 임웅(2001: 99~132); 안희돈(2002: 201~228); 김상엽(2004: 79~102); 차전환(2000: 145~172); 최주연(2012: 67~102)에서는 대체로 취급된 연대가 기원전 123년까지, 그리고 기원전 58년 클로디우스의 농지법부터 제정 초기의 문제를 다루고 있어 기원전 70년대에 관한 것은 공백으로 남아 있다.

자는 그런 곡물 공급을 가능하게 한 제도와 현실적인 여건과 인적 조직인 청부업자들의 활동을 조명한다.[3] 특히 기원전 70년에 돌연히 등장해 '배심원단'을 형성하며 원로원의원과 기사와 더불어 재판에서 일익을 담당한 트리부니 아이라리[4]의 재등장의 계기를 풀어보는 것이 이 장의 목적이다. 필자는 곡물 공급 문제가 정치의 사활을 좌우할 만한 문제였음에 새삼 주목하면서, 공화정 후기에 트리부니 아이라리 신분이 로마의 정치에서 중요해지는 이유를 이런 맥락에서 제시하고자 한다.

2. 기원전 75~70년 정치 사정과 곡물 공급

기원전 80년 홀연히 독재관직을 사임한 술라의 행동은 로마 정가에 충격을 주었다. 게다가 그가 은퇴하고 2년 만에 사망하면서 그가 이룩해 놓은 공화정 체제는 기로에 서게 된다. 그는 원로원을 강화하기 위해 기사 신분을 원로원에 충원하고, 나아가 원로원의 권위를 강화시켜 공화정의 질서는 예전으로 회복되는 듯했다. 바로 그렇게 만들어진 원로원이 술라의 후원 없이도 독자적으로 국가 통치에 책임을 질 수 있는지의 시험대에 놓이게 되었다. 비록 스파르타쿠스의 난[5]이 일어나 체제를 위협하는 듯했으나 결국 로마의 굳건함을 보

---

3   이 문제를 다시 볼 수 있게 된 것은 1976년에 에페소스에서 발견된 '속주 아시아 관세법' 비문 덕분이다. 이를 통해 구체화된 절차를 엿볼 수 있게 되었으며, 특히 니콜레의 견해를 중심으로 논지를 새롭게 전개할 수 있게 되었다. 특히 이 법은 기원전 75년에 제정된 '속주 아시아 관세법'을 담고 있어 이 시기의 여러 사정을 전해준다. 필자가 '통행세' 대신에 '관세법'이라고 번역한 것은 관세에는 수입관세, 수출관세, 통행관세가 있어 통행세를 지시하는 용어로도 충분하다고 생각했기 때문이고, 독일에서 관세(Zoll)는 관세구역(Zollbezirk)을 지나는 구체적인 상품의 통과에 대해 부과하는 것이며, 이 관세구역은 한 나라에서 여러 구역이 있을 수 있기 때문이다.

4   김창성(1989: 139~174).

5   김덕수(2007: 13~45); 김경현(1990: 1~30) 참조.

여주고 끝났다. 반란을 진압한 두 장군 마르쿠스 리키니우스 크라수스Marcus Licinius Crassus와 그나이우스 폼페이우스가 기원전 70년 콘술에 당선되었다. 후자는 경력이 없었지만 법을 넘어서서 최고 관직에 오르게 된다. 로마의 정계에는 이를 제외한 어떤 직접적인 충격도 없는 것으로 보일지도 모른다.

한편 기원전 167~43년에 로마 시민이 부담해 오던 전쟁세인 트리부툼의 징수가 중단되었다.[6] 그런데도 이 세금에 선납할 책임이 있었던 트리부니 아이라리는 기원전 100년부터 30년간 별도의 오르도로 표시되었을 뿐 아니라, 기원전 70~46년에 배심원단을 형성했다. 아스코니우스의 기록에는 그런 사정을 다음과 같이 전한다.

코타(루키우스 아우렐리우스 코타)는 자신이 제정한 법으로 배심원직을 원로원 의원, 기사, 트리부니 아이라리의 세 오르도에게 배분했다.[7]

그뿐만 아니라 이들은 배심원단으로서 구체적인 활약상을 기록으로 남겼다. 이들의 대두는 요한 마드비[8]의 주장처럼 원래의 직책과는 아무런 관련이 없는 옛 이름을 빌린 것이라고 할 수도 있다. 사실상 실제적인 기능이 기대되지 않는 상황에서 거의 100년이 지난 후에 이들이 하나의 신분을 이루고 나아가 배심원단을 구성한 것은 이상하게 보인다.[9] 마드비의 말처럼 옛 이름을 차용한 자들일망정, 아무런 기능이 없이 그런 사회적 대우를 받았다는 것은 납득

---

6 전쟁세 징수의 중단으로 인해서 원로원은 공유지 세입을 중시하고 식민시 건설을 회피하게 된다(Scullard, 2003: 320f.).

7 아스코니우스, in Corneliam, p.67(Kiessling, p.59). 이 법의 제안자는 루키우스 아우렐리우스 코타이며 기원전 70년의 법무관이고, '속주 아시아 관세법'을 제안한 이는 가이우스 아우렐리우스 코타이며 기원전 75년의 콘술로 그해에 죽었다. 두 사람은 형제다.

8 Madvig(1881: 261).

9 Madvig(1881: 181); Marquardt(1888: 225, n.2) 참조.

하기 어렵다. 만약 트리부니 아이라리의 연속성이 입증된다면, 로마 정부에서 재정의 지출이 이들을 통해 계속되었다고 추론할 수 있을 것이다. 게다가 '오르도'로 표현된 것은 로마의 신분 구조상 직역의 의무자임을 의미하므로 아무런 기능이 없었다고 보기 어렵다.

이러한 가능성에도 불구하고 트리부니 아이라리의 돌연한 등장을 설명하기에는 아직 부족한 점이 많다. 그러나 이런 추론에 한 가닥 빛을 비추는 것이 바로 '속주 아시아 관세법'이다. 약 155행으로 남아 있는 이 법의 내용 중에서 73행에 다음과 같은 구절이 확인된다.

> 73행 이것들의 청부업자가 콘술들 루키우스 옥타비우스와 가이우스 아우렐리우스 코타가 도급을 준 것과 같은 조세를 아시아에서 아시아로 누리도록 ······[10]

이 비문에서 분명히 확인되는 것은 두 "콘술(ὕπατοι)"의 이름이다. 즉, 루키우스 옥타비우스와 가이우스 아우렐리우스 코타. 이들의 이름에 따라서 이 법이 새겨진 비문의 내용이 기원전 75년에 제정된 '속주 아시아 관세법'으로 확인된다. 이들 중 가이우스 아우렐리우스 코타는 앞서 언급한 배심원단 법을 제정한 인물과 형제(루키우스 아우렐리우스 코타)다. 그러므로 '속주 아시아 관세법'을 발의하고 제정한 자와 배심원단에 관한 아우렐리우스법의 제정자는 같은 집안이다. 이 점은 무엇을 시사할까? 적어도 이 형제는 기원전 75~70년의 5년간 유지된 '속주 아시아 관세법'을 제정하고, 기원전 70년에는 트리부니 아이라리에 대해 원로원의원들이나 기사 신분에 버금가는 특혜인 배심원단 구성권을 부여했다. 코타 형제가 이런 조치를 취했다는 것은, 그라쿠스 형제의 사례처럼 그 기간의 사태와 이에 대한 조치가 일관된 목표하에 진행된 것임을

---

10 "τούτων δημοσιώνης καρπεύεσθαι τὸ τέλος ὡς ἐξεμίσθωσαν Λούκιος Ὀκτάυιος, Γάιος Αὐλήλιος Κόττας ὕπατοι ἐξ Ἀσίας εἰς Ἀσιαν."

보여준다.

84행은 이 법에 관련한 부가 조항으로 짐작된다.[11]

84행 루키우스 겔리우스와 그나이우스 렌툴루스 두 콘술은 추가했다.[12]

여기에는 두 사람의 콘술 루키우스 겔리우스Lucius Gellius와 그나이우스 렌툴루스Gnaeus Lentulus가 나오는데, 이들이 콘술이 된 해가 기원전 72년이므로 이때 부가 조항이 "추가($προσέθηκαν$)"되었을 것으로 독해된다. 그러나 이 조항을 상세히 검토한 클로드 니콜레는 몇 가지 의문을 제기한다. 우선 관세를 도급하는 것은 호구조사관의 임무인데, 주지하다시피 5년마다 뽑히는 호구조사관이 이때 활동했다는 증거가 없다는 것이다. 특히 술라의 개혁 이래 호구조사는 중단되었기 때문이다. 그렇다면 기원전 72년의 콘술들은 기원전 75년의 콘술들이 한 것처럼 도급계약을 갱신했을 것이다. 물론 그 갱신은 기원전 73년에 제정된 테렌티우스·카시우스법Lex Terentia-Cassia과 관련지으면서, 니콜레는 라틴어 원문을 그리스어로 옮겨 새긴 사람이 "L. Gellius Cn. Lentulus ce(n)s(ores)"에서 호구조사관들을 뜻하는 'ces'를 콘술들을 지시하는 'coss'와 혼동했을 가능성을 제기한다. 이 주장을 받아들이면 '속주 아시아 관세법' 84행에 나오는 렌툴루스는 호구조사관직을 맡아 곡물 공급에 관심을 가졌을 것이다. 이 부가 조항은 기원전 70년에 두 호구조사관이 취한 조치를 지시한다고 니콜레는 주장한다.[13]

필자는 이런 추론을 고려해 렌툴루스가 호구조사관으로서 아시아 속주의

11　Nicolet(1999a: 191~215).

12　"$Λούκιος$ $Γέλλιος$ $Γναῖος$ $Λεντουλος$ $ὕπατοι$ $προσέθηκαν$." 판독과 번역은 Cottier et al. ed. (2009: 59)에 따른다.

13　Nicolet(1999a: 207, n. 39). 이 주장에 관해 아직 큰 이의 제기는 없어 보인다(Cottier et al. ed., 2009: 135 참조).

관세를 도급하는 임무를 맡았을 것이며, 그의 조치가 청부 회사들은 물론이고 트리부니 아이라리의 동향과 관련이 깊을 것이라고 파악한다. 이런 움직임은 아무래도 술라 체제의 동요[14]와 관련이 있을 것이다. 술라 체제에서 크게 바뀐 것이 사법제도였다. 기사들은 이제까지 원로원의원들이 독점했던 배심원단에 참여하기를 원했다. 이에 관해 기원전 70년 키케로는 다음과 같이 논변한다.

참으로 그대는 우리가 탁월한 배심원들을 가지고 있다고 인정합니다. 그들은 타인들이 저지른 죄들을 구실로 스스로는 더 쉽게 죄를 범할 것을 허용하게 될 것이라고 그대는 판단합니다. 그러므로 우리는 만약 원로원의원들이 배심원 노릇을 한다면, 최고의 불의로 무한한 돈을 강탈하는 그런 죄악이 결코 비난받지 않을 것이라는 점을 로마 인민이, 속주들이, 동맹들과 외국 종족들이 똑같이 판단한다고 우리는 생각합니다. 만약에 그러하다면 매일 연단을 지키고 있으면서, 만약 기사 신분에게(ad equestrem ordinem) 배심원 직책들이 넘겨지지 않으면 나랏일이 확고해질 수 없다고 주장하는 저 법무관에 반대해서 우리는 무슨 말을 할 수 있겠습니까? …… 원로원의원들이 배심원이 되어서는 그런 죄악이 제거될 수 없으나 기사 신분이 배심재판을 하는 동안에는 그런 일이 저질러지지 않는다는 점을 누가 부인하겠습니까?[15]

여기에서 법무관으로 지시된 사람은 루키우스 아우렐리우스 코타이며 그는 여론의 추이를 살피고 있었다.[16] 결국 원로원의원의 독점이던 배심원직에

14 술라 체제의 몰락에 대해 Cook et al. ed., *Cambridge Ancient History*, IX(1932: 334f.)에서는 두 가지를 지적한다. 술라에 의해 마련된 원로원의 군대 장악과 호민관의 권한 약화가 유명무실해졌다. 특히 전자는 기원전 77년에 폼페이우스의 히스파니아 장악으로, 후자는 기원전 75년에 제정된 아우렐리우스법으로 호민관직이 개방되었다.
15 키케로, 『베레스 기소』, 2.3.96.223~224.

기사들이 참여하게 되었으며, 아우렐리우스법과 이후 수정된 내용에 따르면 트리부니 아이라리도 배심원단에 포함되었다. 이들의 참여는 카이사르의 조치가 있을 때까지 별 변화가 없었다.[17]

이런 중대한 변화를 이루어낸 이면에는 무슨 사태가 벌어지고 있었는가? 그 배후에는 곡물 공급의 문제가 드리워져 있었다. 좀 더 정확히 말하자면 가이우스 그라쿠스가 도입한 보조금 제도는 이중 곡가 정책의 면모를 지니고 있었으므로 분배 비용이 국고에 대한 압력으로 작용했다. 물론 그라쿠스 당시에는 외부 자금을 써서 이를 충당할 수 있었지만, 이제 연례화된 사정에서는 이 비용을 줄여나가는 것이 중요했다. 그래서 곡물 공급가를 올리거나 아니면 수혜자를 줄임으로써, 또는 두 방법을 다 사용해 국고 부담을 줄이려고 했다. 그런 조치의 하나를 기원전 119년 마르쿠스 옥타비우스Marcus Octavius가 시도했다. 이에 관해 키케로는 다음과 같이 보고한다.

> 마르쿠스 옥타비우스, 그나이우스의 아들은, 그렇게 큰 권위와 논변에서 힘이 있었기에 마침내 셈프로니우스의 곡물법을 인민의 다수 투표로 제거하게 된 것입니다.[18]

그러나 이 말과 다르게 그의 조치는 완화하는 것이었다. 그 조치는 키케로에 따르면 국가가 "견딜 만하고(tolerabile)" 평민에게 필요한 것으로 간주되었다.[19] 이렇게 유지해 왔던 곡물 공급 정책을 술라는 과감하게도 폐지했다.[20] 그

---

16   Greenwoodd(1967: 272).

17   카이사르는 기원전 46년 이들을 배심원직에서 몰아냈다(수에토니우스, 「신격 율리우스」, 41.2). 그 이유에 관해서는 김창성(1989: 171 이하)을 참조.

18   키케로, 『브루투스』, 62.222.

19   키케로, 『의무론』, 2.21.72; 허승일(1995a: 239~240). 이 조치의 시기 문제가 있다. 마르쿠스 옥타비우스가 호민관이 된 것은 기원전 100년 이후이며 일러도 기원전 90년대이고 아

렇지만 곡물 부족 문제는 계속되었다. 기원전 73년 콘술의 입법consular law으로 테렌티우스·카시우스법이 제정된 것은 그런 사정을 반영한 것이다. 피터 브런트는 "이 조치는 높은 곡가(high price)가 심각한 소요(serious rioting)를 초래했기 때문이며, 아마도 이후 20년간, 즉 기원전 58년 클로디우스의 곡물법 이전까지 도시에서 일어난 계속된 무질서가 바로 이 곡물 부족에서 유래한 것"이라고 추론한다.[21] 즉, 곡물 문제는 술라가 물러난 후에 원로원 정부가 직면한 가장 큰 위기였고, 그 위기를 반영한 것이 기원전 75년, 73년, 72년 혹은 70년으로 이어지는 일련의 도급에 관한 법들이었다. 이것들이 '속주 아시아 관세법'의 조문에 반영되어 있는 것이다. 이처럼 술라의 체제는 뜻하지 않게 곡물 부족 문제로 허물어지기 시작했는데, 이에 대처하는 것이야말로 원로원의 능력을 검정하는 계기였다.

3. '속주 아시아 관세법'에서 면제 조항과 곡물 공급의 문제

아시아 속주는 로마 정부의 재정 수지에 중요한 지역이었다. 일찍이 티베리우스 그라쿠스는 아시아의 부국 페르가몬Pergamon 왕국의 왕실 재산을 물려받아 개혁 자금으로 사용했고, 가이우스 그라쿠스는 '속주 아시아 관세법'을 제정했다. 이를 통해 그는 일단 곡물 공급의 숨통을 텄다.[22] 그렇지만 곡가가 하락한 탓에 가이우스 그라쿠스가 정치적 주도권을 잡는 데는 성공하지 못했다. 키케로는 기원전 66년에 군사와 행정용으로 사용되고 남은 잉여가 있는

마도 기원전 80년대일 것으로 추정된다. 그렇다면 옥타비우스는 기원전 121~119년에 가이우스 그라쿠스의 곡물법에 대한 반대를 이끌지 못했을 것이며, 그 법은 기원전 100년 이후까지도 유효했을 것이다(Rickman, 1980: 162 참조).

20 이 조치는 호민관의 권력 남용을 막기 위한 것으로 해석된다(Keaveney, 1982: 170).

21 Brunt(1988a: 75).

22 Seungil(2014: 135~169). 곡가 하락에 관해서는 허승일(1995a: 238, n. 50)을 참조.

곳은 아시아 속주라고 말한 적이 있다.[23] 이처럼 아시아 속주는 로마 정부에 중요했기에 당면한 곡물 문제를 해결하려는 조치들이 '속주 아시아 관세법'에서 발견될 수 있다. 이 법의 72행에는 다음과 같은 내용이 나온다.

72행 쟁기로 생산된 곡물의 십일세나 포도주와 올리브유의 5분의 1세가 지정된 청부업자에게 제공하는 업무에 속하는 ……[24]

여기서는 특이하게도 "곡물의 십일세(δέκατας καρπῶν ἀροτῆρσι ποριζομένων)"와 "포도주와 올리브유의 5분의 1세(πέμπτον οἴνου καὶ ἐλαίου)"에 관한 언급이 나온다. 이런 현물세가 나오는 것은 이 규정이 관세 수입보다 로마의 곡물 문제에 관심을 두었음을 보여준다. 특히 곡물은 물론 포도주와 올리브유까지 포괄하는 것으로 보아 포괄적인 식량 공급이 이 규정의 관건임을 알 수 있다. 비록 이 행의 선행사가 분명하지 않지만, 이것을 거두어 청부업자에게 주는 것을 업무로 삼고 있는(Οὐ πράγματος …… τῶι δημοσιώνη δίδοσθαι) 또 다른 청부업자를 지시하는 것으로 보인다.[25] 그들에 관해 명령하고 있는 것이 74~76행이다.

---

23 키케로, 『폼페이우스 대권 찬성 연설』, 14. "시민들이여, 다른 속주들의 세입은 겨우 자체를 유지하는 데 우리가 충당할 수 있을 정도지만, 아시아 속주는 매우 부유하고 기름져서 토지의 넉넉함과 과실의 다양함과 목축의 크기와 수출되는 물품들의 엄청남에서 다른 모든 지역을 쉽게 능가합니다." Boardman et al. (2001: 61~62); Jones(1974a: 116, n. 15)에 서는 키케로의 보고가 과장이며, 시칠리아와 사르디니아도 어느 정도 수익을 냈다고 지적한다. 반면에 히스파니아와 마케도니아에서는 지출이 더 많았다. 여기에서 아시아 속주의 중요성을 지적한 키케로의 의도를 주목할 필요가 있다(Magie, 1950: 34f.).

24 "Οὐ πράγματος δέκατας καρπῶν ἀρότρωι ποριζομένων ἢ πέμπτον οἴνου καὶ ἐλαίου τῶι δημοσιώνη δίδοσθαι." 판독과 번역은 Cottier et al. ed. (2009: 54~55)에 따랐다.

25 Nicolet(1999a: 192).

74~76행 만약 유입되고 유출된 것에 관해 (청부업자가) 속이지 않으며 오히려 그것이 이 (현물세의) 수송이나 업무 자체를 위해서 이 세금(관세)을 물게 되었다면 이 세금에 대해서 세금을 납부하지 말라. 또 만약 청부업자에게 [속하는 것으로서 무엇이든지] 아시아에서 아시아로 유입되는 것에 대해서는 루키우스 옥타비우스와 가이우스 아우렐리우스 콘술들이 도급한 관세를 [납부하지] 말라.[26]

비문에 따르면 관세의 수취가 아니라 현물세의 수송에 따르는 관세 면제가 중요한 것이다. 72~75행에 표기된 내용을 보면 각각 기원전 75년과 72년 두 번에 걸쳐 관세 징수의 도급이 이루어졌고, 이 도급을 받은 청부업자가 식량 수송에 관해서는 관세를 부과하지 못하게 하고 있다. 이 법은 로마시에 대한 곡물 공급이 그만큼 절박한 문제였음을 암시한다. 그런데 이 면제는 청부업자의 식량 수송에만 국한된 것은 아니었다. 76~78행을 보자.

76~78행 선박과 선박의 장비에 대해서, 그리고 노예의 경우 남성이든 여성이든 처음부터 그들이 키웠거나 데리고 왔든 간에 모든 노예들에 대해서, 파피루스의 경우 [……] 만약 그것들 위에 글을 기록했고 또 그것을 가지고 영업을 해왔다면 이것들에 대해서, 한편 말의 경우 만약 어떤 자가 이 말 덕분에 처음부터 여행 목적으로 끌고 온 것이라면 무엇이든지에 대해서, 이것들 [……]에 대해서 세금을 납부하지 말라.

아마도 이 상세한 면제 사항은 74행에 나오는 "업무 자체를 위해서(δι' αὐτὸ τὸ πρᾶγμα)" 면제되는 조항을 구체화한 것이다. 물론 해외 속주에서 로마인들이

---

26 Engelmann und Knibbe(1989: 25, 95)에서 'ἡλιαρίῳ'라고 판독한 것을 니콜레는 'ἣ δι' αὐτὸ'로 수정했다. 전자처럼 읽으면 방목세와 관련된 것으로 오해할 수 있다. 니콜레는 다시 사진을 보고 판독했다(Nicolet, 1999a: 199, n. 20).

나 로마인과 협정을 맺은 자들이 특정한 관세를 년세받는 것은 관행이었다.[27] 그럼에도 이런 면제를 규정한 것은 72행에 나오는 "곡물의 십일세 징수 업무 (πράγματος δέκατας καρπῶν)"를 수급한 청부업자들을 위한 것이다. 이처럼 기원전 75~70년에 로마 정부는 곡물 확보에 관심이 컸으며, 이를 위해서 청부업자들의 조직을 활용하고 그들에게 특혜를 줄 수밖에 없었다.

그렇지만 기원전 123년에 가이우스 그라쿠스가 취한 방법과는 다른 점이 있었다. 그라쿠스가 아시아 속주에 대해 취한 방법은 조세 징수 청부업자에게 일시에 도급 총액을 받아 이것을 자금으로 곡물을 구입해 배급하는 것으로 이해된다.[28] 이런 방식으로 가이우스 그라쿠스는 재원 문제를 해결했고 풍족하게 곡물을 공급했다.[29] 구체적으로 곡물 공급은 이중 곡가제 방식으로, 즉 "6과 3분의 1아스(asses)의 곡가 인하(remissis senis et trientibus)"[30]로 이루어졌다. 다시 말해 시장가의 반액을 국고로 보조함으로써 곡물 가격을 낮춘 것이다. 이 방식은 국가가 집중적으로 통제한다는 이점은 있으나 재정 고갈이 문제가 되었다. 국고의 5분의 1 또는 전부가 고갈되었다는 키케로와 플로루스의 보고도 있다.[31] 결국 이런 조치들이 후퇴하다가 마침내 술라가 중단시켰던 것이다. 그런데 기원전 75~70년의 조치는 곡물 공급의 목표는 동일하다고 하더라도 다른 방식으로 진행되었다. 그것은 바로 곡물을 징발해 로마에 도입하는 방식을 의미한다. 이 경우 국고 부담은 주는 대신에 청부업자들의 활동이 더 커진다.

---

27 Nicolet(1999a: 196, n.14). 특히 로마인 여행자가 지닌 개인 용도의 물건은 관세를 면제받았다(de Laet, 1949: 107).

28 허승일(1995a: 237~238).

29 허승일(1995a: 239); 키케로, 『세스티우스 변호』, 48.103. 릭먼에 따르면 이런 현금 조세 수취는 아탈로스 왕가가 취해왔던 것이며, 가이우스 그라쿠스가 계승한 것이다(Rickman, 1980: 43). 가이우스 그라쿠스의 목적은 한마디로 항구적인 세수를 더 확실하게 확보하려는 것이었다(같은 책, 160쪽).

30 키케로, 『세스티우스 변호』, 25.55.

31 허승일(1995a: 235).

돈을 납부하는 대신에 국가에 일정량의 곡물을 보급하는 일이기 때문이다.

이런 조치가 우연히 나온 것은 아니었다. 이미 시칠리아에 대해 시행되고 있던 방식을 다시 적용한 것이다. 시칠리아의 사정을 살펴보자.

> 시칠리아인들은 이 법에 따라 시민이 시민과 송사하는 경우 자신들의 법률에 따라 자신의 도시 안에서 쟁소하도록 되어 있으며 …… 사람들이 히에론법이라고 부른 곡물법에 따라 경작자들과 십일세 징수 청부업자들 간에 재판들이 이루어집니다.[32]

이처럼 시칠리아에서는 기원전 3세기 시라쿠사이의 왕인 히에론Ἱέρων 2세가 제정한 히에론법Lex Hieronica에 따라 십일세 징수가 이루어져 왔다. 로마의 지배 이후에도 기존의 관행은 별로 바뀌지 않았다. 기본적으로 시칠리아의 조세체제는 곡물에 대한 십일세였다. 시칠리아는 이탈리아와 거의 붙어 있는 속주라서 일찍부터 로마시에 대한 곡물 공급처의 역할을 했다.[33] 기원전 191년에는 시칠리아와 사르디니아Sardinia에 대해 공납으로 십일세를 징수하고, 같은 양의 곡물을 로마 정부에서 구입하도록 하는 조치가 취해졌는데, 전자는 해외 주둔 로마군을 위한 용도로, 후자는 로마시로 보내졌으며, 기원전 190년, 181년, 171년에도 두 번째 십일세에 대한 유상 징발이 이루어졌다.[34] 이처럼 곡물에 대한 십일세의 유상 징발은 간헐적으로 이루어졌으나 기원전 73년에는 큰 변화가 일어났다. 로마는 테렌티우스·카시우스법을 통해 경작자에게 추가로 십일세와 동일한 양의 유상 징발을 하고, 나아가 여기서 면제된 모든 경

---

32 키케로, 『베레스 기소』, 2.2.32.

33 이 정책이 시칠리아에 큰 문제를 야기하게 된다(김경현, 1992: 833~846 참조).

34 Rickman(1980: 44~45)에 따르면 두 번째의 십일세는 간헐적인 것에서 정규적인 것으로 바뀌게 된다.

작자에게서도 강제로 공출되었다. 전자에게는 곡물 내금이 1모디우스당 3세스테르티로, 후자에게는 3.5세스테르티로 지불되었다. 아울러 6퍼센트의 징수비가 추가되어 곡물이 징발되었다. 키케로는 시칠리아에서의 조세 징수가 다른 속주의 사정과 달랐다고 지적한 바 있다.[35] 즉, 다른 곳에서는 일반적으로 정액의certum 농지세가 부과되거나 호구조사관을 통해 청부업자에게 징수권을 도급했던 데 비해, 청부업자들에게 6퍼센트의 징수비를 인정해 가면서 직접 곡물을 징발하게 했기 때문이다.[36]

그동안 조세 징수 문제에서 아시아 속주[37]는 시칠리아와 달랐다. 제프리 릭먼Geoffrey Rickman에 따르면[38] 청부업자들이 세 종류의 속주세인 십일세, 방목세, 관세를 회사별로 취급한다는 점은 같다고 하더라도, 정부가 아시아 속주에서는 현물보다 현금을 입찰 선납금으로 수납하는 것이 일반적이었다. 시칠리아에서는 개별 경작자와 청부업자(데쿠마누스)[39]가 계약을 맺고 그에 따라 집행하는 것이 특징이었다. 반면 아시아 속주에서는 징수업자가 개별 자치단체와 협약을 맺고 그에 따라서 징수받은 것을 즉시 현금화하는 것이 일반적이었다. 한마디로 시칠리아에서는 현물이, 아시아 속주에서는 현금이 중요했다. 이처럼 속주들의 사정이 달랐던 것은 시칠리아 말고도 사르디니아나 아프리카 등지에서 간헐적으로 징발되거나 선물로 제공된 곡물이 있었기 때문이다. 그러나 릭먼도 추정하듯이[40] 곡물 공급의 위기에 당면하면서 이런 원칙은

---

35 키케로, 『베레스 기소』, 2.3.6.
36 이처럼 시칠리아의 징세가 개별 계약에서 정액세(stipendium)로 바뀌게 되는데, 이는 기원전 22년과 기원후 6년에 발생한 갑작스러운 곡물 부족 사태와 직접 관련된다(Rickman, 1980: 60).
37 아시아 속주의 토지에 관한 공유지 지정과 십일세의 문제에 관해서는 Lintott(1993: 82)를 참조.
38 Rickman(1980: 42~43).
39 김창성(2014b: 80~82).
40 Rickman(1980: 60). 릭먼은 카이사르의 시점으로 추측한다. 이런 추정은 확정할 수 없으

수정되었을 가능성이 있다.

'속주 아시아 관세법'에는 기원전 75~70년의 조치가 들어가 있다. 니콜레는 이와 관련해 기원전 72년의 콘술들이 도급한 내용이 바로 테렌티우스·카시우스법과 관련이 있다는 추론을 제시한 바 있다. 바로 그 법의 제정자가 그 기간 아시아 속주에 대한 십일세를 시칠리아에 대한 정책과 같은 방식으로 바꾸었을 것이다. '속주 아시아 관세법' 72행에 나타나는 십일세dekatas(데카타스)를 청부업자가 현금을 지불하는 것이 아니라 현물을 공출하는 식으로 바꾸게 한 것이 바로 이 법이다.[41]

그러나 이 주장의 난점은 키케로가 한 말에서 찾을 수 있다.

테렌티우스법이 당신으로 하여금 곡물을 시칠리아인들의 돈으로 구입하도록 명령했는가 아니면 로마 인민의 돈으로 시칠리아인들에게서 곡물을 사도록 명했는가?[42]

이를 근거로 테렌티우스·카시우스법은 시칠리아에 국한되는 것으로 이해되어 왔다. 하지만 니콜레는 이에 반해서 우선 키케로가 시칠리아에 관심을 집중했기 때문이라고 말하며 다음의 논변을 제시한다.

어떤 수송 때문인가? 어떤 장소에서 다른 장소로 옮기지 못할 것인가? 필로멜리온에서 에페소스로 말인가? 나는 통상 두 지역 사이에 곡가가 얼마나 다른지 알고 있으며, 며칠의 여정인지도 알고, 에페소스로 곡물을 옮기거나 곡물을 구입

나, 앞 장에서 필자는 '속주 아시아 관세법'에 이런 변화를 입증하는 내용이 전개되고 있음을 확인했다.
41 Nicolet(1999a: 209~210).
42 키케로, 『베레스 기소』, 2.3.173.

제15장 '속주 아시아 관세법'과 트리부니 아이라리 **453**

하려고 에페소스에 돈과 사절들을 보내는 것보다 오히려 프리기아에서 에페소스의 곡물에 해당하는 돈을 주는 것이 편하다는 것을 알고 있소.[43]

이 내용은 총독 베레스가 1모디우스당 3세스테르티인 곡물을 납부하는 대신 1모디우스당 12세스테르티를 납부하게 한 이유를 수송비 문제 때문이라고 하자 키케로가 반론한 것이다. 일반적으로 수송비가 많이 발생하는 경우 수송지의 곡물 값을 대납하도록 하는 관행이 있었는데, 베레스가 이를 이용해 가렴주구했음을 보여준다. 그러므로 곡물 납부가 시칠리아에만 국한되었다고 보기는 어렵다. 즉, 아시아 속주에서도 이루어지고 있었으나 단 예외적인 규정이 있었음을 키케로의 논변으로 알 수 있다.

이렇게 보면 시칠리아, 사르디니아, 아프리카에서 수입되던 곡물로 인해 아시아 속주의 곡물 징발이 필요하지 않았던 사정[44]이 테렌티우스·카시우스법의 시점에 와서는 변했던 것이다. 현금의 총액 납부에서 현물 징발로 바뀌었다는 것은 이 시기에 곡물 위기가 국가적인 현안이었음을 의미한다. 이로써 곡물 공급은 로마와 시칠리아에 국한한 것이 아니라 아시아 속주를 포함하는 전 제국적인 문제가 되기에 이르렀다.[45]

4. 가이우스 아우렐리우스 코타와 트리부니 아이라리

'속주 아시아 관세법'에 이름을 남긴 기원전 75년의 콘술 가이우스 아우렐리우스 코타는 그해에 어떤 위기에 직면했는가? 곡물 문제 때문에 로마 정무

---

43 같은 책, 2. 3. 191.
44 Rickman(1980: 45).
45 같은 책(54쪽)에 따르면 곡물 문제에 대한 대처가 제정으로 이행하는 단초가 된 것으로 이해된다.

관으로서 민중에게서 봉변을 당한 것은 아마도 코타가 유일할 것이다. 정무관에 대한 린치는 공화정기 로마인의 심성[46]을 고려하면 상상하기 어려운 일이다. 물론 같은 성격의 소요가 100년 후에도 일어나 클라우디우스Claudius(재위 41~54년) 황제가 봉변을 당했다.[47] 이 정황을 어떻게 이해해야 할까? 다행히도 살루스티우스가 남긴 기록 중에 코타의 연설이 있으며, 그는 키케로의 대화편 『신들의 본성』에서 중심 화자[48]로도 등장한다. 그에 관해 알려진 자료는 생각보다 많은 셈이다.

먼저 기원전 75년에 그가 받은 충격을 보자.

나쁜 것들과 순조로운 것들이 나의 재산을 바꾸어놓았지만 나에게 속한 천성은 바꾸어놓지 못했습니다. 그런데 이 비참한 일들에서 모든 것이 운명과 더불어 나를 버렸습니다. 게다가 나이가 들었다는 것이 그 자체로 중요한 것이지만 근심을 두 배로 만들어버렸으며 그 비참함으로 인해 생을 영위함으로써 더 이상 실제적으로 도덕적으로 선한 죽음을 기대할 수 없게 되었습니다.[49]

그런 죄의 고백이 코타의 매우 상심한 심리 상태를 보여준다. 그만큼 곡물소요는 심각한 것이었다. 이는 시칠리아에서 곡물이 기원전 76년에는 "저렴했으나 다음 해는 최고로 높은 가격이 되었다(annus in vilitate, alter in summa caritate fuerit)"라는 보고로 알 수 있다.[50] 반면 콘술로서 그가 인식했던 현실은

---

46 Meyer(1961: 107).

47 두 사례는 Rickman(1980: 1~2)에 소개된다.

48 가이우스 아우렐리우스 코타는 키케로의 『신들의 본성』(1. 15)에서 키케로의 친우이며 동시에 변호사 경력도 풍부했으며[3. 9 (4)], 특히 아카데미아(academia)파의 사상을 가졌던 것[2. 147 (59)]으로 나온다(강대진 옮김, 2012 참조). 이런 면을 볼 때 키케로와 크게 공감하며 기사 신분과 밀접한 관계를 가졌음을 알 수 있다.

49 살루스티우스, 『코타의 로마 인민 연설』, 1~2.

50 키케로, 『베레스 기소』, 2. 3. 216; Rickman(1980: 146).

어떠했는지 다음의 연설에 잘 요약되어 있다.

시민들이여, 당신들이 우리를 콘술로 삼았습니다. 국내의 문제와 전쟁으로 인해 국가가 가장 혼란되어 있을 때에 말입니다. 이를테면 히스파니아의 장군들은 병사, 무장, 곡물을 요청합니다. — 사정이 그러합니다. 왜냐하면 동맹국들이 변절했고 세르토리우스가 산을 타고 도망갔으므로 장군들이 맨손으로 싸울 수도 없고 사정에 맞는 것을 마련할 수도 없게 되었습니다 — 아시아와 킬리키아에 있는 부대들은 미트리다테스의 엄청난 세력에 의해 불어나 있고, 마케도니아는 적으로 가득 차 있으며, 이탈리아와 속주들의 해변도 그에 못지않습니다.[51]

이 정세 보고는 콘술인 코타가 해결해야 할 산적한 과제를 보여준다. 그러나 '속주 아시아 관세법'의 비문에 이름이 남아야 할 정도로 위기는 다른 곳, 곡물 공급에서 조성되어 있었던 것이다. 이 문제와 관련해 콘술들이 안고 있던 가장 큰 어려움은 벡티갈의 징수 문제였다. 코타의 설명을 들어보자.

이런 때에 반대로 벡티갈은 얼마 안 되고 전쟁들로 인해 불확실하니 간신히 비용의 일부만 뒷받침할 수 있습니다. 그래서 운행되어 유지되어 왔던 함대는 전보다 더 적게 되었으며 우리는 이들을 가지고 여행하게 되었습니다. 만약 이런 것들이 사기나 우리의 태만으로 인해 일어났다면, 분노가 경고하는 대로 하시고, 벌에 처하십시오. 그러나 만약 공통의 운명이 더욱 난관에 처한다면, 여러분에게 우리에게 그리고 국가에게 당신들이 무가치한 일들을 하시겠습니까?[52]

앞에서 벡티갈이 "얼마 안 된다(parva)"라는 말을 전하는데, 주로 속주에서

---

51   살루스티우스, 『코타의 로마 인민 연설』, 6~7.
52   같은 책, 7~8.

징수되는 과정을 이해한다면 적어도 2년 전에 거두어놓은 선납된 입찰금이 이제는 얼마 남지 않았다는 의미로 해석할 수 있을 것이다. 한마디로 말해서 이 연설은 곡물 공급의 문제를 해결하기 위한 재원을 조달할 방안이 없다는 호소다. 특히 아시아 속주에서 일어난 전쟁들 때문에 "불확실하다(incerta)"라는 보고는 조세 징수 청부업자의 입장에서 입찰 대금을 높이 쓸 수 없다는 뜻으로 읽힌다. 재정 문제에 막힌 콘술이 취할 수 있는 가능성은 별로 없으며 앞으로 운(fortuna)은 더 큰 난관에 처할 것(asperior)이 예상되는 것이다.

이런 지경에서 콘술이 제시하는 방안은 무엇일까? 다음의 말을 주목하자.

> 여기에 나 콘술 가이우스 코타가 자리 잡고 있습니다! 나는 조상들이 어려운 전쟁들을 치를 때(asperis bellis) 종종 했던 것을 하며, 맹세하며 국가를 위해서 나를 희생합니다![53]

여기에서 "조상들이 어려운 전쟁을 치를 때 종종 했던 것"은 무엇일까? 바로 트리부툼[54]의 부과였다. 이것이 트리부툼, 즉 전쟁세로 알려진 기여금의 부과를 의미하는 것일까? 만약 이때 트리부툼이 부과되었다면, 부활의 시기로 알려진 기원전 43년보다 32년 전에 이미 트리부툼이 부과된 것으로 볼 수 있다. 기원전 40년에도 옥타비아누스와 안토니우스가 바로 물가와 곡가의 앙등에 대처하려고 트리부툼을 부과한다.[55] 그것은 이런 선례, 즉 곡물 위기를 대처

---

53 같은 책, 10.

54 이에 관해서는 허승일(1995a: 398~417)을 참조.

55 같은 책, 416쪽. 이 경우 기근(λομός)이 문제가 되었다. 그 이유는 자연적인 것이 아니라 동방의 항해자들이 폼페이우스의 부장들을 두려워했기 때문이라고 아피아누스가 『내란기』(5.8.67)에서 설명한다. 그러자 이 기근에 대해 안토니우스와 옥타비아누스는 트리부툼을 납부(ἐσφέρειν)하라는 칙령을 발하는데, 노예 가격에 대해 25드라크마(drachma)당 반(半) 드라크마의 비율, 즉 2퍼센트세를 부과하고 이를 브루투스와 카시우스에 대한 전쟁 용도로 지정한다. 이어서 상속을 향유하는 사람들(τοὺς ἐκ διαθήκης τι καρποθμένους)에 대해

하기 위해 트리부툼을 부과한 데서 나왔을 것이다. 그렇다면 코타의 호소에 대응해 자연스럽게 트리부니 아이라리가 동원되어 필요한 액수를 국고에 선납했을 것이다. 다음 말을 들어보자.

> 이어서 여러분이 이것을 위임할 사람이 누구인지 둘러보십시오. 왜냐하면 운명에 대한 그리고 바다에 대한 그리고 다른 자들에 의해 치러지는 전쟁에 대한 계산이 보상되거나 아니면 파멸될 때 선량善良으로서 그 명예를 원할 자가 아무도 없기 때문입니다.[56]

코타는 사정이 이렇게 불확실한데 특별세를 선납할 자가 있을지 질문한다. 선납할 자는 여기에서 "여러분이 위임할 사람(cui mandetis)"이며 그들이 맡을 과업은 "명예(honorem)"다. 이를 떠맡은 자는 다시 "선량bonus(보누스)"으로 지시된다. 선량은 일반적으로 '유산자'를 뜻한다. 그러나 이 단어가 누구를 지칭하는지는 분명하지 않다. 크리스티안 마이어는 보누스(복수는 보니boni)를 기사 신분을 지칭하는 것으로 파악한다.[57] 특히 살루스티우스에게는 바로 원로원의원들의 대적對敵인 부자들, 즉 기사 신분을 포괄하는 명칭이다. 이와 관련해 우리가 앞서 지적한 대로 키케로는 그의 연설에서 배심원단 구성을 기사 신분에게 맡겨야 한다고 주장하며 트리부니 아이라리를 결코 별도로 지칭하지 않았다. 청부업자들이 '푸블리카니의 오르도ordo publicanorum'로서 기사 신

몫(μοῖραν) — 할당세의 의미로 보임 — 을 내도록 트리부툼을 부과한다. 후자는 기근 대비용으로 보인다.

56 살루스티우스, 『코타의 로마 인민 연설』, 10~11.

57 Meier(1980: 75). 마이어의 이런 지적에도 불구하고 선량(보니)의 함의에 관해 의견 일치가 어렵다. 특히 화자에 따라 다르게 지시하고 있다. 이를테면 살루스티우스는 기존 명사 귀족의 적을 지칭하는 의미로 쓰는 반면에 리비우스는 원로원 지지 당원을 지칭하며, 키케로는 기사뿐만 아니라 이탈리아의 토지 부자를 여기에 넣는다. 이 점에 관해서는 Nicolet(1966: 684). 세부적으로는 Lepore(1954: 175f.)를 참조.

분인 것처럼 이들 역시 기사 신분과 비슷한 신분이었다.[58] 키케로가 아우렐리우스의 배심원단법을 몰랐을 리 없기 때문이다.

그러나 기원전 75년 이런 특별세가 선포되었는지는 아직 확인되지 않는다. 어떻게 트리부니 아이라리가 콘술의 이러한 호소에 응해 행동에 나설 수 있었을까? 니콜레는 트리부툼의 부과가 없더라도 트리부니 아이라리가 국고를 대납하는 것이 관행화되었거나 그것이 적어도 국고 지출의 일반적인 관행이었을 것으로 본다.[59] 코타는 연설의 대미를 다음과 같이 장식한다.

> 최고의 권력에는 큰 걱정이 내재해 있으며, 엄청난 고생이 있으니, 모든 속주와 왕국이 바다와 육지에서 어렵고 전쟁으로 피곤해 있을 때에 여러분이 그런 고생들을 외면하고 평화의 풍요를 구한다면 이는 헛된 것입니다.[60]

이 연설과 그 후에 전개된 사태를 고려할 때 곡물 조달을 위해 특별세인 트리부툼이 부과되었고, 더불어 트리부니 아이라리가 다시 등장해 중요한 역할을 감당했을 것으로 추론된다. 그래서 기원전 70년에 이들은 이런 식의 기여로 배심원단에서 별도의 오르도를 형성하게 되었을 것이다. 그렇지만 일상적으로 국고 대납의 업무를 담당하던 이들을 갑자기 부각시킬 필요가 어째서 생

---

58 트리부니 아이라리의 신분을 둘러싼 추정은 김창성(1989: 164~173)을 참조. 필자는 이 논문에서 평민으로 간주했으나 적어도 키케로의 인식에서는 기사로 인정되었음을 확인했다. 한편 나중에 평민이 되었다는 의견은 수정할 필요가 있다. 특히 카시우스 디오의 『로마사』(43.25)의 "평민들 중의 어떤 자들이(ἐκ τοῦ ὁμίλου τινὲς)"에 따라 이들이 애초 평민이었다고 본 것은 잘못이다. 왜냐하면 'ὁμίλος'는 '불특정한 다수'라는 뜻이지 평민(πλῆθυς)이 아니기 때문이다. 신분에서 박탈되었으므로 그렇게 표현된 것으로 볼 수도 있기 때문이다.

59 이 점에 관해서는 김창성(1989: 164)을 참조. 아울러 총독 베레스가 휘하 병사들에게 지불한 봉급을 트리부니 아이라리로부터 받았다는 기사(키케로, 『베레스 기소』, I. 34)를 참조(허승일, 1995a: 414 참조).

60 살루스티우스, 『코타의 로마 인민 연설』, 10~11.

긴 것일까?

다시 '속주 아시아 관세법'으로 돌아가 보자. 72행에 면제 대상인 수확된 "곡물의 십일세 또는 포도주와 올리브유의 5분의 1세"는 어떤 의미일까? 시칠리아의 예를 참고한다면, 그리고 원래의 십일세가 대부분 아시아 속주 안에서 소비되고 로마로 보낼 것이 별로 없다고 한다면, 바로 두 번째로 부과된 강제 공출의 몫일 것이다. 이것은 바로 테렌티우스·카시우스법에 의해 규정된다. 이런 곡물은 원래는 과세 대상인데 이 법에서는 면제 대상이 된다. 그 이유는 무엇일까? 곡물이 수집되고 이것이 로마의 관리에게 접수되기까지는 수집된 곡물은 개인의 취득 재산, 즉 상품으로 간주되었다는 의미. 왜냐하면 이미 '속주 아시아 관세법' 63행 이전에 로마인의 일상품은 과세가 면제되었기 때문이다. 이 곡물에 대한 보조금은 청부업자들에게 바로 지불되어야 했고, 코타가 원한 것은 국고가 고갈된 상황에서 선불할 트리부니 아이라리의 참여와 협조였던 것이다.

이제 트리부니 아이라리의 정체를 밝혀보자. 이미 기사들의 공마公馬를 구입하거나 유지하기 위해 부녀자나 고아들에게 액수를 할당하고 이를 후견인에게 부과하는 관행은 알려져 있다. 같은 방식이 아내의 재산에 대해서도 부과된 것이다. 남편은 아내의 재산인 지참금의 법적인 소유자[61]이기 때문이다.

우선 플라우투스의 극 〈황금단지〉의 극중 인물인 메가도로스의 행동과 처신을 주목할 필요가 있다. 그는 대본의 227~230행에서 "부유하면서 추종자가 많은 혹은 당파적인[62] 인물(hominem divitem, factiosum)"로 표현된다. 그런 이

---

61 Dixon(1992: 51~57). 그러나 아내와 이혼하게 되면 돌려주어야 하는 등 남편의 임의 처분은 허용되지 않았으며 친정이나 보호자의 감독이 가해졌다. 후기로 갈수록 부인의 권리로 인정되었다.

62 이 'factiosus'는 '활동적이면서 당파적인 인물'이라는 뜻이다. 기원전 100년 루키우스 아풀레이우스 사투르니누스의 반란을 진압하는 데 동원된 이들 중에 "모두의 자유를 지키기 위해 무기를 잡았던 트리부니 아이라리"(키케로, 『라비리우스 변호』, 27)와 같은 자들을 의

미지는 '황소bos'로 압축된다. 더욱 흥미로운 점은 525행 이하에 나오는 다음과 같은 설명이다.

> 525행 모든 잡상인들에게 문제가 해결되자
>
> 이제는 마지막으로 병사가 와서는 돈이
>
> 청구되네, 은행가와 더불어 셈이 이루어지지.
>
> 병사는 굶은 채 서 있으면서 돈이 지불될 것이라고 생각하지.
>
> 은행가와 셈이 끝난 후에

> 530행 심지어 그는 다른 것으로도 은행가에게 빚지고 있지.
>
> 병사에게는 다른 날로 희망이 연기되지.
>
> 큰 지참금들 속에 있는 이것들과 또 많은 다른 것들은
>
> 재앙이요 참을 수 없는 지출이라네.
>
> 왜냐하면 지참금을 받지 않은 여자는 남자의 권능 안에 있네만.

> 535행 지참금을 받은 여자들은 악행과 저주를 남자들에게 끼친다네.

문맥상 메가도로스는 자기도 모르는 사이에 '트리부니 아이라리의 신분'에 속하게 되었다. 그런 직책을 맡게 된 이유는 여인이 가져온 지참금으로 인해서임을 알 수 있다.[63] 이 단편에서 여성의 지참금이나 재산 소유에 관한 로마의 규정을 이해할 필요가 있다. 특히 여성의 재산 상속을 제한하는 법은 키케

미할 것이다.

[63] 키케로, 『국가론』, 3. 10. 17. 이 법에 관해서는 김창성 옮김(2007: 222쪽, 주 30)을 참조. 여기서는 푸블리우스 크라수스의 여식이 1억 세스테르티, 키케로의 여식이 300만 세스테르티를 물려받은 것으로 나온다.

로도 깊은 관심을 가졌다. 특히 보코니우스법Lex Voconia의 금지 규정이 있어도 현실에서는 이를 증여의 형태를 빌려 회피하는 일이 부유층에서 다반사였다.[64] 사실상 여성의 재산 축적은 이처럼 증여의 형태를 취했다. 원칙상 4분의 1을 넘는 액수를 증여할 수 없었는데도, 타인에게 재산을 의탁하고 그것을 의탁자의 딸에게 증여함으로써 금지 규정을 회피하는 것이 관행이었다. 메가도로스의 사례는 이렇게 지참금으로 들어온 재산이 남편의 재산으로 간주되었는데 남편은 이 사실을 미처 알지 못했음을 희화적으로 묘사한다. 이후에도 이런 트리부니 아이라리의 정체는 그대로 유지되었을 것이다.

키케로는 기원전 43년 7월 27일 공화정의 재정 위기를 목도하며 다음과 같이 실태를 보고한다.

> 만약 내가 크게 잘못 알지 않았다면, 국정에서 가장 큰 매듭은 돈 문제에 관련된 궁핍입니다. 왜냐하면 매일 선량들이 트리부툼의 목소리에 무감각하기 때문입니다. 그것은 토지 소유자들의 파렴치한 센서스에 따라 100분의 1로 징수되어 두 개의 군단병에게 줄 보상금으로 모두 소진됩니다.[65]

여기에서 키케로는 "국정에서 가장 큰 매듭(Maximus nodus)"이 "돈 문제에 관련된 궁핍(inopia rei pecuniariae)"임을 말한다. 이어서 그 이유를 설명하는데, 여기에서는 통칭 "매일 선량들(boni viri)이 트리부툼의(을 선납하라는) 목소리에 무감각하기 때문"이라고 한다. 이어서 트리부툼의 성격을 설명하는데 흥미로운 점을 보여준다. 그 트리부툼은 다른 경우와 마찬가지로 "토지 부자

---

64 키케로, 『최고선악론』, 2.55. 여기에는 부탁받은 증여물을 법에 어긋난다는 핑계로 약속을 이행하지 않아 큰 재산을 확보한 섹스틸리우스 루푸스(Sextilius Lupus)의 사례가 나온다. 키케로는 그런 일은 에피쿠로스학파나 할 짓이라고 비난한다.

65 키케로, 『브루투스 서한』, 36(1. 18). 5.

들의 센서스(censu locupletium)"에 근거하지만, 키케로는 그 센서스가 "파렴치한(impudenti)" 것이라고 비난한다. 조사 자체가 잘못되었다는 뜻인지, 아니면 부당하게 센서스 액수가 줄어들었다는 뜻인지는[66] 분명하지 않다. "quod ex centesima"는 이 센서스에 1퍼센트 비율로 트리부툼이 부과되었으며, 이는 두 개 군단의 상여금으로 소모되는 것이라고 키케로는 용도를 밝히고 있다. 이 문장에서 트리부툼 납부 의무자들이 있고 이들의 재산에 1퍼센트의 트리부툼이 부과되었으며, 트리부툼의 목소리에 귀를 기울여야 할 '선량'은 일반 납세의무자들과는 별도의 부류에 속함을 알 수 있다. 이들은 바로 트리부툼을 선납하는 자들로 '선량'으로 표현되며, 과세 대상인 센서스 보유자는 '토지 부자들'로 표현되었다. 이렇게 본다면 이 선량(보니)이 바로 트리부니 아이라리다.

기원전 43년 11월 삼두는 곡가 안정에 필요한 재정을 계산하고, 가장 부유한 명문가 출신의 부녀자 1400명을 선정했다.[67] 부녀자들의 지참금에 부과된 과세라면 이를 부담할 남편은 메가도로스의 예처럼 트리부니 아이라리가 되었을 것이다. 자신의 남편에게 부과된 세금에 관해 관계자인 부녀자들은 부과 철회를 요구하며 다음의 주장을 제시한다.

우리의 어머니들은 일찍이 카르타고인들과 싸우는 동안 전 제국과 (로마) 도시 자체를 잃을 위험에 처하자, 성별을 초월하고 일어나 기부금을 냈습니다. 그러나 그때 그들은 자발적으로 '기부했지요(ἐσένεγκαν)'. 토지, 농장, 결혼 지참금(προκòς) 또는 집 등 그것이 없으면 부녀자들이 자유롭게 생활을 할 수 없는 것들에서가 아니라 오로지 그들 자신이 지닌 보석에서였던 것입니다.[68]

---

66   로브판의 영역에서는 "뻔뻔한 저평가(brazen under-valuation)"로 번역한다(Cary trans., 1965: 735).
67   허승일(1995a: 415).
68   아피아누스, 『내란기』, 4.32~33.

여기서 토지, 농장, 주택과 아울러 결혼 지참금은 왜 제시되었을까? 이것들은 과세 대상이었을 것이다. 이 문장에서 "기부했다(ἐσένεγκαν)"는 'εἰσφέρω(에이스페로)'의 완료형으로, 즉 전쟁세인 에이스포라를 내는 데 기여했다는 말이다. 이 문구에서 보다시피 특히 결혼 지참금은 트리부툼에 종속되는 것이다. 이는 해당 재산의 법적 소유자인 남편이 트리부니 아이라리가 되어 선납하도록 된 것을 지시한다. 이런 구조를 고려하면 앞으로 연구 과제로 로마 여성의 소유권 문제도 다시 조명할 필요가 있다.

5. 결어

'속주 아시아 관세법' 72~78행의 조항은 기원전 75~70년의 곡물 문제에서 불거진 급박한 정치 현실을 반영했으며, 콘술인 가이우스 아우렐리우스 코타가 트리부니 아이라리에게 협조를 호소했던 사정을 드러내 보여준다. 이러한 정황을 고려하면 그 형제인 루키우스 아우렐리우스 코타는 이들을 이용해 현안을 해결하고 그 대가로 배심원직을 내걸었을 것으로 보인다. 그래서 이들이 갑작스럽게 등장한 것이다. 키케로가 기사(에퀴테스)에서 트리부니 아이라리를 분리하지 않은 것으로 보아, 이들은 조세 징수 청부업자처럼 별도의 신분이면서 기사 신분처럼 관리되었다. 특히 로마시의 곡물 공급 문제가 시급해 징세보다 필요한 곡물의 양을 채우는 것이 더 중요했으므로, 청부업자들의 최대 공급 역량이 요구되었고, 로마 정부는 특혜를 베풀어서라도 식량을 조달하려고 했다. '속주 아시아 관세법'이 곡물 등 생필품에 대해 관세를 면제해 준 것은 같은 법의 제정자가 기원전 75년 곡가 등귀로 봉변을 당한 콘술이었기 때문이다. 이처럼 로마 재정은 선량들(보니)의 기여 의사에 의해 좌우되었으며, 곡물 공급의 문제는 이 시기에 이르러 속주와 로마를 긴밀히 연결하게 되어 이들의 정치적인 영향력이 넓어졌다. 특히 이 시기에 등장한 트리부니 아이라리는 부인의 재산 관리인으로 많은 재산을 가지게 된 자들이었다. 이는 재정 문제가 공화정 후기의 로마 기사 신분을 이해하는 데 중요한 요소임을 보여주는 것이다.

현재로서는 '속주 아시아 관세법'에 관한 연구에서 별로 진전이 없어 보인다.[69] 필자가 본문에서 제시한 72~74행의 판독과 해석은 니콜레의 견해가 주도하고 있으나 문제점도 지적된다.[70] 이 장의 주장이 좀 더 유효하게 되는 것은 '속주 아시아 관세법'의 내용에 관한 보편적인 동의가 있고 난 후가 될 것이다. 다만 '보니'로 통칭되는 세력은 이 장의 문맥상 트리부니 아이라리일 것이라는 주장은 필자가 처음 제기한 것이다.

---

69 김창성 옮김(2013b: 243~250) 참조.

70 Cottier et al. ed.(2009: 127~131).

제16장

'속주 아시아 관세법'에 보이는
비르 보누스와 트리부니 아이라리*

1. 서언 | 2. 기원전 1세기 원로원과 선량의 관계
3. '속주 아시아 관세법'에 나타난 보니 | 4. 보니의 정체와 의미 | 5. 결어

1. 서언

1976년 튀르키예의 에페소스에서 발견된 '속주 아시아 관세법'[1]의 비문 69행에는 다른 글자보다 더 선명하게 "ΑΝΔΡΟΣΑΓΑΘΟΥ"라는 문구가 드러난다. 이 문구를 소문자로 풀면 '안드로스 아가투ἀνδρὸς ἀγαθοῦ'로 표시된다. 이 문구는 너무나 분명하게 라틴어 '비리 보니viri boni'(이하 '보니'로 표기함)를 그리스어로 옮긴 것이다.[2] 비문에 등장하는 이 문구는 그동안 우리가 이해해 왔던 '보니'라는 단어의 함의를 크게 수정해야 할 필요성을 제기한다.

일반적으로 '보니'라는 라틴어는 '로마의 교양 시민' 정도로 소개된다.[3] 때로

---

* 이 글은 《서양고대사연구》, 제49집(2017.8)에 게재된 바 있다.

1 이 법의 내용에 관해서는 김창성 옮김(2015: 93~133)을 참조.

2 Engelmann und Knibbe(1989: 92); Cottier et al. ed. (2009: 126). 안드로스 아가투는 소유격이며, 주격은 '아네르 아가토스(aner agathos)'다. 비리 보니는 복수형이며, 단수형은 '비르 보누스(vir bonus)'다.

3 『로마법 용어사전』에서 '비르 보누스'를 찾으면 '정직하고 올곧은 사람(a honest, upright man)'으로 나온다(Berger, 1953: 767). 비르 보누스에 대한 최초의 연구는 Sinko(1903)다. 이 논문은 라틴어로 기술되었으며 기원전 2세기부터 기원후 5세기까지 비르 보누스의 개

는 최상급 옵티마테스가 원로원의원을 지칭하므로 기사 신분을 지칭하는 용어[4]로, 또 정치적 입장을 같이하는 일단의 사람들을 지칭하는 의미로 이해된다. 또 크게는 보수적인 귀족을 대신할 수 있는, 말 그대로 선량한 중산층 전체를 지칭하는 의미로도 파악된다.[5] 그러기에 이 보니를 이해하는 시각은 매우 편의적이고, 그 표현은 당파적인 편향성의 의미로 사용될 수 있었다. 체계적이고 분석적인 연구가 아직 이루어지지 않은 형편이다. 이미 크리스티안 마이어가 이 용어의 분석이 필요하다는 전망을 내놓은 지 오래되었지만 학자들의 별다른 관심사가 되지는 못했다.[6]

그러나 이제 비문에 나오는 문구를 우리가 보니로 파악한다면, 이들을 단순한 교양인이 아닌 구체적인 역할이나 기능을 가진 존재로 이해해야만 한다. 왜냐하면 그 단어 뒤에 "에피크리세이(ἐπίκρισις)"가 이어지기 때문이다. 이는 라틴어로 '아르비트라투(arbitratu)'로 번역되는데, 판결이나 중재를 의미한다. 그러므로 보니는 이런 권한을 가진 구체적인 직무자[7]로 파악되며, 단순히 수사

넘사를 정리하고 있다. 기본 사료를 빠짐없이 제시하고 있어 거의 자료집의 성격을 보여준다. 필자가 이 연구에서 주목하는 것은 이 칭호가 초기에는 전사(戰士)를 지칭하는 데 쓰이다가 공직자, 부자, 교양인, 철학자 등으로 함의가 달라졌다는 점이다. 이 연구를 요약해 이 선량(비르 보누스)도, 옵티마테스가 그리스어 '아리스토이(ἄριστοι)'의 영향을 받은 것처럼, 로마 귀족 윤리(Adelsethik)의 오래된 구성 요소임을 스트라스부르거는 밝히고 있다 (Strasburger, 1939: col. 774).

4   Meier(1980: 75)에서 기사 신분이 보니로 파악되고 지시되는 경우도 제시하지만, 크게 보면 나름의 계급의식 없이 그라쿠스 형제부터 술라 시기까지 원로원을 지지하는 집단을 지시하는 것으로 마이어는 파악한다. 그러므로 그가 분명히 보니를 기사 신분이라고 확신하지는 않았던 것으로 필자는 본다.

5   Nicolet(1966: I, 684). 이 책 458쪽 각주 57 참조. 확대된 보니의 개념에 관해서는 Lepore (1954: 362)를 참조.

6   Meier(1980: 89, n.155)에서 원로원과 보니의 관계는 이제까지 전혀 연구되지 않았음을 지적한다. 특히 마이어는 자신의 책에서 공화정 후기의 정치 구도를 원로원과 보니의 관계로 설명하고 있어, 후자를 별도의 세력으로 전제했음을 알 수 있다.

7   잘 알려진 대로 로마 공화정기에는 관료제가 없었다. 그런 점이 부각되어야 이 장의 논점

학상의 의미만 가지는 것이 아니다. 그렇다면 이 관세법 비문에 나오는 보니는 과연 어떤 존재인가? 이 장에서는 이 비문의 의미와 관련해 보니의 존재 의미를 재조명한다. 여기서는 선례에 따라 보니를 '선량'으로 번역한다.[8] 사실 이 연구는 필자가 처음 제기한 것은 아니다. 이미 1995년의 선행 연구에서 그 가능성이 제시되었는데[9] 필자가 여기서 그 가능성을 구체화하려고 한다.

2. 기원전 1세기 원로원과 선량의 관계

이 선량을 하나의 세력으로 보고 다른 세력과의 관계를 개척한 연구자가 마이어다. 그는 이 선량을 별도의 세력으로 보았다. 그래서 그 본질을 파악하는 데까지는 미치지 못했지만, 중요한 세력으로 보고 이들의 동향을 분석해 내고 있다. 다음에서는 그의 관점으로 공화정 말기에 있었던 세력 집단인 선량의 동향을 검토해 본다.

마이어는 우선 선량이 술라 때까지는 원로원의원들과 충돌하지 않았다고 본다. 오히려 마이어는 그라쿠스와 술라의 시기에 선량들은 원로원의 가장 중

이 의미를 가진다. 관료제가 부재한 중에 어떻게 행정 문제를 해결해 가는지를 보는 것이 로마사의 중요 과제다. 이 경우에도 민간인으로서 해당 임무를 떠맡은 존재로서 중재의 직위를 이행했을 뿐이다. 아마도 아테네의 '프로에이스페론테스(proeispherontes)'와 유사했을 것이다(허승일, 1995a: 411 이하; Nicolet, 1976a: 50 참조).

8 이 단어의 번역은 키케로의 『법률론』(성염 옮김, 2007: 73, 207, 219~220, 223)에 따른다. '보니'가 복수인 관계로 단수는 '보누스'라고 해야 하는데, 기존의 번역어가 있어 이를 따른다. 이 단어는 그리스어 아가토스(agathos)와도 통용된다. 두 단어를 아우르는 번역어로 '선량'이 적합하다고 본다. 이는 원로원의원을 '옵티마테스', 즉 '최선량'이라고 번역해 표시하는 것과 같은 맥락이다. 선량은 한자로 '善良' 또는 '選良'으로 표기되는데, 굳이 한자로 표시하지 않은 것은 두 의미를 다 가질 수 있기 때문이다.

9 허승일(1995a: 312쪽, 주 70). 여기서 필자는 '유산자'로 번역된 보니에 트리부니 아이라리가 포함될 수 있다는 지적에 깊은 감사를 표한다. 이런 시사점에 의해 이 장이 집필되었음을 밝힌다.

요한 지지 세력을 형성했을 것으로 파악한다.[10] 이런 관계를 유지했던 선량은 기사 신분에만 국한된 것은 아니었다. 오히려 선량은 기사 신분을 포함한 부유층이었다고 보아야 한다. 이들은 어떤 방식으로 원로원에 도움을 줄 수 있었을까? 마이어는 이들이 피호민들Gefolgschaften을 동원해 선거 등에서 중요한 역할을 수행한 것으로 인식한다. 이들의 작업은 로마에 거주하는 자들을 동원하고, 자치시의 경우 자치시 결의를 통해 로마의 포룸을 장악하는 능력을 보여준다.[11] 나아가 원로원의원들은 이들에게 부채를 짐으로써 재정적으로도 의존했던 것으로 파악된다.[12]

마이어는 이런 관계나 사정이 전해진 것은 바로 키케로의 경향성을 통해서라고 본다.[13] 그에 따르면 키케로와 단절하고 원로원과 선량의 관계를 밝히려는 연구는 거의 이루어지지 않았다. 그래서 일반적으로 원로원과 선량이 "좋은 조화(guten Einklang)"를 이루고 있다고 이야기되지만, 그런 관계는 사실상 다른 증거들로 검증될 필요가 있다. 특히 키케로는 자신의 입장과 다른 사료를 경향성을 가지고 보기 때문이다. 기원전 80년대 이후에 이들 선량이 원로원을 적극 옹호할 준비가 되었는지의 여부는 알기 어렵다고 마이어는 파악한다.[14] 가령 기원전 70년, 67년, 66년에 원로원은 선량의 지지가 절실하게 필요했다. 그렇지만 이들 대부분이 원로원과 대립하는 입장이었다. 기원전 63년에 일어난 카틸리나의 음모는 선량들의 경제적 이해관계를 침해했기 때문에 콘술인 키케로의 입장과 같이 갈 수밖에 없어 그다지 의미가 없다고 마이어는 진단한다.

기원전 54년 키케로는 처음으로 자신의 이념을 요약해 "권위를 지닌 여가

10   Meier(1980: 75).
11   같은 책, 85쪽, 주 126.
12   같은 책, 85쪽, 주 129.
13   같은 책, 89쪽, 주 155.
14   같은 책, 90쪽.

(Otium cum dignitate)"[15]를 표명한다. 이에 관해 마이어는 다음과 같이 설명한다. "'보니'라고 하는 광범위한 집단이 자신의 질서를 추구한 것과 마찬가지로 지도적인 원로원의원들은 일방적으로 권위를 추구했다."[16] 이런 점에서 두 집단의 목표는 더 이상 한 방향을 향하지 않고 충돌하기 시작했다는 것이다. 비록 대부분의 보수층은 원로원을 지지했지만, 원로원이 새로운 권위를 세우는 데 필요한 일치나 내적인 확고함 등이 부족했다. 그래서 이 시기 선량들은 권력자Machthaber와 타협하지 않을 수 없었다. 마이어가 보기에 이런 사정에서 원로원과 선량들은 "소원한 관계(Entfremdung)"에 처할 수밖에 없었다.[17] 그런 단서가 다음에 나온다.

국가에 관해서 나는 매일 크게 두려워합니다. 으레 그러하듯이 선량들은 동의하기 않을 것이기 때문입니다. 나는 어떤 로마 기사들과 어떤 원로원의원들을 보았는데 그들은 다른 일과 더불어 폼페이우스의 이 여행을 매우 신랄하게 비난합니다! 평화가 필요합니다.[18]

마이어는 원로원을 대변하는 키케로의 입장에서 선량이 불안을 느끼고 크게 "동요한(gestören)" 것으로 파악한다. 그래서 원로원의 한계를 극복하기 위해 두 집단의 협력이 필요했다. 키케로는 선량의 요구인 오티움otium(여가)과 원로원 세력의 요구인 디그니타테dignitate(위엄)를 합칠 수밖에 없었다. 마이어는 이러한 판단과 프로그램을 두고 "키케로다운" 것이며, "매우 진실한 관찰

---

15 키케로, 『친지서한』, 1.9. 이 문구의 해석에 관해서는 허승일(1995a: 347)을 참조. 허승일에 따르면 "원로원의 권위에 의거해 안정과 질서가 잡혀 …… 그라쿠스 형제 이전의 …… 로마 공화국"을 의미한다. 이는 원로원의 입장에서만을 본 것이라고 할 수 있다.

16 Meier(1980: 91).

17 같은 책, 91쪽, 주 163.

18 키케로, 『친지서한』, 7.5.4.

(sehr wahre Beobachtung)"이라고 평가한다.[19]

이런 권력자들의 관계는 내란으로 전개되었다. 기록에 따르면 흥미롭게도 폼페이우스를 추종하는 파벌이 '선량'으로 지시된다는 점에서, 선량이 유산계층die besseren Schichten만을 가리키는 것은 아니라고 마이어는 파악했다.[20] 오히려 이들은 카이사르의 승리를 보고 그와 화해했다. 그러나 내면으로 이들은 카이사르의 체제 전복에 대해 또 그가 거머쥔 권력에 대해 가장 "격앙되었다 (empört)". 그렇지만 이 분노는 카이사르의 대처로 표면화되지 않았다.[21] 다만 선량은 자신들의 소유와 안정이 중요했다.

이런 마이어의 설명에 따르면 선량은 하나의 구체적인 집단이자 나름의 의식을 가진 실체로 원로원에 협조하고 견제하며 나아가 내란에서 폼페이우스를 지지하다가 카이사르를 마지못해 수용하는 존재로 나타난다. 이런 구체적인 움직임을 조명하면서 우리가 로마 공화정 말기의 역사에서 원로원의원과 기사를 넘어 '보니'로 표시되는 구체적인 집단의 움직임에 주목하게 된 것은 마이어의 공헌이 아닐 수 없다.

---

19 이런 평가는 우리가 공화정 말기를 연구할 때 주목할 가치가 있다. 키케로의 자료를 가지고 일방적으로 사태를 보면 그의 편견에 휘말릴 수 있으며, 디그니타스와 오티움을 분리해 양 집단의 구호로 보는 것은 마이어의 독특한 견해가 아닐 수 없다.

20 Meier(1980: 92, n.176). "보니가 여기에서 더 넓은 의미로(im weiteren Sinne) 더 나은 (besseren) 계층을 의미한다는 것은 의심의 여지가 없다. 그런 이해는 폼페이우스파도 더 좁은 의미로(im engeren Sinne) '보니'라고 지시된다는 점으로 인해 흔들린다." 즉, 마이어는 '보니'라는 용어의 사용에서 나타나는 다양성을 지적한다. 그의 결론은 키케로의 문헌을 비교한 결과 도출한 것이다. 이와 관련해 스톡턴은 폼페이우스가 보니를 적대시했으며, 키케로의 중재를 통해 보니에게 접근할 수 있었기에 카이사르와 삼두를 형성하게 되었다고 지적한다(Stockton, 1971: 181~183). 추후 연구가 필요한 대목이다.

21 Meier(1980: 90, n.157). 같은 보니가 카이사르와 폼페이우스에 대해 어떻게 대응했는지에 관해서는 Stockton(1971: 150, 157, 172) 등을 참조하면 좋은데, 별도의 논고가 필요하다. 특히 카이사르가 트리부니 아이라리 신분을 해체한 것은 중요한 정치적 행동이라고 판단된다.

이처럼 마이어는 '보니'라는 집단의 독자적인 움직임을 지적한 공로가 있으나 이들의 실체는 파악하지 못했다. 다시 '속주 아시아 관세법'으로 돌아가자.

3. '속주 아시아 관세법'에 나타난 보니

우선 '속주 아시아 관세법'에서 선량으로 불린 자가 가지는 중재권arbiratus은 어떤 내용일까? 최초로 비문을 공간公刊한 연구자들의 주석을 보면 다음과 같이 풀이하고 있다.

> 세관과 그것에 속한 재산 목록은 로마 인민의 재산이었으며 임대되었다. 하나의 계약 기간이 지난 후에 새로운 계약자(청부업자)가 기존의 세무 청사를 인수하는 경우, 그런 양도에서 일종의 감정인Gutachter이 활동하게 되었다. 그는 건물 자재와 물품에 대한 우발적인 손상을 방지했다. 지난 계약자들은 손상과 결핍을 제거해야만 한다. 그것을 감정인이 확인했다.[22]

한마디로 선량은 감정인으로서 임무를 지닌다고 주석자는 본다. 일단은 선량이 단순한 개인이 아니라 특정한 직무, 즉 감정 임무를 수행하는 일종의 공직자임을 확인할 수 있다. 이런 선량이 감정인으로 활동할 수 있는 것은 어떤 이유에서일까? 이런 사람들은 "계약의 이행 여부를 심판하는 자"의 자격으로 제시된다.[23] 이런 의미에서 선량은 말 그대로 정직한 사람으로서 감정하고 판정하는 자의 지위를 누리고 있음을 볼 수 있다. 그것이 로마 사회의 관행일까?

---

22 Engelmann und Knibbe(1989: 91). 같은 사례로 트라키아의 시장 피조스(Pizos)를 들고 있다. 필자가 보기에 이는 다른 사례로 여겨진다. 왜냐하면 후자의 비문은 지역 관리와 주둔군 간의 관사와 장비의 인수인계에 관한 것이지만 문제가 되는 관세법 조항은 청부업자가 관사를 사용하는 것을 의미하기 때문이다.

23 Berger(1953: 767).

대大카토의 『농업론』에 다음의 구절이 나온다.

만약 청부업자의 활동으로 주인에게 어떤 손해가 초래될 것이라면, 청산하게 하라. 그런 처분은 '선량의 중재'에 의해 도출된다.[24]

큰 단지에 담긴 포도주의 매각은 이런 식으로 이루어져야 한다. …… 쉬지도 않고 곰팡이도 피지 않은 것이 제공되어야 한다. 가까운 사흘 이내에 '선량의 중재'에 따라 맛의 평가가 이루어진다.[25]

이런 식으로 농촌 사회에서 농장 주인이나 포도주 판매인과 업자나 구매자 사이에서 중재를 행하는 것이 이들 선량의 중요한 업무로 되어 있다.[26] 이처럼 일상 거래에서도 긴요한 업무를 맡고 있는데, 이들의 중재에 대해 이의를 달거나 의문을 제기하는 기록을 필자는 아직 발견하지 못했다. 이는 이들의 기능이 그만큼 중요했다는 뜻이 아닐까? 선량은 이처럼 관세법 주석자의 판단보다 더 넓은 범위의 기능을 수행했던 셈이다. 우선 비문의 구체적인 내용을 파악하면 다음과 같다.

67~69행 …… 에우메네스의 아들 아탈로스 왕이 관세 징수를 위해 가지고 있던 막사와 왕실[관청]과 관련해, 청부업자는 왕이 사용한 것처럼 그것들을 사용할 것이며, [청부업자는] 자신이 넘겨받는 것은 무엇이든 [다음에 오는] 청부업자에게 혹은 선량의(ἀνδρὸς ἀγαθοῦ, boni viri) 중재에 넘길 것이다.[27]

---

24   카토, 『농업론』, 144. 3.
25   같은 책, 148. 1.
26   나머지 사례에 관해서는 Sinko(1903: 8)를 참조.
27   "ἐποίκια[ ]υιλικοσὺς οὓς βασιλεὺς Ἄτταλος Εὐμένους υἱὸς τελωνίας χάριν ἔσχ[ ] ο [ ]ημο[ ] οῦ [ ] καρπευέσθω; ταυτὰ τε ὁποῖαν παραλάβῃ [ ]οσιοώνῃ ἀνδρὸς ἀγαθοῦ ἐπικρίσει παρ

비문에 아탈로스 왕이 로마에 유증한 페르가몬 왕실 재산과 관련된 조항이 있는 것으로 보아 이 규정은 기원전 132년경의 관세법을 지시하는 것이다. 여기에 조세 징수 청부업자가 간여했음을 이 규정은 그대로 보여준다.[28] 동시에 이 규정은 아시아 속주가 그만큼 로마의 재정 운영에 중요해졌다는 사정[29]을 반영한다.

테오도르 몸젠에 따르면, 로마는 정복된 국가를 로마의 국가 재산으로 직접 관할할 수 있다. 전쟁으로 완전히 없어진 국가의 경우 그 전체 영토가 로마의 재산이 되며, 로마 정부가 단지 전임 지배자의 역할을 떠맡는 경우 그 지배자가 점유했던 토지 재산이 로마의 재산이 된다.[30] 아시아 속주에는 후자의 원칙이 적용되어서, 사실상 아탈로스 왕이 보유했던 재산은 모두 로마의 국유재산이 되었다. 이렇게 볼 경우 관세를 징수하기 위해 세운 막사나 건물은 모두 로마인의 재산이 되며, 징수업자들 간에 이 재산의 인수인계가 이루어지는 것을 볼 수 있다. 그런데 인수인계가 되지 않을 경우, 이 재산은 바로 선량의 중재권에 귀속된다고 이 법은 지시한다. 이는 분명히 선량이 비록 정부 관리는 아니지만, 국가의 재산을 관리하거나 감독하는 권리를 가졌음을 의미한다.

그렇다면 이 호칭은 일정한 자격에 대한 표시라고 보아야 할 것이다. 몸젠에 따르면[31] 선량은 연설가, 의사, 농부, 전사, 법률가 등의 직업을 가진다. 또한 이렇게 직업을 가지고 있기에 카토 같은 이는 "엔사이클로페디아 같은(as a sort of encyclopaedia)"[32] 지침서를 아들에게 남겼다. 교육에 대한 이런 관심은

αδιδότωι)."

28 Seungil(2014: 159) 참조. 특히 이 글에서는 청부업자들에 의해 이 법이 강행되었음을 시사한다.

29 Stockton(1971: 69f.).

30 Mommsen(1996: IV, 156). 몸젠은 이 경우 국가의 '사유재산(private property)'으로 간주한다.

31 Mommsen(1996: III, 185). 비르 보누스는 몸젠의 로마사 번역자 윌리엄 딕슨(William P. Dickson)에 따르면 'fit man'으로 번역했으며, 로브판에서는 'loyalist'로 번역했다.

이들이 별도로 취급될 만한 자의식을 가진 집단임을 시사한다. 이들은 기사와 같은 존재일까? 앞의 비문에 나오는 푸블리카니는 '기사 신분의 꽃'이라는 평가를 받고 있다. 그래도 로마의 행정제도상 기사와 동일 이해집단인 사람에게 중재권을 줄 리는 없어 보인다. 그렇다면 이들을 원로원의원이라고 볼 수 있을까?

선량은 그리스어 '칼로스 카가토스καλὸς κἀγαθός'[33]의 차용일 가능성이 높다. 사실상 이 단어는 기원전 5세기경[34]에 그리스 귀족의 별칭으로 쓰였다. 그래서 베르너 예거Werner Jaeger는 이를 "마음과 몸이 조화롭고, 전투와 연설에서 또 노래와 행동에서 침착해 온전한 인간 성품에 관한 기사다운 이상"[35]이라고 설명한다. 그러나 역시 예거의 설명에 따르면, 이 단어는 플라톤의 시기에 일반적으로 부자를 의미했다. 플라톤은 이 단어가 이런 계급적인 함의에서 벗어나 예전의 의미가 복원되도록 노력했다는 것이다.[36]

이런 맥락에서 본다면 애초 라틴어의 '선량'은 로마의 귀족, 특히 원로원의원을 지칭했을 것이다. 그런데 이 용어가 로마의 기사 신분을 지칭하는 데 사용된 것은 우연이 아닐 것이다. 이런 점에서 '최선량'이라는 뜻의 옵티마테스

---

32 이 단어의 의미에 관해서는 안재원(2015: 147~189)을 참조. 특히 그 교육 내용에 관해서는 같은 글(5~6절)을 참조.

33 이 그리스어 표현과 관련해 싱코는 선량이 그리스어 '칼로스 카가토스'와는 다른 것이었고 오히려 오래된 로마의 모범으로 존재했으나, 그리스의 영향을 받아 새로운 관념이 들어온 것이라고 주장한다(Sinko, 1903: 13f.).

34 예거는 파이데이아(paideia)가 기원전 5세기 이전에는 등장하지 않음을 지적한다(Jaeger, 1945: I, 4).

35 Jaeger(1945: I, 62)에 등장하는 구절이다. 이 정의와 관련해서 예거는 이 말을 헤시오도스 (Hesiodos) 시절의 농민은 이런 새로운 이상에 직면하지 못했고, 불변의 지혜를 따르고 고되게 노동하는 것을 이상화했다고 본다. 그런 의미에서 이런 교육 이상은 새로운 변화의 산물이다. 칼로스 카가토스의 개념은 인간을 자신의 진실한 형상인 실제이고 진정한 본성으로 교육하는 과정(같은 책, xxiii쪽)으로서의 파이데이아와 잘 부합한다.

36 같은 책, I권, 420쪽, 주 35.

라는 용어가 출현한 시기에 주목할 필요가 있다. 존 샌디스John E. Sandys에 따르면[37] 이 단어는 티베리우스 그라쿠스의 사망 시점에 형성되었다. 그렇다면 원로원의원들이 '보니'라는 명칭을 포기하는 대신에 '옵티마테스'를 채택한 시점이 바로 기원전 132년인 것이다. 원로원의원들은 자신들의 권위를 높이기 위해 후자의 칭호를 사용했을 가능성이 높다. 그렇다면 '속주 아시아 관세법' 68행에 나오는 '선량'은 이미 옵티마테스인 원로원의원은 아닐 가능성이 높아 보인다. 그렇다면 이 지칭은 신분을 호칭하는 면에서 새로운 집단을 지시할 필요성이 있었음을 보여준다.[38]

로마의 '오르도'는 혈연이나 지연 같은 우연적인 요소가 아니라 오히려 국역의 담당자를 표시하는 데 사용되었다. 그렇지만 선량의 경우 그런 표시 없이 오직 이 비문의 규정에서 돌연히 출몰한다. 또 한 번만 나오기 때문에 임시적인 용어일 가능성이 있으며, 이후 관용어로 굳어졌을 것이다. 그렇다면 이 명칭을 누리게 된 집단은 어떤 사람들일까? 이 비문에만 초점을 둘 경우, 국유재산을 관리하는 자들 또는 국가가 그런 권한을 위임한 자들임에 분명하다. 그런데 국가의 재산을 아무나 관리할 수 있을까? 여기에는 일정한 자격이 필요하다. 그런 이들에 가장 유사한 자들이라면 아무래도 조세 징수 청부업자들이다. 이들 푸블리카니는 공공을 의미하는 '푸블리쿠스publicus'에서 파생되었으니 '공무를 맡은 자'라는 의미로 이해될 수 있다. 사실 조세 징수는 국가가 할 일이니, 이를 대행하는 이들이 이런 호칭을 누린다고 해서 이상한 일은 아니다. 하지만 이 법에서 선량은 이들을 감독하는 입장이거나 청부업자에 대해 국가를 대변하는 입장에 있기에 같은 부류로 볼 수는 없다.

그렇다면 국고나 국가 재산의 관리의 위임을 떠맡은 자들은 누구일까? 가

---

37 Sandys ed. (1921: 125)(기원전 133년). "Tribute of Ti. Gracchus, his 'lex agraria' and destruction by a rabble of optimates, headed by P. Scipio Nasica."

38 '속주 아시아 관세법'은 이런 면에서 신분 관념이나 변화에 관해서도 중요한 시사점을 준다.

장 가능성이 있어 보이는 집단은 트리부니 아이라리다. 이들의 명칭은 '트리부스의 대표자들'이라는 의미의 트리부니와 '국고에 책임을 진 자들'이라는 뜻의 아이라리가 합쳐진 것이다. 따라서 지역구 대표자로서 '국고國庫의 관리를 위임받은 자'[39] 또는 '지불 대행인'[40]이라는 의미로도 이해될 수 있다. 관세법 비문에서처럼 선량이라는 호칭이 이들에게 전문적으로 사용되었을 가능성이 있을까? 그동안의 연구에 따르면 이들의 중요한 역할은 병사들에게 봉급을 지불하는 것이다. 아직 걷지 않은 전쟁세를 받은 것으로 하고 자기 재산으로 병사들에게 봉급을 주는 제도는 잘 알려져 있다. 이런 역할 말고도 필자는 해외에서 곡물을 수입하는 경우에도 이들이 국고의 선先지불자 역할을 했음을 밝혔다.[41] 이런 역할을 떠맡는다는 것은 적어도 이들이 국고의 관리에 참여할 권리가 있음을 지시한다고 볼 수 있다. 일찍이 기원전 278년 콘술이 된 파브리키우스는 전리품으로 얻은 재부를 개인들에게 돌려주면서 "전쟁을 위해 선납한 트리부툼을 개인들에게 돌려주었다(τὰς εἰσφορὰς ἰδιώταις ἃς εἰς τὸν πόλεμον προεισήνεγκαν ἀπέδωκα)"[42]라고 했다. 여기에서 '개인들'은 트리부니 아이라리들임이 분명하다.[43] 이들은 이처럼 전리품에 대해 일정한 권한이나 자격을 가졌던 것이다. 그는 나머지 전리품 400탈란톤τάλαντον은 개선식을 하고 나서 국고ταμιεῖον에 보관했다. 이처럼 국고와 관련해 중재권을 행사할 수 있는 자라면 트리부니 아이라리가 가장 유력하다.

이런 용례에서 필자는 바로 선량이 트리부니 아이라리를 지칭하는 것이라

---

39 '아이라리우스'라는 말은 토지 재산은 없으나 다른 재산의 소유에 따라 최하 등급에 처하게 되어 세금만 내는 자들을 지칭한다(Suolahti, 1963: 40, 43 참조). 원로원의원이 처벌로 아이라리우스로 강등된 예에 관해서는 Willems(1968: I, 289~290)를 참조.

40 Nicolet(1976a: 52).

41 김창성(2015a: 118~120).

42 디오니시오스 할리카르나소스, 'Excerpts,' 19.16.3.

43 Nicolet(1976a: 50).

고 가설을 세워본다. 트리부니 아이라리는 국고 운영에 중요한 역할을 맡았으며, 그것은 국가 재산에 대한 관리가 위임되었다는 의미와도 통할 것이다. 아시아 속주에서 로마 국가의 재산이 된 관세용 막사와 청사 등의 시설이 이들에게 맡겨진 것은 자연스러운 현상이다. 한마디로 트리부니 아이라리는 국가 재산의 관리자나 감정인의 역할을 했다. 이들이 바로 '보니'로 표시된 것이다.

4. 보니의 정체와 의미

앞에서 필자는 보니가 트리부니 아이라리와 같다는 가설을 제시했다. 이 가설을 마이어의 설명에 대입해 보면 어떨까? 우선 필자는 살루스티우스가 제시한 선량의 개념과 이들의 활동에 관해 몇 가지를 주목했다. 살루스티우스는 카틸리나가 토로한 연설을 인용하며 내란 음모의 동기가 공화국을 지배하는 소수자에 대한 반감에서 비롯된 것임을 제시한다.

그런 지배자들이 어떻게 생기게 되었는가?

왜냐하면 국가의 소수 권력자들의 권리와 세력 속에 들어간 이후에 언제 그들에게 왕들과 분봉 왕들이 공납 의무를 지고, 여러 인민들과 민족들이 군납금을 바쳤습니다. …… 그래서 모든 토지, 권능, 관직, 재부가 그들에게 또는 그들이 원하는 곳에 있습니다. 그들이 우리에게 남긴 것이란 고작 위험, 소외, 재산, 궁핍일 뿐입니다.[44]

귀족 출신인 카틸리나는 과연 공화정 말기에 로마의 과두들이 국가를 농단하는 존재로 바뀌었고, 그들이 가진 재부의 기반이 로마의 제국적 지배에서 나온 것임을 예리하게 비판하고 있다. 즉, 로마 제국에서 나오는 수혜를 전부 이

---

44   살루스티우스, 『내란』, 20.7~8.

소수가 장악했다는 것이다.[45] 이렇게 쌓인 부는 어떻게 사용되었을까?

그들은 바다를 메워 건물을 짓고, 산을 평평하게 만드는 데 그 재부를 낭비합니다. 반면 우리에게는 가사 도구, 심지어 필수품도 없지 않나요? 그들은 두 채 이상의 저택을 이어 붙이는데, 우리에게는 위패를 놓을 자리도 없지요? 그들은 그림과 조각상과 장식용 도기를 구입하며, 새것을 부수고 다른 것을 지으며, 마침내는 모든 수단을 다해 돈을 낭비하고 쫓아다닙니다. 그럼에도 그들이 가진 재부가 최고 욕망(summa lubidine)을 누를 수 없습니다.[46]

카틸리나는 이런 혁명, 아니 전쟁의 동기가 극심한 빈부 격차와 정치적인 독점임을 우리에게 역설한다. 카틸리나가 보기에 그들은 곧 타도할 수 있는 세력이다.

반대로 그들에게는 모든 것이 햇수와 재부에 의해 노쇠했습니다.[47]

이런 전망을 가지고 이 전쟁에 참여하는 이들은 어떤 자들인가? 카틸리나는 다음과 같이 자신의 동지들을 요약한다.

나머지 우리 모두는 부지런하고, 선량이며, 명사이고, 범부인데 한 무리로서 동의도 하지 않고서 권위도 없이 그들에게 종속되었지요. 만약 국가가 힘이 있다면 우리는 그런 자들이 공포를 느낄 자들일 텐데 말입니다.[48]

---

45 몸젠도 이런 빈부 격차를 해소할 수 없음이 로마의 문제라는 의식을 보여준다(Mommsen, 1996: 5, 384ff.).
46 살루스티우스, 『내란』, 20.11~12.
47 같은 책, 20.10.
48 같은 책, 20.7.

여기에서 "선량", 즉 '보니'가 카틸리나 전쟁에 참여한 세력 중 하나임에 주목하자. 카틸리나가 단순히 자신에게 동조했다고 해서 이들을 선량이라고 부르지는 않았을 것이다. 왜냐하면 그다음에 오는 "명사(nobilis)"들도 동조 세력이었기 때문이다.

선량에 관한 묘사는 같은 기사에 나오는 가이우스 만리우스Caius Manlius가 보낸 전갈에서도 찾아볼 수 있다.

> 종종 당신들의 조상들은 로마의 평민이 불쌍해지자, 스스로 포고해 평민의 가난을 구제했습니다. 가장 최근의 것을 기억해 보면, 부채가 컸기 때문에 은화로 된 부채가 동화로 청산되었는데, 모든 선량이 자원했던 것입니다.[49]

이 기사는 기원전 86년에 제정된 발레리우스법Lex Valeria을 통해 채무자들이 원금의 4분의 1만 갚도록 한 것을 지적한다. 당시 세스테르티는 은화로 동화인 아스의 네 배로 계산되었다. 물론 이 법은 "가장 추악한 법(Lex turpissima)"이라는 평가를 받기도 했는데,[50] 이 법을 제정하는 데 "모든 선량이 자원했다(volentibus omnibus bonis)"라는 내용이 눈길을 끈다. 이들의 동의로 입법이 가능했다는 것을 볼 때 선량을 단순히 부자나 카틸리나의 동조자라는 의미로만 볼 수 없다. 선량은 부자이지만 특별한 권위나 능력을 가진 자다. 여기에서 우리는 왜 이들 모두의 동의가 필요했는지 생각해 볼 필요가 있다. 개인의 부채를 삭감할 때 군이 이들 모두의 동의가 필요하지 않기 때문이다. 모두의 동의가 필요한 것은 여기서 언급된 "채무(aeris alieni)"가 단순한 채무가 아니라 시민들이 납부해야 할 선납된 세금이기 때문일 가능성이 있다. 이 채무는 동맹국전쟁의 여파로 일반 시민들이 아직 트리부니 아이라리에게 청산하지 못

---

49   같은 책, 33. 2.
50   벨레이우스 파테르쿨루스, 2. 23. 2.

한 부분일 가능성이 높아 보인다. 이 사료대로라면 이들 선량은 자신이 일반 시민에게서 징수해야 할 몫의 4분의 3을 삭감하는 데 동의했을 것으로 파악된다. 여기에서 선량이 트리부니 아이라리를 지시한다고 하면 이 사안이 설명된다.[51] 즉, 카틸리나가 이들 트리부니 아이라리를 자신의 동지로 여겼던 것은 이런 과거의 행적 때문이라고 살루스티우스는 설명하는 것이다.

이렇게 자격과 능력을 갖춘 선량이라면 원로원의원이라도 이들에게 의지하는 결과가 초래되었을 것이다. 특히 선거 때의 동원 능력은 트리부니 아이라리가 가진 힘이었다. 본래 병사들에게 앞으로 들어올 전쟁세를 전제로 해서 봉급을 지불하는 자들이 그러한 관계를 이용해 동원의 책임을 질 수 있었다고 보는 것은 자연스럽다. 이들이 "당파적인 자(factiosus)"라고 묘사되는 것[52]은 이러한 재력과 구체적인 권능 때문일 것이다. 플라우투스의 극에는 이런 장면이 나온다.

> 밑바닥의 광장을 선량하고 부유한 자들이(boni homines atque dites) 돌아다닌다.[53]

이처럼 부유한 자들이 자신의 출마를 위해 유세하는 것은 극에서 일상적으로 묘사된다.

필자는 이런 추론을 근거로 마이어의 주장을 다음과 같이 정리한다. 기원전 123년경 종래에는 선량이라고 불렸던 원로원의원들이 옵티마테스라는 별칭으로 고쳐 불리게 되었다. 이는 원로원의원의 권위를 높이는 한편 원로원이

---

51 기원전 84년 재무관 베레스가 국고를 수납하는 과정에서 트리부니 아이라리를 통해 국고를 지불받은 것으로 나온다(Nicolet, 1976a: 54).

52 플라우투스, 〈황금단지〉, ll. 525~535. 극중 인물에 관한 표현이지만, 일반적으로 트리부니 아이라리가 이와 같았다고 볼 수 있을 것이다.

53 플라우투스, 〈쿠르쿨리오〉, 4, 1, l. 14.

가장 정당하다는 인식의 발로였다. 그 대신에 원로원을 지지하는 기사 신분과 트리부니 아이라리가 '선량'이라고 불렸다. 이들 선량은 부유한 자들로 원로원의 정책을 지지하는 한편 자신의 재산을 지키기 위해 안정된 체제를 원했다. 그렇지만 이들이 원만한 조화 관계에 있었는지는 분명하지 않다. 왜냐하면 원로원 중심의 이념을 강조하는 키케로의 입장을 근거로 해 만들어진 연설과 보고가 우리가 가진 사료이기 때문이다. 특히 트리부니 아이라리는 원로원의 국정 운영에 매우 중요했다. 왜냐하면 조세를 선납하고 나중에 걷는 방식의 조세 제도하에서는 기사 신분을 중심으로 하는 청부업자들이 납부한 입찰금이 고갈될 수 있었기 때문이다. 기원전 75년 가이우스 아우렐리우스 코타의 연설에서 트리부니 아이라리의 지지는 곡물 위기와 전쟁 수행에 대비한 재정 고갈의 문제를 해결하는 데 결정적이었다.[54] 기원전 63년에 키케로가 콘술로서 카틸리나의 음모를 마무리 지은 것은 트리부니 아이라리의 협조를 지극히 잘 받은 특별한 상황이었다.[55] 그렇지만 소수 과두를 상대로 일으킨 카틸리나 전쟁에 참여한 세력에도 선량들은 있었다. 이들은 로마 제국의 지배에서 나오는 재부와 권력을 과두가 독점한 데 불만을 품었다. 원로원과 트리부니 아이라리의 이러한 표면적인 조화 관계는 기원전 50년대에 들어오며 바뀌기 시작했다. 키케로가 '오티움 쿰 디그니타테otium cum dignitate(위엄을 갖춘 여가)'라는 구호를 내건 것은 그만큼 위기를 감지했다는 증거다. 원로원의원들은 디그니타스dignitas를 추구해 왔고, 이는 자신들이 독점했다고 보았다. 그러나 트리부니 아

---

54 김창성(2015a: 116~121).

55 그러나 에토레 레포레(Etore Lepore)에 따르면, 기원전 63년의 이 사건은 키케로가 속았음을 보여주는 사례이고, 그의 '양 신분의 화합'은 허구임이 드러났다. 이후에 키케로는 사상을 바꾸어 '모든 선량의 합의'를 추구했는데, 여기에서는 보니의 의미가 크게 달라진다. 즉, 기존의 보니가 아니라 전 이탈리아를 포괄하는 선량한 시민을 대상으로 하는 것이다. 그러므로 레포레에 따르면 후자의 구호에서 보니의 내용은 전자와는 다르다(Lepore, 1954: 170). 후자의 구호에 나오는 보니에 관해서는 향후 연구 과제라고 생각된다.

이라리는 오티움이 필요했다. 이제까지 잘 조화를 이루어온 두 목적은 서로 갈라지기 시작했다.

이런 사정을 전하는 것이 폴리비오스의 보고다. 그에 따르면 원로원의 권한은 바로 "공금의 취급자들을(τοὺς τὰ δημόσια χειρίζοντας)"[56] 장악하고 있기 때문이라고 했다. 이런 구도가 무너지면서 원로원 중심의 체제가 미약해지고 혼란이 초래된 것이 아닐까? 오히려 트리부니 아이라리는 독자적으로 권력자들을 추종하기 시작했고, 내란이 발발하자 대체적으로 폼페이우스를 추종했다. 폼페이우스를 추종한 세력이 선량이라고 불린 것은 단순한 호칭이 아니라 트리부니 아이라리를 가리킨 것이다. 이들은 전세를 판단하고 폼페이우스를 편드는 것이 낫다고 판단했다. 게다가 이들 트리부니 아이라리는 그 내란을 "전화위복의 기회"로 삼고자 했다.[57] 그러나 결과는 카이사르의 승리였다. 이들은 그에게 굴종했으나, 과거를 기억하는 카이사르는 이들이 종래 가지고 있던 배심원 기능을 박탈하고 나름대로 정리한다.[58] 그 결과 이들은 단순한 무리로 전락하고 말았다.[59]

이런 설명이 가능하다고 본다면 우리는 감추어졌던 트리부니 아이라리의 명운命運을 역사 속에서 확인할 수 있는 것이다. 공화정 말기에 원로원의원, 기사와 함께 전체 배심원 중 3분의 1을 나누어 가졌던 트리부니 아이라리의 역사를 우리는 몇 가지 단편을 통해 볼 수 있다. 공화정 말기에 비록 부자이지만

---

56 폴리비오스, 6. 17. 3~5.

57 Stockton(1971: 261). 키케로의 『친지서한』(7. 3. 2)에는 "사령관과 소수자들을 (나는 제일 시민들을 지시하네) 제외한 나머지 사람들은 우선 전쟁 그 자체에서 강탈자가 되었으며, 다음으로 연설에서 잔인하므로 나는 승리 그 자체를 두려워할 지경이네. 그런데 무엇보다 큰 것은 최고위층 사람들의 부채라네." 이 보고에서 폼페이우스 측에 가담한 원로원의원들을 필두로 한 지지 세력이 처한 부채 문제를 볼 수 있다. 이는 전쟁 막판에 보니의 협조가 부족했음을 보여준다.

58 수에토니우스, 「신격 율리우스」, 『황제전기』, 1. 41. 2; 김창성(1989: 171~172).

59 김창성(2015a: 120쪽, 주 58) 참조.

원로원의원이나 기사 신분에는 들지 못했던 자들이 지역구인 트리부스별로 조직되어[60] 트리부니 아이라리라는 신분을 형성했으며, 곧 '보니', 즉 선량이라는 칭호를 누리게 되었다. 다시 말해 관료제가 결여된 공화정기에 로마는 트리부스별로 부자들을 트리부니 아이라리로 조직하고 명예로운 호칭인 보니를 수여함으로써 이들을 국가 운영의 주요한 기능으로 삼았다.

5. 결어

일찍이 마이어는 공화정 말기에 '선량'으로 번역되는 '비르 보누스(복수형은 비리 보니)'의 독자적인 역할에 주목했다. 그는 이들이 이 시기에 독자적으로 세력을 형성해 원로원의원 등 중요 정치가들과 일정한 관계를 유지했음에 주목하는 새로운 연구를 내놓는 한편 이들의 정체를 밝히는 것이 과제라고 제안했다. 이 제안은 진척되지 못했으나 '속주 아시아 관세법'에서 단서가 제시되었다. 여기에 분명히 나오는 '안드로스 아가투'는 라틴어 '비리 보니'를 번역한 것이다. 이렇게 칭해지는 일군의 인물들이 '속주 아시아 관세법' 비문에 등장하는데, 이는 단순히 명예로운 일반 명칭이 아니라 일종의 직역職役 신분의 지칭으로 볼 수 있다. 특히 '보니'는 일찍부터 감정인으로 파악되었다. '속주 아시아 관세법'에 따르면 이들에게는 국가의 재산을 관리하는 권한이 위임되었다. 이는 국가에 대해 일종의 채권을 가진 사람들이 누릴 수 있는 권리로 보아야 한다. 필자는 이런 권리를 가진 자로 파악할 만한 유일한 집단으로 '트리부니 아이라리'를 지목했다. 이런 점에 비추어 '보니', 즉 선량은 바로 트리부니 아이라리의 다른 표현이라고 가정해 볼 수 있었다. 물론 모든 선량이 트리부니 아이라리인지는 분명하지 않으며 더 광범한 조사가 필요하다. 지금까지 밝혀진 바에 따르면 선량은 애초 원로원의원을 가리키는 별칭이었으나, 기원전

---

60   키케로, 『플랑키우스 변호』, 8. 21; Nicolet(1976a: 52).

123년경 원로원의원을 부르는 호칭이 옵티마테스로 바뀌면서, 마이어의 생각처럼 술라 때까지 선량이라는 칭호는 주로 기사 신분에게 적용되었고, 대개 기원전 70년대에 배심원단을 형성한 트리부니 아이라리가 '보니'의 중심 집단을 형성했을 것이다.

이 연구에 따라 종래에 막연히 교양 계층이나 부자로 인식되었던 비르 보누스를 구체적인 직능을 가진 집단으로 조명해 볼 수 있다면, 원로원 세력과 기사 신분의 대립으로 로마 사회를 바라보았던 시각을 교정하고 더 다양한 계층 구조가 로마에 존재했고 기능했던 것으로 파악할 수 있다. 이런 점에서 이장은 좀 더 폭넓은 로마사 인식에 기여할 것이다. 특히 기원전 70년 이래 단기간이지만 원로원의원이나 기사와 역학 관계를 형성했던 한 신분의 감추어졌던 기능과 역할이 조명될 것이다.

제17장

키케로 정치사상의 전환과 '보니'의 의미
트리부니 아이라리를 중심으로[*]

1. 서언 ┃ 2. '양 신분의 화합'에서 '모든 선량의 합의'로 ┃ 3. 키케로의 저술에서
선량의 의미 ┃ 4. 투표 제도 개혁안에서 선량의 의미 ┃ 5. 결어

1. 서언

키케로의 정치사상은 실패한 것으로 평가받는다. 원로원의원과 기사로 이
루어지는 '양 신분의 화합(콩코르디아 오르디눔)'[1]이라는 구호를 통해 공화국을
위기에서 구한다는 명분은 현실의 벽에 부딪혀 무너지고 말았다. 그러나 그의
정치사상은 근대적인 정치 이론으로 다시 주목받고 있으며, 아울러 자유를 옹
호하고 독재의 출현을 철저히 경계했다는 점에서 다시 연구할 만한 가치가 있
다.[2] 이렇게 된 데에는 그의 정치적 실패 이후 본격적으로 등장한 정치 구호인

---

[*] 이 글은 ≪서양고전학연구≫, 제57권 1호(2018.3)에 게재된 바 있다.

[1] 이에 관해서는 허승일(1995a: 312)을 참조.

[2] 키케로의 민권 사상이나 인민 주권에 관해서는 키케로의 『국가론』(1.25.39)을, 독재자나
전제군주에 대한 비판은 같은 책(1.33.50)을 참조. 폼페이우스와 카이사르의 권력 확보가
독재에 대한 용인이 아닌지에 관해서는 키케로의 프린켑스 개념이 답이 될 수 있다(Lepore,
1954: 38, n.76 참조). 필자는 키케로가 해당 사안을 술라나 마리우스와 같은 인식에서 파
악했다고 본다. 공화정기의 제왕적인 관리와 관리상이 국가의 토대라는 키케로의 인식에
관해서는 Meier(1961: 105)를 참조. 키케로와 달리 폼페이우스는 보니와 충돌했고, 카이
사르는 보니의 지지를 받을 수 없었다는 점에 관해서는 Stockton(1971: 181~180)을 참조.

'모든 선량의 합의consensus omnium bonorum'로 인해 그의 사상은 사라지지 않고 일정한 신념으로 승화되기에 이르렀기 때문이다. 이 장에서 필자는 그의 사상에서 '선량(보니)'이 가지는 의미를 재조명함[3]으로써 구체적으로 그가 제시한 제도 개혁, 특히 투표 제도의 개혁이 구체적으로 어떤 의미를 가지는지 밝히고자 한다. 키케로가 선량이라고 호칭되는 일련의 새로운 세력에 기반해 로마의 정치를 개편하고자 했는지 밝히는 것은 로마의 현실과 이상을 비교하는 데 기여할 것이다.

2. '양 신분의 화합'에서 '모든 선량의 합의'로

키케로의 정치사상은 한마디로 화합이었다. 그는 티베리우스 그라쿠스의 정책을 비판하며 기사 신분을 원로원의원과 분리해 버린 것이 로마 공화정이 지닌 문제의 시초라고 보고 있다.[4] 이런 점에서 원로원의원과 기사라는 '양 신분의 화합'을 주창하게 된다. 이 사상은 학자들의 주목을 받아 많은 연구가 이루어졌으며, 국내에서도 허승일이 체계적으로 정리해 소개한 바 있다.[5] 그러나 키케로의 희망은 결실을 보지 못하고 배신을 당하며 무기력하게 꺾이고 만다. 이런 현실 정치의 실패를 딛고 새로운 사상, 즉 '모든 선량의 합의'를 제창하며 한 차원 높은 사상으로 승화되었다는 것이 에토레 레포레Etore Lepore의 주장이다.[6] 그럼 이 두 구호의 차이는 무엇이며 그런 차이를 낳은 계기는 무엇

---

3   이 번역은 성염 옮김(2007)에 따른다. 선량(비르 보누스)에 대한 최초의 모노그래피는 Sinko (1903)다. 싱코의 연구서는 라틴어로 쓰였으며 선량의 개념사를 정리하고 있다.

4   키케로, 『국가론』, 4. 2. 2.

5   이 구호는 허승일(1995a: 312쪽, 주 70)에서 "이탈리아의 전 유산자의 단합"으로 번역했다. 필자는 'consensus'를 '단합'보다는 '합의'라고 번역한다.

6   Lepore(1954: 31~38, 171)에 따르면 키케로는 '모든 선량의 합의'를 기원전 63년에 주목한 바 있으나 특별한 의미를 인식하지 못했으며 기원전 57년에야 확고한 의미를 부여한다(같은 책, 171쪽, 주 247 참조).

인가?

　허승일에 따르면, 키케로는 로마 공화정의 위기가 포풀라레스 때문이라고 보았고 이에 대처하기 위해 원로원의원 신분과 기사 신분의 화합이 필요하다고 판단했다. 그리고 '양 신분의 화합'이 모자라면, '모든 선량의 합의'가 필요하다고 생각했다는 것이다. 이런 정치 구상은 그의 죽음과 함께 실패로 귀결된다.

　리처드 스미스Richard E. Smith에 따르면[7] 키케로는 그라쿠스 이래로 초래된 국가 분열의 위기를 치료하기 위해 세 요소가 필요하다고 인식했다. 그것은 바로 원로원의원 신분과 기사 신분 그리고 이탈리아 전역의 충성파loyalists,[8] 즉 보니boni의 지지였다. 전자의 두 요소는 '양 신분의 화합'으로 표현되고 후자는 '모든 선량의 합의'로 표현되는데, 처음부터 이탈리아를 대변하는 이 구상에 키케로가 관심을 가졌던 것은 아니었다고 파악한다.

　레포레[9]는 이 문제를 키케로의 정치 역정에서 파탄의 계기로 파악한다. 그의 말을 들어보자.

　기원전 63년 12월 5일, 이날은 어떤 근대 역사학자가 적절하게도 로마 공화국의 '속은 자의 날'이라고 불렀는데, 키케로에게는 잠시간의 승리의 날이었고, 그 자체로는 '화합(concordia)' 정치의 정점으로 보였다. 그러나 이 개념의 진정한 발판을 만들어내리라고 보였던 것은 곧 연약하고도 허구적인 구조물임이 드러났

7　Smith(1966: 127~128).

8　이 영역은 보니에 관한 일반적인 번역이다. 그래서 보니를 상대적인 의미로, 즉 자신에게 충성하는 파벌 정도로 이해해 온 것으로 여겨진다. 이에 관해서는 Meier(1980: 92, n. 176)를 참조.

9　Lepore(1954). 이 책에 관해서는 Scullard(1955: 300~301); "광범한 자료들로 이루어졌고 견고히 구성된 작품"(Ezio, 1955: 661~664); Brink(1955: 175~176); Hammond(1956: 94~96)의 서평을 참조.

다. 우연한 통합은 다음 날 위험이 사라지자 소멸했다.[10]

카틸리나의 음모를 적발하고 원로원의 통첩과 가담자 다섯 명에 대한 처형이 이루어진 순간에, 즉 카틸리나의 위협이 없어진 순간에 국가의 위기를 구할 것으로 여겨졌던 '화합'이 물거품이 된 것이다. 더 나아가 키케로는 자신의 노력으로 신분들 간에 화합이 이루어지고, 큰 난리를 막았다고 생각했는데 기원전 59년 삼두가 정치를 장악한 것은 사실은 그에게 큰 실망과 충격을 주었다.[11] 마침내 카틸리나의 음모자를 처형한 키케로의 조치가 합법적이었는지 문제가 제기되자,[12] 이 조치를 자신의 업적으로 자랑했던 키케로는 바로 정치 보복을 당하게 되었다.[13]

키케로는 이런 사태에서 귀족들의 고집에 실망했을 뿐 아니라 기사 신분에 대해서도 회의를 품게 되었다. 그런 실망감을 다음과 같이 토로했다.

거의 옮겨지기 어려운 기사들의 다른 쾌락이 여기에 있도다! …… 청부업자들의 뻔뻔스러움이 공개된 것을 어떻게 보는가? 그럼에도 신분을 유지하기 위해 희생이 이루어져야만 했다. …… 그래서 이제 콘술이 폐쇄된 감옥에 가두어져 있

---

10 Lepore(1954: 112). 속은 자의 날(la journée des dupes) 개념을 이 사건에 적용한 것은 제롬 카르코피노의 생각이다(같은 책, 112쪽, 주 4 참조). 이날은 1630년 11월 10~12일에 해당하는데, 루이 13세(Louis XIII, 재위 1610~1643년) 치하에서 추기경 리슐리외(Richelieu)의 적들이 그의 실각을 축하했으나 복귀한 사건을 지시한다.

11 Smith(1966: 170)에 따르면 화합이든 합의든 생각할 여지가 없는 상황으로 비쳤다. 키케로는 그런 사태를 막을 수 없는 무기력에 좌절한다.

12 이 법은 클로디우스가 제안한 것으로, 민회에 상고하지 않은 채 로마 시민에게 사형을 선고하는 것을 불법으로 규정한 것이다. 이는 12표법의 내용이기도 하다. 이 법은 소급 적용되었다. 키케로는 이런 정치적 술수에 대처하는 데 실패했다. 이 법에 따라 기소된 그를 지원한 인물은 없었다(Cowell, 1973: 245).

13 키케로가 화합을 바랐던 명사귀족들은 잠정적이지만 클로디우스를 중심으로 모였을 뿐 아니라 개인적인 책임을 물어 키케로를 희생양으로 삼고자 했다(Lepore, 1954: 137, 140).

고 종종 소요가 마찬가지로 발생하니, 그들 중에 아무도 희망을 갖지 않았는데.[14]

그래도 희망을 걸었던 귀족에게 더 이상 기댈 것이 없다고 보게 된 결정적인 계기가 루카Lucca 회동이었다.[15] 그에게는 루카 회동이야말로 원로원이 삼두의 합의를 법제화하는 것이나 다름없었다. 이에 관해 키케로는 신랄하게 말한다.

나는 그자들에 의해 유괴되었고 버려졌고 던져졌음을 느끼며 알고 있습니다.[16]

이 결정적 사건을 계기로 키케로는 기존의 구조에 대해 희망을 잃고[17] '양신분의 화합'이라는 구호를 접게 되었을 것이다. 이런 허망한 구조의 몰락에서 비롯한 좌절은 그동안 존중해 왔던 전통에 대한 회의로 이어진다. 그래서 그는 새로운 정치 구상을 제시하게 되는데, 그것이 '모든 선량의 합의'다. 그렇다면 그가 생각한 '모든 선량'은 누구를 지칭하는가?

기원전 59년 5월에 '율리우스 농지법'이 제정되자, 키케로는 '선량'들이 적대적으로 반발할 것으로 기대했다.[18] 여기에 해당하는 자들은 청부업자인 푸블리카니와 기사 등급의 대토지 소유자를 의미한다.[19] 그런데 키케로는 이들

---

14   키케로, 『아티쿠스 서한』, 1.17.9(기원전 61년 12월 5일).

15   Lepore(1954: 160). 루카 회동을 둘러싼 논의와 관련해서는 고한석(2015: 232~235)을 참조. 특히 키케로가 2년 동안이나 침묵하다가 기원전 54년에서야 의견을 표시한 것은(키케로, 『친지서한』, 1.9.9~10) 그에게 준 충격의 정도를 보여준다. 그것은 애초 삼두정이 곧 소멸할 것이라는 기대가 허물어졌기 때문일 것이다(Stockton, 1971: 183).

16   키케로, 『아티쿠스 서한』, 4.5.1.

17   Lepore(1954: 161).

18   Stockton(1971: 178~179). 카이사르의 농지법에 따른 분배 규모가 5000할당지로 비교적 적었던 데다가, 캄파니아 지역을 분배함으로써 이 지역에서 임차로 수익을 올렸던 자들과 충돌이 예상되었다.

에 대해 심각한 실망감을 다음과 같이 표현한다.

자네는 나를 저 (카이사르의) 군대보다 오히려 사실상 선량이라고 불리는 저 사람들의 배은망덕한 정신으로서 통제하지 말게나. 그들은 내가 보기에는 보상에만 아니라 말에서의 어떤 열매에도 감사하지 않았다네.[20]

레포레는 키케로의 관심이 이 청부업자나 그 신분의 주도자들보다는 대체로 이탈리아 도시와 농촌의 기사 신분에 속하는 자들로 이루어지는 다수의 기사들에게 집중되었을 것으로 본다.[21] 키케로가 구상한 '모든 선량'은 모든 씨족과 신분에 속하므로 옵티마테스, 즉 최선량과 명사귀족을 지칭하는 협소한 의미에서의 전통적인 선량들과 구별된다. 레포레에 따르면 기원전 59년 추방될 시기에 이런 주제가 새로 출현해 키케로의 구상을 이룬다.

레포레에 따르면 선량은 다음과 같은 존재다.

'모든 선량들'은 그것이 제시된 '신분들'과는 무관한 성격을 지닌다. 오히려 특히 편지의 두 단락을 접근시키면 선량들은 '모든 씨족, 신분, 시대'에 '평범한 사람들(modesti homines)'의 집단과 특히 일치하는 것으로 보인다.[22]

이 지적에 따르면 키케로의 정치 구상에서 큰 전환은 선량 개념의 확대에서 찾아야 할 것이다. 그렇다면 키케로의 생각에서 선량은 이처럼 막연하면서 악한 자들과 대조되는 선한 자[23]들을 지칭하는 것일까?

---

19 Lepore(1954: 127).
20 키케로, 『아티쿠스 서한』, 2.16.2.
21 같은 책, 127쪽.
22 같은 책, 170쪽.
23 Lepore(1954: 149).

비록 레포레의 생각이 이 문제를 심화시키는 데 기여했지만, 필자가 보기에 키케로의 관심이 철학보다 정치에 머물렀고, 그것을 잘하는 것이 의무라고 여겼던 것을 참조하면 그러한 철학적·사상적 비약을 위해 키케로가 '모든 선량의 합의' 같은 구호를 내세운 것은 아니라고 본다.[24] 키케로는 현실적인 사람이었고 이해관계에 무관한 사람이 아니었기 때문이다. 키케로의 정확한 생각을 알기 위해 우리는 선량의 범위를 확인해 볼 필요가 있다.

3. 키케로의 저술에서 선량의 의미

키케로가 관심을 많이 기울여 자신의 세력으로 간주하려고 했던 것이 선량이었음을 분명히 해주는 것이 '모든 선량의 합의'라는 구호다. 이 장에서 그 구호의 대상이 되었던 선량을 다른 측면에서 볼 수 있도록 해준 것은 에페소스에서 발견된 '속주 아시아 관세법'이다. 이 법조문에 나오는 '안드로스 아가투 ἀνδρὸς ἀγαθοῦ'는 라틴어인 '비르 보누스vir bonus'의 소유격에 대한 그리스어 번역인데, 이 비문에서 이 직책은 국가 재산에 관한 전문적인 직책으로 보인다. 특히 청부업자와의 관련 속에서 이들에게 중재권을 행사할 수 있는 존재임이 확인되었다.[25] 필자는 키케로의 저술에 단편적으로 나오는 선량이 단순한 명예 호칭이 아니라 구체적인 직책, 즉 트리부니 아이라리의 별칭으로 보며, 이를 키케로의 문구를 해석하는 데 적용시켜 보았다. 다음의 논의는 이런 추정에 근거한 것이다.

---

24 키케로, 『의무론』, 1.19. "오류들을 회피하고 난 후, 그들이 도덕적으로 선한 것들과 인식할 가치가 있는 것들에 노력과 배려를 기울였다는 점은 마땅히 찬양받아야 할 것이다. 이 모든 것은 진리 탐구에 관한 것이지만, 사실 연구 때문에 실제의 정치 생활과 유리되는 것은 의무에 어긋난다. 왜냐하면 모든 덕의 찬양은 정치 활동에서 비롯되기 때문이다."

25 Cotier(2009: 52~53) 참조. 이와 관련된 추론은 김창성(2017: 81~106)을 참조. 법 사료와 번역에 관해서는 김창성(2015a: 93~133)을 참조.

키케로의『국가론』의 저술 시기는 기원전 54~52년이다. 그는 이때에 이미 '양 신분의 화합'을 포기하고 새로운 구상인 '모든 선량의 합의'로 전환했다. 이 책에서 '선량'에 관한 언급이 출현하는데, 이 언급은 가이우스 그라쿠스 형제 의 시점을 회고한다.

> 왜냐하면 당신들이 보다시피 티베리우스 그라쿠스의 죽음과 이제 무엇보다도 그 가 지닌 호민관에 대한 생각이 하나의 인민을 두 부분으로 나누었으며, …… 그 리고 동맹국들과 라틴동맹이 격앙하고 있으며, 조약들이 위반되고 있으며, 가장 선동적인 3인위원회가 매일 어떤 새로운 것을 만들어내고, 선량들(과) 토지 부 자들이 당황하고 있으며[bonis viris locupletis(que) perturbais], 이 매우 위중 한 상황에서 오로지 도움을 줄 수 있는 이분(스키피오)이 용인하지 않습니다.[26]

이 인용에서는 "선량들(과) 토지 부자들"이라는 표현이 나온다. 원문에 접 속후치사 'que'가 없는 것으로 보아, 선량은 토지 부자들과 같은 의미로 또는 동어반복으로 생각된다. 이 어구로 보아 선량을 '유산자'로 번역해도 큰 문제 는 없어 보인다. 단, 이들이 "당황하고(perturbais)" 있었다는 보고는 가이우스 그라쿠스가 조직한 3인위원회[27]가 취한 조치에 대한 반응을 나타낸다. 왜 이 들이 당황했을까? 그리고 사실 셈프로니우스법의 내용은 광범위하지만[28] 우 리는 여기에서 가이우스 그라쿠스가 처했던 위기, 즉 곡가의 급상승에 대한 프 리츠 하이헬하임의 언급을 제시하지 않을 수 없다.

---

26   키케로,『국가론』, 1. 19. 31.

27   가이우스 그라쿠스, 풀비우스 플라쿠스(Fulvius Flaccus), 가이우스 파피리우스 카르보 (Gaius Papirius Carbo)의 세 사람이다(Barrile ed., 2004: 233, n.8).

28   대표적인 것으로 '도로법', '창고법', '속주 아시아 징세 도급법'을 들 수 있다. 그러나 무엇보 다 시급한 것은 굶주린 시민을 구제하는 일이었다(허승일, 1995a: 232~238).

늦어도 기원전 138년 이래로 곡물 가격은 기원전 140년에 비해 500퍼센트까지 상승했으며 다음 몇 해 동안에는 더욱 악화되었다. 수많은 프롤레타리 및 노예 반란은 이런 사정의 결과였으며, 그라쿠스 시대의 소요를 준비하고 강화했다. 또한 노예들은 그 당시 고가였으며 이는 아마 복합적인 결과일 것이다. 기원전 127년에는 곡물 가격이 기원전 140년에 비해 1200퍼센트까지 상승되었다. 이미 이때에 로마 원로원이 로마에서 혁명 행위를 막기 위해 가이우스 그라쿠스를 사르디니아로 보내고자 한 것은 놀랄 것이 없다.[29]

이 상태에서 가이우스 그라쿠스가 신속히 취한 정책은 이중 곡가 정책, 고가의 곡물을 정부가 구입해 반값으로 공급하는 것이었다. 이러면 국고 고갈의 우려가 제기된다. 그렇지만 이 미증유의 사태에 칼푸르니우스 피소Calpurnius Piso와 귀족도 그 수혜를 주장한 바 있다.[30] 이런 곡가의 위기는 티베리우스 그라쿠스가 마련한 조치로 해결할 수 있었을까? 페르가몬 왕국에서 나오는 세입도 초기에 집중적으로 쓰였을 가능성이 있으며, 조세 징수 청부업자의 납부금도 이미 고갈되었을 가능성이 있다.

그렇다면 부족한 국고 문제[31]를 우회할 수 있는 방법은 후대에 키케로가 트리부툼을 징수하려고 했던 것처럼,[32] 트리부니 아이라리에게 부담을 전가하

---

29 Heichelheim(1956: 412). 원문에는 '기원전 124년'으로 되어 있으나 '기원전 127년'의 오식으로 밝혀졌다(허승일, 1995a: 145쪽, 주 20 참조).

30 허승일(1995a: 234).

31 키케로는 『세스티우스 변호』(25. 55)에서 "6과 3분의 1아스의 곡가 인하를 통해 '세입의 거의 5분의 1(quinta prope pars vectigalium)'이나 소모되었다"라고 전한다. 허승일(1995a: 235)은 이를 믿을 만한 증언으로 간주한다.

32 키케로는 국고 부족의 문제를 트리부툼 부과로 해결하려고 했으나 성공하지 못하고 원로원은 만성 국고 부족의 문제에 처하게 되었고, 이는 공화정 체제의 종언으로 이어진다(허승일, 1995a: 403 참조). 여기서 우리는 키케로와 그라쿠스 형제의 관계를 다시 생각해 보아야 한다. 키케로는 그라쿠스 형제에 대해 다음과 같이 평가한다. "나는 대부분의 콘술들

는 방법일 것이다.[33] 그래야 가이우스 그라쿠스가 의도한 곡물 공급의 목표를 달성할 수 있었을 것이다. 그러므로 『국가론』의 이 기사는 가이우스 그라쿠스가 곡물 공급의 문제를 해결하기 위해 행한 조치 때문에 트리부니 아이라리가 곤경에 처한 사정[34]을 보여준다고 하겠다. 부자들이 갑자기 트리부니 아이라리로 임명된 것이 아닐까? 메가도로스의 사례는 이런 일이 빈번했음을 분명히 보여준다.[35] 이렇게 된 자들이 티베리우스 그라쿠스와 관련되었을 가능성이 있다.

가이우스 플라미니우스와 이제 오래되어 진부한 것으로 보이는 것들은 제쳐두겠지만, 도대체 티베리우스 그라쿠스가 역임한 호민관 직책은 선량에게 무엇을 남겼습니까?[36]

처럼 그라쿠스를 찬양하는 것이 천륜에 어긋난다고 보는 콘술이 아닙니다. 그들의 계획과 지혜와 법들에 의해 국가의 많은 부분이 자리 잡게 되었다고 나는 봅니다"(키케로, 『룰루스 농지법 반대』, 2.10). 키케로는 일련의 정책에서 그라쿠스 형제의 개혁을 검토하고 연구한 것으로 드러난다. 선량과 트리부니 아이라리의 관계에 관해서는 김창성(2015a: 125~126)을 참조.

33   가이우스 그라쿠스는 호민관 당선 직전에 조세 증액을 제시한다. "시민들이여! 여러분의 편의를 위해 그리고 공화국을 다스리는 것을 보다 용이하게 하기 위해 당신들이 내야 할 벡티갈을 증액(vectigalia vestra augeatis)하라고 여러분 중에서 지금 말하고 있는 바로 나 자신도 아무런 보상을 기대하지 않고 앞에 나선 것은 아닙니다. 나는 여러분에게 돈이 아니라 좋은 평가와 명예를 구합니다"(Malcovati, 1955: 187; Greenidge and Clay, 1960: 29에서 재인용함). 이 세금의 증액이 곡물법과 관련되었을 가능성이 크다.

34   그라쿠스 형제의 공유지 몰수는 일정 이상의 면적에 국한되었고 아울러 동맹국의 토지 보유자에게 주로 적용된 것으로 보인다. 그렇지만 이 조치가 귀족들의 분노를 살 만큼 급격한 조치였음에는 틀림없다. 플루타르코스의 『티베리우스 그라쿠스』(13)에는 귀족들의 노골적인 반감이 나타난다. 이처럼 토지를 몰수하면서 트리부툼을 부과한다면 해당자들이 느꼈을 당혹감은 적지 않았을 것이다.

35   플라우투스, 〈황금단지〉, l. 560f. (김창성, 2015a: 122 참조). 같은 글(121쪽)에서는 트리부니 아이라리가 곡물 도입의 경우에도 국고 선납의 의무를 지는 것을 지시한다.

36   키케로, 『법률론』, 3.9.10.

플라미니우스는 기원전 228년 호민관이 되어 갈리아의 토지를 분배한 바 있다. 이에 준해서 생각해 본다면 선량은 앞서 토지 부자와 일치되었기 때문에 그라쿠스의 농지 몰수가 그들에게 큰 타격을 주었음을 시사한다. 유산의 대부분이 토지였다는 사정을 감안하면, 티베리우스 그라쿠스의 개혁으로 트리부니 아이라리가 피해를 입었다고 보아야 할 것이다. 게다가 그의 조치는 기존의 재정 집행 관행에 반하는 충격을 주었을 가능성이 있다. 왜냐하면 원로원을 중심으로 하는 전통적인 재정 지출 과정을 무시했기 때문이다.[37] 아마도 그라쿠스 형제의 개혁이 실패한 것도 이들 트리부니 아이라리가 될 수 있었던 부자들의 권리를 크게 침해했던 데 원인이 있지 않을까?

기원전 100년 발발한 루키우스 아풀레이우스 사투르니누스Lucius Appuleius saturninus의 소요는 마리우스가 해결해야 할 큰 과제였다. 마리우스는 소요를 일으킨 자들과 친분이 있었지만, 원로원의 최후통첩이 있자 이들을 제거하는 데 앞장선다. 키케로가 여기에 참여한 자들을 다음과 같이 열거한다.

> 그 당시에 원로원과 하나가 되어 국가의 안녕을 수호한 가장 명예로운 남자들이며 최선의 시민들인 로마 기사들에 관해 우리는 무엇을 말하겠으며, 트리부니 아이라리와 나머지 모든 신분에 속하면서 공통의 자유를 위해 당시에 무기를 든 분들에게 관해 우리는 무엇을 말하겠습니까?[38]

이 변호에서 키케로는 원로원의원과 로마 기사와 트리부니 아이라리 그리고 기타 신분을 분별하고 있음을 보여준다. 적어도 키케로의 의식에서 세 신

---

37 재정에 관한 원로원의 재량은 광범위했다. 금전이나 조세 문제만이 아니라 국가 재산에 관한 광범위한 권위를 가지고 있었다. 이에 관해서는 Willems(1968: 329~463), 특히 원로원의 곡물 구입에 관해서는 같은 책(382쪽)을 참조(김창성, 2010: 375).

38 키케로, 『라비리우스 변호』, 9. 27.

분은 명백히 구분된다. 여기에서 "공통의 자유를 위해 무기를 든 분들"의 주역이 트리부니 아이라리인데, 다음의 문구와 비교해 보면 흥미로울 것이다.

> 게다가 우리는 사물의 본성상 이것이 세 가지였음을 압니다. 즉, 사투르니누스와 함께하든지, 아니면 선량들과 함께하든지, 아니면 몸을 숨기는 것이지요. 숨기는 것은 가장 추한 죽음의 모습이며, 사투르니누스와 함께하는 것은 미쳤으며 죄악을 저지르는 셈이지요. 그는 덕과 명예와 수치심은 콘술들과 함께하는 것이라고 생각했습니다. 가이우스 라비니우스가, 대항해서 싸웠다며 가장 미친 자가 되고, 함께하지 않았다면 가장 추한 자가 되었을 선량들과 함께했기 때문에, 그대는 이것을 고발하나요?[39]

여기에서 선량이라고 묘사된 이들은 결국 사투르니누스에 대항한 일군의 사람들을 지칭한다. 구체적으로 앞의 인용에서 원로원의 최후통첩이 있었고 이를 두 명의 콘술이 수행하는데, "무기를 든 분들"은 바로 트리부니 아이라리와 기타 신분에 속한 자들이기 때문이다. 이 문장에서 선량은 넓게는 원로원, 기사, 트리부니 아이라리를 포함하는 개념이며, 구체적으로 "무기를 든 분들"은 트리부니 아이라리를 중심으로 한 기타 신분을 지시한다. 이처럼 선량은 구체적으로는 부자들, 그런 이유로 트리부니 아이라리가 될 수 있는 자들과 관련이 있다.

『국가론』에 나오는 다음의 구절은 이들이 경제적인 문제에 매우 큰 관심을 보였음을 알려준다.

> **마르쿠스** 그러므로 조심하게나. 왜냐하면 (에피쿠로스가) 신이란 내 것도 네 것도 전혀 관심을 가지지 않는다고 써놓은 저 최선량의 첫째 원리를 자네가 제시

---

39 같은 책, 8.24.

한다는 것을 사람들이 듣게 된다면 으레 완전히 분노할 것이고 결코 용인하지 않을 것이기 때문이네. 그런 점이 바로 선량들에 속한 것이지.[40]

이들이 에피쿠로스Epikouros의 말을 들으면 "분노할 것"이라는 표현은 경제적 이해관계, 즉 매매 관계(affaires commerciales)를 매우 중요시했다는 것으로 들린다. 트리부니 아이라리라면 충분히 그럴 수 있지 않을까? "내 것도 네 것도 …… 아니다(nec sui nec alieni)"라는 말을 재산이나 업무라는 의미로 생각한다면 충분히 그럴 수 있다.[41]
다음의 말은 역설적으로 들린다.

우리가 선량이 된다는 그 자체의 명예에 의해 움직여지는 것이 아니라 어떤 유익과 소득(utilitate et fructu)에 의해 그러하다면, 우리는 영악한 자(callidi)이지, 결코 선량은 아니기 때문이지요.[42]

이를 트리부니 아이라리에게 적용하면, 이들이 세금 선납의 의무를 진 것[43]은 유익과 소득을 위한 것이라기보다는 사실 명예를 위한 것이었다. 키케로는 이런 점을 선량, 즉 트리부니 아이라리에 관한 관찰을 통해 밝혀냈다. 때로 이들은 납세자에게서 조세를 징수하지 못할 위험도 감수했으며,[44] 키케로가 다음의 보고에서 이들을 국가의 보루로 미화하고 있음을 파악할 수 있다.

---

40 키케로, 『법률론』, 1.7.21.
41 이 해석과 관련해서 참고되는 것이 키케로의 『역술론』(2.17.40)으로 "왜냐하면 그 사람의 신은 '자신이나 남의 업무에 관한 것을(nec sui nec alieni negoti)' 아무것도 가지지 않기에 인간들에게 예언을 베풀어줄 수 없다". 이 구절에는 일이나 업무를 의미하는 '네고티움 (negotium)'이 들어가 있다.
42 키케로, 『법률론』, 1.14.41.
43 허승일(1995a: 411 이하).
44 같은 책, 412쪽.

나는 지금도 그렇고 전에도 그렇듯이 국가의 큰 보루 역할을 했던 선량들이 우리가 지체하는 것을 승인하지 않고 있다고 듣고 있습니다.[45]

이처럼 선량 집단은 국가를 지키는 데 중요한 역할을 해왔으니, 이는 병사들이 아니라면 당연히 트리부니 아이라리와 관련된다.

나아가 선량, 즉 트리부니 아이라리에게 키케로가 거는 기대감은 매우 큰 것이었다. 플랑키우스의 재판에서도 그런 기대감을 읽을 수 있다.

이 사람(플랑키우스)의 자치도시(아르피눔)가 가장 강한 사람들로 충만해서 전 이탈리아에서 이보다 더 붐비는 곳이 있다고 말할 수 없을 정도지요. 배심원들이여, 사실 이제 얼마나 다수가 고통과 어려움 속에서 구부리고 있는지를 그대들은 보고 있습니다. 이들 수많은 로마 기사, 수많은 트리부니 아이라리가 (평민은 우리가 재판에서 제외했습니다. 이들은 모두 민회에 참여했으니 말입니다) 어떤 힘이나 어떤 위엄을 이 사람의 청원에 가져다주었나요?[46]

재판의 변호를 맡은 키케로는 추방에서 돌아온 직후 자살을 생각할 정도로 의기소침했다.[47] 플랑키우스의 변호는 기원전 55년에 통과된 선거 결사를 방지하는 리키니우스법을 위반한 혐의로 다음 해에 플랑키우스가 고소되어 이루어진 것이다. 여기서 원로원의원, 기사, 트리부니 아이라리로 구성된 배심원들 중에서 후자의 두 부류가 플랑키우스의 편에 섰음을 보여준다. 이때 플랑키우스에게 유리한 증언을 하기 위해 테렌티나Terentina 트리부스의 성원 중에서 많은 트리부니 아이라리가 몰려왔다. 클로드 니콜레는 각 트리부스별로

---

45 키케로, 『아티쿠스 서한』, 9.1.3.
46 키케로, 『플랑키우스 변호』, 8.21.
47 Watts(1965: 402~403).

트리부니 아이라리가 조직되어 나름대로 강력하게 영향력을 행사하고 있었다고 해석한 바 있다.[48] 이 변론의 성공 여부는 알려지지 않으나 트리부니 아이라리는 다른 신분에 못지않게 키케로의 관심거리였다.

기원전 43년 7월 27일에 마르쿠스 유니우스 브루투스Marcus Junius Brutus에게 보낸 편지에서 키케로는 이들 선량의 향배가 공화정의 운명을 좌우하고 있다고 생각했음을 보여준다.

> 그러나 만약 내가 크게 잘못하지 않았다면, 국가에서 가장 큰 핵심은 자금 부족입니다. 왜냐하면 선량들이(boni viri) 트리부툼을 (선납하라는) 목소리에 매일 더 무감각해지고 있기 때문입니다.[49]

이처럼 선량이 키케로의 주목을 받게 된 것은 이들이 단순히 교양인이 아니라 부자로서 일정한 역할, 즉 세금 선납의 의무를 맡은 트리부니 아이라리였기 때문이라고 볼 수 있다. 키케로가 이들을 선량이라고 칭한 것은 가능한 것이며 당시의 통념이었을 것이다.

4. 투표 제도 개혁안에서 선량의 의미

이렇게 중요한 선량의 지지를 얻기 위해 키케로가 이들에 관한 정책 제시가 필요하다고 느끼고 이를 표명했다고 보는 것이 타당하다. 기원전 52~50년에 쓰인 키케로의 『법률론』을 읽어보면 몇 가지 특징이 나온다. 종교가 법의 근간이라고 주장한다는 점, 로마의 전통이 로마법의 우수함을 입증한다는 점이 강조된다.[50] 또한 당시에 유지되고 있던 정무관 제도에 관해 그대로 보고

---

48   Nicolet(1976a: 52).
49   키케로, 『브루투스 서한』, 26. 5.

하고 있어 그 실태를 알 수 있을 뿐 아니라 앞으로 필요한 시정 사항이 제시된다. 필자는 선량과 관련해 투표 방식의 문제가 지적되고 있음을 주목했다.

투표법이 최선량들의(optimatium) 권위를 일체 박탈해 가고 말았다는 것을 절감하지 않을 사람이 누구겠습니까? 인민이 자유로울 때는 이런 [투표법을] 결코 바란 적이 없습니다. 똑같은 인민이 지도자들의 압제적인 권력에 눌리다 보니까 (idem oppressus dominatu ac potentia) 분기했던 것입니다. 그래서 권력이 막강한 인사들에 관해 좀 더 엄중한 판결이 내려진 경우는 투표[용지에 의한 비밀 투표보다도] 구두[로 하는 공개투표였지요]. 그러므로 좋지 않은 사안을 두고서는 무작정 투표에 회부하려는 야욕을 세도가들에게서 박탈해야 합니다. 인민에게 [비밀투표라는] 은신처가 제공되어서는 안 됩니다. 그런 여지가 마련되면 선량들이 누가 무엇을 어떻게 생각하는지 알지도 못하는 사이에 투표지가 사실상 부정한 투표를 은폐하는 [결과를 빚습니다]. 그래서 선량들 가운데서는 저따위 [투표법의] 발의자나 제정자는 아무도 나오지 않았습니다.[51]

이런 맥락에서 볼 때 『법률론』에 나오는 선량은 단순히 착한 사람이라는 의미가 아니라 일정한 자격과 조건과 힘을 가진 존재로 파악하는 것이 옳을 것이다. 여기에서 선량은 피호민을 거느린 사람들, 이를테면 귀족이나 권력자들을 지칭하는 것으로 생각된다. 비밀투표법이 제정되면서 위기를 느낀 귀족들의 이해관계를 반영한 글로 볼 수 있다. 그러나 앞에서 지적한 것처럼 귀족에게 실망한 키케로가 귀족을 옹호했다고 보기만은 어렵다.

다음의 기사는 선량들이 지니는 정치적 성향을 지시한다.

50　성염 옮김(2007: 38~50쪽의 해설) 참조.

51　키케로, 『법률론』, 15.34(성염 옮김, 2007).

퀸투스 …… 투표에 관한 법이 네 개나 있습니다. 그것들 중에서 첫째는 정무관들의 선임에 관한 것입니다. 그것은 가비니우스의 투표법인데, 이름도 없고 저열한 자에 의해 만들어진 법입니다. 2년 후에는 인민 법정들에 관한 카시우스의 투표법이 이어졌습니다. 그 법은 루키우스 카시우스라는 명사에 의해 제정되었습니다. 그러나 집안의 평화를 위해 말하자면, 그는 선량들과 소원했으며 민중을 위한 생각으로 모든 자질구레한 명성을 추구했지요. 세 번째는 카르보가 제정한 법으로 법을 승인하고 거부하는 것에 관한 투표법입니다. 그 법의 제정자는 선동적이고 불성실한 시민입니다. 그 사람에게는 실제로 선량들에게로 되돌아왔지만(reditus) 선량이 제공하는 안전을 누릴 수 없었습니다.[52]

이 언급은 무엇보다도 선량이 비밀투표법에 대해 가지는 반감을 표출한다. 비밀투표법의 제정자들을 모두 폄하하면서, 그중 특히 세 번째인 가이우스 파피리우스 카르보의 경우 폄하의 내용과 함께, 카르보가 선량과 어떤 관계에 있는지도 드러낸다. "선량들에게로 되돌아왔지만(reditus ad bonos)"은 그 역시 선량이었다는 뜻일 것이다. 카르보는 티베리우스 그라쿠스의 정책을 지지했고 그를 추종했으며 기원전 130년부터 농지 분배 3인 위원이 되기도 했다. 그러나 가이우스 그라쿠스에게는 반기를 들었고 기원전 120년에 콘술을 지냈다. 그렇지만 전반적으로 혐오의 대상이 되었고, 기원전 119년에 루키우스 리키니우스 크라수스Lucius Licinius Crassus에게 소추되어 자살로 생을 마감했다. 이런 결과는 그가 비밀투표법의 통과에 관련되었기 때문이다. 여기에서 선량이 곧 트리부니 아이라리라는 추론을 적용하면, 그는 트리부니 아이라리였고 티베리우스 그라쿠스를 추종했으나 가이우스 그라쿠스에게는 반대함으로써 최고 관직에 이르게 되었다. 나중에 카르보는 트리부니 아이라리에게로 돌아왔으나, 그들은 카르보를 동류로 보지 않았다. 그래서 그는 자살했다. 이런 이

---

52   같은 책, 3.16.35.

야기 속에 나머지 두 사람과 공통점이 있으니 이런 투표법으로 당파성을 드러냈다는 것이다.

여기까지의 분석으로 필자는 트리부니 아이라리가 나름대로 정치색을 지녔고 권력의 실세로 작동했음을 확인할 수 있었다. 키케로는 『국가론』에서 주권재민 사상을 피력했다. "국가는 인민의 것입니다."[53] 그런데 키케로의 이런 주장은 다음에서도 확인된다.

마르쿠스 당신들은 내가 보기에 사실상 투표판을 쓰지도 않고서 법을 그대로 두자고 하는 것 같네요. 그러나 나는 스키피오가 그 책에서 자신을 위해서 충분히 말했을지라도 나는 인민에게 매우 큰 자유를 수여합니다. …… 그래서 내가 재인용한 법은 투표에 관한 것입니다. "투표들이 최선량들에게 알려질 것이고 평민의 투표는 자유롭도록 하라."[54]

그런데 이렇게 하는 목적은 다름 아니라 "선량들이 권위에서 우세하고 그 권위를 활용하도록 하는 것이다".[55] 게다가 키케로는 이런 공개투표에 그치는 것이 아니라 나아가 다음과 같이 주장했다.

심지어 마리우스가 제정한 법은 투표하기 위해 건너가는 다리를 좁게 만들었다네. 만약 그 좁아진 다리들이 거의 의도된 것처럼 표를 구걸하는 자들에 반대한다면, 나는 그것을 물리치지는 않겠네. 그럼에도 투표를 구걸하는 것이 없어지도록 하는 데 법들이 효력이 없어진다면, 인민은 마치 자유의 증표처럼 투표를 가지도록 하고, 반면에 이 투표를 최고로 선한 자 개인에게 그리고 가장 중대한

---

53 키케로, 『국가론』, 1. 25. 39.
54 키케로, 『법률론』, 3. 17. 38.
55 "ut auctoritate et valeant ei utantur boni." 같은 책.

시민에게 보여주게 하며, 아예 그 두 부류에게 주어지도록 하게나. 그러면 그 인민에게 자유가 있게 될 것이네. 선량들에게 인민을 즐겁게 하는 권력이 명예롭게 제시되기 때문일세. …… 그러므로 우리의 법에 따르면 자유의 모습은 주어지고, 선량의 권위는 유지되며, 분쟁의 이유는 사라지네.[56]

이 선량이라는 단어는 "최고로 선한 자(optimo cuique)"와 "가장 중대한 시민(gravissimo civi)"을 포괄한다. 즉, 선량은 국가의 관직자는 아니더라도 선하고 중요한 자로 인식되고 있다. 한마디로 앞으로 공화정이 잘 유지되기 위해서는 선량이 투표권을 장악하고, 이를 시민을 위해 행사하는 것이 바람직하다고 하면서 귀족주의 내지 과두정을 지향하는 것을 골자로 하는 법안을 시사한다. 여기에 표현된 최선량을 원로원의원이나 귀족이라고 본다면, 선량은 트리부니 아이라리라고 볼 수 있을까? 메가도로스는 트리부누스 아이라리우스이면서 "당파적인 자(factiosus)"[57]라는 말로 표현되었다. 이들이 동원하고 투표하는 일을 주선했다면, 차라리 이들에게 투표권을 양도할 수 있도록 하자는 것이 키케로의 생각일 것이다. 사실 트리부니 아이라리가 아니고서는 투표에 사람을 동원할 수 있는 세력이 뚜렷이 보이지는 않는다. 그렇다면 이 구절에서 키케로는 트리부니 아이라리에게 인민의 투표권을 감시하고 통제하는 권한을 주자고 말하는 것이다. 그러면 표 매수와 같은 부정행위는 사라지리라고 전망한 것이다. 옛 법을 빌려 트리부니 아이라리에게 구귀족이 했던 역할을 부여하려는 것으로 볼 수 있다.

키케로의 새로운 구상, 즉 선량을 토대로 하는 이런 투표 제도의 개혁 구상은 레포레에 따르면 이소크라테스Isocrates에게서 크게 영향을 받은 것으로 알려져 있다. 키케로가 주장하는 선량은 바로 신인新人과 일치한다.[58] 김봉철에

---

56   같은 책, 3. 17. 38~39.

57   플라우투스, 〈황금단지〉, ll. 227~230, 'hominem, factiosum'; 김창성(1989: 171쪽, 주 112).

따르면 이소크라테스의 개혁 구상은 유산자에 대한 정치적 배려를 목표로 한다.[59] 그런 점에서 키케로의 투표 제도 개혁은 이소크라테스의 구상을 로마 공화정의 정치 현실에 투영한 것이고, 그 주역을 트리부니 아이라리를 중심으로 한 일련의 선량 계층에서 찾았던 것이다.

5. 결어

레포레는 정치적 패배와 실망을 겪은 키케로가 종전의 '양 신분의 화합'을 지양하고 '모든 선량의 합의'를 주창함으로써 사상적으로 비상하는 계기를 마련했다고 평가한다. 그런 사상이 먼 미래에 영향을 주었다는 점에서 키케로를 정치가에서 사상가로 재평가할 수 있으나, 그의 사상을 구체적으로 파악한 것은 아니다. 필자는 에페소스에서 발견된 '속주 아시아 관세법'에 나오는 단어에 근거해, 이 선량이라는 것이 구체적인 직책, 즉 트리부니 아이라리로 볼 수 있다는 전제하에 이 구호를 분석하고 의미를 밝히고자 했다. 그래서 '모든 선량의 합의'가 단순한 정치 구호가 아니라 구체적으로 투표 제도와 관련한 구상을 밝힌 것으로 간주한다. 특히 그의 『법률론』에 나타난 투표 제도의 개혁안을 보면 인민의 투표권은 유지시키는 것이 바람직하지만, 선량들이 이런 투표에 대해 통제할 수 있도록 하자는 것이었다. 이는 실제로 트리부니 아이라리가 투표하는 무리를 동원하는 능력을 가졌던 사정을 십분 반영한 것이다. 이

---

58 Lepore(1954: 229). 이미 이소크라테스가 제시한 '회복(ἐπανορθοῦν)'에 그리고 '정체 개선(μεταβάλλειν τὴν πολιτείαν)'에 포함된, 새로운 지식 엘리트의 더 넓고 보편적인 교리적 기준에 따라서 스스로 재해석한 것을 되풀이하기에 이른다(이소크라테스, 『아레오파고스 연설』, 15, 78 참조).

59 김봉철(2004: 219~239) 참조. 특히 같은 책(232쪽 이하)에서는 구체적으로 "최선자들의 지배와 혼합된 민주주의"를 이소크라테스가 표방하고 있다. 여기서 '최선자들의 지배'는 "민주제의 근본 조직과 민중의 기본적 권리를 보장하는 한에서 유산층의 관직 독점"을 의미한다. 아울러 이런 최선자의 기준은 이미 재산에 따라 결정되었다는 것이다.

점에서 모든 선량이 조세 선납이라는 의무를 수행하고 이런 권한을 가지는 것이 나름대로 합리적이다. 그리고 그런 투표의 결과는 선량의 합의로 표명될 것이다. 이런 개혁안은 레포레에 따르면 이소크라테스의 개혁 노선과 방향이 같다. 다만 부자들이 관직을 독점하는지 아니면 투표에 대한 감독을 행사하는지의 구체적인 적용 대상만 다른 것이다. 그래서 이 장에서는 보니가 트리부니 아이라리라는 추론에 입각해 투표에서 동원력을 가졌던 이들에게 현실적인 특권을 인정해 주는 바탕 위에서 합의를 도출하려는 것이 키케로의『법률론』에 나오는 투표 개혁안의 구체적인 면모였음을 보여주었다. 그렇게 되면 유산자를 배려하면서 민주정치의 구조를 유지할 수 있을 것이다.

이런 추론에 입각하면 키케로는 트리부니 아이라리의 역할과 능력에 주목하고, 이들을 보니라고 호칭하며, 자신의 정치사상을 구현할 세력으로 등장시키려고 한 것으로 보인다. 그렇다면 키케로를 중심으로 공화정을 회복하려는 움직임에서 가장 중요한 역할을 맡을 수 있었던 잠재 세력이 트리부니 아이라리였을 것이다. 나중에 카이사르는 이들을 정치에서 배제하면서 자신의 독재를 공고히 할 수 있었다. 이처럼 중요한 트리부니 아이라리가 키케로의 구상대로 동원되지 못함으로써 허승일의 추론처럼 공화정 로마가 종언을 고했을 가능성도 크다. 이 장은 보니를 기존의 견해와 다르게 해석함으로써 공화정 후기의 여러 문헌에 나오는 보니의 개념사를 천착하는 데 도움을 줄 것으로 기대한다.

제18장

트리부니 아이라리와 쿠라토레스
트리부스의 구조와 관련하여[*]

1. 서언 | 2. 트리부스와 평민의 조직 | 3. 트리부툼 징수와 트리부스 내부의 갈등
4. 공화정기의 쿠라토레스 | 5. 제정기의 쿠라토레스 | 6. 결어

1. 서언

수에토니우스는 "독재관dictator(딕타토르) 카이사르는 세 번째인 트리부니 아이라리를 제거하고, 배심원단을 두 종류의 오르도, 기사 신분과 원로원의원들에게 되돌린 것으로 보인다"라고 전한다.[1] 이를 근거로 로마에서 전쟁세를 징수하고 지불하는 역할을 맡았던 트리부니 아이라리가 기원전 46년 카이사르의 조치를 통해 존재 의미가 사라지고 유명무실해져 버렸다고 이해되었다.[2] 그러나 이 장은 이들이 로마의 기본 행정 지역구인 트리부스[3]와 관련을 맺고

---

[*] 이 글은 ≪서양고대사연구≫, 제62집(2021.12)에 게재된 바 있다.

1 수에토니우스, 『카이사르』, 41.

2 김창성(1989: 171). 트리부니 아이라리에 관해서는 Nicolet(1976a: 46~56)를 참조. 기원전 46년 카이사르가 트리부니 아이라리를 배심원직에서 숙청한 후에 이들의 존재는 유명무실해졌을 뿐 아니라 트리부툼의 징수도 실패로 돌아간다(허승일, 1995a: 410~417, 특히 414쪽 참조). 이후의 트리부니 아이라리에 관한 사정은 다루어진 것이 별로 없다.

3 트리부스(tribus)는 영어 'tribe'로 표기된다. 흔히 그리스 역사에 나오는 필레(phyle)가 '트라이브(tribe)'로, '프라트리아(phratria)'는 '쿠리아(curia)'로 표기되고 있다. 트리부스를 한글로 '부족'이라고 번역하는데, 이는 인류학적인 개념이라서 역사적인 개념과 거리가 있다.

있었으며 공화정기를 넘어 제정기에도 존속했음을 밝힌다. 이런 시도를 가능하게 한 것은 테오도르 몸젠이 남긴 저서 덕분이다.[4] 다음에서 몸젠의 관점과 성과를 중심으로 트리부니 아이라리의 존재와 트리부스의 구조를 조명한다.

2. 트리부스와 평민의 조직

로마의 평민은 단순한 집합이 아니라 나름의 조직을 갖춘 집단으로 인식되어 왔다.[5] 그런 점을 잘 보여주는 관심과 연구가 많은데, 아르투어 로젠베르크는 평민의 기원에 관해 다음과 같이 설명한다. "따라서 나는 네 개의 트리부스로 이루어진 평민의 최고 정치 조직이 오로지 라틴인들만, 무엇보다도 로마시로 이주한 라틴인 상인을 포괄한다는 결론을 도출할 수 있다."[6] 이 의견에 따르면 애초 평민은 외국인, 즉 라틴인[7]으로 직업은 상인과 제조업자였다. 이들을 평민으로 인정한 것은 외국인들에게 나름의 조직을 허용한 것이고 이는 특권으로 비쳤을 것이다. 그렇다면 일반 농민은 어떤 지위에 있었을까? 카를 노

오히려 하나의 행정구역이라는 뜻으로 '지역구'로 번역하는 추세이며, 막스 베버도 이를 분명히 하고 있다(김창성 옮김, 2019: 269). 개인적으로 볼 때는 '부(府)'로 번역하면 어떨까 생각한다.

4   이 장은 Mommsen(1844: 98~105)을 참고해 작성했다. 이는 몸젠이 27세에 저술한 단행본으로 필자는 구글 디지털판으로 구해 볼 수 있었으며, 이 장의 작성에 큰 도움이 되었다. 이 책은 트리부툼 연구의 대표자인 니콜레(1976a)에는 소개되어 있지 않고, Cornell(1995: 433, n. 1)에 소개되어 있는데, Mommsen(1887a: III, 1, 161ff.)에서 비록 대체되고 있지만, "여전히 부분적으로 참고할 가치가 있다(still worthing consulting)"라고 평가한다.

5   로마 평민에 관한 대체적인 이해는 김창성(2011: 96~107)을 참조.

6   Rosenberg(1913: 374).

7   이에 반대해 라틴인이 아니라 사비니인이라는 주장도 있는데, 이는 Binder(1909: 285)에서 제시되었다. 빈더는 로마의 평민과 라틴인이 기원을 같이한다고 보면서 특히 라틴동맹의 반란 과정과 요구 사항이 평민의 그것과 시기와 내용상으로 일치함을 보여준다(같은 책, 372~374쪽을 참조).

이만Karl J. Neumann에 따르면 농촌에서 농민은 귀족인 영주의 지배하에 놓인 예속인 신분에 불과했다. 그런데 농촌 트리부스가 16개 만들어진 것은 이런 예속에서 농민이 해방되었음을 의미했다. 노이만은 "농촌 트리부스의 형성은 영주제의 제거이며 로마 농민의 해방이다"[8]라고 썼다. 로젠베르크는 아벤티 누스법Lex de Aventino 연구를 통해 최초의 평민은 후대의 평민이 케레스Ceres 를 섬긴 것과 달리 디아나 여신을 섬겼다고 했다. 이 여신은 라틴동맹의 신이 고, 그 신전은 로마에 거주하는 라틴인들의 '중심점'에 있었다.[9] 이 도시에 거 주한 평민은 원래의 로마인에 비해 극소 부분을 차지했을 뿐이다. 여러 세대 에 거쳐 거주하게 된 평민 가족은 로마 시민권을 획득하고자 했으며, 이에 대 해 구귀족 씨족은 외국인이 동등하게 되는 데 반대했다. 그 대신에 이들 외국 인이 국가 안에서 나름의 조직을 가지게 하고, 외국에 대해 그런 것처럼 법의 보호가 아닌 신들의 보호하에 둔다.[10] 이렇게 해서, 즉 네 개의 도시 트리부스 가 형성되고 평민이 출현하자,[11] 로마의 신분제는 혈통귀족, 평민 구성원, 비 귀족으로 구성된다. 이 구분은 사회적으로 토지 점유자, 도시민, 예속 농민에 상응한다.[12] 이런 관계는 그리스 식민 도시인 키레네Cyrene와 유사한 면을 보

---

8   Neumann(1900: 14). 물론 이는 오늘날 받아들이기 어려운 점이 있다. 시민에게 2유게라 의 헤레디움이 지급된 전승과 일치하지 않을 뿐 아니라 노이만의 전제는 평민이 피호민이 라는 점에서 오류를 보인다. 이에 관한 비판은 Binder(1909: 220~238)를 참조.

9   Rosenberg(1913: 374).

10 같은 글, 375쪽.

11 이 네 개 트리부스의 출현은 완전히 새로운 것으로, 이전의 귀족 씨족에 따른 것이 아니라 지 역, 즉 거주지에 따른 것이다. 이는 세르비우스 툴리우스 왕에 의한 것이다(Ampolo, 1988a: 229; Cornell, 1995: 173). 40개의 켄투리아 편성과 관련해서는 Cornell(1995: 176)을 참조. 이전에 있었던 트리부스는 티티에스(Tities), 람네스(Ramnes), 루케레스(Luceres)로 불리 는데, 이들은 기존의 친족 집단이나 인종을 반영하는 것이 아니며, 사제, 전사, 생산자의 직 능 구분(Dumézil의 견해)도 아니고, 지역과 관련되며 조직된 국가의 인위적인 구성물로 파 악된다(Cornell, 1995: 77, 114f.). 나머지 농촌 트리부스의 창설이 왕정기인지 공화정기인 지는 논쟁이 크다(같은 책, 176쪽 참조).

인다. 몸젠에 따르면 키레네는 도시민, 농민γεωργοί, 그리고 외국인과 유대인으로 구성되었다.

> 만약 사람들이 외국에 시민권을 가지고 있는 거류 외인의 입장에서 본다면, 시민권을 부여받은 키레네인들로 남는 자들은 완전 시민들, 즉 헬레네스, …… 적극적 시민권에서 배제된 자들로, 나름의 자치단체를 형성한 유대인들과 하층민, 즉 자치권이 없는 리비아인들의 두 범주다. 후자는 매우 쉽게 혼란될 수 있어 두 특권 범주가 또한 동등한 권리를 가진 것으로 보일 정도다.[13]

로젠베르크는 이 지배층 그리스인이 로마 귀족에 해당되며, 농촌 거주민은 로마의 피호민, 그리고 평민은 유대인 자치단체를 대변하는 것으로 보았다. 그러면서 다음과 같이 추이를 설명한다.

> 이제 세 번째, 즉 정치상 권리가 없는 신분에게 두 번째 계층의 상황은 가장 바람직한 것으로 여겨진다는 것이 이해된다. 우선 하층민들이 특권을 지닌 외국인이 지닌 사회 지위에 도달하고자 집단으로 유대교로 넘어감으로써 헬레니즘 시기 유대인 자치단체는 매우 커졌다. 같은 운동이 로마에서도 추구될 수 있다. 우선 농민층이 귀족과 동등하게 되는 것을 기대할 수 없었으므로, 그들은 적어도 평민이라는 특권 조직에 들어가고자 했다. 그것이 16개의 새로운 농촌 트리부스를 설립함으로써 그들에게 보장되었다.[14]

이런 견해를 제시한 로젠베르크는 농민 해방의 의미가 농촌 주민이 지배

---

12   Rosenberg(1913: 371f.).

13   Mommsen(2010: V, 491).

14   Rosenberg(1913: 375).

귀족과 정치적으로 동일하게 되는 것이 아니라 자치하는 시민과 동등화되는 것이라고 주장한다. 이렇게 되면서 평민의 기본적인 성격은 완전히 바뀌게 된다. 즉, 평민은 외국인이 아니라 로마인의 10분의 9가 평민이 되면서 전체 비귀족 조직이 되었다.

이런 변화로 귀족은 불리해졌는가? 오히려 로젠베르크는 이런 개혁으로 귀족의 입장이 공고해졌다고 파악한다. "아마도 이 진보로 자신들의 지위를 강화했다고 기꺼이 믿었을 것이다. 아마도 귀족들은 피호민 집단을 집어넣음으로써 그리고 게다가 이들이 모든 비귀족을 외국인 단체로 몰아냄으로써 시민권과 귀족의 일체감을 영구히 보장하려는 목적을 따를 수 있었으므로, 평민이라는 까칠한 특수 단체를 무해하게 만들고자 했을 것이다." 그렇지만 이런 사정은 기원전 4세기 초 30여 년간에 변화한다. 혈통귀족들이 적어도 특출난 평민 씨족을 동등하게 인정하고 그들과 콘술, 관리관, 기사 켄투리아, 원로원을 나누기 시작했기 때문이다. 그래서 로마에는 혈통귀족인 파트리키 대신에 명사귀족[15]인 노빌리타스가 생겼지만 귀족적인 사회로 남는다. 마침내 순수하게 농민이 된 평민은 계속 투쟁했으며 기원전 287년의 혁명으로 완전한 승리를 쟁취했다고 로젠베르크는 밝힌다.[16]

평민의 성장과 관련해 마리아 토렐리Maria Torelli의 견해[17]도 우리의 이해에 도움이 된다. 귀족 씨족들은 자신들의 위세를 위해서 특별한 수공품을 사용할 필요가 있었는데, 이는 라티움 지역과 에트루리아 지역에서 외국인들의 존재

---

15 귀족과 평민에 열려 있게 되면서 관직을 지낸 후에 콘술 역임자는 노빌리스(nobilis)로 간주되는데, 이것의 집합명사가 노빌리타스다. 노빌리스는 모두에게 '알려진(known)'이라는 의미다. 이 말은 프랑스어의 명사귀족인 'notable'의 어원이기도 하다. 그래서 번역어인 '명사(名士)'를 채택한다[*The Oxford Classical Dictionary*(2nd ed.), 1971, s.v. 'Nobilitas' 참조].

16 Rosenberg(1913: 376).

17 Torelli(1988: 258~261).

를 필수적으로 만들었다. 이런 수공업 생산은 기원전 7세기부터 점차 발전했는데, 이는 내부 분업과 함께 페니키아인과 그리스인들의 빈번한 방문 덕분이기도 했으며, 도시 형성의 초기 단계에 이주한 수공업자와 기술자들의 기여가 컸다. 이런 외국인의 존재는 사회 구성을 다채롭게 했다. 이후 장인 생산은 더 증가했는데, 이는 귀족의 표시인 부유한 소비가 중간층으로 확대되고, 기원전 570년부터 거대한 공공 수요(성벽, 도시 인프라, 신전, 도로 등)가 늘어난 덕분이었다. 이로써 장인과 상인 집단이 발전해 갔다. 그러나 기원전 486년부터 시작된 '귀족의 폐쇄' 탓에 더 이상 진행되지 못했다. 이를테면 도기업자들을 종교 행사에 참여하지 못하게 한 것이다. 그래서 토렐리는 이런 귀족의 폐쇄 때문에 평민이 탄생하게 되었다고 본다.

근자에 로마의 토지 제도사를 개관한 루이지 콜로네지는 평민의 성장과 관련해 농촌 트리부스에서 토지 소유의 성격이 달라졌음을 지적한다. 애초 트리부스[18]에는 파구스를 중심으로 하는 씨족의 토지 소유와 함께 공유지가 존재했으며, 그런 점에서 농촌에서 사적 소유권의 총합이 전체 영토와 맞지 않는다는 점을 제시하며, 농촌 트리부스에 있는 공유지들이 할당되었고 정복된 지역이 트리부스에 편입되면서 넓어지게 되었다고 보았다. 결과적으로 귀족 씨족의 토지는 축소되었고, 로마의 영토를 아우르는 트리부스들의 영역이 증가했다고 보았다. 이처럼 농촌 트리부스에서 평민의 소유가 늘어난 것은 이들에게 가해진 병역 부담이 증가한 데 따른 귀결이었다고 본다.[19]

율리우스 빈더Julius Binder는 평민에 관한 그동안의 낮은 평가가 리비우스의 편향성 때문이라고 파악한다. 그는 리비우스가 비록 귀족 파벌은 아니라고

---

18   이 농촌 트리부스는 로마시 주변 지역을 포괄했으므로 도시 밖에 있는 파구스들을 포함했을 가능성이 매우 높다. 트리부스 영역은 지역 명칭을 담거나 적어도 파구스의 이름, 즉 구귀족 씨족명에 상응했다. 그래서 초기 로마의 농지(ager Romanus antiquus)는 이들 트리부스에 의해 포괄되었다고 보아왔다(Ampolo, 1988a: 229).

19   Colognesi(1988: 281, 286, 289)(김창성 옮김, 2013a: 75~117).

보면서도, 리비우스는 그가 목도한 도시 '빈민Poebel'의 모습을 평민의 실체로 인식했다고 판단한다.[20] 평민의 수동성에 관한 리비우스의 보고는 평민에 대한 몰이해에서 비롯했다. 특히 빈더는 공화정 후기의 '평민 페다리'에 관한 것이 초기 역사에도 작용했으므로 원로원 구성에 귀족과 같이 평민도 참여했다고 주장한다.[21] 이를 통해 빈더는 로마가 귀족·평민의 이중단체Doppelgemeinde라고 평가한다.

이런 논의는 평민들의 상대적인 자립성과 귀족에 대한 독립성과 아울러 트리부스[22]를 중심으로 평민이 활동하고 성장하게 된 과정을 지시한다.[23] 이 과정은 병역 수요가 커지는 것과 흐름을 같이한다.[24]

---

20 Binder(1909: 179). 빈더는 귀족과는 다르게 평민은 모권에 입각한 사회를 가지고 있었으며 이것이 귀족이 평민과의 통혼에 반대한 원인이기도 했다고 본다. 카눌레이우스법은 부권을 따르는 것으로 평민의 상태를 바꾼 혁명(Umwälzung)이라고 그는 파악한다. 이후에도 귀족은 'gentes'로, 평민은 'stirps'로 씨족 표시를 달리한다(Binder, 1909: 399~417; 417, n. 205 참조). 카눌레이우스법에 관한 재검토도 흥미로울 것이다. 아울러 이 문제는 서양 중세사의 이해에서 중요한 '이중의 계보'와도 관련이 있어 보인다. 김창성(2014a: 50~54)을 참조.

21 Binder(1909: 385~386). 페다리에 관해서는 김창성(2019: 39~73)을 참조.

22 트리부스의 숫자는 기원전 495년에 21개, 기원전 242년에 35개로 확정되고 이후 변하지 않는다. 도시 트리부스는 네 개가 된다. 이 트리부스의 명단에 관해서는 http://en.wikipedia. org/w/index. php?title=List_of_Roman_tribes&oldid=1024017865(2021. 6. 27 검색)를 참조했다.

23 노이만을 비판하는 빈더도 이 트리부스의 설치가 다음 시대에 평민에게 큰 의미를 가지는 것으로 간주한다(Binder, 1909: 238).

24 코넬에 따르면 병력 동원은 F=M/T×S(F는 필요 병력, M은 가용한 전체 병력, T는 트리부스 전체 숫자, S는 선발된 트리부스)로 공식화된다. 이 공식에 따르면 병력은 트리부스를 매개로 이루어진다(Cornell, 1995: 194). 좀 더 상세하게는 Mommsen(1844: 141, 147)을 참조.

3. 트리부툼 징수와 트리부스 내부의 갈등

기원전 406년 베이 전쟁[25]을 앞두고 원로원은 평민이나 호민관의 제안도 듣지 않고 병사들이 봉급stipendium을 국고에서 받을 수 있도록 선포한다. 그 전까지 군역 수행은 개별 병사가 자판自辦으로 해왔다. 이에 대해 리비우스는 평민들의 반응을 "평민에 의해 그렇게 큰 환호로 받아들여 넘겨진 것은 결코 없었다"[26]라고 전한다. 평민이 이런 반응을 보인 이유로 리비우스는 두 가지를 제시한다.

① 몸이 국가의 일에 바쳐지고 부려질 바로 그때에 그런 혜택이 가산家産이 안전한 상태로 평온하도록 도와주므로,
② 그 밖에도 호민관들에 의해 결코 선동되지도 않고 그의 연설에 의해 간청되지도 않고 스스로 복무할 것이기 때문에.[27]

①에 따르면 병사들이 복무하는 동안 봉급을 받기에 가산을 축내지 않고 유지할 수 있음을 알 수 있다. 평민들의 관심사도 자기 재산을 지키는 데 기울어져 있었다. ②에 따르면 복무를 자발적으로 할 수 있게 된 것인데, 그 전에는 호민관이 선동하거나 말로 설득해야만 복무했음을 알 수 있다. 여기에서 우리는 호민관이 병력 동원에서 중요한 역할을 해왔는데 그런 매개가 없어지게 된 것을 알 수 있다. 이것이 국가에 의한 봉급 지불의 효과라고 하겠다.

---

25 베이 전쟁은 봉급은 물론이고 새로운 무장, 전술, 무기의 도입과 흐름을 같이한다. 특히 기원전 415년에 900제곱킬로미터였던 로마의 영토(ager Romanus)가 기원전 396년에 1582제곱킬로미터로 무려 75퍼센트 늘어난다. 이에 따라 농촌 트리부스가 네 개 신설된다(Cornell, 1995: 188, 320 참조).
26 리비우스, 『도시의 건설로부터』, 4.60.1.
27 같은 책, 4.60.2.

이에 대해 호민관들은 다음과 같은 이유를 들어 반대를 표명한다.

③ 그 계획은 첫인상에서 현실보다 더 나은 것으로 보일 것이다. 왜냐하면 인민에게 트리부툼이 부과되지 않으면 그 돈이 어디에서 끌어내질 수 있는가? 그러므로 그들은 타인에게서 타인들에게 자선을 베푼다.
④ 설사 나머지가 그것을 하더라도, 이미 복무가 끝난 자들이 자신들이 복무할 때보다 더 나은 조건으로 그들이 복무하는 것과 자신들이 자신의 군 복무에서 금지했는데 타인의 복무에서 하는 것을 용인하지 않을 것이다.[28]

③에서는 전쟁세로 이해되는, 트리부툼이라는 말이 최초로 나오는데, 이미 존재했던 용어로 보아야 할 것이다. 무슨 일이 생길 경우 트리부툼이 인민에게 부과되는 것을 보여준다. 그러나 호민관들은 원로원의원들이 결국 타인의 돈에서 타인을 위해 베푼 데 불과하다는 점을 들어 노골적으로 경고한다. ④의 경우는 군역의 형평성 문제를 제기하며 이미 복무한 사람들의 손해를 지적한다. 상당히 설득력이 있는 주장이 아닐 수 없다.

이 지적으로 동요한 사람들이 마음을 되돌리는 것은 간단했다.

⑤ 원로원은 최고의 신뢰를 지니고 호구조사액에 따라 납세하자, 귀족들의 친구들인 평민 수장들은 협정에 따라 납세하기 시작한다.[29]

자료 ⑤에서 'confero'의 명사형이 'conlatio'이므로 '납세'로 번역했으며 분명히 이는 전쟁세인 트리부툼을 내는 것을 의미한다. 원칙은 'ex censu', 즉 재산액에 따라 납세했으며, 정해진 규정에 따라 평민 수장들primores이 납세하

---

28   같은 책, 4.60.3~4.
29   같은 책, 4.60.7.

기 시작한다. 이 장면에서 우리는 호민관 말고도 '수장'이라고 불리는 자들이 있었음을 알 수 있다. 평민은 아무런 조직이 없는 것이 아니라 호민관과 수장이라고 불리는 자들이 있었다. 과연 그들은 어떤 자들이었을까?

이어서 이렇게 납세한 자들을 다음과 같이 묘사한다.

⑥ 그들이 혈통귀족들에 의해 칭찬을 받고 징병 연령대에 의해 매우 선량한 시민으로 여겨지는 것을 사람들의 무리가 보았을 때, 호민관의 도움이 즉시 거절되고, 납세 경쟁이 일어났다.[30]

⑥에서 우리는 이렇게 납세의 모범을 보인 사람들이 "선량善良한 시민(bonus civis)으로 여겨지는" 것을 볼 수 있다. 아마 납세자에 대해 이런 명칭이 사용되는 것은 이후에도 관례화되어 조세 선납자인 트리부니 아이라리가 선량으로 취급된 것이 아닌가 한다.[31] 이런 선량들이 바로 평민의 수장들이며 귀족들의 친구인 것이다.

이렇게 만들어진 트리부툼은 어떻게 징수되었는가? 마르쿠스 바로는 다음과 같이 전한다.

트리부툼은 트리부스들로부터 명명된다. 왜냐하면 인민에게 명령된 그 돈이 개인에 의해서 호구조사에 비례해 트리부스별로 징수되었기 때문이다. …… 이로부터 할당된 것(즉, 돈)은 아드트리부툼이라고 명명된다. 게다가 이로부터 병사에게 주도록 돈이 아드트리부티오된 자들은 트리부니 아이라리라고 명명된다. 아드트리부티오된 그것이 군전軍錢이다.[32]

---

30 같은 책, 4.60.8.
31 김창성(2018: 143~164).
32 바로, 『라틴어론』, 5.181.

이 정의에서는 아드트리부티오의 과정이 설명된다.[33] 즉, 아드트리부티오의 지명을 받은 자가 바로 트리부니 아이라리고, 이들이 병사들에게 봉급을 지불한다. 그런데 트리부툼이 트리부스에서 명명되었다는 증언은 트리부툼의 징수가 트리부스의 권력 구조나 연결망을 통해 이루어졌음을 보여준다. 사실 '트리부니'는 트리부스의 관리Beamter, Offizier를 의미하므로,[34] 트리부니 아이라리는 트리부스 내부의 관리였다고 보아야 한다. 자연히 트리부툼은 트리부스에서 징수된 세금이다. 그런데 이시도루스Isidore는 다음과 같이 언급한다.

트리부툼들 — 전에는 각 트리부스에서 징수되었는데 이제 단일한 영토를 통해서 한 것과 같다.[35]

이에 따르면 트리부툼이 이미 트리부스별로 징수되었음을 확인할 수 있다. 몸젠은 기원전 406년의 봉급 도입이 바로 이러한 구조를 바꾸어 "국가에서(ex publico)" 지급하는 체제로 변화했다고 본다.[36]

이렇게 보면 기원전 406년 병사에 대한 봉급이 도입되기 전에 이미 봉급 지불자들이 있었고, 그것이 트리부스별로 이루어졌음을 보여준다. 이것은 어떤

---

33 이에 관해서는 '할당'이나 '분담'이라는 번역어가 사용된다(김창성, 2020: 103~130).

34 Enßlin(1936: c.2432). 바로 이어서 첫 번째 트리부누스로 트리부니 아이라리가 제시된다. 그리고 17종의 트리부누스가 소개되는데 호민관(tribunus plebis)도 포함된다. 그러므로 트리부누스나 트리부니를 무조건 호민관으로 번역해서는 안 된다. 필자의 생각에는 '트리부스 장'이라는 의미로 '부장(府長)'이라는 번역이 좋을 듯하다. 호민관은 '평민부장', 트리부니 아이라리는 '재정부장', 천부장(tribunus militum)은 '군사부장' 정도로 번역어를 제안해 본다. 암폴로에 따르면 트리부누스라는 칭호와 관련해 '트리부니 켈레룸(tribuni celerum)'처럼 기병대장에게만 허용되는 것이 아니라, 천부장에서도 알 수 있듯이 보병대 지휘관에도 적용되며, 기원전 5세기에는 호민관, 기원전 444년부터 콘술 권한 천부장(tribuni militum consulare potestate)에도 적용되는 점을 지적한다(Ampolo, 1988a: 230).

35 이시도루스, 『어원』, 16.18.7.

36 Mommsen(1844: 32).

의미를 지닐까? 공화정기에 이탈리아 동맹국전쟁 이전에 동맹국이 제공하는 병력에 대해 로마 정부는 식품만 지급했을 뿐 봉급은 각 동맹국에서 지불한 것으로 알려져 있다. 동맹국은 병사들과 함께 지휘관ἄρχογτα과 지불자μισθοδότην를 파견한다.[37] 이런 점을 비교하면 적어도 군사 동원과 관련해 트리부스는 기원전 406년 이전에 동맹국들, 즉 외국과 같은 대우를 받았음을 알 수 있다.

이런 트리부스의 사정은 일찍이 로젠베르크가 상세히 지적한 바 있다. 그는 호민관을 살해하는 경우 그 살해자를 "신에게 헌사된(sacrosanctus)" 것으로 여기는 관례에 관한 연구를 통해 그것이 외국에 해당하는 것임을 밝히며 다음과 같은 결론을 내리고 있다.

> 통틀어서 가장 오래된 로마의 평민은 역시 '국가 내의 국가'로, 하나의 '독자적인 자치단체'로 보이며, 국가는 외국과 교류하는 것과 동일한 형태로 이들과 교류한다. 평민은 호민관이라는 자신들의 고유한 대표자를 가지며, 10인 심판iudices decemviri이라는 나름의 재판관을 지니며, 관리관이라는 나름의 행정 관리를 지닌다. '신성불가침sacrosanctum'을 통한 보호는 독자 단체로서 전체 평민에게 확장되었으며, 나름의 모든 관리에게서 등장한다.[38]

로젠베르크는 트리부스의 독자성이 이런 관직자들을 통해 대변된다고 본다. 그러나 동맹국의 구조를 참조한다면, 지휘관인 백부장과 트리부니 아이라리가 트리부스를 마치 동맹국처럼 대변한 것으로 보아야 한다.

---

37   김창성(2010a: 168).

38   Rosenberg(1913: 370). '사크로상크툼(sacrosanctum)'의 의미는 '신에 의해서 처벌되는 것'이며 일종의 불문법적인 처벌을 의미한다(같은 글, 362쪽 이하). 코넬은 호민관의 기반이 '신성법(Lex Sacra)'이라고 보았으며(259쪽), 평민 조직은 국가의 조직을 닮았으며 오히려 더 치밀한 것으로 보았다(265쪽). 그러나 트리부스의 구조에 관한 연구는 국가 로마에 관한 연구에 비해 너무 미진하다.

그렇다면 트리부스는 이런 부담을 할 수밖에 없었는가? 막스 베버에 따르면 트리부스는 '농민민주정Bauerndemokratieen'의 원리와 완전히 일치하며 토지 점유자들의 구역이다. 이는 토지를 점유한 자들을 포괄한 것이다.[39] 그러므로 사실상 모든 토지 점유가 트리부스에 파악되어 있으므로 트리부스가 트리부툼의 기초이고,[40] 이것을 담당하는 관리가 트리부니 아이라리로서 트리부스를 대표했다고 할 것이다. 즉, 병력의 기초가 되는 인정ΛT을 보유하고, 그들의 토지를 등록한 자들이 모인 곳이 트리부스의 의미라고 생각할 수 있다. 이 점은 고대 아테네의 데모스와는 사정이 달라 보인다.[41] 이런 점에서 농촌 트리부스의 경우 귀족 씨족명을 보유하고 있는데, 이탈리아 동맹법과 마찬가지로 이것은 "푼두스가 된다(fundus fieri)"라는 원리를 포함하고 있는 것이다.[42] 그렇다면 로마의 트리부스가 이탈리아 동맹국만큼이나 자율성을 가진 것으로 기능한 것으로 볼 수 있다.[43] 따라서 트리부툼을 국가가 일괄 부여하는 문제는 트리부스의 자율성 내지 전통을 흔들어놓았으므로, 앞서 언급한 갈등의 원

---

39 Kubitschek(1936: c.2499). 쿠비체크는 트리부스가 애초 그곳에 토지를 지닌 초기 씨족에 따라 명명되었다고 보았다.

40 김창성 옮김(2019: 269~279).

41 같은 책, 272쪽. 이에 따르면 클레이스테네스(Cleisthenes)가 데모스에 개인을 묶은 데 비해, 트리부스 성원의 결정은 농장의 위치라고 본다. 그래서 아버지와 아들이 각기 다른 트리부스에 소속되는 결과를 낳았다. Cornell(1995: 379)에 따르면 농촌 트리부스에는 (도시 거주) 토지 소유자와 농촌 거주자를, 도시 트리부스에는 미토지 소유자를 등재함으로써 트리부스 평민회에서 보수 지주층에게 유리하도록 편성했다.

42 김창성 옮김(2019: 273)(원문 p.153r). 베버는 이런 제도의 의도가 바로 '전사 후폐(hufe, 서양 중세의 토지 단위로 면적은 10~15헥타르 정도임)의 보호'였다고 파악한다.

43 이런 점에서 트리부스를 "인민의 부분이 아닌 오롯한 자치단체로서(kein Abteil des Volkes, sondern die gesamte Gemeinde selbt)" 보는 쿠비체크의 설명이 적절하다(Kubitschek, 1936: c.2493). 이런 인식은 코넬에게서도 볼 수 있다. 이구비움(Iguvium)시에서 발견된 서판에 나오는 '트리푸(trifu)'라는 단어는 트리부스와 동의어인데, 일부를 표현하는 것이 아니라 전체 움브리아 종족 집단의 한 분파로 보이는 단일한 자치단체(a single community)를 표현한다고 파악된다(Cornell, 1995: 117f.).

인일 수 있다.[44]

4. 공화정기의 쿠라토레스

몸젠은 군인 봉급에 관한 제도가 다음과 같이 이루어졌다고 파악한다. 즉, 봉급의 지불은 군대가 해산할 때 이루어졌고, 장군이 병사들에게 분배했으며, 기원전 421년 이래로 군대에 재무관이 지정되어 전리품 관리를 떠맡았다. 원정이 해를 넘기는 경우 재무관이 국고에서 넘어온 자금을 병사들에게 지불했다. 그렇지만 불가결하게 '민간 당국자'[45]를 통해 이루어지는 경우가 있는데, 이를테면 "군대가 연말에 해산한 경우 전비를 획득하지 못했다면, 봉급 지불은 오로지 민간 당국을 통해 중계될 수 있다". 결국 로마의 병사에 대한 봉급 지불은 이중 방식의 지불, 군사적인 것과 민사적인 것이었다. 이런 구조는 기원전 406년 이전에 트리부스의 부담이었던 것이 그 당시나 후대에도 변화가 없었음을 보여준다.[46]

그런데 몸젠은 트리부니 아이라리를 일종의 민간 정무관으로 파악한다. 이렇게 보는 이유는 카토가 "트리부누스 아이라리우스로부터 병사가 받아야 했던 돈인 군전軍錢 때문에 '압류'라는 어휘가 별도로 생긴다"[47]라고 언급하기 때문이다. 즉, 군대 정무관에 대해서는 강제집행이 허용되거나 가능하지 않을 것

---

44 이후 전쟁세 징수에 대한 호민관의 저항과 그 한계에 관해서는 Nicolet(1976a: 67~69)를 참조. 원로원의 결정에는 저항할 수 없지만 정무관의 징발에 관해서는 대항하기도 한다.

45 독일어 'civilen Behörden'을 나름대로 번역해 보았다. 민간인 자격으로 공무를 집행한다는 의미로 생각해 보았다. 'civiler Magistrat'도 같은 의미라고 할 수 있는데, 특히 '푸블리카니'라는 이름을 가진 청부업자 신분과 같은 개념으로 생각해 볼 수 있다.

46 Mommsen(1844: 44~45).

47 "Pignoriscapio ob aes militare, quod aes a tribuno aerario miles accipere debebat, vocabulum seorsum fit"(Cato, epist. quaest. L. I. ap. Gell. VII, 10). Mommsen(1844: 46)에서 재인용했다.

이라는 점이다. 그러면서 바르톨트 게오르크 니부어Barthold Georg Niebuhr가 일찍이 이들을 "지역구의 장(Distriktversteher)"으로 파악했는데 이는 가설에 불과하다고 본다.[48] 그러면 어떤 역할을 했는가? 우선 몸젠이 지적한 것은 트리부니 아이라리가 '징세인ἀποδέκται'의 역할을 수행했으며, 같은 역할이 쿠라토레스curatores에 의해 수행되었다고 본다. 여기에서 이중의 명명命名[49]이 존재하는데, 이를 몸젠은 다음과 같이 설명한다.

> 아이라리Aerarii는 트리부니tribuni로 불린다. 왜냐하면 그들이 봉급의 수령자들, 밀리테스 아이라리milites aerarii(그리스 어휘에서 'μισθόφοι')(Varr. V, 181)와 똑같이 봉급을 지불했기 때문이다. 나중에 봉급 지불이 쿠라토르들에게서 박탈될 때, 사람들은 더 이상 적용되지 않는 명칭을 적어도 공식 언어에서는 쓰기 거리꼈으며 사람들이 또한 솔직히 트리부니라고 말하기를 원하지 않았으므로, 사람들은 지역구의 장을 트리부스의 쿠라토레스curatores tribus라고 불렀다.[50]

몸젠은 이런 민사적인 봉급 지불이 트리부스에 소속한 쿠라토레스가 사료에 트리부니 아이라리라고 명시되어 있는 점을 염두에 두고 이들이 쿠라토레스라는 명칭과 같이 통용되었음에 주목한다. 그는 쿠라토레스의 임무를 다음과 같이 언급한다.

즉, 군대가 적의 기여를 징수함이 없이 연말에 해산될 때에 그들은 봉급 지불을

---

48   Mommsen(1844: 46).

49   이 이중 명칭(doppelt Namen)에 관해서는 Enßlin(1936: c. 2433)에도 소개되고 있다. "als tribunii aerarii und unter dem auch inschriftlich bezeugneten Namen der curatores." 이와 관련해서는 Mommsen(1887c: I, 229)에만 소개되어 있으며, Mommsen(1844)에는 소개되어 있지 않다.

50   Mommsen(1844: 47).

위임받았다는 것이다. 봉급이 국고, 즉 십일세로부터 떠맡든지 아니면 공납액에서 떠맡든지 차이는 없다. 마지막의 경우 쿠라토르들은 국고와 정산만 하면 되었다. 왜냐하면 그들은 받고 지불했기 때문이다. 그와 달리 합법적인 규정임에 틀림없는 전자의 경우 그들은 국고에 대해서 지정되었다.[51]

즉, 쿠라토레스의 임무는 국고를 대리하고 정산하는 것으로, 이는 이미 알려져 있는 트리부니 아이라리의 역할이다.

후대로 가면서 트리부니 아이라리는 봉급 지불의 기능을 중지했지만, 이들은 탈락하지 않고 트리부스장으로서의 속성을 그대로 유지했다. 그렇지만 공식적인 명칭은 바뀐 것으로 보인다. 사람들은 더 이상 이들 트리부스장을 트리부니 아이라리라고 부르지 않았으니, 병사의 봉급과 아무런 관련이 없고 트리부니라는 명칭만으로는 모호했기 때문이다. 그래서 트리부니 아이라리는 공식적으로 트리부스의 쿠라토레스, 즉 '트리부스의 관할자'로 불렸다고 몸젠은 판단한다.[52] 그렇지만 실제 사회생활에서는 옛 명칭인 트리부니 아이라리가 우세했으며, 배심원단의 3분의 1을 차지하게 되자[53] 후자의 명칭이 우위를 차지하게 되었다는 것이다.

그러면 이들 트리부니 아이라리는 기사 신분과 어떤 관계에 있는가? 몸젠은 다음과 같이 지적한다.

그래서 두 신분은 다음과 같은 점에서 같았다. 즉, 그들은 평민에서 유래했으며 현재 원로원에 집중된 명사귀족과 준엄한 대립 상태에 있었으므로, 그들은 이제 일종의 지방단체관리직의 행정을 통해, 때로는 중대한 재산과 상업을 통해 특출

---

51 같은 책, 47쪽.
52 같은 책, 51쪽.
53 이에 관해서는 김창성(1989: 158~161)을 참조.

난 평민계급을 장악했으며 그래서 사람들은 이 두 계급으로부터 법정의 설치를 위해서 '가장 유력한 자들'을 선발했고 그들의 정치 입장medius ordo inter patres et plebem(귀족과 평민 사이의 중간 신분)과 아마도 그들의 명예권에서 동일했을 것이라는 점이다.[54]

즉, 비슷한 이해관계를 가지고 있다고 보았으나 몸젠은 이들의 센서스 자격은 달랐을 것으로 파악한다.[55] 트리부니 아이라리는 맥락상 유력한 평민 "무리에서(ἐκ τοῦ ὁμίλου)"[56] 비롯했다고 몸젠은 본다. 키케로는 "내가 누구에게 호소할 것인가? 원로원인가? — 로마 기사들인가? 그 신분의 제일인자들인 50명 당신들이 판정할 것이다 — 로마 인민에게인가?"[57]라고 언급한 바 있다. 이에 관해서 7세기의 주석가 보비오Bobbio Scholiast의 주석에서는 기사와 트리부니 아이라리를 "같은 신분의 남자들(eiusdem scilicet ordinis viri)"로 본다.[58] 이 점을 고려해 볼 때 특정 센서스가 트리부니 아이라리도 적용되었지만, 기사와 달랐기에 '한 신분'을 만들 수는 없었던 것으로 보인다.[59]

몸젠은 이어서 트리부니 아이라리가 배심원단을 형성할 만큼 충분한 숫자였는지 질문한다. 몸젠은 이들이 트리부스·켄투리아의 숫자(35개의 트리부스×

---

54 Mommsen(1844: 55f.).

55 트리부니 아이라리는 배심원이었으므로 기사라고 불렸는데, 이는 부당한 것이다. 특히 요아힘 마르크바르트(Joachim Marquardt)의 지적처럼 기사 켄투리아에 속하지 않았고 기사의 상징인 휘장, 금반지, 금도장이 없었다(Mommsen, 1844: 54, n.86 참조).

56 카시우스 디오, 『로마사』, 43.25.

57 키케로, 『플라쿠스 변호』, 2.4.

58 "Lex enim Aurelia iudiciaria ita cavebat, ut ex parte tertia senatores iudicarent, ex partibus duabus tribuni aerarii et equites R., eiusdem scilicet ordinis viri." 토마스 스탕글(Thomas Stangl) 편, 『보비오 수도원 키케로 연설 주석』(1912: 94). http://www.attalus.org/latin/bobiensia2.html (2021.11.3 검색)에서 인용했다.

59 Mommsen(1844: 55).

5등급×청년조와 장년조)인 350명 정도의 트리부니 아이라리가 있었을 것으로 본다. 특히 이들은 전직 백부장으로서 기능을 수행했을 것이다.[60]

몸젠은 트리부스와 켄투리아의 관계에 관한 옥타비우스 판타가투스Octavius Pantagathus(이탈리아어로는 Ottavio Pantagato, 1494~1567)의 설을 받아들인다.[61] 즉, 세르비우스의 개혁 전에는 그렇지 않았으나 재산비례정 방식으로 10개의 위계로 구분한 것이 35개의 지역구와 결합되었으므로, 각 트리부스는 일정수의 켄투리아로 이루어졌다는 것이다.[62] 그러면서 몸젠은 이른바 절반 트리부스Halbtribus를 상정한다. 이는 트리부스가 청년조와 장년조로 나뉜다는 것이다. 다음의 비문과 리비우스의 보고가 이를 입증한다.

청년조에 속하는 수부라나 트리부스
청년조에 속하는 에스퀼리나 트리부스
청년 단체에 속하는 팔라티나 트리부스
팔라티나 트리부스의 장년 단체에 속하는
팔라티나 트리부스에 속하는 청년 단체.[63]

몸젠은 이 비문들도 또한 35개의 트리부스가 청년조와 장년조의 표시를 통해 70개의 절반 트리부스로, 즉 35개의 청년 트리부스tribus iuniorum와 35개의 장년 트리부스tribus seniorum로 나뉜다고 파악하고 있다. 이런 비문의 증거는

---

60 같은 책, 56쪽.

61 같은 책, 74쪽. 물론 판타가투스의 설에 대한 수정은 나중에 몸젠과 테일러가 수행한다(허승일, 1993: 18~20).

62 이에 관해서는 허승일(1995a: 23~41)을 참조. 트리부니 아이라리가 군 재무관과 도시 재무관을 연결하는 역할을 했으리라는 점을 참고할 필요가 있다(허승일, 2019: 135).

63 "TRIB. SUC. IUNIOR. / TRIB. ESQ. IUNIORUM. / TRIBUS PALATINA CORp. IUNIORUM. / TRIBUS PALATINAE CORPORIS SENIORUM. / TRIBUS PALATINE CORp. IUNIORIS." Mommsen(1844: 75~76)에서 재인용했다.

다시 리비우스의 보고를 통해 입증된다.

지금 35개의 트리부스가 완성된 후에 청년조와 장년조 켄투리아로 인해 그것들의 숫자가 배가되어 이 체제가 세르비우스 툴리우스에 의해 조성된 합과 일치하지 않는 데 놀랄 필요가 없다.[64]

이들은 공화정기 트리부스별 투표 과정에 관여하는 질문자들rogatores과 연관된다.[65] 몸젠은 일련의 투표법이 제정되기 전에 있었던 켄투리아의 질문자들이 백부장centurio(켄투리오)[66]일 것이라고 본다. 백부장은 자신이 먼저 투표하고 이어서 자신이 대표하는 켄투리아 성원에게 투표에 관해 질문한다. 질문자가 전령이 투표 결과를 묻는 것에 관해 키케로의 사료가 남아 있다.

그런데 신성한 조점관들을 어떠한가. 티베리우스 그라쿠스가 우선 투표권[67]을 행사한 켄투리아의 결과를 보고하는 중 바로 쓰러진 사람의 급사로 인해 조점관들을 원로원에 초치했는데, 그들은 그가 정당한 질문자가 아니었다고 말했다.[68]

콘술 티베리우스 그라쿠스가 그들을 다시 콘술로 선발할 때, 당선자를 보고해야할 첫 번째 질문자가 마찬가지로 갑자기 죽었다.[69]

---

64   리비우스, 『도시의 건설로부터』, 1.43.

65   트리부스의 투표 절차와 관리자의 명칭에 관해서는 강성길(2004: 127)을 따른다.

66   켄투리오의 번역은 '백인대장'도 있으나, 『성서』의 번역을 따라 '백부장'으로 기재한다.

67   강성길은 이를 '첫 번째 투표 트리부스'로 옮긴다. 이 의미에 관해서는 강성길(2006: 130 이하)을 참조.

68   키케로, 『역술론』, 2.74.

69   키케로, 『신들의 본성』, 2.4.

자신들의 켄투리아로부터 아키디누스를 콘술이라고 보고힐 때.[70]

이들 질문자는 본래의 의미에서 기원전 139년 정무관 위임에 관한 가비니우스 투표법을 통해 사라지고 질문자 대신에 투표 기록판tabellae 감시자가 콘술 선거에 등장한다. 투표 기록판에는 후보자들의 이름이 제시되고 이름 옆에 점이 표시되는데,[71] 이 표기를 감시하는 자들이 투표 감시자들custodes tabellarum이다. 키케로는 룰루스 농지법[72]을 비판하며 다음과 같이 말한다.

> 그래서 이 법에 따르면 젊은 나이도, 어떤 법적인 방해도, 권한도, 다른 업무와 법에 의해 제한된 어떤 정무관직도 배제되지 않으며, 마침내 10인 위원이 될 수 없을 피고소인도 배제되지 않습니다. 그나이우스 폼페이우스는 배제되는데, 이는 푸블리우스 룰루스와 더불어 ─ 나머지에 관해 나는 침묵합니다 ─ 10인 위원이 될 수 없도록 하는 것입니다. 법에는 출석해 후보 등록을 하도록 규정되어 있기 때문이지요. 즉, 그 법에는 다른 명단이 분명한 정무관직들에서도 그러하며, 만약 그 법이 승인되어도, 여러분이 그가 스스로 동료를 탐욕들에 대한 감시자와 처벌자로 지정하도록 허용하지 않게끔 하는 다른 어떤 것은 없었기 때문입니다.[73]

이 마지막 구절에 따르면 폼페이우스가 룰루스를 통제하는 것을 두려워해 룰루스를 배제하고 10인 위원을 선발하는데, 그 농지법에도 다른 정무관 선거와 마찬가지로 후보자가 10인 위원인 경우 감시자를 지정할 수 있도록 했다.

---

70   키케로, 『연설가론』, 2.64.
71   이 점에 관해 상세한 내용은 강성길(2004: 123~135)을 참조.
72   이 법에 관해서는 김영채(2021: 331~364)를 참조.
73   키케로, 『룰루스 농지법 반대』, 2.9.23.

키케로에 따르면 이런 조항은 관습으로 여겨진다.

> 이러한 이야기들이 언급될 때, 광장에서 소동이 생긴다. 우리 민회의 선수들은
> 투표에 대한 열심 때문에 그것이 일어날 때 놀라지 않는다. 그럼에도 우리는 무
> 슨 연고인지 알고 싶으므로, 판툴레이우스 파라가 우리에게 와서는 말하기를 사
> 람들이 계산할 때 기표판 근처에서 어떤 사람이 작은 돌조각들을 상자에 던져 넣
> 자 포박되어 경쟁자들의 친구에 의해 콘술에게 압송되었다고 한다. 파보는 일어
> 난다. 왜냐하면 그의 후보직의 감시자가 포박되었다고 했기 때문이다.[74]

이처럼 당시에도 부정투표에 관한 유혹이 있었고, 후보자들에게는 감시자
들이 있었으며 그들에게서 문제가 발생했음을 알 수 있다. 그 감시자에게 문
제가 발생하자 후보자가 경악하는 장면을 볼 수 있다.

> 법무관과 관련해 한 사람의 경쟁자를 우리가 가졌는데, 그는 투표 기록판 주변
> 에 둘 사람이 없고 친구인 사비디우스와 판테라가 있었다. 한편 콘술직 후보를
> 하면서 카파토케스는 인민에게 나아가 겸허하게 하는 대신에 가장 추잡한 군단
> 을 통해 모든 사람을 약탈하고자 원했다.[75]

퀸투스 툴리우스 키케로Quintus Tullius Cicero(마르쿠스 툴리우스 키케로의 동생)
는 이처럼 후보자가 투표 기록판을 감시할 감시자를 두는 것이 선거 관행임을
보여준다. 그러나 이렇게 감시인을 두지 못하는 후보자도 있었다. 그런데 몸
젠은 그 형인 마르쿠스 키케로의 다음 문구를 이용해 질문자와 감시자들의 관
계를 파악한다.

---

[74] 바로, 『농사일』, 3. 5. 18.

[75] 퀸투스 키케로, 『선거책략』, 2. 8.

푸블리우스 렌툴루스는 콘술로서 켄투리아회에서 법을 제안했습니다. …… 어떤 법이 어떻게 받아들여지는지에 관해 말하는 것이 나와 무슨 상관이겠습니까? 여러분들로부터 내가 듣기는 참석하지 않은 어떤 시민에게도 충분히 정당한 평계가 보이지 않으며 어떤 민회에서도 그렇게 많은 사람이 모인 것도 더 훌륭한 것도 없었다고 하더군요. 나는 이것을 분명히 봅니다. 공공의 투표 기록판이, 여러분 질문자들, 여러분 계수자들, 여러분 투표판 감시인들이 있었음을 보여주고 있으며 여러분 친지의 명예를 위해 여러분이 한 것이 아니며 노년의 평계나 영예를 위해서가 아니라 제가 안전하도록 아무것도 요구하지 않으면서 여러분의 자발성에 입각해 여러분은 그것을 했던 것이지요.[76]

이 문구에는 사실상 투표를 관장하는 사람들이 전부 언급된다. 질문자, 계수자, 투표판 감시인들인데, 키케로는 이들이 공정하게 선거를 했고 많은 사람이 참석한 민회가 되었음을 보여준다. 투표판 감시인들은 정무관에 출마한 후보자들에 의해 지정되는 것을 알 수 있다. 몸젠은 이 문구에서 "비록 그들이 백부장들로 생각될 수 없더라도 이 감시자들이 또한 개별 켄투리아에 관련되며 …… 이들은 질문자들과 관련을 맺고 있거나 오히려 이들은 질문자들이라고 불린다"[77]라고 평가한다. 이들 투표 관리인들은 비슷한 부류의 사람들임을 법정 연설은 밝히고 있다.

이 감시자들은 얼마나 되었을까? 플리니우스는 다음과 같은 글을 남겼다.

새 시민들 중 어느 누구도 이 배심원단에서 심판하지 못하게 하는 규정이 지금도 지켜지고 있다. 게다가 배심원단은 그 자체로 여러 가지 이름, '트리부니 아이리스', 선발된 자들, 심판원들로 구분되었다. 이 사람들 말고도 심지어 모든 사

---

76   키케로, 『피소 기소』, 15.35~36.
77   Mommsen(1844: 103).

람들 중에 민회에서 투표함의 감시를 위해 선발된 900명이 호명되었다. 그리고 이렇게 나뉜 신분은 오만하게 명칭을 찬탈했으니, 어떤 사람은 스스로를 900명, 어떤 사람은 피선발자, 어떤 사람은 트리부누스라고 부를 정도였다.[78]

이 구절에서 몸젠은 900명을 미심쩍은 숫자로 보면서 "심하게 혼란된 문구"라고 지적한다. 몸젠은 900명이라는 숫자를 받아들이는 것을 유보하지만, 다음과 같은 점을 강조한다. "그럼에도 강조해야 할 점은 트리부니 아이라리, 즉 앞에서 제시한 대로 '민사 백부장civilen Centurionen'이 배심원단을 형성했다는 점, 그리고 900명, 즉 투표 기록판 감시인, 텍스트에서 우리의 묘사에 따르면 언제나 민사 백부장들이며 플리니우스에 따르면 언제나 배심원단을 형성했다는 점이다."[79] 이 기사에서 명칭의 유사성을 보면 '트리부니 아이리스tribunorum aeris'는 트리부니 아이라리의 다른 표현으로 보인다. 몸젠의 지적에 따르면 민사 백부장이 트리부니 아이라리고, 이들이 배심원단을 형성했으며, 투표 과정에 필요한 투표판 감시인의 역할을 수행했다. 이들이 선거와 관련해 힘을 쓰고, 위기를 만나면 무기를 들었던 것은 이런 배경에서 가능했을 것이다.[80] 플리니우스의 시기에도 이런 조직이 유지되었음을 알 수 있다.

5. 제정기의 쿠라토레스

이 장의 서언에서 제시된 수에토니우스의 진술을 비판하며 카를로 티노테오 춤프티오Carolo Tinotheo Zumptio는 "수에토니우스는 아우구스투스 치하에 있었던 배심원단과 관련해 기술하며 세 번째의 배심원단이 콘술 안토니우스에

---

78 플리니우스, 『자연사』, 33.7.
79 Mommsen(1844: 104, n.86).
80 김창성(2018: 153, 159).

의해 회복되었으나 이제 대오를 이끄는 사람들, 즉 군대의 백부장이었던 자들로부터 다르게 구성된 것을 기록하는 것을 생략했다"라고 지적한다.[81] 그가 제시한 자료의 내용은 다음과 같다.

> 무엇이라고? 세 번째 심판인단에 관해 포고된 법에 의해 카이사르의 배심원법 전부가 해체되지 않았는가? …… 그런데 저 세 번째 배심원단은 무엇인가? "백부장들로 이루어지는 것이요"라고 말한다. 무엇이라고? 이들 신분에게는 율리아법에 의해 심지어 폼페이우스법 이전에 아우렐리우스법에 의해 배심원직이 열리지 않았는가? "센서스가 이미 정해졌다"라고 말한다. 백부장에 대해서만이 아니라 심지어 로마 기사에 대해서도 그렇지 않다. 그래서 대오를 지도한 가장 용감하고 명예로운 자들이 소송을 지금 심판하고 있으며 예전에 심판했던 것이다.[82]

이 키케로의 안토니우스 비난 연설은 춤프티오의 말처럼 안토니우스가 카이사르의 배심원법을 변형했음을 보여준다. 아울러 전직 백부장이 트리부니 아이라리와 같은 부류로 파악되어 있음을 볼 수 있다. 춤프티오는 율리우스법에서도 전직 백부장이 심판원직에서 배제되지 않았으며, 복무를 마친 백부장들에게 거의 관습처럼 금반지가 수여되었기 때문이라고 본다.[83] 즉, 이들도 로마 기사에 속했다는 것이다. 그렇지만 이 기사와 달리 의심할 것 없이 차이가 있는데, 폼페이우스법에 의해 심판원 선발이 센서스에 따라 이루어졌다면 이들은 로마 기사로 상승할 수 없었기 때문이다. 따라서 안토니우스는 센서스를 무시하고 자신의 법으로 백부장이었던 자들이 전에 트리부니 아이라리가 그랬던 것처럼 기사들 속에서 심판하도록 했다는 것이다. 그 후 아우구스투스가

---

81 Zumptio(1845: 4).
82 키케로, 『필리포스 반대 연설』, 1. 8. 19~20.
83 백부장이 금반지를 수여받고 기사가 되는 것에 관해서는 김창성(1996: 427)을 참조.

표 18-1 베스파시아누스 황제에게 바치는 헌정(기원후 70년 12월 15일)

좌면

가이우스 코르넬리우스 수케시 ¶ C. CORNELI SUCCESSI	루키우스 루브리우스 세쿤두스 ¶ L. RUBRI. SECUNDI	티베리우스 율리우스 프리미게니 ¶ TI. IULI. PRIMIGENI	마르쿠스 카일리우스 레스부스 ¶ M. CAELI. LESBI	섹스티우스…유베니스 ¶ SEX.…TI. IUVENIS
(ㄱ) 푸블리우 안니우스 우르바누스 ⊖P. Annius Urbanus	섹스투스 아보니우스 Sex. Avonius	가이우스 알바니우스 스페라투스 C. Albanius Speratus	만니우스 오타킬리우스 이드모니뭄 M'. Otacilius Idmonimum	푸블리우스 아…니우스 암플리아투스 P. A…nius Ampliatus
가이우스 알리에누스 에피고누스 C. Allienus Epigonus	루키우스 아티쿠스 L. Atticus	루키우스 안티스티우스 파우스투스 L. Antistius Faustus	푸블리우스 아르티디우스 테아덴 P. Artidius Theaden	크…불리우스 레스티투스 C.…bulius Restitutus
기타 al.	기타 al.	기타 al.	기타 al.	기타 al.

후면

티베리우스 클라우디우스 니키아 ¶ TI. CLAUDI. NICIAE	데키무스 로에티우스 세쿤두스 ¶ D. ROETI SECUNDI	(ㅁ) 크나이우스 폼페이우스 펠랄리스 ⊖CN. POMPEI PELALIS
가이우스 아킬리우스 아바스칸투스 C. Acilius Abascantus	루키우스 알비우스 아욱투스 L. Albius Auctus	섹스투스 아이밀리우스 암플리아투스 Sex. Aemilius Ampliatus
데키무스 안니우스 크레스켄스 D. Annius Crescens	마르쿠스 안토니우스 포르투나투스 M. Antonius Fortunatus	마르쿠스 아이밀리우스 포르투나투스 M. Aemilius Fortunatus
기타 al.	기타 al.	기타 al.

세 번째 배심원단을 보존했다는 것이다. 이 견해에 따르면 수에토니우스의 생략과 그것에서 추론한 논의는 잘못된 것이고, 안토니우스의 복고를 통해 트리부니 아이라리가 계속 배심원단을 구성했으며, 제2차 삼두정치기에도 트리부니 아이라리가 배심원단을 구성하고 활동했음을 보여준다. 이들은 물론 몸젠이 지적한 대로 민사 백부장으로서 자격을 지닌 자들이다.

자연스럽게 이는 트리부니 아이라리의 존재가 제정기에도 이어지는 것으로 볼 수 있게 한다. 여기서 두 개의 비문을 검토해 본다. 첫 번째 비문은 〈표 18-1〉로 베스파시아누스 황실의 평안을 기원하기 위해 수부라나 청년 트리부스가 기원후 70년 12월 15일에 헌정한 내용이다.[84] 여기에서 표시 '7'은 백부장의 포도나무Rebstock이며,[85] 대문자는 켄투리아의 명칭이다. 이로써 백부장들이 켄투리아 아래에 표시되어 있고, 모두 여덟 개의 켄투리아 이름 중에서 다섯 개는 좌면에 세 개는 후면에 표시된 것을 보며, 후면에 표시된 켄투리아보다 전면에 표시된 것이 더 영예롭다고 보았다.[86] 이 비문을 헌정한 단체명은 몸젠이 제시한 절반 트리부스의 존재를 충분히 보여준다. 몸젠은 이들이 일반 백부장이 아니라 민사 백부장이라고 파악한다. 다음의 두 번째 비문과 비교해 보자.

황제의 평화를 위해서

제례

루키우스 카이실리우스 아우리시우스 타르퀸테스

가이우스 포루투미우스 포이부스 II.

---

84   Mommsen(1844: 80)에서 재인용했다.

85   같은 책, 81~82쪽.

86   몸젠은 등급을 일곱 개로 파악했는데, 그도 실제 이 비문에서 여덟 개의 켄투리아가 표시되는 것을 설명할 수 없었던 것 같다(Mommsen, 1844: 84, 149 참조).

키우스 실리우스 카르푸스

루키우스 스타이우스 파트로키우스 II.

데키무스 노비우스 프리스쿠스

푸블리우스 수일리우스 켈레스

티베리우스 클라우디우스 헤르메티스 I. 헬리우스

푸블리우스 아그라이우스 푸블리우스의 아들 마르켈루스

수부라나 청년 트리부스의 쿠라토르들이 s. p. d. d.

마르쿠스 아르니키누스 클레멘스의 허락에 따라서[87]

이 비문[88]은 〈표 18-1〉의 비문과 시기가 다르다. 몸젠은 이를 베스파시아누스 황제의 시기로 보려는 노력이 모두 허사였다고 지적한다. 여기에서는 "수부라나 청년 트리부스(trib. Suc. iunior.)"의 쿠라토레스 여덟 명이 표시된다. 몸젠은 이들 쿠라토레스가 앞의 비문에 나오는 여덟 명의 백부장과 동일한 것으로 파악한다. 아울러 "s. p. d. d."의 약자를 "자신의 돈을 지불하고 기증한다(sua pecunia dant dedicant)"로 판독한 몸젠에 따르면, 쿠라토르curator가 이 비문을 세우는 데 성금을 낸 것을 확인할 수 있다. 이처럼 제정기에도 지역구 사회에서 중요한 역할을 맡은 계층이 있었고, 이들이 쿠라토레스라고 불린 것을 알 수 있다. 이들의 역할은 봉급 지불의 기능이 끝난 후에도 이처럼 요긴하게 유지되었다.

몸젠은 제정 후기의 자료인 율리아누스Julianus(재위 361~363년) 황제의 『황

---

87 "Paci August. / sacrum // L. Caesilius Taurisius Tarquintes / C. Portumius Phoebis II. / L. Silius Carpus / L. Statius Patrocius II. / D. Novius Priscus / P. Suillius Celer / Ti. Claudius Hermetis I. Helius / P. Agrasius P. f. Marcellus / curatores trib. Suc. iunior. s. p. d. d. / permissu M. Arnicini Clementis."

88 Smet. L. 5 = Grut. 104, 6의 내용으로, Mommsen(1844: 82)에서 재인용했다. 시기 문제는 같은 책(82쪽, 주 4)을 참조.

후 에우세비아에 대한 황제 율리아누스의 찬사』에 주목한다.

보다시피 인민에 관해 그리고 원로원에 관해 구별해, 이 점들을, 즉 사람들은 그
것을 열렬히 받아들이고 법처럼 황실에 관한 것들을 간구하면서 기쁘게 환영한
다는 것을 기억하는 것과 자유인에 적합하고 위대한 자에 어울리는 것들로서 비
용의 거대함과 준비에 따른 큰 비용이 평민에 속하는 필레의 장들과 백부장들에
게 얼마의 액수가 분담되는지 계수하는 것이 확실히 허용되어 왔다.[89]

몸젠은 이 구절에서 필레, 즉 트리부스의 장을 뜻하는 에피스타타이ἐπιστάταῖς
와 백부장을 뜻하는 헤크타톤아르카이ἑκατοντάρχαις에 주목해 그리스어 접속
사 'καί' 다음에 관사가 없는 점을 들어 두 직책이 동일한 부류임을 보여준다
고 판단한다.[90] 그렇다면 앞서 살핀 트리부스의 대표자들인 쿠라토레스가 백
부장과 동일시된 채로 이때까지도 연속적으로 존재했다고 보아야 한다. 역시
이들에게 행사 비용이 전가되는 것을 황제의 언설로 파악할 수 있다. 이처럼
황제를 기리는 행사에 드는 경제적 부담을 트리부스의 장과 백부장으로서 분
담한 것이 바로 쿠라토레스일 것이다. 자연히 이들은 일정한 재산을 지닌 자
들로 파악할 수 있다. 일찍이 클로드 니콜레는 제정기에도 청부업자나 은행가
들이 쉽사리 병사들로 탈바꿈할 수 있었음을 보여주었다. 이를테면 베스파시
아누스 황제의 조부인 플라비우스 페트로Flavius Petro는 폼페이우스 휘하의 백
부장이었으나 고향인 자치도시에서는 세금 징수인coactor argentarius이었다. 그
러한 사회학적 연속성은 제정기에도 변하지 않았다고 보아야 한다.[91]

이처럼 트리부니 아이라리의 원래 직함은 쿠라토레스이며, 이 명칭은 제정

---

89   『황후 에우세비아에 대한 황제 율리아누스의 찬사』, 129, C~D.

90   Mommsen(1844: 83) 참조.

91   Nicolet(1969: 155).

기의 비문에도 출현하고 있고, 이들은 백부장이나 전직 백부장으로서, 투표에서 질문자나 감시자로서, 트리부스와 켄투리아에서 질문자나 감시자로서만이 아니라 황실의 중요 행사에서 트리부스별로 재정을 관장하는 중요한 역할을 맡았다. 이런 점이 로마의 기초 행정 단위인 트리부스의 구조적인 양상이라고 보아도 좋을 것이다. 이처럼 트리부니 아이라리에 관한 연구는 트리부스에서 활약하는 쿠라토레스의 존재 의의와 연관되었다. 이런 쿠라토르들이 지역 사회에서 활약하고 있었기에 제정기에도 민주정치의 모습을 띤 관리 선출이 이어진 것이 아닐지 생각할 수 있다.[92] 그렇다면 제정기에 지방과 속주의 자료를 통해 중앙에서 이루어진 선거 과정을 복기하는 것은 타당하다고 볼 수 있을 것이다. 이것이 트리부스가 로마사에서 가지는 구조적인 측면이다.

6. 결어

카이사르의 조치 이래로 유명무실해진 것으로 알려진 트리부니 아이라리가 몸젠에 의해 쿠라토레스와 동일한 사람들임이 밝혀졌다. 이 쿠라토레스들은 공식 직함이며, 트리부니 아이라리는 기능과 관련된 직함이라고 사료된다. 봉급의 징수와 지불이라는 기능이 중지된 후에도 트리부니 아이라리는 각 지역구에서 역할을 맡고 있었는데 민사 백부장으로서, 투표 시에 질문자로서, 투표판으로 이루어지는 기명법이 도입된 후에는 투표 기록판의 감시자로서 기능했다. 요컨대 재정의 기능도 때로 부과되기는 했으나 정치 선거의 기능을 담당했던 것이다. 제정기에 발견된 비문에서 백부장과 쿠라토레스가 같은 기능 자라는 점이 드러난다. 이 장에서 검토한 비문들은 트리부니 아이라리가 이름을 바꾸어 제정기에도 존재하면서, 제정기에도 면면히 이어진 트리부스의 구

---

[92] 이는 특히 강성길 선생의 선거 관련 논문을 보며, 그 연구의 치밀함과 노고에 찬탄하면서도 필자가 가졌던 궁금증이기도 했다.

조를 이루었음을 보여준다. 트리부니 아이라리는 평민의 대변자로서, 트리부스 조직의 주요 구성원으로서 로마와 운명을 함께했다. 이는 몸젠의 연구 덕분에 알 수 있는 점이다. 이 연구를 발전시켜 그동안 논의되지 않았던 로마 행정조직의 하부 구조인 트리부스에 관한 보다 상세한 연구를 통해서 로마가 유지되어 온 핵심을 논구할 필요가 있다. 이를 위해 17개에 이르는 트리부누스의 종류가 트리부스와 어떤 관련이 있는지 연구할 것이 요망된다. 아울러 아우구스투스가 청부업자를 통제하기 위해 설치한 재정감독관인 프로쿠라토레스procuratores와 트리부니 아이라리, 곧 쿠라토레스와의 관계를 검토하는 것이 로마 제정의 이해에도 중요할 것이다.

맺음말

이 책은 로마 공화정기에 세금 정책을 둘러싼 신분 관계를 다룬 것이므로, 세정稅政 사회사라고 할 수 있다. 로마는 자체의 관료 조직이 미약했고, 왕권이나 황제권이 없이 매년 선발되는 몇 사람의 정무관이 운영하는 국가였다. 많은 인원과 방대한 조직을 필요로 하는 실제 업무는 개인에게 맡길 수밖에 없었기에 공화정 내지는 로마 특유의 자치 제도가 자리 잡게 되었을 뿐 아니라 독특한 사회 분위기를 형성하게 되었다.

로마 공화정기에 통상적인 재정 수입의 대부분을 차지하는 세입은 벡티갈이라고 불렸다. 서양 고대 국가의 대부분에서 개인의 삶은 사유지에서, 국가 행정은 공유지에서 관철된 수입으로 이루어져야 한다는 원칙이 있었다. 따라서 벡티갈은 국가의 소유지나 각종 시설과 세관 등을 통해 징수되었으며 사유지에는 적용되지 않았다. 이런 관념이 적용되어 사유지에는 과세가 없는 것으로 인정되었다. 이런 원칙이 무너지게 되는 것은 국가의 공유 재산이 비약적으로 커지고, 반대로 장기간의 복무에 따라 무산자가 된 시민들이 식량난에 처하게 된 일이었다. 이를 해결하려는 방안의 하나로 공유지 제한의 법이 마련되었고, 이렇게 확보된 토지가 무산 시민에게 분배되면서 일정한 벡티갈 납부와 매각 불가라는 조건이 붙은 그라쿠스 형제의 농지법이 관철되었다. '기원전 111년 농지법'에서 많은 논란이 있지만, 초과분 공유지는 더 이상 몰수하지 않고 개인이 소유하되 벡티갈을 부과하는 것으로 전환되었으며, 매각 불가의 조건은 없어지면서 토지 소유의 제한은 없지만 벡티갈이 부과된 사유지라는 새로운 범주가 생겼다. 로마 세계에 부역이라는 제도는 분명하지 않지만, 접도민에게 도로의 유지 보수 의무를 부과하고 이를 직접 이행하거나 아니면 업자를 통해 공사할 수 있도록 벡티갈을 부과하게 했다. 사실상 평상시의 국가 재정의 근간은 바로 벡티갈이었다.

로마의 신분제는 오르도로 표현된다. 대략 20여 개의 오르도가 있었는데, 이를 관할하는 관리가 호구조사관이었다. 호구조사관은 오르도에 드는 이들을 감찰하고 신분을 조정하는 기능이 있어 어쩌면 콘술보다 되기가 더 어렵고 더 큰 권한을 가졌다고도 볼 수 있다. 이 오르도를 결정하는 것은 선거를 통해 관직을 획득하거나 아니면 국가의 명단에 들어가야 했으므로 사회적인 신분이라기보다는 법에 따른 신분일 가능성이 높다. 최상위에 있는 원로원의원은 관직의 경력이 중요했고, 그 이하의 기사 신분은 관직보다는 재산 소유가 기준이었던 것으로 보인다. 그 이하에 평민도 별도의 신분을 구성하고 있었으며, 오르도에 들지는 못했어도 노예와 피해방민도 중요한 사회 성원이었다. 이 오르도의 설정은 엄격한 사회질서라기보다는 그 자체가 사회이동을 가능하게 하는 장치였다. 심지어 피해방민이 해방되면 주인의 성을 따를 수 있어 높은 신분이 되는 것도 불가능하지 않았다. 이렇게 보면 국가를 운영하기 위해 모든 사회 구성원의 사회이동이 가능하도록 제도를 만들었다는 점이 로마의 오르도가 가진 특징이었다.

이 기사 신분 중에서 벡티갈을 징수하는 도급업자들이 푸블리카니라는 조세 징수 청부업자였고, 이들은 기사 신분의 꽃이라고 불렸다. 기사 신분도 다양한 직업에 종사했고, 토지 소유자나 군인으로 자리 잡는 자들이 다수였으므로 조세 징수 청부업자들은 소수에 불과했다. 그러나 이들이 속주에 대한 조세 징수를 떠맡으면서 이들의 영향력은 크게 성장했다. 실제로 국가도 이들의 힘을 빌려야 하는 경우가 많았다. 특히 전쟁이 나거나 곡물 부족 문제가 불거졌을 때 이들의 적극적인 협조가 중요했다. 그래서 이들은 때로 그 나름의 의식을 가지고 로마 정치에서 일정한 영향력을 행사했다. 로마 공화정 말기에 이들과 원로원의원들 간에 소위 '신분 화합'이라는 구호가 나온 것은 중요한 진전이라고 할 수 있다. 기사 신분이 그 위의 신분에 오르는 것은 말할 것도 없고, 원로원 회의에도 참석하는 것이 공식화되었으며, 통합된 이탈리아 향신鄕紳의 대부분이 이들과 이해관계를 같이하거나 기사로 파악된다. 사실상 이 기사 신분은 로마 지배층의 예비군을 형성했다.

조세 징수 청부업자의 반대편에서 국가의 재산을 관리하는 관재인이 트리부니 아이라리다. 그 기원은 로마의 지역구인 트리부스의 대표로 국고의 문제와 관련이 있는 자들이다. 이들로 대변되는 지방 조직이 로마 제국의 확산에 따라 넓게 확대되었으며 시기적으로 로마 제정기에도 발견된다. 이들은 자신이 가진 영향력을 이용해 국가가 긴요한 경우 트리부툼을 선납하고 나중에 시민들에게서 징수했다. 또한 병사들에게 군 재무관을 대신해 봉급을 주는 존재로 확인되고, 주도적으로 정치 운동에서 활동했으며, 때로는 무기를 들고 반란을 진압하기도 했다. 특히 원로원의원, 기사와 함께 배심원의 3분의 1을 형성했는데, 이들이 가진 표의 가치는 다른 신분과 동등해 대세를 뒤집는 경우도 있었다. 특히 로마 공화정이 몰락할 때 원로원이 제대로 정책을 집행하지 못했는데, 이는 이들의 비협조에서 비롯되었을 가능성이 있다. 한편 율리우스 카이사르가 이들을 제거했다고 전해지나, 마르쿠스 안토니우스가 이들을 재편하면서 계속해서 유지했던 것으로 보인다. 테오도르 몸젠에 따르면 이들은 원래 쿠라토르라고 불렸으며 병사의 봉급 말고도 트리부스 내의 선거를 비롯한 여러 기능을 수행했다. '속주 아시아 관세법'에서 이들의 존재가 확인되며, 이들은 속주에 있는 국유 재산의 관재인으로 활약했다. 그러나 이들은 결코 기사 신분으로 확인되지 않는다. 아우구스투스가 속주의 조세 징수 청부 문제를 해결하기 위해 재정감독관인 프로쿠라토르직을 신설한 것은 쿠라토르가 푸블리카니에 대한 견제자로서 중요성을 가졌음을 보여준다. 이러한 견제 기능이 사라지고, 프로쿠라토르가 조세 징수 청부업자와 비슷한 존재로 바뀌는 것이 제정기의 추세이기도 하다.

이처럼 국가 운영에서 로마 시민이 로마 제국의 징세 담당자이자 국가 재산의 관리자로 활약하면서, 막스 베버가 보았듯이 고대 자본주의가 크게 성장할 수 있었다. 이들이 가진 문화적 역량이 공화정 로마의 문인들을 통해 표출됨으로써 자유롭고 활발한 공화정의 사회가 형성되었다. 마르쿠스 툴리우스 키케로는 물론이고 아우구스투스 자신도 기사 신분 출신이라는 점이 이를 잘 보여준다.

국문 초록

제1부 벡티갈

제1장 고대 로마의 사회와 조세 징수

고대의 로마인들은 현대인과 마찬가지로 세금 납부를 즐거워하지 않았다. 특히 이들은 재산세를 내지 않은 것이 시민의 자유라고 생각했다. 그런 생각은 확장되어 국가도 개인처럼 별도의 재산을 지닐 수 있다고 보았는데 그런 점에서 공유재산 또는 공유지는 또한 국가의 사유지이기도 했다. 이런 관념하에서 로마의 원로원은 국가의 재산인 공유지에서 나오는 수입을 활용해 국가의 운영에 필요한 재정을 충당하는 방향으로 나아갔다. 그러나 그런 이념은 전쟁을 겪으면서 바뀐다. 국가의 존속이 우선이므로 개인의 재산에서 특별세이자 전쟁세인 트리부툼이 징수되었다. 그렇지만 원칙은 변하지 않았으나, 제정으로 넘어가면서 변화해 로마 시민이라도 재산세라고 할 만한 상속세를 납부했다. 공화정기 로마 국가는 징세 업무를 전담할 관료군이 없었다. 그래서 트리부툼과 일반세라고 할 수 있는 벡티갈이 선납자나 청부업자들을 통해 징수되었다. 이로써 발전한 것이 푸블리카니라고 불린 조세 징수 청부업자와 그들의 회사 조직이었다. 이들은 국가 관리의 역할을 대행함으로써 로마 제국 체제를 유지해 주는 역할을 맡았다. 그렇지만 속주민들의 저항도 컸다. 이를 개선한 것이 제정기였다. 황제들은 기존의 행정 조직을 확대해, 청부업자들을 배제하거나 제한하려고 노력했다. 이런 행정 우위의 정책은 성공적이었던 것으로 보였으나, 재정은 위기를 맞이했고 국가의 붕괴로 이어졌다.

제2장 기원전 111년까지 로마의 공유지 사정과 조세정책의 추이

로마의 공유지를 이용하는 경작자들에게는 시효 취득을 허용하지 않는다는 것이 원칙이었다. 그렇지만 공유지는 국가가 직접 경영한 것이 아니라 사적인 점유자에게 용익되어야 했으므로 그러한 원칙이 일반적으로 적용되지는 못했고 공유지의 증가와는 반비례해서, 국가의 관리 능력과는 비례해서 공유지에 관한 국가의 파악 방식이 변화했다. 이러한 사정에 비추어서 일반적으로 티베리우스 그라쿠스의 농지법은 공유지 확대와 자본 유입으로 전개되고 있던 노예노동에 입각한 대토지 경영이 우세한 상황에서 소농에 입각한 농업 체제를 재현하려고 했던 것이었다. 대토지 점유자들이 로마의 지배층을 이루고 있었다는 사정하에서 그런 원칙의 적용은 한계를 지닌다. 이렇게 볼 때 공유지 보유를 둘러싼 점유자와 국가권력의 길항(拮抗) 관계는 로마 공화정사의 중요한 일 국면이라고 하겠다. '기원전 111년 농지법'이 제정된 것은 대토지 점유자의 이해관계를 우선으로 국가적인 요구를 수용하는 일련의 타협점이었다. 즉, 현실적인 점유 권리를 합법적으로 인정하고 사유권을 부여함으로써 토지 보유의 안정성을 부여하는 한편으로 이제까지 사유에는 아무런 급부를 부과하지 않는다는 원칙을 바꾸어 사유 토지에 대한 국가의 권리를 조세로 구현했다는 점에 역사적인 의의가 있다. 이로써 토지의 사적 소유를 넓혀가려는 시도에 장애가 되었던 제한이 해소되었다. 한편 고대의 토지제도는 정치·군사 및 사회적 문제와 부단히 관계를 맺고 있는 것이므로, 그라쿠스 형제의 개혁이 애초에 지향했던 군사 동원 및 도시 빈민의 문제는 해결되지 않은 채 그대로 과제로 남게 되었다. 기원전 111년의 조치로 일원화된 조세 징수 체계를 갖추었지만, 사유화된 공유지로부터 세입이 감소했고 과제를 해결하기 위한 재정 지출은 급증해, 결국 속주민에게 부담을 전가하는 식으로 조세정책이 전환되었다.

제3장 로마 공화정기 사적 소유 농지에 대한 과세와 그 귀결

이 장에서는 '과세된 사유지(ager privatus vectigalisque)'라는 개념의 형성 과정을 '기원전 111년 농지법'의 규정을 통해 살펴보았다. 필자는 농지법 19~20행에 나오는 의미와 관련해 아피아누스와 플루타르코스의 글에서 벡티갈이 두 가지 방식으로 표현되었음을 확인할 수 있었다. 이 기본 작업 위에서 농지법의 해당 규정은 관련된 공유 농지에 고율의 조세를 폐지하고 저율의 형식적인 조세를 부과하는 것으로 추론했다. 이렇게 변화된 조건에 따라 부여된 농지는 '벡티갈이 부과된 토지'로서 사유화된다는 모순을 가진다. 이 모순을 가진 제도가 나름대로의 독특한 제도로 발전해 일정한 소유권 개념을 형성했다. 이것이 원래의 완전 소유권과 다른 점은 과세된다는 사실이며, 그 과세는 소유권이 국가에 귀속된다는 형식적인 의미만을 부여한 것이다. 이런 범주의 토지가 제정기에도 존속했다. 이후에 제정된 농지법에서는 그 원칙을 규정한 내용이 나타나지 않는다. 이 법을 검토하면서 그라쿠스 형제가 추구했던 정책은 대토지 점유자들의 이해관계에 막혀 점진적으로 폐지되어 갔고, 궁극적으로는 대토지 점유자들의 이익을 위해 법이 제정되었지만 동시에 토지에 대해 국가권력이 간여할 근거를 확립했음을 파악할 수 있었다. 기원전 1세기의 정치 위기에서 토지에 대한 국가의 합법 조치를 통하지 않고 몰수나 내란을 통한 토지 집적이 크게 진전되었다는 사실은 '기원전 111년 농지법'이 공유지를 사유화(私有化)시킨 것과 관련이 깊다. 요컨대 그라쿠스 형제의 개혁처럼 공유지를 몰수하고 매각이 불가한 토지를 할당하는 것은 법적으로 불가능해졌다. 기원전 107년 마리우스의 병제 개혁이 보여주는 로마 평민의 무산자화(無産者化)라는 현상은 그러한 제도의 직접적인 귀결이었다.

제4장 '기원전 111년 농지법'에 나오는 비아시·비카니의 기능과 아드트리부티오의 의미

'기원전 111년 농지법'에 나오는 비아시·비카니에 관한 기술의 의미를 검토했다. 공유지의 사유화라는 농지법 전체의 흐름과 달리 로마의 공공 도로변에 위치한 건물이나 토지를 가진 접도민에게는 도로의 유지와 보수 책임이 지워져 있었다. 이들의 명칭은 이 법에서만 나오므로 기원전 111년 전에 존재했으나 얼마 되지 않아 소멸한 집단으로 파악되며 소상한 기능은 알 수 없었다. 헤라클레아 서판에 따르면 도로에 이웃한 건물주가 해야 할 의무를 수행하지 않을 경우 관리관이 보수 공사를 입찰하고 그 금액을 건물주가 지불했다. 이러한 절차는 분담, 즉 '아드트리부티오'라는 용어로 표시되는데, 이는 전쟁세인 트리부툼의 부과에 쓰인 용어다. 같은 방식으로 수행된 도로의 유지 책임은 시민의 이상에 부합한 것이며 토지 점유자에 가해진 일방적인 부역은 아닐 것이다.

제2부 오르도

제5장 공화정기 로마 귀족과 평민의 관계: 포룸과 포퓰리즘

근래에 한국 사회에서 학생에 대한 무상 급식을 둘러싸고 때아닌 포퓰리즘 논쟁이 일었다. 이는 미국 정치사의 편린이지만 기본적으로 로마의 역사에 뿌리를 둔 논의다. 이 장에서는 그런 논쟁이 로마사에 투영되었을 때 가지는 문제점을 의식해, 최근의 역사 연구 동향을 중심으로 귀족과 평민의 관계를 심층적으로 이해하고자 했다. 그동안 신분투쟁으로 이해되어 온 귀족과 평민의 관계는 허구로 인식되거나 후대의 의식적인 투영이라는 식으로 해석되어 왔다. 그러나 이탈리아 학자들의 최근 연구에 따라 실증적인 연구의 모습을 띠게 되었으며, 초기 로마 역사에 대한 이해의 폭을 넓힘으로써 신분투쟁의 사실성이 조명을 받게 되었다. 필자는 이런 신분투쟁의 해결로서 또는 그 전부터 사회관계가 그러하듯이 양자 간의 관계 설정, 즉 피호관계에 주목할 필요가 있다고 보았다. 사회는 끊임없이 갈등을 낳지만 다른 한편으로 이를 완화하는 기제도 생성한다. 이런 대응의 측면을 이해하는 것이 로마 사회의 구조를 파악하는 방식이다. 특히 이런 갈등이 로마의 포룸을 통해 전개되었고, 이런 소통이 공화정 로마에 활력을 주었으며, 또한 영원한 로마사의 주제가 되는 배경이라고 파악했다. 한국에서도 이런 시각이 포퓰리즘 논의에서 참고되기를 바란다.

제6장 노예제의 이해와 역사교육: 로마인의 관점을 중심으로

노예제를 다루는 것은 탐구의 주제라기보다 반성의 주제다. 이 문제를 윤리적으로 성찰하고 되풀이되지 않도록 하는 것이 글로벌 시대를 살아가는 교육받은 사람들의 의무다. 그렇지만 노예제에 관한 역사교육은 비교적 부실한 내용으로 이루어진다. 여기에는 노예에 관한 비난이 정치적인 목적에 이용될지 모른다는 불안감이 반영되어 있다. 그래서 노예제처럼 부정적인 영향을 주는 내용은 제시하지 않도록 해야 한다는 주장이 있기도 하다. 에드워드 카의 말처럼, 역사적 해석이란 도덕적 판단, 즉 가치판단을 내포하기 때문에 그런 소재를 역사교육에서 제외해서는 안 된다. 이런 맥락에서 바람직한 방법은 막스 베버처럼 개인에 대해서가 아니라 제도에 대해서 판단을 내리는 것이다. 즉, 노예와 노예 소유자 간의 관계만을 조명한다면 그 사회의 폭력성이나 원시성을 강조하는 데 그치므로, 다른 맥락에서도 조명해야 한다. 피해방민을 전제로 하고 노예의 존재를 파악할 때 고대 로마 사회에서 노예제의 역할을 제대로 이해할 수 있다. 이런 점에서 보면 로마 사회의 최하층에게 사실상 사회이동을 향한 통로가 존재했던 사정을 이해할 수 있다. 물론 그런 이동의 존재가 노예들의 처지를 더 낫게 했는지 의문이며, 그런 기회를 얼마나 많은 사람이 누렸는지도 해명해야 할 과제다. 그러나 그런 기회가 동기부여로 이어지고 그들의 희생과 노고의 결과 고대 문명이 꽃피고 유지되었다는 점을 충분히 이해해야 할 것이다. 이런 점들이 학교 현장에서 같이 교육될 때 우리는 그런 제도에 관한 윤리적 판단만이 아닌 역사적 판단을 도모할 수 있을 것이다.

제7장 플루타르코스의 『코리올라누스』에 나타난 로마 귀족의 권위와 기반

플루타르코스가 전하는 『코리올라누스』는 역사가 아니라 허구로 여겨졌다. 그런데 근래 일부 학자들이 이 이야기가 공화정 초기의 역사 국면들과 관련된다고 주장하기 시작했다. 필자는 그 전기에 담긴 정부를 이해하기 위해 몇 가지 이론을 적용해 보았다. 먼저 권위에 관한 한나 아렌트의 해석을 귀족 권위에 적용했다. 오랫동안 귀족의 권리는 영토를 정복, 확장, 분배하는 것을 의미했다. 전기 속에서 이런 개념은 보통 선거제도와 파국적으로 충돌한다. 이어서 폴 벤느의 선혜 개념을 적용해 곡물 공급의 의미를 조명했다. 코리올라누스의 주장에 따르면 곡물은 군사력의 토대이며 이것이 없으면 국가가 존재할 수 없다. 마지막으로 루이지 콜로녜지의 주장을 적용했는데, 그에 따르면 공화정 초기에 귀족의 토지는 국가의 통제에서 벗어나 있었다. 그러한 경제적 토대는 귀족의 권위와 관련이 깊음에 틀림없다. 이처럼 『코리올라누스』는 귀족의 권위와 경제구조의 관련성을 잘 조명한다.

제8장 키케로와 페다리: 『아티쿠스 서한』 1.19의 이해를 중심으로

이 장은 키케로의 『아티쿠스 서한』 1.19의 내용을 이해하기 위해 작성했다. 그것의 핵심 내용은 원로원 의결에서 페다리라는 일군의 원로원의원이 그들의 의지를 관철시켰으며 대정무관 역임자들의 권위가 무력했다는 것이다. 이를 이해하기 위해 이 시점에 이루어진 원로원 의결을 추론해 보았다. 그 의결은 카토의 추종자인 세르빌리우스가 기획한 것으로 자유 속주민 도시가 관련된 대여금 문제를 해결하려는 것이었다. 이 때문에 아티쿠스가 피해를 입었고, 많은 트리부니 아이라리도 부담을 감수해야 했음을 알 수 있다. 이런 사태를 이해하기 위해 페다리를 피에르 빌럼스의 주장에 맞추어 분석해 본 결과 재무관 이하의 관직 역임자들이 다수를 차지했음을 확인할 수 있었으며, 원로원 회의가 원로원의원과 기사로 이루어진다는 테오도르 몸젠의 주장을 받아들여 기사들이 원로원의원들과 혼합된 예를 확인할 수 있었다. 이런 구성에서 콘술 가문의 출신자들이 페다리의 다수를 차지하고 있었으므로 이런 역전 상황이 전개될 수 있었다. 이런 변화는 크게 로마 원로원이 군사적 역임자에서 법률가로 전환되는 와중에, 특히 동맹국전쟁의 여파로 많은 자치도시 출신자들이 기사 신분으로서 충원되었던 사정을 반영한 것이다. 이런 관점에서 헤바 서판에 나오는 정무관 선출 투표 장면은 술라 이후 변형된 원로원의 모습을 보여준다.

제3부 에퀴테스

제9장 로마 공화정기 기사 신분의 사회이동

로마 공화정기에 신분은 '오르도'라는 라틴어로 표현되었다. 이 표현은 공적인 기능의 수행과 관련해 부여된 호칭이었다. 이런 호칭 중 하나로 에퀴테스, 즉 기사 신분이 존재했는데, 이 신분이 비약적으로 성장한 계기가 로마의 팽창이었다. 이런 과정을 통해 이 신분은 원로원의 통제하에서 국가의 일정한 기능을 수행하며 성장했다. 그러다가 이들이 법적 권리를 부여받아 영향력을 행사하게 된 계기가 그라쿠스 형제의 개혁이다. 흔히 알려져 있듯이 기사 신분은 원로원의원의 대항 세력이라기에는

544

정치적으로 소극적이었고 원로원의원들에 못지않게 보수적이었다. 이런 성향을 가지게 된 이유로 기사 신분이 지닌 신분상의 특징과 직업의 다양성을 들 수 있다. 이들은 독자적인 세력으로 성장하거나 독자적인 이해관계를 주장할 만한 토대를 갖추지 못했다. 일부는 근대의 부르주아와 유사한 면을 보이기도 하나 절대다수가 토지 경작층이었고 군에서도 요직을 갖고 있었다. 게다가 기사 신분은 제도적으로나 임시방편적으로나 상위 신분인 원로원의원이나 명사귀족으로 상승할 기회를 누렸다. 그런 점에서 이들은 지배층의 예비군이었다. 아울러 하위 신분도 군 복무나 공직 수행을 통해 능력을 발휘해 인정받으면 기사 신분으로 진출할 수 있었다. 따라서 로마 공화정의 역사에서 기사 신분은 사회이동의 사다리였으며, 중국의 신사층처럼 공화정기 로마 사회의 안정 장치였다.

제10장 로마 공화정기 방목세 징수와 기사 신분의 역할

이 장은 공화정 중기 이후에 대규모 목축업의 출현과 이에 대한 통제의 국면에 주목하며 기사 신분의 활동을 설명한 글이다. 근래 한국에서도 로마 기사 신분에 대한 관심이 늘고 있다. 이런 관심은 로마 역사를 사회구조의 측면에서 이해하려는 노력에서 비롯한다. 국가 운영에서 조세의 중요성은 강조할 필요도 없이 매우 크다. 이탈리아 중·남부의 동맹국들이 로마에 의해 해체되면서 생긴 막대한 공유지를 이목이라는 형태로 이용하게 된 것이 이 시기의 로마가 겪은 중요한 경제적 변화였으며 이 과정에서 귀족들이 대규모 이익을 집적하게 된다. 로마 국가는 이 과정에서 남용을 억제해 국부를 보존하려고 하나 크게 성공하지 못했는데, 이런 현상을 보여주는 것이 벌과금의 존재다. 이는 또한 방목세가 국가 운영에서 매우 큰 몫을 차지하고 있었음을 방증한다. 관료 조직이 부재한 로마 공화정의 특성상 이를 효과적으로 운영하기 위해서는 청부업자의 이용이 불가피했다. 이들은 기사 신분으로 강고히 조직되었는데, 자연히 귀족 및 부자들과 갈등을 겪게 되었다. '기원전 111년 농지법'은 이와 관련한 분쟁을 해소하는 절차를 소개하고 있으며, 이런 조세 행정으로 징수자와 납세자 간의 민사 절차를 해결했음을 보여준다. 이런 국면은 로마의 행정상 특징이기도 하며 이런 구조는 기사 신분이 육성되는 계기를 제공했다. 그러므로 이런 구조적 특징은 로마에서 기사 신분을 육성하는 토양이었고, 이들이 로마 행정에서 중핵을 차지하게 된다.

제11장 로마의 속주 지배와 징세 청부: 공화정 후기를 중심으로

이 장은 『성경』 「누가복음」 제19장에 나오는 삭개오의 일화를 이해하는 데 도움을 주기 위해 로마 속주에서의 조세 징수를 연구한 것이다. 로마는 제국을 유지하기 위해 속주민들에게 조세를 부과했다. 그런데 로마 공화국은 체제 문제 때문에 비교적 관료 수가 적었다. 그 결과 일찍이 조세 징수 청부업자들을 이용했다. 이들은 공인으로 표시되듯이 속주에서 로마의 실제적인 지배를 대변했다. 물론 총독의 관할하에서 활동했지만 어떤 면에서는 총독도 이들의 조직이 필요했다. 재정권을 쥔 원로원이 이들의 조직을 이용해 속주에 필요한 공적 자금을 공급하고 통제하는 체제를 유지했다. 종종 총독 역임자와 청부업자 간의 알력은 이런 구조에서 비롯한 것이다. 이런 구조이기 때문에 이들의 가렴주구를 적절하게 통제하지 못했을 뿐 아니라 아예 베레스와 같은 총독은 이에 편승했던 것이 속주에서 이루어진 로마 재정 구조의 특징이었다. 이런 사정에서 속주민의 처지는 법적 미비 탓에 불안했던 반면에 그 부담은 커질 수밖에 없었다. 삭개오의 예는 속주 차원에서 청부업자에 대한 실태를 잘 보여주는 중요한 사례다.

제12장 로마 공화정 후기 청부 회사의 조직과 위상

고대 도시에 자본주의가 있었다면, 자본주의 대기업은 청부 회사일 것이다. 그런 의미에서 청부 회사에 관한 연구는 고대 경제의 수준을 가늠하는 단초를 제공할 것이고, 중세나 근대 회사와의 비교를 가능하게 할 것이다. 이 장에서는 그런 회사가 지닐 조직의 이상형을 공화정 후기를 중심으로 해서 제시했다.

청부 회사의 규모는 전쟁 특수와 관련해 매우 컸다고 생각된다. 청부 회사는 다양한 업종에 종사하며 국가 유지에 필수적인 역할을 수행했다. 조세 징수는 물론이고 건축과 광산 경영 등 노동을 집중해서 투자해야 하는 곳에는 청부 회사가 꼭 존재했다. 자연히 조직이 필요했는데, 그 구성 요소는 대표, 지사장, 이사, 동료, 보증인, 용인이라고 할 수 있다.

회사의 조직에 가장 중요한 인물은 대표이사라고 할 수 있는데 만켑스 혹은 레뎀프토르, 마기스테르라는 호칭을 가졌고, 이 호칭을 가진 사람이 수급자다. 속주에는 로마의 관직과 마찬가지로 접두사 '프로(pro-)'가 붙은 대표가 파견되었다. 원로원 조직과 유사한 것이 데쿠마니라고 불린 이사회다. 데쿠마누스를 십일세 징수인으로 보기도 하지만, 원래는 회사 안에서 중요한 인물이라는 뜻이다. 중요한 결정은 대표가 이들에게 심의하도록 한다. 회사에는 용인(세르비)들이 있었는데 노예는 물론이고 피해방민과 자유인도 용인으로 사용되었다. 회사의 투자자들이 있었고 이들은 참여자(파르티켑스)나 기여자(아드피니스)로 칭해지는데, 이들은 여유 자금을 회사에 빌려주지만 사업에는 간여하지 않은 것으로 보인다.

회사의 성격을 결정짓는 것은 바로 소키라고 불린 사원이다. 이들은 실제 푸블리카니라고 불리는 청부업자들로서 동료들이기도 했다. 이들은 보증인으로 연대책임을 진다. 이들은 민회와 마찬가지로 사원총회를 구성하며 중요한 사항을 결정하고 회사 대표를 선임했던 것으로 보인다. 청부 회사는 일종의 법인이었다. 5년간의 청부업이 종료되면 회사도 해산해야 하나, 실제적으로는 해체되지 않았으며 대표가 교체되어도 유지되었다. 이런 변화가 일어난 것은 그라쿠스 형제 이후로 간주되며, 회사의 조직은 특별하게 인가되어 지속되었다. 특히 에페소스에서 발견된 '속주 아시아 관세법' 비문에 따르면, 수급자, 즉 대표는 교체 후 20일 이내에 등록하도록 규정하고 있다.

도시 로마에서 조직되었던 청부 회사는 현대의 상업 회사와 큰 차이가 없어 보인다. 법인의 성격도 유지하고 있었으며 지분을 가진 주식회사의 면모를 보인다. 조직은 로마 공화정의 구조를 많이 닮았는데, 이는 국정에 참여했던 사람들의 경험이 반영된 것이 아닐까 한다. 최근에 제기된 주식시장의 가능성은 현재로는 부정적이지만, 좀 더 많은 사료를 통해서 밝혀야 할 과제로 보인다.

제13장 프린키파투스 시기 재정감독관과 청부업자의 관계: 로스토프체프의 유형론을 중심으로

'속주 아시아 관세법'에 나오는 관세 징수 청부업자의 명칭은 '데모시오네스(δημοσιώνης)'인데, 기원후 62년에 해당하는 행에서는 징수자인 '텔로네스(τελώνης)'로 바뀌었다. 이는 푸블리카니가 배제되고 콘둑토레스로 대체되었음을 시사한다. 이런 변화와 함께 재정감독관(프로쿠라토르)인 에피트로포스(ἐπίτροπος)가 등장해 청부업자와 같이 활동하는 모습을 보여준다. 이 재정감독관은 처음에는 속주 정무관과 관세 징수 청부업자 간의 결탁을 막고 납세자를 보호하는 소극적인 역할을 가졌으나, 기원후 62년에는 청부업자와 같이 납세 신고를 받을 정도로 업무를 간섭하게 된다. 이들은 황실지의 관리 감독으로 성장해 황제의 측근이 된다. 이 직책은 기사 신분자들만 아니라 해방노예도 가질 수 있었으니 신분상의 차별은 없었던 것으로 보인다. 일반적으로 콘둑토레스가 국가 소유를 청부하는 푸블리카누스나 만켑스, 레뎀프토르를 몰아내고 청부업자의 대세가 되었다. 각종 공공 단체의 청부를 비롯해 황실지의 청부를 맡게 되면서, 청부의 개념이 매매에서 임대차로 바뀌게 되었다. 이렇게 사적 영역이 국가의 공적 영역에도 끼어들고 대체하게 되면서 푸블리카니의 존재 의미가 없어지게 되었다. 재정감독관과 청부업자는 구분이 있지만 나중에는 한 사람이 장악하게 된다. 이것이 제정 전기 조세 징수 청부와 관련해 일어난 중요한 변화상이다.

제4부 트리부니 아이라리

제14장 로마 공화정기 트리부니 아이라리의 역할과 신분

트리부니 아이라리는 전쟁세의 선납자로 이해된다. 이들은 전쟁세 납세의 중단에도 불구하고 존속했다. 그런데 이들의 활동 부진이 원로원의 주도권 상실로 연결되었을 가능성이 있다. 이런 점에서 트리부니 아이라리의 기능을 조명하는 것이 공화정의 역사를 이해하는 데 중요한 요소다.

첫째, 전쟁세의 징수 단위인 지역구에는 유력 인사로서 트리부니 아이라리가 존재했다. 공화정 후기에 이들은 계속해서 나름의 역할을 수행했다. 이들은 병사에게 개인적으로 봉급을 지불해 주었으나, 나중에 이 기능을 재무관이 맡게 되면서 재무관에게 국고를 전달해 주는 역할을 맡았다. 이처럼 국고와 연관된 트리부니 아이라리의 기능은 없어지지 않았다. 둘째, 아우렐리우스법에 따라 원로원의원, 기사 신분과 더불어 재판의 배심원으로 활동했다. 이들의 표결을 분석해 보았더니 트리부니 아이라리 신분은 다른 배심원단보다 더 강한 결속력을 보였다. 특정 인물에 편파적인 경향성을 보였고 원로원의 성향과 다른 것으로 드러났다. 셋째, 이들은 공화정 후기에도 재정 문제와 깊은 관계를 가지고 있었기에 신분으로서 유지되었다. 그럼에도 이들은 결코 기사 신분이 아니었다. 이점은 단순히 재산만이 아닌 다른 자격이 필수조건이었음을 드러낸다.

제15장 '속주 아시아 관세법'과 트리부니 아이라리: 기원전 75~70년 로마시 곡물 공급 문제

기원전 70년 거의 1세기 동안 드러나지 않던 트리부니 아이라리가 역사의 전면에 부각되었다. 이들은 리키우스 아우렐리우스 코타의 입법에 따라 원로원의원, 기사와 함께 배심원단의 한 부분을 맡아 재판에 참여하게 되었다. 돌연히 등장한 이들의 기원과 동기를 둘러싸고 역사는 더 이상의 깊이 있는 통찰을 허락하지 않았다. 그러다가 1976년에 발견된 에페소스 비문에 실린 '속주 아시아 관세법' 내용에서 필자는 바로 코타(가이우스 아우렐리우스 코타)의 이름을 발견했다. 이 코타는 앞서 나온 코타의 형제로, 에페소스 비문에 실린 '속주 아시아 관세법'에서 특히 기원전 75년경 제정된 것으로 추정되는 일련의 조항을 만든 장본인으로 확인되었다. 코타가 만든 규정은 주로 곡물에 대한 면세를 다룬 것이었다. 콘술로서 코타가 당면한 과제는 곡물 공급이었다. 로마시에 확산된 곡물 부족 사태로 인해 군중에게 봉변을 당하자 그는 '보니'라고 불린 유산 시민들에게 적극적인 참여를 다급하게 부탁했다. 이 보니들은 키케로의 문맥에서 보면 선납자, 즉 트리부니 아이라리였으며 이들의 선납은 곡물 공급의 문제 해결에 중요했다. 이런 맥락에서 종래 아시아 속주는 주로 청부업자들을 통해 국고에 들어갈 조세 수취를 중심으로 운영되었으나, 테렌티우스·카시우스법이 제정되면서 아시아 속주도 시칠리아와 마찬가지로 곡물을 조달해 로마시에 공급하는 역할을 떠맡게 되었다. '속주 아시아 관세법'에 제시된 곡물 등 생필품의 면세는 이런 변화를 잘 보여준다. 로마 정부로서는 십일세로 내야 할 분량의 곡물과 같은 양의 추가 곡물을 구입해야 했다. 그런 공급을 원활히 하기 위해 로마 정부는 돈을 지불해야 했고, 국고가 부족한 상황에서 트리부니 아이라리의 선납이 절실했던 것이다. 그런데 기원전 43년에 부녀자들의 재산에 대한 과세 문제가 불거지자 부녀자들의 강력한 항의가 이어진다. 이것으로 보아 부녀자들의 재산에 과세가 이루어졌음을 알 수 있다. 원칙적으로 로마법에서 부녀의 재산은 과세 대상이 아니지만, 그 재산에 대한 후견권을 가진 자에 대해서는 과세하는 선례가 있었다. 그래서 부인의 재산으로 갑자기 선납자가 된 사람들에 대한 묘사가 연극 대본으로 나오게 되었다. 이런 면에서 트리부니 아이라리의 돌연한 등장과 퇴장은 기원전 75년 로마시 곡물 공급 문제의 심각성이 빚어낸 부산물이다. 이처럼 공화정 로마의 신분제는 재정 문제의 해결과 밀접하게 연관되어 운영되었다. 키케로가 '보니'라고 칭한 유산 시민이 바로 '트리부니 아이라리'였을 것이다.

제16장 '속주 아시아 관세법'에 보이는 비르 보누스와 트리부니 아이라리

에페소스 비문에서 발견된 '속주 아시아 관세법'에는 '안드로스 아가투'라는 표현이 분명히 나타난다. 이것이 라틴어의 '비르 보누스'의 번역이라는 점에는 이의가 없다. 이런 표현이 적용되는 집단은 일반적으로 교양 계층으로 인식된다. 그러나 비문에 나타난 중재권을 행사하는 존재로서의 비르 보누스는 그런 존재가 아니라 특별한 공공의 직책을 부여받은 인물이라고 보아야 한다. 일찍이 이들에 관해 주목한 크리스티안 마이어는 공화정 말기에 이들이 원로원의원이나 기사 신분과는 다른 독자적인 세력으로 활동했음에 주목했다. 그러면서 이들의 정체성에 관해 연구 과제로 남겨두었다. 그의 이런 제안은 당시에는 별로 주목을 끌지 못했으나, 나중에 에페소스의 관세법 비문이 발견되면서 이 과제에 접근할 수 있는 단서가 제공되었다. 필자는 이들이 국가의 재산이 되는 페르가몬 왕의 세관이나 부속 건물에 대한 관할권을 가지고 있음에 주목했고, 청부업자들에 대해 중재권을 가지는 등 상위 관계에 있음을 주목했다. 이런 권한을 가지는 자들은 일단 국고나 국유재산에 관여해 왔던 자들임을 추론할 수 있었다. 카토의 문헌을 보면 포도주 거래와 관련해 중재인으로 활약한 '보니'의 사례들이 나온다. 이들이 국유재산 관리에 중재권을 가진다면 이는 국가에 대해 일종의 채권을 가진 사람들이 누릴 수 있는 권리라고 보아야 할 것이다. 필자는 이런 권리를 가진 자로 파악할 수 있는 알려진 유일한 집단이 바로 '트리부니 아이라리'라고 본다. 즉, 필자는 '보니'가 '트리부니 아이라리'의 다른 표현이라는 가설을 제시한다. 물론 모든 보니가 트리부니 아이라리라고 볼 수는 없다. 애초 보니는 원로원의원에 대한 별칭이었으나, 기원전 133년경 원로원의원이 옵티마테스라는 명칭을 독점함으로써 보니는 주로 기사 신분을 지칭하다가, 대략 기원전 70년대 이후 트리부니 아이라리도 가리키게 되었을 것이다. 재판에서 배심원 중 3분의 1을 원로원의원, 기사 신분과 나눈 이들의 중요성은 이들이 가진 기능으로 설명된다. 이로써 필자는 마이어가 제기했던 보니의 정체 문제를 미흡하게나마 해명했다. 이 연구는 원로원의원이나 기사 외에도 보니라고 여겨지는 트리부니 아이라리라는 신분의 중요성 문제를 부각해 로마 사회를 엿보게 해준다. 앞으로 이들과 키케로의 정치사상을 연관해 논의하면 흥미로울 것으로 보인다.

제17장 키케로 정치사상의 전환과 '보니'의 의미: 트리부니 아이라리를 중심으로

키케로의 정치사상은 원로원의원과 기사라는 '양 신분의 화합(콩코르디아 오르디눔)'으로 이해된다. 신인 정치가의 입장에서 출발한 키케로는 기존의 정치권력과 제국의 확장에 따라 대두한 기사 신분 간의 화합을 구호로 내걺으로써 자신의 정치 기반을 확고하게 하고자 했다. 그러나 그의 추방으로 이어지는 일련의 사태에서 그런 구호의 한계를 절감하고 '모든 선량(boni viri)의 합의', 즉 '콘센수스 옴니움 보노룸'을 자신의 구호로 삼게 된다. 이런 사상의 비약은 사실상 모든 자유인에게로 관심을 돌림으로써 기존의 정치 체계와 결별한다는 의미를 지닌다. 이렇듯 키케로 정치사상의 전변(轉變)은 이해되고 있지만, 막상 그가 지시하는 선량, 즉 '보니 비리'가 무엇을 의미하는지는 분명하지 않았다. 단순한 교양인, 부자, 유산자 정도로 이해되었다. 필자는 에페소스에서 출토된 관세법 비문에서 선량이 국가 재산의 관리자로 등장하는 구절에 주목하고, 이를 선량의 해석에 적용해 보았다. 이런 시각을 갖고 키케로가 남긴 여러 문헌을 통해 당시의 정세와 관련해서 선량에게 일종의 조직과 기능이 있었음에 주목하고 특히 전쟁세나 직접세라고 이해되는 트리부툼의 선납과 관련되어 있음을 발견했다. 그래서 필자는 이런 의무를 맡아온 트리부니 아이라리가 바로 선량이라고 해석할 수 있었다. 이들의 향배가 국정의 핵심이라고 여겼던 키케로가 이들의 특권을 보장하는 정책을 구상한 것을 그의 『법률론』에서 찾아볼 수 있었다. 키케로는 이들이 선거권자인 지역민에 대해 통제권을 가지는 것을 당연한 과제로 구상했다. 이런 구상은 유산자를 관직에 중용하려는 이소크라테스의 구상과 맥락을 같이하는데, 이는 후자가 전자에 영향을 주었기 때문이다. 키케로의 정치 구상은 조세 선납을 통해 국가에 기여하는 선량을 기반으로 해서 그들에게 우선권을 보장함으로써 보다 광범한 정치 기반을 확보하고 나아가 공화정의 기반을 새로이 구축하려는 것이었다.

제18장 트리부니 아이라리와 쿠라토레스: 트리부스의 구조와 관련하여

수에토니우스의 기록에 나오는 카이사르의 조치 이후로 사라진 것으로 여겨졌던 트리부니 아이라리가 연속성을 이어가고 있었음이 밝혀진다. 몸젠에 따르면 트리부니 아이라리는 쿠라토레스와 동일한 사람들이다. 이 이중 직함에서 쿠라토레스는 공식 직함이며, 트리부니 아이라리는 기능과 관련한 직함이다. 봉급 징수나 지불이라는 기능이 중지된 후에도 트리부니 아이라리는 각 트리부스에서 역할을 맡고 있었는데, 몸젠에 따르면 민사 백부장으로서 투표 시에는 질문자로서, 투표판으로 이루어지는 기명법이 도입된 후로는 투표판의 감시자로서 기능했다. 요컨대 이들은 때로 재정의 기능도 담당했으나 정치 선거의 기능도 담당했다. 이들의 연속성을 입증하는 것이 제정기에 발견된 비문인데, 이 비문들에서 백부장과 쿠라토레스가 같은 기능자라는 점이 확인된다. 이 비문들은 트리부니 아이라리가 이름을 바꾸어 제정기에도 존재하면서 제정기에도 면면히 이어진 트리부스의 구조를 이루었음을 보여준다. 이런 조직이 지방이나 속주에서도 이어짐으로써 중앙에서는 황제의 계승으로 이어지지만, 지방에서는 민주적인 선거가 이루어져 갔을 것이다.

A Social History of Taxation in the Roman Republic: EQUITES and TRIBUNI AERARII

Preface

To study the Roman history is like a great puzzle. The small portion of a full picture was alloted to me and the articles in this volume is a result of puzzling out the social history focused on the *equites* and *tribuni aerarii*. The two orders were recognized as the keys of understanding the structure of taxation. Any state cannot live without the income from its territory. Moreover it was necessary for the Roman state to conscribe the private persons and their network for the repeated wars because her bureaucratic apparatus was very small in comparison with the territory and population. This volume consists of 4 parts, which respectively treat taxation, roman order-system, *equites* and *tribuni aerarii*. I found out that the Roman state was maintained actively by these middle class besides the famous political leaders and elite. This character is the corner stone for keeping the Roman Republic alive and historically significant.

Part 1. Vectigal

Ch 1. Ancient Roman Society and Taxation: from the Republic to the End of Empire

The Ancient Romans were as much reluctant to contribute the taxes to the state as the moderns. Especially they thought that it was a free citizen's privileges not to pay the tax on his property. This thought was applied to the property of the state, that is the public wealth and land, which was regarded the private property of the state. The Roman senate managed the finance of the state from the revenues collected mainly from the public lands and ports. But when a war was broken, this concept changed radically. That urgent situation made it a unavoidable to gather the tax on the private land and wealth. This war tax was special tax and refunded to the contributors after the war was ended and the treasury was fulfilled with the spoils of war. So the basic principle of private property did not change even by the war tax. After Emperor Augustus, 5% inheritance tax was indicted on the Romans, which indicated the great shift of taxation principle. The Roman government collected the war tax, tributum and general tax, vectigal through the network of private entrepreneurs, named publicans because of the bureaucratic peculiarity. The network was very useful to sustain the Roman rule on the provinces but also caused the enmity against the Roman government. This problem was solved by the creation of the tax bureaus, which expelled the private enterprise from the provincial taxation. The strength of the executive apparatus made an emperor's power almost absolute but could not solve the crisis caused by the autocratic governance. We can see the dynamic relations between the state and the tax policies operated in the Roman society in this short paper.

Ch 2. The Situation of Public Land and the Shift of the Taxation Policy until 111 B.C. in Rome

It was a rule not to permit a citizen to own the public land. Nevertheless as the public land could not be managed directly by the state but was located to the private cultivators, such a rule could not be maintained in reality. So the Roman government's grip on the public land was weakened with the expanse of public land and afterwards was to strengthened with the growth of the bureaucracy. In this respect, the Gracchan agrarian law aimed to rehabilitate the traditional peasant agriculture in opposition to the trend of capitalistic farming supported with slave labor. And the law could not be executed against the great possessors, who were the aristocracy of the state. This relationship between possessors and state control around land became a main historical topic of the Roman Republic. The year of 111 B.C. is the moment of the compromise between the big land possessors and the state demand. The over-possessed land was not confiscated but became private property in condition of the recognition tax payment by this law. This law broke the traditional rule relating to the public land. It came to distribute the land property all over the empire in the future. Meanwhile the Roman government had to solve the problems of military conscription and city poors, which were the targets of the Gracchan laws. The laws aimed to increase the peasants to apply to the necessary armies in the classical principle of self-payment. After the abolition of the laws, the Marian reform and corn supply must have been loaded heavily on the state revenue, which was decreased and unable to solve the financial situation. So the Roman politicians unavoidably demanded the tax policies exploiting the subjects of the Roman provinces.

Ch 3. On the Shaping of the Private and Taxed Land and its Aftermath

This paper aims to show the shaping of the *ager privatus vectigalisque* by analyzing the epigraphic agrarian law of 111 B.C. I found that the expression, *vectigal* in 19~20 lines of the epigraphic law relates to the greek texts of Appian and Plutarch and has two meanings. It is induced that the related lines abolished the high rate of tax and instead indicted the low rate of tax recognizing the right of the state. This tax showed the contradiction of the traditional rules and a hybrid of private right and taxability, which became the peculiar system of Roman citizen's ownership. This category of land ownership continued to be a main land ownership in the imperial periods. These inscription lines were at first a benefit for the great land possessors for the *status quo* was consolidated but also was the starting point of the state control of the private land ownership. It was the syndrome of the state control that land focused in the hands of the magnates owed to the confiscation and allotment during the civil wars happened in the later republican period. This situation had deep relation to the epigraphic law of 111 B.C., which made the public land possessed by the magnates the private land assigned with small payment. As a result it became impossible for state to get back the public land and to distribute it to the citizens through the legal process like the Gracchan law. The Marian military reform opened the door of recruit to the poors because of the general proletarianization of the Roman plebeians.

Ch 4. The financial Aspects of *viasii vicani* appeared in the Agrarian Law of 111 B.C.

The agrarian law of 111 B.C. is thought to have opened the high way of capitalism for Rome, granting the rights of property ownership to the possessors of the Roman public land on the condition of paying tax. In this context, the *viasii vicani*, that is 'neighbour possessors' of the public roads, were charged to maintain the roads under the survey of censors. Their specific functions did not attract attention because of their notable absence in other related historical material afterwards. But the contents of the *Tabulae Heracleenses* containing the Julian muni- cipal law of 45 B.C., show the process of attributing the responsibility to the owners of buildings neighboring to the public roads. According to the *Tabula* the aediles had to outsource the maintenance of the roads with contractors when the owners rejected the duty. This process of adtributio, is the same as the charging of a war tax, tributum. In this manner the *viasii vicani* resemble the *ordo* of *tribuni aerarii* paying for the soldiers. This method of responsibility conforms with the civic ideals of Greek and Roman finance.

Part 2. Ordines

Ch 5. Patricians, Notables and Plebeians in the Roman Republic: Forum and Populism

The Korean conservative politicians used the term of Populism in assault of the Democrats as a substitute of the socialism in 2011. The slogan was issued from the American politics in the early twentieth century. It was also rooted in the Ancient Roman politics which was focused on the conflicts of orders, that is, between patricians and plebeians. In historiography the nar- rative was composed by the modern historians on the base of the scattered materials, which did not emphasize the aspects of conflicts. On the contrary the Italian historians tried to show the context of the conflicts on the land possession. The patrician economy and their power was built on their manorial lands. The plebeians tried and succeeded in establishing the principle of property on the alloted land against the patrician possession. This caused the decline of the patrician families. Instead the nobility appeared as a kind of compromise between them, ensuring the control of power in the hands of the upper class. The status of plebeians was sanctioned by their participation as soldiers. Their military duties were the prices of rights of their citizenship. So the meaning of people as an army was ascertained in the Roman period. It is far from the truth that all of the plebeians were poor comparing the nobility. Rather the plebeians were differentiated according both to the wealth they had and to the regions where they lived. The dwellers in the city could participate in the political issues and represent their demands to the politicians. The tenants in the villages and the laborers of farms were, however, in the inferior situation compared to the city dwellers. These complex aspects of plebeians made the Roman politicians dependant on the farmers or on the city dwellers like a pendulum. The antagonistic opposition was mitigated by the client-patron relationship. This relation was maintained during the republican periods, functioning like a lubricant preventing the clash. This could be extended to the foreign relationship. These two elements and their relationship remained the main theme of the narrative of the Roman history, contained in the Roman Forum. This fact prevents the politicians from regarding the populism as a kind of communism.

Ch 6. Understanding the Slavery System of Ancient Rome and Teaching its History in Secondary Schools

To teach the slavery of ancient society is not a topic of discovery but of reflection. In reality it is a duty of the civilized persons to think this topic morally and not to repeat the same mistake in this globalized period. Nevertheless history text books generally do not treat the topic sufficiently. There is a fear that the criticism of slavery might be a pretext for the political revolt. So it is asserted that some negative contents like the slavery should be eradicated from the textbook. But as E. H. Carr said that historical judgement has the moral valuation, it is recommended that the negative topics should not be omitted in history teaching. In this context we should judge not on the individuals but on the system as M. Weber thinks. If we shall focus only on the relation between slaves and slave owners, the teaching may result in the accentuation of savageness of violent society. So in this respect a new element, the freedmen should be treated with the slaves. Of course a freedman was also in the lower class but became a big incentive for the slaves. This mechanism might make us understand the continuity of slavery system, which contributed to the prosperity of the Roman state. This element can be a key for understanding the Roman society. When this structure is taught, the students can understand the social composition and mobility. They also can estimate not only the sacrifice of the slaves but also their contribution to the ancient civilization of Rome. In sum, the teaching of ancient slavery requires both the ethical reflection and the historical judgement.

Ch 7. Authority and Agrarian Foundation of Roman Aristocrats Described in Plutarch's *Coriolanus*

It has been accepted that Plutarch's *Coriolanus* was not a history but a fiction. Recently some scholars began to assert that this story could have historical aspects relating to the early republican period. I tried to apply some theories in order to understand the informations in it. In the first place Hannah Arendt's interpretation of *Auctoritas* is applied into the aristocratic authority. For long, the authority had meant to conquer, to expand and to distribute land. This concept was to clash catastrophically with the system operated by the popular election in the story. Then Paul Veyne's concept of euergetism is utilized in order to illuminate the meaning of corn supplies. According to Coriolanus, corn was the base of the military force, without which a state could not exist. Lastly I applied Colognesi's assertion, according to which their land had been out of state control in the early republican period. This economic foundation must have related deeply with the aristocratic authority.

Ch 8. Cicero and the *Pedarii*: Focused on *Ad Atticum*, 1.19

Cicero's letter to his friend Atticus on the 15th March 60 B.C. has some decisive information about the Roman senate, describing the *pedarii*, who revealed the structural aspect of it. He lamented that not the authority of higher senators but the will of the *pedarii* had decided the senate's policy about the free provincials, who had been oppressed by a debt problem. This decision seemed to cause Atticus to lose a big chance of attaining money. Cicero also had compassion on him, regretting the impossibility of canceling the decision. This historic and revolutionary moment in the senate was brought about through the majority of the senate members, that is the *pedarii*, on whom we should pay attention. But it has been not easy to identify the *pedarii* because of both of the inconsistent materials and of the various perspectives. Considering the difficulties, I tried to focus on materials and opinions suitable to attempt an understanding of Cicero's letter, based on Willems' and Mommsen's writings together. The former argued that the *pedarii* meant the senators not beyond ex-quaestorship, and the latter that the senate had been composed both of the senators and the equestrian for a long time. The senate had been composed of the two orders after the supplements. This fact is certain during the dictatorship of Sulla, who stopped the process of electing the censors. After that the situation does not change, considering the practice of selecting members from the class directly below the senators, and the possible holding of equestrian status by the ex-magistrates before the censors' admittance. Additionally the young noble men also had the equestrian status, sitting in the senate. So the term *pedarii* covered the majority of the senate members and these were separated from the higher senators, that is, the ex-consuls and ex-praetors. The *Tabula Hebana* revealed a kind of senate meeting from this perspective. Sulla allotted one vote for each tribe, enlarging the senate with 300 members added. And according to Tacitus, the right of magistrate election was transferred from the centuriate assembly to the senate. It was possible for the *pedarii* to enforce the senate decisions by accepting the equity of the free provincials. This knowledge of senate structure helps us to understand the situation of Cicero, embarrassed by the actions of the *pedarii*.

Part 3. Equites

Ch 9. Social Mobility of the Roman Knight in the Republican Period

The latin term '*ordo*(order)' was the mark for the legal status of the Roman Republic. This term was bestowed upon the citizens taking the official duties as a legal group. The Roman knight, '*Equites*' is one of the orders and became an important status during the roman expansion over the mediterranean world. This order at first appeared and grew up with public contract located by the Roman senate. The Gracchan reform made the order an influential status on the government and the provincial policies. As well known, the Roman knights were expected to be an equal counterpart to the senate but in reality they were generally not active in political initiatives and as much conservative as the senators. These characters were deeply related to their status and vocational interests. They were not ready for the political hegemony or independence. Some of them were modern bourgeois but most of them had a deep interest both on the farming and the military services of higher grade. Moreover they enjoyed the opportunities of rising to the upper order, senatorial and noble status. In this respect they were reserves for the political elite. Even the lower class of citizens could expect the mobility to the knight through their military estimation by the generals. The Roman knight can be compared with the Chinese gentry as they functioned the role of success ladder and consolidated social stability.

Ch 10. Tax on the Pasturage in the Italian Peninsula and the Role of Publicans: focused on the Middle Republic of Rome

This paper aims to show the importance of the tax on the pasturage in the finance of the Roman state and the role of the Roman publicans who treated the business of collecting it. After the Hannibalic war the middle and southern region of the Italian peninsula was confiscated from the allies which had betrayed Rome. The confiscated fields became the public land, main part of which was utilized by the shepherds who were slaves and free men hired by the owners. The most peculiar mode of utilization was the transhumance, which had a long range between the meadows. The roman state erected the posts for receiving the tax on the herds and flocks passing there. The amount of its income was not exactly known but estimated tremendous from the record of fines levised on the illegal activities. At first this contributed to the finance of the Roman state, but afterwards the government felt the necessity of controlling the common pasturage and the passing way, which was called *calles*. This responsibility on the ways was leased to the publicans who contracted the tax collection over the related region with the government. They paid deep attention to keep the pasturages in a good condition as it was the only condition of raising the income for five years. Simultaneously they had to have conflicts with the herd owners, that is, senators and local magnates, who had sufficient power to fight with them. And the small farmers and pastors was protected by the government from the outrages of the tax collectors. In this situation, they had some difficulties in tax collection, which had to be solved by the efficient laws. The proposer of the agrarian law issued in 111 B.C. surely kept these problems in minds. In this process, the equestrian order grew up as a self-conscious class, who had the antagonistic power against the senatorial order and took important executive roles of state.

Ch 11. Provincial Taxation and Publican Companies in the Late Roman Republic

In order to understand the episode of the publican Zachaeus, it is necessary to know the process of tax contracts concluded both in the city of Rome and in a local city of province. The administrative burden of taxation grew up enormously as the provinces were added to the Roman Republic. The republican system, however, did not allow the growth of the bureaucracy dealing with the Roman Empire. A small number of governors with military command were selected from the ex-magistrates and sent to the provinces at most. Instead the affairs of taxation on the provincials were conferred to the private citizens. They organized the companies of the tax contract, whose members were called *publicani* and had the status of the equestrian order below the senators. The contractors were chosen by the competitive bidding in the city of Rome. They had to prepay the amount taxed for five years in principle. Moreover they took on the payment for the governors through their provincial agents or branch companies. In this way, the publican companies had the financial networks between the capital and the provinces. These networks functioned as a mechanism of Roman imperialism in the Republican period. In provincial level, the tax gatherers contracted with the tax payers, who had to profess the amount of dues in advance like the Roman tax payers but were not protected from the abuses likely. In this taxation process, the local tax gatherers like Zachaeus could be *parvenu*, who was generally hated by the local Jews. His repentance of his sin changed his destiny from a jewish traitor to a christian leader after he met Jesus. According to some traditions, he was appointed by lot as substitute apostle named Matthias and became the first bishop of Caesarea, a main center of Christian mission.

Ch 12. An Ideal Type of Publican Contracting Company in the Late Roman Republic: Focused on its Organization and Legal Status

If there was a capitalism in the ancient Rome, the capitalistic corporation was to be the contracting company composed of the publicans. In this point this paper can contribute to the estimation of ancient economy and to comparison of the medieval and the modern ones by making the ideal type of ancient company on the various fragments focused on the late Republic of Rome. The scale of the company grew rapidly as the military demand increased highly in second century B.C. Moreover the companies were organized and expanded into the various fields essential to the Roman government. For example, their major businesses were tax collections, construction of public buildings, mining etc, all of which required the great human resources and the wide network of communication and transportation. It was very natural for publicans to organize their company, composed of a representative, branch-managers, boards, members or guarantors and the employees. The representative was called *manceps, redemptor,* or *magister.* He was also bidder and contractor in relation to the government. In provinces there were pro-magisters, managers of the local branches, like the *proconsul,* provincial governor. A board was called *decumani* with the high status in the company as the Roman senators. This title is generally interpreted as a tithe collector, but has the original meaning of the great person in the company. They discussed the problems proposed by the representative and decided on the matter. There were many employees, who were not only slaves and freed men but also free men. Some investors were found in the materials, who were called *particeps* or *adfinis,* not participating in the company. The character of members called '*socii*' is the key point in order to understand the status of the company. They were the publicans, fellowguarantors for the company. They could convene the general meeting, where a representative could be selected or changed, besides making decisions relating to the company. The company continued only for five years, the contract term, in principle. But the company could be continued without interruption with a representative alternated by another member. It was important for the company to continue doing business relating to the government. So some companies tended to be acknowledged by the government after the Gracchan reforms. The contracting company became a corporation or legal person. The concept is proved by the stele containing the customs law of Asia, discovered ar Ephesus in 1976, in which it is advertised by the consuls that a contractor could be changed. Recently some scholars proposed the possibility of stock exchange of the companies. These suggestions are mostly based on the guesswork or the errors in reading the materials. So the question can not be solved until the discovery of the new materials.

Ch 13. The Relationship between *Procuratores* and *Conductores* in the Period of Principate: Based on Rostovtzeff's Typology

The title of tax collector changes from '*demosiones*' to '*telones*' at the line dating to 62 A.D. in the Customs Law of Asia. This change means that the publicans were replaced by the private contractor named '*conductor.*' And a financial overseer titled '*epitropos*' operates with the contractor. The former is a *procurator*, who was first appointed by Emperor Augustus for the protection of the tax payers. The overseer's role was at first only in shattering the relations of tax contractors and provincial magistrates. Afterwards they grew up both in the control of the tax collectors and in the management of the Emperors' private lands, which had been enlarged by various confiscations and donations. So the title was open both to the equestrians and to the freedmen besides the slaves without any discrimination. At the same time the title of *conductor* prevailed in state contracts replacing publicans, mancipes or redemptores. And the technical term of contract changed from buying-selling to the lease-rent as they participated more in the income contract of Emperor's farms. This means that the private contracts prevailed in public matters. Finally the roles of overseer and contractor tended to converge into one person. That is the way for the nationalization of the private tax-gathering enterprises.

Part 4. Tribuni Aerarii

Ch 14. The Roles of the Treasure Tribunes(*Tribuni Aerarii*) and their Identification of Status

The *tribuni aerarii* was identified as the pre-payers of the war tax. By the way they survived after contribution of the war tax was stopped in 167 B.C. because of the sufficient treasury. Their negligence of paying the war tax against the senate's resolution to collect it in 43 B.C. was considered a cause of senate's losing initiative. In this point it is important to illuminate the treasure tribunes in order to grasp the dynamic aspect of the later Republic. At first the treasure tribunes operated in each tribe, which was considered a unit for taxation and recruit. They were recognized to have a duty of paying salary to a soldier assigned to each of them. After the war tax was not collected in the later Republic, they also delivered the public money to the *quaestores*. They participated in the tribunal court as a panel of judges with the senators and the equestrian order. The analysis of their voting in some cases shows the more partiality and consolidation than the other panels. Finally they were treated as an order because of their continuous financial functions but separated from the equestrian order. That means that the criterion of shaping order was not only an amount of wealth and there was some different necessities for it.

Ch 15. The Customs Law of Asia and the *Tribuni Aerarii*: In Relation to the Problems of Corn Supply

The *tribuni aerarii*, or the tax pre-payers reappeared in 70 B.C. as an order almost one century after the war taxation was suspended. They were permitted to have a third jury panel following the senators and the equites by the law enacted by Lucius Aurelius Cotta. Until now the causes of this curious and sudden reappearance of the order were not fully illuminated. I happened to find the name of Cotta in the Customs law of Asia inscribed in the Ephesian inscription discovered in 1976. This inscription shows the fact that Caius Aurelius Cotta had requested the rule relating to the duty-free items including corn in 75 B.C. Caius Aurelius Cotta, the brother of Lucius, was consul that year and had the task of solving the crisis caused by the corn shortage. In the literature he appears to have been lynched by a mob in the city of Rome. Furthermore, he also appears to have been desperate because of the corn shortage. It was necessary for him to ask the rich citizens for active participation in solving the problem. I think the rich citizens called *boni* were the *tribuni aerarii*, who had been able to pre-pay the tax for buying the necessary corn abroad. In this context the *lex Terentia et Cassia* of 73 B.C. also changed the function of Asia from a tax contribution province to the corn supply province for the city of Rome, like the province of Sicily. This purpose was evident in the line of inscription showing the duty-free items, that is corn, oil and wine. These items must have been purchased additionally by payment of the prices of the goods, besides the items confiscated as a tithe. The Roman government had to pay the prices but first of all depended on the pre-payers

560

of tax because of the financial shortage. Later we heard the female protest against the war taxation in 43 B.C. At that time the tax pre-payers called *boni* by Cicero did not respond to the senate's decision regarding taxation. These two facts were closely related to each other. The pre-payers were generally appointed without their consent but only through their wealth, which had been increased by marriages, because a husband became the legal owner of the dowry of his wife according to Roman law. They belonged to the equestrian order once but disappeared from it later. This fact shows the flexibility of the *ordo*, the Roman social system.

Ch 16. Vir Bonus in the Customs Law of Asia and the *Tribuni Aerarii*

The Greek phrase, '*andros agathou*' can be seen clearly in the famous inscription containing the customs law of Asia. The Greek phrase is recognized as a translation of Latin, *vir bonus*, which generally represents a Roman elite in the Republican period and is translated as a loyalist. Christian Meier noticed the independent behaviour of the '*viri boni*' in the late Roman Republic and proposed the task of solving their identity to researchers in 1980. I noticed that the same Greek phrase appears in the inscription with the task in mind. The '*vir bonus*' had a right of decision about the use of the customs buildings for the publicans there. So it is natural that the '*viri boni*' were not only elites but also special agents of state property, as the bequeathed properties of the Pergamum kingdom to the Romans also belonged to the Roman state property. They also appear to have the role of paying for the soldiers and for the corns to be distributed to Roman citizens in the literal texts. Their role can be seen as the same as that of the '*tribuni aerarii*.' It seems certain that the term of '*viri boni*' or '*boni*' is a technical expression of '*tribuni aerarii*' in analyzing some cases after 75 BC. As it is well known, they had occupied one third of the jury panel in the permanent courts, enjoying the same concurrence with the senators and the equestrian order after 70 B.C. If it is assumed certain that the '*boni*' designated the '*tribuni aerarii*' after 70s B.C., a small evidence is found for solving the problem proposed by Christian Meier. It would be a more interesting task for us to investigate the relation between the shift of Ciceronian political ideas and the '*boni*' from this perspective.

Ch 17. Ideological Elan in Cicero's Political Thought and the Meaning of the *Boni*: Focused on the Role of the *Tribuni Aerarii*

Cicero's political idea could be summarized as '*concordia ordinum*,' which meant the harmony of the two leading orders, senators and equestrians. It is very necessary for him to strengthen his own political base as he was a new man in the Roman politics. He tried to unify the two orders in order to stabilize the inner politics and to confirm the Roman imperial rule under the slogan. But this idea was proved to be very fragile after his expulsion from Rome. This accident persuaded him to coin a new slogan, the '*concensus omnium bonorum*' which meant the enlargement of the political participation from the established orders to all of the rich men with culture. This idea was an élan for the politician Cicero to become a philosopher according to Ettore Lepore. But we have been not certainly aware who and what the *boni* were in that situation. It was a chance for me to have noticed the content revealing the identity of *boni* in reading the customs law of Asia discovered in Ephesus. The *boni* have the arbitrament of permitting the state property to be used by the publicans there. I came to see and identify the *boni* as the *tribuni aerarii* by this inscription. Especially Cicero paid attentions to the *boni* in relation to the financial shortage and crisis of the Republic. I came to conclude that when Cicero called for the *boni*, he designated the *tribuni aerarii*, the tax pre-payers. In this perspective his revision of suffrage meant a kind of compensation for the *boni* who had contributed to the finance. This idea was affected by Isocrates in focusing the role of the rich but Cicero put the suffrage under the *boni* while the former the magistrate under the rich. He tried to widen the Roman political base by the restoration of their accustomed rights in suffrage.

Ch 18. On the *Tribuni Aerarii* and *Curatores*: an Inner Structure of the Roman Tribe

This paper approaches the inner structure and continuance of the *tribuni aerarii* in the Roman tribes. Suetonius' sentence made us believe that Caesar abolished the third panel of judges and returned the panels to the senators and equestrians expelling the *tribuni aerarii*. But the tradition is to be rethought as Marcus Antonius had annulled Caesar's law and instead reintroduced the third panel of judges replacing the *tribuni aerarii* with the *emerti* centurions. According to Mommsen, the *tribuni aerarii* were called also *curatores* in the official title, who had also the duties of *rogatores* and *custodes* in the voting assembly. Also he considered the *tribuni aerarii* as the civil centurions, for they were to be captured if they did not pay the salary for a soldier. In the imperial inscriptions of city tribes, there appeared the *curatores* identified with the centurions. So the *tribuni aerarii* had survived in the tribes even in the imperial period with the official name, *curatores*. It is recommendable to investigate the relation between these treasury tribunes and the *procuratores* instituted for the provincial tax payers by August.

562

참고문헌

1차 사료

가이우스(Gaius). 『법학제요: 주석(Instititionum: Commentarius)』.

데모스테네스(Demosthenes).

디오니시오스 할리카르나소스(Dionysius of Halicarnassus). 『로마 고대(The Roman Antiquities)』. London: Loeb(1963).

디오도루스 시쿨루스(Diodorus Siculus).

라흐만, 카를(K. Lachmann). 1848. 『고측량가들(Gromatici Veteres)』. Berolini.

리비우스(Livius). 『도시의 건설로부터(Ab urbe condita)』.

_____. '요약(Periochae)'(Oxyrhynchus Epitome도 포함함).

리코보노, 살바토레 외(Riccobono et al.) 엮음. 1909. 『유스티니아누스 이전 로마 법원(Fontes Iuris Romani Antejustiani)』. Barbèra.

리코보노, 살바토레 외 4인(Salvatore Riccobono, Giovanni Baviera, Contardo Ferrini, Giuseppe Furlani and Vincenzo Arangio-Ruiz) 엮음. 1940~1943. 『유스티니아누스 이전 로마 법원 제2판(Fontes Iuris Romai Anteiustiniani, 2 Aufl.)』, I bis III. Firenze.

바로(Varro). 『농사론(De re rustica)』.

_____. 『라틴어론(De lingua latina)』.

발레리우스 막시무스(Valerius Maximus).

벨레이우스 파테르쿨루스(Velleius Paterculus).

살루스티우스(Sallustius). 『내란(Bellum Catilinae)』.

_____. 『코타의 로마 인민 연설(Oratio C. Cottae ad polulum Romanum)』.

위(僞) 살루스티우스(Ps. Sallustius). 『노(老) 카이사르에 보내는 국정 서한(Ad Caesarem senem de re publica epistula)』.

수에토니우스(Suetonius). 「신격 아우구스투스의 생애(Vita divi Augusti)」. 『황제전기(De Vita Caesarum)』.

_____. 「신격 율리우스(Divus Iulius)」. 『황제전기』.

_____. 「클라우디우스(Claudius)」. 『황제전기』.

스트라본(Στράβων). 『지리학(Geographica)』.

시쿨루스 플라쿠스(Siculus Flaccus). 『농지종류론(De condicionibus agrorum)』. K. Lachmann ed.

아리스토텔레스(Aristoteles). 『아테나이인의 국제(Athenaion Politeia)』.

_____. 『정치학(Politika)』.

위(僞) 아리스토텔레스(Ps. Aristoteles). 『경제학(Oeconomica)』.

아스코니우스(Asconius).

위(僞) 아스코니우스(Ps. Asconius).

아울루스 겔리우스(Aulus Gellius). 『아테네의 밤(Noctes Atticae)』.

아피아누스(Appianos). 『내란기(Bellum Civile)』.

오비디우스(Ovidius). 『시집(Fasti)』.

이소크라테스(Isocrates). 『아레오파고스 연설(Areopagitikos)』.

이시도루스(Isidore). 『어원(Origines)』.

카시우스 디오(Cassius Dio). 『로마사(Historia Romae)』.

카토, 마르쿠스 포르키우스(Marcus Porcius Cato). 『농업론(De agricultura)』.

콜루멜라(Columella). 『농촌일(De re rustica)』.

퀸투스 키케로(Quinus Cicero). 『선거책략(Commentariolum Petitionis)』.

키케로, 마르쿠스 툴리우스(Marcus Tullius Cicero). 『국가론(De re publica)』.

_____. 『내 집에 관하여(De domo sua)』.

_____. 『동생 퀸투스 서한(Ad Quintum fratrem)』.

_____. 『라비리우스 변호(Pro Rabirio Perduellionis Reo)』.

_____. 『룰루스 농지법 반대(De lege agraria)』.

_____. 『무레나 변호(Pro Murena)』.

_____. 『바티니우스 반론(In Vatinium testem interrogatio)』.

_____. 『법률론(De legibus)』.

_____. 『베레스 기소(In Verrem)』.

_____. 『브루투스(Brutus)』.

_____. 『브루투스 서한(Epistulae ad Brutum)』.

_____. 『세스티우스 변호(Pro P. Sestio Oratio)』.

_____. 『스토아파의 역설(Paradoxa Stoicorum)』.

_____. 『신들의 본성(De natura deorum)』.

_____. 『아티쿠스 서한(Ad Atticum)』.

_____. 『역술론(De divinatione)』.

_____. 『연설가론(De oratore)』.

_____. 『의무론(De officiis)』.

_____. 『전제론(Topica, 前提論)』.

_____. 『최고선악론(De finibus bonorum et malorum)』.

_____. 『친지서한(Ad familiares)』.

_____. 『카이키나 변호(Pro A. Caecina)』.

_____. 『카틸리나 탄핵(In Catilinam)』.

____. 『퀸투스 로스키우스 변론(Pro Quinto Roscio Comoedo)』.

____. 『클루엔티우스 변호(Pro Cluentio)』.

____. 『폼페이우스 대권 찬성 연설(De lege Manilia)』.

____. 『플라쿠스 변호(Pro Flacco)』.

____. 『플랑키우스 변호(Pro Gnaeo Plancio)』.

____. 『피소 기소(In Pisonem)』.

____. 『필리포스 반대 연설(Philippicae)』.

타키투스(Tacitus). 『연대기(Annales)』. 박광순 옮김(2005).

페스투스(Festus). 『잔존 단어의 의미에 관하여(De verborum significatione quae supersunt)』.
      emendata et annotata a Carolo Odofredo Muellero(1839).

폴리비오스(Polybius). 『역사(Historiae)』.

프론티누스(Frontinus). 『도시 로마의 상수도론(De Aquis urbis Romae)』.

플라우투스(Plautus). 〈쿠르쿨리오(Curculio)〉.

____. 〈트루클루엔투스(Trucluentus)〉.

____. 〈황금단지(Aulularia)〉.

플로루스(Florus).

플루타르코스(Plutarchus). 『가이우스 마리우스(Caius Marius)』.

____. 『대(大) 카토(Marcus Cato)』.

____. 『루쿨루스(Lucullus)』.

____. 『세르토리우스(Sertorius)』.

____. 『소(小) 카토(Cato Minor)』.

____. 『코리올라누스(Caius Marchius)』.

____. 『티베리우스 그라쿠스(Tiberius Gracchus)』.

플리니우스(Plinius). 『서한(Epistulae)』.

____. 『자연사(Naturalis historia)』.

황제사가들(Scriptores Historiae Augustae). 『셉티미우스 세베루스(Septimius Severus)』.

히기누스, 가이우스 율리우스(Gaius Julius Hyginus). 『경계구획론(De limitibus constituendis)』.
      Rudorff ed.(1848). Berolini.

「누가복음(Κατὰ Λουκᾶν εὐαγγέλιον)」.

『라틴비문선집(Inscriptiones Latinae Selectae: ILS)』.

『라틴비문집성(Corpus Inscriptionum Latinarum: CIL)』. I^2(1918).

「마태복음(Κατά Ματθαίον Ευαγγέλιον)」.

『말라카 자치시에 관한 플라비우스법(Lex Flavia municipalis Malacae)』.

『법학제요(Institutiones)』.

『보비오 수도원 키케로 연설 주석(Scholia Bobbiensis)』.

「사도행전(Πράξεις Ἀποστόλων)」.

『시아룸 서판(Tabula Siarensis)』.

『아시아 관세법(Lex portorii Asiae)』.

『아킬리우스 반환법(Lex Acilia de repetundis)』.

『율리우스 자치시법(Lex Iulia municipalis)』.

『칙법휘찬(Codex)』.

『테오도시우스 법전(Codex Theodosianus)』.

『학설휘찬(Digesta)』.

『헤바 서판(Tabula Hebana)』.

『황후 에우세비아에 대한 황제 율리아누스의 찬사(Ιουλιανοῦ καίσαρος Εὐσεβίας τῆς Βασιλίδος ἐγ κώμιον)』. in Mowa III: mowa pochwalna na cześć cesarzowej Euzebii / Julian Apostata.

국문 단행본과 논문

강대진 옮김. 2012. 『신들의 본성에 관하여』. 마르쿠스 툴리우스 키케로 지음. 나남.

강성길. 1989. 「티베리우스 그라쿠스 농지법의 수혜대상」. ≪경북사학≫, 12, 135~174쪽.

_____. 2004. 「로마 공화정 후기 트리부스 선거민회의 투표 결과 공표를 위한 절차와 "집단 투표의 공정성"」. ≪서양고대사연구≫, 14, 117~151쪽.

_____. 2006. 「로마 트리부스 입법 및 사법 민회에서 추첨과 투표기록판(tabulae)의 역할을 통해 본 집단 투표」. ≪서양고대사연구≫, 18, 125~153쪽.

고한석. 2015. 「기원전 56년 루카 회동과 속주 중심의 권력구도 재편」. ≪서양고대사연구≫, 43, 227~261쪽.

길현모 옮김. 1966. 『역사란 무엇인가』. E. H. 카 지음. 탐구신서.

김경현. 1983. 「129년: Gracchani에 의한 Equites 정책의 맹아기?: 공마반환법(plebiscutm equorun reddendorum) 및 극장법(lex theatralis)과 관련하여(상)」. ≪사총≫, 27, 49~75쪽.

_____. 1984. 「전(前) 129년: Gracchani에 의한 Equites 정책의 맹아기?(하): Asia 속주의 기원 및 Pergamum 시유지에 대한 원로원결정(Senatus consultum de agro Pergameno)」. ≪사총≫, 28, 67~97쪽.

_____. 1986. 「서기전 2세기 전반의 이탈리아의 농업구조의 변화: 티베리우스 그라쿠스의 토지개혁의 사회·경제적 배경」. ≪사학지≫, 20, 1~63쪽.

_____. 1987. 「로마노예제의 기원과 발전」. ≪서양고전학연구≫, 1, 111~147쪽.

_____. 1990. 「스파르타쿠스 봉기의 성격에 관하여 - 제1부: 연구사의 개관」. ≪서양사론≫, 35, 1~30쪽.

____. 1992. 「로마 지배와 시실리 농업경제의 변화」. 『중재장충식박사 화갑기념논총』. 단국대학
    교 출판부, 833~846쪽.

____. 1993. 「로마공화정기의 토지제도」. 지동식박사 정년퇴임논총 간행위원회. 『서양고대와 중
    세의 사회』.

____. 1996. 「로마 제정기의 경제」. 『서양고대사강의』. 한울엠플러스.

김덕수. 1994. 「프린키파투스의 위기와 아우구스투스의 원로원 재편(23~18 B. C.)」. 서울대서양사
    연구회. ≪서양사연구≫, 15, 1~43쪽.

____. 1996. 『아우구스투스의 프린키파투스의 형성과정에 관한 연구』. 서울대학교 박사학위논문.

____. 1999. 「공화정에서 프린켑스 체제로의 이행과정에서 곡물과 정치」. ≪호서사학≫, 27, 187~
    212쪽.

____. 2003. 「〈헤바 서판〉(Tabula Hebana)과 켄투리아회」. ≪서양사연구≫, 30, 1~28쪽.

____. 2007. 「검투사 노예에서 자유의 투사로 되살아난 '스파르타쿠스' 이야기」. 『꿈은 소멸하지
    않는다: 스파르타쿠스에서 아옌데까지 다시 보는 세계의 혁명가들』. 한겨레출판.

____. 2008. 「로마공화정에서 프린키파투스로의 이행과 기사 신분(equester ordo)」. ≪역사교육≫,
    105, 165~184쪽.

____. 2009. 「아우구스투스와 기사 신분: 기능과 역할에 대하여」. ≪서양고대사연구≫, 25, 147~
    174쪽.

____. 2013. 『아우구스투스의 원수정: 로마공화정에서 제정으로』. 길.

____. 2018. 「'소통'의 장에서 '규탄'의 장이 된 로마원로원: 키케로의 '필리피카 1, 2'를 중심으로」.
    ≪서양고대사연구≫, 52, 41~73쪽.

김봉철. 1992a. 「전(前) 4세기 폴리스의 위기 현상과 이소크라테스」. ≪서양사론≫, 38, 1~47쪽.

____. 1992b. 『이소크라테스의 정치사상』. 서울대학교 박사학위논문.

____. 1996. 「아테네의 역사」. 『서양고대사강의』. 한울엠플러스.

____. 2004. 『이소크라테스: 전환기 그리스 지식인』. 신서원.

김상엽. 2004. 「로마 제정 초기 황제들의 곡물정책: 공화정 말기 곡물정책과의 비교를 중심으로」.
    ≪서양고대사연구≫, 15, 79~102쪽.

김상협. 2009. 「초기 프린키파투스 체제 하에서 기사 신분의 위상」. ≪서양고대사연구≫, 25, 175~
    191쪽.

김수행 옮김. 1993. 『국부론 하』. 아담 스미스(애덤 스미스) 지음. 동아출판사.

김영목. 1985. 「로마제정초 곡물배급정책과 시민생활」. ≪목포대 논문집(인문사회과학편 1)≫, 6,
    21~37쪽.

____. 1993. 「로마공화정 말기 신인(homo novus)에 관한 연구」. ≪역사학연구≫, 12, 1~27쪽.

김진식. 2006. 「호라티우스」. 『인물로 보는 서양고대사: 고대 그리스에서 로마 제정 시대까지』. 길.

김창성. 1989. 「로마 공화정기 '트리부니 아이라리(Tribuni Aerarii)'의 역할과 신분」. ≪역사학보≫,

122, 139~174쪽.

____. 1994. 「기원전 111년까지 로마의 공유지 사정과 조세정책의 추이」. 『창해 박병국 교수 정년 기념 사학논총』.

____. 1995. 「로마 공화정기 사적소유농지에 대한 과세와 그 귀결: 기원전 111년 농지법 10~20행 의 분석」. ≪서양사연구≫, 17, 137~162쪽.

____. 1996. 「로마 공화정기 기사 신분의 사회이동」. 『서양고대사강의』. 한울엠플러스.

____. 2010a. 『로마 공화국과 이탈리아 도시: 통합과 조직의 역사』. 서울시립대학교 도시인문학연 구소 엮음. 메이데이.

____. 2010b. 「로마 공화정기 방목세 징수와 기사 신분의 역할」. ≪서양고전학연구≫, 39, 59~89쪽.

____. 2011a. 「로마 최초의 식민시 오스티아 건설의 목적」. ≪서양고대사연구≫, 28, 207~236쪽.

____. 2011b. 「공화정기 로마 귀족과 평민의 관계: 포룸과 포풀리즘」. 서울시립대학교. ≪도시인 문학연구≫, 3(1), 83~117쪽.

____. 2013. 「로마의 속주지배와 징세청부: 공화정 후기를 중심으로」. ≪서양고대사연구≫, 35, 141~173쪽.

____. 2014a. 『사료로 읽는 서양사 2 중세편: 게르만족의 이동에서 르네상스 전야까지』. 책과함께.

____. 2014b. 「로마공화정기 후기 청부회사의 조직과 위상」. ≪서양고대사연구≫, 37, 71~103쪽.

____. 2015a. 「속주 아시아 관세법과 트리부니 아이라리: 기원전 75~70년 로마시 곡물공급 문제」. ≪서양고대사연구≫, 41, 101~134쪽.

____. 2015b. 「[서평] 한나 아렌트의 고전활용: 『혁명론(On Revolution)』을 중심으로」. ≪서양고 전학연구≫, 54(2), 191~205쪽.

____. 2016. 「12장 로마 공화정 후기의 재정 의식과 아우구스투스의 재정 운영」. 『아우구스투스 연 구: 로마제국 초대 황제, 그의 시대와 업적』. 책과함께.

____. 2017. 「속주 아시아 관세법에 보이는 비르 보누스(Vir Bonus)와 트리부니 아이라리」. ≪서 양고대사연구≫, 49, 81~106쪽.

____. 2018. 「키케로 정치사상의 전환과 '보니'의 의미: 트리부니 아이라리를 중심으로」. ≪서양고 전학연구≫, 57(1), 143~164쪽.

____. 2019. 「키케로와 페다리: 『아티쿠스에 보내는 편지(Ad Atticum)』 1.19의 이해를 중심으로」. ≪서양고대사연구≫, 56, 39~73쪽.

____. 2020. 「기원전 111년 농지법에 나오는 Viasii vicani의 기능과 Adtributio의 의미」. ≪서양고 대사연구≫, 58, 103~130쪽.

김창성 옮김. 1999. 『최고선악론』. 마르쿠스 툴리우스 키케로 지음. 서광사.

____. 2007. 『국가론』. 마르쿠스 툴리우스 키케로 지음. 한길사.

____. 2012. 『로마제국의 위기: 235~337년, 로마 정부의 대응』. 램지 맥멀렌 지음. 한길사.

____. 2013a. 「로마 시와 토지」. 루이지 콜로녜지 지음. 1988. ≪역사와 역사교육≫, 27, 75~117쪽.

_____. 2013b. 「[해외서평] M. Cottier et al.,ed., The Customs Law of Asia: Oxford Studies in Ancient Documents, Oxford Univ. Press, 2008, pp.xxi, 370, ISBN 9780199551514」. ≪서양고대사연구≫, 36, 243~250쪽.

_____. 2015. 「속주 아시아 관세법의 비문과 번역」. 웅진사학회. ≪역사와 역사교육≫, 30, 93~133쪽.

_____. 2019. 『고대농업사정』. 막스 베버 지음. 공주대학교 출판부.

김칠성. 2016. 「9장 아우구스투스 치세기 신설된 상수도 관리관의 자질과 역할」. 『아우구스투스 연구』. 책과함께.

박광순 옮김. 1989. 『헤로도토스 역사』. 헤로도토스 지음. 범우사.

_____. 2005. 『타키투스의 연대기』. 타키투스 지음. 범우사.

박영철. 2021. 『한자의 재구성: 주령시대의 기억과 그 후』. 길.

배은숙. 1991. 「아우구스투스 원수정에 대한 연구」. ≪대구사학≫, 42, 119~165쪽.

서의식. 2010. 『신라의 정치구조와 신분편제』. 혜안.

성염 옮김. 2007. 『법률론』. 마르쿠스 툴리우스 키케로 지음. 한길사.

송규범. 1983. 「복지국가의 성립」. 『복지국가의 형성』. 민음사.

송문현. 1993. 「고대 그리스의 토지제도」. 지동식박사 정년퇴임논총 간행위원회. 『서양고대와 중세의 사회』.

신상화. 1989. 「셉티미우스 세베루스의 군대개혁」. ≪서양고전연구≫, 3, 73~123쪽.

안재원. 2015. 「자유교양학문(encyclo paedeia)의 형성과 전개」. ≪서양고전연구≫, 54(2), 147~189쪽.

안희돈. 1993. 「로마 황제 베스파시아누스의 임페리움(대권)에 관한 법(A.D.69)」. ≪역사교육≫, 54, 113~152쪽.

_____. 2002. 「아우구스투스의 곡물평민(plebs frumentaria): 비를루베(C. Virlouvet)의 견해를 중심으로」. ≪역사학보≫, 174, 201~227쪽.

_____. 2004. 『네로황제연구』. 다락방.

양병우. 1965. 『아테네민주정치사』. 서울대학교 출판부.

_____. 1980. 「고대노예제사회 I: 고전기의 그리스」. ≪서양고전연구≫, 창간호.

오현우 옮김. 1981. 『파르므의 수도원』. 스탕달 지음. 1838. 휘문출판사.

이연규 옮김. 1988. 『서양중세사: 유럽의 형성과 발전』. 브라이언 타이어니 외 지음. 집문당.

임웅. 2001. 「공화정 후기 및 제정 초기 로마의 도시빈곤」, ≪서양고대사연구≫, 9, 99~132쪽.

정기문. 1999. 「디오클레티아누스 대제의 경제정책」. 서울대학교 박사학위논문.

조원홍. 1992. 『Johannes Althusius의 국가론과 법이론 연구』. 서울대학교 문학박사학위논문.

주명철 옮김. 2002. 「1부 로마제국」. 『사생활의 역사 1: 로마 제국부터 천 년까지』. 폴 벤느 지음. 새물결.

지동식. 1987. 「노예제의 쇠퇴론」. ≪서양고전연구≫, 1, 149~179쪽.

차영길. 1992. 『로마 노예의 페쿨리움에 관한 연구: 그 효용과 역할을 중심으로』. 고려대학교 박사 학위논문.

____. 1998. 「로마 가정에서 자식과 노예의 위상에 관한 비교」. ≪서양고대사연구≫, 5, 71~97쪽.

____. 2001. 「10장 홉킨스와 노예제」. 『고대 지중해 세계로의 탐구』. 동남기획.

차전환. 1987. 「기원전 2세기 전반 로마의 농장경영: 카토의 농업서를 중심으로」. ≪역사학보≫, 116, 61~98쪽.

____. 1990. 「로마 공화정 후기의 이목」. ≪역사학보≫, 128, 33~70쪽.

____. 1992. 「코사지역(ager cosanus)의 정주양식과 농업구조」. ≪역사교육≫, 52, 79~115쪽.

____. 1993. 「로마 공화정 후기 이탈리아의 소농의 존재여건」. ≪서양사론≫, 40, 31~67쪽.

____. 2000. 「로마 제정 초기 노예해방을 제한하는 법들」. ≪역사학보≫, 166, 145~171쪽.

____. 2002. 「고대노예제 연구의 쟁점들」. ≪서양고대사연구≫, 11, 87~120쪽.

____. 2015. 『고대 노예제사회: 로마 사회경제사』. 한울엠플러스.

차전환 옮김. 2001. 『로마제국의 노예와 주인: 사회적 통제에 대한 연구』. K. R. 브래들리 지음. 1987. 신서원.

천병희 옮김. 2009. 『정치학』. 아리스토텔레스 지음. 숲.

최자영·최혜영 옮김. 2002. 『고대 그리스 정치사 사료: 아테네, 스파르타, 테바이 정치제도』. 아리 스토텔레스 크세노폰 지음. 신서원.

최종식. 1989. 『서양경제사론』. 서문당.

최주연. 2012. 「기원전 1세기 도시 로마의 곡물 문제와 정치: 클로디우스 곡물법을 중심으로」. ≪서 양고대사연구≫, 30, 67~102쪽.

허승일. 1968. 「Tiberius Gracchus의 농지정책: 로마혁명의 발단과 연관하여」. ≪서양사론≫, 7, 105~109쪽.

____. 1972. 「가이우스 그라쿠스의 곡물배급정책」. ≪역사학보≫, 56, 65~95쪽.

____. 1973. 「티베리우스 그라쿠스의 농지법: 그 입법의도에 관한 논의」. ≪역사학보≫, 59, 89~ 113쪽.

____. 1978. 「켄투리아회의 개편」. ≪건국대학교 인문과학논총≫, 11, 173~186쪽.

____. 1984. 「케사르 사후 로마 원로원의 조세정책: 트리부툼을 중심으로」. ≪성곡논총≫, 15, 259~283쪽.

____. 1985. 『로마 공화정 연구』. 서울대학교 출판부.

____. 1993. 『로마사입문: 공화정편』. 서울대학교 출판부.

____. 1994. 「티베리우스 그라쿠스의 로마시 곡물수급계획」. ≪역사학보≫, 142, 273~330쪽.

____. 1995a. 『증보 로마 공화정연구』. 서울대학교 출판부.

____. 1995b. 「폴리비우스의 혼합정체론과 키베리우스 그라쿠스의 개혁」. 『증보 로마 공화정연구』.

____. 1995c. 「키케로의 공화정치론과 민주정체관」. 『증보 로마 공화정연구』.

_____. 1995d. 「로마 군대와 원로원의 정치」. 『증보 로마 공화정연구』.

_____. 2019. 『로마사: 공화국의 시민과 민생정치』. 나녹.

허승일 옮김. 2006. 『키케로의 의무론』. 마르쿠스 툴리우스 키케로 지음. 서광사.

신문 기사

≪경향신문≫. 2009. 6. 9. "미 상원, 노예제 사과 결의안 통과".

≪서울신문≫. 2008. 5. 12. "불(佛) 초등학교 '노예제 비판교육' 시킨다".

≪조선일보≫. 2011. 3. 8. "표(票) 겨냥한 정치권 복지전쟁 막기 어려운 상황이 됐다".

≪한겨레≫. 2008. 8. 7. "영국 중학생 부끄러운 과거사 배운다: 역사과정에 노예무역·식민지건설 등 의무화".

해외 단행본과 논문

Abbot, Frank Frost and Allan Chester Johnson. 1926. _Municipal Administration in the Roman Empire_. Princeton.

Accame, Silvio. 1936. "Il primo consolato di Mario." _Rivista di Filologia e d'istruzione classica_, N. S. 14.

Afzelius, Adam. 1940. "Das Ackerverteilungsgesetz des P. Servilius Rullus." _Classica et Mediaevalia_, t. 3.

Albertario, Emilio. 1912. "Il possesso dell'ager vectigalis." _Filangieri_, 11~12.

Alföldi, A. 1971. _Early Rome and the Latins_. The University of Michigan Press.

Ampolo, Carmine. 1988a. "La città riformata e l'organizzazione centuriata. Lo spazio, il tempo, il sacro nella nuova realtà urbana." _Storia di Roma_, 1.

_____. 1988b. "Rome archaïque: une société pastorale?." in C. R. Whittaker(ed.). _Pastoral Economies in Classical Antiquity_.

Anderson, Perry. 1978. _Passages from Antiquity to Feudalism_. Verso Edition.

_____. 1979. _Lineages of the Absolutist State_. Verso Edition.

Andrew, Wallce-Hadrill(ed.). 1990. _Patronage in Ancient Society_. Routledge.

Andrewes, A. 1960. _The Greek Tyrant_. London.

Arendt, Hannah. 1968. _On Revolution_(5th ed.). New York: A Viking Compass Book.

Astin, A. E. 1978. _Cato the Censor_. Oxford.

Badian, E. 1962. "From the Gracchi to Sulla." _Historia_, 11.

_____. 1972. "Tiberius Gracchus and the Beginning of the Roman Revolution." _Aufstieg and Niedergang der Römischen Welt_, 1(1), pp. 668~731.

_____. 1976. _Publicans and Sinners_. New York.

_____. 1983. *Publicans and Sinners, Private Enterprise in the Service of the Roman Republic* (repr. of 1976 with corrections and critical bibliography). Oxford, Cornell.

Barrile, Anna Resta(ed.). 2004. *Marco Tullio Cicerone, Dello Stato*. Oscar Mondadori.

Beloch, J. 1986. *Die Bevölkerung der Griechisch-Römischen Welt*(repr. of 1968). Roma.

Benveniste, E. 1961. *La vocabulaire des institutions Indo-européenes*, 1. Paris.

Bernardi, Aurelio. 1988. "La Roma dei re fra storia e leggenda." *Storia di Roma*, 1. Torino: Giulio Einaudi Editore.

Binder, Julius. 1909. *Plebs: Studien zur Römischen Rechtsgeschichte*. Leipzig.

Bloch, Herbert. 1982. "Curatores Aquarum R. H. Rodgers." *Harvard Studies in Classical Philology*, 86, pp. 171~180.

Boardman, J. et al. 2001. *The Oxford History of the Roman World*. Oxford.

Bonjours, M. 1975. "Les personnages féminins et la terre natale dans l'épisode de Coriolan (Liv., 2, 40)." *Revue des études latines*, 53, pp. 157~181.

Bonnefond-Coudry, Marianne. 1989. *Le sénat de la république romaine de la guerre d'Hannibal à Auguste: pratiques déliberatives et prise de décision*. Ecole francaise de Rome, Palais Farnése, Paris.

Boren, H. C. 1983. "Studies Relating to the Stipendium Militum." *Historia*, 32(4), pp. 427~460.

Botsford, George Willis. 1909. *The Roman Assemblies: From their Origin to the End of the Republic*. Norwood.

Botteri, P. 1977. "Pecurarius et scripturarius." *Revue des études latines*, 55.

Bracchi, R. 1991. "Pecu et pecunia:bestiamo e denaro(ricchezza)." *Paideia*, 46, pp. 161~200.

Bradley, K. R. 1987. *Slaves and Maters in the Roman Empire: A Study in Social Control*. Oxford. (차전환 옮김. 2001).

Bringmann, Klaus. 1985. "Die Agrarreform des Tiberius Gracchus: Legende und Wirklichkeit." *Frankfurter Historische Vorträger*, Heft 10. Stuttgart.

Brink, C. O. 1955. "Review of Ettore Lepore 'Il Princeps ciceroniano e gli ideali Politici della tarda repubblica'." *Journal of Roman Studies*, 45, pp. 175~176.

Brockbank, Philip(ed.). 1976. *Coriolanus*. Arden Edition of the Works of William Shakespeare. London: Methuen & co. Ltd.

Broughton, T. R. S. 1936. "On two Passages of Cicero referring to Local Taxes in Asia." *American Journal of Philology*, 57, pp. 173~176.

_____. 1984(repr.). *The Magistrates of the Roman Republic*, 2 vols. Chico.

Brunt, P. A. 1965. "The Equites in the Late Republic." *Deuxième Conférence Internationale d'Histoire Economique*, 1. Aix-en-Provence.

572

_____. 1971. *Italian Manpower, 225 B. C. -A. D. 14.* Oxford.

_____. 1988a. *The Fall of the Roman Republic and related Essays.* Oxford.

_____. 1988b. "Army and Land in the Roman Republic." *The Fall of the Roman Republic and Related Essays.* Oxford.

_____. 1988c. "Judiciary Rights in the Republic." *The Fall of the Roman Republic and Related Essays.* Oxford.

_____. 1988d. "The Equites in the Late Republic." *The Fall of the Roman Republic and Related Essays.*

Büchner, Karl. 1984. *M. Tullius Cicero: De Republica. Kommentar.*

Burmannus, P. 1734. *De Vectigalibus Populi Romani.*

Bury, John Bagnell et al. (ed.). 1965. *Cambridge Ancient History,* VIII. Rome and the Mediterranean, 218~133 B. C. Cambridge University Press.

Cagnat, M. R. 1882. *Etude historique sur les impôts indirects chez les Romains jusqu'aux invasions des barbares.* Paris.

Cameron, R. 1993. *A Conicse Economic History of the World*(2nd ed.). Oxford.

Cantarelli, Luigi. 1915. "I senatori pedarii." *Studi romani e Biznatini.* Roma.

Carcopino, J. 1905. "≪decumani≫ note l'organisation des sociétés publicaines sous la république." *Mélanges d'archaeologie et d'histoire de l'Ecole Française de Rome,* 25, pp. 401~442.

Carr, E. H. 1961. *What Is History?.* Penguin. (길현모 옮김. 1966).

Cary, M. (trans.). 1965. *The Letters to Brutus.* Harvard University Press.

Cassola, Fillo. 1988. "Lo scontro fra patrizi e plebei e la formazione della nobilitas." *Storia di Roma,* 1. Giulio Einaudi Editore.

Christ, K. 1976. *Römische Geschichte: Eine Bibliographie.* Darmstadt.

_____. 1980. *Römische Geschichte: Einführung, Quellenkunde, Bibliographie.* Darmstadt.

Cimma, Maria Rosa. 1981. *Ricerche sulle Società di Publicani.* Milano.

Cippolone, Mafalda. 2011. "Senatus consultum de honoribus germanici decernedis: Contributo alla lettera della Tabula siarensis da un'iscrizione inedita del Museo Archeologico di Perugia." *Bolletino di Archeologia on line,* 2. (http://www.archeologia.beniculturali.it, 2019.12.20).

Clerici, Luigi. 1943. *Economia e finanzia dei Romani.* Bologna.

Cohen, B. 1972. *The Roman Ordines.* Tel Aviv.

_____. 1975. "La Notion d'Ordre dans la Rome Antique." *Bulletin de l'Association Guillaume Budé,* 4e série 2. Paris.

_____. 1984. "Some Neglected Ordines: The Apparitorial Status Group." *Des Ordre à Rome.*

Paris: Publication de la Sorbonne.

Coli, Ugo. 1955. "Tribu e centurie dell'antica republica Romana." *Studia et Documenta Historiae et Iuris*, 21.

Colognesi, Luigi Capogrossi. 1988. "La città e sua terra." *Storia di Roma*, 1. Torino: Giulio Einaudi editore.

Cook, S. A. et al. (ed.). 1932. *Cambridge Ancient History*, IX. New York.

Cornell, T. J. 1995. *The Beginning of Rome: Italy and Rome from the Bronze Age to the Punic Wars(c. 1000~264 BC)*. London: Routledge.

_____. 2003. "Coriolanus: Myth, History and Performance." in David Braund and Christopher Gill(eds.). *Myth, History and Culture in Republican Rome, Studies in Honour of T. P. Wiseman*. Exeter: University of Exeter Press.

Cottier, M., M. H. Crawford, C. V. Crowther, J.-L. Ferrary, B. M. Levick, O. Salomies and M. Wörrle(eds.). 2009. *The Customs Law of Asia*(repr. of 2008). Oxford.

Cowell, F. R. 1973. *Cicero and the Roman Republic*(5th ed.). Penguin.

Dart, Christopher J. 2016. *The Social War, 91 to 88 BCE: A History of the Italian Insurgency against the Roman Republic*. London.

Davenport, Callian. 2019. *A History of the Roman Equester Order*. Cambridge.

de Laet, Siegfried J. 1949. *Portorium: Étude sur l'organisation douanière chez les Romains, surtout à l'époque du Haut-Empire*. Brugge.

de Neeve, P. W. 1984. *Peasants in Peril: Location and Economy in Italy in the Second Century B.C.* Amsterdam: J. C. Gieben.

Dixon, Suzanne. 1992. *The Roman Family*. Baltimore: Johns Hopkins University Press.

Dobson, Brian. 1974. "The Significance of the Centurion and primipilaris in the Roman Army and Administration." *Aufstieg und Niedergang der römischen Welt*, 2(1).

Dufour, Geveviève. 2011. "Societates Publicanorum: Existait-il une Bourse ou un Réseau de Courtiers sous la République Romaine?." *Revue de droit, Université de Sherbrooke (R.U.D.S)*, 41.

Dumont, J.-C. 1974. "Guerre, paix et servitude dans les Captifs." *Latomus*.

Duncan-Jones, Richard. 1974. *The Economy of the Roman Empire: Quantitative Studies*. Cambridge.

_____. 1994. *Money and Government in the Roman Empire*. Cambridge.

Eck, U. W. 1979. *Die staatliche Organisation Italiens in der hohen Kaiserzeit*(Vestigia, 28). München.

Eder, Walter. 1969. *Das vorsullanische Repetunden Verfahren*. München.

574

Ehrenberg, V. 1960. *The Greek State*. New York.

_____. 1965. *Polis und Imperium: Beiträge zur Alten Geschichte*. Zürich.

Eliachévitch, B. 1942. *La personalité juridique en droit privé romain*. Paris.

Engelmann, H. und D. Knibbe(ed.). 1989. "Das Zollgesetz der Provinz Asia: Eine neue Inschrift aus Ephesos." *Epigraphica Anatolica: Zeitschrift für Epigraphik und historische Geographie Anatoliens*, Heft 14. Bonn.

Enßlin, W. 1936. "Tribunus." *R.E.*, VI, A, 2, cc. 2432~2492.

Ezio, B. 1955. "Ettore Lepore: Il Princeps Ciceroniano e gli Ideali Politici della tarda Repubblica." *Comptes Rendus, Revue belge de philologie et d'histoire*, 33(3), pp. 661~664.

Fabre, Georges. 1981. *Libertus: Recherches sur les rapports patron-affranchi à la fin de la ré publique romaine*, Ecole française de Paris.

Finley, M. I. 1965. "La servitude pour dettes." *Revue historique de droit français et étranger*, série 4(vol. 48), pp. 159~184.

_____. 1978. *The Ancient Economy*. University of California Press.

_____. 1982a. "Freedom of the Greek State." *Economy and Society in Ancient Greece*.

_____. 1982b(trans. of 1965). "Servitude, Slavery and the Economy." *Economy and Society in Ancient Greece*. Penguin Books.

_____. 1982c. "The Athenian Empire: A Balance Sheet." *Economy and Society in Ancient Greece*.

_____. 1983. *Politics in the Ancient World*. Cambridge.

Flach, D. 1990. *Römische Agrargeschichte*. München.

Fraccaro, Plinio. 1933. "Tribules ed aerarii: Una ricerca di diritto pubblico romano." *Athenaeum*, N.S. 11, pp. 150~172.

Frank, T. 1933. *An Economic Survey of Ancient Rome*, 1. Baltimore: Johns Hopkins University Press.

Gabba, E. 1949. "Le origini dell'esercito professionale in Roma: i proletari e la riforma di Mario." *Athenaeum*, N.S. 27, fasc. 3~4, pp. 173~209.

_____. 1956. *Apiano e la storia delle guerre civili*. Firenze.

_____. 1979. "Sulle Strutture Agrarie dell'Italia Romana fra III e I sec a. Chr." *Strutture Agrarie e Allevamento Transumante nell'Italia Romana(III-I sec. A. C.)*. Gardini Editori e Stamptori in Pisa.

_____. 1988. "La pastoriazia nell'età tardo-imperiale in Italia." in C. R. Whittaker(ed.). *Pastorial Economy in Classical Antiquity*. The Cambridge Philological Society.

Gabba, E. et al. 1979. *Strutture Agrarie e Allevamento Transumante nell'Italia Romana(III-I sec. A. C.)*.

Garnsey, P. 1988. *Famine and Food Supply in the Greco: Roman World.* Cambridge.

Garzetti. A. 1960. *From Tiberius to the Antonines: A History of Roman Empire A. D. 14~192.* trans. by J. R. Forster. Methuen.

Gelzer, Matthias. 1962. "Die Nobilität der römschen Republik." *Kleine Schriften* (repr. of 1912). Franz Steiner Verlag.

Gelzer, Matthias. 1968. *Caesar: Politician and Statesman.* Oxford: Blackwell.

Gerschel, Lucien. 1953. "Coriolan." *Eventail de l'histoire vivante, Hommage à Lucien Febre,* 2.

Gilberti, Giuseppe. 1981. *Servus quasi colonus: Forme non tradizionale di organizzazione del lavoro nella società romana.* Napoli.

González, Julián. 1999. "Tacitus, Germanicus, Piso, and the Tabula Siarensis." *The American Journal of Philology,* 120(1), pp. 123~142.

González, Rodriguez and Ana Maria. 2006. "La manutenzione delle strade di Roma: Un procedimento specifico nella Tavola di Heraclea." *Gli statuti municipale.* Pavia: IUSS Press.

Greenidge, A. H. J. and A. M. Clay. 1960. *Sources for Roman History: 133~70 B. C.* (2nd ed.). Revised by E. W. Gray. Oxford: Clarendon Press.

Greenwood, L. H. G. (trans.). 1966. *Cicero, The Verrine Orations,* 1. Harvard University Press.

_____. 1967. *Cicero, The Verrine Orations,* 2. Harvard University Press.

Gruen, E. S. 1974. *Last Generation of the Roman Republic.* Berkeley: University of California Press.

Hammond, M. 1956. "Il Princeps Ciceroniano e gli Ideali Politici della tarda Repubblica by Ettore Lepore(1954)." *The American Journal of Philology,* 77(1), pp. 94~96.

Heichelheim, Fritz M. 1956. "Römische sozial- und Wirtschaftsgeschichte (von der Königszeit bis Byzanz)." *Historia Mundi,* 4. Begründet von Fritz Kern. Berne, pp. 397~488.

Heichelheim, Fritz M. et al. 1984. *A History of Roman People.* Prentice Hall.

Henderson, M. I. 1963. "The Establishment of the Equester Ordo." *Journal of Roman Studies,* 53, pp. 61~72.

Hill, H. 1952. *The Roman Middle Class in the Republican Period.* Oxford.

Hinrichs, F. T. 1966. "Die lex agraria des Jahres 111 v. Chr." *Zeitschrift der Savigny-Stiftung für Rechtsgeschichte,* Romanistische Abteilung, 83, pp. 252~307.

_____. 1967. "Der römische Straßenbau zur Zeit der Gracchen." *Historia,* 16, pp. 162~176.

Hirschfeld, O. 1877. *Untersuchungen auf dem Gebiete der roemischen Verwaltungsgeschichte.* Berlin.

_____. 1905. *Die kaiserlichen Verwaltungsbeamten bis auf Diocletian.* Berlin: Weidmann.

576

Holmes, T. R. 1923. *The Roman Republic and the Founder of the Empire*, 1. Oxford.

Homo, Léon. 1929. *Roman Political Institutions: from City to State*. trans. by M. R. Dobie. Rome.

_____. 1949. *Vespasien: l'empereur du bon sens(69~79 ap. J.-C.)*. Paris.

Hopkins, Keith. 1965. "Elite Mobility in the Roman Empire." *Past and Present*, 32(1), pp. 12~26.

_____. 1978. *Conquerors and Slaves: Sociological Studies in Roman History*, 1. Cambridge University Press.

_____. 1980. "Taxes and Trade in the Roamn Empire(200 B.C.~A.D. 400)." *Journal of the Roman Studies*, 70, pp. 101~125.

Ivanov, V. 1910. *De societatibus vectigalium publicorum populi Romani*. Petersburg.

Jaeger, Werner. 1945. *Paideia: The Ideals of Greek Culture*, 1. trans. by Gilbert Highet. NY: Oxford University Press.

Johannsen, Kirsten. 1971. "Die lex agraria des Jahres 111 v.Chr.: Text und Kommentar." Inaugural Dissertation zur Erlangung des Doctorgrades. der Philosophischen Fakultät. der Ludwig Maximilians Universität zu München.

Jones, A. H. M. 1957. *Athenian Democracy*. Oxford.

_____. 1974a. *The Roman Economy: Studies in Ancient Economic and Administrative History*. P. A. Brunt(ed.). Oxford.

_____. 1974b. "Taxation in Antiquity." *The Roman Economy: Studies in Ancient Economic and Administrative History*. Rowman and Littlefield.

Jones, A. H. M. (ed.). 1968. *A History of Rome through the Fifth Century: vol. 1 The Republic*. Cambridge.

Jonkers, E. J. 1963. *Social and Economic Commentary on Cicero's De Lege Agraria Orationes Tres*. Leiden.

Karlowa, Otto. 1901. *Römische Rechtsgeschichte: Privatrecht und Civilprozess, Strafrecht, Strafprozess. Privatrecht*. Leipzig.

Kaser, M. 1942. "Typen der römischen Bodenrechte in der späteren Republik." *Philologie Zeitschrift der Savigny-Stiftung für Rechtsgeschichte: romanistische Abteilung*, 62, pp. 1~81.

_____. 1956. *Eigentum und Besitz*. Köln.

Keaveney, A. 1982. *Sulla: the Last Republican*. London and New York.

Kienast, D. 1975. "Die politische Emanzipation der Plebs und die Entwicklung des Heerwesens in Frühen Rom." *Bonner Jahrbücher*, 175, pp. 83~112.

Kolb, Anne. 2019. "Via ducta - roman road building: An introduction to its significance, the sources and the state of the research." *Roman roads: New evidence - New perspectives*, pp. 3~21.

Kolb, Anne(ed.). 2019. *Roman Roads: New Evidence - New Perspectives*. Berlin: De Gruyter.

Kubitschek, W. 1894. "Aerarium Militare." *R. E.*, I-1, cc. 672~674.

_____. 1936. "Tribus." *R. E.*, VI, A, 2, cc. 2492~2518.

Kübler, B. 1939. "Ordo." *R. E.*, XXXV-1, c. 930~936.

Kulischer, J. 1928. *Allgemeine Wirtschaftgeschichte*, 1. Mittelalter. Berlin.

Kyunghyun, Kim. 2011. "Was the Plebeian Tribune a political instrument of the Senate?: Concerning the Tribunician Jurisdiction in the Middle Roman Republic." ≪서양고대사연구≫, 29, 261~299쪽.

Lanfranchi, Fabio. 1938. *Studi sull' Ager Vectigalis: vol. I la classicità dell'actio in rem vectigalis*. Faenza.

Last, H. 1928. "Rome and her Neighbours." *Cambridge Ancient History*, 7. Cambridge.

Laurent-Vibert, R. 1908. "Les publicains d'Asie, en 51 avant J.-C.: d'après la correspondance de Ciceron en Cicilie." *Mélanges: d'archéologie et d'histoire*, tome 28, pp. 171~184.

Lengle, Joseph. 1937. "Tribunus." *R. E.*, VI, A, c. 2432~2435.

Lepore, Ettore. 1954. *Il Princeps Ciceroniano e gli Ideali Politici della Tarda Repubblica*. Napoli.

Lintott, Andrew. 1992. *Judicial Reform and Land Reform in Roman Republic: A new edition, with translation and commentary, of the laws from Urbino*. Cambridge University Press.

_____. 1993. *Imperium Romanum: Politics and Administration*. London and New York.

Littman, R. J. 1989. "Greek Taxation." *Civilization of the Ancient Mediterranean: Greece and Rome*, 2. New York.

Lomas, Kathryn. 1996. *Roman Italy 338 B. C. ~A. D. 200: A Sourcebook*. London.

Lot, F. 1928. *L'impôt foncier et la capitation personnelle sous la Bas-Empire et à l'époque franque*. Paris.

Love, John R. 1991. *Antiquity and Capitalism: Max Weber and the Sociological Foundations of Roman Civilization*. London.

Macmullen, Ramsay. 1976. *Roman Government's Response to Crisis: A. D. 235~337*. Yale University Press. (김창성 옮김. 2012).

_____. 2000. *Romanization in the Time of Augustus*. Yale University Press.

Madvig, N. 1842. "De Tribunis Aerarii Disputatio." *Opuscula Academica Altera*.

_____. 1881. *Die Verfassung und Verwaltung des Römischen Staates*. Leipzig: Teubner.

Magie, David. 1950. *Roman Rule in Asia Minor*. Princeton University Press.

Malcovati, Hemrica(ed.). 1955. *Oratorum Romanorum Fragmenta Liberae Rei Publicae(O. R. F.)* (2nd ed.). Torino.

578

Malmendier, Ulrike. 2005. "Roman Shares." in W. Goezmann and G. Rouwnehorst(eds.). *The Origins of Value: The financial Innovations that created Modern Capital Market*. Berkeley.

Marquardt, J. 1888. *Organisation financière*. trans. by A. Vigié. Paris.

Martino, D. F. 1979. *Storia economica di Roma antica*. Firenze: La nuova italia Editrice.

Marx, K. and F. Engels. 1979. *Pre-capitalist Socio-economic Formation*. Moscow.

Mayer-Maly, Theo. 1956. *Locatio Conductio: eine Untersuchung zum klassischen römisches Recht*. München.

Meier, Christian. 1966. *Res Publica Amissa*. Wiesbaden.

_____. 1980. *Res Publica Amissa: Eine Studie zu Verfassung und Geschichte der späten römischen Republik*(zweite Auflage).

Meijer, Fik and Onno van Nijf. 1992. *Trade, Transport and Society in the Ancient World: A Sourcebook*. Routledge.

Meister, K. 1974. "Die Aufhebung der Gracchischen Agrarreform." *Historia*, 23, pp. 86~97.

Meyer, Ernst. 1961. *Römischer Staat und Staatsgedanke*(zweite Auflage). Zurich und Stuttgart: Artemis-Verlag.

Millar, Fergus. 1977. *The Emperor in the Roman World(32 B. C. ~A. D. 337)*. New York.

_____. 2004. *Rome, the Greek World, and the East: vol. 2 Government, Society, and Culture in the Roman Empire*. in Hannah M. Cotton and Guy M. Rogers(eds.). London.

Mitchell, R. E. 1986. "Ch. 5 The Definition of Patres and plebs: An End to the Struggle of the Orders." in K. A. Raaflaub(ed.). *Social Struggles in Archaic Rome: New Perspectives on the Conflicts of Orders*. Berkeley: University of California Press.

_____. 1990. *Patricians and Plebeians: The Origin of the Roman State*. Cornell University Press.

Momigliano, Arnaldo. 1966. *Studies in Historiography*. New York.

_____. 1986. "Ch. 6 The Rise of the Plebs." *Social Struggles in Archaic Rome*.

Mommsen, Theodor. 1844. *Die römischen Tribus in administrativer Beziehung*. Altona.

_____. 1870. "Die Erzahlung von Cn. Marcius Coriolanus." *Hermes*, 4(1), pp. 1~26.

_____. 1874. *Römische Geschichte*, 2. Berlin.

_____. 1875. "Additamenta ad corporis volumen 1." *Ephemeris epigraphfica*, 2.

_____. 1887a. *Römische Staatsrecht*, I(dritte Auflage). Leipzig.

_____. 1887b. *Römische Staatsrecht*, II(dritte Auflage). Leipzig.

_____. 1887c. *Römische Staatsrecht*, III-1. Leipzig.

_____. 1888. *Römische Staatsrecht*, III-2. Leipzig.

_____. 1905a. "Lex Agraria." *Gesammelte Schriften*, 1. Berlin.

_____. 1905b. "Zum römischen Strasswesen." *Gesammelt Schriften*, 5. Berlin.

_____. 1996. *History of Rome*, 3, 4, 5 (repr. of 1894). trans. by William P. Dickson. London.

_____. 2010. *Römische Geschichte*, 7. Darmstadt: Wissenschaftliche Buchgesellschaft.

Monro, C. H. (trans.). 1904. *The Digest of Justinian*, 1. Cambridge.

Monro, D. B. 1872. "On the Pedarii in the Roman Senate." *Journal of Philology*, 7, pp. 113~119.

Montovani, Dario. 2006. "Il iudicium pecunia communis: Per l'interpretazione dei capitoli 67~71 della lex Irnitana." *Gli Statuti Municipali*. Pavia: IUSS Press.

Morell, Kit. 2017. *Pompey Cato, and the Governance of the Roman Empire*. Oxford University Press.

Mustakallio, K. 1990. "Some Aspects of the Story of Coriolanus and the Women behind the Cult of Fortuna Muliebris." *Commentationes Humanarum Litterarum*, 91, pp. 125~131.

Neesen, Lutz. 1980. *Untersuchungen zu den direckten Staatsabgaben der römischen Kaizerzeit (27 v. Chr. ~284 n. Chr.)*. Bonn.

Neumann, K. J. 1900. *Die Grundherrschaft der Römischen Republik: die Bauernbefreiung und die Entstehung der Servianischen Verfassung*. Rede zur Feier des Geburtstages SR. Majestät des Kaisers am 17. Januar 1900 in der Aula der Kaiser-Wilhelm-Universität Straßburg, Straßburg.

Nicolet, Claude. 1961. "La réforme des comices de 179 av. J.-C." *Revue historique de droit français et etrangère*, 39, pp. 341~358.

_____. 1966. *L'ordre équestre à l'époque républicaine(312~43 a. C): Tome 1 Définitions juridiques et structures sociales*. Paris.

_____. 1969. "Armée et société à Rome sous la république: a propos de l'ordre équestre." in J. D. Brisson(ed.). *Problème de la guerre à Rome*. Paris.

_____. 1971. "Polybius VI, 17, 4 and the Composition of the Societas Publicanorum." *The Irish Iurist*, 6(1), pp. 163~176.

_____. 1976a. *Tributum: Recherches sur la fiscalité directe sous la Repulique Romaine*. Bonn.

_____. 1976b. "Le cens sénatorial sous la République et sous Auguste." *Journal of Roman Studies*, 66, pp. 20~38.

_____. 1977. *Rome et la conquête du monde méditerranéen, 264~27 a. J.-C.: Tome 1 Les structures de l'Italie romaine*. Paris.

_____. 1978a. *Rome et la conquéte du monde méditerranéen, 264~27 a. J.-C.: Tome 2 Genèse d'un empire*. Paris.

_____. 1978b. "Les Stipendium des Allies Italiens avant la Guerre Sociale." *Papers of the British School at Rome*, 46, pp. 1~11.

580

_____. 1979. "Deux remarques sur l'organisation des société de publicains à la fin de la ré publique Romaine." in H. V. Effenterre(ed.). *Point de vue sur la fiscalité antique*. Paris.

_____. 1980. *The World of the Citizen in Republican Rome*. trans. by P. S. Falla. Batsford Academic and Educational Ltd.

_____. 1984a. "Des ordres romaines: définition, récrutement et fonctionnnement." *Des ordres à Rome*. Sorbonne.

_____. 1984b. "Le cens sénatorial sous la République et sous Auguste"(repr. of 1976b). *Des ordres à Rome*.

_____. 1999a. "Le Monumentum Ephesenum, la loi Terentia-Cassia et les dîme d'Asie." *Mélanges de l'ecole française de Rome. Antiquité*, 111(1), pp. 191~215.

_____. 1999b. "En guise de conclusion: Adieu à l'ordre équestre." *L'ordre équestre: Histoire d'une Aristocratie(IIe siècle av. J.-C. ~IIIe siècle ap. J.-C.)*, Roma: Ecole Française de Rome.

_____. 2000a. *Censeurs et Publicains: Économie et fiscalité dans la Rome antique*. Paris.

_____. 2000b. "Le Monumentum Ephesenum et la délimitation du portorium d'Asie"(1993). *Censeurs et Publicains*. Paris.

_____. 2000c. "Deux remarques sur l'organisation des sociétés de publicains à la fin de la Ré publique romaine"(1979). *Censeurs et Publicains*.

_____. 2000d. "Ch. 3 À propos du réglement d'Asie: dèmosiônia et les prétendus quinque publica Asiae." *Censeur et publicains*.

Noè, Eralda. 1972. "Ricerche su Dionigi d'Alicarnasso: la prima statis à Roma e l'episodio di Coriolano." *Ricerche di Storigrafia greca di età romana*. Pisa: Giardini.

Nörr, Dieter. 2005. "Ossevazioni in tema di terminologia giuridia predecemvirale e di ius mercatorum mediterraneo: il primo trattato cartaginese-romano." in M. Humbert(ed.). *Le Dodici Tavole-dai Decemviri agli Umanisti*. Pavia: IUSS Press.

_____. 2013. "Zur Neuedition der lex portorii Asiae." *Zeitschrift der Savigny-Stiftung für Rechtsgeschichte, Romanistische Abteilung*, 130(1).

Pani, Mario. 1977. "Su un nuovo cippo Graccano Dauno." Istituto Lombardo(Rend. Lett.). *Storia antica*, 111, pp. 389~400.

Pasquinucci, M. 1979. "La Transumanza nell'Italia Romana." in E. Gabba e M. Pasquinucci. *Strutture agrarie e allevamento transumante nell'Italia Romana (III-I sec. A. C.)*. Pisa.

Pekáry, T. 1968. *Untersuchung zu den römischen Reichsstraßen*. Bonn.

Pelling, C. B. R. 1997. "The Shaping of Coriolanus: Dionysius, Plutarch, and Shakespeare." *Poetica*, 48, pp. 3~32.

Pfeifer, G. 1914. *Agrargeschichtliche Beitrag zur Reform des Tiberius Gracchus.* Altenbruck.

Pflaum, H.-G. 1960/1961. *Les carrières procuratoriennes équestres sous le Haut-Empire romain,* 1~3. Paris.

Pieri, Georges. 1968. *L'histoire du cens jusqu'a la fin de la République Romaine.* Sirey.

Poland. 1932. "Symmoria." *R. E.,* IV, A-1, c.1162.

Purcell, N. 1983. "The Apparitores: a Study in Social Mobility." *Papers of the British School at Rome,* 51, pp.125~173.

Puzzi, G. 1973. "La produzione della ceramica aretina. Note sull'industria nella prima età imperiale romane." *Dialoghi di Archeologia,* 7, pp.255~293.

Raaflaub, K. A. 1986. "From Protection and Defence to Offence and Participation: Stages in the Conflict of the Orders." *Social Struggles in Archaic Rome.*

Raaflaub, K. A. (ed.). 1986. *Social Struggles in Archaic Rome: New Perspectives on the Conflicts of Orders.* Berkeley: University of California Press.

Rathmann, Michael. 2003. *Untersuchungen zu den Reichsstraßen in den westlichen Provinzen des Imperium Romanum.* Mainz.

Richard, Jean-Claude. 1986. "Patricians and Plebeians: The Origin of a Social Dichotomy." *Social Struggles in Archaic Rome.*

Rickman, G. 1980. *The Corn Supply of Ancient Rome.* Oxford.

Rolf, J. C. (trans.). 1914. *Suetonius,* 2. Harvard University Press.

Roscio di Torrepadula, Carlo. 1918. *I "senatores pedarii."* Roma.

Rosenberg, A. 1913. "Studien zur Entstehung der Plebs." *Hermes,* 48(3), pp.359~377.

Rostovtzeff, M. 1957. *The Social and Economic History of the Roman Empire*(2nd ed.). Oxford University Press.

Rostowzew, M. 1902. "Geschichte der Staatspacht in der römischen Kaiserzeit bis Diokletian." *Philologus,* Supp.9, drittes Heft, pp.332~512.

Russel, D. A. 1963. "Plutarch's Life of Coriolanus." *Journal of Roman Studies,* 53, pp.21~28.

Salmon, E. T. 1930. "Historical Elements in the Story of Coriolanus." *Classical Quarterly,* 24(2), pp.96~101.

_____. 1962. "The Cause of the Social War." *Phoenix,* 16(2), pp.107~119.

Sandys, John Edwin(ed.). 1921. *A Companion to Latin Studies*(3rd ed.). Cambridge.

Santangelo, Federico. 2006. "Sulla and Senat: a reconsideration." *Cahiers du Centre Gustave Glotz.*

Saumagne, Charles. 1927. "Sur la loi agraire de 643/111." *Revue de Philologie,* 53, pp.50~80.

Schaefer, H. 1962. "Proeisphora." *R. E.,* Supp.9.

Schmidt, Alfred. 1982. *History and Structure: An Essay on Hegelian-Marxist and Structuralist Theories of History*. trans. by Jeffrey Herf. Cambridge.

Schulz, F. 1956. *Principles of Roman Law*. trans. by Marguerite Wolff. Oxford.

Scullard, H. H. 1955. "Cicero's Princeps." *The Classical Review*, 5, pp. 300~301.

_____. 1985. *From the Gracchi to Nero: A History of Rome from 133 B.C. to A.D. 68*(5th ed.). London.

_____. 2003. *A History of the Roman World: 753 to 146 B.C.*(4th ed.). London: Routledge.

Sealey, Raphael. 1976. *A History of Greek City States, 700~338*. University of California Press.

Seungil, Heo. 2014. "The Significance of 'the Lex Sempronia Portorii Asiae'." ≪서양사연구≫, 51, 135~170쪽.

Shatzman, Israel. 1972. "The Roman General's Authority over Booty." *Historia: Zeitschrift für Alte Geschichte*, 21(2)(2nd Qtr), pp. 177~205.

_____. 1975. *Senatorial Wealth and Roman Politics*. Collection Latomus, 142. Brussel.

Shaw, Brent D. 1989. "Roman Taxation." *Civilization of the Ancient Mediterranean: Greece and Rome*, 2. New York.

Sherwin-White, A. N. 1939. The Roman Citizenship. Oxford University Press.

Sherwin-White, A. N. (ed.). 1983. *Fifty Letters of Pliny*(2nd ed.). Oxford University Press.

Sinko, T. 1903. *De romanorum viro bono*. Cracoviae.

Skydsgaard, Jens Erik. 1974. "Transhumance in ancient Italy." *Analectica Romana*, 7, pp. 7~36.

Smith, R. E. 1958. *Services in the post: Marian Roman Army*. Manchester University Press.

_____. 1966. *Cicero, the Statesman*. Cambridge University Press.

Staerman, E. M. 1969. *Die Blütezeit der Sklavenwirschaft in der Römischen Republik*. übersetz. von Maria Bräuer-Postpelova. Franz Steiner Verlag GMBH.

Staveley, E. S. 1972. *Greek and Roman Voting and Elections*. Ithaca.

Ste. Croix, G. E. M. 1981. *The Class Struggle in the Ancient Greek World*. Cornell University Press.

Stockton, David. 1971. *Cicero. A Political Biography*. Oxford University Press.

Strasburger, H. 1939. "Optimates." *R.E.*, XXXV-1, c. 773~798.

Suolahti, Jaakko. 1955. *The Junior Officers of the Roman Army in the Republican Period: A Study on Social Structure*. Helsinky.

_____. 1963. *The Roman Censors: A Study on Social Structure*. Helsinki.

Taylor, Lily Ross. 1949. *Party Politics in the Age of Caesar*. London.

_____. 1960. *The Voting Districts of the Roman Republic*. Rome.

_____. 1966. *Roman Voting Assemblies from the Hannibalic War to the Dictatorship of Caesar*.

Ann Arbot, New York.

Thomsen, R. 1964. *Eisphora, A Sutdy of Direct Taxation in Ancient Athens*. Copenhagen.

Tibiletti, G. 1948. "Il possesso dell'ager publicus e le norme de modo agrorum sino ai Gracchi." *Athenaeum*, N.S. 26, pp. 173~236.

_____. 1949. "IL possesso dell'ager publicus e le norme de modo agrorum sino ai Gracchi." *Athenaeum*, N.S. 27, pp. 3~42.

_____. 1950. "Richerche di storia agraria romana." *Athenaeum*, N.S. 28, pp. 186~266.

_____. 1955. "Lo sviluppo del latifundo in Italia dall'epoca graccana al principio dell'impero." *Relazioni*, 2. Firenze.

Torelli, Mario. 1988. "Dalle aristocrazie gentilizie alla nascita della plebe." *Storia di Roma*, 1. Giulio Einaudi editore.

Toynbee, A. 1966. *Hannibal's Legacy*, 2. London.

Trapenard, C. 1908. *L'ager scripturarius*. Paris.

van Berchem, Denis. 1975. *Les distributions de blé et d'argent à la plèbe romaine sous l'empire*. New York.

Veyne, Paul. 1976a. *Le pain et le cirque: sociologie historique d'un pluralisme politique*. Paris.

_____. 1976b. *Bread and Circuses: Historical Sociology and Political Pluralism*. abridged and translated by Brian Pearson. London: Penguin.

_____. 1985. "L'Empire romain." *Histoire de vie privé: tome 1 De l'Empire romain à l'an mil*. (주명철 옮김. 2002).

Virlouvet, C. 1985. *Famines et émeutes à Rome des origines de la République à la mort de Néron*. Rome.

Walbank, F. W. 1957. *Commentary on Polybius*, 1. Oxford.

_____. 1978. *The Awful Revolution: The Decline of the Roman Empire in the West*. Liverpool University Press.

Walcot, P. 1975. "Cicero on Private Property: Theory and Practice." *Greece & Rome*, 22, pp. 120~128.

Wallace-Hadrill, Andrew(ed.). 1990. *Patronage in Ancient Society*. Routledge.

Wallerstein, I. 1974. *The Modern World: System*, 1. New York and London.

Ward, Allen M. 1997. "The Roman Republic." *Ancient History: Recent Work & New Directions*. Regina Books.

Warmington, E. H. 1967. *Remains of Old Latin*, 4. London: Loeb.

Watts, N. H. 1965. *Cicero, The Speeches with an English Translation*. Harvard University Press.

Weber, Max. 1891. *Die Römische Agrargeschichte in ihrer Bedeutung für das Staats- und*

Privatsrecht. Stuttgart.

_____. 1896. "Die sozialen Gründe des Untergangs der antiken Kultur." *Die Wahrheit*, 1. Maiheft.

_____. 1909. "Agrarverhältnisse im Altertum." *Handwörterbuch der Staatswissneschaften*, 1(dritte Auflage). Jena.

_____. 1928. "Die sozialen Gründe des Untergangs der antiken Kultur." *Gesammelte Aufsätze zur Sozial- und Wirtschaftgeschichte*(repr. of 1896).

Wells, J. 1928. *A Commentary on Herodotus*, 1. Oxford University Press.

Westermann, W. L. 1955. *The Slave Systems of Greek and Roman Antiquity*. The American Philosophical Society.

White, K. D. 1970. *Roman Farming*. Cornell University Press.

_____. 1973. "Roman Agricultural Writers." *Aufstieg und Niedergang der römischen Welt*, 1(4), pp. 439~497.

Whittaker, C. R. 1988. *Pastorial Economy in Classical Antiquity*. The Cambridge Philological Society.

Willems, Pierre. 1883~1885. *Le Sénat de la République Romaine. Sa composition et ses attributions, tome 1: La composition du sénat; tome 2: Les Attribution de sénat régistres*. Louvain.

_____. 1968(rep. of 1883~1885). *Le Sénat de la République Romaine: Sa composition et ses attributions*, 1~2. Darmstadt: Scientia Verlag Aaden.

Wiseman, T. P. 1932. "Ch. 9 The Senate and the Populares, 69~60 B.C." *Cambridge Ancient History*, 9.

_____. 1970a. "The Definition of 'Eques Romanus' in the Late Republic and Early Empire." *Historia*, 19(1), pp. 67~83.

_____. 1970b. "Roman republican road building." *Papers of the British School at Rome*, 38, pp. 122~152.

_____. 1971. *New Men in the Roman Senate: 139 B. C. ~A. D. 14*. Oxford University Press.

Yavetz, Z. 1969. *Plebs and Princeps*. Oxford, Clarendon Press.

_____. 1988. *Slaves and Slavery in Ancient Rome*. Transaction Books.

Zancan, Leandro. 1935. *Ager Publicus: Ricerche di storia e di diritto romano*. Padova.

Zumptio, Car. Timoth. 1845. *De Legibus Iudiciisque Repetundarum in Repulica Romana*. Berloni.

인터넷

Milotić, Ivan. 2013. "An Outline of the arbitral procedure in Roman Law." *Forum historiae iuris.* https://forhistiur.net/2013-01-milotic/?l=en(2023.7.10).

사전

Berger, Adolf. 1953. "Encyclopedic Dictionary of Roman Law." *Transactions of the American Philosophical Society,* N. S. 43(2). Philadelphia.

Easton, Matthew George. 1897. "Zacchaeus." *Easton's Bible Dictionary*(New and revised ed.). New York. http://en.wikipedia.org/wiki/Zacchaeus; "List of Roman tribes." http://en.wikipedia.org/w/index.php?title=List_of_Roman_tribes&oldid=1024017865(2021.6.27 검색).

Der Kleine Pauly.

Real Encyclopädie.

The Oxford Classical Dictionary(2nd ed.). 1971.

찾아보기

용어

가비니우스법 271

가비니우스 투표법 502, 526

가축 부자 315

간왕 148

간접세 392

갈리아 키살피나 72

감독 노예 180, 182

개인들 419

개인의 말 292

개화기 175

검투사 169

게네티바 95

고액의 임대료 81

고율의 조세 96, 102

곡가 앙등 65

곡물 172

　곡물 가격 494

　곡물 공급 151

　곡물 배급 212, 225

　곡물 부족 209, 447

곡물법 264, 495

공공 계약 261

공공 도로 114~117, 121, 125

공공 방목지 303

공공 봉사 419

공금 328

공동 방목지 296

공마 264, 282, 284, 432, 460

공유지 45~47, 64, 73, 78, 86~87, 89~92, 105,
145, 221, 223~224, 296, 300

공인세 68, 90

공평 230

과두정 150

과세된 사유지 34, 108

관료 28~29, 35, 43, 467

관리관 212, 298, 337, 518

관세 441, 449

관세리 359

광산 182

교역 213

국가 16, 52, 319

국가 내의 국가 518

국가의 가장 큰 부분 373

국가화의 길 400

국고 92, 116, 130~131, 218, 264, 304, 428,
446, 459, 477, 514, 522

국채 보상 토지 90

군대 289

군역 283, 515

군인금고 30

군전 133, 417, 516, 520

귀족 198, 211, 223, 258

귀족의 폐쇄 215, 413, 512

귀족 씨족의 토지 223

금반지 277, 290, 530

기능적 삼분할 282

기사 156, 191, 245, 247, 276, 345, 431, 445,
496

기사 신분의 꽃 27, 267, 348, 375, 475

기사 신분 중에 제일인자 267

기사 켄투리아 258

기원전 104년의 원로원포고 175

기원전 111년 농지법 67, 69, 71, 78, 79, 100~
    101, 104, 126, 296, 300, 308, 317, 343

기원전 167년 405, 411, 420

기타의 오르도 292, 403, 431

기하학적인 평등 20, 24, 153

네고티아토레스 157, 393

넥숨 56

노부스 호모 146

노빌리스 146

노빌리타스 145, 511

노예 감독 381

노예노동 169

노예해방세 36

농민민주정 519

농지규모법 62

농지규모제한법 60

담보 340, 378

담보물 339

당파 460, 481, 504

대금업자 157

대목수 160

대역죄 심판 법정 269

대체 356

대체 제도 361

대축 100두와 소축 500두 311

대토지 점유자 83

덕성 289

데모스 380, 414, 519

데모시오네스 377, 380

데쿠리오 397

데쿠마니 309, 351, 356

델로스섬 194

도급 307, 326, 329, 333, 350, 374

도로 건설자 119

도로 관할관 122, 131

도로 보수 416

도로의 통행권 115

동맹국 518

동맹국전쟁 178, 284, 436

동맹국 토지 60

두세 32

두품의 감소 187

등급 153

땅 부자 315

라니스타 179

라르기티아 24

라우레이온 16

라티푼디아 161

라틴인 152, 508

레뎀프토르 350, 353, 393~394

레이투르기아 23

로마 근교지 73

로마 시민의 권리에 따르는 소유권 13, 85

로마 시민의 완전한 권리 109

로마의 농지 409

로스키우스 극장법 271

로코스 407

로쿠플레테스 46

루스트룸 248, 332

루카 회동 490

룰루스 농지법 526

리베르투스 185
리키니우스법 57

마기스테르 351, 353
마니풀루스 56
마닐리우스법 190
마카베우스 179
만켑스 350~351, 358, 387, 391~393
만키피움 173
『말라카 자치시에 관한 플라비우스법』 341
말의 유지비 258
말하는 도구 173
매매 392, 394, 398, 400
명사귀족 56, 108, 146~147
모든 선량의 합의 254
모디우스 160
목자 294, 302
몰수 314

바리우스법 269
바실레우스 14
발레리우스법 480
방목 71
방목세 81, 107
방목세 납부 공유지 309
방목지 295, 302
방패 155
배심원 343, 435
 배심원단 530
 배심원직 422
백부장 518, 525, 528~529, 532, 534
벌금 298~299, 315
법무관 318, 337
법사학자 143

법인 367~368, 371
법정 165
베르나 179
베이 152, 406, 514
벡티갈 88, 91, 99, 295, 368~369, 456
 벡티갈이 부과된 농지 86
 벡티갈이 부과된 사유지 86
 벡티갈 징수 가술 388
벨리트라이 217
병력 동원 513
병력 소집권 220
병역 216
병제 개혁 112
보증인 341, 363
보코니우스법 462
볼스키인 202, 220
봉급 35, 406, 514, 520
부당취득물 반환 법정 29, 266
부당취득 재산 반환에 관한 율리우스법 336
부역 123, 130, 132, 135~136
부채 162
분담 416~417, 428
분배 128
불평등 153
비밀 무기명 투표 205
빅투물라이 349
빈딕타 185
빈민 160, 513
빈자 415
빌라 111

사병 동원 206
사비니인 508
사원 365, 368~369

사유지 46, 82, 145, 412
사유화하고 벡티갈의 의무를 부과 82
사크로상크툼 518
사트리쿰 석비 219
사회이동 170, 196
산술적인 평등 20
삼두 489
상속세 38, 111
상아(象牙)관직 227
 상아관직 정무관 238
서기 290
선거 203, 481
 선거하는 군대 165
선납 25, 421, 480
선납제 414
선량 232, 376, 458, 462, 516
선박 150
선발 244
선언 315
선점 47, 52, 105
성채 60
세나투스 246
세르부스 173
센서스 278, 283, 366, 406, 410, 437, 462,
 523, 530
소규모 가축 사육자 306
소농민 55
소키 350, 362, 389
속은 자의 날 488
속주 324
속주민 84, 231
속주법 263
속주 아시아 관세법 374~375, 383
스크립투라 297

스크립투라리우스 311~312
스펙트럼 157, 181
시아룸 서관 251
시의회 397
시장세 394
시칠리아인 453
시코판테인 346
시키온인 229
시효 취득 불가 49
식민시 172, 205, 217
신고 308, 313~314, 342
신분투쟁 55, 152
신의 187
신인 289, 426
심모리아 407
십일세 342, 448, 453
씨족 151, 187~188, 222

아노나 35
아드트리부티오 128, 516
아드피니스 361
아레초 184
아르겐타리우스 157
아르코네스 387
아르코이 413
아스 154
아시아 327, 427, 448
아우렐리우스법 270, 421~422
아욱토리타스 206
아이라리우스 188, 278, 413, 437
아이라리움 31
아일리우스 센티우스법 187
아킬리우스법 266
아테네 272, 414

아티쿠스 251
안티도시스 23
압류 520
압류권 314~315, 342, 417
양 신분의 화합 272
양어장 주인들 231
에우에르게티즘 199, 209
에우파트리다이 20
에이스포라 135
에트노스 209, 380
에페소스 466
에피트로포스 381
엔사이클로페디아 474
연부금 378
영구 임대 86
영구히 확고한 점유 67, 69
영리 추구 259
영주 105, 226, 509
오르도 149, 156~157, 274, 276, 279, 341, 403,
　　421
오르키니 191
오스티아 214
오티움 쿰 디그니타테 482
오페라리 183
옵세퀴움 186
옵티마테스 468
완전한 사유지 103
외국인 171
울트로 트리부타 261
원로원 233, 331, 496
　원로원 구성 253
　원로원의원 148, 484
　원로원 충원 243
　원로원 회의 251~252

유가티오 39
유굼 39
유언 185
율리우스 농지법 490
율리우스 자치시법 114, 126, 132
은행 329, 361
은행가 534
의회 반란 236
이마고의 권리 147
이목 73, 301
이상형 210
이시도루스 517
이아세르피키움 311
이중 곡가 446, 450, 494
이중단체 513
이집트 350
이탈리아의 권리 33
인가 369
인스티토레스 181
일당 159
임대 104
임대차 392, 400
임차인 37
임페리움 143
입찰 339

자유 14, 43, 70, 170, 172, 185
자유인 고용 규정 64
자치도시 240
재무관 107, 131, 304, 420, 427, 429, 434
　재무관의 농지 86, 107
재벌 373
재산비례정치 20
재산세 17, 32, 369

재정 49, 260
재정감독관 304
저율의 조세 80, 96~97, 101
전객(佃客) 41
전비 263, 418
전사의 공동체 282
전쟁세 19, 22, 24, 64, 135
전주(田主) 41
절반 트리부스 524
점유 104
점유자 106
접도민 124
정무관 선출 252
정의와 신의 52
정주식 사육 316
제국 141, 369
제국주의 167, 347
조세 유형 405
조세 증액 495
조세 징수 338
조세 징수 청부업자 419
조점관 525
주둔군 324
주식시장 362
주인의 이름으로 181
중재 467, 472
중재 결정 376
지세 32
지연 관계 165
지참금 460, 464
질문자 525
집단 전기학 142, 146
집산채결 236
징발 454

징수 책임자 36
징수 청부의 유형 378

참주 14, 218
창(槍) 아래의 도급 338
천부장 284, 289, 413
청부업자 399, 450
  청부업자들의 제일인자 332
  청부업자 신분 366
총독 356
최상의 권리 85
최선량 503
출산율 287

카눌레이우스법 513
카피타티오 39
카피테 켄시 154
칸슐라 트리분 55
칼레스 302
칼로스 카가토스 475
캄파니아 72
  캄파니아의 농지 66
캅티부스 173
켄투리아 407
켄투리아회 21
코리올리 202
코사 161
콘둑토레스 389
콘둑토르 381, 393~395
콘라티오 135
콘소르티움 340
콘술 526~527
콘스크립티 215
콜로누스 41, 160, 183

쿠라토레스 521
쿠라토르 432
쿠리알레스 40, 42
클라시스 275, 407
클라우디우스법 150, 192, 261, 362
클리엔텔라 162
키레네 509

타렌툼 302
타베르나리 158
테렌티나 트리부스 499
테렌티우스·카시우스법 447, 453, 460
텔로네스 324, 380
토리우스법 77~78
토지 281
토지 분배 51
통상권 188
통혼권 188
투표 501, 503, 525
투표 감시자들 526
〈트루클루엔투스〉 316
트리부누스 412, 418
트리부니 517, 521
트리부니 아이라리 496
트리부스 188~189, 222, 275, 408, 413, 429,
    507
트리부스 평민회 165, 205, 217
트리부툼 18, 35, 89, 133~134, 405, 457, 500,
    515
트리불리스 409

파견대장 284, 289
파구스 408, 412, 512
파르티켑스 361

파트레스 143, 148, 215
파트레스 콘스크립티 148
파트리모니움 32, 383
파트리키 142~143
페다리 148
페쿠스 295
페쿠아리 309~310
페쿨리움 182
펠라테스 163
평민 83, 194, 203, 508, 510, 536
평민의 무산자화 112
포로스 88, 93~94, 96
포룸 168, 338
포르토리 309
포이니 전쟁
    제1차 포이니 전쟁 206
    제2차 포이니 전쟁 90, 258
포이텔리우스법 56, 181
포풀라레스 80, 139, 162, 434, 488
포풀루스 139
폴리스 15, 43
표지석 73, 119
푸블리카니 157, 245, 280, 390, 458, 476
푸피우스법 422
푼두스 126, 519
프라이네스테 425
프라이디아 350, 395
프라이스 350
프로마기스테르 351, 355
프로빈키아 303~304
프롤레타리우스 154
프리미필라리스 290
프린켑스 149, 233
플라우티우스법 269

플레프스 151

피스쿠스 31

피해방민 164, 171, 176, 186, 241, 359~360

피호민 163, 166, 206, 261, 469

합의 487

해방 185, 509

해적 176, 179, 271

허구적 친자 관계 186

헤라클레아 서판 125, 129

헤레디움 152

헤바 서판 228, 249, 251

헤타이로이 219

혁명 321

혈통귀족 108, 511

협약 309

호구조사 34, 153

호구조사관 131, 154, 156, 189, 245, 277, 307, 326, 331~333, 410, 416, 444

호구조사관법 313, 335

호민관 202, 516

혼합 244

〈황금단지〉 417, 495

황실지 383

황실 회계 383

황제 213, 375

회계감사 336

회사 261, 327, 345, 348~349, 367~368, 382, 389

흑인 184

히스포 356

히페이스 292

1등급 156

10년의 복무 284

10분의 1세 94

12표법 489

100유게라의 농장 91

1000유게라 71

2유게라 144, 152, 223, 509

30만 세스테르티 432

30유게라 69~70

40만 세스테르티 156, 245, 276, 432

5등급 155

5분의 1세 94, 448

500유게라 57, 60~61, 65~66, 69, 79, 96

6표 258

7유게라 152

인명

가바, 에밀리오 411

겔처, 마디아스 146

그루언, 에리히 240

노이만, 카를 508

니부어, 바르톨트 게오르크 521

니콜레, 클로드 133, 277, 283, 310, 341, 350, 366, 370, 377, 404, 420, 444, 534

뒤몽, 장-크리스티앙 176

란프랑키, 파비오 109

레포레, 에토레 487, 505

로스토프체프, 미하일 374, 378, 387

로젠베르크, 아르투어 509, 518
릭먼, 제프리 450
린토트, 앤드루 98

마드비, 요한 404, 421, 442
마르크바르트, 요제프 404
마이어, 크리스티안 267, 458, 467, 469
모밀리아노, 아르날도 201
몸젠, 테오도르 99, 113, 246, 404, 432, 474,
    508, 520
미첼, 리처드 140
미타이스, 루트비히 361
밀러, 퍼거스 386

바디안, 에른스트 167, 326, 345, 375
베버, 막스 26, 42, 113~114, 170, 195, 209,
    221, 296, 327, 400, 508, 519
벤느, 폴 210
벨로, 에밀 436
벨로흐, 카를 176
보비오 523
보츠포드, 조지 246
보테리, 파울라 310
본풍-쿠드리, 마리안 240
브런트, 피터 277, 447
비를루베, 카트린 440
빈더, 율리우스 512
빌럼스, 피에르 236, 238

사임, 로널드 321
샌디스, 존 476
셰익스피어, 윌리엄 199
소마뉴, 샤를 99
수올라티, 야코 286

슈타에르만, E. M. 176
스미스, 리처드 488
스키드스가르드, 옌스 304
스탕달 201
싱코, 타데우시 487

아렌트, 한나 206
에렌버그, 빅토르 94
요한센, 키르스텐 103
월러스틴, 이매뉴얼 322

잔칸, 레안드로 99, 106

춤프티오, 카를로 티노테오 529

카르코피노, 제롬 358, 489
카를로바, 오토 390
카, 에드워드 195
칸타렐리, 루이지 237, 239
코넬, 팀 201
코헨, 벤자민 279
콜로네지, 루이지 224, 512
쿠비체크, 빌헬름 519
키나스트, 디트마르 406

테일러, 릴리 249, 411, 435
토렐리, 마리아 511
토인비, 아놀드 261, 280
트라페나르, 카미유 296
티빌레티, 잔프랑코 62, 104, 106, 306

판베르켐, 데니스 440
판타가투스, 옥타비우스 524
플라움, 한스-게오르크 386

피르겐시스, 마르쿠스 262
핀리, 모지스 181, 286, 415

하이헬하임, 프리츠 493
허승일 405, 440, 487, 506

헨더슨, 메리 이소벨 276, 286, 288
홈스, 토마스 라이스 432
홉킨스, 키스 287
힌릭스, 포케 124
힐, 허버트 432

그리스·로마 인명

가이우스 그라쿠스 29, 75, 118, 136, 264, 327,
　　446, 450, 494~495
가이우스 리키니우스 스톨로 53
가이우스 마리우스 163~164, 216, 270, 319,
　　335, 433, 486, 496
가이우스 만리우스 480
가이우스 베레스 158, 337, 339, 344, 357, 428,
　　454, 459
가이우스 비비우스 살루타리스 386
가이우스 살루스티우스 161, 455, 478
　살루스티우스의 꿈 252
가이우스 술피키우스 갈루스 337
가이우스 아우렐리우스 코타 358, 442, 454,
　　482
가이우스 안토니우스 530
가이우스 율리우스 히기누스 392
가이우스 파브리키우스 루스키누스 419, 477
가이우스 파피리우스 카르보 502
가이우스 플라미니우스 150, 495
가이우스 헤렌니우스 163
게르마니쿠스 카이사르 251
겔론 214
그나이우스 렌툴루스 444
그나이우스 코르넬리우스 돌라벨라 429
그나이우스 파피리우스 카르보 328
그나이우스 폼페이우스 346, 442

그나이우스 플랑키우스 354, 499
그라쿠스 ☞ 가이우스 그라쿠스, 티베리우스
　　그라쿠스

네로 369, 371, 392, 399
누라이우스 360
누마 52

대(大) 카토 180, 191, 231, 301, 335, 473
대(大) 플리니우스 107
데모스테네스 414
디니아르쿠스 316
디오니시오스 할리카르나소스 170, 237, 408
디오클레티아누스 39, 42

로물루스 144, 222
루키우스 겔리우스 444
루키우스 로스키우스 오토 271
루키우스 리키니우스 크라수스 502
루키우스 스크리보니우스 리보 231
루키우스 아우렐리우스 코타 270, 421, 434,
　　442
루키우스 아풀레이우스 사투르니누스 460, 496
루키우스 카시우스 502
루키우스 코르넬리우스 술라 149, 167, 190,
　　245, 269, 434, 441, 486

루키우스 코르넬리우스 킨나 190, 270
루키우스 필리푸스 160
루틸리우스 루푸스 164, 186, 268
리비우스 ☞ 티투스 리비우스
리비우스 드루수스 424

마르쿠스 드루수스 269
마르쿠스 리키니우스 크라수스 442
마르쿠스 사우페이우스 425
마르쿠스 아우렐리우스 37
마르쿠스 아이밀리우스 레피두스 166
마르쿠스 아이밀리우스 스카우루스 190
마르쿠스 아킬리우스 266
마르쿠스 안토니우스 273, 457
마르쿠스 옥타비우스 446
마르쿠스 유니우스 브루투스 500
마르쿠스 테렌티우스 바로 237
마르쿠스 툴리우스 키케로 159, 431, 461, 486
마르쿠스 파비우스 부테오 149, 243
마르쿠스 피카리우스 360
마르키포르 174
마리우스 ☞ 가이우스 마리우스
마메르티니 206, 219
만리우스 불소 323
메가도로스 417, 436, 461
메네니우스 아그리파 201
메살라 코르비누스 249
메텔루스 마케도니쿠스 287

베레스 ☞ 가이우스 베레스
베스파시아누스 36, 38, 130, 532
비비우스 131

사도 바울 345

사투르니누스 386
삭개오 323, 344
살루스티우스 ☞ 가이우스 살루스티우스
세르비우스 툴리우스 144, 172, 201, 220, 258,
    275, 406, 409, 509
섹스티우스 클로디우스 423
셉티미우스 세베루스 32, 40
소(小) 카토 229, 336
솔론 19, 56
수에토니우스 507
술라 ☞ 루키우스 코르넬리우스 술라
스테니우스 358
스트라본 179
스파르타쿠스 192
스푸리우스 리구스티누스 47
시쿨루스 플라쿠스 121

아리스테이데스 16
아리스토텔레스 174
아우구스투스 30, 119, 125, 130, 149, 173, 210,
    224, 287, 304, 381, 383
아울루스 가비니우스 270
아울루스 클루엔티우스 하비투스 276
아이밀리우스 스카우루스 284
아탈로스 376, 474
아티쿠스 187, 227
아피우스 클라우디우스 카이쿠스 124, 153,
    189, 241, 410
안토니우스 ☞ 가이우스 안토니우스, 마르쿠
    스 안토니우스
에피쿠로스 498
오비디우스 나소 298
옥타비아누스 438, 457
위(僞) 아리스토텔레스 134

율리아누스 533
이소크라테스 505

카눌레이우스 360
카라칼라 31, 38
카르피나티우스 360
카시우스 디오 438, 459
카이사르 166, 212, 302, 437, 483, 507
카토 ☞ 대(大) 카토, 소(小) 카토
카틸리나 479
 카틸리나의 음모 158, 272, 469, 489
칼푸르니우스 피소 494
코모두스 384
코타 ☞ 가이우스 아우렐리우스 코타, 루키우
    스 아우렐리우스 코타
콘스탄티누스 1세 41
퀸투스 무키우스 스카이볼라 268
퀸투스 바리우스 히브리다 269
퀸투스 클라우디우스 150
퀸투스 툴리우스 키케로 527
퀸투스 풀비우스 노빌리오르 231
퀸투스 호라티우스 191
크나이우스 플라비우스 187
클레이스테네스 519
키케로 ☞ 마르쿠스 툴리우스 키케로, 퀸투스
    툴리우스 키케로

타르퀴니우스 수페르부스 152, 201, 215
테미스토클레스 16
토리우스 93

트라야누스 384
티베리우스 그라쿠스 72~73, 79, 165, 263,
    493, 495, 502
티베리우스 클라우디우스 385
티투스 리비우스 512, 525
티투스 안니우스 밀로 423

폴리비오스 261, 330, 357
폼페이우스 ☞ 그나이우스 폼페이우스
푸블리우스 루틸리우스 354
푸블리우스 룰루스 18, 319
푸블리우스 바티니우스 158
푸블리우스 발레리우스 219
푸블리우스 세르빌리우스 바티아 235
푸블리우스 세르빌리우스 이사우리쿠스 229
푸블리우스 술피키우스 루푸스 190
푸블리우스 스키피오 183
푸블리우스 시루스 290
푸블리우스 코르넬리우스 렌툴루스 64
푸블리우스 크라수스 461
푸블리우스 클로디우스 165, 176, 184, 423
플라비우스 페트로 534
플랑키우스 ☞ 그나이우스 플랑키우스
플로루스 268
플루타르코스 199
플리니우스 ☞ 대(大) 플리니우스

하드리아누스 38, 130, 396
힐라리우스 186

지은이

김창성

김창성은 1958년 서울에서 태어났다. 1985년 서울대학교 사범대학 역사교육과를 졸업하고, 1993년 같은 학교 서양사학과에서 「로마공화국의 조세징수정책 연구」로 박사학위를 받았다. 1993년부터 2023년까지 공주대학교 역사교육과 교수로 근무했다. 저서로 『로마 공화국과 이탈리아 도시: 통합과 조직의 역사』(2010), 편저로 『사료로 읽는 서양사 1: 고대편』(2014), 『사료로 읽는 서양사 2: 중세편』(2014), 역서로 『고대 농업사정』(막스 베버 저, 2019), 『로마 제국의 위기: 235~337년, 로마 정부의 대응』(램지 맥멀렌 저, 2012), 『키케로의 국가론』(2007), 『키케로의 최고선악론』(1999)이 있다.

한울아카데미 2555

로마 공화정의 조세체제와 신분

에퀴테스와 트리부니 아이라리

ⓒ 김창성, 2024

지은이 | 김창성
펴낸이 | 김종수
펴낸곳 | 한울엠플러스(주)
편집 | 조일현

초판 1쇄 인쇄 | 2024년 11월 26일
초판 1쇄 발행 | 2024년 12월 24일

주소 | 10881 경기도 파주시 광인사길 153 한울시소빌딩 3층
전화 | 031-955-0655
팩스 | 031-955-0656
홈페이지 | www.hanulmplus.kr
등록번호 | 제406-2015-000143호.

Printed in Korea.
ISBN 978-89-460-7555-9 93920

※ 책값은 겉표지에 표시되어 있습니다.